ESPAGNE DU CENTRE

Madrid - Castille - Estrémadure

Nom officiel : Royaume d'Espagne
Nom local : Espagne
Capitale : Madrid
Superficie : 505 182 km² avec les Baléares et les Canaries
Population : 45 millions d'hab.
Monnaie : Euro
Langues officielles : espagnol (castillan), catalan, basque, galicien

Collection sous la responsabilité d'Anne Teffo

Ont contribué à l'élaboration de ce guide :

Édition	Béatrice Brillion
Rédaction	Martin Angel, Chistine Barrély, Sarah Sergent
Cartographie	Michèle Cana, Géraldine Deplante, Fabienne Renard, Thierry Rocher, APEX Cartographie, DzMap Algérie
Conception graphique	Laurent Muller (couverture), Agence Rampazzo (maquette intérieure)
Relecture	Marylène Cudeville
Régie publicitaire et partenariats	michelin-cartesetguides-btob@fr.michelin.com *Le contenu des pages de publicité insérées dans ce guide n'engage que la responsabilité des annonceurs.*
Remerciements	Jaime-Axel Ruiz, directeur de l'Office national espagnol du tourisme à Paris.
Contacts	Michelin Cartes et Guides Le Guide Vert 46, avenue de Breteuil 75324 Paris Cedex 07 ✆ 01 45 66 12 34 – Fax : 01 45 66 13 75 LeGuideVert@fr.michelin.com www.cartesetguides.michelin.fr www.ViaMichelin.com

Parution 2008

Note au lecteur

L'équipe éditoriale a apporté le plus grand soin à la rédaction de ce guide et à sa vérification. Toutefois, les informations pratiques (prix, adresses, conditions de visite, numéros de téléphone, sites et adresses Internet…) doivent être considérées comme des indications du fait de l'évolution constante des données. Il n'est pas totalement exclu que certaines d'entre elles ne soient plus, à la date de parution du guide, tout à fait exactes ou exhaustives. Elles ne sauraient de ce fait engager notre responsabilité.

Le Guide Vert,

la culture en mouvement

Vous avez envie de bouger pendant vos vacances, le week-end ou simplement quelques heures pour changer d'air ? Le Guide Vert vous apporte des idées, des conseils et une connaissance récente, indispensable, de votre destination.

Tout d'abord, **sachez que tout change**. Toutes les informations pratiques du voyage évoluent rapidement : nouveaux hôtels et restaurants, nouveaux tarifs, nouveaux horaires d'ouverture... Le patrimoine aussi est en perpétuelle évolution qu'il soit artistique, industriel ou artisanal... Des initiatives surgissent partout pour rénover, améliorer, surprendre, instruire, divertir. Mêmes les lieux les plus connus innovent : nouveaux aménagements, nouvelles acquisitions ou animations, nouvelles découvertes enrichissent les circuits de visite.

Le Guide Vert **recense** et **présente ces changements** ; il réévalue en permanence le niveau d'intérêt de chaque curiosité afin de bien mesurer ce qui aujourd'hui vaut le voyage (distingué par ses fameuses 3 étoiles), mérite un détour (2 étoiles), est intéressant (1 étoile). Actualisation, sélection et évaluation sur le terrain sont les maîtres mots de la collection, afin que Le Guide Vert soit à chaque édition le reflet de la réalité touristique du moment.

Créé dès l'origine pour **faciliter et enrichir vos déplacements**, Le Guide Vert s'adresse encore aujourd'hui à tous ceux qui aiment connaître et comprendre ce qui fait l'identité d'une région. Simple, clair et facile à utiliser, il est aussi idéal pour voyager en famille. Le symbole signale tout ce qui est intéressant pour les enfants : zoos, parcs d'attractions, musées insolites, mais également animations pédagogiques pour découvrir les grands sites.

Ce guide vit pour vous et par vous. N'hésitez pas à nous faire part de vos remarques, suggestions ou découvertes ; elles viendront enrichir la prochaine édition de ce guide.

Anne Teffo
Responsable de la collection
Le Guide Vert Michelin

ORGANISER SON VOYAGE

QUAND ET OÙ PARTIR

À FAIRE AVANT DE PARTIR

ESPAGNE DU CENTRE PRATIQUE

À FAIRE ET À VOIR

POUR PROLONGER LE VOYAGE

COMPRENDRE

NATURE ET PAYSAGES

HISTOIRE

ART ET ARCHITECTURE

CULTURE

ARTS ET TRADITIONS POPULAIRES

CASTILLE ET ESTRÉMADURE AUJOURD'HUI

VILLES ET SITES

Dans le premier rabat de couverture, la **carte générale** intitulée «**Les plus beaux sites**» donne :

- **une vision synthétique** de tous les lieux traités ;
- **les sites étoilés** visibles en un coup d'œil ;
- **les circuits de découverte,** dessinés en vert, aux environs des destinations principales.

Dans la partie « **Découvrir les sites** » :

- les **destinations principales** sont classées par région ;
- les **destinations moins importantes** leur sont rattachées sous les rubriques « Aux alentours » ou « Circuits de découverte » ;
- les informations pratiques sont regroupées dans les **carnets pratiques** sous un fond vert.

L'index permet de retrouver rapidement la description de chaque lieu.

SOMMAIRE

DÉCOUVRIR LES SITES

MADRID ET SA RÉGION

CASTILLE ET LEÓN

CASTILLE-LA MANCHE

ESTRÉMADURE

Un train AVE traversant l'Estrémadure.

Patier/Renfe

ORGANISER SON VOYAGE

QUAND ET OÙ PARTIR

Au fil des saisons

QUAND VOYAGER EN CASTILLE ?

La bonne période

Le **printemps** et l'**automne** sont généralement les saisons les plus favorables, car les températures sont douces et agréables.

La Castille est soumise à un climat continental. Par conséquent, les hivers sont froids tandis que les étés se montrent généralement chauds et secs. Cela est valable pour les plaines, comme pour les plateaux et les montagnes qui s'élèvent au nord et au sud de la Castille et León et de la Castille - La Manche.

Pour de plus amples renseignements météo, vous pouvez consulter les sites www.meteoconsult.fr (en français) et www.inm.es (en espagnol).

QUAND VOYAGER EN ESTRÉMADURE ?

L'Estrémadure, comme la Castille, connaît des hivers rigoureux et des étés arides. Les précipitations y sont rares mais violentes. Aussi est-il recommandé de s'y rendre durant les saisons intermédiaires.

Renseignements météo : voir ci-dessus.

Une ville et ses environs

MADRID

Madrid possède certains des plus beaux musées du pays, ainsi que de passionnants monuments. Pour tout voir, il vous faudra compter une semaine. Si vous ne disposez que de trois jours, voici un programme qui vous permettra de visiter l'essentiel de la capitale.

En 3 jours

Le premier jour, visitez le musée du Prado, flânez dans le pittoresque quartier de Las Lettras, autour de la plaza de Santa Ana, où vous pourrez déjeuner. Partez ensuite vers le Palais royal, en prévoyant un arrêt sous les arbres des jardins de Sabatini. Remontez par la plaza de la Villa et finissez l'après-midi en prenant l'apéritif autour de la Plaza Mayor. Le soir, assistez à un spectacle de flamenco.

Le deuxième jour, commencez par la visite du couvent des Descalzas Reales, puis déjeunez dans la Vieille Ville. L'après-midi, visitez le musée Thyssen-Bornemisza avant de prendre un bol d'air au parc du Buen Retiro. Terminez la journée et dînez dans les quartiers branchés de Chueca ou Malasaña.

Le troisième jour, visitez dès le matin le Centro de Arte Reina Sofía. Partagez l'après-midi entre le Musée archéologique et le musée Lázaro Galdiano, en finissant par du shopping dans le quartier de Salamanca.

Si vous êtes accompagné d'un enfant, allégez un peu le programme en ne visitant que l'essentiel : Prado, Palais royal, musée Thyssen-Bornemisza, Plaza Mayor. Promenez-vous dans le parc du Buen Retiro et réservez un après-midi pour le téléphérique et le parc d'attractions de Campo del Moro.

En une semaine

Si vous avez un peu plus de temps, pensez à visiter deux musées excentrés mais passionnants, le museo del Traje (du costume) et le museo de America. Si votre séjour compte un dimanche, flânez dans le marché aux puces du Rastro. Ne manquez pas non plus de faire une excursion à Tolède, rapidement accessible en train. Si vous avez une voiture, gardez une journée pour visiter l'Escorial puis prendre l'air des montagnes dans la sierra de Guadarrama.

TOLÈDE

En 2 jours

Tolède peut se visiter tranquillement en deux jours, la majorité de ses centres d'intérêt se concentrant à l'intérieur de ses remparts.

Tableau des moyennes de températures de la région de Madrid												
	Jan.	Fév.	Mars	Avr.	Mai	Juin	Juil.	Août	Sep.	Oct.	Nov.	Déc.
Mat.	1	2	4	6	10	14	17	17	14	9	5	2
Apr.-midi	9	12	17	19	23	28	33	32	28	20	14	11

Le premier jour, commencez par le monument majeur de la ville, la cathédrale. Puis promenez-vous dans les rues de la Vieille Ville en suivant les traces du Greco : église de Santo Tomé, Maison-musée du Greco, couvent de Santo Domingo el Antiguo. Après le déjeuner, explorez l'ancien quartier juif, qui concentre un grand nombre des monuments de la ville, dont deux anciennes synagogues et un monastère, San Juan de los Reyes. Terminez par un témoin de la troisième religion historique de la ville, la mosquée del Cristo de la Luz.

Le second jour, promenez-vous au musée de la Culture wisigothique et montez sur les tours de l'église de San Ildefonso, qui offrent un superbe panorama sur les toits de la Vieille Ville. Puis gagnez la plaza de Zocodover, l'épicentre de la vie tolédanne, où vous pourrez prendre un agréable déjeuner, avant de visiter le musée de Santa Cruz, remarquable pour son architecture comme pour ses tableaux du Greco. Sortez de la ville fortifiée par la porte de Bisagra et explorez l'hôpital de Tavera. N'oubliez pas, en fin de journée, de faire le tour des cigarrales qui offre de magnifiques panoramas sur la ville dans la lumière du couchant.

SALAMANQUE

Salamanque est la ville la plus riche de Castille et León en monuments.

En 3 jours

Le premier jour, promenez-vous Plaza Mayor et aventurez-vous sur les artères commerçantes des rues de Toro et Zamora, empruntez la rue Prior pour mieux appréhender le quartier historique et enfin la Rúa Mayor pour rejoindre la plaza Anaya et visiter les deux cathédrales.

Le deuxième jour, visitez l'université et le musée de Salamanque. Après le déjeuner, faites quelques pas sur le pont romain et découvrez la Casa Lis (musée d'Art nouveau). Profitez des illuminations nocturnes de la Plaza Mayor.

Le troisième jour, les visites seront consacrées aux édifices religieux : le couvent de San Esteban, le couvent de las Dueñas et, après le déjeuner, le couvent de las Ùrsulas. Terminez en prenant un café dans le collège Fonseca.

Si vous êtes accompagné d'un enfant, emmenez-le au musée d'Art nouveau, dont l'architecture, les couleurs, l'ambiance musicale et l'exposition de poupées sauront l'intéresser.

En une semaine

La position géographique de Salamanque permet de coupler la visite de la ville avec différentes excursions. Aux trois ou quatre jours que vous passerez dans la célèbre ville universitaire, vous pourrez choisir d'adjoindre trois jours à Zamora, ou trois jours à Avila, ou deux jours à Ciudad Rodrigo et un jour dans la sierra de la Peña de Francia, une des plus belles régions d'Espagne, avec pour point de chute le village de La Alberca.

SÉGOVIE

Ségovie peut se visiter en deux jours, mais c'est sans compter avec ses alentours immédiats et ses environs.

En 3 jours

Le premier jour, découvrez l'aqueduc romain puis entamez la promenade du cœur historique par la rue Cervantès, jusqu'à la Plaza Mayor, en passant par l'église San Martin et le musée d'Art contemporain. L'après-midi, visite de la cathédrale.

Le deuxième jour, visitez l'Alcázar puis le musée de la ville. Vous déambulerez l'après-midi du côté nord intra-muros, puis reviendrez le long de la rivière Eresma pour explorer le monastère de El Parral. Terminez par la visite de la chapelle de la Vera-Cruz.

B. Brillon/Michelin

L'Alcázar de Ségovie.

Le troisième jour, partez à La Granja de San Ildefonso pour découvrir le Palais royal et visiter la manufacture du verre. L'après-midi, retour à Ségovie pour déambuler dans la ville basse, entre deux commerces typiques et de belles églises romanes.

Si vous êtes accompagné d'un enfant, emmenez-le visiter l'Alcázar et le domaine royal de Riofrío, qui renferme un musée animalier.

C. Labonne/Michelin

Rue de Zamora.

Propositions d'itinéraires

LA CASTILLE ET LE LEÓN

Circuit de 730 km au départ de Salamanque

Des villes au riche passé historique et d'imposants châteaux agrémentent ce circuit qui traverse les terres castillanes. Si vous voyagez pendant la Semaine sainte, vous aurez la chance d'assister aux processions solennelles de Zamora et de Valladolid.

Après la visite de **Salamanque**, une ville universitaire fort animée et riche en monuments romans, gothiques, Renaissance et baroques, rendez-vous à **Zamora**, où vous pourrez admirer le dôme à écailles de la cathédrale et la belle façade du palais épiscopal. Ne manquez pas la rue la plus pittoresque de la ville : la calle Barborraz.

La route vers Valladolid traverse **Toro**, dont la collégiale possède un dôme similaire à celui de Zamora et un splendide portail gothique polychrome, et **Tordesillas**, où fut signé le célèbre traité qui consacrait le partage du Nouveau Monde entre l'Espagne et le Portugal.

À **Valladolid**, outre de beaux exemples de l'art isabélin, vous visiterez l'exceptionnel musée national de Sculpture.

Traversez les vastes champs de céréales qui mènent, après **Medina de Rioseco**, à **Palencia** et à sa magnifique cathédrale.

Une fois dans la province de Burgos, où se succèdent de jolis villages comme Lerma et **Covarrubias**, ne manquez pas de découvrir le monastère de **Santo Domingo de Silos**, dont le cloître est une œuvre majeure de l'art roman espagnol. De là, en descendant le Duero, vous commencerez par longer une série de châteaux-forteresses qui avaient été construits pour défendre les terres reprises aux Arabes, tels ceux de **Peñaranda de Duero, Peñafiel et Coca**, qui se distingue des précédents par un style architectural mudéjar.

Le circuit continue jusqu'à **Ségovie**, célèbre pour son aqueduc romain, son Alcázar à flanc de rocher et ses églises romanes, et s'achève à **Ávila**, ceinte d'une impressionnante muraille et riche de nombreuses églises et couvents.

LES ENVIRONS DE MADRID

Circuit de 700 km au départ de Madrid

Dans les environs de Madrid se trouvent des villes d'un grand intérêt touristique, d'importants palais royaux et des paysages superbes comme ceux des sierras de Gredos et de Guadarrama.

Partez d'**Alcalá de Henares**, ville natale de Cervantès, qui renferme le superbe collège de San Ildefonso (ancienne université). Ralliez ensuite **Chinchón**, qui possède une charmante Plaza Mayor, puis Aranjuez, située au cœur d'un verger au bord du Tage. Après la visite du palais et des pavillons et une promenade dans les magnifiques jardins de la résidence royale, continuez jusqu'à **Tolède**, dont la situation dans un méandre fermé du Tage annonce les innombrables beautés qui jalonnent ses rues chargées d'histoire.

Poursuivez vers **Talavera de la Reina**, connue pour sa céramique, et empruntez une route de montagne pour traverser la **sierra de Gredos** qui offre de superbes paysages et abrite une grotte intéressante, la cueva del Águila.

Remontez vers **Ávila**, une ville d'églises et de couvents, berceau de sainte Thérèse, qui conserve intactes ses murailles du 11e s. Après la visite de la ville, poursuivez en direction du **monastère de l'Escurial**, édifice impressionnant dû à Philippe II. Sur le chemin de Ségovie, vous pourrez faire un détour par la **Valle de los Caídos** (la vallée de « Ceux qui sont tombés »), située dans un site grandiose de la sierra de Guadarrama.

À **Ségovie**, vous pourrez visiter l'aqueduc romain, les églises romaines et l'Alcázar. Tout près de la ville, au pied de la **sierra de Guadarrama**, se trouvent le palais et les splendides jardins de La Granja de San Ildefonso, que fit construire Philippe V – petit-fils de Louis XIV – en souvenir du Versailles de son enfance.

Puis le circuit pénètre plus avant dans la sierra et, après avoir traversé le col de Navacerrada, descend vers la vallée jusqu'au monastère de El Paular. Par le col de Navafría, vous arriverez ensuite au charmant village de **Pedraza**. Avant de

S. Sergent/Michelin

Le château de Pedraza.

reprendre l'autoroute qui vous ramènera à Madrid en traversant le col de Somosierra, vous pourrez faire une halte à Sepúlveda, située en lisière du fleuve.

L'ESTRÉMADURE ET LA PEÑA DE FRANCIA

Circuit de 850 km au départ de Plasencia

Après la visite de la cathédrale et de la Vieille Ville de **Plasencia**, explorez la luxuriante vallée de La Vera, dans laquelle se trouvent le monastère de Yuste (où se retira Charles Quint après son abdication) et quelques villages pittoresques. Puis descendez vers le sud pour explorer le magnifique parc de Monfragüe, à l'extraordinaire avifaune. Poursuivez jusqu'à **Trujillo**, pépinière de conquistadors illustres, dont la Plaza Mayor est une des plus impressionnantes et originales d'Espagne. Et mettez le cap à l'est jusqu'à **Guadalupe**, dominée par un magnifique monastère.

Mérida constitue l'étape suivante : visitez ses monuments romains et son remarquable musée national d'Art romain. Puis prenez l'autoroute pour explorer le sud de l'Estrémadure, ponctué de charmantes petites villes comme **Llerena, Zafra, Jeres de los Caballeros** et surtout **Olivenza**, pleine de douceur de vivre.

Remontez vers **Cáceres**, une ville au vieux quartier parfaitement conservé où le temps semble s'être arrêté aux 16e et 17e s. Le circuit se poursuit jusqu'à **Alcántara**, où se trouvent l'imposant couvent San Benito, ancien siège de l'ordre militaire d'Alcántara, et un remarquable pont romain jeté sur le Tage.

Après la visite de la cathédrale de **Coria**, poursuivez jusqu'à **Ciudad Rodrigo**, une ville pleine de charme qui cache de nombreuses richesses architecturales à l'intérieur de ses murailles. Offrez-vous une exploration des places fortifiées qui se succèdent et se surveillent mutuellement de chaque côté de la frontière avec le Portugal, et achevez votre expédition avec **La Alberca, la Peña de Francia et la sierra de Béjar**, riches en villages de montagne à l'architecture traditionnelle bien préservée.

LES TERRES DE LA MANCHE

Circuit de 850 km au départ de Cuenca

La Manche, vastes plaines couvertes d'interminables champs de céréales et de vignobles se perdant à l'horizon, interrompus ici et là par de petits villages austères dominés par la silhouette d'un moulin à vent ou les mâchicoulis d'un château… : voilà l'image la plus commune de cette région, à jamais associée à l'immortel Don Quichotte, que vient néanmoins nuancer l'existence de quelques montagnes et paysages découpés se dressant sur ses bords.

C'est ainsi que la Vieille Ville de **Cuenca** se blottie sur une spectaculaire plateforme rocheuse, découpée par les défilés du Júcar et du Huécar. Après l'exploration de ses belles ruelles, partez vers le nord et la sierra de Cuenca ; vous y verrez l'étonnante « ville enchantée » (un ensemble de roches sculptées par l'érosion), la source du Cuervo et le défilé de Beteta. De retour à Cuenca, vous parcourrez des terres plates et traverserez **Belmonte**, ville dominée par un imposant château et qui conserve une ancienne collégiale digne d'intérêt.

C'est là que commencent les terres de Don Quichotte, un vaste espace géographique et imaginaire où Cervantès situa les aventures de son héros. Vous y verrez **El Toboso**, le village d'où vient sa fiancée Dulcinée ; Campo de Criptana, un bourg typique de la Manche aux alentours duquel se découpent les silhouettes de nombreux moulins à vent ; **Consuegra,** aux moulins alignés avec son château ; ou encore **Argamasilla de Alba**, siège de la prison ou l'écrivain aurait commencé son récit.

Puis l'itinéraire vous mènera à **Almagro,** un village chargé d'histoire qui conserve un beau centre-ville, avec une magnifique Plaza Mayor et un théâtre du 16e s. : le Corral de Comedias. Non loin de là se trouvent un village discret abritant un remarquable palais aux murs couverts de fresques, **Viso del Marqués**, et la capitale du vin de la Manche, **Valdepeñas**.

Après la visite de **Villanueva de los Infantes**, qui possède d'intéressants témoignages de l'art de la Renaissance et de l'art baroque, rendez-vous au village d'Alcaraz, isolé par les montagnes de la sierra du même nom, où jaillit la source du Mundo. Ce village possède une remarquable Plaza Mayor entourée d'élégants édifices à portiques.

L'étape suivante est la ville d'**Albacete.** Capitale du sud de la Manche, elle possède un musée avec une section archéologique importante. De là, continuez jusqu'à **Alarcón**, dernière étape avant le retour à Cuenca : un magnifique château médiéval, aujourd'hui parador, domine ce village juché sur une butte de terre brune découpée par un méandre du Júcar.

LE CHEMIN DE ST-JACQUES DE COMPOSTELLE EN CASTILLE ET LEÓN

Circuit de 350 km au départ de Burgos

À pied, à bicyclette ou en voiture, le chemin de Compostelle s'appréhende selon sa foi, sa condition physique ou plus simplement sa curiosité envers les villes et les villages qu'il traverse.

Burgos est une excellente entrée en matière. Sa cathédrale, édifiée sur le modèle des cathédrales françaises, est un joyau de l'art gothique. La ville est en outre dotée d'une multitude d'églises, tandis qu'à proximité se dressent le prestigieux monastère de las Huelgas et la chartreuse royale de Miraflores.

Prenez la route jusqu'à **Frómista**, où vous attendent l'église romane San Martín et son extraordinaire patrimoine iconographique, et **Villalcázar de Sirga**, où l'église de Santa María la Blanca n'a rien à envier aux cathédrales du fait de son volume, son architecture transitionnelle du roman au gothique, son somptueux retable et ses tombeaux royaux polychromes. Profitez de cette halte pour goûter l'agneau de lait et ramener des « armarguillos » et des « almendradros », friandises locales.

Partez à **Carrión de los Condes** pour découvrir l'église de Santiago et son superbe portail, et le magnifique cloître plateresque du monastère de San Zoilo.

Après cette étape, le chemin des pèlerins pénètre dans une zone semi-désertique, « la Cueza », ponctuée de petits pueblos. À un kilomètre de **Quintanilla,** vous pourrez visiter les vestiges d'une villa romaine ayant conservé de belles mosaïques.

Rejoignez **León**, dont la cathédrale rappelle les fastes du gothique français. Les pèlerins se rendront à San Isidoro, temple inégalé de la fresque romane. Après la visite du musée de la ville, promenez-vous dans le « barrio húmedo », connu pour ses bars à tapas et son animation nocturne.

Rendez-vous à **Astorga**, où l'extravagant palais de Gaudí, musée du pèlerinage, vole la vedette à la cathédrale voisine. Continuez votre périple avec **Villafranca del Bierzo**, un village plein de charme coulant des jours paisibles au bord de la rivière Burbia. L'église de Santiago, à l'admirable portail roman, est située face à l'ancienne auberge des pèlerins. Pour achever le voyage, montez à 1 300 m d'altitude, à **O Cebreiro**. L'église de Santa Ana domine ce village fascinant et atypique, caractérisé par des habitations héritées des huttes celtiques.

B. Brillion/Michelin

Paysage dans les environs de Zamora.

À FAIRE AVANT DE PARTIR

Où s'informer

RENSEIGNEMENTS TOURISTIQUES

Pour organiser son voyage et rassembler la documentation nécessaire, il faut s'adresser en premier lieu à l'**office du tourisme espagnol** :

À Paris – 43 r. Decamps, 75016 - ✆ 01 45 03 82 50 - fax 01 45 03 82 51 - www.spain.info/fr/TourSpain - lun.-vend. 10h-17h.

À Bruxelles – r. Royale, 97, 1000 - ✆ 32/2 280 19 26 - fax 32/2 230 21 47 - www.tourspain.be - sur place lun.-vend. 9h-14h, permanence téléphonique lun.-jeu. 9h-17h, vend. 9h-15h.

À Genève – 15 r. Ami-Lévrier, 1201 - ✆ 41/22 731 11 33 - fax 41/22 731 13 66 - ginebra@tourspain.es - lun.-vend. 9h-17h.

À Toronto – 2, Bloor Street West, M4W 3E2 - ✆ 1/416 961 3131 - fax 1/416 961 1992 - www.tourspain.toronto.on.ca - lun.-vend. 9h-17h.

ORGANISMES OFFICIELS

Ambassade d'Espagne – 22 av. Marceau, 75008 Paris - ✆ 01 44 43 18 00 - fax 01 47 23 59 55 - www.amb-espagne.fr.

Consulat général d'Espagne – 165 bd Malesherbes, 75017 Paris - ✆ 01 44 29 40 00 - fax 01 40 53 88 29 - www.cgesparis.org.

CENTRES CULTURELS

Institut Cervantès – 7 r. Quentin-Bauchart, 75008 Paris - ✆ 01 40 70 92 92 - www.paris.cervantes.es.

Bibliothèque Octavio-Paz (Institut Cervantès) – 11 av. Marceau, 75016 Paris - ✆ 01 47 20 70 79.

Librairie espagnole – 7 r. Littré, 75006 Paris - ✆ 01 43 54 56 26.

SITES INTERNET

Tourisme

www.turismocastillayleon.com – Site officiel du tourisme de la Castille et León.

www.castillalamancha.es/turismo/SP/Portada/ – Site officiel du tourisme de la Castille - La Mancha.

www.turismoextremadura.com – Site officiel du tourisme de l'Estrémadure.

www.spain.info/fr – Site de l'office du tourisme espagnol à Paris.

www.france.diplomatie.fr – Pour la rubrique « Conseils aux voyageurs ».

Actualités

www.elpais.es, **www.elmundo.es**, **www.madridnews.com** (en espagnol) – Sites des quotidiens les plus lus en Espagne.

Arts

www.arteguias.com (en espagnol) – Ce site artistique traite tous les monuments de Castille. Selon leur appartenance stylistique, ajoutez à la fin de l'adresse de ce site web, par exemple :**/gotico** ou encore**/mozarabe**.

Traditions

www.portaltaurino.com, **www.toros.com** (en espagnol) – Tout sur la tauromachie, avec des adresses pratiques et un calendrier des fêtes et des corridas. Boutique en ligne.

AGENCES DE VOYAGES

La plupart des agences proposent une gamme étendue de prestations pour la Castille et l'Estrémadure : réservation de vols secs, séjours vol + hôtel à la carte, autotours, circuits découverts (plus nombreux en été), week-ends, location de voiture…

Généralistes

Donatello – 20 r. de la Paix, 75008 Paris ✆ 0 826 102 005 - fax 01 45 61 24 81 - www.donatello.fr.

Fram – 4 r. Perrault, 75001 Paris - ✆ 0 826 466 130 - www.fram.fr.

Go Voyages – 22 r. d'Astorg, 75008 Paris ✆ 0 825 825 747 - www.govoyages.fr.

Nouvelles Frontières – 13 av. de l'Opéra, 75001 Paris - ✆ 0 825 000 825 - www.nouvelles-frontieres.fr.

Voyageurs en Europe – 55 r. Ste-Anne, 75002 Paris - ✆ 0 892 235 656 - fax 01 42 86 17 88 -www.vdm.com. Séjours à la carte uniquement.

Spécialistes de l'Espagne

Flamenco – 33 r. Urbain IV, 10000 Troyes - ✆ 03 25 83 10 27 - www.flamenco-tours.com. Cette agence très pointue propose des réservations d'hôtels et organise des circuits de découverte personnalisés, du plus traditionnel au plus insolite.

Iberica – 26 bd Beaumarchais, 75011 Paris - ✆ 01 49 29 48 48 - www.iberica.fr.

Les prestations habituelles, avec des circuits à la carte uniquement.

Marsans International – 49 av. de l'Opéra, 75002 Paris - ✆ 0 825 031 031 - fax 01 40 17 94 05 - www.marsans.fr. Ce grand voyagiste, spécialiste des pays hispanophones et présent en Espagne, propose une large offre d'hébergements et de circuits.

Périples lointains – 33 r. du Fg-Montmartre, 75009 Paris - ✆ 01 53 24 66 88 - www.periples-lointains.fr. Spécialisé dans les fêtes en Espagne et en Amérique du Sud, ce voyagiste propose des séjours à thème autour de la fête et des événements sportifs.

Voyages culturels

Arts et Vie – 251 r. de Vaugirard, 75015 Paris - ✆ 01 40 43 20 21 - www.artsetvie.com. Circuits culturels avec guides. Propose en particulier un combiné Castille-Andalousie (14 j.).

Clio – 27 r. du Hameau, 75015 Paris - ✆ 0 826 101 082 - www.clio.fr. Circuits culturels avec un guide-conférencier au départ de Paris. Propose un grand circuit en Castille (9 j.), le chemin de St-Jacques de Compostelle (8 j.) et une croisière sur le Douro (8 j.).

Intermèdes – 60 r. de la Boétie, 75008 Paris - ✆ 01 45 61 90 90 - fax 01 45 61 90 09 - www.intermedes.com. Circuits découverts en Castille (8 et 10 j.) et week-ends à Madrid (4 j.), avec guides et conférencier. Possibilité de séjours à la carte.

Sports

Randocheval – Chemin du Vernéa - 38440 Moidieu Détourbe - ✆ 04 37 02 20 00 - fax 04 37 02 25 00 - www.randocheval.com. Ce voyagiste programme une promenade équestre dans la sierra de Gredos en Castille (8 j), ainsi qu'une semaine d'équitation de Tolède à l'Estrémadure.

Caprando – Mas de Recaute - 84360 Lauris - ✆ 04 90 08 41 44 - fax 04 90 08 41 37 - www.cap-rando.com. Propose une randonnée à cheval en Castille (6 j.).

Greens du monde – BP 4, 83350 Ramatuelle - ✆ 0 825 800 917 et 00 33 494 559 777 - www.greensdumonde.eu. Réservations vols + hôtels + location de voiture + greenfees.

Randonnées

La Balaguère – 65400 Arrens-Marsous - ✆ 05 62 97 20 21 - www.balaguere.com. « Voyages à pied » dans les Pyrénées et sur le chemin de St-Jacques, libres ou accompagnés, avec ou sans portage.

Formalités

DOCUMENTS IMPORTANTS

Carte d'identité, passeport

La carte nationale d'identité en cours de validité ou le passeport (même périmé depuis moins de 5 ans) sont valables pour les ressortissants des pays de l'Union européenne, de l'Andorre, du Liechtenstein, de Monaco et de la Suisse. Les mineurs voyageant seuls ont besoin d'un passeport en cours de validité ou d'une carte d'identité accompagnée d'une autorisation parentale sous forme d'attestation délivrée par la mairie ou le commissariat de police. Les Canadiens devront présenter leur passeport en cours de validité.

Permis de conduire

Pour les ressortissants de l'Union européenne et de la Suisse, le permis de conduire national (permis rose à trois volets pour la France) suffit. Les Canadiens doivent avoir leur permis de conduire provincial et se procurer un permis de conduire international (PCI) auprès de l'Association canadienne des automobilistes (CAA – ✆ (613) 247 0117 - www.caa.ca : rubrique Voyages et documents internationaux).

Les ressortissants de l'Union européenne et de la Suisse doivent posséder une attestation d'assurance nationale. Les Canadiens doivent faire la demande d'une assurance frontière (assurance temporaire de responsabilité civile).

Le conducteur doit être en possession d'une autorisation écrite du propriétaire si celui-ci n'est pas dans la voiture, ainsi que de l'accord de la compagnie d'assurances.

En outre, il est obligatoire d'être équipé de deux triangles de danger ou de présignalisation ainsi que d'un gilet de sécurité réfléchissant (celui-ci est à garder à l'intérieur de la voiture et non dans le coffre).

ASSURANCES SANTÉ

Afin de profiter de la même assistance médicale que les Espagnols, les Français doivent se procurer, avant le départ, la **carte européenne d'assurance-maladie** qui permet la prise en charge d'éventuels soins médicaux. Elle s'obtient en 2 à 3 semaines sur simple demande auprès de votre Caisse primaire d'assurance-maladie, par téléphone au 0 820 904 175 ou par mail via le site www.ameli.fr. Si votre départ est précipité, vous pouvez retirer dans votre centre une attestation provisoire.

Renseignez-vous aussi auprès de votre banque, car vous pouvez bénéficier de certaines assurances par l'intermédiaire de votre carte bancaire.

TOURISME ET HANDICAP

Il existe plusieurs organismes en France qui proposent des voyages adaptés aux personnes à mobilité réduite. On peut en trouver la liste sur Internet : www.unat.asso.fr.

En Espagne, la Confédération des personnes handicapées physiques fournit des renseignements sur les installations adaptées. Sa section « Loisirs et temps libre » organise aussi des activités.

Información en el Real Patronato de Prevención y de Atención a Personas con Minusvalias – Calle Serrano, 140, 28006 Madrid - ✆ 914 115 501.

DOUANES

Vous pouvez rapporter jusqu'à 5 cartouches de cigarettes (1 kg de tabac), 10 l d'alcool fort, 20 l d'alcool intermédiaire (type xérès), 90 l de vin (dont 60 l de vin mousseux) et 110 l de bière. Renseignements : www.douane.gouv.fr.

ANIMAUX DE COMPAGNIE

Pour voyager en Espagne, les chiens et les chats doivent posséder un **passeport européen**. Délivré par le vétérinaire, il prouve que l'animal a été vacciné contre la rage et qu'il est identifiable (tatouage, puce électronique).

Attention, sur place, les animaux ne sont admis ni dans les restaurants ni dans les trains.

Se rendre en Espagne du Centre

EN VOITURE

Les principaux postes-frontières se trouvent aux deux extrémités des Pyrénées : à Irún (pont international de Béhobie) et à la Jonquera (col du Perthus). On peut aussi passer par des postes situés le long de la chaîne des Pyrénées (Vera de Bidasoa, Etxalar, Dantxarinea, Erratzu, etc.) ou par l'Andorre.

Pour définir l'itinéraire entre votre point de départ en France et votre destination en Castille et en Estrémadure, consultez la carte Michelin n° **734** couvrant l'ensemble du réseau routier espagnol, ou les cartes régionales Michelin n^{os} **121**, **575**, **576** au 1/400 000 et le plan de Madrid n° **1042**.

Itinéraires par Internet

Vous pouvez obtenir des feuilles de route personnalisées, des adresses d'hôtels et de restaurants, ainsi que des informations pratiques et touristiques sur les lieux traversés en vous connectant à www.ViaMichelin.fr.

Exemples d'itinéraires conseillés par ViaMichelin : la N 1 pour Irún et Burgos, la E 80 pour Valladolid et Salamanque.

Itinéraire le plus rapide Paris-Madrid (1 284 km, 12h02) : prendre l'A 6 en direction de Lyon, puis l'A 10 en direction de Bordeaux, la N 230, l'A 630, l'A 63 et la N 10 en direction de Bayonne et de l'Espagne, puis la N 1 et enfin l'autoroute AP 1 jusqu'à Madrid.

Avion d'Iberia.

EN AVION

Compagnies régulières

Des vols directs assurés par plusieurs compagnies aériennes relient Paris à l'aéroport de Madrid-Barajas. Il existe des vols au départ de diverses villes de province (Biarritz, Brest, Bordeaux, Lille, Lyon, Montpellier, Mulhouse, Nantes et Nice) avec ou sans escale à Paris. En s'y prenant longtemps à l'avance (au moins 1 mois), on peut trouver des allers-retours à des prix très intéressants. Les vols avec changement sont souvent beaucoup plus chers. Chaque compagnie possède un comptoir aux aéroports Charles-de-Gaulle et Orly.

Air Europa – 174 bd Haussmann, 75008 Paris - ✆ 01 42 65 08 00 - www.air-europa.com. Vols directs Paris-Madrid (3 vols/j.). À partir de 150 € aller-retour.

Air France – Agence Opéra, 49 av. de l'Opéra, 75001 Paris (60 agences en France) - ✆ 0 820 820 820 - www.airfrance.fr. Vols directs Paris-Madrid (14 vols/j.). À partir de 170 € HT aller-retour. Vols intérieurs en combinaison avec Iberia.

Iberia – ✆ 0 825 800 965 - www.iberia.com. Vols directs Paris-Madrid (9 vols/j.), à partir de 170 € HT aller-retour.

Vols économiques

Certains sites Internet proposent des vols à tarifs négociés, variables selon les dates et les heures de vol. N'oubliez pas de vérifier si les prix affichés comprennent les taxes d'aéroport (elles peuvent doubler le prix du billet).

www.easyjet.com – ✆ 0 899 700 041 - Easyjet propose des packages vol + voiture avantageux en partenariat avec Europcar ✆ 0 825 358 358 ; **www.bourse-des-vols.com** – ✆ 0 899 650 649 ; **www.ebookers.fr** – ✆ 0 892 893 892 ; **www.govoyages.fr** – ✆ 0 899 651 951 ; **www.lastminute.com** – ✆ 0 899 785 000 ; **www.opodo.com** – ✆ 0 899 653 655.

EN TRAIN

Paris est relié à Madrid par le train de nuit **ELIPSOS**. Avec un départ quotidien de Paris-Austerlitz à 19h43, le Trainhôtel Francisco de Goya 409 arrive à Madrid-Chamartin à 9h13 le lendemain matin. Il prend des voyageurs à Orléans-les Aubrais, Blois, Poitiers, et dessert les gares espagnoles de Vitoria, Burgos et Valladolid. Pour le retour, chaque jour le Trainhôtel Francisco de Goya 407 effectue la liaison Madrid-Chamartin avec un départ à 19h00 et une arrivée à Paris-Austerlitz à 8h27 en prenant des voyageurs à Valladolid, Burgos et Vitoria, et en desservant les gares de Poitiers, Blois, et Orléans-les Aubrais.

Les « Trainhôtel » ELIPSOS sont composés d'une voiture restaurant, d'une voiture bar, et de différents espaces proposés aux voyageurs : cabine individuelle ou double (standard ou équipée d'une douche et d'un W.C privé), cabine à 4 lits, ou sièges super-inclinables. Les prix sont variables : de 69 € à 450 € le trajet simple, selon la classe, la saison et les tarifs spéciaux. Vous pouvez acheter vos billets Trainhôtel ELIPSOS par le réseau de vente SNCF ou encore directement sur internet www.voyages-sncf.com. Pour plus d'informations : **www.elipsos.com**

Pour rejoindre les villes de Castille et d'Estrémadure, il faut ensuite se rendre à la gare de Madrid-Atocha (30mn de trajet, le prix du transfert en train, métro ou bus est compris dans celui du billet de train). Madrid est relié, entre autres, à Salamanque en 2h20, à León en 3h50, à Palencia en 2h50, à Ségovie en 2h et à Tolède en 30mn.

SNCF – ✆ 36 35 - www.voyages-sncf.com.

RENFE – Iberrail - 57 r. de la Chaussée-d'Antin, 75009 Paris - ✆ 01 40 82 63 63. Le site Internet de la RENFE permet de consulter tous les horaires et tarifs avant le départ : www.renfe.es.

ELIPSOS – www.elipsos.com

EN AUTOCAR

C'est une façon de voyager assez fastidieuse (plus de 24h de trajet depuis Paris) et pas forcément plus économique, mais qui permet une liaison directe depuis un certain nombre de villes de province.

Eurolines – Gare internationale de Paris-Gallieni - 28 av. du Gén.-de-Gaulle, BP 313, 93541 Bagnolet Cedex - ✆ 0 892 899 091 - www.eurolines.fr. Il y a un départ quotidien de Paris pour Madrid (consultez le site pour connaître les autres destinations possibles). Comptez de 130 à 160 € par personne.

Réserver son hébergement

Vous pouvez contacter directement les hôtels, campings ou pensions *(voir carnets pratiques de chaque localité)* ou passer par une centrale de réservation. *Les différents types d'hébergement sont décrits p. 24.*

Le **tourisme rural**, qui se développe en Espagne, est plébiscité par un nombre de plus en plus grand de voyageurs, à la recherche d'authenticité, de charme et de calme. Renseignements sur les sites spécialisés d'hébergements ruraux : www.ecoturismomadrid.com ; www.ecoturismocastillayleon.com ; www.ecoturismocastillalamancha.com et www.ecoturismoextremadura.com.

Fédération unie des auberges de jeunesse – 27 rue Pajol, 75018 Paris - www.fuj.org. Cette organisation délivre une carte valable dans 81 pays, permettant non seulement de bénéficier d'un hébergement parmi les 4 000 auberges de jeunesse, mais aussi d'obtenir des prix préférentiels sur l'entrée de nombreux musées et attractions diverses.

Il existe également une carte « famille » valable pour 2 adultes et 1 ou plusieurs enfants âgés de moins de 14 ans. Pour des renseignements sur les auberges de jeunesse du centre de l'Espagne, rendez-vous sur le site : **www.reaj.com**.

Décalage horaire

L'Espagne a la même heure légale que la France, hiver comme été, c'est à dire GMT + 1h en hiver et GMT + 2h en été. Les changements d'heure s'effectuent en même temps.

Argent

DEVISES

L'Espagne fait partie de la zone **euro**. Les ressortissants de la zone euro peuvent en théorie utiliser leur chéquier. Mais, en pratique, le **chèque** est très peu répandu en Espagne et la majorité des commerçants ne l'acceptent pas. Les **chèques de voyage** sont sûrs en cas de vol mais ne sont plus très pratiques. Mieux vaut payer en liquide ou par carte de crédit. Les principales **cartes de crédit internationales** (Visa, Eurocard/Mastercard) sont acceptées dans quasiment tous les commerces, hôtels et restaurants. Elle permettent de réaliser des retraits d'espèces facilement.

Attention cependant, la plupart des bars à tapas, et certains parkings et pensions ne sont pas équipés de paiement par carte bancaire. Veillez à conserver toujours un peu de liquide.

En cas de perte ou de vol de carte, téléphonez immédiatement à :

American Express – ✆ 00 33 1 47 77 72 00 (numéro en France, 24h/24) ou 915 192 100 (depuis l'Espagne).

Diners Club – ✆ 00 33 1 49 06 17 76 (numéro en France, 24h/24) ou 915 196 000 (depuis l'Espagne).

Pensez à noter votre numéro de carte bancaire dans un autre endroit que celui où vous la gardez.

Eurocard/Mastercard – ✆ 00 33 1 45 16 65 65 ou 900 971 231 (nº Vert composable uniquement depuis l'Espagne).

Visa – ✆ 00 33 1 42 99 08 08 ou 913 626 200 (depuis l'Espagne).

BUDGET

Hébergement-restauration

Afin de vous aider à préparer votre voyage, voici des budgets indicatifs calculés en fonction des différentes catégories d'établissements proposés. Chaque prix indiqué (par jour et par personne) est basé sur deux personnes, c'est-à-dire qu'il comprend la nuit dans une chambre double, le déjeuner et le dîner. Pour une personne seule, ce sera un peu plus cher.

Petits budgets (environ 55 €) : une chambre dans un petit hôtel ou pension, un repas léger (tapas ou menu) et un repas complet dans un restaurant simple.

Budgets moyens (environ 85 €) : une nuit dans un bon hôtel ou une pension dans une grande ville, un repas léger (tapas ou menu) et un autre dans un restaurant de niveau moyen.

Transports

Comptez 5-6 € pour un trajet en **taxi** en ville, 0,80 € pour un ticket de **bus** (variable selon les villes) et 150 à 300 € selon le loueur pour la location d'une **voiture** pour une semaine. Une assurance jeune conducteur (21-25 ans) pourra être ajoutée au prix de base.

Visites

Certains **musées** sont gratuits pour les ressortissants des pays de l'Union européenne sur présentation d'une pièce d'identité, les autres vous coûteront en moyenne de 2 à 5 €. Retenez que le **mercredi** est souvent gratuit pour les ressortissants de l'UE.

Réductions

La **carte d'étudiant internationale ISIC** (International Student Identity Card) coûte 12 € et offre des réductions dans de nombreux pays du monde. Elle est réservée aux collégiens, lycéens et étudiants. Renseignements complémentaires par téléphone au 01 49 96 96 49 et liste des établissements où se la procurer sur www.carteisic.com. De nombreux monuments et musées acceptent aussi la carte d'étudiant française. Pour les étudiants et non-étudiants de moins de 26 ans, la carte **IYTC** (International Youth Travel Card) offre le même genre d'avantages (un peu moins bien) au même prix. On peut se la procurer dans toutes les agences OTU Travel – ✆ 0 820 817 817 - www.otu.fr.

Les plus de 65 ans ont droit à d'importantes réductions dans les transports, les accès aux monuments, aux musées et aux spectacles.

La RENFE accorde des réductions qui varient en fonction de la destination et de la période pour les plus de 60 ans munis de la « Tarjeta Dorada » (la carte dorée), que l'on trouve dans les gares et les agences de voyages pour 5 €.

Qu'emporter ?

Pour un séjour en période estivale, compte tenu du climat continental emportez des vêtements légers, une bonne crème solaire et des lunettes de soleil... et un pull pour le soir.

Au début du printemps et à la fin de l'automne, prévoyez imperméable, un parapluie et un vêtement chaud. De nombreuses villes se situent en altitude, et il n'est pas rare qu'un vent froid souffle fort et que la neige tombe encore.

De bonnes chaussures de marche s'imposent en ville comme dans la nature.

ESPAGNE DU CENTRE PRATIQUE

Adresses utiles

OÙ S'INFORMER

Office de tourisme à Madrid (Secretaría General de Turismo) – Calle José Lázaro Galdiano, 6, 28036 - ✆ 913 433 500 - www.spain.info.

Renseignements touristiques nationaux – ✆ 901 300 600 (8h-22h).

Sur les plans de villes de ce guide, les offices de tourisme sont signalés par le symbole 🅸. Vous trouverez leurs adresses et numéros de téléphone dans les carnets pratiques de chaque localité.

Junta de Castilla y León : renseignements sur le site www.jcyl.es

Junta de Castilla - La Mancha : renseignements sur le site www.jccm.es

Junta de Extremadura : renseignements sur le site www.juntaex.es

AMBASSADES ET CONSULATS

Ambassade de France – Calle Salustiano Olozaga, 9, 28001 Madrid - ✆ (00 34) 914 238 900 - www.ambafrance-es.org.

Consulat de France – Calle Marqués de la Ensenada, 10, 28004 Madrid - ✆ (00 34) 917 007 800 - www.consulfrance-madrid.org.

Ambassade de Belgique – Paseo de la Castellana, 18, 28046 Madrid - ✆ (00 34) 915 776 300 - www.diplomatie.be/madrid.

Consulat de Belgique – Paseo de la Castellana, 18, 6e étage. 28046 Madrid - ✆ (00 34) 915 776 300.

Ambassade de Suisse – Edificio Goya, calle Núñez de Balboa, 35, 28001 Madrid - ✆ (00 34) 914 363 960 - www.eda.admin.ch/madrid.

Ambassade du Canada – Edificio Goya, calle Núñez de Balboa, 34, 28001 Madrid - ✆ (00 34) 914 233 250 - www.canada-es.org.

EN CAS D'URGENCE

Police – ✆ 091

Pompiers – ✆ 112

Urgences médicales – ✆ 061

MISE EN GARDE

Comme dans tous les lieux touristiques, il vous faudra faire attention aux pickpockets. Ne gardez pas d'argent ni de papiers dans des poches extérieures et ne laissez rien en vue dans votre voiture. Si vous gardez des affaires dans le coffre, pensez à le fermer une fois stationné. Si vous avez une voiture de location, vous pouvez y laisser un journal espagnol en vue pour ajouter à la couleur locale.

Se déplacer en Castille

EN VOITURE

Location de voitures

Vous pouvez louer une voiture dans les aéroports, les gares, les grands hôtels et les agences de location. Si vous partez durant la pleine saison touristique, mieux vaut réserver votre voiture à l'avance et depuis la France pour bénéficier de tarifs intéressants.

Attention : même si en Espagne l'âge minimal légal pour conduire est de 18 ans, la plupart des agences de location refusent de louer aux moins de 21 ans.

Autoescape – ✆ 0 800 920 940 (appel gratuit) - www.autoescape.fr.

Avis – ✆ 0 820 050 505 - www.avis.fr.

Budget – ✆ 0 825 003 564 - www.budget.fr.

Europcar – ✆ 0 825 358 358 ou 01 55 66 83 44 - www.europcar.fr.

Hertz – ✆ 0 825 861 861 ou 01 39 38 38 38 - www.hertz.fr.

Limitations de vitesse

En Espagne, la vitesse est limitée à 50 km/h dans les villes et agglomérations, 100 km/h sur les routes nationales et 120 km/h sur les autoroutes et voies rapides. Les changements de limitation sont fréquents sur un même tronçon (notamment en cas de virages), soyez donc attentif aux différents panneaux.

Taux d'alcoolémie

Il est comme en France de 0,5 g d'alcool/litre de sang ou 0,25 mg d'alcool/litre d'air expiré. Pour les **nouveaux conducteurs** (– 2 ans), il est de 0,3 g d'alcool/litre de sang ou 0,15 mg d'alcool/litre d'air expiré.

Signalisation routière

La signalisation routière est sensiblement la même qu'en France : priorité à droite, interdiction de stationner (« No aparcar ») signalée par des bandes jaunes. Dans les rues à sens unique, le stationnement se fait du côté pair les jours pairs, et du côté impair les jours impairs.

Le téléphone portable est toléré en formule « mains libres » uniquement. L'utilisation de détecteurs de radars est interdite.

Les Espagnols sont très respectueux des passages piétons – veillez à vous arrêter avant même que le piéton ne soit engagé –, ainsi que des distances de sécurité qui séparent deux véhicules.

État du réseau routier

Le réseau routier espagnol s'est nettement amélioré ces dernières années. Aujourd'hui, il recense plus de 154 508 km d'autoroutes, de quatre-voies et autres types de routes. La circulation est généralement très fluide, excepté l'été où les embouteillages sont courants dans les grandes villes. Néanmoins, l'automobile demeure le meilleur moyen de locomotion pour ceux qui disposent d'un peu de temps pour visiter les différentes localités.

Information routière – Pour obtenir des informations sur l'état des routes, consultez la Dirección General de Tráfico – ✆ 900 123 505 (appel gratuit, en espagnol) et www.dgt.es.

Cartes et Via Michelin

L'**atlas routier Michelin Espagne & Portugal** et la **carte Michelin National 734** couvrent l'Espagne et le Portugal à l'échelle de 1/1 000 000. Ils vous serviront pour gagner votre destination. Une fois sur place, vous pourrez utiliser les **cartes Michelin Local 575 et 576** qui couvrent la Castille et l'Estrémadure au 1/400 000.

Pour étudier vos itinéraires d'accès, nous vous conseillons d'aller sur le site **www.ViaMichelin.com**.

Stationnement

Il est très difficile de stationner dans les centres historiques des grandes villes, véritables enchevêtrements de ruelles étroites et coudées. Le mieux est de se garer dans un parking souterrain, où le tarif à la journée permet de visiter la ville sans avoir à revenir toutes les deux heures pour remettre de l'argent. Le centre de Madrid se visite plus facilement en métro. Ceux des villes de Castille et d'Estrémadure ne nécessitent pas l'utilisation d'une voiture pour la découverte du « casco historico » (centre historique). De même, pour les petits villages, garez-vous à l'entrée pour éviter des manœuvres compliquées et continuez à pied.

Signalisation

Le centre historique de chaque ville à visiter est signalé par un panneau rose clair avec ces différentes inscriptions : « zona monumental », « casco historico », « conjunto historico » ou encore « centro cuidad ». Monuments et musées sont signalés sur des panneaux rose foncé avec leur nom figurant dessus. Enfin, les hôtels sont signalés par leur nom sur des panneaux jaunes.

Assistance automobile

RACE – ✆ 902 404 545 - www.race.es.

Carburant

En Espagne, l'essence est environ 20 % moins cher que dans le reste de l'Union européenne. À titre indicatif, en juin 2007, le prix de l'essence était en moyenne de 1,08 € pour le 95 Sans Plomb, 1,19 € pour le 98 Sans Plomb et 0,96 € pour le gazole. Il n'existe pas de distributeurs GPL en Espagne.

EN TAXI

Le taxi est un bon moyen pour rejoindre les sites un peu excentrés (pour le reste, la marche à pied suffit amplement). En général, on en trouve assez facilement (lumière verte : taxi libre) et la course n'est pas très chère. Il existe un tarif jour et un tarif nuit, week-end et jours fériés. Vous pouvez commander un taxi depuis votre hôtel.

Comptez pour le trajet aéroport/Madrid : entre 20 et 25 € (+ 4,50 € de surcharge bagages).

Prensa de Renfe

L'AVE.

EN TRAIN

C'est la compagnie **RENFE**, société nationale des chemins de fer espagnols (renseignements et réservations 24h/24 – ✆ 902 240 202 - www.renfe.es), qui gère le réseau ferroviaire. Les tarifs sont relativement avantageux. De plus, la RENFE propose des réductions spéciales (plus ou moins applicables selon le train choisi).

AVE : train rapide, équivalent de notre TGV, reliant Madrid (Atocha) à Tolède en 30mn.

Talgo : ce train de haute technologie (200 km/h), qui a bénéficié de l'infrastructure de l'AVE, relie Madrid à Avila, Salamanca, Zamora, Valladolid, Palencia, León, Burgos, Guadalajara, Albacete, Cáceres, Badajoz et Cuidad Real.

Réductions

Chez les **jeunes**, les enfants de moins de 4 ans voyagent gratuitement à condition de ne pas occuper de siège. De 4 à 14 ans, ils bénéficient d'une réduction de 40 %. Et jusqu'à 25 ans, avec la carte ISIC *(voir p. 19)*, ils ont 20 % de réduction sur certains trajets.

Les **seniors** âgés de plus de 60 ans et les personnes présentant une invalidité à plus de 65 % peuvent demander la « Tarjeta Dorada » (« carte dorée », *voir p. 19*), qui leur donne droit à une réduction de 40 % sur les trajets du lundi au jeudi et de 25 % sur les trajets du vendredi au dimanche (sous réserve de disponibilités).

Sachez aussi que si vous effectuez un trajet **aller-retour**, vous bénéficiez automatiquement d'une réduction de 20 % sur le prix de l'aller simple.

La « **Tarjeta Interrail** » (« carte Interrail ») permet une libre circulation sur les réseaux de chemin de fer d'Espagne, du Portugal et du Maroc en 2e classe, pour une durée limitée. Informations complémentaires sur le site www.informajoven.com.

Gares vertes

Les gares vertes se trouvent à proximité de différents sites naturels et composent des haltes idéales pour les amateurs de randonnée et de VTT. Renseignements et horaires dans les gares des chefs-lieux de province. Renseignements touristiques : www.renfe.es/medio_ambiente ou www.adil.es/empresa/medio_ambiente/index.html

Un train touristique

El tren de la Fresa – Il relie Madrid à Aranjuez d'avril à juillet. Renseignements auprès de la RENFE – ✆ 902 240 202.

EN AUTOCAR

Les autocars sont un moyen pratique, moderne et économique pour se déplacer en Espagne. Pour les voyages à travers la Castille et León, la Castille - La Manche et l'Estrémadure, vous emprunterez majoritairement les cars de la compagnie **Auto Res**. Renseignements au ✆ 902 020 052 ou sur leur site www.auto-res.net.

Sinon, vous trouverez également les coordonnées des compagnies dans les **carnets pratiques** des principales localités.

EN AVION

Le centre de l'Espagne compte 10 aéroports qui le relient aux autres parties de l'Espagne et à certaines villes étrangères.

Pour obtenir des renseignements sur les vols et les horaires, un seul numéro centralisé : **AENA** (Aeropuertos Españoles

PROVINCE	GARE VERTE	LIGNE
Madrid	Cercedilla	Madrid-Ségovie
Avila	Las Navas del Marquès	Madrid-Hendaye
Burgos	Pancorbo	Madrid-Hendaye
León	Ponferrada	Palencia-A Coruña
Palencia	Aguilar de Campóo	Venta de Baños Santander
Salamanque	Cuidad Rodrigo	Salamanque-La Fregeneda
Ségovie	El Espinar	Villalba-Medina
Soria	Agreda	Soria-Castejón
Valladolid	Castronuño	Medina-Zamora
Zamora	Puebla de Sanabria	Zamora- A Coruña
Albacete	Almansa	Madrid-Alicante
Cuidad Real	Almadenejos-Almaden	Madrid-Badajoz
Cuenca	Carboneras de Guadazaon	Aranjuez-Cuenca-Utiel
Guadalajara	Sigüenza	Madrid-Barcelone
Tolède	Talavera de la Reina	Madrid-Valence
Badajoz	Cabeza del Buey	Madrid-Badajoz
Cáceres	Monfragüe	Madrid-Valence

y Navegación Aérea) - ✆ 902 404 704 - www.aena.es.

Principales compagnies aériennes :

Air Europa – ✆ 902 401 501 - www.air-europa.com.

Iberia – ✆ 902 400 500 - www.iberia.com.

Spanair – ✆ 902 131 415 - www.spanair.com.

Se loger

NOS CATÉGORIES DE PRIX

Notre sélection d'hôtels et de pensions est présentée sur la base du prix d'une chambre double en basse et haute saison, hors Semaine sainte et toutes taxes comprises. Lors de la **Semaine sainte**, les prix peuvent doubler, voire tripler. Il est donc impératif de se renseigner sur le montant lors de votre réservation. De plus, pour cette période, il vous faudra réserver votre hébergement au moins six mois à l'avance (deux ou trois semaines suffisent le reste du temps en saison haute). Tenez aussi compte des **férias**, qui remplissent les hôtels à l'avance.

LES DIFFÉRENTS TYPES D'HÉBERGEMENT

L'office du tourisme espagnol de Paris vous fournit un guide des hôtels (classés d'une à cinq étoiles), des pensions, des maisons rurales et des campings. Les prix varient selon les saisons, mais aussi selon les localités.

Les hôtels

Nous vous proposons une sélection d'adresses dans les carnets pratiques de chaque localité.

Certaines chaînes hôtelières et certains hôtels proposent des tarifs réduits le week-end. Il est également possible d'obtenir des coupons pour une ou plusieurs nuits à des prix très intéressants. Renseignez-vous à l'avance auprès des agences de voyages ou directement :

NH Hoteles – ✆ 902 115 116 (24h/24) - Très présents en Castille, les NH hoteles sont des hôtels haut de gamme et design, généralement installés sur des sites ou dans des lieux d'exception - www.nh-hoteles.com. Offres spéciales le week-end.

Bancotel – ✆ 902 877 877 - www.bancotel.com. Chéquiers de coupons d'une valeur globale de 150 et 250 € valables pendant deux ans dans plusieurs pays dans des hôtels trois, quatre et cinq étoiles. Réductions très intéressantes par rapport aux prix affichés (jusqu'à - 65 %). La TVA est à régler séparément dans les hôtels.

Halcón Viajes – ✆ 902 300 600 - www.halconviajes.com. Coupons individuels (une nuit pour une ou deux personnes) à prix réduit. L'agence propose aussi des vols et des locations de voitures.

Hoteles Meliá – ✆ 902 144 440 - www.solmelia.com. Carte de fidélité gratuite MAS (avec avantages immédiats) et nombreuses offres spéciales.

Les paradors

Les paradors de tourisme sont des hôtels de luxe, certains aménagés dans des monuments historiques restaurés (châteaux, palais, monastères), tous très bien situés et pourvus de tout le confort moderne. Le prix par personne pour une chambre double standard varie entre 95 et 170 € (basse et haute saison, avec des saisons intermédiaires, petit-déjeuner 13 €). Réductions spéciales : « Días Dorados », pour les plus de 60 ans (- 35 %) ; carte « 5 nuits » (91 € la nuit) ; deux nuits ou plus consécutives dans un même établissement (- 20 % en demi-pension) ; « Escapada Joven » pour les 20-30 ans (50 € la nuit avec petit-déjeuner). Avec la « Tarjeta Amigos de Paradores » (« carte des amis des paradors », gratuite), vous pouvez cumuler des points pour avoir des nuits gratuites et bénéficier de certains avantages. Renseignements sur le site www.parador.es ou via leur représentation officielle en France : Iberrail – 57, r. de la Chaussée-d'Antin, 75009 Paris - ✆ 0 825 079 200 - service.paradores@iberrail.fr. Pour la Belgique et le Luxembourg, adressez-vous à Caractère – Gentsestraat, 20 - 9420 Erpe-Mere - ✆ 053 630 077 - info@caractere.be.

NOS CATÉGORIES DE PRIX		
Se restaurer (prix d'un repas)		**Se loger** (prix de la chambre double sans petit-déjeuner)
●	moins de 15 €	moins de 60 €
●●	de 15 à 30 €	de 60 à 100 €
●●●	plus de 30 €	Plus de 100€

www.parador.es

Le parador de Tolède.

Les « hostales »

Les *hostales* sont de petits hôtels de type familial, assimilables à des pensions. La salle de bains est parfois sur le palier (se renseigner), le paiement par carte de crédit n'est pas toujours possible, et en général ils ne proposent pas de petit-déjeuner. Mais ils sont souvent très bien situés, bien tenus et un peu plus personnels que les hôtels habituels. On a parfois vraiment l'impression de loger chez l'habitant.

Les gîtes ruraux

L'**Asociación de las Empresas Turísticas** (AEMTUR) gère et propose de nombreux hébergements dans toute l'Espagne, situés en zone rurale. Ces hébergements se déclinent en « casa rural » (maison rurale), « hoteles rurales » (hôtels ruraux), « posadas » (hôtels de charme), « centros de turismo rural » (centres de tourisme ruraux, généralement des fermes), « apartamentos rurales » (appartements ruraux) et des « albergues » (auberges). Cette association possède un portail Internet : www.guiascasarurales.com, où il vous suffira de cliquer sur le lieu de villégiature de votre choix pour obtenir une large sélection d'hébergements, avec photo et commentaires.

AEMTUR – Pso. Carlos III, 24, 28200 San Lorenzo de El Escorial, Madrid - ✆ 918 961 196.

Les auberges de jeunesse (albergues juveniles)

La **Red Española de Albergues Juveniles** (REAJ) gère un large réseau d'auberges de jeunesse à travers toute l'Espagne et organise un grand nombre d'activités sportives, culturelles et touristiques. Pour se loger dans l'une de ces auberges, il faut posséder la carte des auberges de jeunesse (individuelle ou de groupe) que l'on peut se procurer dans toutes les auberges du réseau ou auprès de la centrale de réservation, ou présenter la carte de la Fédération internationale des auberges de jeunesse (IYTC, *voir p. 19*). Tarifs variables selon l'âge et la saison (9,50/15 € pour les – 26 ans, 13/20 € pour les + 26 ans, enfants jusqu'à 6 ans tarif unique 5 € ; petit-déjeuner 1,50 €, repas 5,50 €). Informations complémentaires sur **www.reaj.com**.

Red de Albergues Juveniles de Castilla - La-Mancha – www.rajclm.com

Camping, caravaning

La Federación Española de Campings édite un guide complet sur le camping-caravaning qui donne des précisions sur les équipements de chaque terrain. ✆ 669 424 403. Le camping sauvage est autorisé dans certaines régions ; renseignez-vous auprès des mairies.

LE GUIDE ROUGE MICHELIN ESPAÑA & PORTUGAL

Mis à jour chaque année, il recommande un large choix d'établissements avec indication de leur classe et de leur confort, de leur situation, de leur agrément, de leur équipement (piscine, tennis, golf, jardin…) et de leur prix. Ce choix a été établi après visites et enquêtes sur place. Les établissements qui se distinguent par leur agrément et leur tranquillité (décor original, site, vue exceptionnelle) sont indiqués par des symboles rouges. Les localités qui disposent de tels hôtels sont repérées sur plusieurs cartes dans les pages d'introduction du guide.

Le Guide Rouge Michelin propose également une large sélection de restaurants qui vous permettront de découvrir et de savourer les meilleures spécialités régionales et nationales. Les établissements remarquables pour la qualité de leur cuisine sont signalés par des étoiles de bonne table (une à trois étoiles).

Se restaurer

Nous vous proposons une sélection de restaurants pour tous budgets dans les carnets pratiques de ce guide.

Le prix indiqué pour les restaurants dans les carnets pratiques avec les piécettes, dont on retrouve la définition dans le tableau des catégories de prix, correspond à un repas comprenant entrée, plat principal et dessert. La boisson n'est pas comprise.

La plupart des petits restaurants sont aussi des **bars à tapas**. Les Espagnols s'y retrouvent en groupe à l'heure de l'apéritif et écument ainsi plusieurs lieux, ce qui s'appelle « **ir de tapeo** » (« aller de tapas en tapas »).

En général, au comptoir, vous pourrez déguster diverses assiettes de **tapas** (en moyenne 2-3 € l'assiette), qui sont des amuse-gueules ou des plats cuisinés en petite quantité, allant des olives aux calamars et du jambon cru aux pommes de terre à la mayonnaise.

Office Espagnol du tourisme/Paris

Pâtisseries de Ségovie.

Il existe quatre catégories de tapas :

Les **banderillas** : Différents aliments sont piqués sur un *palillo* (sorte de cure-dent en bois). Ces mini brochettes sont généralement froides, légères, et accompagnent un apéritif ou un verre de vin. Par exemple, on superpose sur un *palillo*, du pain, une tranche d'œuf dur et une olive.

Les **platillos** : Sur des petites assiettes, on propose des morceaux d'un produit unique, généralement charcutier (des rondelles de chorizo par exemple ou encore des morceaux de *tortilla*) et que l'on saisit avec un *palillo*.

Les **croquetas** : Ce sont des boulettes chaudes de viande ou de poisson à la béchamel, souvent panées et parfois en croûte.

Les **cazuelitas** : Dans ces cassolettes en terre cuite individuelles, on cuisine toute une variété de préparations, que l'on mange soit avec les doigts (ex : coquillages) soit à l'aide d'un *palillo*.

Les **spécialités de tapas** que vous retrouverez systématiquement au comptoir des bars sont : les *tortillas* (omelettes, nature, aux pommes de terre, au chorizo, aux poivrons), les *hojaldrados* (feuilletés aux anchoix, au poulet, à la tapenade), les *albondigas* (boulettes de viande ou de poisson), les *chipirónes* (crevettes, à l'ail, au basilic et chorizo, aux poivrons, aux piments), les *migas* (miettes de pain rissolées à l'huile d'olive, mélangées à de la sardine ou à du chorizo), les *patatas bravas* (pommes de terre à la sauce piquante), les *pimientos rellenos* (poivrons farcis), les *mejillónes* (moules, au persil, farcies, flambées), les *pescados fritos* (friture de petits poissons) et les *croquetas caseras* (boulettes à la béchamel avec des morceaux de jambon ou de chorizo, ou boulettes de morue).

En salle, vous aurez le choix entre des **raciónes** et des **1/2 raciónes** (*media raciones*), qui reprennent les plats proposés en tapas, mais version grande assiette. Un plat en *1/2 ración* suffit en général pour une personne (compter 6 à 12 € pour un plat, jusqu'à 18 € pour du jambon cru) ; vous êtes confortablement installé, mais vous perdez le bénéfice de la variété.

Selon les restaurants, les prix sont annoncés **hors taxes** (« mas IVA ») ou TTC (« IVA incluido »). Vérifiez sur le menu (hors taxes, il faut ajouter 7 % au prix initial).

Attention, les plats sont servis sans **accompagnement**. Si vous commandez une *1/2 ración* de fromage ou de jambon, vous n'aurez rien d'autre dans votre assiette.

Si, à table, avant de vous servir le repas, on vous apporte **du pain ou des olives**, sachez qu'ils vous seront facturés (environ 1,50 € chacun) à moins que vous ne les refusiez immédiatement.

Les **desserts** (*postre*) dans les petits restaurants ne sont pas très variés, voire inexistants, à moins qu'il n'y ait une spécialité de la ville, qu'il vous faudra goûter absolument. On vous proposera toujours du **flan**, c'est-à-dire de la crème caramel, le dessert le plus courant en Espagne, et parfois comme dessert un jus d'orange (*zumo de naranja*). Il y a plus de choix dans les restaurants luxueux.

PETIT LEXIQUE CULINAIRE

Viandes et volailles

Agneau : *cordero*
Agneau de lait : *lechazo*
Bœuf : *buey*
Charcuterie : *embutidos*
Cochon de lait : *cochinillo*
Côte, côtelette : *chuleta*
Faux-filet : *solomillo bajo*
Filet : *solomillo*
Lapin : *conejo*
Porc : *cerdo*
Poulet : *pollo*
Saucisse : *salchichas*
Rôtir : *asar* (rôti = *asado*)
Tripes : *callos*
Veau : *ternero*

Poissons et fruits de mer

Calmar : *chipirón*
Crevette : *gamba*
Morue : *bacalao*
Poulpe : *pulpo*
Truite : *trucha*

Légumes et fruits

Champignons : *setas*
Orange : *naranja*
Poivron : *pimiento*
Pomme de terre : *patata*

RESTAURANTS ÉTRANGERS

Les restaurants étrangers sont peu nombreux en Espagne du Centre – à part à Madrid qui comme toute grande capitale compte des restaurants de toutes origines et surtout des spécialités de l'ensemble de l'Espagne. Seules les trattorias italiennes et quelques restaurants asiatiques sont présents. Les restaurants gastronomiques s'inspirent souvent d'un mélange de cuisine régionale et de cuisine française ou asiatique « fusion ».

Office Espagnol du tourisme/Paris

Quelques spécialités du León.

Santé

Il n'y a pas de maladies particulières dans le centre de l'Espagne. Pensez à emporter une trousse de pharmacie.

URGENCES

Pour appeler les urgences médicales, composez le 061 (numéro national gratuit).

PHARMACIES

Les pharmacies sont généralement ouvertes de 9h30 à 13h30 et de 16h30 à 20h. Dans les grandes villes, elles peuvent rester ouvertes toute la journée. Pour les gardes de nuit et du week-end, la liste des pharmacies ouvertes est affichée en vitrine et publiée dans la presse.

Espagne pratique de A à Z

ÉLECTRICITÉ

Le voltage est le même qu'en France : 220 V.

HORAIRES

Repas

La matinée (*mañana*) dure jusqu'à 14h, heure à laquelle on prend le déjeuner (*almuerzo* ou *comida*). Ensuite, c'est la sieste et l'après-midi (*tarde*) commence vers 17h. Vers 20h on pense à l'apéritif qui entame la soirée (*noche*). Le dîner (*cena*) est servi à partir de 21h et la soirée peut se poursuivre fort tard.

Visites

La plupart des **musées** ferment entre 14h et 17h, à part les grands musées qui ouvrent toute la journée. Le jour de fermeture est généralement le lundi.

Les conditions de visite des **églises** ne sont spécifiées que si l'intérieur présente vraiment un intérêt particulier. Les cathédrales et églises réputées pour leur intérêt touristique sont ouvertes une bonne partie de la journée, les autres se visitent durant les messes (en général, l'église ouvre une demi-heure avant et ferme une demi-heure après la messe). Dans ce cas, il convient d'observer une attitude respectueuse.

Horaires d'hiver, horaires d'été : l'Espagne du centre comprend en général deux types d'horaires qui diffèrent selon la période de l'année pour tenir compte de la chaleur de l'été. Les horaires d'hiver et les horaires d'été sont fixés à des dates qui varient selon la ville et parfois selon le monument. Le plus souvent, les horaires d'été s'étendent de début juin à fin septembre, mais ils peuvent aussi commencer ou finir en milieu de mois, ou ne concerner que les mois de juillet-août. Il faut donc vous renseigner dès votre arrivée auprès de l'office du tourisme de la localité qui vous fournira une liste des monuments à visiter avec leurs horaires d'ouverture pour la période en cours.

Banques

Elles sont ouvertes du lundi au samedi de 8h30-9h à 13h-14h et ferment le samedi en été et dans les petites villes.

Shopping

Les magasins sont généralement ouverts de 9h30/10h à 13h30/14h et de 17h à 20h/21h, parfois 22h dans les grandes villes. Cependant, de plus en plus de commerces (grands magasins ou hypermarchés) restent ouverts à midi. Ils sont fermés le dimanche, parfois même le samedi après-midi.

INTERNET

Vous trouverez des cybercafés dans toutes les petites et grandes villes à un prix très raisonnable (à partir de 0,75 €

la 1/2h, 1 à 3 € l'heure). La recherche devient plus problématique dans les villages.

JOURNAUX ET TÉLÉVISION

Les principaux **quotidiens** sont *ABC, Diario 16, El Mundo, El País* et *La Vanguardia*, et les **hebdomadaires** *Cambio 16, El Siglo, Época, Tiempo*.

L'Espagne compte 6 chaînes de **télévision** nationales : 2 chaînes publiques (TVE 1 et la 2) et 4 chaînes privées (Antena 3, la Quatro, Tele 5 et la Sexta). On trouve aussi Canal + (l'équivalent du Canal + français) avec décodeur, installé généralement dans les hôtels 4 étoiles.

JOURS FÉRIÉS

Établir une liste exhaustive se révèle difficile, car chaque localité a ses propres fêtes. Aussi citerons-nous seulement les principales fêtes régionales et les jours fériés communs à toute l'Espagne :

1er janvier (Nouvel An), 6 janvier (Épiphanie), 19 mars (fête de saint Joseph), Jeudi et Vendredi saints, 23 avril (fête de la Castille et León), 1er mai (fête du Travail), 3 mai (fête de Madrid), 31 mai (fête de la Castille - La Manche), 25 juillet (fête de saint Jacques), 15 août (Assomption), 8 septembre (fête de l'Estrémadure), 12 octobre (fête nationale d'Espagne), 1er novembre (Toussaint), 6 décembre (fête de la Constitution), 8 décembre (fête de l'Immaculée Conception) et 25 décembre (Noël).

Les **monuments** sont en général fermés les 25 décembre, 1er janvier, 6 janvier, Vendredi saint et 1er mai. Pour les autres jours fériés, renseignez-vous auprès du monument ou des offices du tourisme.

POSTE

Les bureaux de poste, signalés par le nom « **Correos** », sont généralement ouverts du lundi au vendredi de 8h30 à 20h30 (14h30 pour les petites villes) et le samedi de 9h30 à 13h.

Les timbres *(sellos)* sont également en vente dans les bureaux de tabac *(estancos)*. Une carte postale pour l'Union européenne vous coûtera 0,57 €. Pour plus de renseignements : www.correos.es.

POURBOIRE

Même si le service est compris, il est de bon usage de laisser un pourboire dans les bars, les restaurants, les hôtels ainsi qu'aux chauffeurs de taxi.

TABAC

La loi anti-tabac interdit, depuis le 1er janvier 2006, de fumer dans les bars et les restaurants. Seules les surfaces de plus de 100 m^2 ont le droit de réserver 30 % de leurs espaces pour les fumeurs. Une tolérance est toutefois appliquée : les bars et restaurants peuvent en effet choisir d'être totalement fumeurs et, dans ce cas, doivent en informer les clients par un écriteau affiché sur la porte d'entrée : « *Aqui, se permite fumar* » (Ici, il est autorisé de fumer). Les cigarettes et cigarillos s'achètent non seulement dans les bureaux de tabac (*Tabacos*) mais également dans des maisons du tabac, boutiques dédiées à la vente exclusive des produits du tabac.

TÉLÉPHONE

Les numéros de téléphone espagnols comptent 9 chiffres et sont aujourd'hui le plus souvent présentés 3 par 3.

Pour les appels locaux et nationaux composez les 9 chiffres.

Pour appeler l'Espagne depuis la France, la Belgique, la Suisse et le Canada – composez le 00 suivi du 34 (l'indicatif du pays) et du numéro du correspondant à 9 chiffres.

Pour appeler l'étranger depuis l'Espagne – composez le 00 suivi de l'indicatif du pays de destination (33 pour la France, 32 pour la Belgique, 41 pour la Suisse et 1 pour le Canada) et du numéro du correspondant (sans le 0 initial pour la France).

Service de renseignements – ✆ 11 888 ou 11 811 ou 11 824.

Renseignements internationaux – ✆ 11 825.

Les cabines téléphoniques fonctionnent avec des pièces ou des cartes téléphoniques (*tarjetas telefónicas*) en vente dans les bureaux de poste et les *estancos*.

Téléphones portables

Les opérateurs français de téléphonie mobile proposent souvent des formules spéciales pour les appels de l'étranger. Attention, ces appels comptent pour du hors-forfait et restent donc très chers ; de plus, en règle générale, vous payez aussi lorsque vous êtes appelé.

NOUVEAU
MICHELIN
VOYAGER PRATIQUE
TOUT POUR CONSTRUIRE
VOTRE VOYAGE SUR MESURE
Cité interdite
Resto coup de ♡
MICHELIN
Pékin
Location voiture
Hôtel pas cher
A voir
VOYAGER PRATIQUE
ECONOMY
TRAVEL

À FAIRE ET À VOIR

Activités et loisirs de A à Z

CORRIDA

La corrida, pratique ancestrale, fait partie intrinsèque de la vie espagnole. Vous pourrez assister à des corridas pendant les férias et autres fêtes, et le dimanche en saison dans les grandes villes. Vous trouverez un calendrier des fêtes et des corridas sur www.portaltaurino.com et www.toros.com (en espagnol).

GOLF

L'Espagne est devenue une terre d'élection pour la pratique du golf. Les golfs sont principalement concentrés dans le sud du pays, en Andalousie. Les autres régions commencent toutefois à s'équiper. La Castille et León comptent dorénavant 13 parcours, la Castille - La Manche, 5, et l'Estrémadure, 3. Pour tout connaître de ces golfs, nous vous invitons à vous rendre sur le site www.alquiler-directo.com/golf-fr/parcours-de-golf-espagne.htm.

RANDONNÉE PÉDESTRE, ÉQUESTRE ET VTT

Parcs nationaux et naturels

La Castille et León comptent un parc national (partie du parc des Picos de Europa) et 7 parcs naturels, totalisant une surface de 258 499 ha. La Castille - La Manche possède, elle, 2 parcs nationaux (Cabañeros et Las Tablas de Daimiel) et 5 parcs naturels, représentant 205 818 ha. Enfin, l'Estrémadure dénombre 3 parcs naturels d'une superficie globale de 54 541 ha. Pour tout renseignement concernant les parcs, consultez les sites : www.juntadecastillayleon.es, www.jccm.es et www.juntaex.es, rubrique Medio ambiente.

Office Espagnol du tourisme/Paris

Un randonneur-pèlerin sur le chemin de St-Jacques de Compostelle.

Les dénominations « parc national » et « parc naturel » relèvent uniquement du mode de gestion : gouvernementale pour la première catégorie et locale pour la seconde. Ces parcs ont été créés pour protéger des zones naturelles privilégiées et permettre aux amoureux de la nature de profiter d'un environnement d'exception via l'organisation de randonnées pédestres et équestres et de parcours de VTT.

En Castille et León, le **parc national de Los Picos de Europa** possède tous les atouts d'un parc de montagne : un paysage de lacs glaciaires au milieu d'immenses forêts de hêtres (entre 800 et 1 500 m), de châtaigners et de chênes, mais la majeure partie du parc se trouve dans la Cantabrie et les Asturies et le parc est décrit dans le guide Vert Espagne Atlantique. On peut y voir, entre autres, des chamois, des renards, des chats sauvages, des écureuils, des loutres et des aigles royaux. On peut aussi y pêcher la truite et le saumon. En Castille - La Manche, dans le parc national de Cabañeros, les promeneurs pourront côtoyer des cerfs, des chevreuils et des sangliers, et observer de nombreux rapaces tels que le vautour noir et le vautour fauve. Dans la même région, le **parc de las Tablas de Daimiel** (près de Cuidad Real) est le plus petit de tous les parcs nationaux espagnols. Le débordement de ses rivières Cigüela et Guadiana forme des zones marécageuses. Cet écosystème est très prisé des oiseaux, en l'occurrence du héron impérial et de l'aigrette.

Pour en savoir plus sur le tourisme de randonnée pédestre, équestre et de vélo dans ces parcs, nous vous invitons à vous rendre sur ces différents sites : www.fclm.com (**Federación de Deportes de Montaña, Escalada y Senderismo de Castilla**), www.andarines.com, www.senderista.com et www.jccm.es/cultura/publicaciones/rutas.htm.

Vous pouvez aussi contacter les fédérations sportives suivantes :

Federación de Ciclismo Español – Ferrza, 16, 28008 Madrid - ✆ 915 400 841 - www.rfec.com ou www.ciclistas.org.

Federación Hipica Española – Calle Monte - Esquinza, 28, 28010 Madrid - ✆ 914 364 200 - www.rfhe.com.

PARC *Ceux décrits dans le guide apparaissent en gras*	PROVINCE	SURFACE (HA)	INFORMATIONS
Parque Nacional de Los Picos de Europa	Castille et León	64 660	985 241 412
Fuentes Carionnas y Fuente Cobre	Castille et León	78 107	979 715 515
Lago de Sanabria	Castille et León	22 345	980 628 007
Cañon del Río Lobos	Castille et León	10 000	975 363 564
Hoces del Río Riaza	Castille et León	6 470	921 532 317
Hoces del Río Duratón	Castille et León	5 037	921 540 586
Arribes del Duero	Castille et León	106 105	980 559 600
Las Batuecas - Sierra de Francia	Castille et León	30 182	923 415 213
Hayedo de Tejera Negra	Castille - La Manche	1 614	949 885 300
Barranco del Río Dulce	Castille - La Manche	8 348	949 885 391
Alto Tajo	Castille - La Manche	176 265	949 885 300
Lagunas de Ruidera	Castille - La Manche	372	949 528 116
Calares del Río Mundo y de la Sima	Castille - La Manche	19 192	967 195 700
Parque Nacional de Cabañeros	Castille - La Manche	39 000	926 783 297
Parque Nacional de Las Tablas de Daimiel	Castille - La Manche	1 928	926 693 118
Monfragüe	Estrémadure	18 396	927 199 134
Tajo Internacional	Estrémadure	25 088	927 001 012
Cornalvo y Sierra Bermeja	Estrémadure	11 601	630 125 172

Le chemin de St-Jacques de Compostelle

Pour l'histoire et les itinéraires du chemin de St-Jacques voir p.80.

Que vous parcouriez le chemin de St-Jacques comme pèlerin ou comme un simple randonneur, sachez qu'il faut compter au moins 31 jours pour la partie espagnole, c'est-à dire pour parcourir la distance entre Roncevaux à St-Jacques de Compostelle. La plupart des personnes le parcourent en individuel mais on peut aussi s'inscrire dans un groupe organisé avec un organisme comme La Balaguère (*voir p. 16*).

Site internet – De nombreux sites sont consacrés au chemin de St-Jacques. Nous vous conseillons **www.camino-santiago.com**. Ce site en plusieurs langues – dont le français et l'espagnol – décrit le chemin en Espagne étape par étape et donne tous les renseignements utiles pour l'hébergement,le ravitaillment, l'équipement, les formalités. etc.

SPORTS D'HIVER

La pratique du **ski**, en particulier en Castille et León, est l'un des agréments du tourisme en hiver en Espagne. Les montagnes de la Cordillera Cantábrica, celles du Sistema Central Ibérico et la Montaña Leonesa livrent de superbes domaines skiables ainsi que de nombreuses possibilités de randonnées. Leurs stations de ski sont modernes. Pour n'en nommer que quelques-unes : San Isidro et Leitareigos, à León ; la Pinilla et Navacerrada, à Ségovie ; Lunada et Valle del Sol, à Burgos.

Pour tout renseignement :

Federación Española de Deportes de Invierno – Avenida de los Madroños, 36, 28043 Madrid - ✆ 913 769 930 - www.rfedi.es.

Federación de Deportes de Invierno de Castilla y León – Calle Campos Góticos, 24005 León - ✆ 987 210 202 - www.fdicyl.com.

Federación de Deportes de Montaña de Castilla - La Mancha – Apartado de Correos, 223, 16080 Cuenca - www.fdmcm.com.

SPÉLÉOLOGIE

Les provinces de **Castille et León** possèdent toutes des zones montagneuses percées de cavités souterraines, qui permettent la pratique de la spéléologie, à mi-chemin entre le tourisme amateur et le tourisme sportif. Les grottes les plus connues sont : celle de Fuentemolinos à Belorado, celle a de los Enebralejos à Pradena, la Cueva de los Franceses à Revilla de Pomar, celle de La Galiana à Ucero, la Cueva de Valporquero à Vegacervera, les Cuevas del Águila à Arenas de San Pedro et celles de Ojo Guareña à Cuevas.

Bien évidemment, il est important de s'adresser à des organismes professionnels compétents pour encadrer vos expéditions :

Federación Castellano Leonesa de Espeleología – Calle Anaya, 160, 28009 Madrid - ✆ 913 093 674 - www.fedespeleo.com.

THERMALISME

La **Castille et León** a su, depuis l'époque romaine, exploiter les vertus de ses eaux. Les eaux salines de la campagne de Valladolid, les eaux de Salamanque et d'Avila ont engendré les premiers sites thermaux de l'histoire. La région compte dorénavant 10 hauts lieux du tourisme de santé, liés généralement à des complexes hôteliers de première catégorie : Babilafuente, Almeida de Sayago, Vega de Tirados, Valdelateja, Virtus, León, Caldas de Luna, Retortillo, Olmedo et Medina del Campo. Pour tout renseignement :

Asociación Nacional de Estaciones Termales – Calle Rodriguez San Pedro, 56, 28015 Madrid - ✆ 902 117 622 - www.balnearios.org.

Voyager en famille

Les espaces de loisirs aménagés se multiplient à proximité des grandes villes. Pendant vos vacances familiales, évadez-vous quelques heures dans un parc aquatique, un zoo, un aquarium ou un parc d'attractions. Ces activités seront signalées dans ce guide par le pictogramme 👪.

Voici quelques-unes de nos propositions :

Faunia – Avenida de las Communides, 28, 28032 Madrid - ✆ 913 016 235 - www.faunia.es - Ce parc animalier et biologique propose une manière ludique de découvrir les animaux à travers des écosystèmes différents.

Aquopolis – Avenida de la Dehesa, s/n, 28691 Villanueva de la Cañada (Madrid) - ✆ 918 156 933 - www.aquopolis.es - Parc aquatique.

Parque de attracciones – Carretera de Extremadura, Nacional 5, Madrid - ✆ 914 632 900 - www.parquedeatracciones.es - Grand parc d'attraction, à l'instar d'Europa Parc, pour enfants et adultes.

Zoo-Aquarium de Madrid – Casa de Campo, s/n, Nacional 5 salida 5 A, 28011 Madrid - www.zoomadrid.com.

Safari Madrid – Carretera de Cadalso de los vidrios Naval carnero, Aldea de Fresno, 28600 Madrid - ✆ 918 622 314 - www.safarimadrid.com - Un zoo à parcourir en voiture, soumis à la curiosité des animaux.

Valwo – Carretera Mojados, s/n, Matapozuelos (Valladolid) - ✆ 983 832 759 - www.valwo.com - Ce parc animalier de Castille et León est dédié aux enfants de 6 à 12 ans.

Musée des sciences de Valladolid – Avenida de Salamanca, s/n, 47014 Valladolid - ✆ 983 144 300 - www.museocienciavalladolid.es - Installations high-tech pour apprendre tout en jouant.

El Valle de los 6 Sentidos – 47179 Renedo de Esgueva - ✆ 983 508 491 - www.diputaciondevalladolid.es - Situé près de Valladolid, un parc d'attractions de 18 000 m² visant à développer les sens des enfants.

Centro de Interpretación de la Naturaleza Matallana – Finca Coto Bajo de Matallana, 47639 Villalba de los Alcores (Valladolid) - ✆ 983 427 286 - www.matallana.org - Ce centre multidisciplinaire aménagé au cœur d'un ancien monastère cistercien a pour objectif de sensibiliser les enfants à l'environnement. Parmi les intallations : un itinéraire d'ambiance, un jardin botanique, un parc thématique ovin et une salle archéologique.

Renseignements dans les offices de tourisme.

Que rapporter

Entre gastronomie et artisanat, l'Espagne du Centre possède de nombreuses spécialités qui sauront vous tenter, bien qu'elles soient parfois un peu encombrantes… Si vous prenez l'avion, attention aux excédents de bagages, les Espagnols sont très à cheval sur la question et vous risquez une amende.

GASTRONOMIE

Huile d'olive

L'Espagne est le premier producteur mondial d'huile d'olive. Nature sur du pain grillé au petit-déjeuner, en filet sur un assortiment de charcuterie ou en composant de la plupart des plats, l'huile d'olive est l'accompagnement incontournable de tout repas.

Vins

Bien que les vins de Castille et León ne sont pas les plus connus d'Espagne, il existe de belles appellations d'origine : Ribera del Duero, Toro, Cigales, Rueda, et Arribes de Duero. La Castille - La Manche compte cinq Appellations d'origine contrôlée, la plus importante étant celle de Valdepeñas, dont les vignobles s'étendent des contrées de Montiel à Calatrava. *Voir aussi p. 87.*

Charcuterie

Vous pourrez goûter du jambon cru, du chorizo ou du boudin noir dans tous les bars à tapas. Le jambon cru de montagne *(serrano)* est une spécialité incontournable, qu'il est malheureusement assez difficile de rapporter car il se vend rarement au détail (à la pièce, compter entre 5 et 8 kg en moyenne) ; son prix peut grimper très haut (jusqu'à 50 € le kg pour certains, le plus réputé étant le *pata negra de Jabugo*).

À défaut, vous pourrez toujours rapporter du fromage de chèvre ou de brebis, au goût fort et sec, une autre grande spécialité.

Biscuits et gâteaux

Chaque région, chaque province, chaque ville possède une spécialité s'ajoutant aux biscuits, pâtisseries et confiseries traditionnels du pays.

En Espagne du Centre, vous trouverez ainsi toutes sortes de beignets, tels que les *churros* (généralement en forme de longs bâtonnets), les *porras* (de formes variées et plus gros) et les *buñuelos* (que l'on trempe volontiers dans un bon chocolat chaud). Vous verrez aussi des *hojaldritos* (feuilletés fourrés au chocolat, saupoudrés de sucre glace), des *rosquillas fritas* (similaires aux *donuts* anglo-saxons), des *rosquillas baños* (gâteaux natures recouverts d'un glaçage vanillé), des *huesos de San Expedito* (des beignets craquants, au goût légèrement anisé), des *florones de azúcar* (beignets au sucre), des *almendrados* (semblables aux financiers français), des *leche frita* (crème pâtissière dense et sucrée, frite, et enrobée de sucre glace), des *magdalenas* (madeleines), des *naranjines* (langues de chat à l'orange), des *alfajores* (pâte de lait et d'amande enrobée de chocolat) et des *ponche* (gâteaux associant un biscuit avec de la crème pâtissière), des *yemas de Santa Teresa* d'Avila (gâteau à base de jaune d'œuf), des *mantecadas* d'Astorga (biscuits au beurre), des *galletas* d'Aguilar de Campoo (biscuits traditionnels), des *biscuits de Santa Clara* de Valladolid et des *capiruetas* de León (à base de jaune d'œuf, de sucre et d'amandes pilées). Enfin, il existe les gâteaux que l'on confectionne tout spécialement au moment de Pâques.

C. Barrely/Michelin

Détail d'un châle madrilène.

ARTISANAT

L'artisanat espagnol, généralement hérité des anciennes corporations médiévales, concerne de nombreux matériaux, dont le fer, le bois, la terre, l'osier, la laine et le verre. Parmi les spécialités locales, citons : en Castille et León, la céramique d'Arenas de San Pedro, les tapis de Val de San Lorenzo, les couvertures pure laine de Palencia, la joaillerie charra travaillées en filigrane d'argent de Salamanque, les vêtements brodés de La Alberca, le mobilier en bois de Soria, la céramique de Valladolid et la vannerie de León.

En Castille - La Manche : la céramique de Talavera de la Reina, la dentelle de Jara (Tolède), la coutellerie à Albacete, le travail du bronze à Riópar, la taxidermie à Mota del Cuervo, la vannerie à Cuenca, Priego, Tarancón et Horcajo de Santiago, la poterie l'orfèvrerie (laiton) de Sigüenza, Cifuentes et Brihuega.

En Estrémadure : la poterie de Arroyo de la Luz et Ceclavín à Cáceres, la poterie (argile rouge) et la sculpture de l'albâtre de Salvatierra de los Barros, le travail du cuivre de Guadalupe, la broderie d'Acebo, l'artisanat du cuir et la technique de l'argent repoussé à la fabrique de Jerez de los Caballeros à Badajoz, les sombreros de Montehermoso et la vannerie à Aldeanueva del Camino.

Événements

Nous ne citons ici que les principales manifestations d'Espagne du Centre (vous trouverez des calendriers complets des fêtes régionales dans les offices de tourisme).

Février

Les **carnavals,** organisés dans toutes les villes d'Espagne, donnent lieu à des réjouissances diverses qui varient selon les traditions locales. Citons :

Carnaval del Toro (Cuidad Rodrigo) – « Encierros », corridas, défilés de bœufs et de moutons. Du vendredi au mardi de Carnaval.

Fiesta de los Jefes (Santo Domingo de Silos) – Spectacles musicaux, courses des chevaliers de San Anton, défilés d'enfants tenant des flambeaux suivis d'une messe. Dernier samedi du mois.

Jornadas de la Matanza (Burgo de Osma) – Fête gastronomique organisée par le restaurant Virrey Palafox. Menus dégustation. Sacrifice traditionnel du porc. Fin du mois et début mars.

Mars

Fiesta del Almendro (La Fregenada) – En l'honneur de la floraison des amandiers, on célèbre cette jolie fête champêtre, dont l'attrait principal est de traverser le Duero en barque, en passant librement la frontière portugaise.

Avril

La **Semaine sainte** est un temps de fête majeur célébré dans toutes les villes et tous les villages du pays, dans une ferveur inégalée en Europe et dans le respect des diversités traditionnelles. Des chars appelés « pasos » défilent dans les rues jusqu'aux églises et cathédrales. Ils sont portés par des membres d'une confrérie et sont considérés comme de véritables œuvres d'art. Les Semaines saintes les plus réputées d'Espagne du Centre ont lieu à Valladolid, Zamora et Cuenca.

Semana santa de Cuenca – Doublée d'une semaine de musique religieuse, cette fête met en scène des groupes de pénitents accompagnés de tambours et trompettes, qui marchent à reculons en prononçant les paroles du Christ.

La Charrada (Cuidad Rodrigo) – Spectacles de musique traditionnelle sur la Plaza Mayor et défilés en costumes régionaux. Samedi saint.

Bajada del Ángel (Peñafiel) – Le dimanche de Pâques, pendant la procession, un enfant sort d'un globe en libérant une colombe et en couvrant la statuette de la Vierge d'un voile noir.

Fiesta de los Comuneros (Villalar) – Le 23 avril, cette fête de la Castille et León célèbre le soulèvement des Comuneros castillans contre le roi Carlos Ier, en 1521.

Romería de Santo Toribio (Palencia) – Procession et combats festifs du « Pan y el Quesillo » depuis le Christ del Otero. Le jour précédent, feux d'artifices. 30 avril.

Mai

Fiesta de la Tabera (Briviesca) – Fête de Santa Casilda, annonciatrice du printemps et protectrice des champs. Le mardi avant le jeudi de l'Ascension.

La Semana Internacional de la Trucha y de concurso gastronómico (León) – Elle se déroule en général dans le parador de San Marcos, où l'on procède à la présentation des plats en compétition (élaborés par des professionnels du secteur), à l'attribution des notes puis à la remise des prix. Le public présent peut ensuite goûter aux plats.

Festival de Titirimundi (Ségovie) – Festival international de marionnettes. Deuxième quinzaine de mai.

Corpus Christi (Tolède) – Itinéraire processionnel à travers des rues ornées de tapis de fleurs et de guirlandes animées jusqu'à la cathédrale illuminée.

Fiestas de San Juan del Monte (Miranda de Ebro) – Pèlerinage réunissant environ 15 000 personnes se rendant à l'ermitage de San Juan. Après l'ascension au lieu saint et la messe, un repas collectif.

Juin

Justas medievales del Passo Honrosso (Hospital de Órbigo) – Tournois à cheval et danses populaires féminines. Marché médiéval et procession finale à la lumière des torches. Fin de la première semaine de juin.

Fiestas del Curpillos (Burgos, à proximité du monastère de las Huelgas) – Fête la plus traditionnelle de la ville, à caractère militaro-religieux. 15 juin.

Fiesta de San Juan o de la Madre de Dios (Soria) – Fête taurine terminée par des danses locales. Du jeudi au vendredi, après le 23 juin.

Office Espagnol du tourisme/Paris

Les botargas (arlequins).

Fiesta de San Juan Bautista (Baños de Cerrato) – Célébration d'une messe mozarabe officielle par l'évêque de Palencia. Dimanche après 24 juin.

Fiesta de San Pedro y de San Pablo (Burgos) – Fête patronale à 5 km du centre-ville, dans le parc des Fuentes blancas. Défilés de géants, messe à la Vierge de la Gruta, concours gastronomique et feux d'artifices. 29 juin.

Juillet

Festival de Teatro Medieval (Hita) – Les représentations ont lieu Plaza Mayor à la tombée de la nuit. Un autre événement complète cette fête médiévale : un tournoi à cheval. Premier samedi de juillet.

Fiesta de la Pandorga (Cuidad Real) – Fête religieuse en l'honneur de la Vierge del Prado. 31 juillet.

Août

Gran paellada Ollerense (Olleros de Pisuerga) – Grande fête culinaire organisée en l'église San Justo y Pastor, transformée en cuisine pour l'occasion. Le soir, on mitonne le traditionnel poulet aux poivrons.

Nuestra Señora de la Asunción, La Loa (La Alberca) - Procession en habits traditionnels jusqu'à la Plaza Mayor. La Loa est un acte sacramental, allégorie de San Miguel terrassant le dragon. Les 15 et 16 août.

Descenso Internacional del Pisuerga y Fiesta palentina de las Piraguas (Alar del Rey) – 17 km de course, à laquelle assistent des amateurs de canoë-kayak venus du monde entier. Deuxième dimanche d'août.

Fiestas de Nuestra Señora y de San Roque (Peñafiel) – Fêtes taurines célèbres pour leurs « encierros » (conduite des taureaux jusqu'aux arènes) et leurs corridas. Du 14 au 18 août.

Nuestra Señoria del Rosario (Cuellar) – « Encierros » parmi les plus anciens d'Espagne. Dernier dimanche du mois.

Fuente del Vino (Toro) – Célébrée le 28 août sur la Plaza Mayor. Le vin rouge local y coule à flots.

Septembre

Los Encierros tradicionales de Medina de Campo – « Encierros » à pied et à cheval à travers toute la ville. Ces défilés coïncident avec la feria de San Antolín. 2, 4, 6 et 8 septembre.

Torneo del Toro de Vega (Tordesillas) – Lâchage d'un taureau de plus de 500 kg qui, depuis la Calle de San Antolín, est dirigé au-delà du pont, vers la plaine. Les lanciers à cheval partent à sa recherche pour le combattre ensuite au corps à corps.

Romería de Nuestra Señora de Chilla (Candeleda) – Danses folkloriques. Mi-septembre.

Fiesta de la Vendimia (Cigales) – Fête des vendanges animée par des défilés et des danses populaires. Fin septembre, début octobre.

Octobre

Fiesta de las Cantaderas (León) – Commémoration de la victoire à la bataille de Clavijo et de la fin du tribut légendaire des « cien doncellas » (cent vierges), que les rois chrétiens payaient annuellement aux califes musulmans. 5 octobre.

Fiesta de San Froilán (León) – Pèlerinage en l'honneur de San Froilán et de la Vierge del Camino. 5 octobre.

Fiesta de Santa Águeda (Zamarramala) – Le 5 octobre, les femmes deviennent les maîtresses du village. La journée se termine sur des danses et des musiques traditionnelles.

Fiesta de la Vendimia (Toro) – Chars d'apparat, concours et dégustations. Du 10 au 12 octobre.

Semana Internacional de Cine (Valladolid) – Festival international. Troisième semaine du mois.

Fiesta de la Rosa de Safran (Consuegra) – Concours d'épluchage pendant lesquels les femmes séparent les stigmates de la fleur.

Décembre

El Zangarron (Sanzoles) – Fête médiévale autour de la procession de San Esteban. 26 décembre.

MICHELIN
VOYAGER PRATIQUE
TOUT POUR CONSTRUIRE
VOTRE VOYAGE SUR MESURE
A VISITER: WAT PHRA KAEO
Resto coup de ♡
MICHELIN
Thaïlande
HÔTEL
RIVER VIEW GUESTHOUSE
TAURANT: BAI BUA
A voir
VOYAGER PRATIQUE
Cuba
Paris
Afrique du Sud
Brésil

POUR PROLONGER LE VOYAGE

Quelques livres

HISTOIRE ET RELIGION

La Chevalerie en Castille à la fin du Moyen Âge, Collectif, éd. Ellipses, 2001.
La Controverse de Valladolid, Jean-Claude Carrière, éd. Flammarion, 2006.
Tolède, 12e - 13e s., Louis Cardaillac, éd. Autrement, 1991.
La Guerre d'Espagne, Antony Beevor, éd. Calmann-Lévy, 2006.
Les Bourbons d'Espagne, 1700-1808, Yves Bottineau, éd. Fayard, 1994.
L'Espagne contre Napoléon : la Guerre d'Indépendance 1080-1844, Jean-René Aymes, éd. Nouveau Monde, 2003.
L'Espagne : De Franco à Zapatero, Jean Chalvidant, éd. Atlantica, 2006.
Dictionnaire amoureux de l'Espagne, Michel del Castillo et Catherine Dubreuil, éd. Plon, 2005.
Dictionnaire culturel Espagne, Jean-Paul Duvois et jacinto Soriano, éd. Ellipses, 2006.
Le Roman de Tolède, Bernard Brijouleix, éd. du Rocher, 2007.
Origines et histoire des chemins de Compostelle, Jacques Chocheyras, éd. Ouest France, 2004.
Passants de Compostelle, Jean-Claude Bourlès, éd. Payot, 2004.
Les Routes de Compostelle, Denise Péticard-Méa, éd. Gisserot Histoire, 2002.
Les Vierges miraculeuses : légendes et rituels, Marlène Albert-Llorca, éd. Gallimard, 2002.
Le Mystère des Vierges noires, Daniel Castille, éd. Démons et Merveilles, 2000.

ART ET ARCHITECTURE

Images et idées dans la peinture espagnole du 17e s., Jonathan Brown, éd. G. Monfort, 1993.
Les Peintures du Prado, Santiago Alcolea Blanch, éd. de la Martinière, 2003.
Art préroman hispanique (2 tomes), éd. Zodiaque.
Castille romane, L. M De Loyendio, éd. Zodiaque, 1966.
Les Maîtres de la sculpture romane de l'Espagne du pèlerinage à Compostelle, Jacques Lacoste, éd. Sud Ouest, 2006.
Le Christ de Silos, Christine Pellistrandi, éd. Name, 1995.
Castille, James Bentley, éd. Booking International, 1994.
Histoire du cinéma espagnol, Jean-Claude Seguin, éd. Armand Colin, 2005.

ROMANS

Don Quichotte de la Manche, Miguel de Cervantès, GF Flammarion, 1969.
L'Orphelin de Salamanque, Danièle Bélorgey, éd. Berger-Levrault, 1984.
Le Dernier juif : voyage initiatique d'un juif dans l'Espagne de l'Inquisition, Noah Gordon, éd. Michel Lafon, 2004.
La Fille au pinceau d'or, Marie Bertherat, éd. Bayard, 2005.
Trop belle Orovida, Yaël Guiladi, éd. Pygmalion, 1997.
La Religieuse de Madrigal, Michel del Castillo, éd. Fayard, 2006.
Le Poète sans paupières, Lourdes Ventura, éd. Bruchet/Chastel, 2005.
Les Fantômes de Goya, Jean-Claude Carrière, éd. Plon, 2007.

DIVERS

Cuisine d'Espagne, Collectif, éd. Marabout Chef, 2006.
Le Voyage en Espagne, Théophile Gauthier, éd. GF, 1998.
17 contes d'Espagne, C. Bravo Villsante, éd. Castor Poche Junior, 2000.
Espagne, Michelle Chaplow et Teresa Perez Rodriguez, éd. Vilo, 2005.
L'Espagnol pour mieux voyager en Espagne, Yves Seguin, Guides de conversation Ulysse, 2002.
L'Espagne des Espagnols, Jordi Bonells, Liana Levi, 2003.

Idées CD

Madrid, Madrid, Madrid, vol. 3, Import, 2002.
Espagne, rondes, contines et berceuses, ARB, 2004.
Mecano, *Descanso dominical*, Ariola, 1990.
Heroes del Silencio, *Canciones 94-96*, Capitol Records.
Ricky Martin, *Life*, Sony Music, 2005.
Shakira, *Laundry Service*, Epic, 2005.
Manà, *Amar es compartir*, Warner Music, 2006.
Juanes, *Mi sangre*, AZ, 2006.
Nina Pastori, *Joyas Prestadas*, Ariola, 2006.
Nek, *En el cuarto 26*, WB, 2007.
Rosana, *Magia*, DRO, 2007.
Jennifer Lopez, *Como ama una mujer*, Sony BMG, 2007.

LE Guide Vert

Dans la même collection, découvrez aussi :

France Régionaux

- Alpes du Nord
- Alpes du Sud
- Alsace Lorraine
- Aquitaine
- Auvergne
- Bourgogne
- Bretagne
- Champagne Ardenne
- Châteaux de la Loire
- Corse
- Côte d'Azur
- Franche-Comté Jura
- Île-de-France
- Languedoc Roussillon
- Limousin Berry
- Lyon Drôme Ardèche
- Midi-Pyrénées
- Nord Pas-de-Calais Picardie
- Normandie Cotentin
- Normandie Vallée de la Seine
- Paris
- Pays Basque et Navarre
- Périgord Quercy
- Poitou Charentes Vendée
- Provence

France Villes

- Bordeaux
- Deauville
- Lille
- Lyon
- Marseille
- Montpellier
- Nantes
- Nice
- Reims
- Saint-Malo
- Strasbourg
- Toulouse

Idées de week-ends

- La France sauvage
- Les plus belles îles du littoral français
- Paris Enfants
- Promenades à Paris
- Week-ends aux environs de Paris
- Week-ends dans les vignobles
- Week-ends en Provence

Europe

- Allemagne
- Berlin
- Autriche
- Vienne
- Belgique Luxembourg
- Budapest et la Hongrie
- Bulgarie
- Croatie
- Ecosse
- Espagne Atlantique
- Espagne du Centre Madrid Castille
- Espagne Méditerranéenne Baléares
- Andalousie
- Barcelone et la Catalogne
- Angleterre Pays de Galles
- Londres
- Grèce
- Pays Bas
- Irlande
- Italie du Nord
- Italie du Sud Rome Sardaigne
- Florence et la Toscane
- Rome
- Sicile
- Venise
- Moscou Saint-Pétersbourg
- Pays Baltes
- Pologne
- Portugal
- Prague
- Roumanie
- Scandinavie
- Suisse

Monde

- Canada
- Égypte
- Maroc

Photos : Corel/Goodshoot

L'Alcázar de Ségovie.

T. Borredon/hemis.fr

NATURE ET PAYSAGES

La Castille et l'Estrémadure s'étendent sur la « Meseta », cet immense plateau central qui représente 40 % de la superficie de la péninsule Ibérique et se caractérise par ses ciels immenses, ses horizons démesurés, ses sierras aux sommets enneigés et ses rivières creusant les collines calcaires en de spectaculaires méandres.

B. Brillion/Michelin

Photo aérienne d'un paysage de Castille et León.

Aperçu général de l'Espagne

L'Espagne continentale se partage avec le Portugal la péninsule Ibérique, que les Pyrénées séparent du reste du continent européen. Sa superficie – 505 182 km² avec les Baléares et les Canaries – la place au 4ᵉ rang européen, après la Russie, l'Ukraine et la France.

L'Espagne possède plus de 4 000 km de côtes baignées par trois mers différentes. Sa population approche les 45 millions d'habitants.

C'est un pays montagneux où l'altitude moyenne est de 650 m et dont 1/6 s'élève à plus de 1 000 m d'altitude, avec, pour point culminant, le Mulhacén (3 482 m), qui domine la sierra Nevada.

L'un des traits dominants de la Péninsule est l'existence en son centre de la **Meseta**. Formation géologique la plus ancienne (hercynien) du pays, elle forme un plateau au sol dur, siliceux, légèrement incliné vers l'ouest et encerclé de longues barrières montagneuses qui l'isolent des régions côtières. Toutes sont la conséquence du plissement alpin de l'époque tertiaire : la **cordillère Cantabrique** au nord-ouest, prolongement des Pyrénées, la **cordillère Ibérique** au nord-est et la **sierra Morena** au sud.

Traversant la Meseta par le centre, la **cordillère Centrale** est formée par les sierras de **Somosierra**, de **Guadarrama**, de **Gredos**, la **Peña de Francia** et les **monts de Tolède**. À la périphérie se trouvent les massifs les plus élevés : au nord les **Pyrénées** et, au sud, les **chaînes Bétiques** (qui comprennent la **sierra Nevada**), ainsi que deux vastes dépressions : celle de l'Èbre et celle du Guadalquivir.

Hydrographie

Les fleuves espagnols n'ont jamais joué de rôle majeur en tant que voie de communication, à cause notamment de leurs débits capricieux et de leurs tracés défavorables sur les plans tant géographique que politique : au nord, le Miño sépare la Galice du Portugal, tandis que le Douro (Duero), le Tage et le Guadiana traversent la Meseta en creusant d'importants reliefs avant de finir leur course en territoire portugais.

S'ouvrant lui aussi sur l'Atlantique, mais en territoire espagnol cette fois, le Guadalquivir se montre plus propice aux communications : navigable sur près de 120 km, il a permis à Séville d'être un grand port ouvert à la fois sur l'Amérique et la Méditerranée.

Seul l'Èbre, au nord-est, rejoint la Méditerranée. Né dans la chaîne Cantabrique, il irrigue l'Aragon et déploie son delta aux pieds de la Catalogne.

Les reliefs de la Meseta

La Meseta

Les paysages de la Meseta se caractérisent par des horizons démesurés que rien ne vient interrompre, sauf, çà et là, quelque village aux tons terreux, tassé autour de son château fort, et la ligne à peine marquée des **« páramos »** (hauteurs calcaires dépourvues de végétation).

La silice, le calcaire et l'argile composent des paysages aux couleurs grises, blondes et rouges : la silice du socle hercynien apparaît dans les zones fracturées (cordillère Centrale, monts de Tolède, Meseta du Sud), tandis que le couvert sédimentaire, calcaire et argileux, hérité du tertiaire et du quaternaire, tapisse les bassins de l'Èbre et du Guadalquivir.

L'altitude moyenne de la Meseta tourne autour de 700 m. Les plus hauts sommets de la cordillère Centrale culminent au-dessus de 2 660 m, tandis que l'altitude chute à 250 m dans la fosse de l'Èbre et à 100 m dans la grande plaine du Guadalquivir.

La Meseta septentrionale – La communauté de Castille et León (ou Vieille-Castille), au nord, correspond presque entièrement au bassin du Douro, à près de 1 000 m d'altitude. Elle est cernée de montagnes : monts de León au nord-ouest, cordillère Cantabrique au nord, cordillère Ibérique à l'est et cordillère Centrale au sud-est. Les sédiments tertiaires de la Meseta, n'opposant pas tous la même résistance à l'érosion, ont formé ici de larges vallées aux terrasses semées de buttes-témoins, là d'étroits canyons, ailleurs des collines doucement ondulées. Partout domine la culture des céréales : blé sur les meilleures terres, avoine et seigle ailleurs. Seules les pénéplaines du sud-ouest, vers Salamanque, sont consacrées à l'élevage (moutons, taureaux de combat).

La Meseta méridionale – Madrid, Castille - La Manche (ou Nouvelle-Castille) et l'Estrémadure se situent sur un vaste plateau légèrement incliné vers l'ouest qu'arrosent deux grands fleuves : le Tage, qui découpe dans la Alcarria calcaire un profond sillon, et le paresseux Guadiana. La surface du plateau est plus uniforme qu'en Castille et León. L'altitude moyenne reste inférieure à 700 m contre 800 à 1 000 m au nord. La sécheresse s'y fait énormément sentir en été : d'ailleurs le nom de **Manche** provient du mot arabe *manxa* qui signifie « terre sèche ». Le regard survole des champs mouvants de céréales, des plants de safran violacés à la floraison, des alignements parfaits d'oliviers et de vignes. C'est aussi le pays du fameux fromage de la Manche, le *queso manchego*.

Tandis que les monts de Tolède aplanis et pour ainsi dire inhabités isolent le bassin du Tage et du Guadiana, les autres massifs se situent à la périphérie : la **cordillère Centrale** au nord (sierras de Gredos et de Guadarrama), la **sierra**

Le défi de la sécheresse

Ses cinq fleuves (l'Èbre, le Douro, le Tage, le Guadiana et le Guadalquivir) et ses montagnes enneigées devraient préserver l'Espagne de la sécheresse. Pourtant, un peu partout les lacs s'assèchent, l'aridité progresse, les zones humides disparaissent. Le parc national de las Tablas de Daimiel (Castille - La Manche), par exemple, ancien paradis pour l'avifaune aquatique, n'est plus qu'une succession de bancs de sable.

Le phénomène doit sans doute beaucoup au changement climatique, mais aussi, et sans doute surtout, aux pratiques des agriculteurs, qui consomment 80 % de l'eau et en gaspillent une bonne partie (mauvaises pratiques d'arrosage, systèmes d'irrigations dépassés, pompages illégaux, etc.).

Bien que récente, l'inquiétude est devenue générale et chaque hôtel demande désormais à ses clients d'économiser l'eau. Mais le dispositif légal reste largement inadapté. La première loi clarifiant les responsabilités de l'État et des régions en matière de gestion de l'eau ne date que de 1985. Depuis, une succession de rapports et de projets avortés entretient la confusion, depuis les mesures annulées de Felipe González, en 1993, à l'ambitieux PLH (Plan Hydraulogique National) du gouvernement Aznar, en 2001, que son successeur Zapatero a abrogé en 2004 sous la pression des écologistes.

Morena au sud ; au nord-est, la **serranía de Cuenca**, sorte de causse creusé de dolines *(torcas)*, entaillé de défilés *(hoces)* ; plus au nord, la **Alcarria**, creusée de profonds sillons d'érosion que suivent le Tage et ses affluents et où se réfugient les villages. Ici, sur le haut des versants, une végétation buissonnante d'essences aromatiques (thym, romarin, lavande, marjolaine) favorise l'élaboration d'un miel réputé.

Au sud-ouest, en **Estrémadure**, le socle hercynien affleure sous forme de schistes et de granit nivelés à 400 m d'altitude environ. Ces immenses plateaux sont voués à l'élevage des brebis et se vident l'été en raison de la transhumance. Le chêne-liège fournit un supplément de revenus, de même que le traditionnel élevage des porcs. La population se concentre le long des cours d'eau et l'irrigation permet des cultures variées : tabac, coton, blé et cultures maraîchères. Le plan Badajoz qui régularise le cours du Guadiana par une succession de barrages a permis un important reboisement et le développement de cultures de haute rentabilité : maïs, tournesol, cultures maraîchères et surtout cultures fourragères.

Les climats

L'Espagne compte en moyenne plus de 300 jours de soleil par an. Sur la Meseta centrale, le climat est de type méditerranéen avec de fortes tendances à la continentalisation. Les hivers y sont longs et froids, avec des températures moyennes de 4 °C en janvier, et les étés relativement courts et chauds, avec des températures flirtant souvent avec les

M. Angel/Michelin

Les cigognes en Estrémadure.

40 °C et trois ou quatre mois de sécheresse estivale.

La pluviométrie ne dépasse guère les 375 mm annuels, notamment dans les zones de basse altitude qui souffrent de déficits en eau chroniques et de chutes de pluie très inégalement réparties dans l'année.

La tendance continentale se fait plus marquée dans les zones montagneuses, où les hivers sont plus longs et plus froids : il n'est pas rare de voir la neige accrochée aux pentes de la cordillère Centrale jusqu'à fort avant dans le printemps.

Faune et flore de la Meseta

MAMMIFÈRES

Le nord-ouest de la Castille et León sert de territoire à une poignée d'**ours** et à quelques hordes de **loups**, deux espèces qui faillirent disparaître dans les années 1970 avant que des mesures de protection ne les sauvent in extremis. Bien que protégés, ils continuent à faire l'objet d'une chasse discrète de la part des paysans.

Autre espèce sauvée de la disparition, le **bouquetin**, une race caprine de montagne dont les mâles arborent de puissantes cornes. Leur population est désormais stabilisée et leur chasse, réglementée. On en recense notamment plusieurs milliers d'individus dans la sierra de Gredos.

Le **lynx ibérique**, une espèce endémique de la Péninsule, se trouve en revanche dans une situation particulièrement préoccupante. Le braconnage, la baisse du nombre de lapins et, surtout, la destruction de son habitat naturel par l'agriculture ont fait descendre sa population à moins de 200 individus. Triste privilège, il sera peut-être le premier félin à disparaître en Europe depuis la fin de l'ère glaciaire. Avec un peu de chance, vous en apercevrez dans le parc naturel de Monfragüe *(p. 307)*.

Parmi les autres espèces présentes dans la Meseta centrale, citons les genettes, les cerfs, les sangliers, les chevreuils, les daims et les écureuils roux.

AVIFAUNE

L'Espagne compte près de 400 espèces et sous-espèces d'oiseaux endémiques, ce qui constitue un record en Europe.

On y recense environ 25 espèces de rapaces, notamment le **vautour fauve** et le **vautour noir**, que vous verrez souvent planer en haute altitude en cercles concentriques, à la recherche de nourriture, mais aussi l'**aigle impérial ibérique**, l'**aigle royal,** le **pygargue** et le **hibou grand duc**.

Autre oiseau emblématique, la **cigogne blanche**, dont l'omniprésence, particulièrement en Estrémadure, contribue à renforcer encore le charme des centres-ville historiques. Présent au printemps et en été, après avoir passé l'hiver et l'automne en Afrique, ce majestueux oiseau noir et blanc, aux allures d'avion Concorde, confectionne d'énormes nids que l'on retrouve accrochés un peu partout : clochers, tours de château, cheminées, pylônes électriques... Certains nids sont très anciens, car ces oiseaux fidèles reviennent chaque année au même endroit (on a ainsi retrouvé dans certains des fragments de tissu vieux de plusieurs centaines d'années). Ils sont aussi très lourds, ce qui ne va pas sans fragiliser certains monuments. Les claquements de becs des bébés cigognes vous feront lever plus d'une fois la tête pour les admirer.

On trouve également quelques cigognes noires, une espèce particulièrement rare et discrète vivant exclusivement dans les campagnes peu fréquentées.

FLORE

L'Espagne compte environ 8 000 variétés de plantes, parmi lesquelles on ne recense pas moins de 2 000 espèces endémiques. La plus forte diversité se trouve dans les zones de moyenne montagne, où fleurissent au printemps les orchidées sauvages, les gentianes, les crocus et les narcisses.

Dans les plaines abondent les chênes verts et surtout les chênes-lièges, notamment en Estrémadure et dans le sud de la Castille et León, où les chênaies couvrent des centaines d'hectares (l'Espagne fournit 20 % de la production mondiale de liège aggloméré). La production de liège est souvent associée à l'élevage de cochons noirs, destinés à la confection de charcuteries réputées.

Résistants à la sécheresse, oliviers et arbousiers abondent également sur la Meseta, où les zones les plus arides se couvrent d'une garrigue odorante dominée par les genêts, les ajoncs, les cistes et les lavandes.

HISTOIRE

L'histoire de l'Espagne offre une succession de sommets entrecoupée de périodes sombres : une culture brillante au paléolithique ; un royaume mythique assimilé à l'Atlantide ; une série d'invasions : carthaginoise, romaine, wisigothe, arabe ; un âge d'or musulman, grignoté lentement par la Reconquête ; l'Inquisition et les persécutions religieuses ; la conquête du Nouveau Monde et l'apogée colonial ; le déclin et les troubles sociaux ; le Front populaire et le franquisme ; l'avènement de la démocratie et la modernisation du pays... Au fil du temps se tisse une identité nationale complexe, aujourd'hui apaisée, qui fut longtemps marquée par les conflits territoriaux et religieux.

AKG Images

« Corrida sur la Plaza Mayor », tableau d'un peintre inconnu espagnol du 17e s.

Les origines

Les premières traces de civilisation dans la péninsule Ibérique appartiennent au paléolithique supérieur et sont représentées par une centaine de sanctuaires d'art pariétal, concentrés pour l'essentiel dans les provinces du Nord, qui témoignent d'une grande culture à l'époque magdalénienne. Les plus anciennes datent de 40 000 ans ; la plus remarquable, Altamira, aurait été peinte entre **15500** et **11500 av. J.-C.**

Vers 3000 av. J.-C., les Ibères venus d'Afrique du Nord s'installent au sud de la Péninsule, puis des Ligures et des Celtes entrent par le Nord. Réunis sous l'appellation **Celtibères**, ils développent une culture sédentaire et exploitent un sol riche en minerais (cuivre, étain, argent, or), qu'ils transforment en objets raffinés.

Ces richesses attirent les commerçants phéniciens qui fondent des comptoirs sur le pourtour méditerranéen (notamment Cadix, en 1100 av. J.-C.), bientôt imités par les Grecs.

LE ROYAUME DE TARTESSOS

De ces féconds échanges commerciaux naît le royaume de Tartessos, parfois assimilé à la Tarsis biblique ou à l'Atlantide. Ses richesses et son raffinement, qui éblouirent Grecs et Phéniciens, continuent d'impressionner les archéologues. Le royaume disposait de lois écrites en vers, d'une organisation complexe en sept classes sociales et d'un art consommé du travail des métaux. Son roi Arganthonios, qui régna au 7e s. av. J.-C., fut loué par Hérodote, Anacréon et Pline. Malgré les nombreuses découvertes archéologiques, l'emplacement de la capitale n'a pu être établi avec certitude : on suppose qu'elle se trouvait vers Sanlúcar de Barrameda (province de Cadix).

L'INVASION CARTHAGINOISE

Vaincus pas les Romains au cours de la Première Guerre punique, les Carthaginois emmenés par Hamilcar Barca envahissent le Sud de la Péninsule en 237 av. J.-C. pour en faire leur nouveau bastion. Ils chassent les marchands grecs et phéniciens, fondent Carthagène en 226 (Carthago Nova, la nouvelle Carthage) et provoquent la ruine du royaume tartessien.

Un accord de paix est signé avec les Romains, faisant de l'Èbre la nouvelle frontière. Mais Hannibal, fils d'Hamilcar, repasse à l'offensive : il franchit l'Èbre et s'empare de Sagonte en 219. C'est le début de la Deuxième Guerre punique. Son armée, composée de nombreux Celtibères, traverse la Gaule pour attaquer l'Italie. L'expédition échoue. En représailles, les Romains rasent Carthage (202 av. J.-C.) et chassent les Carthaginois de la Péninsule.

Des Romains aux Wisigoths

Malgré le déséquilibre des forces, les Celtibères résistent longtemps au nouvel envahisseur : débutée en 210 av. J.-C. avec le débarquement de Scipion l'Africain à Ampurias, la conquête romaine ne s'achève qu'en 19 av. J.-C. avec la reddition des dernières poches de résistance dans les provinces du Nord. En 133 av. J.-C., les habitants de Numance préférèrent brûler avec leur ville plutôt que de la livrer à Scipion Émilien.

L'ESPAGNE ROMAINE

La guerre finie, Rome divise la Péninsule en trois provinces : la Tarraconaise au nord, la Bétique au sud, et la Lusitanie à l'ouest. Le latin devient la langue officielle. La population se convertit progressivement aux us et coutumes romains. Les villes et les campagnes connaissant une longue période de stabilité et de prospérité. Quelques citoyens illustres apparaissent, comme **Sénèque** le philosophe, ou **Trajan** et **Hadrien**, respectivement premier et deuxième empereurs romains d'origine hispanique.

Le christianisme entre au cours du 1er s. Il s'impose officiellement en 392, sous le règne de Théodose, troisième empereur d'origine hispanique, qui interdit le paganisme.

LE ROYAUME WISIGOTH

Avec le 5e s. commence le déclin de l'Empire romain. En 410, Rome est mise à sac par Alaric ier, roi wisigoth. Dans la Péninsule, les invasions se multiplient : Francs, Suèves, Vandales et Alains saccagent villes et campagnes. Les Wisigoths débarquent à leur tour : largement romanisés, mieux organisés, ils parviennent à s'imposer aux autres groupes et à fonder une dynastie. En 586, leur roi Léovigilde expulse les fonctionnaires impériaux, mettant la fin à huit siècles de présence romaine.

Tolède devient la capitale de leur royaume, qui s'étend des Pyrénées à Gibraltar. L'organisation sociale, calquée sur celle de Rome, conserve le système de l'esclavage des Ibères et des grandes propriétés. La langue vernaculaire, d'origine latine, s'impose progressivement à celle des Wisigoths. En 587, leur roi Recarède se convertit au catholicisme et un lien étroit se noue entre l'État et l'Église.

Au début du 8e s., des luttes de succession fragilisent le royaume. En 711, appelés en renfort par l'un des prétendants au trône, le Berbère **Tarik** traverse le détroit de Gibraltar avec une armée de 7 000 hommes. Il bat le roi Rodéric à la bataille de Guadalete, progresse vers le nord et entre dans Tolède : le royaume wisigoth s'effondre.

Al-Andalous, âge d'or musulman

Les musulmans conquièrent la Péninsule en moins de trois ans, malgré un revers à Covadonga en 718 (une défaite importante car l'enclave servira de point de départ à la Reconquête chrétienne). Ils franchissent les Pyrénées et tentent d'envahir le sud de la France, mais Charles Martel les arrête à Poitiers en 732.

La péninsule Ibérique, que les Arabes appellent al-Andalous (« l'île aux Vandales »), va rester sous domination musulmane pendant près de sept siècles.

L'ÉMIRAT DE CORDOUE

Les Arabes s'installent dans la vallée du Guadalquivir et cèdent aux Berbères les terres moins productives de Castille, de León et de Galice. En Arabie, la dynastie des Abbasside élimine les Omeyyades. En 755, le brillant **Abd al-Rahman Ier**, survivant de la famille omeyyade, débarque à Cordoue en 756. Il unifie la masse hétérogène des musulmans et s'autoproclame émir. C'est le début de l'âge d'or d'al-Andalous : la mise en place de systèmes d'irrigation et l'importation de nouvelles semences sortent les campagnes de leur misère ; philosophes, savants et artistes affluent ; la construction de la mosquée de Cordoue débute en 784 : la ville, où se mêlent pacifique-

LES ÉTAPES DE LA RECONQUÊTE

ment musulmans, juifs et chrétiens, est au faîte de sa splendeur, rivalisant avec Bagdad et Constantinople.

La situation se dégrade à la mort d'Abd al-Rahman Ier : son successeur, al-Hakem Ier, est un violent despote, et les tensions intercommunautaires resurgissent.

LE CALIFAT DE CORDOUE

Le subtil **Abd al-Rahman III** devient calife en 929. Il pacifie le royaume et renforce les provinces militaires de Tolède, Badajoz et Saragosse. Sa cité palatiale, Medina Azahara, est un joyau architectural. Des réseaux de châteaux forts sont édifiés pour protéger le territoire. La Péninsule retrouve sa vocation commerçante et méditerranéenne, quasiment abandonnée à l'époque wisigothe. Le nouveau califat devient le royaume occidental le plus puissant, et sa cour, la plus raffinée du temps.

À la mort du calife, l'histoire se répète avec l'arrivée d'un nouveau despote, **al-Mansour**, qui lance une série de campagnes militaires contre les bastions chrétiens du nord (León, Barcelone, St-Jacques-de-Compostelle). Les tensions se multiplient. À sa mort, en 1031, le califat éclate en petits royaumes, les Taifas. C'est la fin de la brillante dynastie omeyyade et la destruction de la belle Medina Azahara symbolise sa chute.

LES ROYAUMES DE « TAIFAS »

Les Taifas s'organisent en fonction de critères ethniques : les Berbères contrôlent la côte du Guadalquivir jusqu'à Grenade, alors que les Arabes prédominent à Cordoue et à Séville. Leurs alliances se font et se défont, certains n'hésitant pas à passer des accords avec les chrétiens quand le besoin s'en fait sentir. Ces derniers profitent de la faiblesse de leurs ennemis et s'emparent de plusieurs places importantes. En 1085, **Alphonse VI**, roi de Castille et León, conquiert Tolède. Des expéditions chrétiennes ont lieu contre Séville et Badajoz.

Mohammed II, roi de Séville, se sent menacé et demande de l'aide aux Almoravides du Maroc. Ceux-ci traversent le détroit, battent les chrétiens à Sagradas en 1086 et opèrent la réunification des Taifas. Mais leur pouvoir s'avère fragile et les taifas réapparaissent. Les Almohades de Libye prennent leur place en 1144 et font de Séville leur nouvelle capitale. Mais l'emprise des musulmans sur l'Espagne ne cesse de faiblir : en 1195, la bataille d'Alarcos constitue le dernier succès d'envergure de l'armée almohade.

En 1212, les armées de Castille, d'Aragon et de Navarre la mettent définitivement en déroute à la bataille de Las Navas de Tolosa.

AL-ANDALUS, ÂGE D'OR DE L'ISLAM

Entre 711 à 1492, les musulmans (Arabes et Berbères) auront développé en Espagne une civilisation exceptionnelle, que beaucoup considèrent aujourd'hui comme l'âge d'or de l'islam. Les sciences fleurissaient : optique, hydrologie, astronomie, géographie, médecine et mathématiques, avec l'invention du zéro et du système décimal. La pharmacie et la chimie apparaissaient (Avicenne, au 11e s.). La pensée grecque, sauvée de l'oubli, était étudiée et commentée à Tolède et Cordoue, qui disposait d'une université un siècle avant l'Europe. Les arts et l'architecture connaissaient une phase brillante. L'agriculture bénéficiait de l'introduction de nombreuses espèces et des techniques d'irrigation. Enfin, la tolérance religieuse entre musulmans, juifs et chrétiens y demeura longtemps exemplaire.

La Reconquête

Sous le règne de **Ferdinand III**, roi de Castille, les chrétiens s'emparent de Cordoue en 1236, puis de Séville et de toute l'Andalousie occidentale en 1248. Puis, le mouvement s'essouffle : l'Aragon et la Catalogne se tournent vers le commerce méditerranéen, tandis que la Castille s'épuise dans des luttes dynastiques.

LE ROYAUME NASRIDE

En 1238, **Mohammed ben Nazar** parvient à unifier les territoires de Grenade, de Málaga et d'Almería pour fonder une nouvelle dynastie. Il fait de Grenade sa capitale et construit l'extraordinaire palais de l'Alhambra. Profitant de l'exode des populations musulmanes chassées par les chrétiens, son royaume très peuplé et hautement productif durera jusqu'en 1492 : al-Andalous connaît un nouvel âge doré, quoi que sur un territoire plus réduit.

LES ROIS CATHOLIQUES

En 1469, le mariage secret d'**Isabelle de Castille** *(voir p. 55)* et de **Ferdinand d'Aragon** scelle l'union future des couronnes de Castille et d'Aragon : en 1474, Isabelle hérite du trône de Castille ; en 1479, Ferdinand monte sur celui d'Aragon. Ce couple puissant et pieux, auquel le pape Alexandre VI confère le titre de Rois Catholiques, lance la phase finale de la Reconquête en 1482. Les villes musulmanes tombent les unes après les autres : Ronda (1485), Málaga (1487), Baza (1489), Almería et Guadix (1489). En 1492, **Boabdil** leur remet les clés de Grenade, mettant ainsi fin à plus de sept siècles d'occupation arabe.

Les monarques s'engagent à respecter la religion de ceux qui veulent rester dans le pays. Mais la guerre a été largement financée par l'Église et le tribunal de l'Inquisition, dirigé par Torquemada, exige une ligne plus dure. En cette même année 1492, les juifs sont chassés d'Es-

L'Estrémadure, terre de conquistadors

À l'époque féodale – mais c'est encore largement vrai aujourd'hui – les vastes pâturages de l'Estrémadure étaient concentrés au sein d'immenses *latifundia*, riches de plusieurs milliers d'hectares, et ceux qui n'appartenaient pas à la noblesse n'avaient d'autre choix que de s'embaucher comme ouvrier agricole ou de s'expatrier. Les plus audacieux devenaient donc *conquistadores*.

On dit que chaque village d'Estrémadure a envoyé au moins un représentant dans le Nouveau Monde, où de nombreuses villes portent aujourd'hui des noms évoquant leur terre d'origine : Plasencia, Medellín, Mérida, Trujillo...

C'est à Trujillo par exemple que sont nés **Francisco Pizarro**, qui renversa l'Empire inca de Atahualpa au Pérou, et **Francisco de Orellana**, qui « découvrit » l'Amazonie. **Pedro de Alvarado**, conquistador du Yucatán et du Guatemala, vient de Badajoz. **Hernando de Soto**, explorateur du Mississippi, et **Vasco Núñez de Balboa**, découvreur de la « mer du Sud » (l'océan Pacifique), viennent de Jerez de los Caballeros. **Pedro de Valdivia**, à qui l'on doit la conquête du Chili, vient de Campanario, et le célèbre **Hernán Cortés**, qui mit le Mexique et l'Empire aztèque à genoux, de Medellín.

Cette filiation se retrouve jusque dans la Vierge de Guadalupe : sainte patronne des Amériques, symbole de la latino-américanité, elle tient son nom et sans doute sa légende de Notre-Dame de Guadalupe, la sainte *extremeña*.

pagne. Les musulmans sont contraints de fuir ou de se convertir, ce qui ne les empêche pas de se faire persécuter et confisquer leurs biens. Les synagogues et les mosquées sont remplacées par des églises.

Parallèlement, en cette même année 1492 si exceptionnelle, **Christophe Colomb** découvre l'Amérique. En 1519, Cortés débarque au Mexique. En 1532, Pizarro entre au Pérou. Les conquêtes se multiplient : prise de Naples, des Canaries et de plusieurs villes africaines. Des flots d'or et d'argent commencent à se déverser depuis le Nouveau Monde. L'Espagne devient une grande puissance coloniale.

Les Habsbourg et le « Siècle d'or »

CHARLES QUINT : L'APOGÉE

Après les morts d'Isabelle et de Ferdinand, leur petit-fils, le futur Charles Quint, monte sur le trône. Il s'agit alors du jeune Habsbourg **Charles Ier**, qui débarque en 1517 sans parler castillan. Deux ans plus tard, il hérite de son père le Saint Empire romain germanique. Devenu **Charles Quint**, il règne désormais sur un empire immense, comprenant l'Espagne, les Amériques et une large part de l'Europe du Nord (approximativement l'Allemagne, l'Autriche, la Belgique et les Pays-Bas). L'expansion se poursuit grâce à son mariage avec Isabelle du Portugal. C'est le début du « Siècle d'or », qui marque l'apogée de la puissance espagnole et couvre tout le 16e s.

Mais l'immensité de l'Empire le rend difficile à gouverner, ses expéditions militaires l'épuisent, les taxes s'alourdissent et les révoltes locales se multiplient : la révolution des Comunidades de Castille éclate en 1520, des insurrections ont lieu à Valence et à Majorque, durement réprimées par les troupes germaniques de Charles Quint. Fatigué, celui-ci abdique en 1556 et se retire au monastère de Yuste, en Estrémadure.

Philippe II, son fils, hérite de l'Espagne, des colonies, du royaume de Naples, du Milanais, des Pays-Bas et de la Franche-Comté, mais pas de l'Empire germanique qui revient à son frère, Ferdinand Ier.

PHILIPPE II : LE DÉCLIN

Philippe II, très religieux, fait de Madrid sa capitale en 1661. Il renforce le pouvoir de l'Inquisition et intensifie les expéditions militaires : après la **victoire de Lépante** contre les Turcs, en 1571, qui fait de lui le maître de la Méditerranée, il fait valoir ses droits sur le Portugal, qu'il envahit en 1580. En 1588, il attaque l'Angleterre protestante, mais l'expédition se solde par la destruction de l'« **Invincible Armada** » et l'Espagne perd sa puissance maritime.

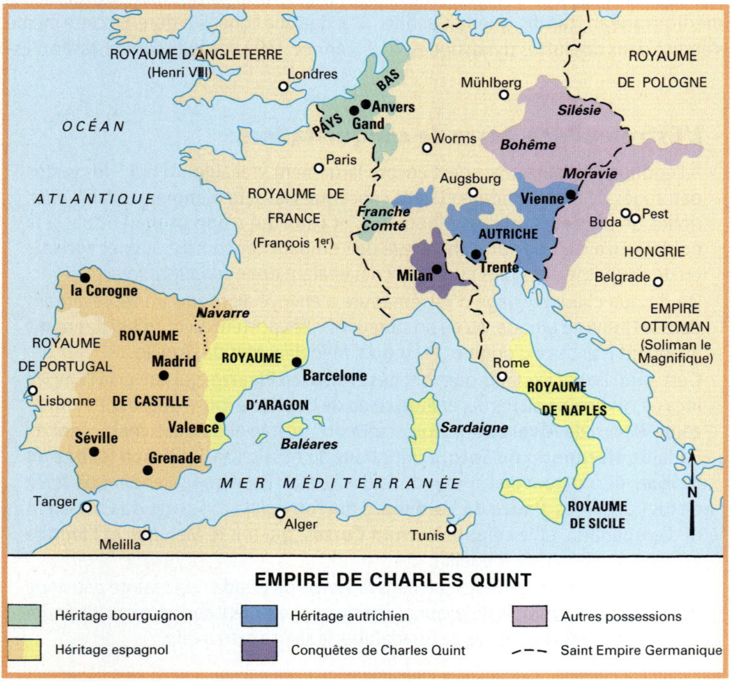

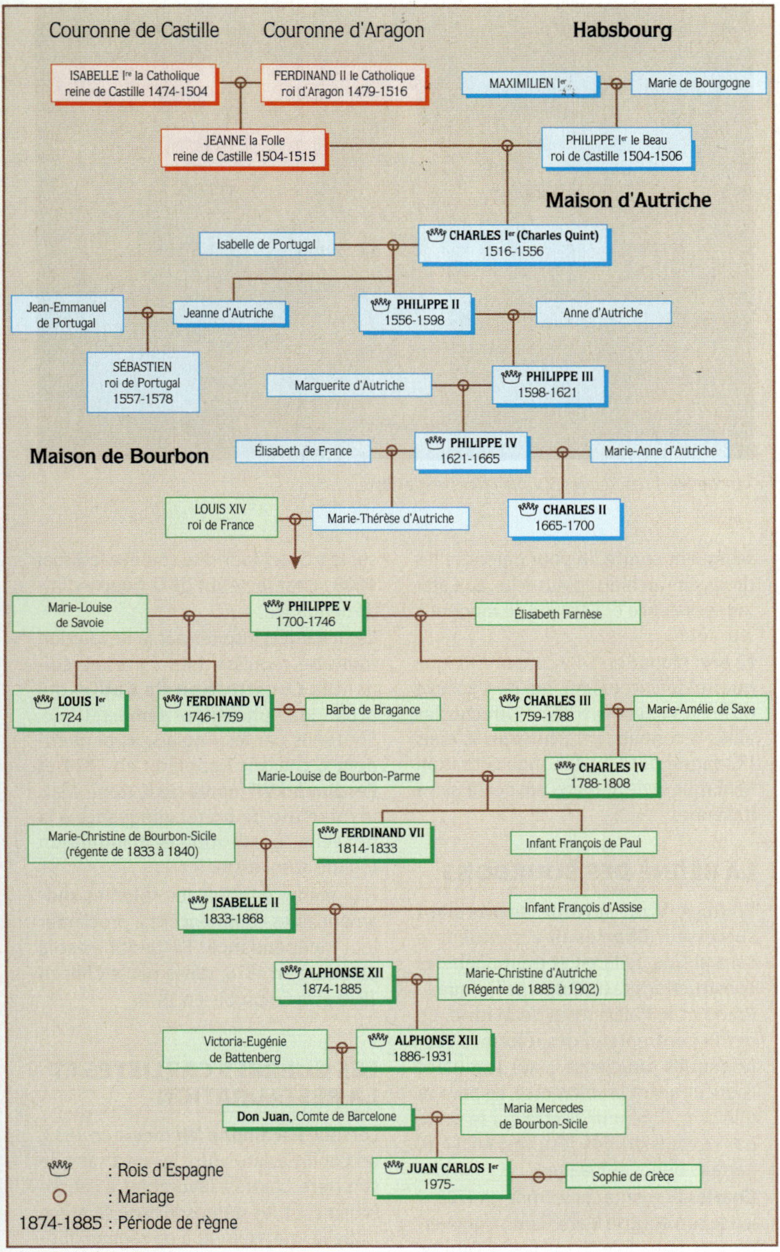

Ses successeurs **Philippe III**, **Philippe IV** et **Charles II** ne pourront enrayer le déclin de l'empire, malgré une étonnante fluorescence des arts. L'expulsion des 275 000 morisques (musulmans) en 1609, motivée par l'intolérance religieuse, est une catastrophe pour l'agriculture.

Dans le Nouveau Monde, les populations indigènes sont décimées par les maladies et les persécutions.

Le Portugal se libère, imité en 1648 par les Pays-Bas au terme de l'épuisante guerre de Trente Ans.

L'Espagne est alors exsangue.

L'Espagne des Bourbons

LA GUERRE DE SUCCESSION

Le règne espagnol des Habsbourg s'achève avec **Charles II**, qui meurt sans descendance. Le petit-fils de sa sœur Marie-Thérèse et de Louis XIV, le français **Philippe duc d'Anjou**, monte sur le trône en 1700 sous le nom de **Philippe V**. Mais l'Angleterre, la Hollande, le Danemark et les princes allemands

« La famille du roi Charles IV », par Francisco de Goya.

se liguent contre lui pour défendre les droits de l'archiduc d'Autriche. La Catalogne, Valence et l'Aragon se rangent à leur côté.

Le pays plonge en 1702 dans une longue guerre de Succession, qui ne s'achève qu'en 1714 avec le traité d'Utrecht : les alliés reconnaissent **Philippe V**, mais l'Espagne perd en échange Gibraltar, Minorque et de nombreuses possessions italiennes.

LA RÈGNE DES BOURBONS

Philippe V et, surtout, son brillant successeur **Charles III** accentuent le centralisme de l'État et multiplient les constructions fastueuses, telles que le Prado et le Palais royal de Madrid. Ce dernier entreprend des réformes économiques judicieuses, qui stimulent l'agriculture et le commerce. Le pays va mieux, malgré une disette qui se solde par l'expulsion des Jésuites, en 1766, parfaits boucs émissaires.

Charles IV monte sur le trône en 1788. Il laisse son épouse Marie-Louise gouverner en compagnie de son favori, **Godoy**. Ceux-ci entraînent l'Espagne dans une guerre contre la France révolutionnaire, avant de signer une alliance avec le Directoire français (traité de San Ildefonso, 1796) qui se solde par un nouveau conflit contre l'Angleterre et le désastre de Trafalgar, en 1805.

L'INVASION FRANÇAISE ET LA GUERRE D'INDÉPENDANCE

En 1808, le faible Charles IV se fait chasser par **Napoléon**, qui envahit l'Espagne et place son frère Joseph sur le trône. Madrid se soulève le 2 mai 1808 : c'est le début de la guerre d'Indépendance.

Les insurgés, inspirés par la Révolution française, réunissent les Cortes et rédigent la **Constitution de Cadix**, qui promulgue un régime démocratique. Soutenus par les Anglais, ils parviennent à chasser Napoléon en 1814 et **Ferdinand VII** monte sur le trône. Mais le roi refuse de prêter allégeance à la nouvelle constitution et inaugure un régime absolutiste.

À la même époque, les colonies sud-américaines commencent à proclamer leur indépendance : l'Argentine est la première en 1816, suivie par le Chili en 1818 et la Colombie en 1819.

LES GUERRES CARLISTES ET LA RESTAURATION

Lorsque **Ferdinand VII** meurt en 1833, un conflit éclate entre les partisans de son frère Charles, favorables à l'absolutisme, et les défenseurs de sa nièce Isabelle, qui aspirent à un régime libéral : c'est la première guerre carliste, qui s'achève en 1843 par la victoire des libéraux.

Mais les crises se succèdent : une seconde guerre carliste (1847-1849) éclate au Nord, tandis que les républicains se soulèvent au Sud.

La reine Isabelle est chassée par la révolution de 1868 et la République est proclamée. Elle ne durera pas : **Alphonse XII**, fils d'Isabelle, monte sur le trône en 1874 grâce à un coup d'État militaire. C'est ce que l'on appelle la Restauration, qui inaugure une période de relative stabilité politique.

Les grandes dates de l'Espagne

15500-11500 av. J.-C. – Peintures rupestres d'Altamira.
15e-11e s. av. J.-C. – Les Phéniciens et les Grecs fondent des comptoirs sur la côte méditerranéenne.
13e-6e s. av. J.-C. – Royaume de Tartessos.
237 av. J.-C. – Les Carthaginois d'Hamilcar Barca envahissent la Péninsule.
206 av. J.-C. – Les Romains chassent les Carthaginois.
586 – Les Wisigoths chassent les derniers fonctionnaires romains.
711 – Début de la conquête musulmane.
722 – Début de la Reconquête chrétienne.
756 – Établissement de l'émirat de Cordoue.
756 – Établissement du califat de Cordoue.
1031 – Dislocation du califat en royaumes de Taifas.
1238 – Début du royaume nasride.
1469 – Mariage d'Isabelle de Castille et de Ferdinand d'Aragon.
1478 – Création du tribunal de l'Inquisition.
1492 – Fin de la reconquête. Expulsion des Juifs. Découverte de l'Amérique par Christophe Colomb.
1516 – Charles Ier, futur Charles Quint, monte sur le trône : début du règne des Habsbourg et du « Siècle d'or ».
1519 – Cortés débarque au Mexique.
1571 – Victoire de Lépante contre les Turcs. L'Espagne contrôle la Méditerranée.
1609 – Expulsion des musulmans.
1702-1714 – Guerre de Succession. Les Bourbons succèdent aux Habsbourg.
1805 – Désastre de Trafalgar.
1808-1814 – Napoléon envahit l'Espagne. Guerre d'indépendance contre la France.
1820 – Début des guerres carlistes.
1874 – Alphonse XII monte sur le trône : début de la Restauration.
1898 – L'indépendance de Cuba sonne le glas de l'empire colonial espagnol.
1931 – Début de la IIe République.
1936-1939 – Guerre d'Espagne.
1939 – Victoire des nationalistes. Début du régime franquiste.
1955 – L'Espagne entre aux Nations unies et sort de son isolement diplomatique.
1975 – Mort de Franco. Juan Carlos monte sur le trône et met en place un régime démocratique.
1982 – Les socialistes gagnent les élections ; Felipe González devient président du gouvernement.
1986 – L'Espagne entre dans la Communauté européenne.
1992 – 500e anniversaire de la découverte de l'Amérique. Jeux olympiques à Barcelone. Exposition universelle à Séville. Madrid nommée capitale culturelle de l'Europe.
2002 – Entrée en vigueur de l'Euro.
2004 – Attentats de Madrid. Élection de Zapatero.

La chute de la monarchie

MOUVEMENTS SOCIAUX

Entre la fin du 19e s. et le début du 20e s., l'Espagne connaît de profondes transformations. Le pays perd ses dernières colonies (Cuba et les Philippines) en 1898, tandis que 1,5 million d'Espagnols émigrent en Amérique latine entre 1886 et 1913. L'industrialisation commence à se développer en Catalogne, au Pays basque et dans les Asturies, où les ouvriers s'organisent en syndicats. La moitié de la population est analphabète et vit dans la misère, et les écarts de richesse entre régions nourrissent les régionalismes. Partout, les clivages politiques se durcissent : des mouvements anarchistes et socialistes se développent en Catalogne, en Andalousie et en Castille, et le parti socialiste gagne son premier siège au Parlement en 1910.

Alors que l'Espagne reste neutre pendant la Première Guerre mondiale, une grève générale éclate en 1917. Les troubles sociaux se multiplient. En 1923, le **général Miguel Primo de Rivera**, soutenu par le roi, réalise un coup d'État. La dictature militaire stabilise le pays, mais la crise de 1929 contraint le général à démissionner, bientôt imité par le roi.

LA DEUXIÈME RÉPUBLIQUE

La proclamation de la Deuxième République, en 1931, provoque une véritable liesse populaire. Le gouvernement de gauche entame une réforme agraire qui redistribue les terres au détriment de l'aristocratie latifundiaire, instaure le mariage civil et s'attaque au pouvoir de l'Église. Les forces conservatrices, emportées pas le clergé, l'armée et les propriétaires terriens, unissent leurs forces autour de la Phalange, mouvement fondé en 1933 par **José Antonio Primo de Rivera**, fils du dictateur.

La Catalogne proclame son autonomie et les mineurs des Asturies se soulèvent, mais la répression orchestrée par l'armée est très dure. En 1936, le **Front populaire**, alliance des partis de gauche, triomphe aux élections. L'armée réagit aussitôt : la guerre civile éclate.

LA GUERRE CIVILE

Les troupes dites « nationalistes » du **général Franco**, basées au Maroc, entrent en Espagne avec l'aide logistique des Allemands. Madrid, la Catalogne et Valence restent fidèles aux républicains du Front populaire, mais les nationalistes prennent rapidement le contrôle des régions agricoles conservatrices : Andalousie, Castille et Galice. Dix fois moins nombreux, les républicains bénéficient du soutien des Brigades internationales, mais souffrent en leur sein des dissensions entre anarchistes et communistes.

Les villes industrielles du Nord tombent en 1937 (bombardements de **Guernica** par l'aviation allemande). Le gouvernement républicain se réfugie à Barcelone. L'année suivante, les nationalistes atteignent la Méditerranée et coupent l'armée républicaine en deux. Franco défait l'armée de l'est à la bataille de l'Èbre, avant de prendre la Catalogne en février 1939. La guerre s'achève avec la prise de Madrid, le 1er avril.

LE FRANQUISME

Le général Franco liquide l'opposition, à coup de camps de travail et d'exécution ssommaires, et instaure un ordre fasciste et clérical ; le divorce et le mariage civil sont interdits, les manuels scolaires réécrits, tandis que les artistes et les intellectuels fuient en masse. À la fin de la Seconde Guerre mondiale, au cours de laquelle l'Espagne reste neutre, le Caudillo demeure le seul dirigeant fasciste d'Europe. L'Espagne s'isole sur le plan diplomatique. L'ouverture vient avec la Guerre froide : en 1953, le général Eisenhower propose à Franco d'héberger des bases militaires américaines en échange d'une importante aide financière. L'Espagne entre aux Nations unies en 1955. Les infrastructures, l'économie et le tourisme balnéaire de masse se développent. Mais les campagnes restent sous-développées et le centralisme de Franco provoque une résurgence des mouvements indépendantistes, notamment en Catalogne et au Pays basque (création de l'**ETA** en 1959).

Histoire contemporaine : voir p. 82.

C. Barrely/Michelin

Les Rois Catholiques sur le monument de Christophe Colomb, Plaza de Colón à Madrid.

Le royaume de Castille et León

Le mouvement de la Reconquête démarra de la résistance du petit royaume des Asturies, au nord de la Péninsule. Après avoir installé sa capitale à León, en 914, le royaume s'étendit progressivement vers le sud. La région de la Castille fut ainsi lentement assemblée à partir des territoires gagnés sur l'adversaire. Son nom vient sans doute des nombreuses forteresses, les *castillos*, que Maures et chrétiens y bâtirent pour se défendre.

Dans un premier temps, la Castille resta un simple comté inféodé au royaume asturléonien, avant de devenir un État presque indépendant en 951. Sa chevalerie, immortalisée par la figure du **Cid**, n'aura de cesse, dès lors, de la protéger des appétits extérieurs. En 1037, Ferdinand Ier fonda le Royaume unifié de Castille et León, avant de se lancer dans une série de batailles qui lui permirent de conquérir ce qui allait devenir la Nouvelle-Castille (Castille - La Manche).

La région s'agrandit encore sous les règnes d'**Alphonse VI** (1065-1109) et d'**Alphonse VII** (1126-1157). Mais les souverains considéraient alors leurs territoires comme des biens familiaux, et les royaumes de Castille et de León s'unirent et se désunirent au gré des successions. Ils ne furent définitivement associés qu'à partir de 1230, les règnes d'**Alphonse X le Sage** (1252-1284) et d'**Alphonse XI** (1312-1350) permettant ensuite de consolider le royaume.

Au cours des 14e et 15e s., de nombreux conflits l'opposèrent aux oligarchies nobiliaires, menaçant de le faire éclater, jusqu'à ce que le mariage de **Ferdinand II d'Aragon** et d'**Isabelle de Castille** renforce son autorité, en 1469, en unifiant l'Aragon et la Castille. À partir de ce jour, l'Espagne castillane prospéra jusqu'à devenir l'une des premières puissances d'Europe.

Personnages emblématiques

LE CID CAMPEADOR

Rodrigo Díaz de Bivár, né à Burgos en 1043, est surtout connu des Français pour ses frasques de jeune homme amoureux, mises en scène par Corneille. Pour les Espagnols en revanche, il s'agit d'un véritable mythe guerrier dont les exploits au sein de l'âpre Castille médiévale furent cités dans de nombreux poèmes épiques, les *romanceros*. Un premier texte, *El Cantár del Mío Cid*, fut composé autour de 1140, avant que d'autres poèmes n'amplifient la légende.

Dans la réalité, Le Cid Campeador était un personnage beaucoup plus ambigu que le personnage de Corneille. À l'origine simple petit noble, il se distingua d'abord en combattant les Arabes, avant de changer de camp et de combattre les chrétiens aux côtés des musulmans moyennant avantages financiers.

Cet aventurier sans scrupule s'autoproclama roi de Valence après avoir conquis la ville avec l'aide d'un émir, ville qu'il gouverna jusqu'à sa mort en 1099.

Son tombeau est visible dans la cathédrale de Burgos, mais ses restes, volés par un soldat de Bonaparte, reposeraient aujourd'hui en France.

ISABELLE LA CATHOLIQUE (1451-1504)

Isabelle de Castille, que Machiavel prend comme modèle dans *Le Prince*, demeure l'un des personnages les plus controversés de l'histoire : réputée inflexible, belle, ambitieuse, austère, intelligente et manipulatrice, elle permit la Reconquête et acheva l'unité espagnole grâce à son mariage célébré en secret avec Ferdinand d'Aragon. Du fait de son action, disent ses partisans, plus de 300 millions de personnes vivent aujourd'hui dans la foi catholique. Ses détracteurs, quant à eux, rappellent qu'elle est à l'origine du tribunal de l'Inquisition, de la persécution des juifs et des musulmans, et de la conversion forcée de millions d'Indiens du Nouveau Monde…

LA DOUTEUSE ASCENSION DE DON MANUEL

Né à Badajoz (Estrémadure) en 1767, **Manuel Godoy Álvarez de Faria**, fils d'un humble hidalgo d'Estrémadure, se rendit à 17 ans à la Cour, où il entra dans les Gardes du corps. Les faveurs de la reine Marie-Louise lui valurent d'être nommé duc de Alcudia et grand d'Espagne, puis Premier ministre à l'âge de 25 ans. Son rapide triomphe et sa politique de rapprochement avec la France ne lui attirèrent ni la sympathie de la Cour, ni celle du peuple, qui l'accusa bientôt d'être vendu à Napoléon et exigea son départ. Après l'émeute d'Aranjuez, il suivit ses souverains en exil à Bayonne et y rédigea l'acte d'abdication de Charles IV qui laissait l'Espagne aux mains de Napoléon. En 1851, il mourut à Paris, complètement oublié.

ART ET ARCHITECTURE

L'Espagne du Centre a amassé tout au long des siècles de splendides œuvres d'art : de belles églises romanes, d'impressionnantes cathédrales gothiques, d'exubérants sanctuaires baroques, d'étonnants monuments d'influence islamique, de magnifiques châteaux et de somptueuses peintures et sculptures. Pour comprendre et apprécier au mieux ce patrimoine, il est utile de le replacer dans son contexte historique et stylistique.

Foto Mynt. Diputacion de Zamora

« Daniel dans la fosse aux lions », chapiteau de l'église wisigothique San Pedro de la Nave (7e s.)

De la préhistoire à la conquête arabe

PRÉHISTOIRE

Les habitants de la péninsule Ibérique, dès cette époque, ont laissé de leur art des témoignages exceptionnels : les plus anciens sont les peintures rupestres du paléolithique supérieur (40 000 à 10 000 ans av. J.-C.) découvertes dans les grottes de Cantabrie (**Altamira**, El Castillo), des Asturies (El Pindal, Ribadesella et San Román) et du Levant (Cogull, Alpera). Au néolithique (7500 à 2500 av. J.-C.), les hommes élèvent des monuments mégalithiques, dont les fameux dolmens d'Antequera, tandis que dans les îles Baléares une civilisation de l'âge du bronze (2500 à 1000 av. J.-C.) dresse de curieux monuments en pierre : les **talayots** et les **navetas**.

IER MILLÉNAIRE AV. J.-C.

Les civilisations ibériques se signalent par l'orfèvrerie (trésor du Carambolo au Musée archéologique de Séville) et surtout par des sculptures, certaines d'une perfection remarquable : les lions de Cordoue, les *toros* de Guisando *(voir p. 155)* et les *Dames de Baza* et *d'Elche*.

À la même époque, les colonies phéniciennes puis grecques transmettent l'art de leur pays d'origine : sarcophages anthropoïdes phéniciens à Cadix, art punique à Ibiza et art grec à Ampurias.

L'ESPAGNE ROMAINE (IER S. AV. J.-C. AU 5E S.)

Comme dans tout leur Empire, les Romains tracent des voies de communication, lancent des ponts et des aqueducs (Ségovie), bâtissent des villes et des monuments (théâtre de Mérida, sites d'Italica et d'Ampurias, arc de triomphe de Tarragone).

LES WISIGOTHS (6E S. AU 8E S.)

Les Wisigoths qui arrivent en Espagne au 5e s. sont des tribus nomades sans tradition architectonique propre, si bien que la tradition paléochrétienne déjà pétrie d'influence byzantine et orientale va s'étendre sur toute la Bétique romaine jusqu'à la fin du 6e s. Pour de nombreux auteurs, la proclamation du **3e concile de Tolède** (589), qui déclare l'unité du royaume, est à l'origine d'un nouveau type d'architecture qui, après quelques balbutiements, va atteindre une unité indéniable.

Les premiers édifices religieux présentent à l'origine un plan basilical classique, légèrement modifié (Alcalá de los Gazules), qui évolue pour devenir cruciforme. Les nefs sont séparées par des colonnes ou des piliers qui soutiennent des **arcs outrepassés**. Les voûtes sont généralement en fer à cheval et les nefs présentent des **armatures de bois**. La décoration des murs, des impostes et des chapiteaux reflète une très nette **influence orientale** avec plus de **motifs géométriques** que de motifs végétaux et peu de représentations humaines. Extérieurement, les temples wisigothiques sont dépourvus de contreforts.

La plupart de ces temples ont été modifiés par la suite. Seuls les plans des édifices primitifs de San Pedro de la Nave (province de Zamora), de Baños de Cerrato (province de Palencia) et de Quintanilla de las Viñas (province de Burgos) sont restés intacts.

L'art wisigothique le plus connu est l'**orfèvrerie** qui atteint son plus haut degré de perfection au 7e s., produisant deux types d'objets : les objets liturgiques (croix de procession et objets votifs comme les célèbres couronnes, dont celle du trésor de Guarrazar au Musée archéologique de Madrid) et les objets à usage personnel (fibules, bracelets, colliers, pendentifs). Certaines de ces œuvres exposées à l'heure actuelle dans les musées faisaient partie de trésors qui avaient été cachés devant l'avancée des musulmans.

Art hispano-mauresque (8e s. au 15e s.)

ART CALIFAL – CORDOUE (8e S. AU 11e S.)

La mosquée, l'alcázar et l'alcazaba sont les trois types d'édifices illustrant cette période. La **mosquée** se caractérise par sa simplicité : le minaret, la cour avec le bassin destiné aux ablutions rituelles, et enfin une salle de prière carrée où se trouve le mihrab. L'**alcázar** (ou palais), organisé autour de charmants patios, est environné de jardins agrémentés de fontaines et de jets d'eau. Enfin l'**alcazaba** (ou forteresse), construite sur une hauteur, est entourée de plusieurs enceintes couronnées de merlons pointus.

Málaga possède une magnifique alcazaba, mais les monuments les plus célèbres de cette période se trouvent à Cordoue (mosquée, palais de Medina Azahara), à Tolède (mosquées), à Ségovie (Álcazar) où s'affirment, outre l'emploi systématique de l'arc en fer à cheval qui deviendra l'arc musulman par excellence, divers caractères appelés à connaître une grande fortune dans les églises mudéjares et romanes : le décor de briques en relief, les coupoles sur nervures, les modillons à copeaux, les arcs où alternent claveaux blancs (pierre) et rouges (brique), les arcs polylobés, la tradition de surmonter les portes d'arcatures aveugles.

Les Omeyades apportent de Syrie le goût d'une décoration abondante. Le Coran interdisant la représentation de l'homme et des animaux, les éléments du décor s'expriment par la calligraphie (les inscriptions en écriture coufique courent le long des murs), les motifs géométriques (décors de brique, de marbre, formant des polygones et des étoiles) et enfin les motifs végétaux (fleurons, palmettes entrelacées).

ART ALMOHADE (12e S.-13e S.)

Le puritanisme religieux de la dynastie almohade, dont la capitale est Séville, se traduit dans l'art par une simplicité parfois un peu austère. Son style se caractérise par l'utilisation de la brique rehaussée d'un décor en relief à facture large, sans surcharge (Giralda de Séville), souvent repris dans l'art mudéjar aragonais. On note l'apparition du plafond artesonado et des azulejos, dont l'emploi sera étendu à toute la Péninsule.

Les arcs à alternance de brique et de pierre disparaissent, l'arc outrepassé se brise, l'arc polylobé se borde d'un feston curvilinéaire comme dans l'Aljafería de Saragosse. Le décor calligraphique admet l'écriture cursive, mais continue à employer le coufique, où un motif floral comble le vide laissé entre les hampes.

ART NASRIDE (14e S.-15e S.)

Cette époque d'extrême raffinement, dont le suprême chef-d'œuvre est l'**Alhambra** de Grenade, introduit moins d'innovation en matière architecturale que dans le décor, de stuc ou de céramique, qui tapisse entièrement les murs. En Castille, le stuc sera largement employé dans le cadre de bas-reliefs ornementaux, dans des styles aussi différents que le gothique, le plateresque, la Renaissance et le baroque.

La silhouette des arcs se simplifie (le plein cintre surhaussé est fréquent), tandis que leur contour se borde d'une dentelle de détails.

LES ARTS DÉCORATIFS

Des éléments décoratifs d'une grande richesse et d'une extrême variété ont subsisté : bois à entrelacs géométriques, tissus brochés, armes, céramiques à reflets métalliques, coffrets d'ivoire.

ART MUDÉJAR

Art des musulmans continuant à travailler selon leurs traditions pour le compte des chrétiens, il fut en vogue du 11e s. au 15e s. selon la progression de la Reconquête, mais quelques éléments comme le plafond artesonado survivront durant plusieurs siècles.
Le mudéjar de cour, pour lequel on fait venir les artistes des cours musulmanes (synagogues de Tolède, constructions de Pierre le Cruel à Tordesillas et à Séville avec le remarquable alcázar), prolonge le style almohade ou s'inspire du nasride contemporain. Par contre le mudéjar populaire, développé par les artistes locaux, présente des aspects régionaux marqués : en Castille, les murs sont décorés d'arcatures aveugles (Arévalo, Sahagún, Tolède) ; en Aragon, entrelacs géométriques et azulejos couvrent les clochers.

Art préroman et roman (8e au 12e s.)

ART ASTURIEN

Du 8e au 10e s. se développe dans le petit royaume asturien un art de cour très évolué caractérisé par les lignes ascendantes des bâtiments. Les églises asturiennes (Naranco, Santa Cristina de Lena) adoptent des basiliques latines le plan rectangulaire à trois nefs et narthex, les arcades en plein cintre séparant les nefs, le vaste transept précédant un chevet tripartite. La décoration intérieure reprend l'usage des fresques et emprunte à l'Orient les motifs des chapiteaux (entrelacs, rosaces, monstres) ou des garnitures ajourées des fenêtres.

ART MOZARABE

On qualifie de mozarabe l'art des chrétiens vivant sous la domination musulmane après l'invasion de 711. Les églises, situées surtout en Castille (**San Miguel de Escalada, San Millán de la Cogolla**), reprennent les traditions wisigothiques (arcs outrepassés) en les enrichissant d'apports arabes (coupole nervée, modillons à copeaux).
Les manuscrits enluminés sont les premières manifestations connues de la peinture médiévale espagnole. Exécutés aux 10e s. et 11e s. par les moines mozarabes, ils illustrent le *Commentaire sur l'Apocalypse* de saint Jean rédigé au 8e s. par le moine Beato de Liébana, d'où le nom de « **Beatus** » donné à ces manuscrits qui comportent de nombreux éléments arabes dans leur iconographie (arcs outrepassés, costumes).

PREMIER ART ROMAN EN CATALOGNE

Peu ouverte aux influences mozarabes mais en rapport étroit avec l'Italie et la France, la Catalogne élabore à partir du 11e s. une architecture à forte influence lombarde qui se maintient jusqu'au 13e s. dans les vallées pyrénéennes restées à l'écart des grandes voies de passage.
Les sobres petites églises, souvent accompagnées d'un clocher séparé, sont décorées de bandes lombardes. Les murs intérieurs sont simplement égayés de fresques des 11e s. et 12e s. qui, malgré leur emprunt aux mosaïques byzantines (dessin souligné de noir, attitudes raides, choix des thèmes comme le Christ en mandorle), s'avèrent spécifiquement espagnoles par la représentation de nombreux détails réalistes et expressifs. Les devants d'autel en bois peint, aux couleurs éclatantes, reprennent les mêmes sujets et disposition.

UN ART ROMAN « EUROPÉEN » SUR LES ROUTES DE COMPOSTELLE

Le nord-ouest de l'Espagne s'ouvre aux courants étrangers sous le règne de Sanche le Grand de Navarre (début 11e s.) : fondation d'abbayes cisterciennes, ouverture des villes à des francs-bourgeois français (Estella, Sangüesa, Pampelune). À la même époque, le pèlerinage de Compostelle suscite l'édification de nombreux monuments religieux où s'affirment les influences françaises (poitevines à Soria et à Sangüesa ; toulousaines en Aragon et à St-Jacques-de-Compostelle). La cathédrale de St-Jacques est le chef-d'œuvre incontesté de ce style.
L'art roman se fait particulièrement remarquer par la sculpture. En Aragon, les sculpteurs de chapiteaux, à l'image de leur chef de file, le maître de San Juan de la Peña, possèdent un style dont le symbolisme ne saurait être pris pour de la maladresse. Dans les visages disproportionnés aux yeux proéminents, l'artiste fait transparaître l'âme et c'est le

Chapiteaux romans du cloître de Santo Domingo de Silos.

sens religieux du geste qu'illustrent les mains tendues. En Castille, les galeries des cloîtres (Santo Domingo de Silos) et les portails des églises s'enrichissent de programmes iconographiques denses. Les chapiteaux (corinthien, cubique ou en forme de tronc de pyramide renversé) accueillent des scènes historiées, des motifs animaliers et végétaux d'une grande virtuosité.

Au début du 12e s., la réforme de l'ordre cistercien fondée sur l'austérité entraîne un changement important dans l'architecture, initiant un style de transition qui annonce déjà le style gothique (voûtes sur croisée d'ogives, abside carrée). La décoration foisonnante du roman disparaît. Cette architecture se manifeste dans de grands ensembles monastiques : Poblet, Santes Creus, La Oliva, Santa María de Huerta.

Art gothique (13e au 15e s.)

ARCHITECTURE

Début du gothique

Importé de France, le gothique pénètre difficilement en Espagne, sauf en Navarre où depuis 1234 règnent les dynasties françaises. Au 13e s. apparaissent les premiers édifices vraiment gothiques (église de Roncevaux, cathédrales de Cuenca et de Sigüenza). Dans quelques grandes villes de Castille (León, Burgos, Tolède), les évêques font venir de l'étranger plans et artistes pour élever leur cathédrale. À Valence, en Catalogne, aux Baléares s'élabore un type d'église original : sans transept, à une seule nef, voûtée d'ogives ou couverte en charpente sur arcs diaphragmes, elle enrobe de ses murs lisses un espace agrandi et unifié. Il y a peu de décor sculpté, c'est la pureté de ses lignes qui fait son élégance.

L'architecture civile a le même caractère, le même goût des volumes géométriques qu'elle utilise avec une rare perfection, notamment dans les constructions des *lonjas* ou Bourses du commerce (Barcelone, Palma de Majorque, Valence et Saragosse).

Évolution du gothique

Aux 14e et 15e s. fleurit dans le royaume de Castille un style proche du gothique flamboyant sous l'influence d'artistes venus du Nord : **Jean de Cologne**, **Hennequin de Bruxelles**. En s'hispanisant, il évoluera en deux branches contemporaines : l'une, par la prolifération du décor, donnera le style isabélin, l'autre, par la simplification des structures, sera un type d'église proprement national qui restera en faveur jusqu'en plein 16e s. (cathédrales de Ségovie et de Salamanque).

Les dernières cathédrales gothiques

Sur le modèle de celle de Séville, elles adoptent le parti de l'immensité. Des bas-côtés d'un volume presque égal à celui de la nef centrale élargissent l'espace, tandis que les piliers gardent leur élan vertical ; un nouveau plan apparaît : oubliant l'ancien « crescendo » des chapelles rayonnantes, déambulatoire, chœur et transept, on bâtit dorénavant un simple rectangle, vaste aire où seule la croisée du transept soulignée d'une tour-lanterne entre la *capilla mayor* et le *coro* rappelle l'organisation traditionnelle en forme de croix. Avec ce schéma sévère contraste un décor proprement gothique accumulé sur les portails, les pinacles et le réseau complexe d'ogives en étoile. Ce style se retrouve dans plusieurs cathédrales andalouses.

PEINTURE GOTHIQUE

Elle s'exprime sur les polyptyques et les retables qui atteignent plus de 15 m de haut. Peignant traditionnellement sur fond d'or, les « primitifs » sont imprégnés d'influence italienne (douceur du modelé), française et flamande (riches étoffes aux plis cassés, réalisme minutieux). Cependant, de leur œuvre se dégage la recherche d'un naturalisme expressif et du détail piquant, caractères purement espagnols.

Une intense activité artistique se développe dans les États de la couronne d'Aragon, surtout en Catalogne. On trouve dans les musées de Vic, Barcelone et Valence des œuvres de **Ferrer Bassa** (1285-1348) marqué par le **Siennois Duccio**, de Ramón Destorrents (1346-1391), son successeur, des frères **Serra**, élèves de ce dernier. **Lluís Borrassà** (1360-v. 1425) apporte un goût bien espagnol du pittoresque. **Bernat Martorell** (mort en 1452) fait la part belle au paysage. **Jaume Huguet** (1415-1492), qui se distingue par sa sensibilité aiguë, est reconnu comme le chef incontesté de l'école catalane. **Lluís Dalmau** et **Bartolomé Bermejo** sont marqués par Van Eyck, arrivé en Espagne avec l'ambassade envoyée par le duc de Bourgogne. En Castille, le 14e s. est dominé par l'influence française, le 15e s. par celle des Italiens et, à partir de 1450, par les Flamands, dont **Roger Van der Weyden**. À la fin du 15e s., **Fernando Gallego** devient le meilleur représentant du courant hispano-flamand ; **Jean de Flandre** séduit par sa délicatesse.

SCULPTURE GOTHIQUE

Comme l'architecture, la sculpture s'affine. Le relief est plus accentué que dans l'art roman, les attitudes plus naturelles et des détails plus minutieux, le décor plus abondant à mesure que s'avance le 15e s. ; les visages s'individualisent au point de devenir pour les gisants de véritables portraits. Toute sculpture s'accompagne de dais ajourés au-dessus des personnages, et de frises de feuillage très fouillées autour des portes, sur les corniches et les chapiteaux. L'influence française, sensible aux 13e et 14e s., et celle des Flamands qui domine le 15e s. enrichissent cet art qui aboutira avec le style isabélin à une création purement espagnole.

Les portails suivent dans les grandes lignes le schéma français.

Les tombeaux sont d'abord des sarcophages décorés d'armoiries, parfois surmontés d'un gisant à l'attitude conventionnelle (les mains jointes, et au visage la sérénité du dernier sommeil) ; puis on soigne le costume du personnage : une technique de plus en plus sûre permet de traduire dans le marbre la richesse des brocarts et la finesse des peausseries ; au 15e s., on s'enhardit à représenter le sujet vivant, dans une position naturelle (agenouillé), ou même nonchalante, comme l'extraordinaire Doncel de la cathédrale de Sigüenza.

Les retables comportent une prédelle, bande horizontale formant la base, surmontée de plusieurs étages de panneaux sous dais sculptés à jour. Les stalles du *coro* enfin s'ornent de scènes bibliques et historiques ou imitent de délicats remplages.

S. Sergent/Michelin

Le retable de Santa Ana dans la cathédrale de Burgos.

STYLE ISABÉLIN

À la fin du 15e s., sous le règne d'Isabelle la Catholique (1474-1504), la politique de prestige du couple royal et des grands seigneurs favorise l'éclosion d'un style nouveau, dont le décor exubérant couvre toute la façade des bâtiments civils et religieux d'arcs aux formes libres et souples, de dentelures, de motifs héraldiques et de toutes les fantaisies d'une imagination fertile. La diversité de cette inspiration est en grande partie le fait d'artistes aux fortes attaches étrangères : **Simon de Cologne**, fils de Jean ; **Juan Guas**, fils du Français Pierre ; **Enrique Egas**, neveu de Hennequin de Bruxelles.

Renaissance (16e s.)

Au 16e s., l'Espagne connut à l'aube de son « Siècle d'or » un fort courant national et créa un style dans lequel l'influence italienne n'y fut admise qu'interprétée par le génie espagnol.

ARCHITECTURE

Ce premier style Renaissance fut appelé, en raison de son décor fin et dense qui rappelle le travail de l'orfèvrerie (*platero* : orfèvre), **plateresque**. Encore très proche du style isabélin par le foisonnement de ses sculptures et leur extension à la façade entière, il emprunte à l'Italie son arc en plein cintre et son répertoire ornemental (grotesques, rinceaux, pilastres, médaillons et corniches). Le plateresque triomphe à Salamanque avec la façade de l'université et celle du couvent de San Esteban. L'architecte **Rodrigo Gil de Hontañón** travailla à Salamanque (palais de Monterrey et de Fonseca) et à Alcalá de Henares (façade de l'université). À Burgos, le principal artiste fut **Diego de Siloé** (escalier de la Coronería). Ce dernier et **Alonso de Covarrubias** (mort en 1570) – qui travailla surtout à Tolède (alcázar et chapelle des Nouveaux Rois dans la cathédrale) – marquent le passage du plateresque au style Renaissance classique. **Andrés de Vandelvira** (1509-1576) est l'artiste de la Renaissance andalouse (cathédrale de Jaén). Son art annonce l'austérité qui caractérise le dernier quart du siècle.

Le style Renaissance d'inspiration italienne adopte des formes de l'Antiquité (arcs en plein cintre, colonnes, entablements, frontons) ; la décoration cède la première place à la perfection architectonique. **Pedro Machuca** (mort en 1550), formé en Italie à l'école de Michel-Ange, réalise avec le palais de Charles Quint à Grenade l'œuvre la plus classique dans la tradition italienne. **Bartolomé Bustamante** (1500-1570) est l'auteur de l'hôpital de Tavera à Tolède.

La grande figure du classicisme espagnol est **Juan de Herrera** (1530-1597) qui a donné son nom à un style caractérisé par l'austérité et la grandeur. Il fut l'architecte favori de Philippe II qui voyait en lui la sévérité qui convenait à la Contre-Réforme et le chargea en 1567 de la continuation des travaux de l'Escurial, son œuvre majeure. Son travail fut poursuivi par de nombreux disciples.

SCULPTURE

La Renaissance marque l'apogée de la sculpture espagnole. Au 16e s., on fait encore beaucoup de stalles, de mausolées et de retables en albâtre ou en bois de noyer. Ces derniers sont peints selon la technique de l'**estofado**, c'est-à-dire passés à la feuille d'or avant l'application de la couleur que l'on raye ensuite légèrement pour créer des reflets dorés ; leurs panneaux sculptés sont encadrés par des architraves et des pilastres corinthiens.

Damián Forment (v. 1480-1540), qui travailla surtout en Aragon, se situe à la charnière des styles gothique et Renaissance. Le Bourguignon **Felipe Bigarny** (mort en 1543) et **Diego de Siloé**, architecte formé à Naples, œuvrèrent à la cathédrale de Burgos. **Bartolomé Ordóñez** (mort en 1520) étudia à Naples et réalisa les mausolées de Jeanne la Folle et de Philippe le Beau (chapelle royale de Grenade) et celui du cardinal Cisneros (Alcalá de Henares).

Dans le deuxième tiers du 16e s., le foyer de la Renaissance passa de Burgos à Valladolid. L'esprit espagnol a assimilé les éléments étrangers et les deux grands sculpteurs de la Renaissance espagnole apparaissent. **Alonso Berruguete** (1488-1561) a étudié en Italie avec Michel-Ange. Son style, proche de celui de la Renaissance florentine, reflète une puissante personnalité. Il préfère la force expressive à la beauté formelle, et ses formes tourmentées et impétueuses sont aussi puissantes que celles de son maître (statue de saint Sébastien dans le musée national de Sculpture de Valladolid).

Juan de Juni (mort en 1577), Français installé à Valladolid, reflète aussi l'influence de Michel-Ange et sera le créateur de l'école castillane. Ses statues, reconnaissables à la beauté et à la plénitude des formes, montrent déjà les caractéristiques du baroque par les attitudes

La façade plateresque de San Pablo à Valladolid.

théâtrales censées exprimer la douleur. Beaucoup de ses compositions furent reproduites ultérieurement, comme la fameuse *Vierge aux sept couteaux* (église de las Angustias, Valladolid) et les Mises au tombeau du musée de Valladolid et de la cathédrale de Ségovie.

La plupart des grilles de fer forgé extrêmement ouvragées qui ferment chapelles et *coros* ont été réalisées aux 15e et 16e s.

Dans le domaine de l'orfèvrerie se distinguent les **Arfe** – Enrique, Antonio et Juan – qui ont réalisé respectivement les ostensoirs de Tolède, St-Jacques-de-Compostelle et Séville.

PEINTURE

L'étude de la perspective, l'exaltation du corps humain et le goût des compositions claires apparaissent au 16e s. sous l'influence de la Renaissance italienne. Ces formes entrent essentiellement par Valence où **Fernando Yáñez de la Almedina** et **Fernando de Llanos** introduisent le style de Léonard de Vinci ; **Vincent Macip** ajoute l'influence raphaélique ; son fils **Juan de Juanes** est l'auteur d'œuvres déjà légèrement maniéristes.

Le grand maître castillan de la fin du 15e s. est **Pedro Berruguete** (v. 1450-v. 1504), avec son style très personnel qui catalyse toutes les influences de la Péninsule. **Jean de Bourgogne**, son continuateur, montre un grand intérêt pour le paysage et les motifs architecturaux et décoratifs. Pedro de Campaña, originaire de Bruxelles, cherche un effet dramatique utilisant le clair-obscur. **Luis de Morales** (v. 1520-1586), peintre maniériste, humanise ses œuvres en utilisant l'introduction du sentiment. La spiritualité qui émane de ses tableaux produisit un effet favorable dans la religiosité populaire.

À la fin du 16e s., Philippe II fait venir pour la décoration de l'Escurial un grand nombre de peintres italiens ou de formation italienne. Pendant son règne, il impose l'art du portrait avec le Hollandais **Antonio Moro** (1519-1576), son disciple **Alonso Sánchez Coello** (1531-1588) et **Pantoja de la Cruz** (1553-1608). En revanche, le **Greco**, dédaigné par la Cour, installe sa résidence à Tolède.

Le baroque (17e s. et 18e s.)

L'art hispanique fut à l'apogée de sa splendeur au milieu du 17e s. Le baroque connaît alors un succès remarquable comme art essentiellement religieux au service de la Contre-Réforme et se manifeste tout particulièrement dans une Andalousie enrichie par le commerce avec l'Amérique.

ARCHITECTURE

Dans le premier tiers du 17e s., l'architecture continue sur sa lancée du siècle précédent : les artistes sont encore très influencés par le classicisme et l'art herrérien auquel ils ajoutent des détails décoratifs. À cette époque, les édifices publics prolifèrent.

À Madrid, la Plaza Mayor, œuvre de **Juan Gómez de Mora**, précède de peu la construction de l'hôtel de ville, mais l'édifice le plus important est l'actuel ministère des Affaires étrangères réalisé par **Juan Bautista Crescenzi**, auteur également du panthéon des Rois à l'Escurial.

Dans l'architecture religieuse s'observe une plus grande liberté. Le type de l'église jésuite se répand : de plan cruciforme avec un grand transept qu'illuminent des retables. Madrid en possède plusieurs exemples : la **cathédrale San Isidro**, œuvre des jésuites **Pedro Sánchez** et **Francisco Bautista** ; le **couvent de l'Incarnation** de Juan Gómez de Mora, etc.

Au milieu du siècle, après l'austérité de l'Escurial, on change les plans et les façades, on s'attache à couper les entablements et à compliquer les frontons ; la **basilique San Miguel** (18e s.) à Madrid est un bon exemple de ce baroque italianisant. Dans les églises apparaît le **camarín** : d'abord simple passage derrière le maître-autel, donnant accès à la niche du retable contenant une statue vénérée, il devient une chapelle richement décorée. À Saragosse, **Francisco Herrera le Jeune** (1622-1685) crée la basilique del Pilar. Salamanque compte une magnifique œuvre baroque, **la Clerecía,** dont le patio annonce le baroque surchargé et l'audace propre aux Churriguera.

Le style « churrigueresque »

La recherche de la somptuosité débouche dès la fin du 17e s. sur une dynastie d'architectes, les Churriguera, qui donneront leur nom à un style. Il se caractérise par l'emploi de colonnes salomoniques (colonnes torses où s'enroulent des pampres) et d'*estípites* (pilastres en pyramide inversée). La première œuvre où s'observe cette fantaisie est le **retable de San Esteban** à Salamanque réalisé par **José de Churriguera** (1665-1725) qui se montre un précurseur tout en ne réalisant pas de transformations profondes dans l'architecture. Ses frères **Joaquín** (1674-1724) et surtout **Alberto** (1676-1750), auteur de la Plaza Mayor de Salamanque, font preuve d'une plus grande liberté. **Pedro de Ribera** (1683-1742) travaille surtout à Madrid et surpasse les frères Churriguera par le délire décoratif. L'autre grand architecte castillan est **Narciso Tomé**, auteur de la façade de l'université de Valladolid (1715) et surtout du *Transparente* de la cathédrale de Tolède.

Aspects régionaux

Le baroque comme art populaire se développe dans les régions avec des particularités différentes. En **Galice**, la dureté du granit se prêtant peu aux sculptures délicates, ce sont des lignes fortement accusées, des moulures qui traduisent l'esprit baroque : le meilleur exemple est la façade de la cathédrale de St-Jacques-de-Compostelle (1750), chef-d'œuvre de **Fernando de Casas y Novoa**.

En **Andalousie**, le baroque atteint les extrêmes du faste, surtout dans la décoration. L'initiateur du baroque andalou est **Alonso Cano**, aussi sculpteur et peintre, mais la grande figure est **Vicente Acero**. Les autres artistes intéressants sont **Leonardo Figueroa** (1650-1730), auteur du palais de San Telmo à Séville, ainsi que **Francisco Hurtado** (1669-1725) et **Luis de Arévalo**, artisans, l'un du Sagrario, l'autre de la sacristie de la chartreuse de Grenade, exemples les plus exubérants du baroque andalou.

Dans le **Levant**, le baroque utilise la polychromie en décorant de céramiques les coupoles des églises (tour de Santa Catalina à Valence). Le palais du marquis de Dos Aguas, à Valence, de **Luis Domingo** et **Ignacio Vergara**, rappelle les façades de Ribera, mais sa conception se rapproche plus du rococo français. Murcie se signale par la façade de sa cathédrale, œuvre de **Jaime Bort**.

PEINTURE DU SIÈCLE D'OR

L'abandon du maniérisme du siècle précédent pour passer à la recherche du naturalisme caractérise la peinture du Siècle d'or espagnol. Le point de départ sera le « ténébrisme » du Caravage, avec son dur réalisme et ses contrastes violents de lumière et d'ombre. Les peintres abordent le portrait et la nature morte *(bodegón)* ; les « vanités » (peintures évoquant la futilité de la vie) développent une intention philosophique en rapprochant les symboles de la richesse et de la mort.

À Valence vécurent **Francisco Ribalta** (1565-1628), qui introduisit le « ténébrisme » en Espagne, et **José de Ribera** (1591-1652) connu pour son réalisme vigoureux.

En Andalousie travaillèrent quelques-uns des représentants les plus importants de la peinture baroque.

Dans l'école sévillane se détachent **Francisco de Zurbarán** (1598-1664) *(voir encadré p. suivante)* – dans ses toiles, la lumière n'est pas extérieure mais jaillit des personnages eux-mêmes –, **Murillo** (1618-1682), dont la peinture est pleine de tendresse et de mysticisme, et **Valdés Leal**, qui représente avec un réalisme à faire frémir les vanités terrestres.

Mais le plus grand de cette époque est **Diego Vélasquez** (Séville 1599- Madrid 1660), célèbre pour sa perspective

Francisco de Zurbarán
Né en 1598 près de Badajoz, en Estrémadure, le peintre Francisco de Zurbarán est une figure majeure du Siècle d'or espagnol. Ami de Vélasquez, il doit sa réputation à ses compositions religieuses empreintes d'un profond mysticisme. Dans la première partie de sa carrière, son style austère, sombre et puissant qui doit beaucoup au Caravage fait de lui une figure de proue de la Contre-Réforme. Très attaché à sa région natale, il vécut longtemps à Llerena où il réalisa une part importante de son œuvre, tels les onze tableaux consacrés à saint Jérôme qu'il peignit pour le monastère de Guadalupe en 1638 *(voir p. 310)*. Contraint de quitter l'Estrémadure pour trouver du travail, il s'exila à Séville où son style évolua vers une esthétique plus lumineuse, qui le rapproche des maniéristes italiens. Il y connaîtra la richesse et la gloire, avant de s'éteindre en 1664.

aérienne et la profondeur visuelle dans ses tableaux, pour la plupart exposés au musée du Prado à Madrid *(voir détails sur sa vie et son œuvre p. 108)*.

À Grenade, **Alonso Cano** (1601-1667), architecte, sculpteur et peintre, est l'auteur de Vierges réservées.

Les peintres castillans de cette époque : **Vicente Carducho** (1575-1638) et les portraitistes **Carreño de Miranda** (1614-1685) et **Claudio Coello** (1642-1693) – tous excellents – pâlissent cependant devant l'éclat de Vélasquez.

SCULPTURE

La sculpture baroque espagnole se caractérise par son naturalisme qu'illustrent des statues exprimant des émotions pathétiques ; le matériau le plus employé est le bois, plus tendre que le marbre. Bien que l'on continue à faire des retables, la grande nouveauté est les **pasos**, statues réalisées spécialement pour les processions de la Semaine sainte. Les deux grandes écoles de sculpture baroque sont la castillane et l'andalouse.

Le premier centre castillan est Valladolid, où travailla **Gregorio Fernández** (1566-1636), sculpteur continuateur de Juni, bien que plus naturel ; son *Christ gisant* du couvent des Capucins de El Pardo fut très imité.

Séville et Grenade sont les deux foyers principaux de l'école andalouse. Dans la première s'installe **Juan Martínez Montañés** (1568-1649). Grenade compte un illustre représentant en la personne d'Alonso Cano, célèbre pour la grâce et la féminité de ses Immaculées. Son meilleur disciple est **Pedro de Mena** dont les modèles, au contraire des œuvres de son maître, reflètent une grande tension dramatique : la Madeleine (musée de Valladolid), saint François (cathédrale de Tolède), Dolorosa (couvent des Descalzas Reales, Madrid).

Au 18e s. apparaît à Murcie la grande figure de **Francisco Salzillo** qui s'inspire du baroque italien.

L'extrémisme churrigueresque se traduit en sculpture par d'immenses retables montant jusqu'aux voûtes qui abritent des statues semblant prisonnières des éléments décoratifs et de la surabondance des dorures et des stucs.

C. Labonne/Michelin

Le palais de la Granja de San Ildefonso.

L'art des Bourbons

Désormais, l'art sera dirigé par des organismes officiels comme l'Académie des beaux-arts de San Fernando.

ARCHITECTURE

Pendant la première partie du 18e s., l'architecture est encore marquée par le baroque espagnol alors influencé par le rococo français. Les monarques construisent différents palais dans un baroque modéré (le Pardo, Riofrío, La Granja, Aranjuez) et entreprennent les travaux du Palais royal de Madrid, inspiré par le modèle de Versailles. Ces constructions allient l'harmonie classique des palais français avec la grâce italienne – la plupart des travaux furent confiés à des architectes italiens, respectant généralement le plan quadrangulaire traditionnel des alcázars, typiquement espagnol. Les jardins, très vastes, sont dessinés à la française.

Puis jusqu'au 19e s. fleurit l'art néoclassique ; les fouilles effectuées à Pompéi et à Herculanum contribuent à la formation de ce nouveau style. Le néoclassicisme renie les excès baroques et prétend rivaliser avec l'art gréco-latin en utilisant les ordres, les frontons, les portiques et les coupoles. Pendant cette période, les rois, en particulier Charles III, se consacrent à l'embellissement de la capitale et construisent des fontaines (Cibeles, Neptune), des jardins (Jardin botanique) et des portes (Alcalá et Tolède).

Le premier architecte du néoclassicisme espagnol est **Ventura Rodríguez** (1717-1785). Cet artiste, formé au baroque d'inspiration italienne, évolue rapidement vers le néoclassicisme académique : façade de la cathédrale de Pampelune, paseo del Prado madrilène, basilique du Pilar à Saragosse. **Sabatini** (1722-1797), qui suit la même évolution, réalisa la porte d'Alcalá à Madrid. La figure la plus importante est sans aucun doute **Juan de Villanueva** (1739-1811), formé aux canons classiques pendant un séjour à Rome. On lui doit la façade de l'hôtel de ville de Madrid, le pavillon du Prince à l'Escurial et le musée du Prado. Au cours du 19e s. apparurent deux urbanistes importants : **Ildefons Cerdà** à Barcelone et **Arturo Soria** (1844-1920) à Madrid.

PEINTURE

Les Bourbons prirent un grand intérêt à s'entourer des meilleurs peintres, les installant à la Cour ; en 1752, Ferdinand VI fonda l'Académie des beaux-arts de San Fernando, instaurée pour l'enseignement des techniques artistiques selon les règles académiques et l'étude des maîtres italiens. Les principales figures du siècle sont **Anton Raphaël Mengs** (1728-1779), de Bohême, et l'Italien **Tiepolo** (1696-1770), qui travaillèrent dans le Palais royal. L'Aragonais **Francisco Bayeu** (1734-1795) peignit de nombreux cartons de tapisseries tout comme son beau-frère **Francisco de Goya** (1746-1828), dont l'immense personnalité domine tout le siècle.

Les peintres postérieurs à Goya ne suivront pas sa voie, l'influence académique néoclassique et le romantisme prenant le relais. Il faudra attendre la fin du siècle avant que l'héritage de Goya ne soit poursuivi. À l'intérieur du courant romantique de tendance académique se détachent **Federico de Madrazo**, représentant du goût officiel avec ses portraits royaux et ses scènes historiques, **Vicente Esquivel**, aussi portraitiste, **Leonardo Alenza** et **Eugenio Lucas**, représentant du **costumbrismo** devenu genre à part entière (ce goût pour les représentations de la vie populaire passe peu à peu de l'anecdote à l'évocation de l'âme espagnole). Le thème historique fait fortune au cours de ce siècle avec José Casado de Alisal et Mariano Fortuny.

Le naturalisme de Martí Alsina et les paysages post-romantiques de Carlos de Haes annoncent déjà de nombreux caractères impressionnistes. Cet impressionnisme est bien ancré chez **Narciso Oller**, chez **Ignacio Pinazo**, chez **Joaquín Sorolla**, qui aime les éléments folkloriques et régionaux imprégnés d'une lumière éblouissante, chez Darío Regoyos. Le Basque **Ignacio Zuloaga** (1870-1945) exprime surtout son amour pour l'Espagne avec des thèmes populaires et des couleurs ardentes.

ARTS DÉCORATIFS

Les Bourbons créèrent des manufactures royales consacrées à la production des objets décoratifs pour leurs palais. Charles III créa la **fabrique de céramique du Buen Retiro** où furent réalisés les salons de porcelaine du palais d'Aranjuez et du Palais royal de Madrid. Cette manufacture disparut avec l'invasion napoléonienne. En 1720, toujours sur l'initiative de Philippe V, fut ouverte la Manufacture royale de tapisseries de Santa Bárbara, où furent exécutées les tapisseries de Don Quichotte et celles, réalisées d'après les cartons de Bayeu et Goya, montrant des scènes populaires. En 1736, ce même souverain fonda la **manufacture royale de verre de La Granja**.

L'art du 20e s.

DU MODERNISME AU SURRÉALISME

La paralysie générale dont souffraient les arts espagnols à la fin du 19e s. fut rompue en Catalogne par un vaste mouvement culturel – **le modernisme** – qui remporta un grand succès en architecture avec **Antoni Gaudí**, **Lluis Domènech i Montaner** et **Josep Maria Jujol**. Dans le domaine de la sculpture, **Pau Gargallo** fut un précurseur par sa simplification des formes, l'importance donnée aux volumes et l'utilisation de matériaux nouveaux comme le fer.

La peinture de cette période est féconde. Parmi les nombreux artistes se détachent **Ramón Casas**, le meilleur impressionniste espagnol dont les œuvres sont empreintes d'une atmosphère triste et grise, **Santiago Rusiñol**, **Isidro Nonell**, initiateur de l'expressionnisme espagnol, et Picasso. **Pablo Ruiz Picasso** (1881-1973) est la figure phare de cette période et ses innovations enrichissent l'histoire de la peinture du 20e s.

Vers 1920 apparaît un mouvement marqué par le cubisme et surtout par le surréalisme que cultivent les sculpteurs **Angel Ferrant**, **Victorio Macho**, **Alberto Sánchez** et **Julio González** qui, en utilisant le fer, simplifie les formes en tendant vers un expressionnisme abstrait. Dans le domaine de la peinture, ce mouvement est représenté par **Daniel Vázquez Díaz**, Juan Gris, Joan Miró et Salvador Dalí. **Juan Gris** (1887-1927), qui travailla à Paris, est le représentant le plus authentique du cubisme analytique. **Joan Miró** (1893-1983), vedette du surréalisme, se caractérise par une spontanéité quasi infantile et une vue originale sur les objets quotidiens. Une palette très vive et une série de symboles au caractère magique constituent une constante dans son œuvre. **Salvador Dalí** (1904-1989), artiste surréaliste, imagine son propre mode de création, qu'il baptise lui-même la « paranoïa critique ». Intéressé par le monde onirique et le subconscient, il réussit dans ce domaine quelques-unes de ses meilleures toiles.

L'ART DE L'APRÈS-GUERRE

La guerre civile affecta l'art espagnol par l'exil de plusieurs artistes et l'institution d'un art officiel. L'architecture illustre clairement ce fait : elle opta pour le gigantisme. De nombreux bâtiments officiels, tous à Madrid, furent construits dans un style s'inspirant de l'Escurial : le ministère de l'Air, le musée d'Amérique, l'arc de triomphe, le Conseil supérieur des recherches scientifiques. L'exemple le plus frappant de cet esprit architectural est le monument de la Vallée de los Caídos. Cependant apparaissent déjà dans cette architecture nationaliste quelques innovateurs comme **Miguel Fisac**.

À partir de 1950, on peut parler des prémices d'une nouvelle architecture fondée sur l'aspect fonctionnel et le rationalisme. Les exemples abondent à Barcelone tout comme à Madrid, avec le collège Monfort de **A. Fernández Alba**, le gymnase du lycée Maravillas de **Alejandro de la Sota** et les Tours Blanches de **F. Javier Sáenz de Oíza**.

La sculpture et la peinture de l'après-guerre sont foncièrement académiques, mais l'on y remarque certains artistes comme **José Gutiérrez Solana**, peintre d'ambiances angoissées, les paysagistes **Benjamín Palencia**, exaltant la campagne et la lumière de la Castille, et **Rafael Zabaleta**, plus préoccupé par la représentation des paysans de cette terre.

Au même moment apparaissent d'authentiques peintres d'avant-garde. La première manifestation surréaliste de l'après-guerre est constituée par le groupe **« Dau al set »** comprenant **Modest Cuixart et Antoni Tàpies**.

NOUVELLES TENDANCES

Dans les années 1950 naissent deux groupes artistiques aux caractéristiques différentes mais avec un objectif commun : l'innovation artistique. Ce sont **« El Paso »**, constitué à Madrid par **Antonio Saura**, **Manuel Millares**, Rafael Canogar, Luis Feito, Manuel Viola et Martín Chirino, tous représentants de ce que l'on appelle la peinture d'action, et **« El Equipo 57 »** formé à Cuenca par **Duart**, Ibarrola, Serrano et Duarte, artistes plus intéressés par le dessin. Dans ce mouvement informaliste s'inscrivent les sculpteurs **Eduardo Chillida**, qui dépouille ses œuvres réalisées en fer ou en bois de tout élément figuratif, **Jorge Oteiza** et **Andreu Alfaro**.

Eduardo Arroyo appartient à la tendance picturale de la « Nouvelle Figuration » qui se propage en Europe dans les années 1960.

Juan Genovés et le groupe valencien « Equipo Crónica », rejoint par Solbes et Valdès, représentent le réalisme critique au cours des dernières années du franquisme, alors qu'Antonio López est l'initiateur du courant réaliste.

ABC d'architecture

Plan de la cathédrale de BARCELONE (13ᵉ-15ᵉ s.)

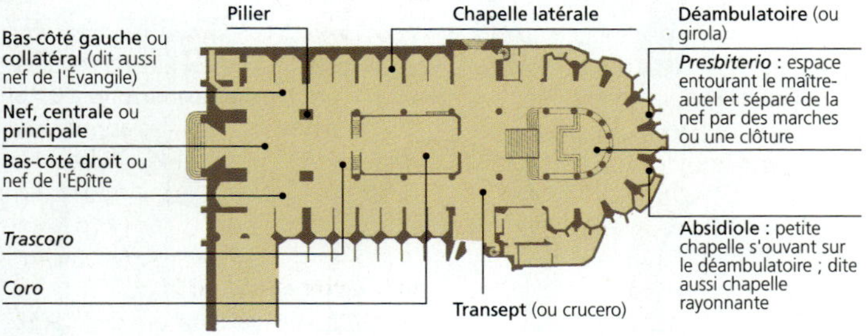

Coupe d'une église

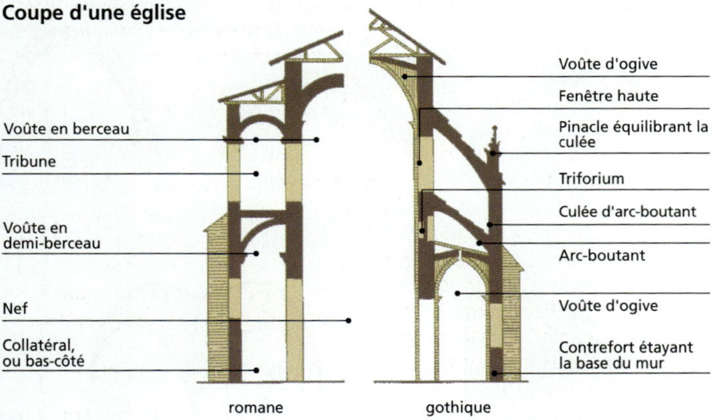

Retables

Les églises espagnoles sont fréquemment décorées d'un retable monumental, dit *retablo mayor* (grand retable), qui s'élève souvent jusqu'aux voûtes. Il est placé derrière le maître-autel, lui-même situé, dans la *capilla mayor*.

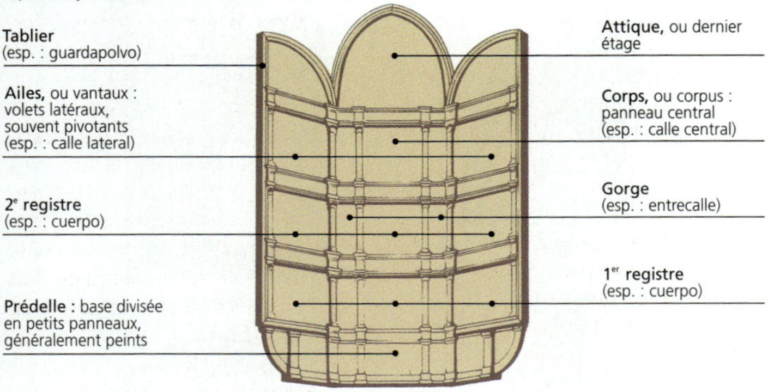

R. Corbel/MICHELIN

Arcs

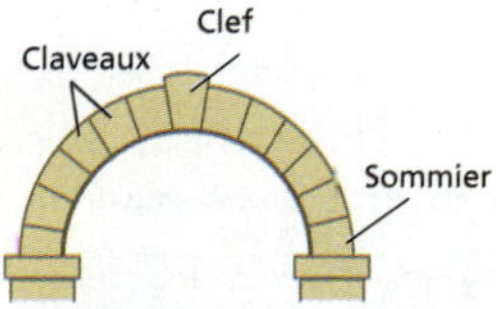

en plein cintre

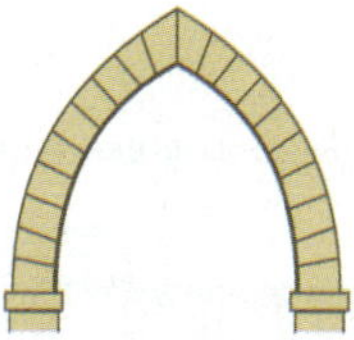
brisé

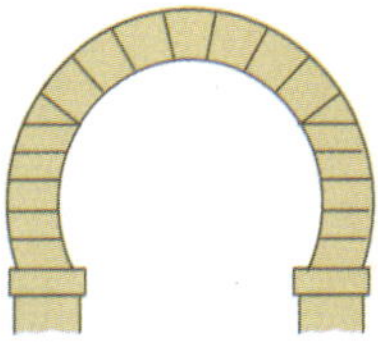
outrepassé, ou en fer à cheval

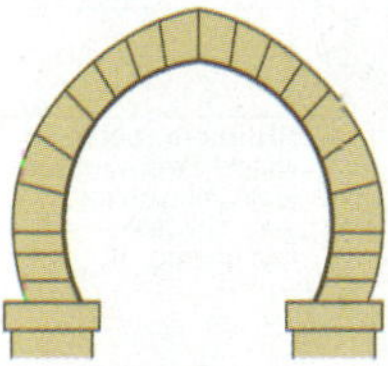
brisé outrepassé

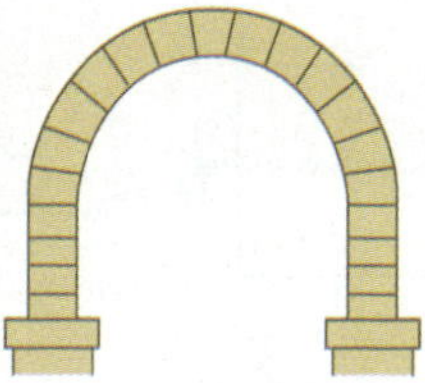
(en plein cintre) surhaussé

polylobé

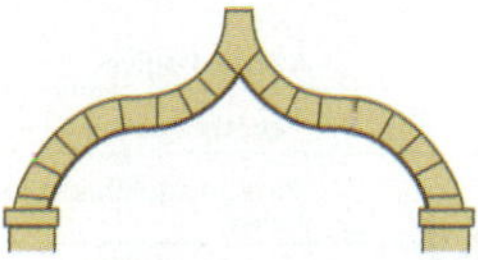
en accolade

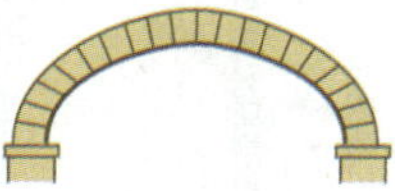
en anse de panier

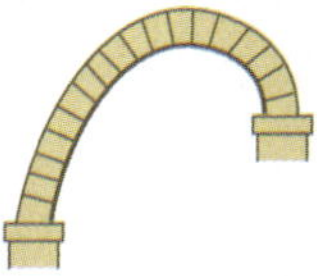
rampant

Voûtes

en berceau plein cintre

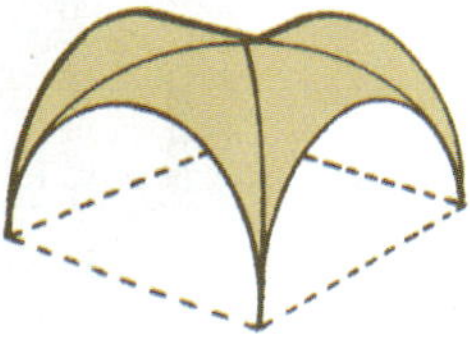
d'arête en plein cintre

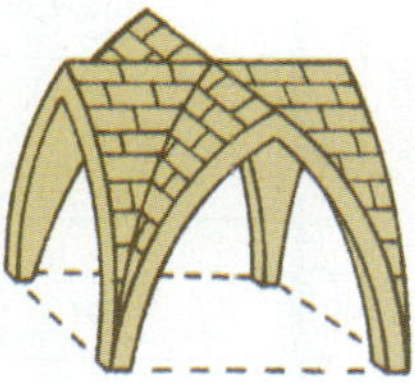
d'ogives

en éventail

en berceau brisé

Coupole sur pendentifs

Art gothique

Façade latérale de la cathédrale de LÉON (13e-14e s.)

Pour le monde gothique, la lumière est l'essence de la beauté et le symbole de la Vérité. Léon, la plus aérienne et la plus lumineuse des grandes cathédrales espagnoles, est la meilleure illustration de cette idée. La magnificence de ses vitraux suscite l'admiration de tous les visiteurs. Son plan s'inspire de celui de Notre-Dame de Reims et sa statuaire de celle de Chartres.

Portail

H. Choimet/MICHELIN

Art plateresque

Façade de l'université de SALAMANQUE (16e s.)

Premier art de la Renaissance proche encore du gothique, caractérisé par un décor exubérant ayant recours à des motifs classiques.

Art de la Renaissance

Patio de l'hôpital Tavera à TOLÈDE (16e s.)

Le sens de la proportion qui apparaît tant en plan qu'en élévation fait de ce patio à deux galeries l'un des exemples les plus purs de l'art de la Renaissance. Conformément à la conception classique, la galerie inférieure est composée de colonnes doriques, la galerie supérieure de colonnes ioniques.

H. Choimet/MICHELIN

Art baroque

Portail du Musée municipal (ancien hospice) de MADRID (18e s.)

Le retable, qui atteint en Espagne le sommet du grandiose avec la période baroque, quitte l'intérieur des édifices pour exploser en façade.

Néoclassicisme

Observatoire astronomique de MADRID (18e s.)

Dans ce petit édifice de Villanueva, modèle de simplicité et de dépouillement, l'influence palladienne est sensible dans le jeu des volumes.

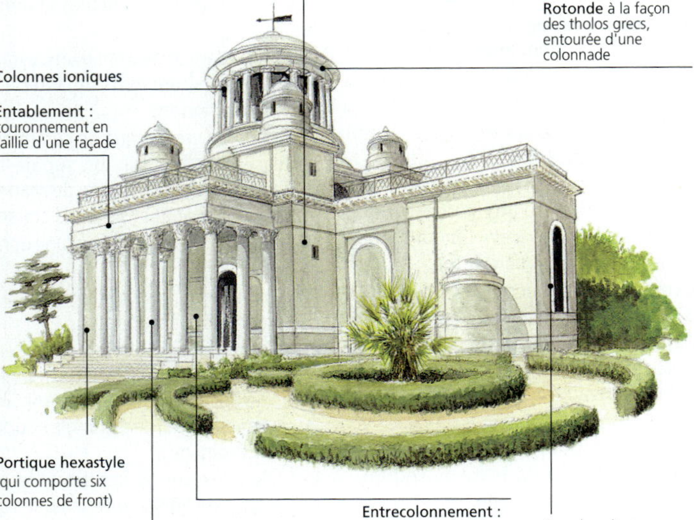

Termes d'art

Certains de ces termes sont en espagnol et n'ont pas d'équivalent en français.

Abside : extrémité arrondie d'une église, derrière la capilla mayor (chœur).

Absidioles : petites chapelles en demi-cercle d'une abside.

Alcázar : palais royal arabe.

Alfarje : plafond en bois, généralement décoré, consistant en un plancher sur des poutres transversales (mudéjar).

Alfiz : moulure rectangulaire encadrant un arc, généralement outrepassé.

Alicatado : technique céramique d'origine perse, qui consiste à découper de petits motifs géométriques à partir d'une pièce plus grande pour former des motifs de décoration. Très utilisée pour les soubassements (mudéjar).

Aljibe : mot arabe désignant une citerne.

Arabesque : terme romantique utilisé pour exprimer l'effet de décor de l'art islamique.

Archivolte : ensemble des voussures, moulures concentriques qui composent un arc ébrasé.

Artesonado : plafond à marqueterie où des baguettes assemblées dessinent des caissons en étoiles. Ce décor, né sous les Almohades, eut une grande diffusion, même en Espagne chrétienne aux 15e et 16e s.

Atalaya : tour de guet.

Ataurique : décor végétal stylisé inspiré de la feuille d'acanthe, caractéristique de l'art califal et adopté dans le style mudéjar.

Azulejos : carreaux de faïence.

Barbacane : ouvrage de défense avancé protégeant un point important.

Bas-relief : relief sculpté de faible épaisseur.

Bossage : mur dont les moellons sont biseautés ou en saillie.

Camarín : petite chapelle située à l'arrière du retable, au premier étage, où l'on vénère généralement une statue de la Vierge précieusement vêtue.

Campanile : clocher isolé, souvent près d'une église.

Capilla mayor : chapelle placée dans l'axe de la nef et recevant le maître-autel. Équivaut au chœur des églises françaises.

Carole : nef contournant l'abside.

Chevet : partie extérieure de l'église, dite cabecera en Espagne.

Chrisme : monogramme du Christ, formé des lettres grecques khi (X) et rhô (P) en majuscule.

Churrigueresque : dans le style des Churriguera, famille d'architectes du 18e s. Désigne un décor baroque surchargé.

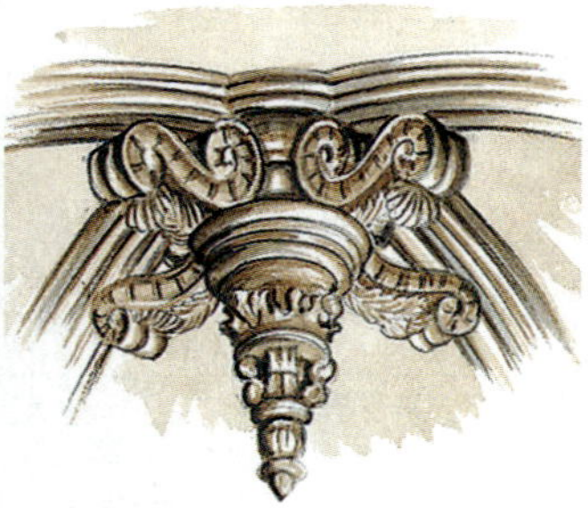

H. Choimet/Michelin

Clé de voûte.

Clé de voûte : claveau placé au sommet du cintre de l'arc ou de la voûte.

Colonne salomonique : colonne torse décorée d'un réseau végétal.

Colossal : qui comprend deux étages d'élévation.

Coracha : mur qui relie une barbacane ou une tour de guet à la muraille principale.

Corbeau : pièce en saillie destinée à soutenir une corniche.

Coro ou **cor** : une partie de l'église réservée au clergé. Dans les cathédrales espagnoles, cette enceinte était souvent établie au milieu de la nef principale ; elle peut également se trouver dans un étage supérieur.

Coufique : de la ville de Kufa, écriture arabe aux lettres majuscules et anguleuses.

Créneau : dans le parapet d'un ouvrage fortifié, échancrure formant l'intervalle entre deux merlons.

Cuerda seca : technique de céramique vernissée par laquelle on sépare les couleurs à l'aide d'une ligne de matière grasse qui disparaît ensuite à la cuisson.

Cul-de-four : voûte formée d'une demi-coupole.

Église-halle : église dont les trois vaisseaux sont de même hauteur.

Écoinçon : tout arc est inscrit dans un rectangle imaginaire ; les deux triangles dont l'un des côtés est courbe et qui sont inscrits entre l'arc et ce rectangle s'appellent des écoinçons.

Entrelacs : décor géométrique formé d'une série de lignes entrecroisées qui composent des motifs polygonaux ou en étoile. Caractéristique de l'art arabe.

Estípite : pilastre dont la partie la plus étroite se situe à la base (tronc de pyramide inversé).

Fenêtre à meneaux : fenêtre avec deux arcs divisée par une colonne centrale.

Flamboyant : style décoratif de la fin de l'époque gothique (15e s.) ainsi nommé pour ses découpures en forme de flammèches aux remplages des baies.

Flèche : comble en pointe, conique ou pyramidal d'une tour.

Géminé : se dit des fenêtres ou colonnes unies par deux.

Grotesque : décor typique de la Renaissance qui mêle des éléments végétaux, des êtres fantastiques et des animaux enlacés formant un tout.

Haut-relief : relief sculpté sortant partiellement du champ du matériau.

Lanterne : corps se trouvant sur la partie supérieure d'une coupole éclairant d'en haut l'édifice.

Mâchicoulis : parapet en encorbellement d'un château, soutenu par des consoles.

Madraza : medersa, université ou académie religieuse arabe.

Meneau : chacun des montants et traverses qui divisaient la baie des anciennes fenêtres.

Mihrab : dans la mosquée, niche ouverte dans le mur sacré (quibla) au grand luxe décoratif.

Minaret : tour de la mosquée d'où le muezzin appelle les fidèles pour la prière.

Miséricorde : petite console visible quand les sièges des stalles sont levés et servant aux chanoines ou aux moines à s'appuyer en donnant l'impression qu'ils sont debout.

Mocárabes : motifs décoratifs de l'architecture musulmane en forme de stalactites, employés sur les plafonds, les chapiteaux, les arcs et les corniches.

Modillon : pièce en saillie destinée à soutenir une corniche, le départ d'un arc.

Mozarabe : chrétien vivant en territoire musulman avant la Reconquête.

Mudéjar : se dit de l'art des musulmans restés sous le joug chrétien après la Reconquête.

Paso : sorte de char montrant une étape de la Passion du Christ, représentée par un groupe sculpté en bois grandeur nature.

Pendentif : chacun des quatre triangles curvilignes qui soutiennent une coupole. Ils permettent de passer du plan carré au plan circulaire.

Pignon : couronnement triangulaire d'un mur dont le sommet porte le bout du faîtage d'un comble.

Presbiterio : espace entourant le maître-autel et séparé de la nef par des marches ou une clôture.

Quibla : dans la mosquée, mur normalement orienté vers La Mecque, où se dirige l'attention de ceux qui prient.

Retable : les églises baroques sont fréquemment décorées d'un retable monumental, dit « retablo mayor », qui s'élève souvent jusqu'à la voûte. Il est placé derrière le maître-autel, lui-même situé dans la capilla mayor.

Rinceaux : ornements de sculpture ou de peinture empruntés au règne végétal et formant souvent une frise.

Sagrario : chapelle où est conservé le Saint-Sacrement ; parfois le sagrario est une église indépendante.

Sebka : décor à base de brique, consistant en la répétition jusqu'à l'infini de petits arcs polylobés ou mixtilignes formant un réseau de losanges (art almohade).

Soportales : portiques à colonnes de bois ou de pierre supportant le premier étage des maisons et qui forment une galerie ouverte autour de la plaza mayor dans les villes et villages.

Stuc (yesería) : décor sculpté en plâtre.

Tambour : élément architectural cylindrique ou polygonal, sur lequel s'élève une coupole semi-sphérique. Chacune des pièces cylindriques qui forment le fût d'une colonne (quand elle n'est pas monolithe).

Tour d'enceinte : tour extérieure qui protège un lieu stratégique. Elle est reliée à l'enceinte fortifiée par un mur.

Transept : nef transversale qui coupe la nef principale.

Trasaltar : mur postérieur du chœur (capilla mayor), où se trouvent sculptures ou tombeaux.

Trascoro ou **trascor** : face postérieure souvent sculptée du coro.

Triptyque : ouvrage de peinture ou de sculpture composé de trois panneaux articulés pouvant se refermer.

Trompes : petites voûtes semi-coniques au sommet inversé, qui servent à transformer un plan carré en plan octogonal et à soutenir ainsi une coupole.

Tympan : surface intérieure d'un fronton. Espace généralement décoré, compris entre l'archivolte et le linteau, se trouvant sur la façade des églises.

Venera : élément décoratif en forme de coquille Saint-Jacques.

Voûte étoilée : voûte à plan carré ou polygonal formée par plusieurs arcs entrecroisés.

CULTURE

Chevaliers errants, fripons, mystiques, don Juans et bandits de grands chemins chevauchent, orgueilleux, à travers les lettres espagnoles. La littérature en langue castillane, qui vécut son âge d'or aux 16e et 17e s., connaît depuis le début du 20e s. une nouvelle étape de splendeur grâce au génie créatif des dernières générations d'auteurs espagnols et latino-américains.

H. Hugues/hemis.fr

Une édition ancienne de « Don Quichotte ».

La littérature

L'Espagne possède sous la domination romaine de grands écrivains, de langue latine : **Sénèque le Rhéteur**, son fils **Sénèque le Philosophe**, Quintilien, Martial, poète satirique, et **Lucain**, poète épique.

LE MOYEN ÂGE

Le *Commentaire sur l'Apocalypse*, écrit en latin au 8e s. par le moine **Beato**, donne lieu à une série de remarquables manuscrits enluminés : les **Beatus**. La littérature en langue castillane apparaît avec la poésie épique. Au 12e s., *el Cantár del Mío Cid*, poème anonyme inspiré des aventures du Cid, est le premier monument littéraire espagnol. Puisant son inspiration dans la religion, le moine **Gonzalo de Berceo** s'illustre au 13e s. dans le *Mester de Clerecía*, poésie des clercs. Roi lettré, **Alphonse X le Sage**, qui par ailleurs compose des poèmes en galicien, fait du castillan la langue officielle de son royaume, en remplacement du latin. L'expansion castillane imposera ce dialecte au reste de l'Espagne, sauf en Catalogne où subsistera, comme langue littéraire, le catalan. Au 14e s., don Juan Manuel introduit la prose narrative et l'archiprêtre **Juan Ruiz de Hita** écrit en vers une brillante œuvre satirique : *Le Livre du Bon Amour* qui fournira les thèmes du roman picaresque.

LA RENAISSANCE

Au 15e s., sous l'influence italienne, la poésie lyrique est florissante avec Jorge Manrique et le **marquis de Santillana**. De veine épique et populaire cependant est le Romancero, recueil de poèmes qui, jusqu'au 16e s., perpétue la poésie médiévale. Enfin, l'*Amadis de Gaule*, publié en 1508, est le prototype d'une légion de romans de chevalerie. En 1499, *La Célestine*, pièce attribuée à Fernando de Rojas, jette les bases d'un théâtre moderne dialogué qui mêle tragique et comique dans une intrigue révélant un grand sens de la psychologie.

LE SIÈCLE D'OR

Sous les Habsbourg (1516-1700), l'Espagne connaît son apogée littéraire. Cette période compte de grands poètes lyriques : le doux **Garcilaso de la Vega**, adepte de la mode italienne, le religieux frère **Luis de León** et surtout **Luis de Góngora** (1561-1627), dont le style hermétique et précieux fera école sous le nom de gongorisme.

Le caractère espagnol s'exprime alors dans le roman picaresque. Le premier paru est le *Lazarillo de Tormes* (1554), œuvre anonyme dont le héros est un fripon (picaro en castillan) avisé et malicieux. Dans *Guzmán de Alfarache* de Mateo Alemán, le style est particulièrement alerte et le langage truculent; *El Buscón* nous montre l'un des aspects du talent de **Francisco de Quevedo** (1580-1645). Cependant, le génie du Siècle d'or s'appelle **Cervantès** (1547-1616) et son chef-d'œuvre, *Don Quichotte de la Manche*, ouvrage à la fois amer et comique, railleur et ému, dont la portée sera universelle (*voir aussi p.280*). À la fin du 16e s. apparaît la *comedia* à laquelle **Lope de Rueda** avait ouvert la voie. Les auteurs dramatiques prolifèrent. Le maître de cet art, **Lope de Vega** (1562-1635), le perfectionne et l'enrichit. Ce « phénix des esprits » qui a écrit plus de 1 000 pièces touche aux sujets les plus divers. Son successeur **Calderón de la Barca** (1600-1681) se fait un interprète prodigieux de l'âme espagnole du 17e s dans ses drames historiques ou philosophiques *(La Vie est un songe, L'Alcalde de Zalamea)*. **Tirso de Molina** (1583-1648), dramaturge fécond, impose son type de don Juan à la postérité et **Guillén de Castro** écrit les *Mocedades del Cid (Enfances du Cid)* qui fourniront à Corneille son meilleur argument.

Il ne faut pas négliger les documents que nous ont fournis sur la conquête de l'Amérique Cortés et **Bartolomé de Las Casas**. Enfin, le moraliste **frère Luis de Granada** et, surtout, les mystiques **sainte Thérèse d'Avila** (1515-1582) et **saint Jean de la Croix** (1542-1591) mettent leur talent littéraire au service de la théologie.

ÉCRIVAINS DES 18e ET 19e S.

L'esprit de critique voit le jour chez les essayistes, tels que le père **Feijóo** et **Jovellanos**. L'élégance domine dans le théâtre de **Moratín**, inspiré de Molière; Ramón de la Cruz fait la joie du peuple avec ses saynètes. Au 19e s., le grand poète romantique est le Sévillan **Bécquer** (1836-1870). **Larra** se distingue dans la satire sociale; **Menéndez y Pelayo** dans la critique littéraire; **Angel Ganivet** dans l'analyse de l'Espagne.

Dans les romans de **Alarcón** *(Le Tricorne)* et du régionaliste **Pereda** s'introduit un certain réalisme. Mais à la fin du 19e s., le meilleur romancier réaliste est **Benito Pérez Galdós**; son œuvre *(Épisodes nationaux)* féconde et vivante est empreinte d'une grande chaleur humaine.

LE 20e SIÈCLE

La « génération de 98 », attristée par la perte de Cuba, s'interroge sur l'essence de l'Espagne. Elle compte les essayistes **Miguel de Unamuno** (1864-1936), préoccupé par la destinée humaine et l'avenir de l'Espagne *(Le Sentiment tragique de la vie)* et **Azorín**; le philologue **Menéndez Pidal**; le romancier **Pío Baroja**; l'esthète **Valle Inclán**, créateur d'une élégante prose poétique et d'un théâtre, qui retrouve les grandes inspirations baroques. Parmi leurs contemporains, citons **Jacinto Benavente** (prix Nobel en 1922), qui met au point un nouveau style théâtral, et le romancier **Blasco Ibáñez**. Après eux, l'Espagne s'ouvre aux apports étrangers. De grands poètes apparaissent: **Juan Ramón Jiménez**, qui s'épanche en des vers ou récits dépouillés *(Platero y yo)*, **Antonio Machado** (1875-1939), chantre de la Castille, **Rafael Alberti**. **Federico García Lorca** (1898-1936), aussi merveilleux poète que dramaturge *(Noces de sang)*, tout imprégné de sa terre andalouse, offre un fascinant miroir à l'Espagne; cette Espagne dont toute sa vie le penseur **Ortega y Gasset** tentera de percer le mystère.

L'après-guerre – Après la fin de la guerre civile, la production littéraire renaît de ses cendres, avec des essayistes (Américo Castro), des dramaturges (Alfonso Sastre) et des romanciers, très pénétrés des problèmes sociaux de leur pays: **Camilo José Cela** *(La Famille de Pascal Duarte)*, prix Nobel 1989, **Juan Goytisolo**, **Ramón Sender**, Antonio Ferres.

Parmi les écrivains contemporains, citons les romanciers Juan Benet, Juan Marsé, Manuel Vázquez Montalbán, Terenci Moix, Eduardo Mendoza et les auteurs dramatiques Antonio Gala, José Martín Recuerda, Fernando Arrabal et Francisco Nieva. **Jorge Semprún** est sans doute la figure de la littérature contemporaine la plus connue, aussi bien en Espagne qu'en France, où l'écrivain madrilène a finalement élu domicile. Il se consacre définitivement à l'écriture après l'abandon de ses activités politiques en 1964. Son œuvre est marquée par l'oppression des régimes franquiste et nazi et les horreurs de la guerre, notamment celle des camps de concentration. Il fut en effet déporté à Buchenwald en 1943. Il a écrit des nouvelles, des pièces de théâtre et des scénarios et a remporté de nombreuses récompenses, dont le prix Femina en 1969 pour *La Deuxième mort de Ramón Mercader* et le prix Fémina Vacaresco en 1994 pour *L'Écriture ou la* *vie*. En 1996, il est élu à l'Académie Goncourt. Son dernier roman, *Veinte años y un día* (2003), se déroule en 1956. Quasi autobiographique, il reprend le contexte des manifestations étudiantes opposées à Franco.

Les pays d'Amérique hispanique apportent une contribution capitale aux lettres espagnoles avec **Borges**, **García Márquez**, **Pablo Neruda**, **Miguel Ángel Asturias**, **Mario Vargas Llosa** et **Octavio Paz**.

La musique

Aux côtés du folklore, l'Espagne développe depuis le Moyen Âge une musique d'une richesse étonnante marquée par de nombreuses influences : wisigothique, arabe, mozarabe, française. Dès le 11e s., le chant polyphonique est étudié : c'est à St-Jacques-de-Compostelle, vers 1140, qu'a été composée la plus ancienne œuvre à trois voix connue, le *Codex calixtinus*. Pendant la Reconquête, l'impulsion de l'Église favorise une vaste production musicale. La liturgie (chants), les représentations théâtrales dans les églises *(autos)*, dont nous est parvenu *Le Mystère d'Elche,* la poésie (**Cantigas de Santa María**, d'**Alphonse le Sage** – 13e s.) font une large part à la musique.

À la fin du 15e s., le dramaturge **Juan del Encina** se révèle un excellent musicien. Mais comme dans les autres arts, la musique atteint son apogée dans la seconde moitié du 16e s., sous la protection des premiers Habsbourg. Le polyphoniste **Victoria** (1549-1611) est l'un des plus fameux. Ses contemporains **Francisco de Salinas** et **Fernando de las Infantas** furent de savants musicologues, **Cristóbal de Morales** et **Guerrero** d'habiles compositeurs de musique religieuse. L'orgue prend une importance capitale, tandis que dans la musique profane l'instrument d'accompagnement favori est la *vihuela*, sorte de guitare à six cordes doubles, bientôt remplacée par le luth et la guitare à cinq cordes, dite espagnole. En 1629, Lope de Vega compose le livret du premier opéra espagnol. **Calderón de la Barca** est le créateur de la **zarzuela** (1648), genre de comédie musicale qui compte aussi des dialogues parlés et des ballets.

Le père **Antonio Soler**, claveciniste, est le plus remarquable compositeur du 18e s.

Au 19e s., le Catalan **Felipe Pedrell** donne à la musique espagnole ses lettres de noblesse et ouvre la voie à une génération de musiciens. Au début du 20e s., au moment où les œuvres des compositeurs français sont empreintes d'un profond hispanisme (*Boléro* de Ravel, *Carmen* de Bizet, *Symphonie espagnole* de Lalo, *España* de Chabrier), les Espagnols pratiquent le retour à l'inspiration nationale : **Isaac Albéniz** (1860-1909), auteur de *Iberia*, **Enrique Granados** (1867-1916), célèbre pour ses *Goyescas*, **Joaquín Turina** (1882-1949), avec sa *Symphonie sévillane*, puisent dans le folklore l'essentiel de leurs thèmes musicaux. Dans *Nuits dans les jardins d'Espagne*, *L'Amour sorcier*, *Le Tricorne*, **Manuel de Falla** porte à son sommet cette veine populaire.

Au 20e s., la guitare possède de remarquables interprètes qui adaptent cet instrument bien espagnol à un répertoire très varié : **Andrés Segovia** (1893-1987), **Joaquín Rodrigo** (1901-1999), **Narciso Yepes** sont parmi les plus connus. **Pablo Casals** (1876-1973), lui, a imprimé sa personnalité au jeu du violoncelle. Actuellement, l'Espagne occupe une des premières places dans le domaine vocal avec Victoria de Los Ángeles, Montserrat Caballé, Plácido Domingo, Alfredo Kraus (1927-1999), José Carreras, Teresa Berganza et María Mayo.

Le cinéma

L'Espagne est un pays d'artistes et a donné de grandes figures aussi bien dans la musique que dans le cinéma. Le génie de cinéastes de l'envergure de Buñuel, Bardem ou Almodóvar et de compositeurs, interprètes et chanteurs tels que Manuel de Falla, Segovia et Kraus a émerveillé les cinéphiles et les mélomanes du monde entier.

Dès 1897, le cinéma espagnol voit le jour avec un petit film montrant la sortie de la messe de la basilique du Pilar à Saragosse. Des studios de cinéma muet s'installent à Barcelone.

Dans les années 1920, quelques artistes surréalistes s'essaient à ce nouveau moyen d'expression : Dalí et surtout **Buñuel**, le père du cinéma espagnol, qui réalise alors *Un chien andalou* (1928) et *L'Âge d'or* (1930). Au moment de l'invention du parlant vers 1930, dans une Espagne en pleine crise politique et économique, les studios n'ont pas les moyens de s'équiper.

À la fin des années 1930, alors que les films sont plutôt de tendance religieuse, comme *Sœur Angélique* de Gargallo, Juan Piqueras lance la revue *Nuestro Cinema,* très influencée par les idées soviétiques, et met en vedette des films comme *Las Hurdes* (« Terre sans pain », 1932) de Buñuel, qui montre la misère dans une région retirée d'Espagne.

Pendant la guerre civile, puis pendant la période franquiste, le cinéma, soumis à une censure redoutable, constitue l'un des principaux supports idéologiques, avec des films historiques et religieux exaltant la mort et l'esprit de sacrifice. C'est la période de *Marcelino, pan y vino*, de L. Vajda (1955). Un changement s'opère avec **Juan Antonio Bardem** (*Mort d'un cycliste,* 1954) et **Berlanga** (*Bienvenue M. Marshall,* 1953 ; *Le Bourreau,* 1964).

Les années 1960 voient un renouvellement avec des metteurs en scène comme **Carlos Saura**, dont le premier film *Los golfos* (« Les Voyous ») est sorti en 1959 ; mais c'est surtout dans les années 1960 que se signale la nouvelle vague espagnole, avec des réalisateurs et des films très marquants montrant les troubles de l'enfance et de la jeunesse marquées par le régime franquiste. *Anna et les loups* (1973) de Saura raconte l'arrivée d'une jeune étrangère dans une famille où trois frères quinquagénaires représentent la toute-puissance de l'armée et de la religion pendant le franquisme. Citons aussi *Cría cuervos* (1975) du même réalisateur, *L'Esprit de la ruche* (1973) et *El Sur* (1983) de **Víctor Erice**, *La colmena* (« La Ruche ») de **Mario Camus** (1982), ainsi que les films de **Manuel Gutiérrez Aragón**, *Les Démons dans le jardin, L'Autre Moitié du ciel* (1986), où l'on voit les mutations économiques entre l'Espagne franquiste et démocratique. Dans ce cinéma très sérieux et nostalgique, où les réalisateurs stigmatisent le franquisme, **Pedro Almodóvar** montre le visage de l'Espagne moderne et de la *movida* madrilène, avec *Femmes au bord de la crise de nerfs* (1988) ou *Talons aiguilles* (1991). Il remporte le Prix du meilleur scénario au Festival de Cannes pour *Volver* (2006).

Trois productions espagnoles ont obtenu l'Oscar du meilleur film étranger : *Volver a empezar*, de José Luis Garci en 1982, *Belle Époque* de Francisco Trueba en 1993, et *Tout sur ma mère* de Pedro **Almodóvar** en 2000.

Ces dernières années, le cinéma espagnol a connu un certain renouveau avec l'apparition de jeunes metteurs en scène, tels **Alejandro Amenabar** (*Tesis*, 1996), **Alex de la Iglesia** (*El día de la bestia*, 1995) et **Julio Medem** (*Les Amants du Cercle polaire*, 1998). Cela s'est traduit en Espagne par des succès égaux à ceux jusqu'ici rencontrés par les productions hollywoodiennes, entre autres *El Perro del hortelano* (1995), de **Pilar Miró**, hélas prématurément disparu, *Secrets du cœur* (1997), de **Montxo Armendáriz**, *La Bonne Étoile* (1997), de **Ricardo Franco**, *Barrio* (1998), de **Fernando León de Aranoa**, *El Abuelo* (1998), de **J. L. Garci**, *La Niña de tus ojos* (1998), de **Francisco Trueba** et *Solas* (1999), de **Benito Zambrano**.

Pedro Almodóvar

Pedro Almodóvar Caballero naît le 25 septembre 1951 à Calzada de Calatrava, dans la province de Ciudad Real. À 8 ans, il part vivre en Estrémadure, où il fera ses études secondaires chez les Saléziens et les Franciscains. À 16 ans, il part à Madrid avec l'idée d'étudier le cinéma, mais l'école officielle est fermée par Franco. En dépit de la dictature culturelle et des difficultés du quotidien, il réussit à écrire et tourne en super 8. En 1986, il crée sa maison de production, *El Deseo S.A.*, puis réalise des comédies de mœurs provocatrices, où il traite de sujets tabous comme l'homosexualité et la transsexualité.

Pedro Almodovar/Collection Christophel

« Volver », film de Pedro Almodóvar.

ARTS ET TRADITIONS POPULAIRES

L'Espagne est un pays où les traditions sont restées vivantes et où l'on participe intensément aux fêtes, très souvent fortement théâtralisées, organisées tout au long de l'année. Ces célébrations, différentes et variées, témoignent de la richesse et de la diversité du pays.

Office Espagnol du tourisme/Paris

Fête dans la région de Burgos.

Pays de fêtes et de traditions

GRANDES FÊTES

Toutes les villes et tous les villages espagnols célèbrent, avec plus ou moins d'exubérance, leur plus importante fête en l'honneur du saint patron de la localité. Ces fêtes ont lieu en été. Les habitants du village, mais aussi ceux des villages voisins venus profiter du spectacle y participent. C'est en effet l'occasion de danser jusqu'à l'aube, de contempler les processions, les corridas, de se divertir dans les foires.
Quelques fêtes singulières :

Les « romerías »

Ce sont des pèlerinages à un sanctuaire ou à un ermitage isolé où l'on se rend en procession, groupés par confréries, par quartiers ou par villages. De nombreux pèlerins revêtent le costume régional et scandent leur marche de chants folkloriques. C'est l'occasion de se retrouver, de déjeuner sur l'herbe, de danser.

La Semaine sainte

Les processions de la Semaine sainte, dont le caractère varie selon le tempérament de chaque région – plus austères en Castille, plus festives en Andalousie – sont une autre manifestation de cette foi catholique si profondément enracinée dans l'âme espagnole.
Dans de nombreuses localités, les gens accompagnent la Passion du Christ. La beauté des statues, qui sont pour la plupart de véritables œuvres d'art et que l'on mène en procession, la solennité des cortèges et la ferveur des participants peuvent impressionner les croyants comme les non-croyants.
Bien que la Semaine sainte de Séville soit la plus renommée, celles de Valladolid, Zamora ou Cuenca sont également d'un grand intérêt.

Les fêtes de Noël

Les fêtes de Noël sont les fêtes familiales par excellence. Les cadeaux traditionnels à cette occasion sont les *cestas de Navidad,* grandes corbeilles d'osier, souvent à plusieurs étages, garnies de bouteilles, de jambons, de dragées, de *turrón* (nougat ou touron) et de massepain. Une autre tradition est le défilé des Rois mages le soir du 5 janvier. Ils parcourent la ville distribuant des sourires et des bonbons.

DANSES TRADITIONNELLES

La danse la plus traditionnelle du centre de l'Espagne est sans doute le **paloteo**, appelé aussi **danse de palos** (danse des bâtons) : des hommes vêtus de blanc (mais dans certains villages, ils sont habillés de robes colorées), généralement au nombre de huit, manient dans chaque main de courts bâtons qu'il entrechoquent en suivant le rythme des instruments de musique et en esquissant des pas de danse. Les manières d'entrechoquer les bâtons et de danser varient d'un village à l'autre, au point qu'on a identifié plus de 200 variétés de *paloteo*. Les instruments les plus souvent utilisés sont la grosse caisse, la flûte, le tambourin et, dans certaines occasions, la **dulzaina**, une sorte de pipeau qui est l'instrument le plus typique de Castille. Parfois les danseurs attachent des grelots à leurs chevilles ou les musiciens rythment leurs danses avec des objets de la vie quotidienne, tels que mortiers et bouteilles. Autour de Salamanque, le costume paysan est richement brodé de pierreries, fils de soie et paillettes.

Sa variante, la **danse des épées** (*espaldas*), également exécutée par des groupes de huit hommes, survit dans de nombreux villages du centre de l'Espagne : les danseurs tiennent leur arme dans la main droite et, de la gauche, se saisissent de la pointe de l'épée du compagnon qui est à leur côté. Puis, au rythme lancinant de la musique, ils composent diverses figures géométriques. On trouve également une variante nommée **danse des boucliers** (*broqueles*), à la signification tout aussi obscure, où l'épée s'accompagne d'un bouclier en fer blanc ou en bois.

Certaines danses sont spécifiques d'une région donnée, comme les **seguidillas manchegas** et le **rondon** en Castille-La Manche, le **fandango** et la **jota** en Estrémadure, la **charrada**, la **charro** et le **corrido** dans la province de León, ou encore la **rueda** et les danses **a lo alto** et **a lo bajo** Castille et León.

Corridas

TAUROMACHIE

La lutte contre le taureau s'est pratiquée à cheval du Moyen Âge au 18e s. Elle devint alors un spectacle populaire qui se pratiquait à pied. Les règles de la tauromachie actuelle furent élaborées au cours des 18e et 19e s. par la famille **Romero**, les toreros **Costillares, Francisco Montes « Paquiro »** et **Juan Belmonte** (1892-1962). **Pepe Hillo** (1754-1801) crée le style sévillan, spontané et gracieux, qui s'oppose à celui de Ronda grave et sobre. Après lui vinrent les Cordouans : **Lagartijo** (1841-1900), **Guerrita** (1862-1941), **Joselito** (1895-1920), **Manolete** (1917-1947) et **El Cordobés**.

Les élevages

Les taureaux de combat sont élevés en quasi-liberté sur d'immenses propriétés d'Andalousie et de Castille (entre Salamanque et Ciudad Rodrigo). Leur aptitude au combat est étudiée lors de la **« tienta »**, épreuve de bravoure que l'on fait subir à des taureaux d'environ 2 ans. Chaque élevage acquiert ses qualités propres qu'analysent les connaisseurs (**aficionados**).

Le déroulement d'une corrida

La corrida a lieu vers 17h et comporte la mise à mort de six taureaux (4 ans, 450 kg) répartis entre trois matadors.

Petite précision, on appelle toreros tous ceux qui affrontent le taureau : banderillero, picador, novillero, et la vedette, le matador.

La course commence, au son des paso-dobles, par le **paseo** (défilé) des toreros (combattants de l'arène) précédés de deux *alguazils* (serviteurs du président de la course) à cheval et en costume du 17e s. Les trois **matadors**, dans leur habit de lumière, marchent en tête de leur *cuadrilla* (équipe). Chaque combat, ou **lidia**, comprend trois **tercios**, actes soulignés par des sonneries de trompes, où l'homme doit progressivement assurer sa domination sur l'animal.

C. Barrely/Michelin

Affiche pour une corrida.

1er acte : réception et étude du taureau – À l'aide de la cape, les péons attirent la bête. Puis le matador intervient et, jouant de sa vaste cape rose, fait virevolter l'animal pour étudier son comportement. Cet exercice comprend plusieurs figures dont la fameuse « véronique ». Ensuite les picadors, montés sur leurs chevaux caparaçonnés, attendent, le fer en arrêt, la charge du taureau pour lui planter leur lance dans le garrot, nœud de muscles qui domine les épaules.

2e acte : les banderilles – Pour permettre à l'animal de reprendre son souffle et l'exciter, les *banderilleros* lui plantent dans le garrot les banderilles, bâtons enrubannés terminés en harpon, tout en esquivant prestement ses cornes.

3e acte : la mise à mort – C'est le travail à la **muleta**, pièce de serge rouge écarlate tendue sur un bâton, plus petite que la cape. Après avoir salué le président et dédié la bête à une personnalité ou à la foule, le torero, l'épée dans la main droite, défie avec la *muleta* le taureau par des passes dont l'élégance ou la témérité peuvent lui valoir le triomphe. Finalement, c'est **l'estocade**, le taureau s'immobilise et le matador, l'épée droite, s'avance, vise entre les omoplates et frappe, son corps frôlant la corne droite de l'animal fasciné par la *muleta*. Si le matador a bien combattu, il reçoit en récompense une oreille, voire deux, et parfois la queue de l'animal.

Autres formes de courses – Les **capeas** sont des fêtes populaires où les jeunes amateurs s'essayent sur la place du village, comme à Ciudad Rodrigo. Les **novilladas** voient s'affronter les *novillos*, jeunes taureaux de 3 ans, et les apprentis toreros, les *novilleros*. Le **« rejoneador »**, lui, torée à cheval, en respectant les trois actes de la corrida.

LES CORRIDAS DE GALLOS

Dans son film documentaire *Las Hurdes, terre sans pain* (1932), Buñuel montre une scène à la fois violente et poétique : deux jeunes mariés galopent sur un cheval dans les ruelles de La Alberca et arrachent en passant, avec la main, la tête d'un coq vivant suspendu par les pattes.

En Castille, ce rite met en scène non pas des jeunes mariés, mais des jeunes gens partant au service militaire. Sa signification reste obscure, mais on en retrouve la trace au Moyen Âge, où il faisait partie des festivités du carnaval. Malgré leur archaïsme, les corridas de gallos (« courses de coq ») perdurent dans de nombreux villages de Castille et León, avec quelques aménagements toutefois : la décapitation est mimée, et l'animal est tué avant d'être suspendu.

Le pèlerinage de St-Jacques

Datant de presque un millénaire, le pèlerinage sur le chemin de St-Jacques-de-Compostelle a profondément marqué tout le nord de la Castille et León.

L'HISTOIRE

L'apôtre

Selon la légende, l'apôtre Jacques serait venu évangéliser l'Espagne. De retour en Palestine, il fut décapité et son corps, transporté par deux de ses disciples, aurait échoué sur la côte de Galice. Il aurait alors été enterré à Compostelle. Lors de la reconquête de l'Espagne, Jacques serait apparu dans un combat sur un cheval blanc, terrassant les Maures, d'où son surnom de Matamore (de *matar* : tuer et *moros* : maures). Sanctifié, l'apôtre devint le patron des chrétiens, symbole de la Reconquête.

Le chemin de la foi

Au Moyen Âge, le tombeau de saint Jacques le Majeur attire en Espagne une foule considérable de pèlerins. La dévotion envers « Monsieur saint Jacques » est si vivante que **Santiago** (Compostelle) devient un lieu de rassemblement exceptionnel. Depuis le premier pèlerinage français accompli par l'évêque du Puy en 951, des millions de jacquets, jacquots ou jacobits, ont pris la route pour aller vénérer les reliques de l'apôtre à partir des villes de regroupement que constituaient pour l'Europe entière Paris, Vézelay, Le Puy, Autun et Arles.

Une organisation très complète d'**hospices** facilitait le voyage et pourvoyait, le long des principaux itinéraires, à l'hébergement des pèlerins et à leur bonne santé spirituelle. Les itinéraires convergeaient en Basse-Navarre avant le franchissement des Pyrénées, opérant leur jonction à Ostabat. St-Jean-Pied-de-Port représentait la dernière étape avant l'ascension vers le col frontière. Les pèlerins gagnaient Roncevaux par la route des hauteurs, section de l'ancienne voie romaine de Bordeaux à Astorga. Chaque pèlerin portait une croix de feuillage. Au terme de la première escalade, au col de Cize (Ibañeta), près de la « Croix de Charles », le jacquet priait, chantait et plantait sa croix.

Le pèlerin

Au Moyen Âge, la pratique des grands pèlerinages fit du pèlerin un personnage familier des villages qui ponctuaient le chemin. Il était accueilli avec respect, voire enthousiasme, car il contribuait à la vitalité du commerce local. Son costume ressemblait à celui des voyageurs de l'époque : une vaste cape et un mantelet court (esclavine), une panetière (musette), une gourde, un couvert et une écuelle. Il était aussi équipé d'un coffret en tôle contenant les papiers et les sauf-conduits, d'un gros bâton à crosse (bourdon) et des insignes du pèlerinage : coquille et médaille. Les confréries de St-Jacques avaient leur chapelle particulière dans les églises ; elles constituaient des fraternités (frairies) et conservaient les comptes-rendus de voyage.

Au cours des siècles, la foi des jacquets s'est émoussée. Lucre et brigandage rassemblaient des bandes de « coquillards », faux pèlerins, dont fit partie le poète **François Villon**. Avec les guerres de Religion, le protestantisme et le jansénisme, les mentalités changèrent et la méfiance populaire voyait volontiers sous la pèlerine un aventurier ou un escroc. Si au 16e s., les pérégrinations se raréfient, au 18e s., quiconque voulait se rendre à St-Jacques-de-Compostelle devait se munir d'un extrait de baptême légalisé par l'autorité de police, d'une lettre de recommandation de son curé, légalisée, et d'un formulaire, dûment rempli, de son évêque.

LE RENOUVEAU

Le pèlerinage de Compostelle connaît aujourd'hui un regain d'intérêt. Au 21e s., les pèlerins prennent la route pour toutes sortes de raisons : démarche mystique, envie de culture historique, simple désir de randonnée. Ils partent avec le livret du pèlerin, « la credencial » en espagnol, qu'ils font tamponner à chaque étape. Arrivés à St-Jacques-de-Compostelle, ils peuvent se rendre à la maison du pèlerin et là obtenir le diplôme de la Compostela (il faut avoir parcouru au moins 100 km à pied pour l'obtenir).

Plusieurs itinéraires convergent vers St-Jacques :

Côté français

Partis de Paris, Vézelay, Le Puy, Autun et Arles, les itinéraires convergent en Basse-Navarre, à Ostabat, avant d'atteindre St-Jean-Pied-de-Port. Aujourd'hui encore, les pèlerins gagnent Roncevaux par la route des hauteurs. Certains portent encore une croix de feuillage pour la planter près de la « Croix de Charles », au col de Cize (Ibañeta).

En Espagne

Là aussi plusieurs itinéraires sont possibles. Celui des Asturies a souffert de sa mauvaise réputation, au 15e s., suite aux incursions côtières barbaresques. Il est encore aujourd'hui le moins fréquenté. Le plus connu et le plus emprunté est le « Camino Francés » (Chemin des Français). Débutant au Somport et à Roncevaux, il est jalonné d'églises et de monastères. Ceux qui viennent du Somport passent par l'Aragon à Santa Cruz de la Séros, San Juan de la Peña, le monastère de Leyre et Sangüesa avant de rejoindre Puente-la-Reina. Le trajet est plus court pour ceux qui partent de Roncevaux, car l'unique et grande étape avant Puente-la-Reina est Pampelune. Le trajet fait environ 800 km et il faut compter un bon mois pour parvenir à St-Jacques-de-Compostelle.

Les grandes étapes du chemin en Castille et León :

Burgos : *voir p. 236.*
Église de Frómista : *voir p.222*
Villalcázar de Sirga : *voir p. 222.*
León : *voir p. 224.*
Astorga : *voir p. 232.*
Pour les informations pratiques voir p. 31.

Le «Camino Francés» est décrit en totalité dans le guide Vert «Espagne Atlantique».

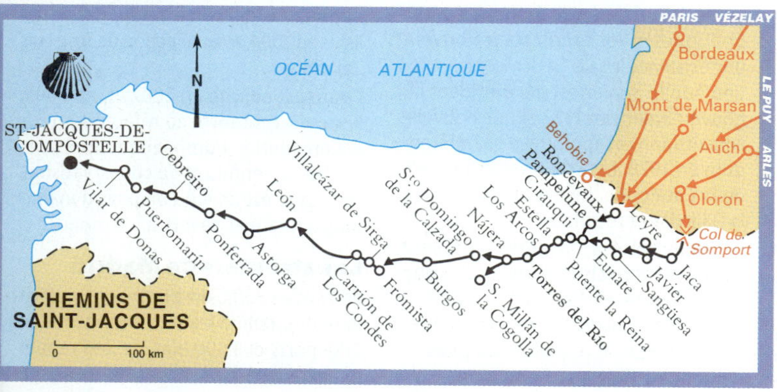

CASTILLE ET ESTRÉMADURE AUJOURD'HUI

En 1975, après une longue agonie, le général Franco meurt, une relique de sainte Thérèse d'Avila posée sur sa table de chevet. Commence alors une phase de modernisation accélérée du pays, qui verra le recul de la vieille civilisation castillane, religieuse et rurale, au profit d'une Espagne moderne, créative et ouverte sur le monde.

ALMAGRO/GAMMA/Eyedea Presse

Le Premier ministre espagnol, José Luis Rodriguez Zapatero, lors d'un discours officiel.

L'Espagne contemporaine

JUAN CARLOS ET L'AVÈNEMENT DE LA DÉMOCRATIE

Après une quarantaine d'années au pouvoir, marquées par l'intransigeance et le conservatisme, Franco meurt le 20 novembre 1975. Il s'est choisi un successeur : un petit-fils d'Alphonse XIII, sacré roi sous le nom de Juan Carlos Ier. Mais le jeune souverain surprend les franquistes en restaurant la démocratie. La censure est abolie, les partis politiques et les syndicats retrouvent une existence légale. Le démocrate chrétien Adolfo Suárez est élu président du gouvernement en 1977 et une nouvelle constitution est approuvée par référendum en 1978. Les statuts d'autonomie de la Catalogne, du Pays basque et de la Galice sont reconnus.

Les deux années suivantes marquent un tournant décisif : alors qu'un coup d'État avorte en 1981 grâce à l'intervention du jeune roi, le socialiste F. González est élu président du gouvernement en 1982.

LA MODERNISATION

Le pays entame une mue spectaculaire, qui voit sa modernisation sur les tous les plans : économique, social, urbanistique, artistique, etc. En 1986, le pays entre dans la Communauté européenne. En 1992 (soit cinq siècles après la découverte de l'Amérique), Barcelone accueille les Jeux olympiques, Séville organise uneExposition universelle et Madrid est proclamée capitale de l'Europe.

José María Aznar est élu en 1996, marquant le retour de la droite après quatorze ans de pouvoir socialiste : c'est le début d'une alternance démocratique normalisée, qui voit le retour des socialistes en 2004, avec l'élection de José Luis Zapatero.

L'euro est adopté en 2002 et, en 2005, le « oui » l'emporte au référendum sur la Constitution européenne : après des siècles de conflits et de conservatisme, l'Espagne est devenu un pays dynamique, tolérant et ouvert sur le monde.

Les attentats de Madrid

Le 11 mars 2004, dix bombes explosent dans des trains à Madrid, faisant près de 200 morts et 1 500 blessés. Le Premier ministre José María Aznar, qui a engagé le pays aux côtés des États-Unis dans la guerre en Irak malgré l'opposition massive de la population, accuse immédiatement l'ETA, l'organisation indépendiste basque. Mais l'enquête révèle qu'il s'agit d'un attentat islamiste et le gouvernement est accusé d'avoir manipulé l'opinion. La sanction tombe aux élections, avec la victoire du socialiste Zapatero, hostile à la guerre, qui rapatrie les troupes espagnoles.

POLITIQUE ET ADMINISTRATION

La Constitution espagnole, approuvée en octobre 1976 par les Cortes (Assemblée et Sénat) et adoptée par référendum le 6 décembre 1978, définit la forme politique de l'État espagnol comme une **monarchie parlementaire** ; la souveraineté réside dans le peuple espagnol. Un **chef de l'État**, incarné dans la personne du roi, des **Cortes Generales** et un **gouvernement** sont les figures représentatives de ce système politique. Le roi dispose de pouvoirs importants : désignation du président du Gouvernement, convocation et dissolution des Cortes, mais l'exercice du pouvoir réel revient au Premier ministre. Les Cortes, qui représentent le peuple espagnol, sont élues au suffrage universel tous les quatre ans ; elles disposent du pouvoir législatif et sont divisées en deux chambres : la **Chambre des députés** et le **Sénat**. Le gouvernement exerce la fonction exécutive par l'intermédiaire d'un président du Gouvernement (ou Premier ministre), de vice-présidents et de ministres. Le pouvoir judiciaire, dont l'organe supérieur est le Tribunal suprême, est un pouvoir indépendant déposé entre les mains de juges et de magistrats.

Du point de vue territorial, l'Espagne est organisée en municipalités, provinces et communautés autonomes.

– **Les communautés** : l'Espagne est divisée en 17 communautés autonomes et deux villes autonomes (Ceuta et Melilla). Celles-ci peuvent être constituées d'une seule province ou de plusieurs. Chacune dispose de son propre gouvernement, avec un conseil exécutif et une assemblée législative élue au suffrage universel ; un président de Communauté, élu tous les quatre ans, la dirige. Le transfert de pouvoirs des ministères centraux (le pouvoir central conserve la Défense, les Relations extérieures et la politique économique concernant l'ensemble du pays) vers les organismes autonomes est un processus encore inachevé, mais le régime d'autonomie que connaît l'Espagne est l'un des plus avancés d'Europe, chaque communauté ayant vu entre autres sa langue propre reconnue comme langue officielle au même titre que le castillan.

– **Les provinces** : la recherche d'une meilleure efficacité administrative a conduit les gouvernements d'Isabelle II (au 19e s.) à créer la première division du territoire en provinces. Actuellement, l'Espagne compte 50 provinces.

– **Les municipalités** : il s'agit de la plus petite division territoriale et aussi de la mieux enracinée historiquement ; chacune est dirigée par un conseil municipal, à la tête duquel se trouve un maire.

Dans le cadre de cette organisation administrative, les communautés et les municipalités sont les organismes qui disposent des plus grands pouvoirs de gestion du territoire.

DISPARITÉS RÉGIONALES

Au début des années 1980, grâce aux acquis de la Constitution de 1979, les régions de Madrid, Castille et León, Castille - La Manche et Estrémadure ont renforcé leur autonomie politique et budgétaire de manière décisive. Entre 1983 et 1990, le budget de la province de Castille et León, par exemple, est passé de 3 à 100 milliards de pesetas. Mais si cette décentralisation a permis un renforcement des identités et de la démocratie locales, elle a également contribué à renforcer les disparités entre régions, certaines se révélant mieux armées que d'autres pour répondre aux nombreux

DISPARITÉS RÉGIONALES	Superficie en km²	Population	Densité en hab./km²	PIB/hab. en euros
Communauté de Madrid	8028	6000000	740,6	28850
Castille et León	94223	2510000	26,57	21244
Castille - La Manche	79463	1895000	23,84	17339
Estrémadure	41634	1084000	26,03	15054

défis de la modernité. Madrid et sa région ont ainsi connu une croissance sans précédent, tandis que l'Estrémadure et les deux Castilles s'étiolaient en grande partie.

EXODE RURAL

Dans les provinces de Cuenca, Guadalajara ou Plasencia, l'exode rural a vidé les campagnes en moins d'une génération, au profit de Madrid, Salamanque ou Burgos. L'Estrémadure, elle, a été tout entière l'objet d'une véritable saignée : on estime ainsi que, pendant la seule seconde moitié du 20e s., plus de 800 000 personnes l'ont quittée en quête d'une vie meilleure, l'essentiel des flux s'orientant vers d'autres régions espagnoles comme Madrid, le Pays basque et la Catalogne, ou d'autres pays comme la France, l'Allemagne et la Hollande.

Résultat, la Castille - La Manche, la Castille et León et l'Estrémadure possèdent aujourd'hui les **densités de population** les plus faibles d'Espagne (et parmi les plus faibles d'Europe), avec respectivement 23,84 hab./km^2, 26,57 hab./km^2 et 26, 03 hab./km^2 (*voir tableau page précédente*).

IMMIGRATION

Parallèlement à l'exode rural, les flux immigratoires ont explosé au cours des dernières années. Depuis l'année 2000, le pays connaît en effet un des taux d'immigration les plus élevés au monde (de trois à quatre fois plus important que les États-Unis et près de huit fort supérieur à la France), qui fait de lui le deuxième pays au monde pour ce qui est du nombre total d'immigrants accueillis.

Le recensement de 2006 a montré que 9,27 % des résidents espagnols sont désormais de nationalité étrangère, alors même qu'on recense en moyenne près de 10 000 personnes acquérant annuellement la nationalité espagnole depuis le début des années 1990. Ce taux monte à 12 % dans la communauté de Madrid, et descend à moins de 3 % à Badajoz, en Estrémadure.

NIVEAUX DE VIE

Les variations de PIB par habitant des régions épousent les disparités démographiques : d'un côté Madrid, grande métropole insérée dans l'économie-monde, de l'autre l'Estrémadure et les deux Castilles, où seuls les principaux centres urbains parviennent à tirer leur épingle du jeu.

Ainsi, la communauté de Madrid caracole en tête des 19 régions espagnoles, avec un PIB moyen par habitant de 28 850 €. À l'inverse, l'Estrémadure occupe la dernière place, avec 15 054 € seulement. La Castille - La Manche ne fait guère mieux en se classant 17e, avec 17 339 € par habitant, tandis que la Castille et León fait presque figure de bon élève, avec son 9e rang et ses 21 244 € de PIB moyen par habitant.

Économies régionales

L'Espagne du Centre, peu peuplée, est essentiellement agricole, avec l'exception de la communauté de Madrid qui s'est énormément développée au cours des dernières décennies.

COMMUNAUTÉ DE MADRID

La communauté de Madrid apparaît comme la locomotive de l'économie espagnole, avec près de 35 % des investissements étrangers en Espagne et un revenu moyen par habitant d'environ 30 % supérieur à la moyenne espagnole.

Malgré ces chiffres flatteurs, la communauté de Madrid n'occupait toutefois en 2002 que le 34e rang des régions européennes les plus prospères. Et en 2007, la 50e position parmi les villes et régions les plus compétitives au niveau mondial, derrière Londres, New York et Paris, mais derrière également Dublin, Milan, Lyon et Rome. À titre de comparaison, Barcelone occupe le 58e rang, et Valence le 64e.

Les points forts de la capitale madrilène sont le faible taux de chômage, les investissements élevés, le rythme de développement relativement important (près de 4 % par an en moyenne depuis 1993) et la très bonne qualité des services. Parmi ses points faibles, citons le faible niveau de développement des techniques d'information et de communication (comme l'Internet à haut débit) et le faible taux d'activité des femmes.

Le dynamisme général de l'économie madrilène se traduit par les métamorphoses rapides de la ville : 127 000 logements ont été construits en 2006, tandis que les projets destinés à accueillir de grandes entreprises nationales et internationales se multiplient. Le plus spectaculaire d'entre eux se trouve au nord du Paseo de la Castellana, non loin de la Torre Picasso qui fut longtemps le plus haut gratte-ciel de Madrid (157 m).

Là, depuis 2004, sort de terre un spectaculaire complexe destiné à recevoir principalement des bureaux : le Cuatro Torres Business Area et ses quatre tours géantes. La Torre Espacio, au sommet elliptique pointu, est la plus petite d'entre elles malgré ses 223 m. La Torre Sacyr Vallehermoso, qui atteint 236 m, accueillera des bureaux et un hôtel 5 étoiles. Dessinée par l'architecte d'origine argentine César Pelli, la Torre de Cristal verra ses 249 m couronnés par une serre illuminée la nuit. La Torre Repsol, enfin, culminera

C. Barrely/Michelin

Porte de l'Europe à Madrid.

à 250 m : conçue par Norman Foster, cette structure de verre et d'acier possédera des ascenseurs panoramiques. Ces géants voisineront avec le futur Centro de Convenciones, qui couvrira une superficie de 70 000 m² et dont la réalisation a été confiée en 2007 à l'architecte Emilio Tuñon à l'issu d'un concours international.

CASTILLE - LA MANCHE

Même si la région bénéficie de la bonne santé générale de l'économie espagnole, sa contribution à la richesse du pays reste modeste, avec 3,4 % du PIB national.

L'économie de services y représente désormais plus de 50 % du PIB, contre 12 % pour l'agriculture, 15 % pour l'industrie, 10 % pour la construction et 3,4 % pour l'énergie. Le taux de chômage est légèrement inférieur à 8 %.

Les principales cultures de la région, qui souffre d'un déficit en eau chronique, sont la vigne (700 000 ha, soit plus de la moitié de la production espagnole), l'olivier et le blé. Près de 52 % des sols sont désormais considérés comme arides, et les agriculteurs puisent chaque année un peu plus dans les nappes phréatiques, malgré les conséquences désastreuses sur l'environnement.

CASTILLE ET LEÓN

Tout comme la Castille - La Manche, la Castille et León souffre d'un déficit chronique en eau se traduisant par des sols extrêmement secs. Mais l'irrigation s'est considérablement développée, notamment dans la vallée du Douro et les régions de Pisuerga et de Tormes, permettant le développement d'une agriculture intensive et compétitive. Au total, la région fournit 15 % de la production agricole nationale, la région de Valladolid étant considérée comme le grenier à grain de l'Espagne. La viticulture bénéficie de la nette amélioration de la qualité des vins produits, tels ceux des appellations contrôlées Ribera del Duero et Rueda.

L'industrie représente 25 % du PIB de la région et emploie 18 % de la population active. Parmi les principaux secteurs d'activité, citons l'agroalimentaire dans les régions de Burgos et Valladolid, le textile autour de Béjar, les tuiles et les briques près de Palencia, la pharmacie près de León, la métallurgie près de Ponferrada et la chimie près de Miranda de Ebro.

L'industrie touristique, enfin, s'appuie sur un flux de plus de 300 000 visiteurs par an, parmi lesquels on recense environ 40 000 étrangers.

ESTRÉMADURE

L'économie de l'Estrémadure est aujourd'hui dominée par les services (57 % de l'activité totale), talonnés par la construction. Le tissu industriel est pour l'essentiel composé de petites et moyennes entreprises (on en compte environ 8 000), dont les activités (agroalimentaire, textile, matériel agricole...) débordent souvent la frontière pour investir l'est du Portugal.

Grâce aux activités liées au tourisme rural et culturel, qui ne cessent de croître depuis dix ans, l'Estrémadure semble être en passe de combler une part de son retard économique et affiche désormais un taux de croissance supérieur à la moyenne nationale.

Enfin, grâce à ses nombreux lacs de barrage, la région exporte vers ses voisines une part importante de l'énergie qu'elle produit.

Le sport

Dans les années 1960, on accusait le sport et la corrida d'être les *panem et circenses* (le pain et les jeux du cirque) du régime franquiste. Près d'un demi-siècle plus tard, la dictature a disparu, mais les Espagnols sont plus *aficionados* (passionnés) de sport que jamais. Le pays a accueilli le Mondial de Football en 1982, Barcelone a organisé les Jeux olympiques en 1992, et Valence la Coupe de l'America en 2007.

Le **cyclisme** est un des sports les plus populaires, avec la célèbre Vuelta (tour d'Espagne) et ses champions mythiques tels que Fererico Bahamontes, l'« aigle de Tolède » qui remporta le Tour de France en 1959 et en fut sacré six fois meilleur grimpeur, Pedro Delgado, qui remporta l'édition de 1988, ou Miguel Indurain, qui remporta cinq tours de France de suite.

Le **tennis** compte également de nombreux adeptes et une longue tradition de champions sur terre battue, comme Arantxa Sánchez, qui remporta Roland Garros en 1994 et 1998, ou Rafael Nadal, qui remporta le tournoi parisien dès sa première participation, en 2005, alors qu'il n'avait que 19 ans.

Autre champion remarquable de précocité, Fernando Alonso est devenu une idole nationale en étant le plus jeune champion de Formule 1 de l'histoire. Tout comme l'avait été avant lui Severiano Ballesteros, golfeur numéro un dans les années 1980, qui avait la particularité d'être né... sur un terrain de golf!

Mais c'est le **football** qui, de loin, demeure le sport favori des Espagnols. Le championnat national, la *Liga*, est souvent considéré comme le meilleur du monde, grâce notamment à la puissance économique et au prestige sportif de clubs comme le Real Madrid et le FC Barcelone, dont la rivalité symbolise la rivalité historique entre la Castille et la Catalogne. Chaque week-end, les matchs sont suivis par des millions de passionnés avant d'être disséqués sous toutes leurs coutures par les chaînes de télévision et les grands journaux sportifs, tels que *Marca* ou *As*.

Le Real Madrid

Devenu centenaire en 2002, le célèbre club de foot au maillot blanc a été sacré meilleur club du siècle par la FIFA, la fédération internationale. Fort de 70 000 *socios* (abonnés), de 1 500 clubs de supporters (*peñas*) et de 80 millions d'*aficionados* répartis sur les cinq continents, le club le plus titré du monde a gagné trente fois le championnat espagnol, dix-sept fois la coupe du Roi et neuf fois la Ligue des champions en faisant jouer les meilleurs footballeurs de la planète, de Di Stéfano à Zidane en passant par Raúl ou Ronaldo. La pelouse de Santiago Bernabeu, son stade de 75 000 spectateurs, est certainement le lieu observé avec le plus d'attention de toute la Péninsule.

La gastronomie

Préparée à base d'huile, relevée par des herbes aromatiques et épicée par le piment, la cuisine espagnole a un caractère très nettement méditerranéen. Elle varie cependant énormément selon les régions. En Castille et en Estrémadure, la gastronomie se caractérise par de nombreux plats mijotés, tels que ragoûts, civets et **cocido** (une potée connaissant de nombreuses variantes), ainsi que par le **cordero asado** (agneau rôti) et le **cochinillo tostón** ou **tostado** (cochon de lait). Les pois chiches, importés en Espagne par les Carthaginois, les lentilles, les choux et les haricots y sont largement utilisés.

SPÉCIALITÉS RÉGIONALES

Castille et León

La région ne compte pas moins de 26 appellations contrôlées réunissant viandes, fromages, légumes secs et vins. La province d'Avila est ainsi connue pour ses *judías* (haricots secs) de El Barco de Avila, ses *yemas de Santa Teresa* (pâtisserie à base de jaunes d'œuf) et pour la race bovine la plus ancienne d'Europe, la Avileña Negra Ibérica. Les habitants de Burgos s'enorgueillissent quant à eux d'un boudin au riz unique et de fromages de brebis frais réputés. À Salamanque, on testera la viande de *morucha* (race bovine ibérique), le jambon de Guijuelo et les lentilles de La Armuña. À León, le *botillo* (jambonneau au paprika), la *cecina* (viande séchée) et la soupe à la truite. À Ségovie, le *cochinillo* (cochon de lait rôti), le chorizo de Cantimpalo et le *jedión* (gros haricot sec) de La Granja. À Valladolid, la saucisse de Zaratan et le fromage *pata de mula*.

Castille - La Manche

La gastronomie *manchega* est dominée par les *duelos y quebrantos* (œufs brouillés au lard et à la cervelle), le *pisto manchego* (une ratatouille à base de piments verts et rouges, de tomates et

Tapas et raciónes

On trouve des bars à tapas partout en Espagne, du village le plus modeste au centre-ville le plus branché. Initialement composés d'une simple tranche de pain couverte d'un morceau d'omelette ou d'une fine tranche de *jamón serrano*, les tapas (*tapar* : couvrir) accompagnaient les verres de vin ou de bière et empêchaient leur contenu de *monter* trop vite à la tête. Ils se sont depuis largement diversifiés comprenant charcuteries, fromages, boulettes de viande, gambas (*a la plancha, a l'ajillo*), calamars, omelettes (*tortillas*), friture (*pescaítos fritos*), etc., présentées sur le comptoir derrière des vitrines. Vous aurez souvent l'embarras du choix et pourrez vous constituer de véritables repas, surtout si vous les choisissez sous forme de *ración* ou de *media ración* (assiette portion ou demi-portion), à déguster au comptoir avec *una caña* (un demi de bière) ou un verre de vin.

d'oignons, à laquelle on ajoute parfois du jambon ou du thon), la soupe à l'ail, le *gazpacho manchego* (très différent de son célèbre homonyme andalou, il s'agit d'un ragoût traditionnellement préparé à base de petit gibier), le *tiznao* (un plat à base de morue), la *caldereta manchega* (un ragoût à base d'agneau ou de chevreau) et le *queso manchego*, le plus célèbre fromage d'Espagne, réalisé à base de lait de brebis, dont il existe de nombreuses variantes. On trouve par ailleurs certaines spécialités plus locales, comme la perdrix rouge cuite à l'étouffée ou le massepain (pâte à base de sucre et d'amandes), deux spécialités de Tolède.

Estrémadure

La plupart des restaurants *extremeño* proposent des *migas* (poêlée de pain aillé revenu à l'huile d'olive) et des soupes (on en trouve aux tomates, à l'ail, aux patates de la Vera, aux asperges vertes...). Les truffes noires servent à élaborer divers plats réputés, tels que faisans truffés et perdrix en sauce aux truffes. Mais c'est surtout son extraordinaire charcuterie (*embutidos*) qui retient l'attention.

C. Barrely/Michelin

Commandez vos tapas.

VINS

En **Castille et León**, le bassin du Douro est le lieu de production d'un vin rouge réputé, la DO (dénomination contrôlée) **Ribera del Duero**, considéré comme l'un des meilleurs de la Péninsule. Son aire de production s'étend sur 9 000 ha, à cheval sur les provinces de Soria, Valladolid et surtout Burgos. Les sols calcaires bruns et rouges y ont un rendement très faible, limité par le climat sec, contribuant à la renommée internationale de certains crus. L'appellation fournit des rosés et surtout des rouges. Également en Castille et León, la région de **Rueda** fournit des vins blancs frais et fruités (on distingue deux D.O. : les Rueda et les Rueda Superior), tandis que les vins d'appellation **Toro** (entre Zamora et Tordesollas), **Cigales** (près de Valladolid) et **Bierzo** (confins nord-ouest du León) s'avèrent de qualité plus banale.

La **Castille - La Manche** compte sept DO. La plus étonnante, et aussi la plus médiocre, est la dénomination **Vinos de Madrid**, heureusement victime de l'expansion de la capitale. Plus intéressante, la dénomination **Valdepeñas** occupe 25 000 ha au sud de la plaine de la Manche bénéficiant d'un micro climat relativement humide (20 à 25 jours de pluie par an). Les meilleures bouteilles portent les mentions Reservas et Gran Reservas. Citons également les D.O. **La Mancha** (des blancs et rouges assez ordinaires), **Almansa** (des rouges agréables), **Mondéjar** (des rosés plaisants) et surtout **Méntrida**, non loin de Tolède, d'où provient le très fameux (et très onéreux) carlos falcó.

L'**Estrémadure**, enfin, ne connaît qu'une DO, mais de qualité, le **Ribera del Guadiana**, qui propose des rouges, des rosés et des blancs.

La statue équestre de Philippe III, sur la Plaza Mayor de Madrid.
C. Barrely / Michelin

MADRID ET SA RÉGION

Madrid★★★

2 879 052 HABITANTS
CARTES MICHELIN N^{OS} 575 ET 576 K 18-19
CARTE GÉNÉRALE B2 – PLANS MICHELIN MADRID N^{OS} 1042, 42 ET 2042
COMMUNAUTÉ AUTONOME DE MADRID

Lumineuse, vibrante et hospitalière, Madrid est une des plus jeunes capitales d'Europe. Ses principaux monuments furent érigés aux 17e, 18e et 19e s. dans le style classique ou baroque. L'héritage de ses deux grandes dynasties, les Habsbourg et les Bourbons, lui vaut une richesse artistique exceptionnelle, exposée au Prado ou aux musées Thyssen-Bornemisza et Reina Sofía. Berceau de la movida à la fin du franquisme, cette ville cosmopolite a connu un développement extraordinaire lors des dernières décennies et frappe aujourd'hui par son animation incessante. Située au centre de la Péninsule et de la Meseta, sur les contreforts de la sierra de Guadarrama, Madrid, la capitale la plus haute d'Europe (646 m), est une ville au climat continental sec, très chaud en été, et froid, bien qu'ensoleillé, en hiver.

Se repérer – Madrid est le nœud central vers lequel convergent tous les grands axes, autoroutes et routes nationales qui la relient aux autres villes : Avila (107 km à l'ouest), Tolède (71 km au sud-ouest), Ségovie (98 km au nord-ouest), Valladolid (189 km au nord-ouest), Salamanque (203 km au nord-ouest), León (321 km au nord-ouest), Burgos (236 km au nord). La ville est traversée par deux grands axes : les paseos de la Castellana, de Recoletos et del Prado (du nord au sud) et la calle de Alcalá (d'est en ouest). Les principaux centres d'intérêt touristiques se répartissent autour de leur point de rencontre.

Se garer – Il est pratiquement impossible de se garer dans la vieille ville. Pour arriver au plus près, misez sur les parkings souterrains de la plaza de Oriente, du paseo del Prado, de la Gran Vía ou de la plaza de España. Si un peu de marche ne vous fait pas peur, garez-vous dans le quartier de Chueca ou autour de la gare d'Atocha (pratique pour visiter les trois grands musées).

À ne pas manquer – Le musée du Prado, le musée Thyssen-Bornemisza et le musée Reina Sofía. Une balade dans la Vieille Ville. La visite du couvent des Descalzas Reales. Le Musée archéologique et le musée Lázaro Galdiano. Une promenade au parc du Buen Retiro.

Organiser son temps – Il faut au moins trois jours pour voir l'essentiel, en raison des horaires de visite. Comptez environ 2h30 à 3h pour le Prado, autant pour le Thyssen-Bornemisza, 2h pour le musée Reina Sofía (le seul ouvert le lundi), 2h30 à 3h pour la balade dans le vieux centre. La promenade au Buen Retiro prend 1h30 à 2h, la visite du Musée archéologique et du musée Lázaro Galdiano demande une bonne matinée (tous deux sont dans le même quartier).

Avec les enfants – Le parc du Buen Retiro, la Casa de Campo, le Warner Bros Park.

C. Barrely/Michelin

La fontaine représentant la déesse Cybèle monté sur son char sur la plaza de Cibeles.

Pour poursuivre le voyage – Alcalá de Henares (32 km à l'est), le monastère de l'Escorial (49 km au nord-ouest), Aranjuez (47 km au sud), Tolède (71 km au sud-ouest), Ségovie (98 km au nord-ouest) et la sierra de Guadarrama.

Comprendre

HISTOIRE DE LA VILLE

Bien que marquée par les cultures ibère et celte, la région de Madrid n'a été réellement colonisée qu'au moment de l'invasion romaine. Les berges du Manzanares qui traverse Madrid se peuplent alors de villas. Alors qu'une véritable ville naît à Alcalá de Henares, Madrid reste un hameau sans importance. Les Wisigoths, qui prennent la région à la chute de l'Empire romain, n'en font pas plus de cas et établissent leur capitale à Tolède.

La domination arabe – Lorsque les Arabes envahissent la péninsule Ibérique, ils ne réussissent pas à annihiler complètement la résistance des chrétiens. Pour défendre la route qui mène à Tolède, l'émir Mohammed Ier fait construire au 9e s. l'alcázar (forteresse) de « Majerit », au bord du Manzanares. Le nom de Madrid en est dérivé. Une petite cité se développe, dotée d'une enceinte, d'une mosquée et d'un souk.

La Reconquête – À partir du 11e s., les chrétiens, refoulés dans le nord de la Péninsule, entament la reconquête des territoires perdus. En 1085, Alphonse VI s'empare de Madrid. On raconte qu'il découvrit à l'entrée de la ville une statue de la Vierge près d'un dépôt à grain *(almudín)*. Il transforma alors la mosquée en église et la dédia à la Vierge de la Almudena, qui devint la patronne de la ville.

À partir du 14e s., les séjours des rois de Castille se font plus fréquents. Charles Quint reconstruit l'alcázar arabe et, en 1561, Philippe II transfère la Cour à Madrid qui devient officiellement capitale du royaume. La ville médiévale, dont subsiste le tracé tortueux des rues autour de la Plaza Mayor, s'agrandit soudain et la population triple.

L'épanouissement – La ville commence réellement à se développer avec les derniers Habsbourg, en plein Siècle d'or (17e s.). Le règne de Philippe III est marqué par une série de réformes. La Plaza Mayor sera désormais le cœur de la ville. Les souverains, qui sont des dévots catholiques, multiplient les créations de couvents et d'églises. Les plans du 17e s. en soulignent le nombre important. Philippe IV, roi amoureux des arts, protégea de nombreux artistes – Vélasquez, Murillo – et des hommes de lettres – Lope de Vega, Quevedo, Calderón, Tirso de Molina.

Mais c'est au 18e s., sous les Bourbons, que la ville connaît ses plus grandes transformations : édification du Palais royal, du Prado et de la porte d'Alcalá, magnifique exemple de l'urbanisme néoclassique. À son tour, la noblesse se met à construire des **palais** entourés de jardins, comme ceux de **Liria** et de **Buenavista**.

Vers la modernité – Le 19e s. commence avec l'occupation française et les soulèvements du 2 mai 1808. Puis, sur fond de querelles monarchiques et de bouleversements politiques, la capitale poursuit sa modernisation. Dans la seconde partie du 19e s., les ruines des remparts sont rasées lors d'un vaste plan d'agrandissement : naissent alors les quartiers de Chamberí, de Salamanca et de Argüelles et, à la fin du siècle, la Ciudad Lineal d'**Arturo Soria**, projet révolutionnaire prévoyant un quartier résidentiel pour 30 000 habitants autour de l'actuelle avenue Arturo Soria.

Le début du 20e s. est marqué par le goût français : hôtels Ritz et Palace ; le style néomudéjar a du succès et les façades de brique telles celles de la **plaza de Toros de las Ventas**, si caractéristiques de Madrid, s'élèvent dans tous les quartiers. En 1910, on inaugure la **Gran Vía**, artère rapide traversant le centre, destinée à relier entre eux les nouveaux quartiers. Cette Gran Vía a été popularisée par une opérette *(zarzuela)*.

La guerre civile et le franquisme – La proclamation de la République en 1931 et la victoire du Front populaire en 1936 attisent l'opposition nationaliste. À la tête de l'armée, Franco reprend peu à peu toute l'Espagne. Madrid, de même que Valence, la Catalogne et les grands bassins industriels, résiste à la vague antirépublicaine. Malgré le siège et les bombardements, la capitale résiste jusqu'en 1939, dernier bastion républicain. La dictature franquiste s'étend alors à toute l'Espagne. Sur le plan architectural, c'est l'époque de grandes urbanisations disgracieuses et l'avènement d'un style lourd et pompeux. L'arrivée au pouvoir du successeur désigné de Franco, le roi Juan Carlos Ier, en 1975, marque le début de la démocratisation. À Madrid, la chape de plomb de la censure et du conservatisme éclate ; c'est la **movida**.

Madrid aujourd'hui – Au premier rang pour l'Espagne dans le domaine des banques, des assurances, des universités, de l'administration et des institutions politiques du fait de son rôle de capitale, c'est aussi une ville avec d'importantes activités industrielles dans les banlieues. Les centres d'affaires, dans les quartiers de la porte d'Alcalá et du **paseo de la**

Castellana, ont connu d'importantes transformations dans les années 1950-1960. Dans la zone **AZCA**, un des projets les plus révolutionnaires du Madrid moderne, on trouve les bâtiments les plus avant-gardistes, comme par exemple la **banque de Bilbao-Vizcaya** et la **tour Picasso**. Parmi les silhouettes devenues caractéristiques de Madrid, les deux **tours KIO**, penchées à 15°, forment la **Puerta de Europa**, qui ouvre sur un nouveau quartier d'affaires. Le nombre croissant de touristes lui vaut également de bénéficier d'ambitieuses rénovations, telles les extensions du musée Reina Sofía et du Prado, ou l'aménagement de certaines rues du centre en plateau piétonnier. Parmi les réalisations plus dramatiques, il convient de citer le mémorial aux victimes des attentats de Madrid (le 11 mars 2004), dressé en 2007 près de la gare d'Atocha.

FLÂNER DANS LES QUARTIERS

Madrid est une ville où les quartiers se juxtaposent et se mêlent sans que l'architecture ou l'histoire ne puissent en définir le caractère particulier. Tout juste réalise-t-on, au fil de la balade et en se mêlant aux habitants, que l'ambiance change.

La **Vieille Ville** comprend plusieurs zones bien différenciées, autour de la Plaza Mayor, de la plaza de la Paja ou aux abords animés de la puerta del Sol. Très touristique, le vieux Madrid surprend par son plan anarchique, avec ses soudaines ruelles tranquilles et ses petites places.

Le **quartier des musées**, autour du paseo del Prado, présente plus de rigueur. Sous les grands arbres des paseos, les immeubles se font classiques. Cette partie de la ville, aménagée sous les Bourbons, rassemble les plus grands musées – Prado, Thyssen-Bornemisza, Reina Sofía –, le Jardin botanique et le parc du Buen Retiro.

Autour du Palais royal, la ville gagne en sérénité, avec les courbes harmonieuses de la plaza de Oriente, l'immense cathédrale ou le calme recueilli des couvents royaux. Autour de la plaza Santa Ana et de la calle de las Huertas se trouve le **Madrid littéraire**, où vivaient jadis les écrivains, tels Cervantès ou Lope de Vega, les dramaturges et les acteurs. On y recense aujourd'hui la plupart des grands théâtres et nombre de restaurants et de bars très animés. Il fut un haut lieu de la *movida* des années 1980. Les adeptes du shopping ne manqueront pas les rues animées autour de la **puerta del Sol**, de la calle de Preciados et sur la **Gran Vía**. Autre terre d'élection des boutiques

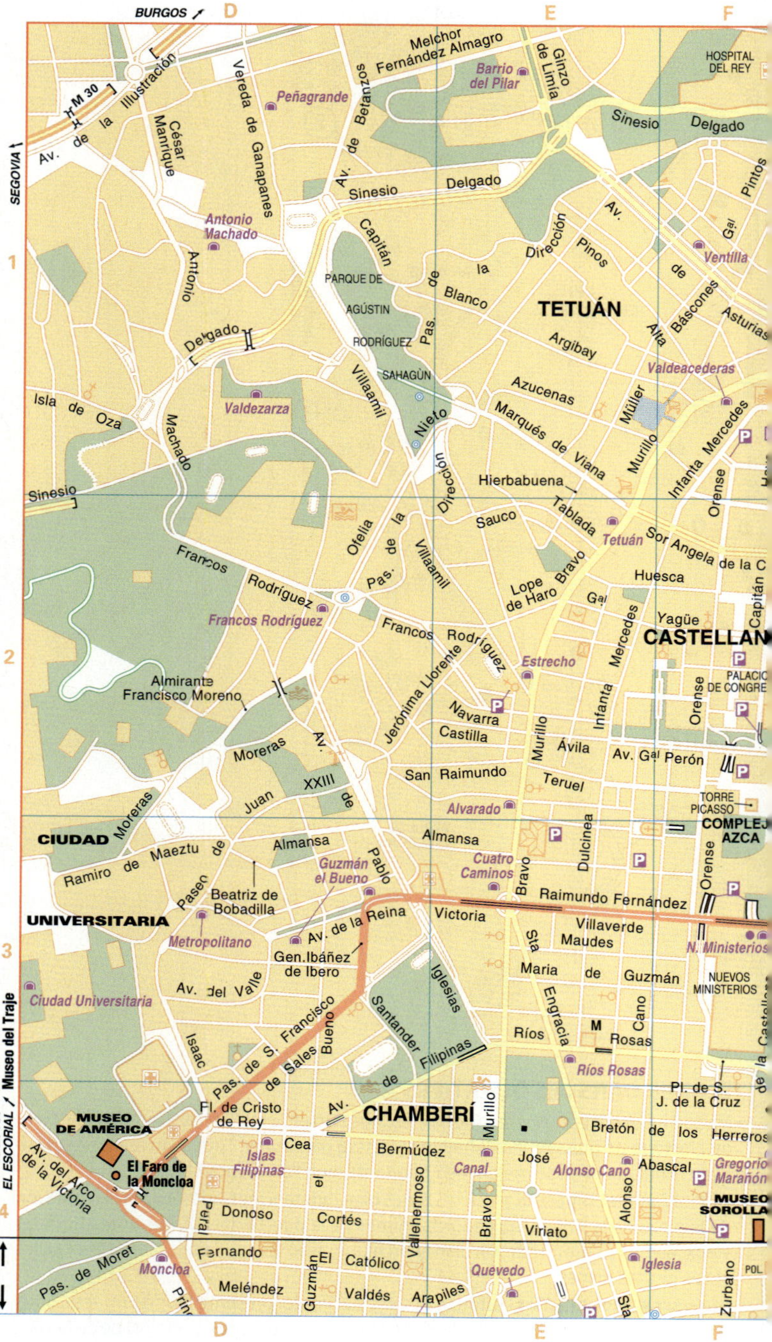

de luxe, **Salamanca** est le grand quartier bourgeois du 19e s., conçu par le marquis de Salamanca en forme de damier, avec de grandes artères perpendiculaires.

À l'opposé, le quartier très populaire de **Lavapiés**, autour de la place du même nom, est le plus multicolore de Madrid, peuplé de Madrilènes de souche, d'étudiants et d'immigrants. De plus en plus d'intellectuels et bourgeois branchés le choisissent pour son ambiance chaleureuse. Le dimanche matin, l'immense marché aux puces du **Rastro** attire des milliers de visiteurs.

Au nord de la Gran Vía, **Chueca**, autour de la plaza de Chueca, est l'un des quartiers les plus à la mode. C'est le quartier gay et ses rues sont bordées de boutiques pleines de charme, de restaurants intimes et de bars colorés. Juste à l'est, **Malasaña** est

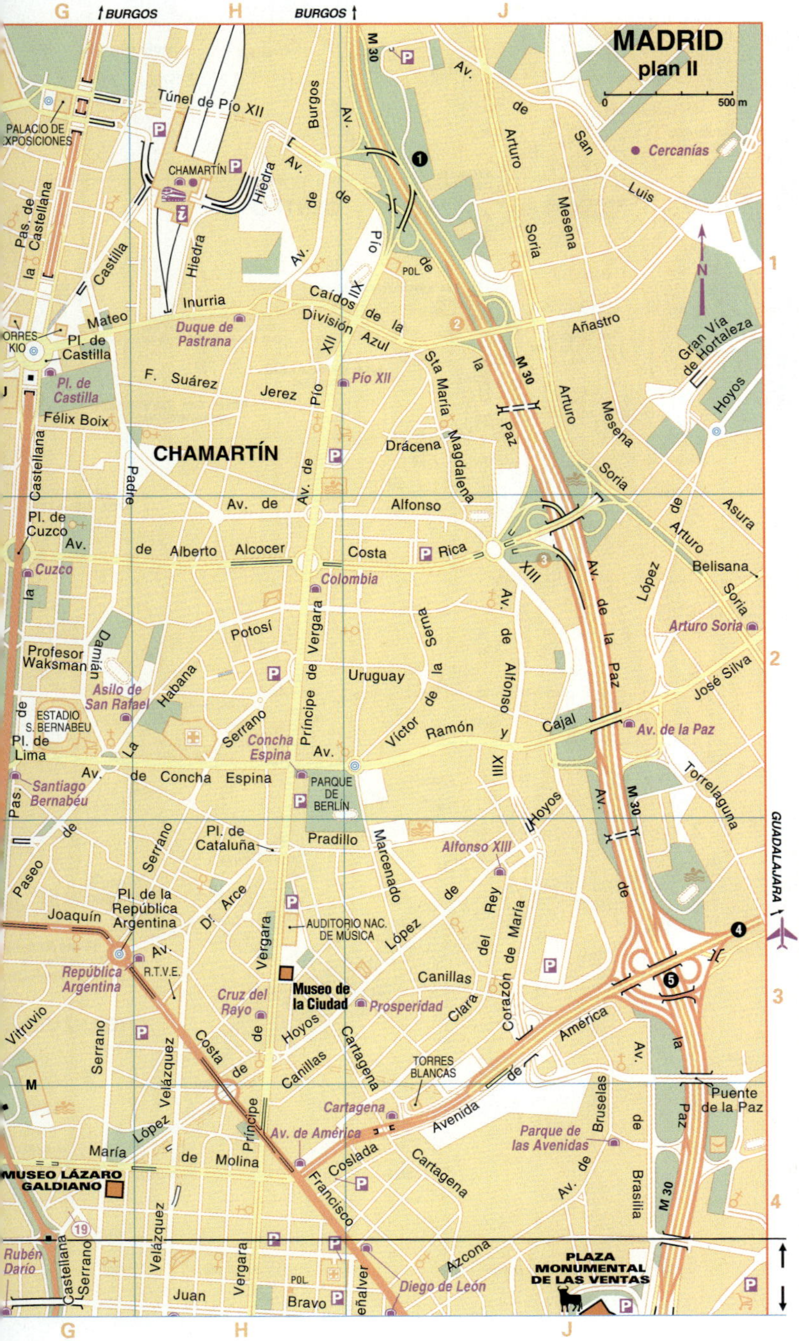

Le plan II couvre le centre de Madrid en deux parties : le nord (p. 94 et 95) et le sud (p. 96 et 97). La légende des hôtels et restaurants est commune aux deux plans. Ainsi le restaurant José Luis se trouve sur le plan p. 95.

SE LOGER

Hostal Residencia Don Diego 16

Hotel Bauzá 25

Petit Palace Art Gallery 34

SE RESTAURER

Alkalde 1

El Amparo 13

José Luis 19

Meson Cinco Jotas....... 46

Teatriz........................... 52

SE LOGER

- Colors Hostal 1
- Hostal Acapulco 7
- Hostal la Plata 10
- Hostal Marlasca 13
- Hostal Triana............... 22
- Hotel de las Lettras...... 24
- Hotel Meninas.............. 28
- Hotel Mora.................... 31
- Petit Palace Plaza del Carmen......... 37
- Urban Hotel.................. 40

SE RESTAURER

- Café Oliver 4
- La Bola 22
- La Vaca Veronica 34
- Maceira 40
- Taberna La Dolores 49
- Teatriz 52
- Zerain 55

situé entre les Glorietas de Bilbao et Ruiz Jiménez et autour de la place du Dos de Mayo. Le matin, ce quartier aux édifices 18e jouit d'une atmosphère paisible et presque villageoise, mais dès que la nuit tombe, il est envahi par des légions de jeunes qu'attirent les nombreux bars.

Se promener dans le Vieux Madrid★

Comptez de 2h1/2 à 3h.

Ruelles étroites entrecoupées d'escaliers, petites places bordées d'immeubles aux façades colorées, palais et demeures nobles du 17e s., maisons aux balcons de fer forgé du 19e s. et du début du 20e s. ponctuent cette promenade dans le Vieux Madrid, noyau de la capitale qui s'est développé progressivement à partir du 17e s. autour de la Plaza Mayor et de la plaza de la Villa. À découvrir tôt le matin ou en fin d'après-midi quand les églises sont ouvertes.

DE LA PLAZA MAYOR À LA PLAZUELA DEL CORDÓN

Plaza Mayor★★ plan IV B1

Édifiée par **Juan Gómez de Mora** sous le règne de Philippe III (1619), c'est le centre architectural du **Madrid des Autrichiens**. Sur le côté nord, entre deux tours aux clochetons pointus, se trouve la **Casa de la Panadería**, reconstruite par Donoso en 1672. La décoration murale est la troisième depuis sa construction ; elle est l'œuvre du peintre Carlos Franco (1992). Au centre s'élève la statue équestre de Philippe III, œuvre de Jean de Bologne et de Pietro Tacca (17e s.). Jadis, cette enceinte servait de théâtre à toutes les manifestations de la vie citadine, autodafés lors de l'Inquisition, mises au pilori, corridas, pièces de théâtre, bruyants marchés… C'est aussi là que furent

SE LOGER

- Hostal Tijcal 19

SE RESTAURER

- Casa Lucio 7
- Casa Paco 10
- El Estragón 16
- La Botillería de Maxi 25
- La Taberna del Capitán Alatriste..................... 28
- La Taberna Miranda 31
- Los Huevos de Lucio 37
- Matritum..................... 43
- Taberna de Antonio Sanchez..................... 45

A

1

2

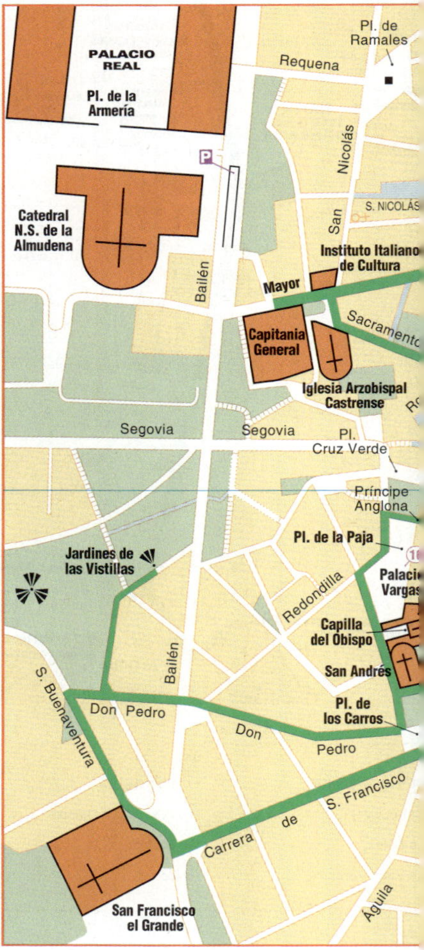

A

proclamés rois Philippe V, Ferdinand VI et Charles IV. La place prit son aspect actuel, un quadrilatère encadré d'arcades, à la fin du 18e s., sous la direction de l'architecte **Juan de Villanueva**.

Le dimanche matin se tient sous ses arcades le marché aux timbres et aux monnaies, et à Noël s'installent les kiosques où l'on vend les décorations des fêtes de Noël. Autour, les magasins (charcuterie, chapelier, numismate) ont conservé leur allure d'antan, même si de plus en plus de boutiques se vouent au commerce des souvenirs pour touristes.

Passez sous l'**arc de Cuchilleros** (arco de Cuchilleros) pour gagner la rue du même nom, bordée de hautes et anciennes façades. La **Cava de San Miguel** permet de voir l'arrière des maisons encadrant la place et de se faire une idée de la dénivellation du terrain. Ce nom de *cave* était donné aux fossés qui entouraient les murailles médiévales et se trouvaient autrefois à cet emplacement. Le secteur abonde en petits restaurants et bistrots. Le **marché de San Miguel**, construit au début du 20e s., présente toujours son aérienne structure métallique, mais n'accueille plus les étals traditionnels des marchandes de quatre-saisons, charcutiers ou poissonniers.

Descendez la calle Conde de Miranda, traversez la charmante plaza del Conde de Barajas, et, par la calle de Gómez de Mora, rejoignez la plaza de San Justo, ou Puerta Cerrada, qui était l'une des entrées de la ville. Continuez à droite par la calle de San Justo.

Église pontificale de San Miguel★ (Iglesia Pontificia de San Miguel) plan IV B1

Réalisée par **Bonavia** (1739), c'est une des rares églises espagnoles inspirées par le baroque italien du 18e s. Conçue comme un jeu de courbes et de contre-courbes,

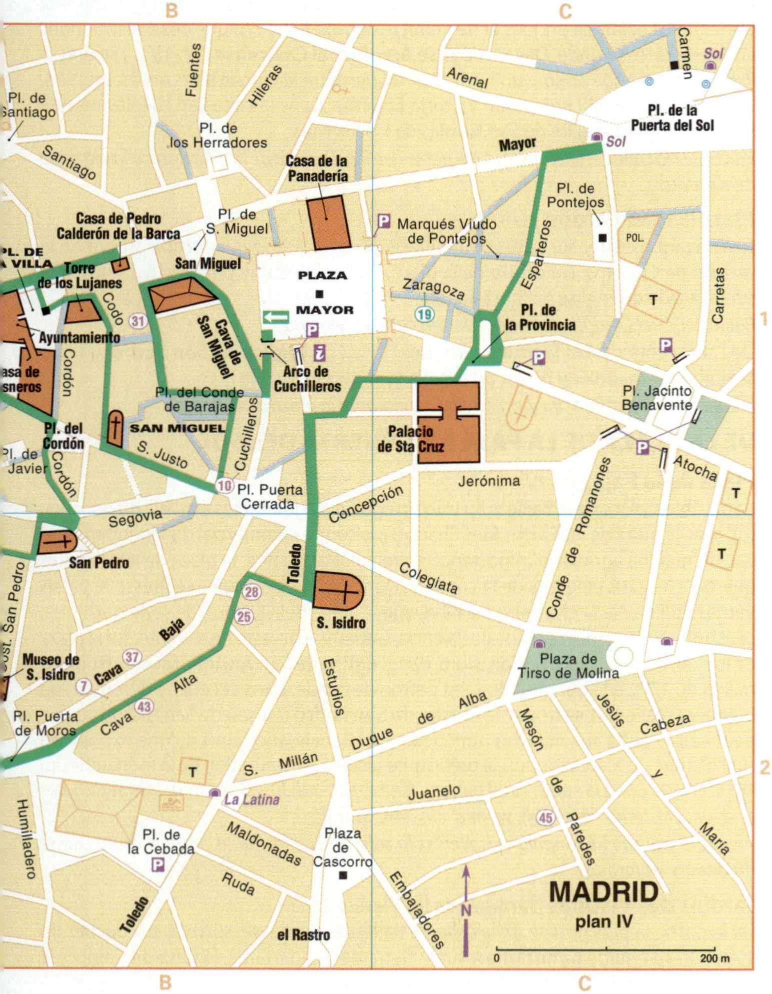

sa façade convexe est garnie de belles statues ; au-dessus de la porte, un bas-relief représente les saints Juste et Pastor auxquels elle était jadis dédiée. À l'intérieur, une coupole ovale, des voûtes à arcs entrecroisés, des corniches aux lignes souples et de nombreux décors de stuc lui confèrent grâce et élégance.

Par la calle Puñonrostro, sur le flanc gauche de l'église, et la calle del Codo, jadis l'une des plus dangereuses de la ville du fait de la forme coudée à laquelle elle doit son nom, on atteint la plaza de la Villa.

Plaza de la Villa★ plan IV B1

Cette tranquille place piétonne est présidée par la statue d'Álvaro de Bazán, héros de la bataille de Lépante en 1571, œuvre de Benlliure (1888). Autour s'ordonnent plusieurs édifices intéressants : l'**hôtel de ville** (Ayuntamiento), construit par Gómez de Mora en 1617 ; un des rares exemples d'architecture civile du 15e s. conservé à Madrid, où la famille royale suivait les processions depuis le balcon ; la **tour des Lujan** (Torre de los Lujanes), conservant des éléments d'architecture mudéjare, qui garda prisonnier François Ier après sa défaite contre Charles Quint à la bataille de Pavie ; la **Casa de Cisneros**, construite plusieurs années après la mort du cardinal de ce nom, qui communique avec l'hôtel de ville par un arc. De l'édifice d'origine (16e s.) ne subsiste qu'une belle fenêtre donnant sur la plazuela del Cordón.

Calle Mayor plan IV A1

Son nom rappelle l'importance de cette rue, qui conserve par ailleurs quelques bâtiments intéressants. **Pedro Calderón de la Barca** vécut dans l'étroite maison située au no 61 ; à côté, l'ancienne pharmacie de la reine mère conserve une collection de vieux pots à onguents. L'**Institut italien de la culture** (Instituto Italiano de Cultura, no 86) occupe un palais du 17e s., remodelé par la suite. En face s'élève l'ancien palais Uceda, de la même époque, siège actuel de l'état-major de la région militaire (Capitanía General). Ce palais de briques et de granit est un exemple typique des constructions civiles de cette période. Devant l'**église Arzobispal Castrense** (17e-18e s.) se dresse le monument érigé en souvenir de l'attentat perpétré le jour de leurs noces, en 1906, contre Alphonse XIII et la reine Victoria Eugenia. Dans la calle San Nicolás voisine s'élève la tour mudéjare de San Nicolás de los Servitas.

Parcourez la calle del Sacramento qui passe derrière la plaza de la Villa jusqu'à la plazuela del Cordón.

Plazuela del Cordón plan IV B1

Juste avant d'entrer sur cette petite place, on peut admirer la façade arrière de la maison de Cisneros. Du centre de la place, on profite d'une perspective singulière sur la façade de l'église de San Miguel.

Par la calle del Cordón, descendez vers la calle de Segovia.

De l'autre côté s'élève la **tour mudéjare** (14e s.) de l'**église de San Pedro**, unique témoignage madrilène de cet art avec la tour de San Nicolás.

Prenez la calle del Príncipe Anglona pour rejoindre la plaza de la Paja.

DE LA PLAZA DE LA PAJA À LA PUERTA DEL SOL

Plaza de la Paja plan IV A2

La paisible « place de la Paille », au tracé irrégulier, où jouent les écoliers du quartier, fut, avec la plaza de los Carros (des Chariots), le centre commercial du Madrid médiéval. Un marché agricole d'importance s'y tenait. Par la suite, la place devint l'un des quartiers les plus élégants de la capitale. Dans l'un de ses angles se dresse le palais Vargas, qui recèle la **chapelle de l'Évêque** (Capilla del Obispo), de style gothique, construite au 16e s. par l'évêque de Palencia, Gutiérrez Carvajal. Juste à côté, sur la plaza de los Carros, la chapelle de San Isidro, dans l'**église de San Andrés**, fut construite au milieu du 17e s. en l'honneur du saint patron de la ville. Dans cet enchevêtrement de bâtiments religieux se trouve le **musée de San Isidro** (Museo de San Isidro), où l'on peut voir le puits aux miracles, une belle cour Renaissance ainsi qu'une exposition sur l'histoire de Madrid depuis la préhistoire jusqu'à l'instauration de la monarchie au 16e s. *☏ 913 667 415 - août : tlj sf lun. et j. fériés 9h30-14h30, w.-end 10h-14h ; sept.-juil. : tlj sf lun. et j. fériés 9h30-20h, w.-end 10h-14h. Gratuit.*

Prenez la calle de Redondilla et traversez la calle de Bailén. Par la 1re rue à droite, on se dirige vers les jardins.

Jardins des Vistillas (Jardines de las Vistillas) plan IV A2

De la partie la plus proche de la calle de Bailén se découvre, surtout au coucher du soleil, un splendide **panorama★** sur la sierra de Guadarrama, la Casa de Campo, le profil de la cathédrale de la Almudena et le viaduc.

Église de San Francisco el Grande plan IV A2

La vaste façade néoclassique est l'œuvre de Sabatini, mais l'édifice, de plan circulaire avec six chapelles rayonnantes et une grande coupole de 33 m, est dû à Francisco Cabezas. Murs et plafonds de l'église sont décorés de fresques et de peintures exécutées au 19e s., à l'exception de celles des chapelles de San Antonio et de San Bernardino qui datent du 18e s. Dans cette dernière, la première à gauche, on remarque au centre du mur la *Prédication de saint Bernardin de Sienne au roi d'Aragon* (1781), peinte par Goya jeune. Dans le chœur se trouve une partie des **stalles★** plateresques du monastère de El Parral à Ségovie. Les **stalles★** de la sacristie et de la salle capitulaire, datant du 16e s., proviennent de la chartreuse de El Paular.

Prenez la carrera de San Francisco et la Cava Alta pour rejoindre la calle de Toledo.

Calle de Toledo plan IV B2

C'est l'une des rues les plus animées du Vieux Madrid. Elle relie la Plaza Mayor à la puerta de Toledo, par où entraient les visiteurs arrivant de Tolède. Tous les dimanches matin et les jours fériés, le **Rastro**, marché aux puces très populaire où l'on peut trouver les objets les plus divers, s'installe le long de la Ribera de Curtidores et dans les rues voisines, entre la Latina et la Puerta de Toledo.

C. Barrely/Michelin

La calle de Toledo.

Église de San Isidro – Œuvre des jésuites **Pedro Sánchez** et **Francisco Bautista**, elle présente une austère façade encadrée de deux tours. C'est l'ancienne église (1622) du collège impérial de la Compagnie de Jésus, cathédrale de Madrid de 1885 à 1993. Elle conserve les restes de saint Isidore, patron de Madrid, et de son épouse, sainte María de la Cabeza. La Vierge de la Macarena, vénérée par les Andalous de la capitale, occupe une chapelle à droite de l'entrée.

Plaza de la Provincia plan IV C1

On y remarque la façade du **palais de Santa Cruz** (17e s.), ancienne prison de la Cour où fut enfermé Lope de Vega, qui abrite aujourd'hui le ministère des Affaires étrangères.

Puerta del Sol plan IV C1

On termine cet itinéraire à la puerta del Sol, la place la plus populaire et la plus animée de Madrid, carrefour d'événements historiques, qui doit sa configuration actuelle au 19e s. C'est Joseph Bonaparte qui en lança l'aménagement, ordonnant pour ce faire la destruction d'un fouillis de couvents et d'édifices en tous genres.

À la confluence avec la rue del Carmen, un petit monument porte les armes de Madrid : l'ours et l'arbousier ; au centre de la place, le socle **statue équestre de Charles III** énumère les principales réalisations que ce monarque, un urbaniste éclairé, accomplit à Madrid. L'horloge de l'**ancienne poste** (Casa de Correos), aujourd'hui siège de la présidence de la communauté de Madrid, sonne traditionnellement les douze coups de minuit la nuit de la St-Sylvestre, la tradition veut que l'on mange un grain de raisin pour chaque coup. Sur le sol, devant l'édifice se trouve le kilomètre zéro des routes nationales.

Dans les nombreuses rues qui débouchent sur la puerta del Sol se trouve une grande concentration de petits commerces traditionnels, pittoresques avec leurs devantures en bois, proposant aussi bien des éventails et des mantilles que de la charcuterie. Mais on y trouve aussi toutes les plus grandes enseignes de la mode, notamment le long de la calle de Preciados.

Piétonnière depuis 2007, la calle del Arenal est devenue l'une des promenades favorites des Madrilènes.

Se promener dans le quartier des musées★★

Comptez 1h1/2 ; une journée avec les musées.

Voir plan III

S'étendant à l'est de la Vieille Ville, c'est un quartier élégant et résidentiel, qui s'est surtout développé à partir du 18e s., sous la dynastie des Bourbons. Ses larges rues et ses avenues verdoyantes sont bordées d'immeubles cossus, de palaces luxueux, d'anciens hôtels particuliers ou palais abritant aujourd'hui des musées. Touristes et habitants trouvent plaisir à flâner le long des *paseos*, entre une visite au Prado et une promenade dans le parc du Retiro.

Le paseo del Prado au 18e s. – Le siècle était aux Lumières, les salons aux courtisans et aux intellectuels, et Madrid à Charles III, qui y régnait et voulait doter sa capitale d'un ensemble digne de sa condition. Pour mener à bien son projet, il fit appel aux meilleurs architectes du moment. Hermosilla, Ventura Rodríguez, Sabatini et Villanueva dessinèrent, assainirent, ornèrent... Hors les murs de la ville s'élabora une promenade en forme d'hippodrome, avec deux grandes fontaines, de Cybèle et de Neptune, à chaque extrémité, et une troisième, celle d'Apollon, au milieu. Pour compléter le projet, on ajouta le **Jardin botanique**, le **cabinet d'Histoire naturelle** (devenu le musée du Prado) et l'**Observatoire astronomique**, en obtenant ainsi une combinaison parfaite entre fonctionnalité et ornementation, science et plaisir. Le paseo, qui depuis le 16e s. constituait pour les Madrilènes un lieu de rencontre, devint alors l'endroit à la mode, celui où l'on se rendait pour exercer sa séduction, pour voir et être vu, mais aussi celui où l'on jaugeait la puissance et la qualité du nouvel État, tel que le faisaient évoluer les nouveaux idéaux bourboniens.

Plaza de Cibeles★ plan III N2

C'est l'un des points névralgiques du Madrid touristique. Ici convergent la calle de Alcalá, la Gran Vía et les paseos del Prado et de Recoletos, prolongés au nord par le paseo de la Castellana. Les bâtiments imposants qui entourent la place – la Banque d'Espagne (1891), les jardins du **palais de Buenavista** (18e s.), actuel ministère de la Défense, le **palais de Linares** (fin 19e s.) et le bureau central des Postes (palacio de Comunicaciones, 1919) –, ainsi que les belles perspectives sur lesquelles elle ouvre, ont inspiré de nombreux artistes. Au centre se trouve la fontaine (18e s.) la plus célèbre de Madrid, l'un des symboles de la ville, représentant la déesse Cybèle montée sur un char tiré par des lions.

Longez ensuite le paseo del Prado vers le sud, en direction des grands musées.

Paseo del Prado★ plan III N2/3/4

Faisant suite au paseo de Recoletos, cette belle promenade boisée offre aux Madrilènes l'une de leurs promenades favorites, le soir ou le dimanche. Elle relie la plaza de Cibeles à la plaza del Emperador Carlos V. De part et d'autre sont réunis tous les plus prestigieux musées de la ville. Juste après la grande poste centrale, la calle de Montalbán, sur la gauche, mène au **musée des Arts décoratifs** *(voir p. 105)*. En retrouvant le paseo del Prado, toujours sur la gauche un bâtiment austère abrite les passionnantes collections du **Musée naval** (Museo Naval) *(voir p. 105)*. au milieu du paseo, la **fontaine d'Apollon**, dessinée par Ventura Rodríguez.

B. Brillon/Michelin

La gare d'Atocha.

Plaza de la Lealtad – Sur la gauche, cette petite place semi-circulaire porte un obélisque consacré aux héros du 2 mai. Depuis 1985, selon la volonté du roi, ce monument est également dédié à tous ceux qui sont tombés pour l'Espagne, y compris les victimes de la guerre civile. La place est entourée de maisons seigneuriales parmi lesquelles se distinguent le **palais de la Bourse**, de style néoclassique, et l'emblématique **Hôtel Ritz**.
Plaza Canóvas del Castillo – Sur cette place au cœur du paseo del Prado, en face du Ritz, le **palais de Villahermosa** et l'Hôtel Palace surveillent la **fontaine de Neptune**, la troisième de la promenade. Le palais de Villahermosa, dans lequel est installé le **musée Thyssen-Bornemisza★★★** (Museo Thyssen-Bornemisza, *voir p. 111*) est un édifice de la fin du 18e s.-déb. du 19e s.
Musée du Prado★★★ (**Museo del Prado**, *voir p. 107*) – Un peu plus loin, sur la gauche du paseo del Prado, l'édifice néoclassique réalisé par Juan de Villanueva fut construit durant le règne de Charles III pour abriter l'Académie des sciences naturelles. Après la guerre d'Indépendance, Ferdinand VII, reprenant à son compte le projet de Joseph Bonaparte de création d'un musée, fit restaurer l'édifice pour y installer les collections de peinture espagnole.

Musée naval★ (Museo Naval) plan III N2/3

Paseo del Prado, 5 - ✆ 915 238 789 - www.museonavalmadrid.com - ♿ - tlj sf lun. et j. fériés 10h-14h - gratuit.

On peut y voir une superbe collection de **maquettes de navires★**, des livres et des instruments de navigation, des armes, des portraits, des tableaux de batailles navales et même la reconstitution fidèle de la luxueuse cabine d'un commandant de navire au 19e s. On découvre ainsi en détail toute l'histoire de la Marine espagnole, de la découverte de l'Amérique à son porte-étendard actuel, le porte-avions *Principe de Asturias* (1988). Parmi les curiosités d'intérêt, remarquez en particulier la précieuse **carte★★** de Juan de la Cosa (vers 1500), d'une valeur inestimable, où l'Amérique est représentée pour la première fois.

Musée national des Arts décoratifs★ (Museo Nacional de Artes Decorativas) plan III N2

Montalbán, 12 - ✆ 915 326 499 - mnartesdecorativas.mcu.es - tlj sf lun. 10h-15h - fermé 1er et 6 janv., 1er Mai, 24-25 et 31 déc. - 2,40 € (-18 ans gratuit)

Installé dans un palais du 19e s., entre le paseo del Prado et le parc du Buen Retiro, il possède une intéressante collection de meubles et d'objets décoratifs (porcelaines, lustres, horloges, tapis, etc.). Au fil de la visite, on découvre de magnifiques tapisseries mudéjares (15e s.), des *bargueños* (secrétaires) castillans, de belles séries de faïences traditionnelles (15e-18e s.), des pièces de l'avant-guarde européenne (1880/1940) mais aussi une magnifique crèche de style napolitain du 18e s. Plusieurs cadres de vie ont également été reconstitués, tels qu'une chapelle au plafond mudéjar et aux murs tendus de « **guardamecíes** » (cuir peint), ou une cuisine valencienne du 17e s. entièrement recouverte de carreaux de faïence.

Jardin botanique (Jardín Botánico) plan III N4

Plaza de Murillo, 2 - ✆ 914 203 017 - www.rjb.csic.es - ♿ - tlj tte la journée à partir de 10h - fermé 1er janv., 25 déc. - 2 € (- 10 ans gratuit)

Au sud du Prado, le long du paseo, ce jardin fut lui aussi réalisé par **Juan de Villanueva**, l'architecte du musée, à la demande du roi Charles III. Inauguré en 1781, il visait à faire connaître les variétés de plantes venues de toutes les possessions espagnoles. Bien qu'un peu délaissés, ses arbres très variés offrent une fraîcheur bienvenue. Les serres présentent une intéressante sélection de plantes du désert et des forêts équatoriales. À l'extérieur du jardin, sous les arbres du paseo, des étals de **bouquinistes** proposent affiches, cartes postales et livres anciens.

Place de l'Empereur Charles V (Plaza del Emperador Carlos V) plan III N4

Toujours très animée par une intense circulation, voici la dernière place du paseo.
Gare d'Atocha – Au sud de la place, cette immense gare ferroviaire a tristement fait la une des journaux lors des attentats terroristes de 2004. À l'intérieur, sous la grande structure en fer et en verre (1892), se trouve un surprenant jardin tropical. En mars 2007, un **mémorial** aux victimes des attentats a été dressé à côté de la gare, au centre de l'Avenida de la Ciudad de Barcelona.
Sur le côté sud-ouest de la Plaza del Emperador Carlos V, se dresse l'ancien hôpital de San Carlos, créé par Charles III, qui héberge aujourd'hui le **Musée national Reina Sofía★** (Museo Nacional Centro de Arte Reina Sofía, *voir p. 113*). Ce bâtiment en granit,

grandiose et austère à la fois, présente une façade agrémentée d'ascenseurs extérieurs dans des cages en verre. Il a été agrandi en 2005 par l'architecte Jean Nouvel.

Longez la gare d'Atocha côté nord, par l'avenida de la Ciudad de Barcelona. Traversez pour vous rendre à l'angle de la calle Alfonso XII.

Musée national d'Anthropologie (Museo Nacional de Antropologia) plan III N4

C/Alfonso XII 68 – ✆ 915 306 418 - www.mnantropologia.mcu.es - tlj sf lun. 10h-19h30 (14h dim.) - 2,40 €, gratuit sam. apr.-midi et dim.

Le musée d'Anthropologie poursuit actuellement d'importants travaux de rénovation (jonction avec le cloître de l'église de los Jerónimos, le vestibule, la réouverture progressive du Casón del Buen Retiro, etc.), lesquels au moment de la mise sous presse de cette édition ne sont toujours pas achevés. Aux 28 600 m² actuels, le musée va rajouter 15 700 m², ce qui va enfin permettre d'exposer une partie de l'énorme collection actuellement en réserve. L'accrochage des œuvres en sera modifié. Ouverture prévue fin oct. 2007.

Hébergé dans un édifice néoclassique de la fin du 19e s., ce musée souvent ignoré des touristes présente les civilisations des Amériques, d'Afrique et des Philippines par thèmes. On y découvre les cadres de vie, les costumes et les ornements, l'art du jeu et de la fête, le sacré… Une petite salle d'anthropologie recèle quelques curiosités, tels un squelette de géant ou une collection de crânes de différentes ethnies.

Longez ensuite la calle Alfonso XII vers le nord-est, en direction du parc du Buen Retiro. Entrez dans le parc par le paseo del Duque de Fernán Nuñez puis tournez à gauche le long du paseo del Equador qui traverse le Buen Retiro dans la longueur.

Parc du Buen Retiro★★ (Parque del Buen Retiro) plan III N3/4

Un peu d'histoire – Près du **monastère des hiéronymites** édifié par les Rois Catholiques au 15e s. (le seul vestige actuel est l'église), Philippe IV fit construire un palais, dont il ne reste que le bâtiment de l'ancien musée de l'Armée – ou Salón de Reinos – et le Casón del Buen Retiro. Il fut entouré d'un beau parc par le duc d'Olivares. Il longe la calle de Alfonso XII jusqu'à la porte d'Alcalá et est aujourd'hui un lieu de promenade et de rencontre pour les Madrilènes. Le Retiro avec ses 130 ha constitue un magnifique îlot de verdure au centre de la ville avec d'épais massifs d'arbres (la Chopera, au sud) et d'élégants jardins (El Parterre, au nord, et la roseraie), parsemés d'ensembles architecturaux (fontaines, temples, colonnades) et de nombreuses statues.

Au bord du lac (Estanque), où l'on peut louer des barques, se trouve l'imposant **monument à Alphonse XII** (1922). Près du gracieux **palais de Cristal★** (1887), qui sert de cadre à des expositions temporaires, une grotte et une pièce d'eau composent un paysage romantique.

Passé le lac, suivez l'avenida Méjico qui mène aux grilles du parc, sur la plaza de la Independencia.

Puerta de Alcalá★ plan III N2

La porte d'Alcalá, située sur la plaza de la Independencia, fut élevée entre 1769 et 1778 par **Sabatini** pour commémorer l'entrée triomphale de Charles III à Madrid. La nuit, surtout, elle offre une des plus belles perspectives de la ville : on y voit la plaza de Cibeles, la calle de Alcalá et le début de la Gran Vía.

Visiter les trois grands musées : Prado, Thyssen-Bornemisza, Reina Sofía

MUSÉE DU PRADO★★★ (Museo del Prado) plan III N3

Paseo del Prado, s/n - ✆ 902 107 077 - http://museoprado.mcu.es - ♿ - tlj sf lun. 9h-19h fermé lun., 1er janv., Vend. saint, 1er Mai, 25 déc. - 6 € (- 18 ans gratuit). De nombreux réaménagements des collections sont prévus en 2008 et 2009 du fait de l'agrandissement du musée (voir encadré ci-contre).

C'est l'une des pinacothèques classiques les plus importantes du monde. Le noyau dur du musée est formé par les collections de peinture espagnole, réunies par les rois de la maison d'Autriche et les Bourbons, collections qui reflètent l'évolution du goût artistique des monarques espagnols. Le musée possède aussi de précieuses collections des peintres flamands, rassemblées par les Rois Catholiques, et de nombreuses œuvres de l'école italienne, dont étaient amateurs Charles Quint et Philippe II.

L'école espagnole tient une place privilégiée pour la quantité et la qualité de ses œuvres.

École espagnole (15e-18e s.) ★★★

Le rez-de-chaussée abrite les œuvres antérieures au 17e s., quand les écoles espagnoles s'inspiraient surtout des influences étrangères. Parmi les artistes ressortent **Bartolomé Bermejo** (*Saint Dominique de Silos*, avec son manteau chargé de dorures, 1474-1495) et **Yáñez de la Almedina**, qui étudie le style et la technique de Léonard de Vinci (*Sainte Catherine*, 1510). Macip et son fils **Juan de Juanes** (*Crucifixion*, 1509-1519, *La Cène*, 1560) s'alignent sur le style de Raphaël. De **Morales**, on remarque une *Vierge à l'Enfant*, son thème favori.

Info pratique

Le paseo del Arte

Par ce nom poétique (« la promenade de l'Art »), on désigne la promenade imaginaire reliant les trois grands musées de Madrid – le musée du Prado, le musée Thyssen-Bornemisza et le musée national Reina Sofía –, qui se trouvent sur un même axe et à une courte distance les uns des autres. Le billet combiné *Paseo del Arte* donne droit à la visite de ces trois musées. En vente uniquement dans les musées mentionnés, il coûte 14,40 €.

Au 1er étage, les salles consacrées aux peintres espagnols du Siècle d'or sont inaugurées par deux portraitistes royaux : **Sánchez Coello (1531-1588)**, disciple du portraitiste flamand Antonio Moro, et son élève **Pantoja de la Cruz (1553-1608)**, peintre à la cour de Philippe II.

Francisco Ribalta (1565-1628) est le peintre qui introduisit le ténébrisme avec sa technique du clair-obscur, inspiré du Caravage et jusqu'alors inédit dans la peinture espagnole, ainsi qu'on le voit au *Saint Bernard embrassant le Christ*.

José de Ribera (1591-1652) est représenté par son œuvre maîtresse, le *Martyre de saint Philippe* – autrefois identifié comme celui de saint Barthélemy –, dans lequel les clairs-obscurs font ressortir l'atmosphère dramatique de la scène. On admire aussi *Isaac et Jacob*, la *Madeleine pénitente* ou *Saint Pierre libéré par un ange*.

Francisco de Zurbarán (1598-1664) – Artiste phare du Siècle d'or, il exécute des compositions calmes où triomphent le clair-obscur et le naturalisme, aussi bien dans ses portraits que dans ses natures mortes ; ce peintre de moines, dont la ferveur et le mysticisme correspondent à la Contre-Réforme, nous révèle au Prado sa facette la moins connue avec la série des *Travaux d'Hercule* qu'il peignit pour le Casón (pavillon) du Buen Retiro et le portrait de sainte Isabelle de Portugal. Tout aussi remarquables sont *Saint Luc devant le Christ en croix* ou l'*Apparition de saint Pierre à saint Pierre de Nolasque*.

Bartolomé Esteban Murillo (1618-1682) – Influencé à une époque par ses amis Ribera et Zurbarán, ce peintre de thèmes religieux d'une grande sensibilité cultive aussi les sujets populaires avec un réalisme délicat, surtout dans ses portraits d'enfants : *Le Bon Pasteur, Saint Jean-Baptiste enfant*. On lui doit une délicieuse *Sainte Famille au petit oiseau*. Son style est très annonciateur du 18e s. espagnol.

Le Greco (1541-1614) – Formé à Venise mais avec une forte tradition byzantine, ce peintre très original, au style immédiatement reconnaissable, occupe par sa personnalité une place à part dans l'école ibérique. Incompris par ses contemporains et dédaigné par la Cour, il s'établit à Tolède. Il s'affranchit très vite de son apprentissage

Le nouveau Prado ou «Campus Museo del Prado»

Au fil des années, le musée du Prado a subi de profondes modifications, la dernière en date étant son extension, confiée à l'architecte **Rafael Moneo,** lauréat du prix Pritzer en 1996, également auteur de l'aménagement du musée Thyssen-Bornemisza et du Musée national d'Art romain de Mérida en Estrémadure. La superficie du musée a quasiment doublé. Le chantier, débuté en 2001, a duré plus de 5 ans. À l'extérieur, l'édifice de brique rouge et granit, construit par Rafael Moneo, apparaît massif et assez austère, alors que l'intérieur donne une impression d'espace et de clarté. Il comporte une partie semi-souterraine qui assure la jonction avec le cloître de los Jerónimos du 18e s. Le Casón de Buen Retiro a rouvert ses portes et le Prado devrait aussi prendre possession des bâtiments de l'ancien musée de l'Armée transféré à Tolède. Les collections permanentes sont toujours présentées dans le bâtiment originel de Villanueva, tandis que la partie commerciale – **billeterie, boutiques, cafétéria** – occupent l'aile neuve. Les nouvelles salles accueilleront des expositions temporaires et les collections de dessins. Ces extensions permettent d'exposer beaucoup plus d'œuvres de la collection permanente et la possibilité d'organiser de grandes expositions.

Œuvres majeures du musée du Prado

ÉCOLES	AUTEURS	ŒUVRES
Espagnole *16e-18e s.*	Juan de Juanes	*Crucifixion*
	Le Greco	*La Pentecôte* *L'Adoration des bergers*
	Zurbarán	*Nature morte* *Apparition de saint Pierre à saint Pierre de Nolasque*
	Vélasquez	*La Reddition de Breda* *Les Fileuses* *Les Ménines* *Le Prince Balthazar Carlos à cheval* *L'Infante Marguerite* *La Forge de Vulcain* *La Crucifixion*
	Murillo	*La Sainte Famille au petit oiseau* *L'Immaculée Conception de Soult* *Le Bon Pasteur*
	Goya	*La Famille de Charles IV* *Les Majas* *Les Fusillés de la Moncloa* *Le 2 Mai* *Aquelarre et les peintures noires*
Flamande *15e-17e s.*	Robert Campin	*Sainte Barbe*
	Van der Weyden	*Descente de Croix*
	Hans Memling	*Adoration des Mages*
	Bruegel l'Ancien	*Le Triomphe de la mort*
	Jérôme Bosch	*Le Jardin des délices terrestres* *La Charette de foin*
	Rubens	*Les Trois Grâces*
Italienne *15e-17e s.*	Fra Angelico	*Annonciation*
	Andrea Mantegna	*La Dormition de la Vierge*
	Botticelli	*Histoire de Nastaglio degli Onesti*
	Titien	*Vénus et la Musique*
	le Tintoret	*Le Lavement des pieds*
	Véronèse	*Vénus et Adonis*
Allemande et hollandaise *16e-17e s.*	Albrecht Dürer	*Autoportrait*
	Rembrandt	*Artémise*

italien et impose un style sombre et mystique, allongeant vers le haut personnage et tableaux, dans une quête de spiritualité. Son traitement de la lumière et des cadrages, étonnamment modernes, tranchent avec son temps. Les œuvres exposées au Prado vont de sa première époque espagnole *(Trinité)* à sa maturité *(L'Adoration des bergers)*, ce qui permet d'étudier l'évolution de son style ; on remarquera son célèbre *Chevalier à la main sur la poitrine* ou la saisissante *Annonciation*.

Diego Vélasquez (1599-1660) – Le Prado possède les œuvres maîtresses de Vélasquez. Ce peintre de génie, né à Séville, est formé dans l'atelier de Herrera le Vieux, puis dans celui de Francisco Pacheco, dont il épouse la fille en 1618. Il part ensuite pour Madrid et est appelé à la cour de Philippe IV en 1623 où il peint de nombreux portraits. Sur les conseils de Rubens, il fait un séjour en Italie (1629-1631). Il peint alors **La Forge de Vulcain**. Sous l'influence de Titien et du Tintoret, sa palette s'enrichit et se nuance, ses formes s'intègrent dans l'espace comme dans sa magnifique **Crucifixion**.

C'est à la suite de ce séjour qu'il exécute **La Reddition de Breda**, où ressort son originalité (composition et accent mis sur les rapports psychologiques). Il découvre que non seulement la lumière éclaire mais permet de voir l'air entre les personnages et les objets ; il met alors au point sa fameuse « perspective aérienne » qui laisse certaines parties du tableau dans le flou pour rendre plus nets les principaux sujets. Sa recherche du naturel se concrétise dans sa série de portraits de membres de la Cour en chasseurs (**Philippe IV**, **Le Prince Balthazar Carlos en chasseur** (1635), ravissant portrait d'enfant) ou dans des portraits équestres : **Le Prince Balthazar Carlos à cheval**, représenté sur fond de sierra. Il exécute aussi des portraits réalistes comme *Ésope* ou ceux de ses modèles de prédilection, les bouffons et les nains. En 1650, il se rend de nouveau en Italie et peint alors deux petits paysages d'une touche légère très moderne : **les Jardins de la villa Médicis**. Dans la dernière partie de sa vie, alors qu'il est comblé d'honneurs et de fonctions officielles, il représente avec une grande liberté les jeunes princes et les princesses comme l'**Infante Marguerite d'Autriche** (1659) dont le portrait est réalisé dans un camaïeu de gris et rose ; cependant, aujourd'hui, on doute de la paternité de cette œuvre. Son art culmine avec **Les Ménines** (1656), qui montre le peintre dans son atelier où entrent l'infante Marguerite accompagnée de ses ménines et de ses nains. Derrière, dans le miroir, se voit le portrait du roi et de la reine. Il y fait une merveilleuse utilisation de la lumière et des couleurs. Dans **Les Fileuses** (1657), autre œuvre majeure, il fait coïncider la réalité et le mythe dans une magnifique composition faite de courbes et d'obliques.

Vélasquez a fait école et l'on peut admirer dans sa lignée les œuvres de **Carreño de Miranda** (*Monstrua*, la femme monstre habillée et nue), portraitiste royal, et celles d'**Alonso Cano**, peintre des Immaculées.

Francisco Goya (1746-1828) – Avec ce peintre aragonais, la peinture espagnole garde son prestige aux 18e et 19e s. Il est magnifiquement représenté dans plusieurs salles *(1er et 2e étages)*. Ses nombreux portraits de cour et de personnages célèbres, ses scènes de guerre et les thèmes populaires, qui ont servi de modèles pour la réalisation de tapisseries, ses **Majas**, enfin, illustrent largement son extraordinaire réalisme et son enthousiasme pour la couleur. Il y a ici quelque 40 cartons de tapisseries exécutés à l'huile entre 1775 et 1791 pour la Manufacture royale. Le charme des couleurs et le naturel des attitudes en font d'exquis témoignages sur la vie populaire de Madrid au 18e s. Plus loin, on peut contempler les toiles peintes en 1814, **Le 2 Mai** et **Les Fusillés de la Moncloa**, évoquant les événements des 2 et 3 mai 1808 : à Madrid, le peuple s'était soulevé contre les occupants français, voulant empêcher le départ de la reine et des princes pour Bayonne *(voir Aranjuez p. 144)*, et la répression de Murat avait été terrible. Goya a stigmatisé l'atroce nuit et la fusillade qui eut lieu sur la colline du Príncipe Pío dans ces deux toiles qui mettent en relief la violence et la cruauté des guerres comme il l'avait fait dans ses terribles eaux-fortes des **Désastres de la guerre** (1808) et de *La Tauromachie*. Les **peintures noires** (*pinturas negras*, 1820-1822) réalisées pour sa maison, la Quinta del Sordo, sont les cris d'angoisse d'un visionnaire sur la réalité espagnole de son époque *(Aquelarre*, **Saturne mangeant son fils***)*.

« Les Ménines », par Vélasquez.

École flamande (15e-17e s.) ★★★

Le Prado possède une collection exceptionnelle de peinture flamande, due aux relations intenses de l'Espagne avec les Pays-Bas.

On remarque chez les primitifs le soin apporté à la description des intérieurs (*Sainte Barbe*, par Robert Campin appelé le maître de Flémalle); on admire chez **Van der Weyden** tant la richesse des coloris, la recherche de la composition que le sens du pathétique *(Descente de Croix, Pietà)*. Ce côté dramatique se traduit par la mélancolie dans les œuvres de son successeur, **Memling** *(Adoration des mages)*.

Viennent ensuite les étranges compositions de **Bosch**, dit « El Bosco » en espagnol, *(Le Jardin des délices terrestres, La Charette de foin)*, qui influencèrent son disciple **Patinir** *(Le Passage du Stya)*, et le *Triomphe de la mort* par **Bruegel l'Ancien**, peintre naturaliste de scènes populaires.

Chez les peintres flamands des 16e et 17e s. se détachent les peintures religieuses d'**Ambrosius Benson**, les portraits de la cour de Philippe II par le Hollandais **Antonio Moro** (16e s.) et la série des *Cinq Sens* par Bruegel le Jeune (17e s.). Celui-ci, comme **David Teniers** le Jeune, imite son père Bruegel l'Ancien dans de pittoresques scènes populaires.

Bien que né en Allemagne, **Rubens**, le meilleur représentant du baroque, donne une vigueur nouvelle à la peinture flamande *(Les Trois Grâces)*. Le musée rassemble une riche collection d'œuvres de ce peintre, complétée par celles de ses disciples **Van Dyck**, excellent portraitiste, et **Jordaens**, spécialiste de scènes populaires. À la même époque, Snyders et Paul De Vos se vouent non sans talent à la peinture d'animaux.

École hollandaise (17e s.)

On retiendra surtout deux intéressantes toiles de **Rembrandt** : un *Autoportrait* et *Artémise*.

École italienne (15e-17e s.) ★★

La peinture italienne est dignement représentée au Prado; elle est surtout riche en œuvres de peintres vénitiens.

La Renaissance italienne offre l'élégance et la beauté idéale des tableaux de **Raphaël** *(Saintes Familles, Le Cardinal)*, la monumentalité romaine de **Mantegna** *(La Dormition de la Vierge)* et le rêve mélancolique de **Botticelli** avec l'*Histoire de Nastaglio degli Onesti*. En revanche, l'*Annonciation* de **Fra Angelico** exprime une spiritualité encore gothique. On peut aussi apprécier les doux coloris d'Andrea del Sarto et le clair-obscur des œuvres du Corrège, peintre de Parme.

Puis c'est le triomphe de la couleur et du luxe avec l'école vénitienne : **Titien**, qui peint de façon inimitable les thèmes mythologiques *(Danaé recevant la pluie d'or, Vénus et la Musique)* et a aussi réalisé un admirable *Portrait de Charles Quint*; **Véronèse**, aux belles compositions rehaussées de tons argentés *(Moïse sauvé des eaux du Nil)*; **le Tintoret**, qui fait surgir de l'ombre des personnages aux chairs dorées *(Le Lavement des pieds)*; **Tiepolo**, enfin, qui travailla pour le palais de Charles III.

École française (17e-18e s.)

De la peinture française, on admirera ici l'équilibre des paysages de **Poussin**, les jeux de lumière chez **le Lorrain** (17e s.) ou le travail de la lumière chez **Georges de La Tour** *(Aveugle jouant de la vielle)*.

École allemande

Elle est représentée par différents portraits de **Dürer** (*Adam et Ève* et *Autoportrait*) et deux scènes de chasse, ainsi qu'une toile sur un sujet religieux de **Cranach**.

Palais du Buen Retiro★ (Casón del Buen Retiro)

Accès par la calle Alfonso XII, n° 28 - Annexe du musée du Prado.

Dans le palais du Buen Retiro qui a été restauré, réaménagé et a rouvert ses portes en 2007, les différents mouvements du 19e s. en Espagne sont magnifiquement représentés (néoclassicisme, romantisme, réalisme, impressionnisme, etc.).

Au rez-de-chaussée se détache le **grand salon** central (autrefois salle de bal de l'ancien palais du Buen Retiro), dont le plafond est orné d'une belle fresque de **Luca Giordano** et dont les murs sont garnis de tableaux aux sujets historiques : *Le Testament d'Isabelle la Catholique* de Rosales, *Jeanne la Folle* de Pradilla, *Fusillés de Torrijos et leurs compagnons sur la plage de Málaga* par Gisbert. Dans les autres salles sont exposées des œuvres de José de Madrazo *(La Mort de Viriato)*, Vicente López *(Portrait de Goya)*, Eugenio Lucas, Alenza, Esquivel *(Les Poètes contemporains)*, Federico de Madrazo, Fortuny *(Enfants du peintre dans le salon japonais)*, Rosales, Pinazo *(Autoportrait)*, Sorolla *(Enfants sur la plage)*, Rogoyos, Rusiñol, Chicharro *(La Douleur)*, Zuloaga, etc.

MUSÉE THYSSEN-BORNEMISZA★★★ (Museo Thyssen-Bornemisza)

plan III M3

Paseo del Prado, 8 - ✆ 913 690 151 - www.museothyssen.org - ♿ - tlj sf lun. 10h-19h - fermé lun., 1er janv., 1er Mai, 25 déc. - 6 € (- 12 ans gratuit).

Le palais de Villahermosa est un petit palais néoclassique aménagé par l'architecte Rafael Moneo pour accueillir la remarquable collection achetée par l'État espagnol au **baron Hans Thyssen-Bornemisza**. Cette collection fut commencée dans les années 1980 par le père de ce dernier, le baron Heinrich. Le musée abrite quelque 800 œuvres illustrant les grandes écoles de peinture de la fin du 12e s. à nos jours. Les œuvres sont présentées chronologiquement sur trois niveaux, les peintures les plus anciennes se trouvant à l'étage le plus élevé. Ouverte à la visite depuis l'été 2004, une aile contemporaine a été rajoutée à l'édifice. Les deux étages, qui communiquent avec les salles du bâtiment principal, exposent la collection d'art rassemblée par la baronne Carmen Thyssen-Bornemisza depuis 1980. Les points forts de ce musée exceptionnel sont sa peinture de la Renaissance italienne, sa peinture hollandaise, nord-américaine et expressionniste allemande et sa très large sélection d'impressionnistes et postimpressionnistes.

Deuxième étage

La visite commence avec les **primitifs italiens** *(salle 1)* : parmi les œuvres exposées, il faut distinguer le *Christ et la Samaritaine*, où **Duccio dì Buoninsegna** manifeste un réalisme qui annonce la Renaissance. Dans la **salle 3** est présentée la peinture religieuse du 15e s. des anciens Pays-Bas avec des œuvres d'une grande qualité parmi lesquelles le *Diptyque de l'Annonciation* **de Van Eyck**, où l'artiste démontre une prodigieuse maîtrise dans la peinture de l'ange et de la Vierge ; à côté de ce tableau se trouve la petite *Vierge de l'arbre sec*, de **Petrus Christus** : cette Vierge à l'Enfant symbolise la floraison de l'arbre sec.

La **salle 5** rassemble de magnifiques **portraits** de la première Renaissance. À côté du célèbre portrait de *Giovanna Tornabuoni* de l'Italien **Ghirlandaio** sont présentées douze œuvres majeures d'écoles différentes, parmi lesquelles on remarque : *Portrait*

Œuvres majeures du musée Thyssen-Bornemisza

ÉCOLES	AUTEURS	ŒUVRES
Italienne *14e-16e s.*	Ghirlandaio	*Giovanna Tornabuoni*
	Carpaccio	*Jeune Chevalier dans un paysage*
	Raphaël	*Portrait d'un adolescent*
	Titien	*Saint Jérôme au désert*
	Canaletto	*Le Grand Canal vu de San Vio*
Hollandaise *17e-18e s.*	Matthias Stom	*Le Repas d'Emmaüs*
	Hendrick Ter Brugghen	*Esaü vendant son droit d'aînesse*
	Nicolaes Maes	*Le Vilain Petit Tambour*
Impressionniste Postimpressionniste *19e-20e s.*	Monet	*Pont de Charing Cross*
	Gauguin	*Mata Mua*
	Degas	*La Danseuse verte*
	Van Gogh	*Les Vessenots à Auvers*
Expressionniste *20e s.*	Kirchner	*Cuisine alpine*
	Kandinsky	*Johannisstrasse, Murnau*
	Grosz	*Metropolis*
Nord-américaine *19e-20e s.*	Thomas Cole	*Eruption, lune et lumière de feu*
	Edward Hopper	*Chambre d'hôtel*
Avant-garde Modernisme *20e s.*	Picasso	*Corrida de Taureaux*
	Rauschenberg	*Express*
	Willem de Kooning	*Abstraction*

d'un homme jeune priant de **Hans Memling**, *Portrait d'un homme robuste* de **Robert Campin**, **Henri VIII d'Angleterre** de **Hans Holbein le Jeune** et le très délicat *Portrait d'une Infante* (supposée être Catherine d'Aragon) de **Jean de Flandre**. Dans la galerie *(salle 6)* se trouve le *Portrait d'un adolescent*, de **Raphaël**. La **salle 7** illustre la peinture italienne du 16e s., avec notamment le *Jeune Chevalier dans un paysage* de **Carpaccio** : l'élégance du personnage se détache sur un fond plein de symbolisme. Remarquer aussi le *Portrait du doge Francesco Vernier* de **Titien**, aux couleurs sombres mais pleines de nuances. Dans la **salle 8**, l'œuvre de **Dürer**, *Jésus parmi les docteurs*, témoigne d'une composition et d'un traitement des personnages surprenants pour l'époque (1506). Dans la **salle 9**, on peut voir un remarquable ensemble de portraits de l'école allemande du 16e s., parmi lesquels la *Nymphe de la source* de **Lucas Cranach l'Ancien**. Le *Portrait d'une dame* de **Hans Baldung Grien** attire l'attention par son expression originale et la délicatesse de ses contrastes. Dans la **salle 10** se trouve le *Repos pendant la fuite en Égypte* de **Patinir**, ravissant paysage, et dans la salle suivante *Saint Jérôme au désert* (1575) de **Titien**, aux traits flous, qui appartient à la dernière époque du peintre ; on peut également y voir divers tableaux du **Greco**, dont une *Annonciation* à l'atmosphère très mystique. Dans la **salle 12**, on peut admirer *Sainte Catherine d'Alexandrie*, une splendide œuvre de jeunesse du **Caravage**, créateur du ténébrisme. La magnifique sculpture de *Saint Sébastien* fut réalisée par le grand artiste baroque **le Bernin**, âgé seulement de 17 ans. *La Pietà* (1633) de **Ribera**, disciple du Caravage, traduit avec une grande délicatesse la douleur de la Vierge. Après avoir parcouru plusieurs salles consacrées au 17e s. (remarquer *La Fuite en Égypte* du Lorrain et la très belle *Sainte Casilde* de **Zurbarán**), on arrive aux salles *(16 à 18)* dédiées à la peinture italienne du 18e s., qui présentent les vues de Venise par **Canaletto** et **Guardi**. Dans les dernières salles *(19 à 21)* sont exposées des œuvres flamandes et hollandaises du 17e s. Dans la **salle 19** se trouvent le magnifique portrait de *Jacques Le Roy* de **Van Dyck**, celui de *Antonia Canis* de **De Vos** et deux très beaux portraits de **Rubens** : *Vénus et Cupidon* et *Portrait d'une jeune dame au chapelet*. La **salle 20** présente *Esaü vendant son droit d'aînesse*, de **Hendrick Ter Brugghen**, et le *Repas d'Emmaüs* de **Matthias Stom**. Dans la **salle 21**, on peut admirer de **Gerard Ter Borch** le *Jeune Homme lisant un document*, bel exemple de portrait figurant dans un cadre quotidien.

Bridgeman-Giraudon

« Henri VIII d'Angleterre », par Holbein le Jeune.

Premier étage

Les premières salles *(22 à 26)*, occupées par la **peinture hollandaise** du 17e s., présentent des scènes de la vie quotidienne et des paysages. *Famille devant un paysage* de **Frans Hals** est un excellent exemple de portrait collectif. Suivent une série de paysages *(salles 24 et 26)* et des natures mortes *(salle 27)*.

Les **peintures anglaise et française** du 18e s. *(salle 28)* sont illustrées par quelques intéressants portraits comme celui de *Sara Buxton* de **Gainsborough**.

La **peinture nord-américaine** du 19e s., méconnue en Europe, occupe, avec notamment des toiles des paysagistes romantiques Cole, Church et Bierstadt et du réaliste Winslow Homer, les deux salles suivantes *(29 et 30)*, composant l'une des plus belles collections au monde de ce genre.

La **peinture européenne du 19e s.**, du romantisme au réalisme, inclut trois œuvres capitales : *L'Écluse* de **Constable**, *Le Ruisseau* de **Courbet** et *Matin de Pâques* de **Friedrich**. Dans la même salle, se trouvent les trois tableaux de **Goya** de la collection.

L'**impressionnisme** et au **post-impressionnisme** occupent les **salles 32** et **33**. On peut y admirer des œuvres magnifiques des grands maîtres de ces mouvements : Monet, Manet, Renoir, Sisley, Degas, Pissarro, Gauguin, Van Gogh, Toulouse-Lautrec, Cézanne. Le pastel de **Degas**, *Chez la couturière*, est un de ses chefs-d'œuvre. On s'attardera également sur *Les Vessenots à Auvers* de **Van Gogh**, paysage peint à la fin de sa vie avec cette explosion chromatique caractéristique de certaines de ses œuvres ; *Mata Mua* de **Gauguin**, qui appartient à la période polynésienne de l'artiste ; et le *Portrait d'un paysan* de **Cézanne** qui, par son utilisation très particulière de la couleur pour construire des volumes, ouvre la voie au cubisme. Les **Fauves** sont exposés dans la **salle 34**.

L'**expressionnisme** *(salles 35 à 40)* est l'un des mouvements les plus amplement représentés. Il accorde la primauté à la vision subjective de l'artiste et à la domination de la couleur sur le dessin. Les œuvres présentées illustrent les différents foyers de l'expressionnisme allemand, au travers d'artistes tels Kokoschka, Shiele, Kirchner *(Fränzi devant une chaise sculptée)*, Macke, Kandinsky *(Johannisstrasse, Murnau)* ou Beckmann. Deux œuvres de **Grosz** sont exposées : *Metropolis*, au caractère apocalyptique évident, et *Scène de rue*, où réalisme et satire se côtoient.

Rez-de-chaussée

Dans les premières salles *(41 à 44)* se trouvent des œuvres d'une grande qualité illustrant les mouvements d'avant-garde européens de 1907 à 1924. La **salle 41** présente notamment des toiles cubistes de **Picasso** *(L'Homme à la clarinette)*, de **Braque** *(Femme à la mandoline)* et de **Juan Gris**. Dans la **salle 43**, *Proun 1 C* de **El Lissitzky** et *New York City, New York* de **Mondrian** retiendront l'attention.

Dans la **salle 45**, on remarque parmi les œuvres européennes postérieures à la Première Guerre mondiale, *Arlequin au miroir* de **Picasso**, *Paysan catalan à la guitare* de **Joan Miró**, ainsi que *Peinture avec trois taches* de **Kandinsky**, œuvre abstraite de 1914. Dans la salle suivante, occupée essentiellement par la peinture américaine, on peut noter *Marron et Argent I* de **Jackson Pollock** et *Vert sur mauve* de **Mark Rothko**, deux exemples différents de l'expressionnisme abstrait américain. Les deux dernières salles *(47 et 48)* rassemblent des œuvres surréalistes, figuratives ainsi que des œuvres du Pop Art. Voir en particulier la *Clef des champs* du surréaliste **Magritte**, *Chambre d'hôtel* du réaliste **Edward Hopper**, *Portrait de George Dyer dans un miroir* de **Bacon**, *Express* de **Rauschenberg** et *Femme dans la salle de bains* de **Lichtenstein.**

Collection Carmen Thyssen-Bornemisza ★★★

Abritées dans l'aile contemporaine du musée, quelque 250 œuvres rassemblées par l'épouse du fondateur viennent compléter les sections du musée. Installées sur deux étages, les salles suivent le même ordre chronologique et chaque étage peut être vu à la suite de l'étage correspondant du bâtiment principal.

Le **premier étage** compte encore quelques impressionnistes, mais se consacre surtout aux **postimpressionnistes** Bonnard, Vuillard, Émile Bernard, **Gauguin** *(Feu sur la berge, Allées et venues, Martinique, Mata Mua)*, Sérusier, Signac *(salles J, K, L et M)*.

Comme dans le musée principal, l'**expressionnisme** occupe une place de choix *(superbe salle N)*, avec Kandinsky *(Ludwigskirche à Munich)*, Max Pechstein, Kirchner...

Le **fauvisme** est représenté par des œuvres de Henri Manguin, Raoul Dufy, Maurice de Vlaminck *(salle O et P)*. La visite de l'étage s'achève par une sélection des premières **avant-gardes du 20e s.** *(salle P)*.

Le **deuxième étage** présente des toiles des écoles hollandaise et italienne du 17e s. *(salles A, B et C)* et des peintures du 18e s. *(salle D)*.

La collection de **peinture nord-américaine**, avec des peintres tels que Bierstadt, Birch, Carr, Heade ou Winslow, est exposée dans les salles E et F.

Viennent ensuite les tableaux **impressionnistes** annoncés par Courbet et Boudin, comptant des œuvres de Monet, Sisley ou Pissarro *(salle H)*.

MUSÉE NATIONAL REINA SOFÍA★★★

(Museo National Centro de Arte Reina Sofía)

plan III M4

Santa Isabel, 52 - ✆ 917 741 000 - www.museoreinasofia.es - ♿ - tlj sf mar. 10h-21h, dim. 10h-14h - fermé mar., 1er et 6 janv., 1er Mai, 9 sept., 9 nov., 24-25 et 31 déc. - 6 € (- 18 ans, sam. apr.-midi et dim. gratuit).

L'ancien hôpital de San Carlos fut réaménagé pour accueillir ce musée d'Art contemporain. Outre les plus grands noms de l'art international, il rassemble les collections de **peinture et sculpture espagnoles du 20e s.**

L'extension spectaculaire réalisée en 2004, le long de la ronda de Atocha, par l'architecte français **Jean Nouvel** accueille d'ambitieuses expositions temporaires, en plus d'un restaurant gastronomique et d'une librairie-bibliothèque fournie.

Œuvres majeures du musée Reina Sofía		
ÉCOLES	**AUTEURS**	**ŒUVRES**
Art figuratif	Dalí	*Jeune fille à la fenêtre*
Cubisme Avant-garde	Juan Gris	*Portrait de Josette*
	Picasso	*Guernica* *Femme assise accoudée* *Le Peintre et son modèle* *Femme assise dans un fauteuil gris*
	Miró	*Escargot, femme, fleur, toile* *Femme et oiseau dans la nuit*
Surréalisme	Dalí	*Le Grand masturbateur*
	Tanguy	*Belomancie*
Art espagnol *20e s.*	Antonio Saura	*La Grande foule* *Crucifixion*
	Tàpies	*Grand Livre* *Grand diptyque*

La collection permanente★

Avant-gardes – *Deuxième étage.* À l'exception de deux petites salles *(salles 1 et 2)* illustrant l'art figuratif du début du 20e s., dont une surprenante *Jeune fille à la fenêtre* de **Dalí**, les 16 salles sont consacrées aux œuvres espagnoles marquantes d'avant-garde et à leur contexte international, de la fin du 19e s. aux années qui ont suivi la Seconde Guerre mondiale. Certaines salles sont exclusivement dédiées à un seul grand nom de la peinture espagnole ou sont plus centrées sur un thème particulier. Ainsi, le *Portrait de Josette* de **Juan Gris** trône parmi les toiles cubistes. Mais les plus vastes et les plus belles salles *(4 à 8)* sont consacrées à **Picasso**. Dans la grande salle 6, toute l'attention est attirée par le célèbre **Guernica★★★**, réalisé pour le pavillon espagnol de l'Exposition universelle de Paris de 1937. Peint après l'atroce bombardement de Guernica, ce monumental tableau en noir et blanc, dont l'expressivité et le symbolisme ont fait couler des fleuves d'encre, est un cri contre les horreurs de la guerre. Le chef-d'œuvre est accompagné d'une série de dessins et d'études sur les thèmes de la souffrance et de la mort. On remarquera également la magnifique nature morte *Les Oiseaux morts*, peinture cubiste de 1912, mais aussi de grandes toiles colorées, comme la *Femme assise accoudée* ou le *Peintre et son modèle*. et des œuvres de peintres de la même époque, comme *Escargot, femme, fleur, étoile* (1934) du Catalan **Miró**, qui jouit lui aussi d'un espace privilégié *(salles 11 et 12)* où se détachent et *Femme, oiseau et étoile (Hommage à Picasso)*, de 1970, et des sculptures. On note quelques belles sculptures (années 1920 à 1940) de **Julio González**. Dans la **salle 9**, dédiée à **Dalí**, on voit toute une série d'intéressantes toiles de la période surréaliste *(Le Grand Masturbateur)*, ainsi que des peintures de Magritte, Max Ernst ou Yves Tanguy. Dans la **salle 11** sont exposées des œuvres surréalistes d'artistes étrangers. On aborde ensuite l'évolution de l'art espagnol entre les années 1920 et 1930, avec les œuvres de P. Gargallo, D. Vázquez Díaz, María Blanchard, Benjamín Palencia, F. Bores…

Mouvements de l'après-guerre civile – *Quatrième étage (salles 18 à 45)*. L'étage accueille les productions des mouvements artistiques des années 1940 à aujourd'hui. et met en perspective l'art espagnol dans le contexte international. La **salle 13** présente l'**abstraction géométrique** avec des œuvres de Poliakoff, Rueda, Oteiza, Hernández Mompó, Rothko. Les **salles 14 à 16** sont consacrées aux peintures de José Guerrero, Sempere ou Gustavo Torner et aux sculptures d'Oteiza. En **salle 17**, on note la présence de Francis Bacon *(Figura tumbada)*. La **salle 19** reçoit notamment Yves Klein et ses recherches monochromes ou Lucio Fontana et son travail sur le volume.

L'abstraction espagnole des années 1950 à 1960 est développée dans les **salles 20 à 22**, avec un zoom sur le groupe **El Paso** (Millares, Saura, Rivera, Canogar, Feito et Viola). On y observe l'utilisation de la matière dans la composition artistique, toile métallique pour **Manuel Rivera**, serpillère pour **Manuel Millares**. De **Saura**, qui rédigea le manifeste du groupe, on retient les personnages monstrueux et déformés et la violence du tracé, à mi-chemin entre abstraction et figuration *(Crucifixion, Ecce*

Archivo Fotografico Museo Nacional Centro de Arte Reina Sofia, Madrid/© Succession Picasso

« Guernica », par Pablo Picasso.

Homo). La **salle 23** renoue avec l'art des autres pays, expressionnistes abstraits tel **Dubuffet**. En **salle 24**, le réalisme d'Antonio López García est à l'honneur, dans ses nus ou dans ses paysages *(Madrid desde Capitán Haya)*. Pablo Palazuelo, en **salle 25**, fascine par ses études vertigineuses sur les nombres, les partitions musicales et les lignes. La **salle 26** accueille les grands formats de **Robert Motherwell** et un travail de Tàpies sur le carton et la terre cuite. **Tàpies** est aussi la vedette des **salles 27 et 28**, avec une superbe collection de grands formats. **Salle 29**, c'est au tour de l'abstraction récente et de la narration figurative, avec des toiles très colorées de Luis Gordillo *(Cabalero cubista con lágrimas)* ou d'Alfredo Alcaín. Le groupe espagnol de l'**Equipo Crónica** est exposé en **salle 30**, avec des artistes comme Rafael Solbes ou Manuel Valdés. Eduardo Arroyo mobilise la salle 31. Les **salles 34 et 35** sont consacrées aux collages et sculptures d'**Eduardo Chillida**.

Les artistes nord-américains des années 1960-1970 comme D. Judd, B. Nauman, B. Newman et E. Kelly sont à l'honneur en **salle 36**. L'exposition permanente se termine par une sélection d'œuvres d'art espagnol et international de ces dernières décennies (salles 37 à 39), montrant la diversité des langages et expressions artistiques de l'art actuel : figuratif (Barceló, García Sevilla, Katz, Kuitca, etc.), abstrait (Broto, Sicilia, Uslé, Ritcher, Lasker, etc.), mais aussi des sculptures et installations monumentales (Navarro, Iglesias, Kapoor, Schlosser…) et des photographies.

Autour du Palais royal★★

Plaza de la Armería plan III K3

C'est un vaste espace à arcades encadré par la façade sud du palais et la façade de la **cathédrale de la Almudena**. Nuestra Señora de la Almudena, dont la construction a duré plus d'un siècle (le projet initial date de 1879), possède une façade néobaroque en harmonie avec le palais et un intérieur néogothique. Elle a été consacrée par le pape Jean-Paul II en 1993. Depuis le côté ouest de la place, vues sur la Casa de Campo et les jardins du Campo del Moro, qui descendent en pente jusqu'au Manzanares.

Palais royal★★ (Palacio Real) plan III K2/3

Bailén, s/n - ✆ 914 548 800 - www.patrimonionacional.es/preal/preal.htm - visite libre ou guidée (40mn) - avr.-sept. : 9h-18h, dim. et j. fériés 9h-15h ; oct.-mars : 9h30-17h, dim. et j. fériés 9h-14h - fermé 1er et 6 janv., 1er et 15 Mai, 9 nov, 12 oct, 24-25 et 31 déc. - 8 € (- 16 ans 3,50 €).

C'est des jardins du **Campo del Moro**★ ou, de l'autre côté du Manzanares, depuis le paseo de Extremadura, que l'on a la meilleure vue d'ensemble sur le Palais royal. L'imposant édifice construit par les Bourbons fut la résidence officielle de la famille royale jusqu'en 1931. Aujourd'hui, il appartient au Patrimoine national et n'est utilisé que lors de réceptions officielles.

La nuit de Noël 1734, pendant un séjour de la famille royale au palais du Buen Retiro, un incendie détruisit totalement le vieil alcázar des Autrichiens. Philippe V chargea l'architecte italien **Felipe Juvara** d'élever un nouveau palais. Entrepris en 1738, les travaux furent poursuivis après la mort de Juvara par l'architecte Sachetti, qui modifia les plans, puis par Ventura Rodríguez, et ne s'achevèrent que sous le règne de Charles III, qui prit possession des lieux en 1764.

C'est un quadrilatère de granit de Guadarrama et de pierre blanche, de quelque 140 m de côté, élevé sur un socle en bossage. Dans le corps supérieur alternent des colonnes ioniques aux pilastres doriques, couronnées d'une balustrade de calcaire blanc. Au-dessus de celle-ci devaient être dressées des statues colossales des rois d'Espagne, d'Ataúlfo à Ferdinand VI, mais le changement de goût sous Charles III fit qu'on les installa sur la plaza de Oriente et dans les jardins du Retiro.

Pour cacher les dénivelés entre les façades nord et ouest, on dessina les **jardins de Sabatini** et du **Campo del Moro** ; devant la façade sud fut aménagée la **plaza de la Armería** et devant la façade est la **plaza de Oriente**.

Palais★ – Par l'escalier monumental (voûte de Giaquinto), on monte vers le salon des Hallebardiers (plafond de Tiepolo), qui donne accès au **salon des Colonnes**, où se déroulaient les fêtes et les banquets royaux et où, le 12 juin 1985, a été signé le traité d'adhésion de l'Espagne à la CEE. On passe ensuite dans la **salle du Trône★**, appelée au 18e s. salon des Royaumes, qui conserve dans son intégralité sa décoration de l'époque de Charles III. Elle est tapissée de velours de soie rouge, et son splendide plafond est une œuvre de **Tiepolo** (1764) symbolisant *La Grandeur de la monarchie espagnole*. Les consoles, les miroirs et les lions en bronze ont été conçus par des artistes italiens. Les trois salles suivantes constituaient l'appartement du roi ; elles furent occupées par Charles III en 1764. La salle Gasparini était la salle à manger du roi : de sa décoration originale, il ne reste que le plafond de **Mengs**. Dans l'antichambre Gasparini, dont le plafond a également été peint par Mengs, on peut admirer les portraits de *Charles IV* et de *Marie-Louise de Parme*, par **Goya**. La troisième pièce est l'exceptionnelle **chambre Gasparini**, décorée dans un style rococo raffiné et somptueux.

Le salon de Charles III était en fait sa chambre, où il mourut en 1788. La décoration est de l'époque de Ferdinand VII. Le **salon de Porcelaine** est, comme celui du palais d'Aranjuez, un chef-d'œuvre de la Manufacture royale de porcelaine du Buen Retiro. Les dîners officiels ont lieu dans la **salle à manger de gala** d'Alphonse XII (capable d'accueillir 145 convives), décorée avec des tapisseries de Bruxelles du 16e s.

Les salles suivantes montrent divers objets en argent, de la vaisselle et des services de verres utilisés par les monarques. Une collection d'instruments musicaux – qui compte plusieurs **Stradivarius★** – est exposée dans les deux salles contiguës. Nous admirerons dans la chapelle les fresques de Corrado Giaquinto, l'*Annonciation* de Mengs et l'*Archange saint Michel* de Bayeu.

Les cabinets de la reine Marie-Christine offrent un curieux mélange des genres, qui va du style pompéien du salon des Stucs au style néogothique de la salle de billard.

Pharmacie royale (Real Farmacia) – Plusieurs salles ont été aménagées pour recevoir toute une collection de pots à onguents des 18e et 19e s., parmi lesquels nous admirerons une faïence de Talavera du 18e s. On a également reconstitué une salle de distillation avec ses cornues et ses ballons, ses balances et ses alambics.

Armurerie royale★★ (Real Armería) – Réunie par les Rois Catholiques, Charles Quint et Philippe II, cette collection d'armes et armures est exceptionnelle. Le noyau de la

C. Barrely/Michelin

Le Palais royal et la cathédrale de la Almudena.

collection est constitué par les armures personnelles de Charles Quint, ainsi que des armes et armures de Philippe II et Philippe III. La grande salle voûtée du sous-sol expose une excellente collection de fusils de chasse ayant appartenu aux Bourbons, de ceux réalisés par l'armurier de Philippe V à la Winchester offerte par le président des États-Unis au roi Alphonse XII.

Musée des carrosses royaux★ (Museo de Carruajes Reales) – *Fermé pour restauration. ✆ 915 420 059.* Au cœur du jardin d'hiver du **Campo del Moro★**, qui offre une belle perspective sur le palais, un pavillon édifié en 1967 rassemble les **carrosses royaux**, datant pour la plupart de l'époque de Charles IV (fin 18e s.). On peut voir le carrosse noir réalisé dans la seconde moitié du 17e s., en hêtre et frêne et teint en noir, et des berlines du 18e s., dont celle provenant de la maison des marquis d'Alcántara. Enfin, la berline de la Couronne royale, tirée par huit chevaux accompagnés de laquais, fut exécutée pour Ferdinand VII (19e s.) et garde les traces de l'attentat dont furent victimes Alphonse XIII et son épouse le jour de leurs noces.

Plaza de Oriente plan III K2

Cette belle place étend ses massifs entre la façade est du Palais royal et la façade principale du Théâtre royal. Après sa restructuration, à l'instigation de Joseph Bonaparte, elle fut transformée en une agréable zone de promenade. Au centre de ses jardins, ornés de statues des rois initialement destinées à la décoration du palais, se dresse la magnifique **statue équestre de Philippe IV**, œuvre de Pietro Tacca (17e s.).

Théâtre royal (Teatro Real) – Inauguré comme Opéra en 1850 par Isabelle II, il s'agit d'un édifice néoclassique hexagonal de l'architecte López de Aguado. Ses deux façades s'ouvrent sur deux places : celle d'Orient et celle d'Isabelle II. Ayant recouvré son ancienne splendeur après environ dix ans de travaux de rénovation, il a réouvert ses portes en 1997 et accueille depuis la saison d'opéra, des concerts et des ballets.

Couvent royal de l'Incarnation★ (Real Monasterio de la Encarnación) plan III K2

Plaza de la Encarnación, 1 - ✆ 914 548 800 - www.patrimonionacional.es/encarna/encarna.htm - visite guidée (3/4h) - tlj sf lun. 10h30-12h45, 16h-17h45, vend., dim. et j. fériés le mat. - 3,60 € (- 16 ans 2 €).

Ce couvent se trouve sur la jolie place du même nom, à proximité de l'ancien alcázar auquel il était relié par un passage.

Fondé en 1611 par Marguerite d'Autriche, femme de Philippe III, et occupé par les augustines, il bénéficia depuis sa création des largesses de tous les rois d'Espagne, ce qui lui permet aujourd'hui de posséder une importante collection artistique.

La collection de tableaux de l'école madrilène du 17e s. est particulièrement riche. On y remarque une toile de Van der Meulen représentant l'échange des princesses qui eut lieu en 1615 sur l'île des Faisans, et un *Saint Jean-Baptiste* de **Ribera**. Noter au premier étage, le *Christ à la colonne*, sculpture polychrome de Gregorio Hernández.

Dans la **salle des Reliques★**, au plafond peint par Vicencio Carducci, sont exposées quelque 1 500 reliques. Parmi les reliquaires, les plus remarquables sont le *Lignum Crucis* (renfermant un fragment de la Vraie Croix) et l'ampoule contenant le sang de saint Pantaléon qui, dit-on, se liquéfie chaque année le 27 juillet.

L'église, au sobre portail quasi herrérien, est une œuvre de Gómez de Mora (1611). Après l'incendie de l'alcázar, elle fut reconstruite par Ventura Rodríguez (18e s.).

Couvent des Descalzas Reales★★ (Monasterio de las Descalzas Reales) plan III L2

✆ 914 548 800 - www.patrimonionacional.es/descreal/descreal.htm - visite guidée (3/4h) - tlj sf lun. 10h30-12h45, 16h-17h45, vend., dim. et j. fériés le mat. - fermé 1er et 6 janv., Semaine sainte, 1er et 15 Mai, 9 nov., 24-25 et 31 déc. - 5 € (- 16 ans 2,50 €).

Bien que ce couvent soit situé dans l'un des quartiers les plus animés de Madrid, dès que l'on pénètre à l'intérieur, on est transporté en plein 16e s. Dans le palais où elle était née, Jeanne d'Autriche, fille de Charles Quint, fit aménager un couvent de clarisses. Il servit de retraite pendant deux siècles aux personnes de la haute noblesse qui voulaient vivre retirées du monde. Les dons que faisaient au couvent les familles en visite ont enrichi cette maison, dont l'enceinte même de la clôture conventuelle constitue maintenant un important musée d'Art religieux.

Dès le commencement de la visite, l'**escalier★** principal, décoré de fresques, frappe par sa magnificence. Dans l'ancien dortoir de la communauté est exposée une extraordinaire collection de **tapisseries★★** ayant pour thème le Triomphe de l'Église, œuvres exécutées au 17e s. à Bruxelles d'après des cartons de Rubens. La galerie supérieure du cloître ouvre sur **33 chapelles** qui rivalisent de somptuosité ; on remarque celle dédiée à Notre-Dame de Guadalupe (baroque) et celle où se trouve un *Christ gisant* de Gaspar Becerra (16e s.).

Dans lesdiverses salles ouvertes au public à l'entresol, on admire différents portraits royaux d'après Rubens, Sánchez Coello, Morales, Pantoja de la Cruz, un *Saint François* de **Zurbarán** ; *L'Adoration des Rois mages et des bergers* de **Bruegel l'Ancien**, le magnifique *Évangile* de **Titien**, une *Vierge à l'Enfant* de Morales et quelques œuvres de **Pedro de Mena** *(Dolorosa, Ecce Homo)* et de Gregorio Hernández *(Madeleine)*.

Plaza de España plan III K1

C'est une grande esplanade très fréquentée par les touristes qui parcourent le centre de Madrid. Au centre, le monument dédié à Cervantès et à ses héros se perd sous les grandes réalisations des années 1950 qui dominent la place : la Torre de Madrid (1957) et l'Edificio España (1953). D'ici part la Gran Vía, une large artère commerçante bordée de cinémas, de magasins et d'hôtels, et la rue Princesa, zone très fréquentée par les jeunes et les étudiants du fait de sa proximité avec la **cité universitaire** (ciudad universitaria).

Se promener dans le Madrid littéraire

Centré autour de la plaza de Santa Ana et de la calle de las Huertas, ce quartier concentre la plupart des théâtres. Au 17e s., c'est là que se tenait la vie intellectuelle et artistique. Dans les années 1980, la *movida* y fut particulièrement active. Il en reste une foule de restaurants et de bars animés.

Académie royale des Beaux Arts de San Fernando★ (Real Academia de Bellas Artes de San Fernando) plan III L2

Alcalá, 13 - ✆ 915 240 864 - rabasf.insde.es - 9h-19h ; sam., lun., dim. et j. fériés : 9h-14h - fermé 1er et 6 janv., 1er et 30 Mai, 24-25 et 31 déc. - 3 € (- 18 ans gratuit).

Fondée en 1752, sous le règne de Ferdinand VI, l'Académie royale possède une riche **collection de peinture★** allant du 16e au 20e s.

La peinture espagnole du Siècle d'or est représentée par des œuvres de **Ribera**, **Murillo**, **Alonso Cano** *(Christ crucifié)* et **Vélasquez**. Le 18e s. est présent avec des peintres liés aux Bourbons (Van Loo, Mengs, Corrado Giaquinto, Tiepolo et Bayeu) et, surtout, dans les œuvres de **Goya**, parmi lesquelles nous pourrons admirer l'*Autoportrait devant le chevalet* et une série de petits tableaux *(Maison des fous, Scène de l'Inquisition...)*. Parmi la collection de peinture européenne, à remarquer l'énigmatique *Printemps* d'Arcimboldo et la *Descente de Croix* de Martin De Vos. En outre sont exposées des œuvres d'artistes du 20e s. tels que **Picasso**, Juan Gris, Chillida ou Tàpies.

Traversez la calle de Alcalá et prenez la calle de Sevilla jusqu'à la plaza Canalejas. Suivez ensuite la calle Principe jusqu'à la plaza Santa Ana.

Autour de la plaza Santa Ana plan III L3

Cette agréable place bordée de terrasses de cafés était jadis le centre du Madrid littéraire *(barrio de las Lettras)* où se concentrent aujourd'hui les théâtres, bars branchés et restaurants à la mode. Les écrivains Cervantès, Quevedo ou Lope de Vega vécurent dans les environs. Sur la place, le **Théâtre espagnol** (Teatro Español) fait face à l'ancien **hôtel Reina Victoria**, rendez-vous autrefois incontournable des plus célèbres torreros. Juste à côté, le bar flamenco **Villa Rosa** porte de splendides azulejos. Du côté sud de la place, tout aussi typique, la **cervecería Alemana** était l'un des repaires favoris d'Ernest Hemingway quand il séjournait à Madrid. Les ruelles avoisinantes comptent bien d'autres façades à l'ancienne, dont certaines sont entièrement décorées de ces faïences colorées.

L'hôtel Reina Victoria donne également sur la charmante **plaza del Angel**, qui ouvre sur la **calle de la Huertas**, ses librairies et ses restaurants. En descendant la rue, on croise la **calle Echegaray**, étroite mais très animée les soirs de week-end. Elle conduit à la **carrera San Jerónimo**, jadis bordée de cafés littéraires. Désormais, on y trouve surtout des établissements bancaires et quelques commerces traditionnels.

Visiter les autres quartiers

QUARTIERS DE SALAMANCA ET LA CASTELLANA

Musée archéologique national★★ (Museo Arqueológico Nacional) plan III N1

Serrano, 13 - ✆ 915 777 912 - http://man.mcu.es - ♿ - tlj sf lun. 9h30-20h30, dim. et j. fériés 9h-14h30 - fermé lun., 1er et 6 janv., 1er et 15 Mai, 24-25 et 31 déc. - 3,01 € (- 18 ans, sam. apr.-midi et dim. gratuit).

Fondé en 1867 par la reine Isabelle II, il occupe depuis 1895 le même bâtiment que la **Bibliothèque nationale**. C'est un des musées les plus riches de Madrid et, sans aucun doute, le plus important de sa catégorie en Espagne.

Art préhistorique d'Égypte et de Grèce★ – *Salles 1 à 18.* L'art du paléolithique supérieur est représenté par la reproduction de la **grotte d'Altamira** et de ses peintures de bisons, qui a été creusée dans le jardin. La visite de ces salles débute par une introduction sur les origines de l'humanité. L'arrivée du métal dans la Péninsule (milieu du 3e millénaire) coïncide avec le développement de la culture de los Millares. Les salles suivantes sont dédiées à l'âge du bronze : cultures dites du Vase campaniforme et d'El Argar ; de la culture mégalithique (Talayots) des îles Baléares, il faut noter les splendides **taureaux★** en bronze de Costitx. Il existe également plusieurs salles où sont exposées de nombreuses pièces trouvées hors d'Espagne. Dans la salle consacrée à l'Égypte ancienne sont exposés des objets divers, surtout de type funéraire, parmi lesquels des sarcophages, dont celui d'Amenemhat (XXIe dynastie thébaine). Athènes et sa période classique *(salle 15)* sont représentées dans le musée par une splendide collection de **vases grecs★**.

Antiquités ibériques et romaines★★ – *Salles 19 à 26.* On s'attardera dans les deux salles ibériques *(19 et 20)*, témoins d'un art où se fondent les techniques locales et les apports phéniciens, grecs, puis carthaginois. Les œuvres du début sont marquées par une nette tendance orientalisante : voir les terres cuites d'Ibiza, parmi lesquelles on remarquera la *Dame d'Ibiza*, probable représentation de la déesse Tanit. La seconde salle nous montre un art à son apogée, très influencé par l'art carthaginois. Ici trônent les plus belles sculptures de l'Espagne ibérique : le buste de la mystérieuse **Dame d'Elche★★★** au visage stylisé entouré d'une luxueuse parure, la **Dame de Baza★★**, qui incarne avec réalisme une déesse du 4e s. av. J.-C. et qui porte encore des traces de sa polychromie d'origine, la *Grande Porteuse d'offrande* du Cerro de los Santos. Les salles suivantes nous montrent comment l'Espagne, sous la domination romaine, s'adapte à la technique des envahisseurs : tables de la Loi en bronze, sculptures, mosaïques (*Les Travaux d'Hercule* – 3e s.), sarcophages, céramiques. Remarquer la pompe hydraulique en bronze. Enfin, c'est l'art hispanique paléochrétien, encore romanisé, mais influencé par Byzance.

H. Stierlin

La Dame d'Elche.

Arts décoratifs du Moyen Âge★ – *Salles 27 à 35.* De l'époque wisigothique on admire ici les magnifiques **couronnes votives de Guarrazar★★** offertes par Receswinthe (7e s.) et réalisées avec des plaques d'or repoussées et décorées de perles, mêlant les techniques germaniques et byzantines.

L'Espagne musulmane développe un art particulier, incomparable (coffrets en ivoire). La *salle 31* expose le portail roman du monastère San Pedro de Arlanza (12e s.), plusieurs pièces du Trésor de San Isidoro de León *(voir p. 226)*, dont la plus remarquable est la **croix de procession★★** en ivoire (11e s.). Dans les *salles 32 et 33* sont exposés divers éléments d'art roman et gothique, tels que sculptures, grilles et chapiteaux. À noter l'ensemble de stalles en bois polychrome du 14e s. provenant du monastère des clarisses d'Astudillo (province de Palencia). Les chapiteaux et les tombes romans, ainsi que la sculpture gothique, témoignent d'une forte influence de l'art musulman. La *salle 35* propose une reconstitution d'un intérieur mudéjar, avec son mobilier à base de *bargueños* et de *jamugas* (secrétaires et cacolets).

Art des 16e et 19e s. – *Salles 37 et 38.* Au 17e s. et surtout aux 18e et 19e s. sous les Bourbons, l'aménagement de nombreux palais royaux a développé les arts décoratifs, en particulier la porcelaine du Buen Retiro, les faïences où s'illustre Talavera et la cristallerie (manufactures royales).

À côté du musée, la **plaza de Colón** est prolongée par les jardins del Descubrimiento (de la Découverte) et leurs grands blocs sculptés. Au-dessous se trouve le Centre culturel de Madrid.

Musée Lázaro Galdiano★★ (Museo Lázaro Galdiano) plan II G4

Serrano, 122 - ✆ 915 616 084 - www.flg.es - ♿ - tlj sf mar. 10h-16h30 - fermé 1er janv., Jeu. et Vend. saints, 1er et 2 Mai, 1er nov., 6 nov. et 24-25 déc. - 4 € (- 15 ans gratuit).

Grand amateur d'art, José Lázaro Galdiano (1863-1947) réunit dans ce palais néoclassique des **collections★★** d'une valeur inestimable, qu'il légua à l'État.

Le **rez-de-chaussée** donne les clés de lecture de l'œuvre de l'artiste et expose une collection d'objets et de toiles de diverses époques : art espagnol (*Adoration des mages* du **Greco**, *Saint Lazare et ses sœurs* du Maestro de Perea ; *Portrait de Charles III* de Mengs ; *San Diego de Alcalá* de **Zurbarán** ; *Anna de Austria* de Sánchez Coello), la **chambre du trésor★★** (pièces en or, argent, pierres précieuses, etc.) et l'art européen (*Christ attaché à la colonne* de Naccherino ; *Lady Sondes* de Reynolds).

Au **premier étage**, les salles décorées de meubles précieux et ornées de beaux plafonds recouverts de fresques sont entièrement consacrées à l'art espagnol entre les 15e et 19e s. On remarque de magnifiques tableaux gothiques et Renaissance, des peintures de Zurbarán, El Greco, Carreño de Miranda, Claudio Coello, une tête d'enfant attribuée à Vélasquez et une petite salle comportant quelques toiles de Goya dont *Le Sabbat des sorcières*.

Le **deuxième étage** est dédié à l'art européen : on remarquera tout particulièrement l'école flamande (**Jérôme Bosch**, Benson, Metsys, Bruegel le Jeune, etc.) mais aussi quelques œuvres italiennes, allemandes, hollandaises, françaises et anglaises (Cranach, Guardi, Tiepolo, Gainsborough, Constable).

Au **troisième étage** est concentré l'essentiel de la **collection d'arts décoratifs** (plus de 4 000 pièces) : **ivoire et émaux★★★**, céramique, tissus, éventails, armes, etc.

Musée de Cire (Museo de Cera) plan III N1

Paseo de Recoletos, 41 - ✆ 913 192 649 - museoceramadrid.com - ♿ - tlj 10h-14h30, 16h30-20h30, w.-end et j. fériés 10h-20h30 - 15 € (- 10 ans 9 €).

On peut y voir de nombreuses statues de cire à l'effigie de personnages historiques (de Cléopâtre à George W. Bush ou la princesse Diana), culturels (Pablo Neruda, Federico García Lorca, Mario Vargas Llosa, Dalí, Picasso) et de célébrités contemporaines (acteurs, footballeurs du Real Madrid, personnages de films), très bien restituées et placées dans un cadre évocateur (reconstitution d'ateliers de peintres).

Musée Sorolla★ (Museo Sorolla) plan II F4

Paseo del General Martínez Campos, 37 - ✆ 913 101 584 - museosorolla.mcu.es - tlj sf lun. 9h30-15h, dim. et j. fériés 10h-15h - fermé 1er et 6 janv., 1er Mai, 24 et 31 déc. - 2,40 € (- 18 ans gratuit).

Ce musée bigarré du 19e s. est installé dans la résidence madrilène de **Joaquín Sorolla** (1863-1923). Né à Valence, ce peintre reste célèbre pour ses belles scènes de plage, et sa façon de travailler la lumière et les couleurs. Au rez-de-chaussée, plusieurs pièces sont ouvertes au public dont l'atelier du peintre ; l'étage est transformé en salles de musée où sont exposées des œuvres comme : *La Mère* (1895), *El balandrito* (1909), *La Bata rosa* (1916), *La Sieste* (1911).

Le quartier de la Castellana plan II

Le paseo de la Castellana s'étire vers le nord, de la plaza de Colón à la plaza de Castilla. Sous le sigle barbare **AZCA** *(Asociación Zona Comercial de la manzana A)* se cache un vaste projet de développement maintes fois envisagé depuis 1927 et finalement relancé à partir de 1970. Ponctué d'immeubles plus ou moins réussis, le quartier est devenu le nouveau centre administratif et financier de la capitale. Commençant aux Nuevos Ministerios (nouveaux ministères), un énorme ensemble administratif représentatif de l'architecture franquiste, cet axe compte le **stade Santiago Bernabéu** où joue le Real Madrid et s'achève **Plaza de Castilla** par la Puerta de Europa, constituée des deux **tours Kio**, construites à un angle de 15° par rapport à la verticale.

QUARTIERS DE MONCLOA ET DE CASA DE CAMPO

Musée Cerralbo★ (Museo Cerralbo) plan II bis D6

Ventura Rodríguez, 17 - ✆ 915 591 171 - http://museocerralbo.mcu.es - tlj sf lun. mat. - fermé 1er janv., 1er Mai, 24-25 et 31 déc. - 2,40 € (- 18 ans gratuit).

Installé dans un petit palais de la fin du 19e s., le musée présente les collections très variées que le marquis de Cerralbo, grand amateur d'art, légua à sa mort (1922) à l'État espagnol. Les salles abritent de nombreux tableaux – surtout espagnols –, des meubles, des éventails, des horloges, des armures et des armes, des porcelaines, des collections archéologiques, des photographies et des souvenirs personnels.

Parc de l'Ouest (Parque del Oeste) plan I A/B3

Ce parc s'étend sur les pentes qui dominent le Manzanares et le téléphérique qui mène à la Casa de Campo démarre de là.

Dans la zone sud, sur la colline du Príncipe Pío, s'élève le **temple égyptien de Debod★** (4e s. av. J.-C.). Situé au bord du Nil en Nubie, il a été sauvé des eaux au moment de la construction du barrage d'Assouan (remarquer les hiéroglyphes gravés sur les parois intérieures). Son esplanade offre une pause agréable à deux pas de la plaza de España. Le soir, la vue y est très belle sur la Casa de Campo et sur le Palais royal et la Almudena.

Les trottoirs du paseo del Pintor Rosales, qui forme balcon sur le parc, sont occupés par des terrasses de cafés.

C. Barrely/Michelin

Le temple égyptien de Debod dans le parc de l'Ouest.

La Casa de Campo★ plan I A3

C'est un vaste parc naturel situé sur l'autre rive du Manzanares. Reboisé sur l'ordre de Philippe II en 1559, il est très fréquenté des Madrilènes.

Un **téléphérique** offrant d'insolites perspectives relie le parque del Oeste et la Casa de Campo. *Paseo del Pintor Rosales, s/n - ✆ 915 417 450 - www.teleferico.com/madrid - avr.-mi-sept. : tlj tte la journée ; reste de l'année : horaires variables, se renseigner - 4,80 € A/R (- 7 ans 3,90 € A/R).*

Outre ses frondaisons, le parc offre l'agrément de son lac, de ses piscines, d'un superbe **parc d'attractions.** *✆ 914 632 900 - tlj à partir de 12h - Entrée : 13,90 € ; billet donnant droit à toutes les attractions : 26 € (- 7 ans : 12,90 €).*.

Le **Zoo-Aquarium★★**, situé également sur la Casa de Campo, est l'un des plus intéressants d'Europe par sa grande variété d'animaux. *✆ 915 123 770 - www.zoomadrid.com - ♿ - tlj tte la journée - 16 € (- 8 ans 13 €)*

San Antonio de la Florida★ plan II bis D5

✆ 915 420 722 - tlj sf lun. et j. fériés 9h30-20h, w.-end 10h-14h. Gratuit.

La chapelle, édifiée en 1798 par Charles IV et peinte par **Goya**, abrite les restes du célèbre artiste. La coupole est décorée de **fresques★★** qui illustrent un thème religieux (un miracle de saint Antoine de Padoue), mais la façon de représenter les Madrilènes du 18e s. en fait un riche document sur la vie de Madrid à cette époque. Un astucieux système de miroirs grossissants permet d'en apprécier les détails.

Musée du Costume★ (Museo del Traje) plan II D4 (hors plan)

Av. Juan de Herrera, 2 - ✆ 915 504 700 - www.museodeltraje.mcu.es - ♿ - tlj sf lun. 9h30-19h, dim. et j. fériés 10h-15h - fermé 1er et 6 janv., 1er et 15 Mai, 24-25 et 31 déc. - 3 € (- 18 ans gratuit).

Ce musée expose une passionnante collection de costumes. Au travers de plusieurs salles, vous découvrirez l'évolution du costume traditionnel depuis le Moyen Âge. La partie la plus riche s'étend du 18e s. à nos jours, incluant les créations de couturiers tels que Mariano Fortuny et Balenciaga. L'ensemble est superbement présenté et s'attache à toutes sortes de détails, éclairant le quotidien vestimentaire à travers les âges.

Musée d'Amérique★ (Museo de América) plan II D4

Av. de los Reyes Católicos, 6 - ✆ 915 439 437 - http://museodeamerica.mcu.es - ♿ - tlj sf lun. 9h30-15h, dim. et j. fériés 10h-15h - fermé 1er et 6 janv., 1er et 15 Mai, 25 déc. - 3 € (- 18 ans gratuit)

Cet intéressant musée archéologique et ethnographique est consacré à l'histoire, à la géographie et à la culture de l'Amérique latine. Plus de 2 500 objets sont exposés sur deux étages complétés par des panneaux explicatifs, des cartes, des maquettes, des reconstitutions d'habitats, etc. Le joyau du musée est un **codex maya**★★★ (13e-16e s). Trois manuscrits semblables sont encore conservés dans le monde. On remarque également les curieux *enconchados* (sortes de tableaux peints et décorés de nacre, 17e s.) représentant *La Conquête du Mexique*, ou encore *La Stèle de Madrid* (maya), le précieux **trésor des Quimbayas**★ (Colombie) et le codex de Tudela (1553).

El Faro de la Moncloa plan II D4

✆ 915 448 104 - tlj sf lun. 10h-14h, 17h-19h (été : 21h ; printemps et automne : 20h), w.-end et j. fériés 10h30-17h15 - Fermé 1er janv. et 25 déc. - 1 €. En travaux jusqu'en 2008.

Construite en 1992, sa plate-forme constitue, à 76 m de hauteur, un excellent **belvédère**★★, d'où l'on domine tout Madrid et les alentours. Au loin, au nord-ouest, on aperçoit la sierra de Guadarrama.

DANS LES AUTRES PARTIES DE MADRID

Musée municipal (Museo Municipal) plan III L1

Fuencarral, 78 - ✆ 917 011 863 - tlj sf lun. et j. fériés 9h30-20h, août tlj sf lun. et j. fériés 9h30-14h30 ; w.-end 10h-14h - gratuit.

Ce musée intéressant est installé dans l'ancien hospice de Madrid, un édifice du 18e s. qui présente un magnifique **portail**★★ construit par Pedro de Ribera dans le style churrigueresque. Les différentes sections retracent l'histoire de la ville, de ses origines à nos jours, en insistant sur les périodes habsbourgeoise et bourbonienne. Parmi ses collections (peinture, céramique, monnaies, etc.), on admirera celle consacrée aux porcelaines de la Manufacture royale du Buen Retiro, les tableaux donnant une idée de la vie à Madrid sous les Habsbourgs et la **maquette de Madrid en 1830**★, de Gil de Palacio, où l'on repère nettement les extensions successives de la ville.

Musée romantique (Museo Romántico) plan III L1

San Mateo, 13 - ✆ 914 480 163 - http://museoromantico.mcu.es - fermé temporairement, se renseigner

Ce musée semble un exemple vivant de ce que fut le 19e s. espagnol. Tableaux, meubles et objets variés y sont exposés.

Arènes★ (Plaza Monumental de las Ventas) plan II bis J5

Appelées la cathédrale de la tauromachie, ces **arènes** (1931), les plus grandes d'Espagne, ont une capacité de 22 300 spectateurs. Il est possible de les découvrir de l'intérieur et de visiter le **Musée taurin** qui rend hommage aux plus grands toreros *(tlj sf lun. et j. de corrida 10h-14h. Visite guidée 40mn, 5 €. ✆ 915 569 237. Mº Ventas).*

Musée de la Ville (Museo de la Ciudad) plan II H3

Príncipe de Vergara, 140 - ✆ 915 886 599 - ♿ - tlj sf lun. et j. féries 9h30-20h, w.-end 10h-14h - gratuit

En visitant ses salles *(3e et 4e étage)*, on découvre en bref l'histoire de Madrid, de la préhistoire jusqu'à nos jours. Les **maquettes**★ de plusieurs quartiers de la ville et de certains immeubles remarquables méritent une attention particulière.

Musée du rail (Museo del Ferrocarril) plan II bis F8

Paseo de las Delicias, 61 - ✆ 902 228 822 - www.museodelferrocarril.org/delicias.html - tlj 10h-15h - fermé lun., août, 1er et 6 janv., 2 Mai, 25 déc. - 4 € (- 12 ans 2,50 €).

Il est installé dans la gare de Delicias, la plus ancienne de Madrid, construite en 1880. Ce bâtiment de fer et de verre présente des machines à vapeur, un wagon-restaurant (où l'on peut consommer), des locomotives électriques, etc. Il s'agit d'un musée spécialement indiqué pour les enfants, qui peuvent monter à bord de certaines machines.

Musée national des Sciences et Technologies (Museo Nacional de Ciencia y Tecnología) plan II bis F8

Paseo de las Delicias, 61 - ✆ 914 683 026 - www.mec.es/mnct - ♿ - tlj sf lun. 10h-14h, 16h-18h, dim. et j. fériés 10h-14h30 ; juil.-août, tlj sf lun. mat. - fermé 1er et 6 janv., 1er et 15 Mai, 24-25 et 31 déc. - gratuit.

M. Trigalou/Sunset

Les arènes (Plaza de Toros) de las Ventas.

Il n'expose qu'un faible échantillon de son extraordinaire collection d'instruments scientifiques. Dans une sorte de planétarium, on a installé les instruments utilisés en navigation ou en astronomie, dont une **arbalestrille★★** (instrument qui servait à mesurer la hauteur du soleil et des astres) et un astrolabe du 16e s.

Aux alentours

Faunia

À 7 km vers le sud-est, par la A 3. Après la M 40, prendre la déviation vers Valdebernardo. 913 016 210 - www.faunia.es - juin à mi-sept. 10h-21h - le reste de l'année se renseigner - fermé lun.-mar. (en fév. et nov.-déc.), 1er janv., 7 janv.-8 fév. - 22 € (- 12 ans 16 €).

Dans ce parc thématique dédié à la nature (140 000 m²) ont été recréés les différents écosystèmes de la planète (avec plus de 4 500 animaux de petite et moyenne taille et plus de 70 000 arbres et arbustes). Les pavillons, à moitié cachés, sont consacrés à la jungle tropicale, au bois méditerranéen, aux pôles Nord et Sud, à un insectarium, au monde de la nuit, au monde des sous-sols, à l'alimentation animale et à la biodiversité. Le parc compte plusieurs boutiques et restaurants.

Parc Warner★ (Parque Warner)

À 30 km au sud de Madrid par la A 4. Suivre les indications. 902 024 100 - www.parquewarner.com - ♿ - horaires variables, se renseigner - 33 € (- 10 ans 25 €).

Ce parc à thème est un grand centre de loisirs qui vous transporte dans le monde fabuleux de la Warner. Divisé en cinq zones distinctes, ce parc, en plus des nombreuses attractions, compte plusieurs bars, restaurants et boutiques.

Hollywood Boulevard – C'est dans cette partie du parc que se concentre tout le glamour des rues les plus célèbres d'Hollywood.

Movie WB World Studios – Dans ce lieu digne des studios de production de la Warner, vous assisterez en direct à des poursuites en voiture, des coups de feu, des explosions et autres spectacles incroyables. Ne manquez pas « l'hôtel ensorcelé », effets spéciaux époustouflants garantis ainsi que les spectacles de « Police Academy » et de « l'Arme fatale ».

Super Heroes World – C'est le territoire des plus célèbres personnages de films et de bandes dessinées. Vous vivrez de passionnantes aventures dans Metropolis, la ville que survole Superman ou bien encore dans la ténébreuse Gotham City, dans laquelle Batman lutte contre les forces du mal. Parmi les attractions, essayez les spectaculaires montagnes russes « Superman/l'Attraction d'acier », « La fuite de Batman » ou encore l'imposante tour de « La Vengence de l'énigme » (chute libre de 100 m).

The Old West Territory – Sur ces terres du Far West, vous vous sentirez l'âme d'un vrai cow-boy. Testez votre courage dans les wagonnets de bois du « Wild Wild West » une montagne russe des plus périlleuses ou descendez les vertigineux rapides. Ne partez pas sans avoir vécu l'aventure du Rio Bravo et des chariots de la mine.

Cartoon Village – Destiné aux plus petits, ce village merveilleux recrée l'univers magique des personnages de dessins animés, ainsi vous attendent Duffy Duck, Titi, Bugs Bunny ou encore Tom et Jerry. Les principales attractions de cette zone sont la montagne russe de Tom et Jerry et la visite des studios ACME (jeux aquatiques).

Safari Madrid★

55 km à l'ouest : parcourez 47 km sur la M 501 jusqu'à Chapineria, puis bifurquez vers Aldea del Fresno, 8 km au sud par la M 510 ; à la sortie du village, traversez le pont qui part sur la droite. 918 622 314 - été : 10h30-21h ; le reste de l'année : 10h30-18h30. 12 € (enf. 3-10 ans : 8 €).

C'est une des plus importantes réserves d'animaux sauvages, provenant des différents continents, en Espagne. La visite commence par le « mini-zoo », où l'on découvrira pumas, tigres, singes et rapaces dans des enclos classiques. Elle se poursuit en voiture à travers une succession de cinq espaces, où les animaux évoluent en liberté. À l'approche des véhicules, zèbres, buffles, antilopes, autruches, lamas et autres dromadaires approchent leurs museaux ou leur bec des fenêtres entrouvertes dans l'espoir de récolter un peu de nourriture ; heureusement, les éléphants, les rhinocéros et les lions se montrent plus circonspects. La visite s'achève par une intéressante démonstration de rapaces dressés.

El Pardo

17 km au nord-ouest. Situé aujourd'hui dans la grande banlieue de Madrid, ce bourg s'est développé autour d'une des résidences de la couronne espagnole. Il est entouré de forêts de chênes verts qui étaient l'une des réserves de chasse des monarques espagnols.

Palais royal ★ (Palacio Real) – *913 761 500 - www.patrimonionacional.es/elpardo/elpardo.htm - visite guidée (35mn) - avr.-sept. 10h30-17h45, dim. et j. fériés 9h-13h30 ; oct.-mars : 10h30-16h45, dim. et j. fériés 10h-13h30 - fermé 1er et 6 janv., 1er Mai, 15 mai, 9 nov., 25 déc. - 4 € (- 16 ans 2,30 €).*

À l'emplacement du palais de Philippe II, incendié en 1604 et dont ne subsiste que la tour de la reine, Philippe III a fait ériger cette vaste demeure modifiée en 1772 par Sabatini. Longtemps résidence officielle des souverains espagnols, son dernier hôte a été le général Franco, durant trente-cinq ans. Aujourd'hui, on y accueille les chefs d'État étrangers en visite. La partie du palais visitée – salons officiels et appartements privés – renferme de beaux ensembles de meubles, lustres et pendules provenant de la collection de Charles IV. Plus de 200 **tapisseries★** décorent les murs ; la majeure partie proviennent de la Manufacture royale de Madrid ; elles ont été réalisées au 18e s. d'après les cartons de Goya, Bayeu, González Ruiz et Van Loo et représentent des scènes champêtres ou de chasse. Les fresques Renaissance réalisées par **Gaspar Becerra**, disciple de Michel-Ange, dans la tour de la reine (16e s.) sont venues récemment compléter ces très belles collections.

Pavillon du prince (Casita del Príncipe) – *Fermé pour restauration. 913 760 329.*

Édifié en 1772 pour les enfants de Charles IV et Marie-Louise, il a été totalement réaménagé en 1784 par Juan de Villanueva. C'est un pavillon de pierre et brique d'un étage, décoré dans le goût de la fin du 18e s. extrêmement riche et raffiné : murs tapissés de soie et plafonds de style pompéien.

La Quinta – *Fermé pour restauration. 913 760 329/761 500.*

Cette ancienne résidence du duc d'Arco devenue bien royal en 1745 retient surtout l'attention par l'élégante collection de papiers peints (début du 19e s.).

Couvent de Capuchinos – Une chapelle abrite un **Christ gisant★** de **Gregorio Fernández**, une œuvre majeure de la sculpture espagnole réalisée en bois polychrome en 1605 d'après une commande de Philippe III.

Madrid pratique

Informations utiles

OFFICES DE TOURISME

Plaza Mayor, 27 - ✆ 915 882 900 - tlj tte la journée.

TÉLÉPHONES UTILES

Aéroport de Barajas – *Terminaux internationaux T1 et T4 – ✆ 913 058 656.*

Gare ferroviaire d'Atocha – *Vestíbulo de Cercanías – ✆ 915 284 630.*

Urgences – *✆ 112*

SAMU - Ambulances – *✆ 061*

Pharmacie de garde – *✆ 098*

Hôpital Gregorio Marañón – *C/ Dr Esquerdo, 46 - ✆ 915 868 000.*

Hôpital Niño Jesús *(urgences pédiatriques) – Av. Menéndez Pelayo, 65 - ✆ 915 035 900.*

Police municipale – *✆ 092*

Poste centrale – *Palacio de Comunicaciones – Pl. de Cibeles – ✆ 902 197 197 - tlj sf dim., lun.-vend. 8h30-21h30, sam. 8h30-14h.*

Ambassade de France – *C/Salustiano Olozaga, 9 - ✆ 914 238 900 - www. ambafrance-es.org - lun.-vend. 9h30-13h30, 15h30-18h30.*

Consulat de France – *C/Marqués de la Ensenada, 10 - 28004 Madrid – ✆ 917 007 800 - www.consulfrance-madrid.org - M° Colón - 9h00-13h15.*

Transports

Aéroport – L'aéroport de Madrid-Barajas se trouve à 13 km du centre. Un service de navettes fonctionne de 4h45 à 1h30 du matin entre la plaza de Colón et l'aéroport avec six arrêts et des rotations toutes les 10mn entre 7h et 22h. Renseignements au ✆ 914 316 192.

La ligne de métro 8 assure la liaison entre l'aéroport et le centre-ville.

Renseignements aéroport ✆ 902 353 570.

Info-Iberia ✆ 902 400 500.

Trains – Les principales gares sont celles d'Atocha et de Chamartín. Le train à grande vitesse (AVE) relie Atocha à Tolède en 30mn. Madrid dispose aussi d'un vaste réseau de trains de proximité desservant L'Escurial, la Sierra de Guadarrama, Alcalá de Henares ou Aranjuez.

Autocars – La plupart des autocars à destination de la province partent de la gare routière Sud : *Estación Sur - calle Méndez Álvaro - ✆ 914 684 200 - www. estaciondeautobuses.com.*

Taxis – Ils sont nombreux. On les reconnaît à leur couleur blanche et à leur frange rouge en diagonale sur les portières avant. La nuit, la lumière verte indique qu'ils sont libres *✆ 914 055 500/051 213 ou 915 478 200/ 913 712 131.*

Autobus – Il s'agit d'un moyen de transport commode pour se déplacer en ville, tout en profitant du paysage urbain, mais ils sont soumis à la densité du trafic madrilène. Les horaires de fonctionnement varient selon les lignes *(6h à 23h30 généralement)*. Au-delà de cette heure, des autobus de nuit sont en service essentiellement au départ de la plaza de Cibeles. En sus des tickets à l'unité, sont vendus le Metro-bus, une carte valable pour 10 voyages en autobus ou en métro, ainsi qu'une carte de transport mensuelle, à une ou plusieurs zones, valable pour un nombre illimité de voyages en autobus et en métro pendant le mois. *Renseignements au ✆ 914 068 810 – www.emtmadrid.es.*

Métro – Le métro est le moyen de transport le plus rapide. Le réseau compte treize lignes fonctionnant de 6h à 1h30 du matin. *Les stations de métro sont indiquées sur les plans de Madrid figurant dans ce guide, ainsi que sur le plan Michelin n° 42.* Renseignements au ✆ 902 444 403.

C. Barrely/Michelin

Station de métro.

Location de voitures – La circulation est intense et les bouchons monstres aux heures de pointe. Comme les centres d'intérêt sont assez groupés, mieux vaut circuler à pied. Les grands loueurs sont présents à l'aéroport et à la gare ferroviaire d'Atocha, mais les prix sont élevés. Il vaut mieux réserver votre véhicule à l'avance par un autre moyen (sites Internet discount). Le moins cher est **Pepecar**, Plaza de España s/n, parking souterrain 3e niveau, www.pepecar.com. Tlj sf dim. 8h-20h (22h vend.).

Location de vélos – **Bravo Bike** – *c/Juan Alvarez Mendizabal, 19 - 28008 Madrid – ✆ 915 595 523- www.bravobike.com - 12 €/ j., 65 €/sem.* Cette agence propose la location de vélos mais aussi des visites guidées de la ville à vélo. Réservation conseillée par Internet.

Visites

Publications – La *Guía del Ocio* (www. guiadelocio.com/madrid), en vente dans les kiosques, est un hebdomadaire qui présente les activités culturelles et les spectacles de la ville. On peut aussi

Metro
1 Plaza de Castilla / Congosto
2 Ventas/Cuatros Caminos
3 Legazpi / Moncloa
4 Argüelles / Parque de Santa Maria
5 Alameda de Osuna / Casa de Campo
6 Circular
7 Las Musas / Pitis
8 Nuevos Ministerios / Barajas
9 Herrera Oria / Arganda del Rey
10 Fuencarral / Puerta del Sur
11 Plaza Eliptica / La Peseta
12 MetroSur
R Ópera / Principe Pío
Cercanias
C1 Alcalá de Henares / Alcobendas-San Sebastián
C2 Guadalajara / Atocha / Chamartín
C3 Atocha / Aranjuez
C3a Pinto /San Martín de la Vega
C4 Atocha / Parla
C5 Móstoles-El Soto / Atocha / Fuenlabrada / Humanes
C7 Alcalá de Henares / Atocha /Chamartín / Principe Pío /
C7 Atocha / Chamartín / Colmenar Viejo
C8 Atocha / Chamartín / Villalba
C8a Atocha / Chamartín / El Escoríal
C8b Atocha / Chamartín / Cercedilla
C9 Cercedilla / Cotos
C10 Villalba / Principe Pío / Atocha /
Chamartín / Tres Cantos
C8a
El Escorial
Las Zorreras
San Yago
C8b
Cercedilla
Los Molinos
Collado Mediano
Alpedrete
Los Negrales
Cercedilla Pueblo
Las Heras
Camorritos
Siete Picos
Pto. Navacerrada
Dos Castillas
Vaquerizas
Cotos
C 9
C8
C10
Villalba
Galapagar - La Navata
Torrelodones
Las Matas
Pinar
Las Rozas
Majadahonda
El Barrial - Centro Comercial Pozuelo
Pozuelo
Aravaca
Ciudad Universitaria
El Tejar
Pitis
7
Lacoma
Avenida de la Ilustración
Peñagrande
Antonio Machado
Valdezarza
Francos Rodríguez
Metropolitano
Guzmán el Bueno
Islas Filipinas
Cuatro Camin
2
6
3
Moncloa
Canal
Quevedo
San Bernardo
Argüelles
4
Ventura Rodríguez
Novicia
Plaza de España
Príncipe Pío
R
Santo Domingo
Puerta del Ángel
Lago
Batán
Alto de Extremadura
R
Opera
La Latina
Casa de Campo
5
Lucero
Campamento
Laguna
6
Colonia Jardín
Marqués de Vadillo
Carpetana
Aviación Española
Empalme
San José de Valderas
Cuatro Vientos
Las Aguilas
Aluche
Eugenia de Montijo
5
Urgel
Oporto
Fanjul
Carabanchel
Vista Alegre
Opañe
Alcorcón Central
Parque Lisboa
Abrantes
Carabanchel Alto
Pan Bendito
Parque Oeste
11
La Peseta
Zarzaquemada
San Francisco
Joaquín Vilumbrales
Universidad Rey Juan Carlos
Puerta del Sur
10
12
San Nicasio
12
Julián Besteiro
El Carrascal
Las Retamas
C5
Móstoles Central
Leganés Central
Casa del Reloj
El Bercial
Móstoles-El Soto
Pradillo
Hospital Severo Ochoa
Los Espartales
Las Margaritas-Universidad
12
Parque Polvoranca
Hospital de Móstoles
Getafe Central
Juan de la Cierva
La Serna
Manuela Malasaña
12
Alonso de Mendoza
Getafe Sector 3
Loranca
Fuenlabrada Central
Parque de los Estados
Conservatorio
Hospital de Fuenlabrada
Parque Europa
12
Arroyo Culebro
Fuenlabrada-Humanes
C5
C4
Parla

C7
Colmenar Viejo
C10
Tres Cantos
10
Alcobendas - San Sebastián de los Reyes
C1
El Goloso
Valdelastuentes
9
Fuencarral
errera Oria
Begoña
Fuencarral
Universidad P. Comillas
Cantoblanco Universidad
Ramón y Cajal
Chamartín
Barrio l Pilar
Ventilla
Duque de Pastrana
Pío XII
Valdeacederas
etuán
Plaza de Castilla
1
Cuzco
Colombia
Santiago Bernabéu
9
8
Nuevos Ministerios
Concha Espina
República Argentina
Cruz del Rayo
Ríos Rosas
6
Alonso Cano
Gregorio Marañón
Avenida de América
Iglesia
Bilbao
Rubén Darío
5
Núñez de Balboa
Lista
Colón
Serrano
Velázquez
ribunal
Alonso Martínez
ran Vía
Chueca
Príncipe de Vergara
Banco de España
Recoletos
Sevilla
Goya
Retiro
ilao
Sol
Tirso de Molina
avapiés
Antón Martín
Atocha
uerta e Toledo
Embajadores
Atocha Renfe
Menéndez Pelayo
Acacias
Palos de la Frontera
rámides
Delicias
Delicias
Pacífico
Puente de Vallecas
Arguanzuela-Planetario
Méndez Álvaro
Doce de Octubre
aza Elíptica
Usera
3
Legazpi
Orcasitas
Puente Alcocer
Villaverde Alto
Villaverde Bajo
San Cristóbal de los Ángeles
San Cristóbal Industrial
El Casar
Getafe Industrial
Parque de Ocio
Pinto
Valdemoro
San Martín de la Vega
Ciempozuelos
C3a
Seseña
Aranjuez
C3
4
Parque de Santa María
Barajas
8
San Lorenzo
Mar de Cristal
Aeropuerto
Campo de las Naciones
Canillas
8
Esperanza
Arturo Soria
Avenida de la Paz
Alfonso XIII
Prosperidad
Cartagena
Parque de las Avenidas
Barrio de la Concepción
Diego de León
El Carmen
Ventas
Quintana
Pueblo Nuevo
2
Manuel Becerra
O'Donnell
Ibiza
Sainz de Baranda
Estrella
Vinateros
Artilleros
6
Conde de Casal
Alameda de Osuma
5
El Capricho
Canillejas
Torre Arias
Suanzes
Ciudad Lineal
7
Las Musas
Ascao
García Noblejas
Simancas
San Blas
C2
Guadalajara
Azuqueca
Meco
Alcalá de Henares Universidad
C1 C7
Alcalá de Henares
Pavones
Valdebernardo
Vicálvaro
San Cipriano
Torrejón de Ardoz
La Garena
Puerta de Arganda
San Fernando
Coslada
Vicálvaro
Alto del Arenal
Portazgo
Miguel Hernández
Nueva Numancia
Buenos Aires
Sierra de Guadalupe
Santa Eugenia
El Pozo
Vallecas
Asamblea de Madrid - Entrevías
Villa de Vallecas
Rivas Urbanizaciones
Rivas Vaciamadrid
1
Congosto
La Poveda
Arganda del Rey
9
Metro
3
Cercanias
C4
RENFE
Correspondencia
Interchange station
Coincidènza
Correspondance
Umsteigestation
Correspondência

consulter le site www.guiadelocio.com. La municipalité de Madrid édite une publication gratuite, *esMADRID*, avec les événements culturels du mois.

Bus touristique Madrid Visión – Il vous propose deux circuits différents : le vieux Madrid et le Madrid moderne. Les billets, que l'on peut acheter dans les bus mêmes, dans les hôtels ou dans les agences de voyages, sont valables pendant 1 ou 2 jours, selon votre choix. Tant que le billet est valable, vous pouvez monter et descendre du bus ainsi que changer de circuit à votre gré. *En hiver : 10h-19h ; au printemps et en automne : 10h-21h ; en été : 9h30-24h.* Quelques arrêts à la puerta del Sol, sur la plaza de Cibeles, sur le paseo del Prado et à la puerta de Alcalá. *Renseignements au ✆ 917 791 888. 1 j. 15,30 €, 2 j. 2 €.* À noter, l'achat de la Madrid Card donne l'accès illimité au bus Madrid Visión.

Madrid Card – Cette carte permet l'entrée gratuite dans plus de 40 musées ou sites (dont le zoo, le parc d'attraction de Casa de Campo et Faunia), la gratuité des visites guidées de l'office de tourisme, et l'accès illimité au bus Madrid Visión. *1 j. 39 €, 2 j. 49 €, 3 j. 59 €. Renseignements et détails sur le site www.madridcard.com.*

Visites guidées – L'office de tourisme a mis au point, sous l'appellation *Découvrez Madrid*, diverses visites à thème.

Se loger

Le quartier le mieux situé pour les visites est celui de la Vieille Ville, autour de la Plaza Mayor, près du Palais royal ou dans Huertas. Ceux qui comptent sortir le soir préféreront loger dans le quartier de Chueca, tandis que les adeptes de shopping chic opteront pour Salamanca.

DANS LA VIEILLE VILLE plans III et IV

Hostal Triana – *C/de la Salud, 13, 1er - ✆ 915 326 812 - www.hostaltriana.com -* ⚹ *- 40 ch. 53 €.* Face à la paisible plaza del Carmen, tout près des rues piétonnes du centre, cette pension douillette propose des chambres simples, mais fraîches et fleuries. Une adresse établie depuis plus de 40 ans. Réservation conseillée.

Hostal Tijcal – *C/Zaragoza, 6, 3e I - ✆ 913 655 910 - www.hostaltijcal.com - 31 ch. 56 € - ☕ 3 €. Climatisation en option : 5 €.* Située dans une ruelle piétonne qui part de la plaza Mayor, cette pension rénovée offre un emplacement privilégié, au cœur du quartier touristique. Propres et fonctionnelles, les chambres se déclinent de l'individuelle à la quadruple. Vous bénéficierez de 5 % de réduction si vous payez en liquide, mais paierez 20 % de plus le w.-end et en très haute saison.

Hostal Acapulco – *C/de la Salud, 13, 4e - ✆ 915 311 945, www.hostalacapulco.com - 16 ch. 58 €.* Le calme, la propreté et un accueil chaleureux font de cette pension une valeur sûre. L'établissement dispose également de chambres triples et quadruples. Le bon rapport qualité-prix et la popularité de cette adresse imposent de réserver à l'avance.

Petit Palace Plaza del Carmen – *Pl. del Carmen - ✆ 915 238 845, www.hthoteles.com - 42 ch. 180 € - ☕ 9 €.* Élégant mais intime, cet hôtel dresse sa façade colorée sur une paisible placette. On apprécie particulièrement les chambres avec balcon et celles du 4e étage, mansardées avec poutres apparentes. Les prix varient beaucoup, de 120 € pour certaines offres, à 300 € les w.-end de grande affluence.

QUARTIER DU PALAIS ROYAL plan III

Hotel Meninas – *C/ Campomanes, 7 - ✆ 915 412 805 - www.hotelmeninas.com - 37 ch. 190 € - ☕ 12 €.* Dans la lignée des hôtels « design » à la mode à Madrid, cet étape de charme s'est installée dans une magnifique maison du 19e s. Escalier et parquets en bois sombre d'origine et lignes minimalistes japonisantes marient judicieusement moderne et classique. Un soin particulier est apporté au service et le petit-déj. est particulièrement copieux. Prix assez variables selon les périodes.

QUARTIER DE HUERTAS plan III

Hostal Marlasca – *C/Cruz, 14, 2e - ✆ 915 214 838/833 - www.hostalmarlasca.net - 30 ch. 58 €.* Outre un service impeccable, cette pension de style néoclassique propose des chambres décorées avec soin : moustiquaire, tableaux, télévision à écran plat, balcon pour certaines (beaucoup plus bruyantes).

Urban Hotel – *Carretera San Jerónimo, 34 - ✆ 917 877 770 - www.derbyhotels.es -* 🏊 *- 97 ch. 275 € - ☕ 20 € -* **P** *22 €/j.* Cet hôtel étonnant est né grâce à l'initiative du président du Musée égyptien de Barcelone, un mécène entreprenant, grand amateur d'art. L'établissement allie design et style ethnique. Acier, verre et pierre noire servent d'écrin à une superbe collection d'art oriental. Agencées autour d'un élégant puit de lumière, les chambres au parquet sombre prolongent ce raffinement dans un calme absolu. L'hôtel possède même un mini-musée égyptien, un restaurant gastronomique, un bar à huîtres très prisé et une piscine sur la belle terrasse du toit.

QUARTIER DES MUSÉES plan III

Hotel Mora – *Paseo del Prado, 32 - ✆ 914 201 569 - www.hotelmora.com - 62 ch. 75 € - ☕ 2-5 €.* À deux pas des musées, cet hôtel dispose de chambres simples, spacieuses et impeccables. Certaines d'entre elles offrent même une jolie vue sur le jardin botanique.

QUARTIER GRAN VÍA - CHUECA plan III

Hostal la Plata – *Gran Vía, 15, 4e B - ✆ 915 211 725 - www.hostal-laplata.com - 20 ch. 65 €.* Le bel escalier de marbre de cette pension, située au 4e étage d'un élégant édifice de la Gran Vía, impressionne. Il s'agit de l'ancienne propriété d'une marquise, datant des années 1920. La réception classique s'ouvre sur des chambres confortables, modernes et spacieuses. Service efficace.

Colors Hostal – *C/Fuencarral, 39, 4e I - 915 214 646 - www.colorshost.com - 9 ch. 65 € - 3 €.* Rénovée dans une gamme de brillantes couleurs, voici une pension accueillante et bien placée. Le style de décoration sort tout droit de chez Ikea, avec de jolies salles de bain carrelées équipées d'un sèche-cheveux. Les chambres sont lumineuses et fonctionnelles. Seul bémol, c'est souvent complet le w.-end. Il vaut mieux réserver à l'avance. À l'heure où s'écrit ce guide, 10 chambres supplémentaires sont en cours d'aménagement.

Hotel de las Lettras – *Gran Vía, 11 - 915 237 980 - www.hoteldelasletras.com - 103 ch. 160 € - 14 €.* Installé dans un immeuble de caractère du début du 20e s., ce splendide hôtel conserve le cachet de la structure originelle tout en composant un intérieur à la fois design et intime. Des citations littéraires ponctuent discrètement les murs, l'éclairage est travaillé et les chambres sobrement colorées. L'ensemble est chaleureux et raffiné. À cela il faut ajouter un restaurant original, un spa avec sauna, hammam et jacuzzi et une superbe terrasse sur le toit pour les beaux jours. Les prix varient nettement en fonction du moment de la semaine ou du remplissage.

QUARTIER DE SALAMANCA plan II

Hostal Residencia Don Diego – *C/ Velázquez, 45 - 914 350 760 - www.hostaldondiego.com - 58 ch. 96 € - 5 €.* L'une des rares pensions de ce quartier chic qui compte surtout des hôtels de luxe. Elle occupe les trois derniers étages d'un édifice d'une rue commerçante. Service impeccable, petit-déjeuner servi dans les chambres ou dans l'élégant salon aux sofas de cuir. Les chambres confortables sont très calmes car elles donnent sur les patios intérieurs. Un bon rapport qualité-prix pour le quartier.

Petit Palace Art Gallery – *C/ Jorge Juan, 17 - 914 355 411 - www.hthoteles.com - 61 ch. 200 € - 16 €.* Lumière bleue nuit tamisée dans les couloirs, chambres douillettes décorées de gris anthracite et de blanc : cet hôtel allie confort et modernité. Les meilleurs tarifs sont à réserver par Internet, mais varient beaucoup selon le standing et la disponibilité.

Hotel Bauzá – *C/Goya, 69 - 914 357 545 - www.hotelbauza.com - 177 ch. 180 € - 15 € - P 16 €/j.* Fréquenté par des architectes, cinéastes et journalistes, un établissement à l'architecture d'avant-garde, disposant de chambres lumineuses au design épuré, chacune dotée d'un ordinateur connecté à Internet, d'une Play station et d'un excellent système hi-fi. Beau salon

Le restaurant de l'hôtel Bauzá.

bibliothèque avec cheminée. En prime, un élégant restaurant, un sauna et une salle de fitness. Les prix varient en fonction du remplissage et du jour de la semaine.

Se restaurer

Dans beaucoup d'établissements, il est possible de ne consommer que des tapas au bar, une ou plusieurs autres salles étant réservées au restaurant proprement dit. De même, la plupart des bars préparent une sélection de tapas en soirée, ce qui permettra aux couche-tôt de grignoter dès 20h. Le midi, en semaine, presque tous les restaurants proposent un menu copieux et bon marché offrant un très bon rapport qualité/prix.

DANS LA VIEILLE VILLE plan IV

La Taberna Miranda – *Pl. del Conde de Miranda, 4 - 915 413 700 - tlj 11h-18h, 19h30-0h30.* Cuisine régionale honnête et traditionnelle, dans le cadre chaleureux d'une taverne, entre barriques vénérables et comptoir de brique. On y goûte par exemple la friture andalouse, les calamars aux champignons ou le boudin noir de León. La terrasse est très agréable pour le déjeuner à la belle saison.

La Botilleria de Maxi – *Cava Alta, 4 - 913 651 249 - www.labotilleriademaxi.com - tlj sf dim. soir et lun. - fermé en août. - Menu à 15 € le midi en semaine.* Cuisine traditionnelle et soignée, avec un accent mis sur les *callos madrileños* (tripes à la madrilène), spécialité réputée de la maison. On apprécie la salle principale, lumineuse et élégante, ou les deux autres, plus petites et plus intimes. Pour changer de l'habituelle *tortilla*, essayez la *tortillita gaditana de camarones*, fine galette croquante de crevettes. *Cocido madrileño* (ragoût de viandes aux pois chiche) le jeu. et sam. Bonne sélection de vins.

Los Huevos de Lucio – *Cava Baja, 30 - 913 662 984 - tlj sf mar. 13h-16h,*

20h30-0h. C'est la version moins guindée et moins onéreuse de la maison mère, la célèbre Casa Lucio *(voir plus loin)*, qui lui fait face. On y joue des coudes en fin de semaine, car les plats copieux sont vraiment délicieux. La spécialité de la famille est les *huevos estrellados*, mais n'hésitez pas à goûter aux aubergines frites bien croustillantes ou au *salmorejo* (soupe froide andalouse).

⊖⊖ **Casa Paco** – *Puerta Cerrada, 11 - ✆ 913 663 166 - tlj sf dim*. Ce restaurant est authentiquement madrilène, avec son service attentionné, ses nappes blanches et ses murs carrelés d'*azulejos*. Fondé en 1933, au départ c'était une taverne familiale. Il propose toujours un large choix de spécialités castillanes. Tout est frais, de qualité et fait maison. Réservation recommandée, car les habitués sont fidèles et nombreux.

⊖⊖ **El Estragón** – *Pl. de la Paja, 10 - ✆ 913 658 982 - tlj 13h30-16h15, 20h-1h - Menu du midi à 10 €*. Une adresse conviviale et chaleureuse pour les gastronomes végétariens. Tout est succulent, fondants légumes farcis au curry, paella généreuse, tarte au chocolat truffé... Même les non-végétariens apprécieront.

⊖⊖ **Matritum** – *Cava Alta, 17 - ✆ 913 658 237 - Lun.-vend. 20h30-0h30, w.-end 13h30-16h30, 20h30-0h30*. Les amateurs de vin aimeront ce bistrot à l'atmosphère chaleureuse et raffinée. La carte des vins rassemble plus de 200 références, principalement espagnoles. Laissez-vous guider ou optez pour la sélection de la semaine. Côté cuisine, le chef compose tapas et mets délicats et inventifs : Saint-Jacques gratinées au *cava*, croquant de gambas et crabe safrané au miel, foie gras aux oignons confits et pommes au four... N'accepte pas les réservations.

⊖⊖⊖ **La Taberna del Capitán Alatriste** – *C/Grafal, 7 - ✆ 913 661 883 - www.capitanalatristetaberna.com - tlj sf lun*. Cette *posada* du 17e s. superbement rénovée vous plonge dans une atmosphère de roman épique espagnol : fresques murales, poutres massives, voûtes de pierre ou de brique ménageant toutes sortes de recoins, décor d'armes anciennes... Les salles du sous-sol conservent une portion de la muraille du 16e s. La table n'est pas en reste, car les recettes traditionnelles du terroir s'appuient sur des produits d'une belle fraîcheur.

⊖⊖⊖ **Casa Lucio** – *Cava Baja, 35 - ✆ 913 653 252 - tlj sf sam. midi et août*. L'un des grands classiques de Madrid, ce restaurant accueille une clientèle élégante d'hommes politiques, d'artistes et de personnalités. Ses *huevos estrellados* (œufs sur le plat cuits sur un croustillant lit de pommes de terre) nourrissent sa réputation depuis plusieurs décennies.

QUARTIER DU PALAIS ROYAL plan III

⊖⊖⊖ **La Bola** – *C/de la Bola, 5 - ✆ 915 476 930 - tlj sf dim. soir 13h-16h, 20h30-23h30 -* ⊭. Dans une ambiance chaleureuse et animée de taverne traditionnelle, les personnalités en tout genre côtoient les touristes. Cet établissement, fondé en 1880, a forgé sa réputation sur son *cocido madrileño*, probablement le plus célèbre de Madrid.

QUARTIER DE HUERTAS plan III

⊖ **Maceira** – *C/Jesús, 7 - ✆ 914 291 584 - Seconde adresse, C/Huertas 66 - ✆ 914 295 818 - tlj sf lun. midi - plat du jour à 6 €*. Un tout petit restaurant à l'ambiance campagnarde, simplement meublé de tables en bois et décoré de jarres en terre. La cuisine de terroir galicienne y est réputée. Le midi, il faut goûter le délicieux *arroz marineiro*, riz aux fruits de mer, suffisamment copieux pour le partager, ou les spécialités de poulpes et de moules. Excellent rapport qualité-prix.

⊖⊖ **La Vaca Veronica** – *C/Moratín, 32 - ✆ 914 297 827 - www.lavacaveronica.es - tlj sf sam. midi 14h-16h, 21h-0h - formule du midi (plat + dessert + boisson) 15 €*. Des murs jaune vif couverts de tableaux modernes et colorés servent de cadre à ce restaurant très animé et souvent bondé. Les points forts de la carte sont les poissons grillés (essayez les sardines ou la dorade au sel) et le large choix de viandes.

⊖⊖ **Zerain** – *C/Quevedo, 3 - ✆ 914 297 909 - tlj sf dim. 13h30-16h, 20h30-0h*. Cidrerie comme au Pays Basque, dans un décor rustique de grandes tablées. Les clients tirent eux-mêmes leur cidre ! Ne manquez pas l'excellente côte de bœuf *(chuletón de buey)* et la tortilla de morue. L' ambiance y est agréablement festive mais un peu bruyante.

⊖⊖ **Taberna La Dolores** – *Pl. Jesús, 4 - ✆ 914 292 243 - 11h-1h (2h vend. et sam.)*. Derrière la très belle façade d'azulejos se cache le long comptoir typique de ce bar à tapas, très fréquenté depuis près d'un siècle. Réputé pour ses bières pression et ses tapas de saumon, anchois ou canard.

QUARTIER CHUECA plan III

⊖⊖ **Café Oliver** – *C/Almirante, 12 - ✆ 915 217 379 - www.cafeoliver.com - Menu du jour 13 €*. Un bistro à l'ambiance très parisienne (tenu par des Français), mais agréablement décontractée. On peut choisir entre salades copieuses ou plats complets. La cuisine d'inspiration méditerranéenne et marocaine est de qualité. Belle carte des vins.

QUARTIER DE LAVAPIÉS plan IV

⊖ **Taberna de Antonio Sanchez** – *C/ Mesón de Paredes, 13 - ✆ 915 397 826 - tlj sf lun. et en août 12h-16h30, 20h-0h - Menu du jour à 8,95 €*. Voici l'une des plus anciennes tavernes de Madrid, inchangée depuis un siècle. Bois sombre, têtes de taureau empaillées, décor rouge et or. Créée en

1884 par le torrero Antonio Sanchez, elle fut dans les années 1920 le rendez-vous des toreros célèbres et des intellectuels. On savoure tous les classiques madrilènes (morue, boudin, *tortilla, callos*, escargots) et les *torrijas*, pain perdu version espagnole que l'on déguste lors de la Semaine sainte.

QUARTIER DE SALAMANCA plan II

Meson Cinco Jotas – *Callejón de Puigcerdá s/n (angle de la calle Jorge Juan) - ✆ 915 754 125 - www.mesoncincojotas.com - tlj 8h-0h - Menu du jour 16 €.* Un incontournable pour découvrir la variété des charcuteries espagnoles, jambon, chorizo, morcilla (boudin), lomo (épaule), paleta (palette)… Cette chaîne, spécialiste du porc espagnol produit elle-même sa viande, gage de qualité. Cadre chaleureux.

Teatriz – *C/Hermosilla, 15 - ✆ 915 775 379 - tlj 13h30-16h, 21h-0h30 - Menu du jour 26 €.* Réaménagéé par Philippe Starck, cet ancien théâtre au décor d'avant-garde s'est spécialisé dans la cuisine italienne et internationale, avec une touche inventive bienvenue. Essayez par exemple le gazpacho de saison au sorbet citron, le rouleau de canard, les papillottes de langoustines à la vanille… Belle sélection de vins espagnols, français et italiens. Brunch le w.-end.

José Luis – **plan II p. 95, G4** *C/Serrano, 89 - ✆ 915 630 958.* Un peu excentré, mais bien pratique après la visite du musée Galdiano, cette table réputée dans le quartier propose tous les classiques espagnols, à commencer par une délicieuse tortilla. Le cadre est classique, partagé en deux longues salles, souvent bondées. Quelques tables sur le trottoir aux beaux jours.

Alkalde – *C/Jorge Juan, 10 - ✆ 915 763 359 - www.alkalderestaurante.com - Tlj 12h-0h.* Restaurant basque de belle qualité. Délicieuses soupes ou entrées, poissons et fruits de mer de qualité ou grillades et viandes en sauce. Décor rustique, mariant poutres de bois sombre et tentures bleu et bordeaux.

El Amparo – *C/Puigcerdá, 8 - ✆ 914 316 456 - Tlj sf sam. midi, dim. et Semaine sainte.* Réservation conseillée. Plafond mansardé à lucarnes et salles sur plusieurs niveaux forment un cadre luxueux et original. La cuisine est recherchée, le service impeccable et les prix en rapport.

Faire une pause

VIEILLE VILLE plan IV

Chocolatería San Ginés – *Pasadizo de San Ginés, 5 - ✆ 913 656 546 - Ouvert tte la nuit.* Cette chocolaterie à l'ancienne est une institution madrilène. On y vient pour déguster le plus riche et le plus onctueux des chocolats chauds, dans lequel on trempe de délicieux churros.

El Madroño – *C/Latoneros 106, ✆ 913 669 713* et aussi. *Tlj 11h-1h.* On y vient pour savourer une liqueur d'arbouse servie dans une minuscule coupe en gaufrette chocolatée ou un onctueux chocolat chaud. À proximité de la Plaza Mayor, ce classique madrilène décoré d'azulejos propose également quelques pâtisseries ou quiches

C. Barrely/Michelin

Le restaurant El Madroño.

originales. À peine plus loin, la seconde adresse (*Pl. de Puerta Cerrada 7*) sert des tapas classiques, des croquettes et des œufs frits. Même décor traditionnel et chaleureux. Aux beaux jours, les terrasses sont très agréables.

QUARTIER DE HUERTAS plan III

La Casa de las Torrijas – *C/de la Paz, 4 - ✆ 915 321 473 - tlj sf dim. 10h-16h, 18h-23h.* Face au théâtre Albeniz, cette adresse discrète à l'ambiance désuète est célèbre pour ses *torrijas* (sorte de pain perdu très sucré, dégusté traditionnellement lors de la Semaine sainte) que l'on savoure de préférence accompagnées d'un vin doux maison.

Café del Circulo de Bellas Artes – *C/ Marqués de Casa Riera, 2 - ✆ 913 605 400 - www.circulobellasartes.com - lun.-jeu., dim. 9h-0h (3h vend.-sam.). Entrée 1 €.* Magnifique café à l'ancienne, avec un décor moderniste annonçant l'Art déco. Sous les verrières, entre d'imposantes colonnades, les tables bruissent de la conversation d'une clientèle jeune et intellectuelle. Propice à la flânerie. Terrasse en été.

QUARTIER DE SALAMANCA plan II

Gran Café Gijón – *Paseo de Recoletos, 21 - ✆ 915 215 425 - 7h-2h.* Ce café emblématique, célèbre comme lieu de réunions, reste un point de rencontre pour les écrivains et les artistes Pablo Neruda et Camilo José Cela étaient des habitués, la tradition prétendant qu'il en allait de même de Mata Hari. Dès qu'il y a du soleil, la terrasse sur le Paseo de Recoletos est l'endroit chic où savourer son café-crème. Fait aussi restaurant, mais les prix sont élevés.

En soirée

La tournée des bars est une institution de la vie madrilène, héritage de la remuante Movida des années 1980. Selon l'heure, ils changent de genre et d'atmosphère : rendez-vous bruyant pour l'apéritif et les tapas, endroits où écouter de la musique rock, salsa ou jazz, ou encore pistes où danser jusqu'au bout de la nuit.

VIEILLE VILLE plan IV

Palacio de Gaviria – *Arenal, 9 - ☎ 915 266 069 - www.palaciogaviria.com - dim.-mer. 23h-3h, vend.-sam. 23h-6h. - entrée 10 €, 15 € vend. et sam.* Lieu intéressant, ne serait-ce que pour son cadre d'ancien palais. Établissement réputé pour la danse de salon, mais aussi les DJs et les spectacles de cabaret. Chaque jeudi soir, une « fête internationale » s'y déroule, très prisée des étrangers.

C. Barrely/Michelin

Les azulejos de El Madroño.

QUARTIER DE HUERTAS plan III

Café Central – *Pl. del Angel, 10 - ☎ 913 694 143 - www.cafecentralmadrid.com - 13h-2h30 (3h30 vend., sam.). Entrée 10 €.* Une adresse incontournable à Madrid pour les amateurs de jazz. Clientèle d'intellectuels connaisseurs et atmosphère élégante mais décontractée. Concert chaque soir (22h-0h).

QUARTIER GRAN VÍA- CHUECA plan III

Del Diego – *La Reina, 12 - ☎ 915 233 106 - Lun.-jeu. 19h-3h, ven.-sam. 19h-4h.* Un établissement agréable où siroter certains des meilleurs cocktails de la ville.

Museu Chicote – *Gran Via, 12 - ☎ 915 326 737 - www.museo-chicote.com - Lun.-jeu. 8h-3h (4h ven.-sam.).* L'un des lieux mythiques de la capitale, où sont venus Heminghway, Franck Sinatra, Ava Gadner ou Grace Kelly. Ouvert en 1932, ce fut le premier bar à cocktail de Madrid, l'un des rares qui ne ferma pas ses portes lors de la guerre civile. Son appellation de musée lui vient de la collection de près de 10 000 bouteilles de liqueur (aujourd'hui toutes vendues). Soirées de qualité avec d'excellents DJs en fin de semaine.

Libertad, 8 – *Libertad, 8 - ☎ 915 327 348 - 1h-4h.* Édifice plus que centenaire abritant un café très animé, connu pour ses chanteurs et ses conteurs. Fréquenté par la jeunesse bohème.

Flamenco

Bien que le flamenco ne soit pas d'origine madrilène, la communauté andalouse et gitane de la capitale est importante et très dynamique. Depuis quelques années, le flamenco revient à la mode, les écoles fleurissent et les spectacles sont loin de n'attirer que les touristes.

VIEILLE VILLE plan IV

Las Carboneras – *Pl. del Conde de Miranda, 1 - ☎ 915 428 677 - www.tablaolascarboneras.com - Spectacle avec une conso 25 €, dîner-spectacle de 50 à 60 €. Spectacle du lun. au jeu. à 21h et 22h30, le vend. et sam. à 20h30 et 23h.* Une simple estrade installée au milieu des tables et un décor modeste sert d'écrin à de jeunes artistes flamenco de talent. Mieux vaut se contenter de la consommation plutôt que de dîner.

Corral de la Moreria – *C/Morería, 17 - ☎ 913 658 446 - www.corraldelamoreria.com - Spectacle avec une conso 32 €, dîner-spectacle à partir de 75 €.* Les plus grandes figures du flamenco depuis 50 ans ont foulé la scène de ce *tablao*, le plus vieux de Madrid. On y croise évidemment la foule des touristes, mais c'est une excellente adresse, à la programmation authentique et de qualité.

QUARTIER DU PALAIS ROYAL plan III

Café de Chinitas – *C/Torija, 7 - ☎ 915 595 135 - www.chinitas.com - Spectacle tlj sf dim. à 22h30. Spectacle avec une conso 31 €, dîner-spectacle 70 €.* Le décor de ce palais du 18e s. est somptueux. Depuis près de 40 ans, ce *tablao* accueille nombre de célébrités flamenca. Le spectacle est de qualité, mais évitez d'y dîner, en raison des tarifs prohibitifs.

QUARTIER DE LAVAPIÉS plan IV

Casa Patas – *C/Cañizares, 10 - ☎ 913 690 496 - www.casapatas.com - Lun.-jeu. spectacle à 22h30 (28 € avec une boisson), vend. et sam. spectacle à 21h ou à 0h (31 € avec une conso).* Le succès de cette scène ne se dément pas, car la qualité est toujours au rendez-vous et la programmation de premier ordre. On peut aussi y dîner (compter 25 à 30 € en plus du prix du spectacle), une cuisine traditionnelle honnête sans être exceptionnelle. Réservation impérative.

La Candela – *C/Olmo, 2 - ☎ 914 673 382 - tlj 23h-5h30 -* Ce bar, premier du genre à Madrid, est un lieu mythique pour les aficionados de flamenco. Les plus grandes figures andalouses y sont photographiées en noir et blanc. Mais l'ambiance ne s'anime réellement qu'après 3h du matin, lorsque les autres bars ferment et que les groupes se retrouvent ici. Gitans au regard habité et noctambules en tous genres se croisent et s'ignorent. Certains soirs, l'entrée devient payante à partir de 2h30 (5 €), annonçant peut-être un virage plus commercial…

Spectacles

Madrid recense plus de cent salles de cinéma, la plupart en version doublée, une **salle Imax**, une vingtaine de théâtres, de nombreuses salles de spectacles et un casino.

Auditorium national de Musique (Auditorio Nacional de Música) – *Príncipe de Vergara, 146 - ✆ 913 370 140/139 - www. auditorionacional.mcu.es.* Différents programmes de musique classique.

Théâtre de la Zarzuela (Teatro de la Zarzuela) – *C/Jovellanos 4, ✆ 915 245 400 - teatrodelazarzuela.mcu.es - M° Sevilla ou Banco de España - billeterie : 12h-18h - billets 20-250 €.* Grande variété de spectacles, avec une prédilection pour les *zarzuelas* (opérette espagnole) et le balle.

Théâtre royal (Teatro Real) – *Pl. de Oriente - ✆ 915 160 660 - www.teatro-real. com - M° Opera - billeterie : lun.-sam. 10h-13h30, 17h30-20h ; dim. et j. fériés 2h avant la représentation - Opéra 14-250 €, ballet 8-100 €, concert 20-80 €.* Surtout réputé pour la saison d'opéra, le théâtre royal est cependant très diversifié, proposant des concerts, des ballets et même des spectacles pour enfants.

Quant à la programmation des **Étés de la Ville** et du **Festival d'automne**, elle est aussi intéressante que variée. Un **Festival international de jazz** se déroule en novembre. Renseignements sur le site de l'office du tourisme.

Sports et loisirs

La chaleur oppressante de Madrid en été vous fera rechercher la fraîcheur de l'eau, surtout avec des enfants.

PLEIN AIR

Pour ceux qui se limitent au centre-ville, l'Estanque (lac) du **parc de Buen Retiro** est équipé d'un embarcadère où louer des barques.

Lago de la Casa de Campo (lac de la Casa de Campo) – *Av. del Angel s/n - ✆ 914 644 610 - M° Lago ou Puerta del Ángel - tlj 8h-22h - 4,30 € les 45mn.* Sur l'étang de la Casa del Campo, on peut louer des barques.

PISCINES

Centre sportif de la Latina (Polideportivo La Latina) – *Pl. Cebada - ✆ 913 658 031 - M° La Latina - Lun.-ven. 8h15-18h, w.-end 10h-20h30 - Entrée adulte 4,10 €, enfant 2,50 €.* Ce centre sportif un peu vétuste est un des rares gymnases du centre doté d'une piscine couverte et d'installations fitness correctes.

Piscine de la Casa de Campo – *Av. del Angel s/n - ✆ 914 630 050 - M° Lago ou Puerta del Ángel - Bus 31, 39, 65 et 138 - Juin-sept. 11h-21h ; oct.-mai : lun.-vend. 9h-20h - Entrée 4,10 €.* Une belle piscine à ciel ouvert en été et un bassin olympique couvert le reste de l'année.

Piscine de l'université Complutense – *C/Obispo Trejo, 2 - Ciudad Universitaria - ✆ 913 941 127 - Bus 46 - juin -sept. 11h-20h - Entrée : 4,80 €.* La piscine en plein air est ouverte au public en été.

DÉTENTE - BEAUTÉ

Medina Mayrit – *C/Atocha 14 - ✆ 902 333 334 (réservation) - www. medinamayrit.com - Soins à partir de 23 €, formule matinée 32 €.* Ces bains arabes offrent une pause détente bienvenue. Bains de vapeur, piscines d'eau chaude et soins variés. La formule des matinées en semaine inclut hammam, massage et déjeuner.

Achats

👁 Les soldes d'hiver débutent le 6 janvier et les soldes d'été le 1er juillet. Ils durent un mois.

Ne manquez pas le **marché aux puces du Rastro** *(M° Latina)* **plan III**, le dimanche matin. Outre la brocante, on y trouve des vêtements, de la déco et tout un bric-à-brac qui réjouira les chineurs.

Pour la mode élégante, le quartier de **Salamanca** est le plus indiqué, le long des calles de Serrano, de Goya et Jorge Juan.

La mode jeune se concentre le long de la **calle Fuencarral plan III** ou de la calle de Preciados et de la Gran Vía. Les jeunes designers et les boutiques de chaussures se répartissent autour de la **plaza de Chueca plan III**, le long des calles Augusto Figueroa et Gravina.

ARTISANAT ET TRADITIONS

Casa Hernanz – *C/Toledo, 18 - ✆ 913 665 450.* Le spécialiste de l'espadrille de toutes les façons et de toutes les couleurs. La palette de tons est si large que les adeptes des harmonies en feront leurs délices. Le magasin semble inchangé depuis 50 ans et on y trouve aussi fils et cordelettes en tout genre pour le macramé, ainsi que d'astucieux petits filets de cuisson pour réserver un aliment à part du ragoût.

Casa de Diego – *Puerta del Sol, 12 - ✆ 915 226 643 - C/Mesoneros Romanos, 4 - ✆ 915 310 223 - www.casadediego.com.* Vénérable maison madrilène qui fabrique des éventails depuis 1858, peints de couleurs pastel, ornés de scènes baroques ou exécutés en dentelles délicates. Cher mais réputé.

Almacenes Borca – *C/Marques Viudo de Pontejos, 2 - ✆ 915 326 153.* Linge de maison à l'ancienne en coton ou en lin, brodé ou ajouré. Grand choix de petits sacs brodés pour tout ranger ou pour parfumer les armoires. Merveilleux rayon de châles madrilènes brodés et des mantilles d'une superbe délicatesse.

Casa Seseña – *C/Cruz, 23 - ✆ 915 316 840 - www.sesena.com - 10h-13h30, 16h30-20h.* Cette maison familiale, fondée en 1901, confectionne sur mesure, à la main et avec un drap d'excellente qualité, des capes classiques ou modernes. Picasso, Hemingway ou Rudolf Valentino comptèrent parmi ses clients.

C. Barrely/Michelin

Un éventail inspiré de Goya.

Flamenco-World – *C/de las Huertas, 62 - ✆ 913 600 865 - www.flamenco-world.com.* L'une des meilleures boutiques pour le flamenco. La sélection de CD est impressionnante, mais on y trouve aussi de beaux livres, des photos et les jupes, robes et chaussures pour danser...

Casa Mira – *Carrera San Jerónimo, 30 - Mº Sevilla - ✆ 914 298 895 - 10h-14h, 17h-21h.* Les meilleures douceurs de la ville (turrón, massepain,...). Cette institution transmise de génération en génération depuis 1842 ne vend que des produits de qualité *suprema*, sans conservateurs ni additifs, pesés et coupés sous l'œil gourmand du client.

La Violeta – *Plaza de Canalejas, 6 - Mº Sevilla - ✆ 915 225 522 - Fermé août, dim. et j. fériés - 9h30-14h, 16h30-20h30.* Installé depuis 1915, ce confiseur était très renommé si l'on considère ses illustres clients : le roi Alphonse XIII, Jacinto Benavente et Valle Inclán. Il confectionne de délicieux chocolats et bonbons à la violette. Goûtez aussi aux savoureux marrons glacés.

Événements

La **Semaine sainte** donne lieu à une longue série de processions religieuses dans les rues de la capitale. La première se déroule le dimanche des Rameaux, viennent ensuite celles du Jeudi saint, du vendredi, du dimanche et du lundi de Pâques. Comme beaucoup de provinciaux en profitent pour retourner dans leur famille, Madrid est plus calme et beaucoup de restaurants et boutiques sont fermés du jeudi au lundi.

Le 15 mai, Madrid célèbre les fêtes de son saint patron : **saint Isidore** (san Isidro). Déjeuner sur la prairie de San Isidro, kermesses populaires avec des couples qui dansent le *chotis* (danse madrilène ressemblant à la mazurka), concerts de rock et, surtout, la fameuse feria de taureaux, l'une des plus renommée d'Espagne, sont les célébrations principales. Dans les foyers de Madrid, la tradition veut que l'on mange des gimblettes à l'anis ou de Santa Clara préparées pour l'occasion.

Toute la première quinzaine d'août, jusqu'au **15 août**, jour férié national, est à Madrid un temps de fêtes religieuses particulièrement ferventes. Après San Lorenzo, on célèbre San Cayetano puis la Vierge de la Paloma. Leur statue est promenée en procession à travers des rues du centre-ville. Les participants portent l'habit traditionnel madrilène, les femmes se drapent dans leurs grands châles brodés.

Le **9 novembre** est le jour de la patronne de la ville, la Vierge de la Almudena. Là aussi, c'est l'occasion de sortir la statue vénérée au cours d'une procession particulièrement colorée.

Monastère de l'Escurial★★★

Monasterio de El Escorial

CARTE GÉNÉRALE B2 – CARTES MICHELIN N^{OS} 575 ET 576 K 17
COMMUNAUTÉ AUTONOME DE MADRID

L'impressionnant monastère de San Lorenzo el Real, plus connu sous le nom de l'Escurial, s'élève dans un splendide cadre naturel au pied du mont Abantos, sur le versant sud de la sierra de Guadarrama. Philippe II fit construire ce bâtiment emblématique, créant ainsi un style alliant la magnificence des palais et l'austérité des monastères.

- **Se repérer** – San Lorenzo de El Escorial est à 49 km au nord-ouest de Madrid. Le monastère occupe la partie haute de la ville, juste à côté du vieux centre.
- **Se garer** – Les abords du monastère sont bordés de places de stationnement payant.
- **À ne pas manquer** – La galerie des peintures et le panthéon royal. En repartant, faites un détour par la Chaise de Philippe II, pour la vue d'ensemble.
- **Organiser son temps** – Commencez la visite dès l'ouverture et comptez 2 à 3h, sans vous presser. Vous pouvez ensuite déjeuner dans le centre-ville voisin ou acheter de quoi partir pique-niquer dans la sierra.
- **Avec les enfants** – Il est tout à fait possible de voir l'ensemble du monastère en 1h30 et de se concentrer ensuite sur la promenade en plein air.
- **Pour poursuivre le voyage** – La sierra de Guadarrama (au nord), Ségovie (52 km au nord) et Avila (64 km à l'ouest).

C. Labonne/Michelin

Le monastère de l'Escurial.

Comprendre

En mémoire du jour de San Lorenzo – Le 10 août 1557, jour de la Saint-Laurent, Philippe II bat les Français au cours de la mémorable bataille de Saint-Quentin. Pour commémorer ce fait, il décide de faire construire un ensemble monumental, à la fois monastère, palais et panthéon, dédié au saint et confié aux hiéronymites. La tradition veut que le plan du monastère rappelle, par sa forme de gril, le martyre de saint Laurent.

Si les travaux gigantesques – ne compte-t-on pas près de 1 200 portes et 2 600 fenêtres – ont accaparé 1 500 ouvriers, ils n'ont duré que vingt et un ans (1563-1584), d'où l'exceptionnelle unité de style de l'édifice.

Les projets du premier architecte, **Juan de Toledo**, sont suivis dans leurs grandes lignes après sa mort, en 1567, par son assistant **Juan de Herrera**. Par réaction contre le style très orné du règne de Charles Quint, les architectes ont décidé de réaliser une œuvre sobre aux lignes majestueuses.

Visiter

MONASTÈRE

☏ 918 905 902 - www.patrimonionacional.es/escorial/escorial.htm - avr.-sept. tlj sf lun. 10h-18h ; oct.-mars tlj sf lun. 10h-17h - fermé 1er et 6 janv., 1er Mai, 17 Juil., 10 Août, 24-25 et 31 déc. - 8 € (- 16 ans 4 €), 8,50 € (billet combiné avec Valle de los Caídos).

Longue de 206 m, large de 161 m, l'abbaye est bâtie en granit gris. La rudesse de la pierre accuse la sévérité des lignes architecturales. Obligé de surélever l'édifice par le roi, qui souhaitait accroître le nombre de religieux, Herrera réussit, par l'espacement asymétrique des rangées de fenêtres, à donner à l'ensemble une certaine élégance. Mais seules les tours d'angle aiguës atténuent la monotonie des longues perspectives horizontales.

Appartements royaux★★ (palacios)

Le quart nord-est des bâtiments est occupé par le palais des Bourbons tandis que la partie cernant l'abside de l'église et le cloître des Mascarons était celle où résidait Philippe II. L'Escurial eut une vie fastueuse sous la maison d'Autriche, mais les Bourbons, préférant La Granja, El Pardo ou Aranjuez, eurent tendance à délaisser le palais, qui ne retrouva vie qu'avec Charles III et Charles IV au 18e s. L'escalier construit sous Charles IV conduit au **palais des Bourbons** *(3e étage)*. Plafonds pompéiens et belles **tapisseries★**, les unes de la Manufacture royale de Madrid, les autres flamandes, ornent l'ensemble des salles. Parmi les tapisseries, celles exécutées d'après les cartons de Goya illustrent de pittoresques sujets populaires ; celle de « Neptune » fait partie de la série de *Télémaque*, tissée aux Pays-Bas ; enfin, dans la dernière salle, celles de Teniers montrent un style plein de véracité.

Ramenant à l'austérité autrichienne, très impressionnante par ses dimensions, la **salle des Batailles** est décorée de fresques (1587) illustrant au sud la bataille de Higueruela remportée sur les Maures au 15e s., et au nord la bataille de Saint-Quentin.

Après le luxe des Bourbons, c'est le retour à la sobriété avec la visite des **appartements de Philippe II** *(2e étage)*. Ceux de l'infante Isabelle Claire, gouvernante des Pays-Bas, comme ceux de son père, sont constitués d'une suite de salles minuscules dont la principale décoration est la céramique de Talavera au bas des murs. Dans la chambre du roi, où il mourut en 1598 à l'âge de 71 ans, une porte donne accès à l'église : elle lui permettait d'assister à l'office depuis son lit. Sur les murs, on peut admirer un *Saint Christophe* de Patinir et un portrait du roi, déjà âgé, exécuté par Pantoja de la Cruz. Face aux jardins et à la plaine sur lesquels elle offre une vue très agréable, la salle du Trône est agrémentée de tapisseries de Bruxelles du 16e s. Des portraits royaux garnissent les murs de la salle des Portraits qui lui fait suite. Dans la dernière pièce, on voit la chaise à porteurs destinée à transporter le roi qui souffrait de la goutte.

C. Barrely/Michelin

La salle des Batailles et ses fresques.

Panthéon royal★★ (Panteons)

On y accède par la cour des Évangélistes, dont les murs sont décorés de fresques par Tibaldi *(côté est)* et ses disciples.

Un escalier en marbre et jaspe mène au **panthéon des rois★★★**, situé sous le chœur de l'église. Tous les rois d'Espagne depuis Charles Quint y sont enterrés, à l'exception de Philippe V, Ferdinand VI et Amédée de Savoie, respectivement inhumés à La Granja, chez les visitandines royales de Madrid et en Italie.

La chapelle, de plan octogonal, fut commencée sous Philippe III en 1617 et terminée en 1654. Son principal architecte fut **Juan Bautista Crescenzi**. En face de la porte se trouve l'autel de jaspe et sur les murs de part et d'autre les 26 sarcophages de marbre et de bronze. Les rois se trouvent à gauche et les reines mères à droite. Le lustre, réalisé par un artiste italien, complète la somptueuse décoration.

Dans le **panthéon des infants★** (19e s.) reposent les reines n'ayant pas eu de descendance couronnée et les infants. On peut y admirer de délicates sculptures. Les conditions climatiques ont permis une excellente conservation de l'ensemble.

Salles capitulaires★ (Salas Capitulares)

Ces deux belles pièces aux plafonds peints de grotesques et de fresques par des artistes italiens constituent un musée de peinture religieuse espagnole (16e et 17e s.) et italienne (16e s.).

Dans la première salle sont exposées des toiles du **Greco** et de **Ribera**, un *Saint Jérôme* de Titien et *La Tunique de Joseph* que **Vélasquez** peignit à Rome. La seconde salle capitulaire est consacrée à l'école vénitienne du 16e s. : œuvres du **Tintoret**, de **Véronèse**, de **Titien** *(Ecce Homo)*. La salle du fond présente **Bosch** et son école. Ici on peut admirer la *Charrette de foin,* où se traduit une imagination débordante, et le *Couronnement d'épines (Los Improperios),* où l'on reconnaît sa verve satirique.

Basilique★★ (Basílica)

Plusieurs études furent présentées pour sa réalisation, et Herrera s'inspira des projets d'architectes italiens pour dessiner le plan définitif. Déjà dans l'atrium on est surpris par une nouveauté architecturale : la voûte plate. L'intérieur suit le schéma de Saint-Pierre de Rome avec son plan en forme de croix grecque, sa coupole haute de 92 m au-dessus de la croisée du transept supportée par quatre piliers colossaux, et les voûtes en berceau des bras du transept. Les **fresques** de la voûte ont été exécutées sous le règne de Charles II par Luca Giordano. On accède au sanctuaire, dont la voûte a été peinte par Cambiasso de scènes de la Vie de la Vierge et de Jésus, par de larges degrés de marbre rouge.

L'immense **retable**, haut de 30 m, conçu par Herrera, est composé de quatre étages de colonnes de jaspe, d'onyx, de marbre rouge, entre lesquelles se répartissent 15 sculptures de bronze de Leone et Pompeo Leoni. L'ostensoir fut également dessiné par Herrera. De chaque côté du chœur se trouvent les mausolées de Charles Quint et Philippe II : Pompeo Leoni les a représentés en prière avec leurs familles.

Dans la première chapelle du bas-côté gauche, on peut voir le *Martyre de saint Maurice,* réalisé par Rómulo Cincinato, que le roi préféra à celui du Greco *(voir plus bas),* et dans la chapelle à côté se trouve un magnifique *Christ* sculpté par **Benvenuto Cellini** (1562).

Cour des Rois (Patio de los Reyes)

L'un des trois portails classiques de la façade principale ouvre sur cette **cour** qui doit son nom aux statues des **rois de Judée** qui ornent la façade de l'église.

Bibliothèque★★ (Biblioteca)

Au 2e étage. La salle longue de 54 m possède une magnifique décoration. Les étagères, là encore dessinées par Herrera, sont en bois précieux, le plafond fut luxueusement peint par Tibaldi : ses compartiments représentent les arts libéraux et, sur les extrémités de la salle, la Philosophie et la Théologie. On y voit aussi les magnifiques portraits de *Charles Quint, Philippe II* et *Philippe III* réalisés par Pantoja de la Cruz et celui de *Charles II,* œuvre de Carreño.

Philippe II a réuni dans cette bibliothèque plus de 10 000 volumes, mais beaucoup ont disparu dans l'incendie de 1671 et pendant les guerres napoléoniennes. C'est actuellement une bibliothèque publique contenant plus de 40 000 livres et quelque 2 700 manuscrits allant du 5e au 18e s. On sera surpris par la présentation des livres dont le dos est tourné vers l'intérieur pour des raisons de conservation.

Les vitrines centrales, installées sur des tables de marbre, renferment quelques manuscrits précieux qui comptent des manuscrits arabes, les livres autographes de sainte Thérèse, les *Cantigas de Santa María,* œuvre poétique d'Alphonse le Sage, aux belles enluminures, et un Béatus du 11e s.

Nouveaux musées★★ (Nuevos Museos)

Dans les caves voûtées, le **musée d'Architecture** évoque la construction du monastère : iconographie de ses principaux artisans, coût des travaux, dessins de Herrera...

Le **musée de Peinture** possède une intéressante collection d'œuvres sur des thèmes religieux. Parmi les nombreuses toiles de peintres italiens, on note essentiellement ceux de l'école vénitienne du 16e s. (**Titien**, **Véronèse** et **le Tintoret**). Dans la salle consacrée à la peinture flamande se remarquent deux œuvres de Van Dyck et une de Rubens de petite taille. La salle suivante est consacrée à Miguel de Coxcie, peintre de Philippe II. Dans la salle qui suit, ne manquez pas le remarquable *Calvaire* de **Roger**

Van der Weyden, sobre mais expressif, entouré de *L'Annonciation* de Véronèse et de *La Nativité* du Tintoret. Vous verrez ensuite des toiles de **Ribera** (*Saint Jérôme en pénitence*, le *Philosophe Chrysippe* et *Ésope*) qui frappent par les traits énergiques et réalistes de ses portraits, ainsi que deux tableaux de **Zurbarán** : *Saint Pierre de Alcántara* et la *Présentation de la Vierge*, où l'on reconnaît son merveilleux traitement de la lumière et des matières. En fin de parcours, notez deux tableaux d'Alonso Cano et différentes œuvres de Luca Giordano.

La section de peinture accorde une place d'honneur à l'œuvre du **Greco**, **Le Martyre de saint Maurice et la légion thébaine★**. Cette toile avait été commandée par Philippe II qui, choqué par l'originalité de la composition et les couleurs acides, la refusa. Le martyre de la légion qui avait refusé de sacrifier aux dieux passe au second plan, toute l'ampleur étant donnée au moment crucial où saint Maurice essaie de convaincre ses compagnons de se laisser exécuter.

AUTRES CURIOSITÉS

Pavillon du Prince (ou du bas) ★ Casita del Príncipe (o de abajo)

Au sud-est par la route de la gare - ✆ 918 905 902 - www.patrimonionacional.es/escorial/escorial.htm - juil.-sept. : tlj sf lun. mat. et apr.-midi ; avr.-juin : w.-end et j. fériés mat. et apr.-midi - fermé oct.-mars, 1er Mai, 17 juil., 10 août - 3,60 € (- 16 ans 2 €).

Dans le jardin du Prince, **Juan de Villanueva** a construit à la demande de Charles III un **pavillon** de loisir pour le futur Charles IV. Son exquise décoration fait de ce palais miniature un véritable bijou : **plafonds★** peints dans le style pompéien par Maella et Vicente Gómez, tentures de soie, toiles de Luca Giordano, lustres, porcelaines, et une très belle salle à manger en acajou et marbre.

Pavillon de l'Infant (ou du haut) Casita del Infante (o de arriba)

3 km au sud-ouest après le golf - ✆ 918 905 902 - www.patrimonionacional.es/escorial/escorial.htm - juil.-sept. : tlj sf lun. mat. et apr.-midi ; avril-juin : w.-end et j. fériés mat. et apr.-midi - fermé oct.-mars, 1er Mai, 17 juil., 10 août - 3,40 € (- 16 ans 1,70 €).

Comme celui du Prince, il fut construit par Juan de Villanueva pour l'infant Gabriel, frère de Charles IV. L'intérieur est meublé dans le style de l'époque. Le premier étage a été aménagé pour le prince Juan Carlos avant son accession au trône.

Chaise de Philippe II (Silla de Felipe II)

Pour vous y rendre, prenez à gauche après le monastère une route signalisée « Entrada Herrería-Golf » et suivez la signalisation « Silla de Felipe II ».

C'est de cet endroit que Philippe II surveillait l'avancement d'un chantier qui fut l'œuvre de toute sa vie et contribua à vider les caisses royales. On bénéficie d'une belle **vue★** d'ensemble sur le monastère et son site.

Circuit de découverte

Vallée de los Caídos★ (Valle de los Caídos)

16 km au nord-ouest par la M 600 et la M 527 - ✆ 918 905 611 - www.patrimonionacional.es/valle/valle.htm - avr.-sept. tlj sf lun. 10h-18h30 ; oct.-mars tlj sf lun. 10h-17h - fermé 1er et 6 janv., 1er Mai, 17 juil., 10 août, 24-25 et 31 déc. - 5 € (- 16 ans 2,50 €), 8,50 € (billet combiné avec l'Escorial).

Au cœur de la sierra de Guadarrama, sur un **site★★** grandiose, Franco a fait élever, de 1940 à 1958, un gigantesque monument à la mémoire des morts de la guerre civile (1936-1939) : c'est le *Valle de los Caídos* (« La vallée de ceux qui sont tombés »). La main-d'œuvre utilisée pour ce chantier gigantesque comptait surtout des républicains, prisonniers de cette même guerre. À quelques exceptions près, les morts qui y sont enterrés appartenaient au camp nationaliste.

On accède au site par une jolie route ombragée qui mène jusqu'au pied de l'esplanade de la basilique, creusée dans la montagne, au fond d'une vallée ouvrant sur la sierra. L'ensemble est dominé par la croix monumentale.

Basilique★ – Dans sa façade austère de granit s'ouvre le portail, aux vantaux de bronze, surmonté d'une *pietà* sculptée par **Juan de Ávalos**. L'intérieur impressionne par son immensité, à la fois austère et pompeuse. À l'entrée, la grille de fer forgé est décorée de 40 statues représentant des saints et des guerriers espagnols. La nef, longue de 262 m (Saint-Pierre de Rome : 186 m), est jalonnée de chapelles entre lesquelles on a placé huit copies de tapisseries bruxelloises du 16e s. ayant pour sujet les scènes de l'Apocalypse. Au-dessus de chacune des chapelles, des statues d'albâtre figurent la Vierge. Le style des sculptures est représentatif du genre qui avait la faveur du régime franquiste. À la croisée du transept s'élève une **coupole★** de 42 m de diamètre revêtue de mosaïques qui montrent héros, martyrs et saints de l'Espagne se dirigeant vers le Christ en majesté et vers la Vierge. Le Christ en bois peint, dont la croix est un tronc de genévrier, est dû au sculpteur Beovides.

Au pied de l'autel se trouvent les dalles funéraires de **José Antonio Primo de Rivera**, fondateur de la Phalange, parti nationaliste fascisant, et du général **Franco**, chef de l'État jusqu'à sa mort en 1975. Des ossuaires contiennent les cercueils de 40 000 soldats et civils tombés pendant la guerre civile. En 1958, Franco a autorisé l'inhumation des soldats de l'armée républicaine dans le sanctuaire, sous réserve qu'ils soient catholiques. Dans la pratique, peu de familles ont accepté que leurs disparus reposent auprès du *Caudillo*. Chaque année, le 18 novembre, la célébration en mémoire des victimes de la guerre civile rassemble surtout les derniers franquistes. En 2006, le Conseil de l'Europe a préconisé la création sur le site d'une exposition sur le franquisme et sur le rôle des prisonniers républicains dans la construction du mausolée.

La Croix monumentale – Œuvre de l'architecte **Diego Méndez**, elle mesure 125 m de haut (150 m avec le socle), la longueur des bras est de 46 m. Les statues des Évangélistes, adossées au socle, et celles des Quatre Vertus cardinales dressées au-dessus ont été réalisées par Juan de Ávalos. Elles frappent par leurs dimensions. De la base où l'on accède par funiculaire, on découvre une belle **vue** sur le massif. Le monastère, immense construction aux accents herrériens, est occupé par des bénédictins.

Monastère de l'Escurial pratique

informations utiles

Office du tourisme – *Grimaldi, 2 - 28200 San Lorenzo de El Escorial - 918 905 313 - www.sanlorenzoturismo.org - tlj sf w.-end 10h-18h.* Ceux qui voudraient explorer le village autour du monastère demanderont les deux itinéraires de découverte de l'architecture (16e ou 18e s.) pour faire des balades à pied. Ne manquez pas non plus de consulter le site Internet www.sanlorenzoturismo.org.

Transports

Bus – Pour venir depuis Madrid, prendre la ligne de bus 661 ou 664 à la gare routière de Moncloa (**Autocars Herranz**).

Train – Les lignes de grande banlieue **Cercanías C8** relient Madrid à El Escorial. La gare se trouve à 20 mn à pied du monastère, en bas de la colline.

Se loger

Best Western Florida – *Floridablanca, 12 - 918 901 721/520 - www.bestwesternhotelflorida.com - 50 ch. 90 €.* Un hôtel de bon confort au décor impersonnel, mais sobre et agréable. L'immense avantage est d'être situé en face de l'entrée du monastère, à proximité du petit centre-ville.

Se restaurer

Si vous avez le temps de flâner, faites un tour dans le plaisant centre-ville, tout proche du monastère. Vous y trouverez cafés, bars et restaurants car le site est très touristique et fort apprécié des Madrilènes qui y viennent le week-end.

La Chistera – *Pl. Jacinto Benavente, 5 - 918 903 726 - fermé lun. soir - menu midi 9 €, soir 14 €.* Une bonne adresse pour un repas copieux et bon marché ou pour grignoter des tapas.

La Cueva – *C/San Antón, 4 - 918 901 516 - www.mesonlacueva.com - Fermé lun. - menus 16 € et 28 €.* Un restaurant à l'ancienne, qui existe depuis la fin du 18e s. On y mange les classiques tapas ou des plats traditionnels espagnols.

Parilla Principe – *Floridablanca, 6 - 918 901 611 - fermé mar.* Logé dans une demeure du 18e s. face au monastère, cet hôtel-restaurant propose une cuisine castillane traditionnelle de bonne qualité, notamment pour la viande grillée.

Événements

Le 10 août se célèbre la fête de saint Laurent *(San Lorenzo)*, patron du village et du monastère.

Alcalá de Henares★

197 804 HABITANTS
CARTE GÉNÉRALE B2 – CARTES MICHELIN N°s 575 ET 576 K 19
MADRID

Alcalá – qui signifie château en arabe – protège environ cinq cents édifices classés derrière ses remparts. Ville universitaire comme Salamanque, Alcalá peut de surcroît se vanter d'avoir vu naître l'auteur de Don Quichotte. D'ailleurs, de nombreux commerces ont adopté l'illustre nom de l'écrivain et les bouquinistes installés place... Cervantès n'ont cessé de vous rappeler le destin littéraire de la cité. Promenez-vous calle Mayor, à l'ombre de ses portiques, de ses maisons à colombages et de ses parasols.

- **Se repérer** – Alcalá de Henares se trouve à 32 km à l'est de Madrid et à 25 km au sud-ouest de Guadalajara.
- **Se garer** – Parking souterrain San Lucas.
- **À ne pas manquer** – El Corral de Comedias.
- **Organiser son temps** – Une journée.
- **Avec les enfants** – El Corral de Comedias.
- **Pour poursuivre le voyage** – Aranjuez, Guadalajara et Madrid.

Comprendre

À l'époque romaine, « Complutum » est une cité antique florissante. Mais l'histoire d'Alcalá est surtout liée à celle de son université, créée en 1498 par le cardinal Cisneros. En 1517, elle donne le jour à la première bible polyglotte d'Europe. En 1836, elle est transférée à Madrid.

Alcalá voit naître **Catherine d'Aragon**, fille des Rois Catholiques, l'une des épouses d'Henri VIII d'Angleterre ; **Bustamante**, architecte de la Renaissance et auteur de l'hôpital de Tavera à Tolède ; **Cervantès**, dont on peut visiter la maison natale. Deux mots résument la vie de **Miguel de Cervantès Saavedra** (1547-1616) : aventure et littérature. Après avoir passé quatre ans en Italie, il s'engage comme soldat et participe à la bataille de Lépante où il est blessé. En 1575, les Turcs le font prisonnier et le conduisent à Alger où il connaît cinq ans de captivité avant d'être libéré par les pères trinitaires. En 1605 paraît son **Don Quichotte** dont le succès est inestimable. Au-delà du tragi-comique de cette association entre un don Quichotte idéaliste et un Sancho Pança commandé par ses instincts, il faut voir à travers cette œuvre la méditation d'un homme de 58 ans qui se penche sur sa vie et son époque. Cervantès se consacre alors définitivement à la littérature. On lui doit les *Nouvelles exemplaires*, récits séduisants par leur style et leur humour, des comédies, des *entremeses* (courtes pièces de théâtre en prose) et enfin la seconde partie du *Quichotte*, qu'il publie en 1615 poussé par la nécessité… en effet, un imitateur a déjà écrit une suite au roman ! Un an plus tard, il meurt à Madrid.

Visiter

Ancienne université★ (Colegio de San Ildefonso)

Plaza de San Diego, s/n - ✆ 918 856 487 - visite guidée, se renseigner - 3 €.

L'édifice abrite aujourd'hui le rectorat de l'université. Sa **façade plateresque** (1543), œuvre de Rodrigo Gil de **Hontañón**, est couronnée par une balustrade. Le corps central, encadré par le cordon des franciscains (ordre du cardinal Cisneros), porte le blason impérial de Charles Quint. Dieu veille sur le fronton. Conçu par le disciple de Herrera, Juan Gómez de Mora, à qui l'on doit la Plaza Mayor et l'hôtel de ville, le **Patio Mayor** (17e s.), dit de Santo-Tomas de Villanueva, présente trois étages. Au centre, le puits est décoré de cygnes, emblème du cardinal. On traverse ensuite le **patio des Philosophes**, qui hébergeait autrefois les chambres d'étudiants, et on accède au **patio trilingue** (1557) où étaient enseignées les langues mortes : latin, grec et hébreu. Ce patio Renaissance (16e s.), d'une grande sobriété, appartenait au Colegio de San Jerónimo. Il dessert le **Paranínfo** (1520), petite salle réservée jadis aux examens et aux cérémonies de fin d'études, où on célèbre de nos jours l'ouverture solennelle de l'université. Elle possède, à l'étage, une belle galerie plateresque et un magnifique **plafond à caissons mudéjar**, où les entrelacs sont formés par des étoiles à six branches polychromes. La **chapelle (Capilla de San Ildefonso),** érigée au début du 16e s., était l'église de l'université. Sa nef unique et son *presbiterio* sont couverts d'un **artesonado mudéjar**. Les murs sont ornés de reliefs de **stuc** : à droite,

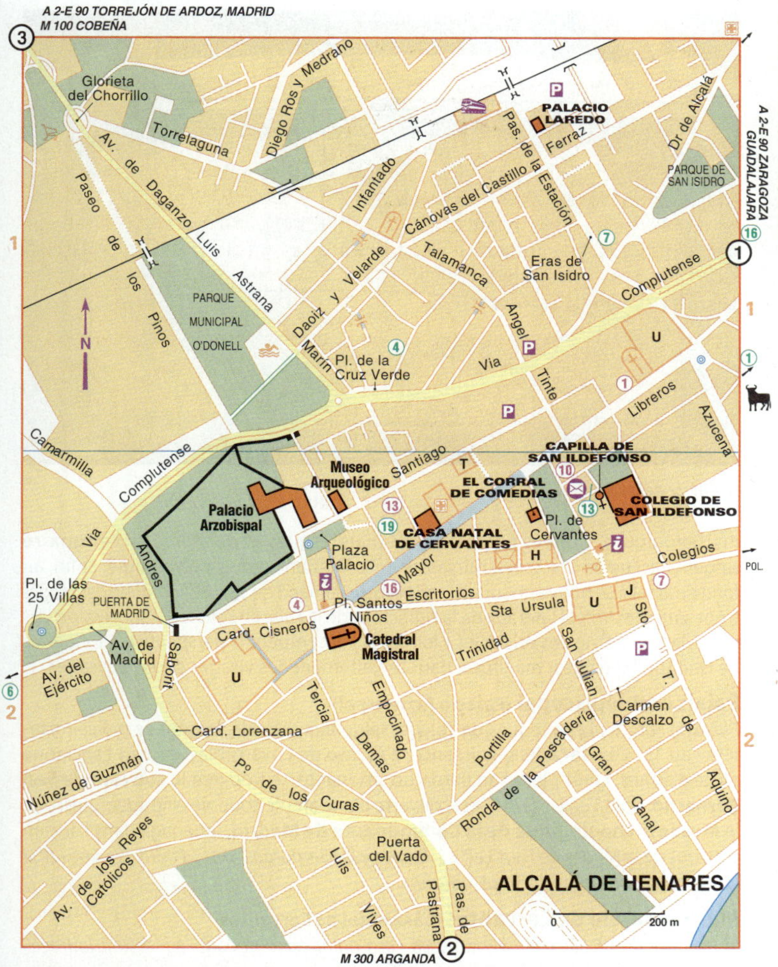

SE LOGER

- Hostal Cuarto Caños 1
- Hostal Don Juan I 4
- Hostal Jacinto 7
- Hotel Campanile 6
- Hotel Husa El Bedel 13
- Hotel Ibis 16
- Miguel de Cervantes 19

SE RESTAURER

- El Ruedo 1
- Gambrinus 4
- Hosteria de Alcalá de Henares 7
- La Taberna De Lucas 10
- Los Balcones de Alcalá 13
- Nino 16

ils révèlent un style gothique tardif tandis qu'à gauche, le style plateresque domine. Au centre du *presbiterio*, sculpté dans le marbre de Carrare, le **mausolée** du cardinal Cisneros (ses restes reposent dans la cathédrale d'Alcalá) est l'œuvre de **Fancelli et Bartolomé Ordóñez**.

Cathédrale (Catedral Magistral)

Plaza de los Santos Niños. Élevée entre 1497 et 1515, la cathédrale a subi divers remaniements. Sur le portail central, s'entremêlent éléments gothiques, plateresques et mudéjars. L'intérieur, de style gothique tardif, recèle d'élégantes **grilles**. Quant au cloître *(accès par la calle Tercia)*, il héberge le **musée de la Cathédrale★** *✆ 918 821 354 - tlj mat. et apr.-midi, sam. mat. - fermé dim. et certains j. fériés - 1 €*. Le **gisant★★** de l'archevêque de Acuña, en albâtre, du 15e s., est entouré d'une belle corniche architecturée qui démarque le lit d'apparat. Quelques volumes de la Bible forment des colonnes en latin, grec, hébreu et araméen. Une **broche**, du 16e s., en argent doré et incrustée de pierres précieuses, arbore au centre deux saints martyrs en relief. La **Châsse aux cinq sens★★** (arlequeria de los cincos sentidos), du 16e s., en argent doré, est plaquée de bas-reliefs en ivoire d'une extrême finesse. Inspirés des gravures de Cornelis Cort et d'après les dessins de Frans Floris, ils représentent des scènes

S. Sergent/Michelin

La Châsse des cinq sens.

mythologiques, cernées par des motifs plateresques et isabélins. Un **reliquaire** singulier accueille une scène miniature de la Passion en bois polychrome. Enfin, au fond de la salle se trouve un superbe **triptyque** flamand de 1520. *L'Adoration des Mages* trône entre les volets latéraux de la *Nativité* et de la *Fuite en Egypte*. La succession des plans, la géométrie des sols et les « lointains » accentuent la perspective. L'influence de Quentin Metsys est manifeste dans le traitement des visages et des paysages.

Palais archiépiscopal (Palacio Arzobispal)

Plaza de Palacio. Les évêques de Tolède, seigneurs d'Alcalá, érigent ce palais-forteresse au 13e s. La **façade** Renaissance, d'Alonso de Covarrubias, cachait l'ancienne place d'armes. Sur la place San Bernardo, attenante, se trouvent le **couvent de San Bernardo**, dont l'église (17e s.) est couverte d'une ample coupole elliptique, ainsi que le **Musée archéologique de la Communauté de Madrid**, aménagé dans l'ancien couvent de la Madre de Dios (17e s.). *Plaza de las Bernardas, s/n - ☏ 918 796 666 - tlj sf lun. mat. et apr.-midi, dim. mat. - gratuit.*

Maison natale de Cervantès (Casa natal de Cervantès)

Mayor, 48 - ☏ 918 899 654 - www.museo-casa-natal-cervantes.org - ♿ - tlj tte la journée - fermé lun., 1er janv., 24-25 et 31 déc. - gratuit.

Le musée s'ouvre sur un charmant patio. Huit colonnes de granit corinthiennes supportent la galerie supérieure. À l'entrée se trouve le puits d'origine. La distribution et la fonction des pièces s'inspirent des maisons romaines et arabes. À proximité immédiate, les salles ont une relation directe avec la vie familiale et sociale. La *botica* (cabinet) de Rodrigo de Cervantès (père de l'écrivain) montre un mobilier et un ensemble d'objets liés à sa profession de chirurgien-saigneur. Un mur est couvert de fresques, de bandeaux verticaux bleus et rouges, de lettres gothiques et de motifs végétaux Renaissance. En plus des tomettes et des poutres apparentes, récurrentes dans toute la maison, la salle à manger possède une frise d'azulejos dans le style de l'Escorial. L'*estrado*, l'équivalent arabe du gynécée, est la prérogative des femmes. Miguel vivait entouré de sa mère, ses sœurs, sa grand-mère, sa tante. Elles passaient leurs journées à lire, prier, jouer de la musique, coudre et éduquer les enfants. Les tentures les protégeaient du froid hivernal. À l'étage, les pièces concernent la vie privée. Les chambres du maître de maison (*alcoba del cabalelero*), des femmes et des enfants (*aposentos*), réunissent un mobilier des 16e s. et 17e s. : lit à baldaquin, secrétaires, braseros, coffres et objets domestiques liés à la toilette. La *sala de ediciones* expose une édition française de 1677 intitulée *Histoire de l'admirable Don Quixotte de la Manche*, de la taille d'un livre de prière.

Théâtre médiéval★★ (El Corral de Comedias)

Plaza Cervantès, 12/17 - ☏ 918 821 354 - tlj sf lun. - visites guidées mar.- vend. 11h30, 12h30, 13h30, 17h, 18h ; sam. et dim. le mat. - 2,50 €.

Ce théâtre est le plus ancien d'Europe. Il apparaît en 1601, dans les mêmes dimensions qu'aujourd'hui, comme une place rectangulaire en plein air cernée d'habitations. Les étudiants de l'université venaient y jouer des représentations. Le public écoutait debout ou assis sur le sol en pierre, visible sous le plancher actuel. Puis on y construisit une estrade ou « balcon de las aparencias », où les comédiens montaient depuis la fosse, actionnés par des machines. Le toit est ajouté en 1700. En 1800, la vogue du théâtre romantique français gagne la péninsule Ibérique. Le Corral prend alors sa forme actuelle. Au premier étage, se trouve le balcon d'honneur réservé aux femmes. Les hommes se tenaient en bas. Au deuxième étage, des niches à colombages accueillaient jadis des fenêtres ou des portes permettant aux clients de l'hôtel voisin d'assister discrètement aux spectacles. Cette pratique a engendré la construction de loges. Le théâtre pouvait accueillir 700 personnes et assoit dorénavant 150 spectateurs.

Palais Laredo★

Paseo de la Estación - tlj sf lun. - visites guidées mar.- ven. 11h, 12h, 13h, 17h, 18h, 19h ; sam. et dim. 11h, 11h45, 12h30, 13h15, 17h, 17h45, 18h30, 19h15 - 2,10 €.

Ce palais, de style andalous, est construit en 1880 par l'architecte et maire de la ville, M. J. Laredo. L'édifice affiche un style néogothico-mudéjar, alliant décor de stucs oriental et faïences émaillées sur la tour-minaret. Le plafond de la salle du trône illustre le firmament, tel qu'on pouvait se l'imaginer au Moyen Âge. Ce palais abrite le **museo Cisneros**.

Alcalá de Henares pratique

Informations utiles

Office de tourisme – *Plaza de los Santos Niños - 28801 Alcalá de Henares - ✆ 918 810 634.*

Transports

Gare ferroviaire RENFE – *Paseo de la Estación - ✆ 902 240 202.*

Gare routière – *Avenida de Guadalajara, 5 - ✆ 918 881 622.*

Se loger

⊖ **Hostal Jacinto** – *Paseo de la Estación, 2 - ✆ 918 891 432 - 9 ch. 40/50 € - ☕.* S'adresse aux petits budgets. Très correct.

⊖ **Hostal Don Juan I** – *Calle Don Juan 1ro, 9 - ✆ 918 833 484 - www.hostaldonjuani.com - P -17 ch. 50/60 €.* Brique, parquet, équipements récents et accueil chaleureux : un bon entrée de gamme.

⊖ **Hostal Cuatro Caños** – *Divino Figueroa, 10 - ✆ 918 813 844 - www.hostalalcala.com - 15 ch. 50/60 € - ☕.* Situé au pied de la muraille, à 5mn de l'université, cet hôtel simple et bien tenu propose des chambres à lits jumeaux.

⊖ **Hotel Ibis** – *Carretera N II km. 33,5 (centro comercial La Dehesa) - ✆ 918 796 850 - www.ibis.com - 85 ch. 50/60 € - ☕.* Bien qu'un peu excentré, ce standard de la chaîne a l'avantage d'être récent.

⊖⊖ **Miguel de Cervantes** – *Calle Imagen, 12 - ✆ 918 831 277 - www.hostalcervantes.com -13 ch. 80/90 € - ☕.* Cette demeure du 17e s. dispose de chambres vieillottes mais confortables à prix abordable.

⊖⊖ **Hotel Campanile** – *Calle Fausto Elhuyar, 9 - ✆ 918 025 612 - www.campanile.com - P 110 ch. 65/75 € - ☕ inclus.* Cet hôtel moderne tout confort, décline des bois clairs et des couleurs gaies.

⊖⊖ **Hotel Husa El Bedel** – *Plaza de San Diego, 6 - ✆ 918 093 700 - www.husa.es - 50 ch. 95/120 € - ☕ 9,50 €.* Situé face à l'université, cet hôtel est l'unique hôtel de caractère de la ville. Restaurant et cafétéria.

Se restaurer

⊖ **NIno** – *Calle Mayor, 70 - ✆ 918 883 000.* Ce bar à tapas populaire jouit d'une terrasse sympathique sur la Calle Mayor.

⊖ **El Ruedo** – *Calle de los Libreros, 38 - ✆ 918 806 919.* Tapas et cuisine traditionnelle.

⊖⊖ **Gambrinus** – *Calle de los Santos Niños, 4 - ✆ 918 801 411.* Ambiance de taverne avec ses tables perchées sur des tonneaux dans un décor de briques et tomettes.

⊖⊖ **Los Balcones de Alcalá** – *Calle Cervantes, 2 - ✆ 918 771 016 - www.tapasalcala.com.* Ce restaurant est agencé sur deux étages, autour d'un agréable patio décoré de brique et d'azulejos. Plats « dégustation » de charcuterie pour deux personnes.

⊖⊖ **La Taberna de Lucas** – *Calle Bustamante de la Cámara, 3 - ✆ 918 796 172.* Les tables sont séparées par de beaux ouvrages en fer forgé. La cuisine est simple et le service, souriant.

⊖⊖⊖ **Hostería de Alcalá de Henares** – *Colegios, 3 - ✆ 918 880 330.* Restaurant gastronomique appartenant aux Paradors. Goûtez « las migas del pastor ».

Achats

Jalinas – *Plaza Cervantès, 21.* Pâtisserie et confiserie artisanale. Incontournable !

Événements

Chaque année, le 23 avril : remise du **prix Cervantès**, Nobel des lettres castillanes par le roi et la reine d'Espagne.

Aranjuez★★

43 926 HABITANTS
CARTE GÉNÉRALE B2 – CARTES MICHELIN N°s 575 ET 576 L 19
MADRID

Au milieu de l'âpre plateau castillan, Aranjuez apparaît comme une oasis avec ses frondaisons et ses avenues entourant ses palais. Le contraste est saisissant quand on vient du Sud. Les allées ombragées que les écrivains ont célébrées, que les musiciens ont chantées (Joaquín Rodrigo et son fameux *Concerto d'Aranjuez*) et où les peintres ont planté leur chevalet sont devenues l'une des promenades dominicales préférées des Madrilènes.

- **Se repérer** – Située près de la A 4 qui relie Madrid à l'Andalousie, la ville est équidistante (47 km) de la capitale et de Tolède.
- **Organiser son temps** – Un après-midi.
- **Pour poursuivre le voyage** – Madrid (au nord), Tolède (au sud-ouest), Alcalá de Henares (85 km au nord-est).

C. Labonne/Michelin

La façade ouest du Palais royal vue depuis la place elliptique.

Comprendre

L'émeute d'Aranjuez – En mars 1808, Charles IV, la reine et le Premier ministre **Godoy** sont à Aranjuez. Leur départ pour l'Andalousie et de là pour l'Amérique est décidé pour le 18. L'année précédente, en effet, Napoléon Ier a obtenu de Godoy l'autorisation de faire passer en Espagne les troupes qui devaient combattre le Portugal, favorable aux Anglais. L'installation des troupes françaises dans le Nord inquiète les Espagnols, et Godoy a conseillé au roi d'imiter l'exemple des souverains portugais qui ont quitté Lisbonne pour le Brésil en novembre. Dans la nuit du 17 mars, le palais de Godoy est attaqué par les partisans du prince héritier Ferdinand, désireux de s'emparer du trône. Charles IV doit destituer son ministre et, le lendemain, abdiquer en faveur de son fils. En réponse, Napoléon convoque à Bayonne Ferdinand et son père et les contraint à abdiquer en sa faveur (5 mai). Ces négociations et la présence de la garnison française à Madrid mécontentent le peuple. La révolte de mai 1808 marque le début de la guerre d'Indépendance espagnole.

Découvrir

SITES ROYAUX★★ (REALES SITIOS)

Les Rois Catholiques aimaient déjà séjourner dans le palais primitif du 14e s. Charles Quint agrandit le domaine ; mais on doit surtout le **palais** actuel à l'initiative de Philippe II qui fait appel aux futurs architectes de l'Escurial pour construire de nouveaux bâtiments autour desquels on commence à aménager des **jardins**. Au 18e s., les Bourbons font d'Aranjuez l'une des principales **résidences royales** et l'embellissent.

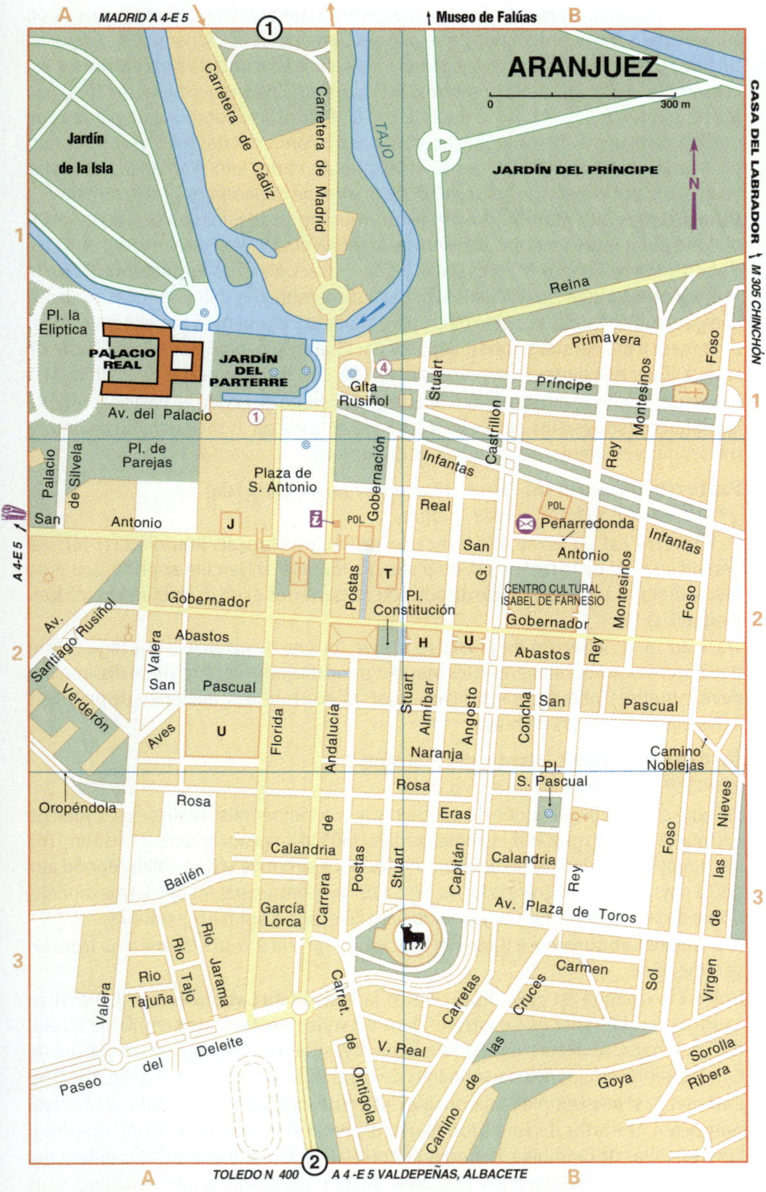

SE RESTAURER
Carême .... ①
La Rana Verde .... ④

Ravagé par un incendie en 1727, le palais est à peine réédifié en 1748 qu'il en subit un second. Il est à nouveau restauré, on construit alors l'actuelle façade principale. Ferdinand VI édifie la ville au plan quadrillé, Charles III ajoute les deux ailes du palais, Charles IV élève la délicieuse maison du Laboureur.

Palais royal★ (Palacio Real)

☎ 918 910 740 - Visite guidée - avr.-sept. tlj sf lun. 10h-18h15 ; oct.-mars tlj sf lun. 10h30-17h15 - fermé lun., 1er et 6 janv., 1er Mai, 24-25 et 31 déc. - 4,50 € (- 16 ans 2,50 €).

En pierre et brique, il date du début du 18e s. Malgré de nombreuses modifications, il possède une réelle unité de style. En face d'une vaste place s'ouvre la cour d'honneur, encadrée par un bâtiment principal et deux ailes en retour. Aux angles s'élèvent deux pavillons surmontés d'un dôme. L'aménagement des salles est demeuré tel qu'il était à la fin du 19e s.

Dans les **appartements du roi**, la salle de musique précède le fumoir ou « salon arabe », amusante reproduction de la salle des Deux sœurs de l'Alhambra de Grenade. Un beau Christ de Mengs orne la chambre à coucher. Le **salon de porcelaine★★** est l'ensemble le plus gracieux et intéressant du palais. Entièrement réalisé (1763) à la Manufacture de porcelaine du Buen Retiro à Madrid, il se compose de plaques de porcelaine blanche sur lesquelles courent des guirlandes et des reliefs représentant des scènes de la vie chinoise, des sujets exotiques et des jeux d'enfants. Les portes en bois sculpté et peint, le lustre, le sol de marbre ne déparent pas cette réussite. La **salle du trône**, aux murs tendus de velours rouge, possède un mobilier rococo et un plafond peint représentant l'allégorie de la monarchie. Dans ce salon eut lieu l'acte d'abdication de Charles IV après l'émeute du 17 mars. Dans les **appartements de la reine Marie-Louise**, on voit dans la petite antichambre des toiles de Luca Giordano; dans le salon de musique, piano offert par l'impératrice Eugénie à Isabelle II. L'escalier d'honneur a été construit sous Philippe V par l'Italien Giacomo Bonavia. Le buste de Louis XIV par le sculpteur Coysevox rappelle l'ascendance française de Philippe V.

À la fin de la visite, le **musée de la Vie au Palais** (Museo de la vida en Palacio) présente les différents souverains qui s'y sont succédé et la vie qu'ils menaient au château à travers des vêtements, des meubles et des objets.

Parterre et Jardin de l'Île★ (Parterre y Jardín de la Isla)

✆ 918 910 740 - tlj tte la journée - gratuit.

Le **Parterre** est un jardin à la française, œuvre du Français Boutelou (1746), qui s'étend au pied de la façade est du palais. La fontaine d'Hercule apporte une note mythologique à l'harmonieuse disposition de parterres et de grands arbres (cèdres, magnolias).

Tracé au 16e s., le **jardín de la Isla** se trouve sur une île artificielle du Tage. Il faut traverser le canal qui alimentait les moulins pour atteindre ce parc, où se dissimulent de nombreuses fontaines parmi les bosquets de marronniers, de frênes, de peupliers et les haies ou massifs de buis.

Jardin du Prince★ (Jardín del Príncipe)

✆ 918 910 740 - tlj tte la journée - gratuit.

Entouré d'une grille flanquée de quatre portes monumentales réalisées par Juan de Villanueva, c'est un gracieux et immense parc (150 ha) longeant le Tage. Réalisé en 1763 par Boutelou à la demande du futur Charles IV, ce jardin de style anglais répond aux goûts paysagers en vogue à la fin du 18e s. Les rois y entretenaient une ferme modèle, dotée de serres tropicales, et y pratiquaient l'élevage d'animaux exotiques.

Maison du Laboureur★★ (Casa del Labrador) – *✆ 918 910 305 - fermé pour travaux, se renseigner.*

Isolée à l'extrémité est du jardin du Prince, la **maison du Laboureur** est le fruit d'un caprice du roi Charles IV. Construite dans un style néoclassique semblable à celui du Palais royal, sa décoration est plus riche et fastueuse. Vingt bustes en marbre de Carrare, représentant des personnages de l'Antiquité, couronnent la grille d'entrée. L'intérieur est un exemple remarquable de l'art décoratif du 18e s. : plafonds de style pompéien, tentures de soie brodée, portes en acajou, sols de marbre, meubles, lampes, toiles de Brambilla, horloges et porcelaines témoignent du raffinement qui régnait à la cour des Bourbons d'Espagne. Au premier étage, la salle de billard, sous une voûte de Maella (les quatre éléments), possède de magnifiques broderies sur soie représentant des vues de Madrid. La galerie des statues est ornée d'authentiques bustes grecs et son sol de marbre a des incrustations de mosaïques romaines trouvées à Mérida. L'horloge, au centre, exécutée à Paris, reproduit la colonne de Trajan. Dans le salon de la reine Marie-Louise, remarquables tentures brodées de 97 tableautins. Le centre de la salle de bal est occupé par un magnifique cadeau du tsar Alexandre III à Charles IV, une table et un fauteuil en malachite. Enfin, le cabinet de platine est décoré d'incrustations d'or, de platine, de bronze; remarquer dans l'antichambre un oiseau fait d'une seule pièce d'ivoire.

Musée des Barques royales (Museo de Falúas) – *✆ 918 912 453 - tlj tte la journée - fermé lun., 1er et 6 janv., 1er Mai, 24-25 et 31 déc. - 2 €.*

À proximité de l'ancien embarcadère, le musée expose les **embarcations royales★** qui formaient l'« escadre du Tage ». Elles transportaient la famille royale et ses invités du palais à la maison du Laboureur. Le musée en conserve six : celles de Charles IV (peintures de Maella), Isabelle II, Alphonse XII (en acajou), Marie-Christine (peintures imitant des tapisseries) et Alphonse XIII; celle de Philippe IV, cadeau d'un comte vénitien, surpasse les autres par la richesse de sa décoration de bois sculpté et doré.

C. Barrely/Michelin

Maisons de la Plaza Mayor de Chinchón.

Aux alentours

Chinchón★

21 km au nord-est par la M 305. Chinchón doit son renom à son anis et surtout à la comtesse de Chinchón qui fut à l'origine de la découverte de la quinine, isolée en 1820 par Pelletier et Caventou. Cette épouse d'un vice-roi du Pérou avait été guérie au 17e s. d'une fièvre tropicale grâce à un remède préparé par les Indiens avec de l'écorce de quinquina et l'avait rapporté en Europe. En hommage, le savant suédois Linné donna au quinquina le nom scientifique de *chinchona*. Dans le vieux château au sommet du bourg, on fabrique des eaux-de-vie : anis, anisette, genièvre.

Plaza Mayor★ – Dominée par l'église, cette curieuse place de forme irrégulière, entourée de maisons sur arcades de trois étages aux balcons de bois, se transforme l'été en arènes pour les courses de taureaux. À côté de la place, les bâtiments en brique du couvent des augustins ont été aménagés en parador.

Aranjuez pratique

Informations utiles

Office de tourisme – *Plaza de San Antonio, 9 - ✆ 918 910 427 - tlj tte la journée*

Transports

Le « train de la fraise » – *✆ 902 228 822 - avr.-mi-juin : w.-end - 24 € A/R (- 12 ans 16 € A/R)* Une façon différente et pleine de charme d'aller de Madrid à Aranjuez consiste à utiliser le train de la Fraise (El Tren de la Fresa), un petit train à vapeur, copie de l'original qui a roulé pour la première fois en 1851. Le voyage comprend une visite guidée du palais et des musées.

Se loger

À CHINCHÓN

La Casa Rural – *Calle Sociedad de Cosecheros, 5 - ✆ 918 411 177 - info@hostalcasarural.com - 17 ch. 60 € -. ☕ 5 €.* Cet hôtel familial propose des chambres confortables et un agréable patio.

Se restaurer

À ARANJUEZ

La Rana Verde – *Plaza Santiago Rusiñol. ✆ 918 911 325 - menu à partir de 15 €.* Sur la place, à la sortie des jardins du Palais royal, en bordure du Tage. Spécialités d'asperges et de « grenouilles vertes » (*rana verde*), à goûter dans un cadre bucolique et reposant.

Carême – *Av. de Palacio, 2 ✆ 918 926 486 - restaurante@caremjesusdelcerro.com - plats autour de 20 €.* Sa terrasse située à l'étage surplombe le jardin du Parterre, face au Palacio Real, ce qui en fait un endroit très prisé où il vaut mieux réserver. Cuisine internationale.

À CHINCHÓN

Café de la Iberia – *Plaza Mayor, 17 - ✆ 918 940 847 - Carte 20 à 40 €.* On mange bien dans cet ancien café, fondé en 1879, qui comprend plusieurs vastes salles à manger dont le décor consacré à la tauromachie rappelle le rôle d'arènes de la Plaza Mayor. Son beau balcon donne sur la pittoresque place de Chinchón.

La Casa de las Conchas, Salamanque.

C. Labonne / Michelin

CASTILLE ET LEÓN

PROVINCES D'AVILA ET SALAMANQUE

Avila★★

52 612 HABITANTS
CARTE GÉNÉRALE B2 – CARTES MICHELIN N^{OS} 575 ET 576 K 15
PROVINCE D'AVILA

Avila, bâtie au bord de l'Adaja, se dresse sur les hauts plateaux de la Meseta, cernée de puissants remparts du 11e s. Son implantation à 1 131 m d'altitude, qui en fait la plus haute capitale de province d'Espagne, renforce encore le rude climat castillan, froid et venteux en hiver. Le temps semble figé dans cette belle ville austère, au point, dit-on, que l'on entend parfois le silence planer sur ses rues truffées d'églises et de monastères en granite.

Se repérer – Avila est située au nord-ouest de Madrid (115 km par l'AP 6 et l'AP 51) et au sud-est de Salamanque (98 km par l'A 50 ou la N 501).

Se garer – Ne vous engagez pas dans les rues sinueuses de la Vieille Ville. Deux parkings ont été aménagés en lisière des fortifications : l'un sous la plaza de Santa Tereza, le second – nettement plus économique – au parque del Rastro.

À ne pas manquer – À la tombée du jour, la promenade sur les remparts dispense des vues superbes sur la ville, aux toits couverts de nids de cigognes.

Organiser son temps – Une bonne journée de visite.

Avec les enfants – Safari Madrid, réserve d'animaux sauvages à 85 km au sud-est d'Avila, enchantera les enfants autant que leurs parents.

Pour poursuivre le voyage – La sierra de Gredos, le monastère de l'Escurial (64 km à l'est), Ségovie (67 km au nord-est), Salamanque et Madrid.

Comprendre

La ville de sainte Thérèse – Sainte Thérèse d'Avila (1515-1582), dont les extases firent grande impression sur ses contemporains, est une des plus grandes mystiques du monde catholique. À une époque où la Réforme progressait en Europe et où les ordres monastiques, privilégiant leur pouvoir temporel, abandonnaient peu à peu la rigueur de leur règle, sainte Thérèse parvint à rétablir l'observance de la très austère règle du Carmel, à susciter de nombreuses vocations et à fonder de nouveaux couvents.

Elle écrivit de nombreuses lettres à **saint Jean de la Croix**, son directeur spirituel – lui-même mystique ardent et grand poète, auteur notamment de la *Nuit obscure* –, mais aussi des poèmes et des livres tels que le *Livre de ma vie*, une autobiographie racontant son évolution spirituelle, les *Chemins de perfection* et le *Château intérieur*. Canonisée en 1622, elle fut reconnue docteur de l'Église en 1970.

Se promener

LA VILLE FORTIFIÉE

Comptez une demi-journée.

Cathédrale★★

920 211 641 - ♿ - tlj tte la journée - fermé 25 et 31 déc. - 4 € (- 10 ans gratuit)

La cathédrale d'Avila est un bel exemple d'architecture simultanément religieuse et militaire. Sa construction débuta dans la seconde moitié du 12e s. Le chevet fortifié, en saillie dans la muraille, y forme une tour rebondie à double couronne de créneaux. L'emploi du granit gris et le rôle de forteresse donnent à l'extérieur du monument une austérité que ne parvient pas à tempérer le dessin des remplages, le décor de boules qui souligne dans les parties hautes les arêtes de la tour, des contreforts et des pinacles, ni les sculptures des portails.

On admirera le décor gothique français du **portail nord** (14e s.), taillé dans une pierre malheureusement trop tendre pour résister à l'usure du temps ; élevé à l'origine à l'ouest, il fut déplacé au 15e s. par Juan Guas, qui redessina alors la **façade ouest**. Celle-ci doit à un remaniement du 18e s. sa curieuse composition actuelle, que l'on s'attendrait plutôt à trouver sur un palais.

L'**intérieur** est tout autre grâce à l'élévation des vaisseaux gothiques, à la couleur de la pierre dans le chœur (grès à grandes taches jaunes et rouges) et à de nombreuses **œuvres d'art★★**.

La visite commence par le **cloître** gothique du 14e s., récemment restauré, dont la galerie supérieure, de style plateresque, a été ajoutée au 16e s. Il permet de rejoindre l'intérieur de l'église par le côté sud de la nef.

À quelques mètres sur la gauche en entrant, le **trascoro** (1531), œuvre de Lucas Giraldo et Juan Rodríguez, se distingue par ses abondantes sculptures plateresques (de gauche à droite) : la *Présentation de Jésus au Temple*, l'*Adoration des Mages* et le *Massacre des Innocents*, d'une excellente exécution de détail et d'une composition générale parfaitement harmonieuse.

Laissez le *trascoro* sur votre droite et remontez vers le chœur par le **double déambulatoire** construit dans un grès taché de rouge – couleur due aux fortes concentrations en oxyde de fer –, issu de La Colilla, un village proche de la ville. La partie extérieure du déambulatoire longe quatre petites chapelles latérales avant de rejoindre le chœur, aux fenêtres encore romanes (la construction de la cathédrale s'est échelonnée de 1135 au 14e s.). Au fond de l'abside se trouve un grand **retable** (1503) de **Pedro Berruguete**, qui mourut avant de l'avoir terminé. L'un de ses disciples, le maître de Santa Cruz, prit la relève avant de mourir à son tour, le pinceau à la main... C'est Jean de Bourgogne qui, finalement, l'achèvera. Des éléments isabélins et des pilastres caractéristiques de la Renaissance italienne se mêlent sur l'encadrement de bois doré.

Adossé au maître-autel, on remarquera **cinq panneaux sculptés** par Vasco de la Zarza : les quatre latéraux représentent les saints chevaliers (Hubert, Georges, Martin et Jacques) avec des médaillons des évangélistes, tandis que le panneau central constitue le **tombeau★★** du théologien et évêque d'Avila, Alonso de Madrigal, dit El Tostado. Remarquer la finesse d'exécution des broderies de la chasuble.

Le **coro**, réalisé entre 1536 et 1540, abrite 76 **stalles** sculptées réparties sur deux hauteurs, œuvres de Lucas Giraldo et Juan Rodríguez. Il est encadré par deux **chaires** en fer forgé finement ouvragées, l'une Renaissance, l'autre gothique.

Avant de rejoindre la sacristie et le musée, notez les **vitraux** du 15e s. de la chapelle située face au *coro* et dans le chœur, attribués à Alberto et Nicolás de Holanda, ainsi que, dans la chapelle de la Asunción, le **retable de San Miguel** (16e s.), dû au maître Han.

Sacristie et musée – On traverse successivement l'**antesacristie** – une petite chapelle gothique du 13e s. dotée d'une remarquable porte d'accès, œuvre de Vasco de

INDEX DES RUES

SE LOGER

SE RESTAURER

la Zarza, et d'une armoire du 15e s., dont les portes peintes content l'histoire de saint Pierre libéré de prison par un ange – et la **sacristie★★**, de la même époque. Remarquez sa voûte à huit nervures, son grand retable d'albâtre (16e s.) et, à l'emplacement des fenêtres, les quatre scènes de la Passion en bois sculpté, imitant l'albâtre.

Le **musée** a été aménagé dans la chapelle del Cardenal, également gothique, qui accueillait autrefois la bibliothèque. Une grille réalisée autour de 1500 par Juan Francés la sépare en deux parties. On notera une porte de tabernacle peinte d'une tête de Christ par Morales, un portrait par le Greco, des antiphonaires (fin 15e s.) et un ostensoir haut de 1,70 m exécuté par Juan de Arfe en 1571.

Plaza de la Catedral

Le parvis de la cathédrale est bordé au nord par le **palais de Valderrábanos (palacio de Valderrábanos)**, un édifice du 15e s. transformé en hôtel, qui possède une porte monumentale surmontée d'un beau motif blasonné. La **demeure des Velada (mansión de los Velada)**, de style Renaissance, également convertie en hôtel, lui fait pendant sur le côté sud de la place ; on notera son portail élégant et son grand patio aux colonnes blasonnées.

Descendez la rue del Tostado, à l'angle de la demeure des Velada, puis tournez à gauche dans López Núñez.

Palais de los Verdugos (Palacio de los Verdugos)

Encadrée de deux solides tours carrées, la longue façade plateresque du palais est ornée d'un blason et d'une fenêtre entourée de boules.

Plus loin dans la rue se dressent la **demeure de los Aguila (mansión de los Águila)**, à la façade Renaissance de granite gris flanquée de deux colonnes d'une seule pièce, et la **chapelle de Mosén Rubí**, d'un gothique tardif, autrefois partie d'un couvent dominicain.

Contournez la chapelle par la gauche, via la calle Marqués de Benavites.

Le parador de tourisme occupe l'ancien **palais de Benavites**, un vaste édifice du 16e s. très remanié au 19e s.

Puerta del Carmen

En franchissant l'élégante porte du Carmen, l'un des trois points d'accès au chemin de ronde *(voir p. 153)*, on découvre une belle **vue★** sur l'enceinte fortifiée.

Remontez la calle Ramón y Cajal, face au parador.

Palais de Polentinos (Palacio de Polentinos)

Occupé actuellement par l'armée, le palais présente un portail et un patio au fin décor Renaissance.

Poursuivez par les calles Jimena Blázquez Marcelino Santiago.

Tour des Guzmán (Torreón de los Guzmanes)

Bordant la plaza Corral de Campanas, le palais de Oñate est dominé par une tour d'angle carrée, puissante et crénelée, du début du 16e s.

Descendez sur la droite par la calle Madre Soledad.

C. Labonne/Michelin

Les remparts d'Avila.

Plaza de la Santa

Palais de Núñez Vela (Palacio de Núñez Vela)

Aujourd'hui palais de justice, l'ancien palais Renaissance du vice-roi du Pérou arbore des baies encadrées de fines colonnes couronnées de blasons et un beau patio.

Couvent de Santa Teresa (Convento de Santa Teresa)

Plaza de la Santa, 2 - ✆ 920 211 030 - tlj 9h30-13h30-15h30-19h.

L'église a été bâtie en 1636 sur l'emplacement de la maison familiale de sainte Thérèse. La chambre où elle est née, en 1515, est aujourd'hui une petite chapelle baroque lourdement décorée. Le reliquaire adjacent à l'église conserve divers objets ayant appartenu à la sainte, ainsi qu'un de ses doigts flottant dans le formol avec sa bague... une précieuse relique que le général Franco aurait, dit-on, conservée pendant des années sur sa table de nuit.

Sur les traces de sainte Thérèse

Plusieurs lieux de la ville conservent le souvenir de sainte Thérèse : le couvent de Santa Teresa, élevé sur le site de sa maison natale, agrémenté du reliquaire et du musée Sainte Thérèse, le plus complet qui lui soit consacré ; l'église de San Juan, où elle fut baptisée ; le couvent de Nuestra Señora de Gracia (fondé en 1510), où elle commença son éducation religieuse ; le monastère de la Incarnacíon (15e s.), où elle séjourna 27 ans avant de se lancer dans la refondation de la règle carmélite ; le couvent de San José (las Madres), le premier fondé par la sainte.

Son corps ne repose pas ici, mais à Alba de Tormes.

Musée Sainte Thérèse (Museo Teresiano)

Calle Aizpuru - tlj 10h-13h30-15h30-18h30 - 1,80 €.

Aménagé dans la crypte du couvent (accès par la rue adjacente), ce petit **musée** est entièrement dédié à sainte Thérèse. On y verra des *fac-similés* de lettres, ainsi que des livres, des tableaux, des gravures et une reconstitution de sa cellule du couvent de la Incarnación.

Retournez à la tour des Guzmán et descendez la calle Cepedas.

Palais de los Dávila (Palacio de los Dávila)

Ce palais est formé de plusieurs demeures seigneuriales : deux bâtiments gothiques du 14e s., ornés de blasons, donnent sur la place Pedro Dávila, et deux autres, appartenant au palais épiscopal, sur la place du Rastro.

LES REMPARTS (LAS MURALLAS)

✆ 902 102 121 - tlj., sf lun, 10h-20h (18h en hiver) - 3,50 €.

Élevée sur l'ordre de Raimundo de Borgoña après la reconquête de la ville par Alfonse VI, en 1085, l'**enceinte crénelée★★** qui entoure la Vieille Ville se dresse sur des restes de fortification héritées des Romains et des Arabes. Elle date en majeure partie du 11e s. et présente une grande unité malgré quelques modifications effectuées au 14e s. Haute de 12 m, épaisse de 3 m, elle forme un ensemble de plus de 2 500 m de circonférence, ponctué de 88 tours saillantes et rapprochées, de neuf portes et de diverses poternes constituant l'un des meilleurs exemples de fortification médiévale en Europe.

Situées à l'ouest, les deux portes les plus imposantes sont la **Puerta del Alcázar** et la **Puerta de San Vicente**, flanquées toutes deux de deux tours d'une vingtaine de mètres. Entre elles, à côté de la Puerta del Peso de la Harina, apparaît l'arrière bombé de la cathédrale : épousant la forme du cœur, il fait partie prenante de la muraille.

Deux parties du **chemin de ronde** sont ouvertes au public : on accède à la première par la Puerta del Alcázar, et à la seconde par les Puerta del Peso de la Harina et Puerta del Carmen ; accessibles avec un même ticket, elles offrent des points de vue uniques sur la ville et ses toits couverts de nids de cigogne. Pour voir les fortifications de l'extérieur, le meilleur endroit est le site des **Quatre Piliers (Cuatro Postes)**, qui se trouve sur la route de Salamanque.

HORS LES MURS

Basilique de San Vicente★★ (Basílica de San Vicente)

✆ 920 255 230 - tlj 10h-13h30, 16h-18h30 - 1,40 €.

Élevée, dit-on, sur les lieux du martyre de saint Vincent et de ses sœurs Sabine et Cristeta, victimes des Romains au 4e s., c'est une grande basilique romane, mais voûtée d'ogives car la construction dura du 12e s. au 14e s. La galerie sud extérieure

(14e s.), aux faisceaux de colonnettes serrées par des bagues, la corniche sculptée qui court le long de la nef, le haut porche ajouté à l'ouest et les deux tours inachevées composent une silhouette fort harmonieuse.

Le **portail principal★★** est exceptionnel. Sous une corniche et des voussures richement ornées, les statues-colonnes semblent converser tant leurs attitudes sont naturelles et variées. Les draperies « mouillées » de leurs vêtements rappellent la sculpture de Vézelay, en France. À l'intérieur, on remarque sous la **tour-lanterne★** (14e s.) le **tombeau des Martyrs★★**, chef-d'œuvre de la fin du 12e s., abrité par un curieux baldaquin gothique (15e s.) au toit en pagode ; le martyre de saint Vincent et de ses sœurs y est représenté avec une technique si parfaite jointe à un art si vivant qu'on l'a également attribué au sculpteur du portail principal. Remarquer les scènes où les martyrs sont capturés sous les murailles d'Avila, dénudés puis torturés.

Le **parc de San Vicente (parque de San Vicente)**, entre l'église et les remparts, recouvre une nécropole romaine.

Longez les remparts jusqu'à la Casa de las Carnicerías (16e s.), intégrée à la muraille, et la Puerta del Peso de la Harina, et descendez la calle Leales à gauche.

Musée d'Avila (Museo de Ávila)

Plaza de Nalvillos, 3 - ✆ 920 211 003 - Tlj sauf lun. - 1,20 €.

Aménagé dans la **Maison des Doyens** (Casa de los Deanes), un édifice de style Renaissance du 16e s., le musée dispose de trois sections : Culture traditionnelle (objets, vêtements et meubles traditionnels), Arquéologie (vestiges préhistoriques, romains et wisigoths exhumés dans la région) et Beaux-arts (on remarquera dans la salle VII le beau triptyque primitif flamand dû à l'école de Hans Memling).

Église de Santo Tomé el Viejo

Plaza de Italia. Accès avec le ticket du musée d'Avila. Cette église romane du 13e s. sert aujourd'hui d'entrepôt au musée d'Avila voisin, après avoir fait office de garage et de station-service dans les années 1920. Sa nef est couverte de rayonnages remplis de pièces archéologiques datant pour l'essentiel de l'Antiquité. Une belle mosaïque romaine couvre le sol près de l'entrée.

Palais de los Serrano

Plaza de Italia - ✆ 920 212 223 - lun.-vend. 19h30-21h30, sam.-dim. 12h-14h - gratuit.

Ce palais du 16e s. élégamment restauré accueille une école d'art et propose des expositions d'art contemporain.

Empruntez la calle Estrada.

Église de San Pedro

✆ 920 229 328 - 10h-12h30, 18h30-20h30. S'abstenir de visiter pendant les offices.

Dans cette belle église romane donnant sur la vaste **plaza Santa Teresa** s'insinue déjà l'esprit gothique dans les voûtes d'ogives et surtout la délicate rosace qui illumine la façade. Une tour-lanterne éclaire le transept.

Contournez l'église par la droite, puis descendez la calle Gabriel y Galán et le Paseo de Santo Tomás.

Monastère royal de Santo Tomás (Real monasterio de Santo Tomás) ★★

Plaza de Granada, 1 - ✆ 920 352 237 - www.monasteriosantotomas.com - tlj mat. et apr.-midi - 3 €.

Légèrement excentré, ce couvent dominicain fondé à la fin du 15e s., embelli grâce aux dons des Rois Catholiques dont il fut la résidence d'été, fut aussi le siège de l'université.

Église – La façade arbore les principaux motifs décoratifs de l'ensemble : rangées de boules soulignant les lignes architecturales, décor très répandu à Avila mais employé ici avec profusion, joug et flèches, emblèmes d'Isabelle et de Ferdinand. Comme il était d'usage alors chez les dominicains, l'église com-

M. Angel/Michelin

Le monastère de Santo Tomás.

porte un seul vaisseau dont les voûtes retombent sur des faisceaux de colonnettes élancées mais, fait rare, elle possède deux tribunes : remarquer celle de l'ouest qui abrite les stalles du *coro*. Accessibles seulement par le cloître, ces tribunes étaient réservées aux religieux.

À la croisée du transept trône le très beau **mausolée★** (1512) d'albâtre aux délicates sculptures Renaissance de l'infant don Juan, fils des Rois Catholiques, mort à 19 ans. C'est l'œuvre du Florentin **Domenico Fancelli** qui exécuta également celui d'Isabelle et de Ferdinand pour la chapelle royale de Grenade. Une chapelle du côté gauche de la nef recèle le tombeau Renaissance de Juan Dávila et de sa femme, précepteurs du prince, réalisé par Pedro de Salamanca entre 1549 et 1551.

La Chapelle del Cristo de las Angustias o de la Agonía, dotée d'un retable du 15e s., est doublement liée à sainte Thérèse : elle abrite le confessionnal où elle se rendait, tandis que la peinture (19e s.) accrochée en surplomb illustre la vision qu'elle eut ici le 15 août 1561.

Couvent et cloîtres – Édifiée à partir de 1482 par l'architecte Juan Guas, la version initiale du couvent était composée du **cloître des Novices (claustro del Noviciado)** (15e s.), d'un style toscan très dépouillé, d'une église primitive située à l'est du cloître, et de bâtiments conventuels situés à l'ouest.

Une deuxième vague de construction, menée par l'architecte Martín Ruiz de Solórzano, a donné naissance au **cloître du Silence (claustro del Silencio)** ★, de style gothique, généreusement sculpté à l'étage, assez petit pour être intime. L'angle sud-est du cloître est doté d'un lavabo destiné aux ablutions qui précédaient le repas. La porte du réfectoire gothique est située un peu plus loin à droite. Également nommé cloître des Défunts (Claustro de los Difuntos), il servait à l'enterrement de certains moines.

Au-delà, le **cloître des Rois (claustro de Reyes)**, plus grand et solennel, dénude les arcs supérieurs avec une grande science de l'effet produit. Bordant le cloître au nord, onze salles de l'ancien Palacio Real abritent le **musée d'Art oriental** (Museo de Arte Oriental), dédié aux objets ramenés de Chine, du Japon, des Philippines et du Vietnam par les missionnaires dominicains à partir du 16e s.

Un escalier dans le cloître du Silence mène à la tribune du *coro* (belles **stalles** gothiques du 15e s. aux dossiers couverts d'arabesques sous la dentelle des dais de bois). Par la galerie supérieure du cloître, on gagne la tribune du maître-autel où l'on peut voir de près le **retable de saint Thomas★★** (vers 1495), chef-d'œuvre de **Berruguete** illustrant plusieurs scènes de la Vie de saint Thomas d'Aquin, dont les personnages prennent un relief incomparable.

Circuit de découverte

AU SUD D'AVILA

120 km - Comptez une demi-journée. Contournez les remparts d'Avila et prenez la Carretera de Burgohondo qui part vers le nord-est, puis empruntez la N403 vers le sud en suivant la direction San Martín de Valdeiglesias pendant 40 km.

Lac du Burgillo★ (Embalse del Burgillo)

Alimenté par les eaux de l'Alberche et propice aux sports nautiques, ce vaste lac artificiel s'inscrit dans un majestueux paysage de collines à la végétation éparse.

Poursuivez par la N 403 pendant une dizaine de kilomètres ; à 3 km avant San Martín de Valdeiglesias, bifurquez sur la droite au panneau « Toros de Guisando ».

Toros de Guisando

Dans un enclos au bord de la route sont alignés quatre taureaux grossièrement sculptés dans le granit, tels qu'on en rencontre un peu partout dans la province d'Avila. Ils sont sans doute très anciens, mais leur signification reste obscure : on pense à des monuments commémoratifs ou à quelque idole d'un culte celtibère local. Ils s'apparentent aux laies de pierre *(porcas)* que l'on voit dans certains villages du Trás-os-Montes, au Portugal.

Traversez San Martín de Valdeiglesias, puis prenez la N 501 en direction de Madrid pendant 5 km.

Retenue de San Juan (Pantano de San Juan)

La route sinueuse offre de belles **vues★** sur la partie étroite de cette retenue de l'Alberche. Ses rives très découpées et couvertes de pins, ponctuées de petits ports, de zones de baignades et de restaurants, ont la faveur des Madrilènes, qui y pratiquent en été différents sports nautiques... À proximité, vous pouvez visiter **Safari Madrid** *(voir p. 124)*, une réserve d'animaux sauvages.

Avila pratique

Informations pratiques

Office de tourisme – *Plaza Pedro Dávila, 8 - 05001 Ávila - ✆ 920 211 387*

Av. de Madrid, 39 - ✆ 920 225 969 - tlj tte la journée.

Transports

Gare routière – *Avenida de Madrid - ✆ 920 220 154.* Nombreuses liaisons pour Madrid (8 bus/j en semaine et 4 bus/j le w.-end, 1h30 de trajet), Salamanque (4 à 2 bus/j, 1h30), Ségovie (6 à 2 bus/j, 1h) et la sierra de Gredos (Arenas de San Pedro et Navarredonda, 2 bus/j, 1h15).

Gare ferroviaire – *Paseo de la Estación - ✆ 920 240 202.* Plus d'une vingtaine de liaisons quotidiennes pour Madrid et une dizaine pour Salamanque.

Visiter

Un train touristique part toutes les 30mn devant la Puerta de San Vicente.

Se loger

⊖/⊖⊖ Hostería de Bracamonte – *Bracamonte, 6 - ✆ 920 251 280 - www.hospederiadebracamonte.com - 24 ch. 50/73 € - ☕ 6 € - restaurant 25/35 €.* Un hôtel plein de charme aux chambres toutes différentes, dotées pour la plupart de lits à baldaquin, de poutres et briques apparentes, de tableaux et de tapis. Malgré ses prix, le restaurant attire beaucoup de monde le week-end : ses petites salles à manger sont idéales pour un dîner romantique.

⊖⊖ Hostal Arco San Vicente – *Calle de López Núñez, 6 - ✆ 920 211 502 - www.arcosanvicente.com - 23 ch. 64 € - ☕ 3,60 €* - **P** - Cette pension gérée avec amour propose des chambres coquettes, face à la Puerta de San Vicente. Certaines disposent d'une petite terrasse. La salle où l'on prend le petit-déjeuner est bien agréable.

⊖⊖⊖ Palacio de los Velada – *Plaza de la Catedral, 10 - ✆ 920 255 100 - www.veladahoteles.com - 145 ch. 140 € - ☕ 11,50 € - Restaurant 25/35 €* - **P** - Des chambres confortables, aménagées dans un palais du 16e s. au magnifique patio, idéalement situé face à la cathédrale.

⊖⊖⊖ Parador de Ávila – *Marqués Canales de Chozas, 2 - ✆ 920 211 340 - www.parador.es - 57 ch. 115/125 € - ☕ 12 €* - **P**. Aménagé dans un vaste palais du 16e s., accolé à la muraille, doté d'un agréable jardin. Les chambres sont confortables, spacieuses et particulièrement silencieuses.

Se restaurer

Voir aussi le restaurant de l'**Hosteria de Bracamonte** dans *Se loger*.

⊖ Siglo Doce – *Plaza de la Catedral, 6 - ✆ 920 252 885 - réservation conseillée - 11/21 €.* Ce petit restaurant à l'atmosphère rustique est situé sur le côté gauche de la cathédrale. Abrité dans une maison du 12e s., doté de deux salles avec poutres apparentes, cet établissement sans prétention vous proposera différents menus. N'hésitez pas à prendre la spécialité de la maison : le *chuletón de ternera* de Ávila (côte de veau), un régal !

⊖ Mesón del Rastro – *Plaza del Rastro, 4 - ✆ 920 211 218 - menu 15 €.* De nombreuses spécialités régionales et un grand *comedor* à la décoration traditionnelle pleine de charme. Excellent rapport qualité/prix, pour déjeuner ou dîner.

⊖⊖ Hostería Las Cancelas – *Calle Cruz Vieja, 6 - ✆ 920 212 249 - menu 20 €.* Cette ancienne *posada,* cachée dans une ruelle entre la cathédrale et la Puerta del Alcázar, sert une cuisine régionale savoureuse dans un patio couvert aux tables soigneusement dressées.

⊖⊖ Doña Guiomar – *Tomás Luis de Victoria, 3 - ✆ 920 253 709 - lasinagoga@airtel.net - fermé le soir - 20,50/33 €.* Renommé dans la région, cet établissement dispose d'un cadre soigné et coloré et d'une carte des vins riche de plus de 400 références.

Faire une pause

Taverna de Casa Guillermo – *Calle de Lopez Nuñez, 8.* La taverne, gérée par l'Hostal de San Vicente, propose un bon choix de tapas, de *raciones* et de vins, dans un chaleureux décor de brique et de bois.

Cafeteria Palacio de los Serrano – *✆ 920 212 223.* Sur la charmante plaza de Italia. Grand choix de sandwichs et excellent café.

Spécialités

Les *yemas de Santa Teresa*, sucreries au jaune d'œuf, sont la spécialité de l'endroit : ne manquez pas de les goûter.

Événements

La fête principale d'Ávila est la **Fiesta de Santa Teresa**, figure emblématique de la ville. Feux d'artifice, défilés et concerts se succèdent pendant dix jours à partir du 15 octobre.

Sierra de Gredos★★

CARTE GÉNÉRALE B2 – CARTES MICHELIN N^OS 575 ET 576 K 14, L 14
PROVINCE D'AVILA

Le massif de Gredos, qui culmine au pic de Almanzor (2 592 m), le sommet le plus haut de toute la cordillère centrale, présente deux versants très contrastés : alors qu'au nord prédominent les formes douces d'origine glaciaire, telles que cirques et lacs naturels, au sud s'étend une longue muraille granitique aux abrupts versants cannelés par l'érosion. Outre les merveilleux paysages qu'elle dispense à ceux qui la traversent, la sierra de Gredos offre, à ceux qui choisissent d'y séjourner, de nombreuses possibilités de randonner et d'observer la nature.

- **Se repérer** – La sierra, qui s'étend d'est en ouest entre Plasencia et Madrid, est délimitée par quatre fleuves : au nord le Tormes et l'Alberche, au sud le Tiétar, à l'ouest l'Alagón.
- **À ne pas manquer** – La randonnée au lac de Laguna Grande.
- **Pour poursuivre le voyage** – Avila, Plasencia, La Alberca et Madrid.

M. Angel/Michelin

Des randonneurs sur le sentier menant à la Laguna Grande.

Circuit de découverte

150 km - Comptez une journée - Le circuit commence sur le versant sud de la sierra, à Candeleda, à une centaine de kilomètres à l'est de Plasencia par l'EX 203.

VERSANT SUD

Candeleda

Ne vous laissez pas décourager par les abords modernes du village : son cœur historique possède un charme certain, avec ses ruelles tortueuses bordées de maisons blanches à balcons en bois couverts de verdure. L'abondance de l'eau et le climat doux de la vallée expliquent la richesse de la végétation et la présence de palmiers.

Empruntez l'AV 924 vers l'est pendant 20 km.

Arenas de San Pedro

Ce gros bourg tapi au pied de la sierra de Gredos fournit une autre base possible pour organiser des excursions dans le sud des Gredos.

Dans la partie basse, de loin la plus intéressante et la plus agréable, se trouvent **Nuestra Señora de la Asunción** (14e-16e s.), une belle église gothique à la tour Renaissance dessinée par Lucas Giraldo, un pont médiéval du 15e s. (abusivement nommé « pont romain ») enjambant le rio Arenal, et un petit château flanqué de huit tours, le **Castillo de Don Álvaro de Luna**, édifié autour de 1400, malheureusement assez détérioré en 1809 par les troupes françaises. Le château est également appelé « de la triste comtesse » en souvenir de la veuve de Don Álvaro, qui y termina sa vie dans la solitude et les pleurs.

À 9 km au sud d'Arenas de San Pedro. Empruntez la direction de Ramacastañas, puis prenez à droite un chemin sur 4 km.

Grottes de l'Aigle★ (Cuevas del Águila)

Visite guidée uniquement (45mn) - ☏ 920 377 107 - été : 10h30-13h, 15h-19h ; hiver : 10h30-13h, 15h-18h - 7 €.

La partie aménagée des **grottes de l'Aigle**, découverte en 1963, comprend une salle unique de très grandes dimensions (10 000 m², avec une hauteur moyenne d'une dizaine de mètres), au sol et au plafond couverts de monumentales stalactites et stalagmites, dont la formation s'est étalée sur plusieurs centaines de milliers d'années (on estime leur vitesse de croissance à moins d'un millimètre par décennie). On remarque de belles coulées de calcite blanche ou colorée en ocre par les oxydes de fer, et d'énormes piliers conférant à l'ensemble des allures de cathédrale.

Retournez à Ramacastañas et prenez la N 502 vers le nord (direction Avila) pendant 15 km.

Mombeltrán

La route traverse la sierra en son milieu jusqu'au village de Mombeltrán, dominé par un très élégant **château★** du 15e s., bien conservé extérieurement.

El Arenal

Depuis Mombeltrán, la route d'El Arenal part à flanc de sierra en dispensant de beaux panoramas sur la vallée du Tiétar. Le village d'El Arenal, 12 km à l'ouest, constitue le point de départ de nombreuses randonnées flêchées, notamment celle menant au Puerto de la Cabrilla *(1 000 m de dénivellé sur 4,5 km, compter 5 à 7 h de marche).*

Un écosystème varié

Les vallées de la sierra de Gredos constituent de véritables oasis : celles du versant nord sont le domaine des arbres fruitiers (pommiers) et des haricots blancs (spécialité de El Barco de Ávila) ; dans celles du versant sud, protégées par la sierra, les cultures sont plus méridionales : vignes, oliviers, tabac.

Les truites hantent l'Alberche et le Tormes, tandis que sur les hauteurs règnent la *cabra hispánica* (sorte de bouquetin) ainsi que les daims et les chevreuils. Cette richesse en faune a décidé de la création de la Réserve nationale de Gredos.

Route du Puerto del Pico★

De Mombeltrán comme d'El Arenal, vous pourrez rejoindre la route du Puerto del Pico qui s'élève en corniche, doublée par une ancienne voie romaine *(en contrebas)*, utilisée pendant longtemps par les troupeaux. Du belvédère aménagé au col (1 352 m), **vue★** sur un bel horizon de montagnes avec, au premier plan vers le sud, la vallée du Tiétar et, au-delà, celle du Tage. Après le col, les paysages sont rendus sévères par la présence de blocs de granit coiffant des buttes.

Depuis la N 502, 4 km au nord de Puerto del Pico, empruntez la CL 500 vers l'est (direction Béjar).

VERSANT NORD

Doté d'un relief plus doux, le versant nord de la sierra de Gredos gagne en charme ce qu'il perd en grandeur. Débutant quelques kilomètres au nord de Puerto del Pico, la route CL 500 longe la sierra d'est en ouest jusqu'à El Barco de Ávila en faisant se succéder les **paysages★★** enchanteurs.

Quelques kilomètres avant d'entrer à Navarredonda de Gredos, le **parador de Gredos** – l'ancêtre de tous les paradors, bâti en 1928 – occupe un beau site délivrant de larges vues sur les sommets enneigés jusqu'à fort avant dans le printemps.

Continuez jusqu'à Hoyos de Espino, et prenez à gauche la petite AV 931 en direction de La Plateforma de Gredos pendant 12 km. Laissez la voiture sur le terre-plein à la fin de la route.

Laguna Grande★★

Cette très belle randonnée, dont la première partie au moins est facilement accessible aux non sportifs, conduit par un chemin empierré à la Laguna Grande *(800 m de dénivelé, 5h A/R)*, une cuvette glaciaire alimentée par des torrents. À mi-chemin, on découvre un **panorama★** inoubliable sur le cirque de Gredos.

Poursuivez la CL 500 pendant 35 km à l'ouest de Hoyos de Espino.

El Barco de Ávila

Ce sympathique village est dominé par la silhouette imposante du **château de Valdecorneja** (12e-14e s.), dont les puissantes tours servent de perchoir à une quantité considérable de cigognes. En remontant la rue principale, vous trouverez la jolie Plaza Mayor, bordée par d'agréables terrasses de café.

Sierra de Gredos pratique

Informations utiles

OFFICES DE TOURISME

Arenas de San Pedro – *Plaza de la Nueva España, 1 (Ávila) ✆ 920 370 005. On trouve également un petit kiosque devant le château.*

Candeleda – *Calle Cruz de Piedra, s/n (Ávila) ✆ 920 380 829.*

Transports

Plusieurs chemins permettent d'accéder à cette impressionnante sierra. De Madrid, il vaut mieux prendre la M 501 vers San Martín de Valdeiglesias ; d'Ávila la N 502 vers Puerto del Pico et de Plasencia, la Ex 203 vers Jarandilla de la Vera.

Se loger

CANDELEDA

⊜ **Luna & Luna posada** – *Las Nieves, 2 - ✆ 920 382 265/616 498 786 - www.lunacandeleda.com - 10 ch. 42 €.* Cette pension située au cœur du village est composée de deux édifices voisins : le premier, Luna posada, est une ancienne maison du 19e s. soigneusement restaurée, aux 5 chambres spacieuses et pleines de charme ; le second, baptisé Luna, en est une réplique moderne, moins coquette mais bien quand même. Les patrons connaissent bien la sierra et vous donneront de nombreux conseils utiles pour vous promener.

ARENAS DE SAN PEDRO

⊜ **Hosteria los Galayos** – *Plaza Condestable Dávalos - ✆ 920 371 379 - www.losgalayos.com - 20 ch. 46 € - ☕ 9 € - Demi-pension : 72 €.* Idéalement située face au château, cette pension sans prétention propose des chambres simples et fonctionnelles. Certaines ont vue sur le château. Bar à tapas au rez-de-chaussée, et restaurant plus gastronomique dans la rue.

NAVARREDONDA

⊜ **Albergue Juvenil** – *✆ 920 348 005 - albngredos@dvnet.es - dortoir - 10 €.* Situé à quelques encablures du parador, il dispose d'une aussi jolie vue pour nettement moins cher... Sans oublier la piscine, de taille olympique.

⊜⊜ **La Casa de Arriba** – *La Cruz - ✆ 920 348 024 - reservas@casadearriba.com - 8 ch. 79/95 € - ☕ 7,50 - Restaurant réservé aux clients : menu 19 €.* La maison en pierre date du 17e s. et a été classée « de interès histórico-artistico ». Les chambres aux murs en pierre, aux sols parquetés et aux jolies vues, ainsi que les parties communes, spacieuses et confortables, sont à la hauteur du bâtiment.

⊜⊜/⊜⊜⊜ **Parador de Gredos** – *✆ 920 348 048 - gredos@parador.es - 72 ch. 95/110 € - ☕ 13 € - Restaurant : menu 15/30 €.* Voici le tout premier parador d'Espagne, construit en 1928. Ses beaux parquets en chêne, ses piliers de granite et ses murs d'ardoise, ses grandes cheminées et ses confortables fauteuils en cuir entourés de gravures de chasse lui confèrent une atmosphère de luxe rustique pleine de charme. Une belle pinède permet de se promener en contrebas.

Se restaurer

La plupart des hôtels indiqués dans *Se loger* disposent de leur propre restaurant.

ARENAS DE SAN PEDRO

⊜/⊜⊜ **El Bodegón** – *Menus : 12,80/22,50 €.* Géré par l'Hosteria los Galayos voisin, ce vaste restaurant sert une cuisine traditionnelle dans de belles salles en pierre et brique, couvertes de photos, de bouteilles de vin et de jambons.

Faire une pause

CANDELEDA

Mesón del Castillo – *Plaza Mayor.* Dans une antique maison à l'agréable terrasse débordant sur la place principale, ce petit établissement tenu par une francophone permet de se désaltérer agréablement en grignotant quelques tapas.

Sports et loisirs

ITINÉRAIRES DE RANDONNÉE

Co-éditée par les hôtels et l'office du tourisme de Candeleda, une brochure vendue à prix coûtant, intitulée *Senderos y Caminos* (sentiers et chemins), propose six itinéraires de marches de longueurs et de difficultés différentes. L'un explore les terres basses et humides situées au sud du village, tandis que les autres partent à l'assaut de la sierra.

Pour obtenir des plans et des informations concernant les diverses randonnées possibles dans la sierra des Gredos, le plus efficace consiste à s'adresser aux offices du tourisme d'Avila et de Arenas de San Pedro.

Salamanque★★★

160 331 HABITANTS
CARTE GÉNÉRALE B2 – CARTES MICHELIN N^OS^ 575 ET 576 J 12-13
PROVINCE DE SALAMANQUE

Inscrite au Patrimoine mondial de l'Unesco, Salamanque déploie ses quartiers monumentaux du pont romain à la porte de Zamora. Palais et édifices religieux jalonnent la cité autour de l'illustre université, dont la splendide façade constitue l'emblème de l'art plateresque. Sa célèbre Plaza Mayor, centre vibrant de la vie salamantine, bénéficie d'une animation constante générée par ses innombrables terrasses de cafés et par les spectacles historiques et musicaux qui se tiennent régulièrement dans sa superbe lumière nocturne.

- **Se repérer** – Salamanque se trouve à 98 km à l'ouest d'Avila, à 115 km au sud-est de Valladolid, à 62 km au sud de Zamora et à 90 km au nord-est de La Alberca.
- **Se garer** – Parking Campillo plaza Santa Eulalia, le plus proche de la Plaza Mayor.
- **À ne pas manquer** – La Casa Lis ; le couvent St-Étienne ; la vue panoramique depuis les tours médiévales de l'ancienne cathédrale.
- **Organiser son temps** – 3 jours, ou 5 jours en combiné avec la magnifique région de la sierra de la Peña de Francia.
- **Pour poursuivre le voyage** – Ciudad Rodrigo, Zamora et La Alberca.

C. Labonne/Michelin

La Plaza Mayor et ses cafés.

Comprendre

Une histoire mouvementée – D'abord village ibère, soumis par Hannibal au 3e s. av. J.-C., Salamanque passe sous domination romaine et devient une cité florissante de la Provincia de Lusitania, dont témoigne encore le **pont romain**, enjambant le fleuve **Tormes**. Plutarque et Tite-Live mentionnent respectivement la ville sous le nom de Helmantiké et Salmantica. Si l'époque wisigothique est peu documentée, elle n'en reste pas moins importante, marquée par la **christianisation** de la population sous l'égide de l'évêque Eleuterio, présent au IIIe concile de Tolède en 589. Après l'invasion en 712 par les **Maures** et trois siècles d'occupation, Salamanque est conquise en 1085 par le roi de Castille et León, Alphonse VI. À l'aide de son gendre, Ramon de Borgoña, il rétablit l'évêché et confie le siège épiscopal à **don Jeronimo**, moine clunisien et ancien compagnon d'armes du Cid. Des frontaliers portugais et français ainsi que des habitants des provinces environnantes viennent grossir les rangs de la population. Bien que groupés autour de paroisses distinctes, ils participent ensemble, avec le concours d'ordres monastiques et militaires, à l'œuvre de reconstruction. Sous les règnes d'Alphonse VIII et de son successeur, Salamanque jouit de **privilèges royaux**. Elle édicte ses propres lois, possède sa propre armée et frappe sa propre monnaie. En 1218, Alphonse IX crée l'Étude générale *(Estudio general)*, prémices de la future **Université**. Le 15e s. est troublé par l'opposition entre les défenseurs des Rois Catholiques et les partisans d'Henri IV et de la Beltraneja. Des factions de jeunes chevaliers, dites « **bandos** », s'affrontent jusqu'à la mort. Après une partie de jeu de paume, les deux frères Monroy, du *bando* de Santo Tomé, sont assassinés par les frères Manzano, du *bando* de San Benito. Doña María décide alors de venger ses fils, tuant les meurtriers et déposant leurs têtes tels des trophées sur leur tombe. Cet acte lui vaut le surnom de **María la Brava**. Grâce à l'intervention du religieux Jean de Sahagun, une trêve est signée en 1476 et met fin aux rivalités.

En 1520, un dénommé Maldonado, alors gouverneur de Salamanque, conteste la politique impériale et soulève en vain la Castille contre Charles Quint. Passé cette rébellion, la ville surnommée « La petite Rome » *(Roma la Chica)* connaît au **16e s.** son **âge d'or**. Églises, collèges, couvents et palais aux noms des grandes familles de Fonseca, Alvarez de Toledo et Zuñiga transforment le paysage architectural. L'Université est au faîte de son apogée. Le 17e s. accuse en revanche une récession économique et sociale. La **Contre-Réforme** fige l'expression intellectuelle et artistique. Au 18e s., Salamanque souffre de la **guerre de Succession**, pillée par les troupes de l'archiduc don Carlos. Une fois la paix revenue, la cité s'offre la plus célèbre place d'Espagne, la Plaza Mayor.

La **guerre d'Indépendance** porte un nouveau coup à la cité, occupée à plusieurs reprises par les armées françaises. L'explosion accidentelle d'une poudrière détruit la moitié du quartier universitaire. À 10 km au sud de la ville, au **défilé d'Arapiles**, Wellington écrase finalement les troupes du général Marmont en 1812. Cet épisode joue un rôle déterminant dans l'évacuation de l'Espagne des soldats de Napoléon. Cette époque est en outre marquée par une vague d'anticléricalisme, qui dépossède les institutions ecclésiastiques de leurs biens et trésors.

Au début du 20e s., alors que l'Université décline, le philosophe et romancier Miguel de Unamuno *(voir p. 167)* la sauve d'une fermeture définitive après en être devenu recteur.

Suite aux dommages causés par la **guerre civile**, Salamanque a fait l'objet d'un plan de réaménagement dirigé par l'architecte Victor d'Ors, marqué en particulier par la création de la Gran Vía. Le cœur historique accueille aujourd'hui de nouveaux bâtiments réalisés en pierre de grès de Villamayor, respectant ainsi l'homogénéité esthétique générale. La ville contemporaine se développe au nord, autour de l'avenue Frederico Anaya et de la promenade du docteur Torres Villarroel, ainsi qu'à l'ouest, le long de l'ancienne voie ferrée qui conduisait au Portugal.

Se promener

LE CENTRE HISTORIQUE★★★

Plaza Mayor★★★ B1

La Plaza Mayor est l'épicentre de la vie de Salamanque. Lieu de prédilection des habitants et des touristes, on vient y prendre un verre à la terrasse des cafés et assister aux spectacles de rue.

Succédant à la plaza San Martín, jugée trop exiguë et indigne du prestige revenant à la ville suite au soutien économique fourni pendant la guerre de Succession, elle doit sa conception originale à Alberto de **Churriguera**. La première pierre est posée le 10 mai 1729 en lieu et place du futur Pavillon royal, jour solennel commémoré par une plaque située en dessous du médaillon de saint Fernand. Les travaux s'achèvent en 1755.

Le maire et les architectes choisissent de lui conférer une symétrie et une unité parfaites. Le Conseil Royal de Castille, également impliqué dans le projet, ordonne ainsi que le seul élément visible pouvant différencier les façades des particuliers de celles des bâtiments municipaux soit le blason familial ornant les balcons du premier étage. Une exception fut toutefois accordée à l'**hôtel de ville**, autorisé à bénéficier d'un volume et d'un répertoire décoratif plus importants. Les galeries à arcades en plein cintre sont décorées de médaillons didactiques présentant les personnages clés de l'histoire nationale : sur le **Pavillon royal**, surmonté du buste du roi **Philippe V**, sont représentés les rois d'Espagne, d'Alphonse IX à Charles III ; sur le Pavillon de saint Martin, les bustes de divers hommes illustres : Christophe Colomb, Cervantès, Le Cid, Cortèz... ; sur celui de Petrineros, des savants ; sur celui de l'hôtel de ville, des saints, dont un saint Jacques à cheval.

L'ensemble dégage une grâce toute Renaissance, rehaussée par une élégante balustrade et par les statues allégoriques de l'astronomie, de l'agriculture, de l'industrie et

SE LOGER

Hostal Consejo 1
Hotel Abba Fonseca 4
Hotel Catalonia Salamanca Plaza 7
Hôtel Ibis 10
Hotel NH Puerta de la Catedral 13
Hotel Rua 16
Petit Palace Las Torres 19

E RESTAURER	
hez Victor .... (1)	La Fonda del Arcediano de Medina .... (16)
l Patio Chico .... (4)	Momo .... (19)
l Reloj de la Plaza .... (7)	Plus Ultra .... (22)
a Bodeguita de Casa Paca .... (10)	San Pablo 21 .... (25)
a Calma .... (13)	Son de Mar .... (28)

du commerce situées au-dessus de la mairie. L'effet global, accentué par la beauté des dalles de pavement, donne l'impression d'évoluer dans une vaste salle de bal.

Sortez de la Plaza Mayor par la calle Prior jusqu'à la plaza de Monterrey.

Maison des Morts (Casa de las Muertes) B1

Bordadores, face à la statue de don Miguel Unamuno.

La façade, du 16e s., est un des premiers exemples du style **plateresque**. Une légende romanesque a longtemps prétendu que dans cet édifice s'étaient déroulés des crimes passionnels, d'où sa macabre appellation. La réalité est tout autre. On peut apercevoir en effet quatre têtes de mort en guise de consoles, sous les piédestaux soutenant les fenêtres supérieures de la façade. Élément décoratif par excellence d'un répertoire iconographique allégorique très apprécié à cette époque – plus fréquent toutefois dans la peinture de Vanités –, le crâne humain symbolise la précarité de la vie. Trop petite pour être considérée comme un palais, la Casa de las Muertes fut néanmoins érigée pour une grande famille de Salamanque, les **Ibarra**, fondateurs d'une des chapelles de l'église de Santa Maria de los Caballeros, où ils sont enterrés. Leur blason – des cupidons chevauchant des dauphins et tenant chacun un compas – se trouve au centre du linteau de la porte d'entrée et au-dessus de la fenêtre du balcon du premier étage. À ce niveau, deux personnages – dont l'un enlève son chapeau pour saluer avec révérence – regardent le buste de l'archevêque de Tolède, Alonso de **Fonseca**, identifié par l'inscription « Severisimo Fonseca Patriarca Alexandrino ». L'architecte de la maison est probablement **Juan de Àlava**, longtemps au service de Fonseca et grand prêtre du plateresque salamantin. On peut enfin observer six médaillons : bien qu'on ne puisse les identifier individuellement, les bustes d'hommes représentent probablement des empereurs romains et des gentilshommes. Les deux bustes féminins donnent un aperçu de la mode vestimentaire de l'époque. Il n'est pas exclu que certains de ces médaillons représentent les propriétaires de la maison.

Couvent de las Úrsulas★ B1

Plaza de las Úrsulas, 2 - ✆ 923 219 877 - tlj mat. et apr.-midi - fermé dernier dim. du mois - 2 €.

L'église de ce couvent franciscain fondé en 1512, abrite le **sépulcre** d'Alonso de Fonseca. Les armoiries du grand homme surmontent la porte principale. De style gothique tardif, l'église comprend une nef unique. Sa voûte en étoile, dont les nervures descendent le long des colonnes jusqu'au sol, n'est pas sans rappeler la cathédrale de Plasencia.

Le tombeau de Fonseca, réalisé en 1529 en marbre blanc de Macael (Almerìa), est attribué à **Diego de Siloé**. Le gisant repose sur un lit d'apparat plein, aux côtés obliques, type artistique introduit en Espagne par l'Italien Domenico Fancelli. La tête de lit est ornée du médaillon de l'**Annonciation**, à laquelle l'église est dédiée. Sur les parois latérales, figurent médaillons et vignettes montrant saint Jacques à la bataille de Clavijo et l'écusson de Fonseca, flanqués des quatre évangélistes aux contorsions et à la musculature puissantes. Sur le mur gauche de la nef se trouve le sépulcre du majordome de Fonseca, don Francisco de Ribas. Allongé sous un arc de triomphe plateresque, il est vêtu comme un chevalier.

Le **musée** présente sous ses plafonds *artesonado* et à caissons, des panneaux et des fragments d'un retable de **Jean de Bourgogne**, autrefois situé dans le chœur, dont l'un montre sainte Ursule et les onze mille vierges. Du divin Luis de **Morales** : un Ecce Homo, une Pietà, saint Paul et saint Jean sur l'île de Patmos.

Revenez sur vos pas jusqu'à la plaza de las Agustinas.

Palais de Monterrey★ (Palacio de Monterrey) B1

Ce palais Renaissance est bâti en 1539 pour don Alonso de Acevedo y Zuñiga, troisième comte de Monterrey. Le plan du bâtiment est dû aux deux grands noms de l'architecture salamantine du 16e s. : Rodrigo Gil de Hontañon et Martìn de Santiago. Conçu sur le modèle des alcázars royaux, ce plan suivait à l'origine un dessin quadrangulaire, organisé autour d'un patio et pourvu d'une tour à chaque angle. Mais le voisinage de

Une tradition séculaire

Les inscriptions en rouge qui apparaissent sur la plupart des monuments de la ville, et en particulier ceux de l'université, relèvent d'une tradition remontant au 15e s. Après avoir reçu leur diplôme, les étudiants participaient à une corrida. Avec le sang du taureau qu'ils avaient tué, ils inscrivaient sur les murs « victor » et la date. Aujourd'hui, ces nobles graffitis sont exécutés avec de la peinture.

l'église de Santa Maria de los Caballeros contraignit l'extension du palais d'un seul côté, parallèlement à la rue Ramón y Cajal. Une **élégante galerie** court le long du dernier étage, créant ainsi, grâce aux arcades en plein cintre, l'effet d'une succession de loggias à l'italienne. Une **balustrade** sommitale richement ornée et ponctuée de trophées et de pinacles magnifie la corniche. Les cheminées sont traitées avec la même exigence esthétique. Les tours oublient l'aspect défensif de l'époque médiévale pour se transformer en gracieux belvédères. Enfin, les blasons des familles Fonseca, Zuñiga, Acevedo, Maldonado, Biedma, Sotomayor, Ulloa et Castro, toutes parentées, sont autant d'éléments de décor.

Église de la Purísima Concepción★ B1

✆ 923 212 738 - été : ven.-sam. 12h-13h, 17h-20h ; le reste de l'année : ven.-sam. 12h-13h, 17h-19h.

L'ordre des **Agustinas Recoletas**, auquel appartiennent le couvent du même nom et l'église de la Purísima Concepcíon, s'est établi à Salamanque à la fin du 16e s. Il trouve un mécène en la personne de **don Manuel Virrey de Naples**, septième comte de Monterrey. Les plans de l'église sont d'abord élaborés par l'architecte italien Bartolomeo Pichiatti, puis revus par l'Espagnol Cósimo Fanzago. En 1638, Francisco de Oya est choisi pour mener à bien l'exécution des travaux. L'église adopte un tracé en croix latine et intègre des caractéristiques napolitaines (le portique en façade) et romaines (l'aspect massif général et le fronton à l'antique surmontant cette même façade). La coupole, de forme octogonale, emprunte en revanche sa légèreté et son ornementation au style madrilène. Le **portail principal** est unique à Salamanque, imitant un type artistique venu de Bergame. Sculpté dans un marbre gris, il encadre l'entrée grâce à des pilastres taillés en pointe de diamant, couronnés par des chapiteaux ioniques graciles. L'attique porte une inscription relative à l'édification ainsi qu'à son fondateur, coiffé par le blason de ce dernier, en marbre de Carrare et soutenu par deux anges. Dans l'église apparaissent tous les impératifs de construction et de décoration imposés par la **Contre-Réforme** : les dimensions imposantes, la division de l'espace et la polychromie des marbres. Au centre du retable principal, se trouve un des tableaux les plus célèbres de José de **Ribera**, maître du 17e s. espagnol : l'*Immaculée Conception*. Signée à Naples en 1635, l'œuvre fut commandée à l'artiste par don Gaspar de Zuñiga à la suite de sa nomination en tant qu'ambassadeur du pape Grégoire XV. Le peintre innove par la grandeur du format et pose les critères de représentation de la Vierge en fonction du nouveau dogme de l'Immaculée Conception : monumentalité, mise en scène et effets de lumière serviront dorénavant la propagande iconographique de l'Église. À signaler enfin, une très jolie **chaire**, plaquée directement sur le mur latéral et traitée à l'italienne, comme un balcon : création de Fanzago, datée de 1636, elle révèle une subtile association de marbres colorés.

Poursuivez jusqu'en haut de la calle Ramón y Cajal

Collège Fonseca★ (Colegio Fonseca) A1

Bâti en 1535 pour l'archevêque Fonseca, ce collège est le dernier survivant des quatre collèges majeurs de l'Université, conservé de manière quasi parfaite. On y enseignait la théologie, les arts libéraux et le droit canonique. Le plan, conçu par **Diego de Siloé**, exécuté par Juan de Álava et Rodrigo Gil de Hontañon, distribue, autour d'un cloître **Renaissance**, la chapelle, la bibliothèque, les salles de classe, le réfectoire et les logements des professeurs. La façade montre une grande simplicité. Seule la porte, flanquée de colonnes ioniques et surmontée de colonnes à chapiteaux composites encadrant les statues de saint Augustin et de saint Ildefonso, témoigne d'un certain raffinement. Au sommet, un médaillon met en scène saint Jacques à la bataille de Clavijo. Les blasons enserrés dans des disques soutenus par des cornes d'abondance sont caractéristiques du style de Siloé. Le portique du cloître compte 128 médaillons mélangeant personnages bibliques, mythologiques et historiques. Face à face, deux escaliers majestueux conduisent à l'étage. Enfin, la chapelle, située immédiatement à droite de l'entrée, possède un **retable** plateresque d'Alonso Berruguete, réalisé en 1529, combinant bas-reliefs, statuaire monumentale et tableaux.

Revenez sur vos pas et prenez à droite la calle de la Compañia.

Plaza de San Benito B1

Sur cette charmante place se dressent les résidences de familles nobles. L'**église de San Benito**, autrefois paroisse galicienne, devenue panthéon des Maldonado, fut reconstruite en 1490. Le porche d'entrée, devancé par un auvent de bois tenu par une seule et fine colonne, date du 16e s.

Poursuivez jusqu'à l'angle de la rua Antigua.

Maison aux Coquilles★★ (Casa de las Conchas) B1

La Casa de las Conchas est un bel exemple de l'architecture civile espagnole du temps des Rois Catholiques. Bâti vers 1490 pour don **Rodrigo Arias Maldonado**, ambassadeur d'Espagne à la cour de France puis du Portugal, l'édifice célèbre avant tout le mariage de son propriétaire avec doña Maria de **Pimentel**, sœur du comte de Benavente, autre et noble grande famille. En observant la façade latérale, il est facile d'imaginer la seconde tour qui se dressait à l'autre extrémité, obéissant à un souci de symétrie. Celle qui reste est amputée d'une partie de son élévation. La sévérité architecturale est adoucie par un décor de plus de 300 **coquilles de Saint-Jacques**. La présence de ce motif s'explique par le fait que don Rodrigo Arias Maldonado était chevalier de l'ordre militaire de Saint-Jacques. L'entrée principale, décentrée, est dominée par le blason à fleurs de lys des Maldonado, flanqué par des lions. Sur le linteau figurent des couples de dauphins, symboles Renaissance de l'amour. Au niveau de l'entresol, des baies sont closes par de somptueuses grilles en fer forgé. Elles confèrent aux habitants de la maison l'intimité des moucharabiehs mauresques. Les élégantes **fenêtres isabélines** de l'étage noble offrent une ornementation variée. Certaines possèdent une structure à meneau, d'autres se contentent d'une colonnette centrale en marbre. Le **patio**, véritable joyau du gothique isabélin, possède une double galerie à arcades mixtilinéaires décorées de lions et d'écussons, prenant appui sur des piliers dans la partie inférieure et sur des colonnes en marbre de Carrare dans la partie supérieure. En montant l'escalier, on embrasse une jolie vue sur l'ancien collège jésuite de la Clerecía.

La Casa de las Conchas abrite aujourd'hui une bibliothèque publique.

Église de la Clerecía★ B1

Calle de la Campañia, 2 - ✆ 923 277 122 - avr.-sept. : tlj sf lun. 10h30-12h50, 17h-18h50, sam. 10h-13h20, 17h-18h50, dim. et j. fériés 10h-13h20 ; oct.-mars : mar.-vend. 10h30-12h50 - fermé 1er et 6 janv., 25 déc. 1,50 €.

L'ensemble formé par l'église de la Clerecía et l'Université pontificale était à l'origine le collège royal de la Compagnie de Jésus, dédié à l'Esprit saint. Les **jésuites** s'établissent à Salamanque en 1548. Après avoir vécu modestement dans un bâtiment voisin du collège majeur Fonseca, ils trouvent un soutien en la personne de la reine **Marguerite d'Autriche**, encouragée par son confesseur. En 1611, elle décide de fonder un nouveau collège au cœur de la ville, sur un terrain d'environ 20 000 m². Les travaux commencent en 1617, sous la direction de Juan Gómez de Mora, architecte de la basilique de l'Escorial. Cent cinquante ans seront nécessaires à la construction du complexe religieux. Les tours baroques, érigées par Andrés García de Quiñones, datent de 1754. Treize ans plus tard, les jésuites sont expulsés du territoire par l'ordonnance du roi Charles III.

La niche au-dessus de la porte d'entrée possède une statue du fondateur de l'ordre, Ignace de Loyola. À l'intérieur, la nef est bordée de chapelles latérales communicantes, surmontées d'un étage de tribunes. L'abside du chœur accueille un **retable** polychrome et doré, allant du sol au plafond. De style préchurrigueresque, il s'articule

C. Labonne/Michelin

Le patio de las Escuelas et la statue de fray Luis de León.

sur deux niveaux, rythmé par d'impressionnantes colonnes torses. Sur l'attique, un haut-relief représente Ignace de Loyola rédigeant les *Exercices spirituels* sous la dictée de la Vierge, entouré des quatre évangélistes et leurs symboles.

À côté de l'église, le **cloître** est un des manifestes les plus expressifs du baroque espagnol. Composé au rez-de-chaussée d'une galerie en plein cintre, il s'ouvre au premier étage sur une succession de balcons coiffés d'oculi, puis s'achève par un dernier étage de fenêtres. Des colonnes d'ordre colossal (sur deux niveaux d'élévation) donnent un élan dynamique à la force de gravité du bâtiment. L'**escalier**, du à A.G. de Quiñones, possède un splendide relief de stuc à caissons, alternant motifs végétaux et armoiries. Dans la galerie nord du cloître se trouve le **Paraninfo**, destiné jadis aux discussions publiques.

Après quelques pas dans la rua Antigua, dirigez-vous à gauche dans la calle Libreros.

Patio des Écoles★★★ (Patio de las Escuelas) B2

Cette petite place donnant sur l'antique rue des Libraires est entourée de monuments caractéristiques du plateresque salmantin. Au centre se dresse la statue en bronze de fray Luis de León. L'ancien logis des recteurs accueille le **musée Unamuno**, consacré à l'écrivain et philosophe. *Libreros, 25 - ✆ 923 294 400 (ext. 11 96) - tlj mat. et apr.-midi, w.-end et j. fériés mat. - fermé lun., 1er janv., 25 déc. - 3 € (- 18 ans 1,50 €).* Les souvenirs du grand homme sont exposés entre le salon de réception, son bureau et sa chambre à coucher.

Université★★★ (Universidad) – *Patio de las Escuelas, s/n - ✆ 923 294 500 (ext. 11 50) - www.usal.es - tlj 9h30-13h30, 16h-19h, dim. 10h-13h - 4 € (- 12 ans gratuit).*

Fondée en 1218, l'Université enregistre 7 683 élèves en 1568 (30 000 en 2007), un record pour l'époque. Première université européenne à compter une chaire de musique ainsi qu'une bibliothèque publique, elle établit au 16e s. les bases du droit international, restructure la grammaire castillane et modernise l'enseignement de la poésie, de la philosophie et de la théologie.

Son majestueux **portail** date de 1534. Pour compenser l'éloignement, le relief s'accentue à chacun des trois registres. Au centre du premier, directement au-dessus de la double porte en anse de panier, figurent dans un médaillon les Rois Catholiques tenant le sceptre de la réunification ; au second niveau apparaissent les blasons de Charles Ier d'Espagne et de Charles Quint, l'aigle de Saint-Jean, emblème de la Castille, et l'aigle bicéphale de l'Empire ; au sommet trône le pape Martin V s'adressant aux cardinaux et prêtres, ainsi que les statues de Vénus et Hercule, accompagnées de médaillons évoquant les Vertus. Le motif le plus célèbre est, à mi-hauteur du pilastre de droite, la tête de mort surmontée d'une grenouille symbolisant le péché de luxure puni après la mort. En dehors des reliefs héraldiques et des personnalités recensés, l'iconographie de ce portail s'inspire d'un traité d'architecture, la *Cité idéale* de Sforzinda, où chaque détail tend vers un idéal de perfection architecturale, sociale et morale, en accord avec la fonction d'un lieu d'éducation aussi prestigieux que l'université royale. Ainsi, tout ornement est prétexte au **triomphe de la vertu sur le vice**.

Au-delà du vestibule d'entrée gothique, s'ouvre le **patio**. La galerie du cloître, couverte d'un **plafond** en bois polychrome, souligné par une frise isabeline d'entrelacs, de grotesques et de vases, donne sur les différentes salles de cours. Dans la **grande salle** (Paraninfo), tendue de tapisseries de Bruxelles (17e s.), avaient lieu les cérémonies officielles. On peut y voir le portrait de *Charles IV* peint par **Goya**. La salle de classe où **fray Luis de León** enseignait la théologie a conservé son mobilier du 16e s. : la chaire du professeur avec son abat-voix préside aux bancs grossièrement équarris, un luxe à une époque où les étudiants étaient habituellement assis par terre. La **chapelle**,

Miguel de Unamuno

Après avoir enseigné le grec classique entre 1891 et 1901, Miguel de Unamuno obtient le poste de recteur de l'Université. Destitué en 1914 pour s'être opposé au régime autoritaire de Primo de Rivera, il dut s'exiler aux Canaries. À la chute du dictateur, il revient à Salamanque en 1930 et retrouve la présidence de l'Université. Élu député sous la République, il se révolte face au pouvoir franquiste. Assigné à résidence, il meurt en 1936, à l'âge de 72 ans. Homme d'engagement, Unamuno fut le guide intellectuel du groupe d'artistes *Generación 98*, travaillant à redorer le blason culturel espagnol. Son manifeste, *Le Sentiment tragique de la vie*, écrit après une grave maladie, traduit une quête existentielle et mystique.

achevée en 1767, renferme les cendres de fray Luis de León. Son retable, en marbre rose et blanc de León et de La Granja et en jaspe de Mañaria, est plaqué de cornes d'abondance en bronze doré.

Sous la grande voûte en étoile de l'**escalier d'honneur**, réalisé en 1512, la rampe offre d'intéressantes scènes sculptées. L'artiste semble avoir fait référence aux gravures de l'Allemand Israel Van Meckenem, et en particulier au thème de la vie maritale. L'homme travaille aux champs et part à la chasse alors que l'épouse évolue sur une danse dite mauresque, connue à Nuremberg à la fin du 15e s. Le personnage enturbanné est une délicieuse allusion au passé mozarabe de l'Espagne.

À l'étage, la galerie de déambulation dévoile un riche plafond à caissons garni de stalactites, fait en 1581. Une porte du gothique tardif, œuvre des artistes qui travaillèrent à la porte de la nouvelle cathédrale, dotée d'une grille forgée en 1526, donne accès à la **bibliothèque**. De style baroque, rénovée au 18e s., elle s'étage sur deux niveaux. Elle contient 40 000 volumes du 16e s. au 18e s., des incunables et des manuscrits précieux dont les plus anciens datent du 11e s. Le classement s'effectue par disciplines, signalées par des médaillons : philosophie et histoire naturelle, droit civil, etc.

Au fond du premier couloir de cette galerie se distinguent deux **fresques** de très belle facture, attribuées à Jean de Flandre. Elles représentent deux saints ermites, dont celui de droite a pu être identifié comme étant saint Antoine Abad. A-t-il été peint en qualité de protecteur pour éloigner les étudiants de la maladie appelée « feu de Saint-Antoine » ?

Hôpital de l'Université (Hospital del Estudio) – Aujourd'hui siège du rectorat, l'hôpital pour les étudiants pauvres fut construit en 1533. Le portail, avec ses deux arcs en anse de panier, est de style gothique. La partie supérieure comporte, encadrés par un *alfiz*, deux blasons de l'Espagne réalisés avant 1492 – la grenade, symbole du royaume de Grenade n'y figurant pas – et un arc trilobé.

Écoles mineures★ (Escuelas menores) – À droite de l'hôpital s'élève le portail plateresque (1534) des **Écoles mineures**. Trois médaillons ornent les arcs de la double porte : au centre, le Christ, et de chaque côté, Hercule et Thésée. Au-dessus, les armoiries de l'Empire rendent hommage à Charles Quint. Au sommet, les médaillons de saint Paul et saint Pierre encadrent la tiare et les clés papales. Le **patio** (1428) s'appuie sur des colonnes en granit. Ses arcades multilinéaires typiquement salamantines et sa balustrade en pierre ajourée dégagent une grâce infinie. À droite de l'entrée, une salle d'exposition révèle un beau plafond mudéjar. En face, le musée de l'Université montre ce qu'il subsiste du plafond de l'ancienne bibliothèque, peint par **Fernando Gallego**. Cette partie du **Ciel de Salamanque**, représentant des signes du Zodiaque et des éléments mythologiques, laisse imaginer la beauté de l'ensemble lors de sa réalisation au 15e s. Remarquez aussi les œuvres de Jean de Flandre et de Jean de Bourgogne.

Prenez à gauche la Calderòn de la Barca.

Nouvelle cathédrale★★ (Catedral Nueva) B2

✆ 923 217 476 - www.catedralsalamanca.org - avr.-sept. : tlj tte la journée ; reste de l'année : tlj mat. et apr.-midi, dim. mat. - gratuit.

C. Labonne/Michelin

Le tympan de la façade occidentale de la nouvelle cathédrale.

La construction débute en mai 1513. Le gros œuvre est achevé en 1560, mais la cathédrale fait l'objet d'adjonctions jusqu'au 18e s., d'où la cohabitation des styles gothique, Renaissance et baroque.

La **façade occidentale** se déploie comme un paravent au décor foisonnant, probablement dessiné par Juan Gil de Hontañón. Au centre du portail culmine la scène du calvaire, flanqué des statues de saint Pierre et saint Paul. Les hauts-reliefs illustrant la *Naissance de Jésus* et l'*Épiphanie*, d'une verve toute baroque, datent de la seconde moitié du 17e s.

Le **portail nord**, face au collège de Anaya, arbore un délicat bas-relief narrant l'entrée de Jésus à Jérusalem, le jour des Rameaux. Dans la partie gauche de la voussure inférieure apparaît, étrange détail, un petit astronaute...

L'**intérieur** frappe par la richesse des voûtes, la finesse des corniches, l'élancement des piliers fasciculés. Les huit fenêtres de la tour lanterne sont rehaussées d'un tambour, dont les scènes polychromes décrivant la vie de la Vierge sont dues aux frères **Churriguera** (18e s.), comme les stalles du *coro*, le *trascoro*, le retable principal et l'orgue qui surmonte les stalles au nord, d'un baroque dense. L'orgue du côté sud est plateresque (1558).

Ancienne cathédrale★★★ (Catedral Vieja) B2

✆ 923 217 476 - www.catedralsalamanca.org - avr.-sept. : tlj tte la journée ; reste de l'année : tlj mat. et apr.-midi, dim. mat. - 4 €.

Dissimulée par son imposante voisine, l'ancienne cathédrale est élevée entre 1140 et 1150 à l'initiative de don Berengario, conseiller de l'empereur Alfonse VII. À une époque où le style roman est en pleine maturité, la cathédrale peut oser de nouvelles formules architecturales, avec en l'occurrence l'emploi de la voûte d'ogives. Sa **tour-lanterne** nervurée à deux étages de fenêtres est soutenue par un système ingénieux de poussées, aidé intérieurement par des piliers doublés de nervures. Très haut sous les voûtes, des chapiteaux ouvragés représentent des scènes de tournois et des animaux fantastiques. L'extérieur témoigne du syncrétisme opéré entre l'art byzantin et le style mudéjar autochtone. Il n'est d'ailleurs pas sans rappeler la coupole de la cathédrale de Zamora. Par son nom de **Tour del Gallo** (tour du coq), elle évoque le coq en tant que symbole de prudence de l'âme et annonciateur du retour du Christ à la fin des temps.

Immédiatement à droite de l'entrée, située sous la tour du clocher, la **chapelle de Santo Martín** dévoile des **fresques** du 13e s. brossées par Antón Sánchez, de Ségovie. Entre autres, se détachent les figures de Jérémie, Isaïe, Daniel, saint Joachin et sainte Anne, inscrites dans des portiques gothiques stylisés à dominante rouge.

Le **grand retable** de l'abside centrale est attribué au Florentin Delli. Il rassemble 53 tableaux illustrant les scènes de la vie du Christ et de la Vierge. L'artiste y cultive déjà la science de l'espace d'un Masaccio tout en poursuivant la verve narrative, le sens du détail et l'utilisation des couleurs vives du gothique international. La peinture du Jugement dernier qui couronne le tout affiche en revanche un style bien Renaissance, raison pour laquelle les experts doutent dorénavant du fait que les peintres Delli et Nicolas de Florence soient une seule et même personne. Au centre du retable, préside la **Vierge de la Vega**. Statuette du 12e s., à mi-chemin entre l'icône byzantine et la Vierge en majesté romano-gothique, la Vierge de la Vega est la sainte patronne de Salamanque. Son armature de bois plaquée de bronze doré est incrustée de pierres précieuses. Le trône, quant à lui, est plaqué d'émaux limousins bleutés à l'effigie des apôtres. En dépit d'un hiératisme certain, les visages de Jésus et de sa mère sont empreints d'une sensible tendresse.

Dans le bras droit du transept, des enfeus sont dotés de gisants et de fresques du 13e s. d'influence française. Le tombeau de don Alfonso Vidal, chanoine de Salamanque, est sans doute le plus richement orné.

Cloître (claustro) – En 1755, le séisme de Lisbonne détruit le portique roman dans sa majeure partie. Toutefois, quelques chapiteaux du 12e s. ont résisté, surprenant de naïveté au milieu des réfections des 18e s et 20e s. La **chapelle de Talavera**, la plus ancienne, est coiffée d'une coupole octogonale sur trompes. Les nervures de la voûte s'y croisent en formant, à la façon mauresque, une superbe étoile à huit branches. On y célébrait le rite mozarabe. À noter, le retable de l'école de Pedro Berruguete. La **chapelle de Santa Barba**, fondée en 1334, servait autrefois de salle d'examens pour les étudiants. On y élisait également, une fois par an, le nouveau recteur de l'université. Un **Musée diocésain** récemment aménagé occupe trois salles ainsi que la chapelle Sainte-Catherine. Il réunit surtout les œuvres des frères Fernando et Francisco Gallego.

La plus belle pièce reste néanmoins le **triptyque de saint Michel**, peint en 1506 par Jean de Flandre. Et en particulier la *Pietà* représentée dans la vignette centrale de la prédelle, qui témoigne d'une grande finesse d'exécution.

Dans la **chapelle Anaya** se trouve le remarquable **tombeau** (15e s.) de Diego de Anaya, évêque de Salamanque puis de Séville. Exécuté en albâtre, avec un décor latéral de saints et de saintes accompagnés de leurs symboles, il est ceinturé d'une grille plateresque merveilleusement ouvragée. L'**orgue** du 15e s., un des plus anciens d'Europe, est placé sur une tribune mudéjare polychrome. Enfin, le tombeau de Gutierre de Monroy et Constancia de Anaya (16e s.) constitue un bel exemple de statuaire funéraire de style Renaissance.

Depuis le **patio Chico**, on aperçoit l'abside de la vieille cathédrale et la toiture en écailles de la tour du Coq, qui rappelle celle de Saint-Front à Périgueux. En empruntant la calle Arcediano, on peut rejoindre le charmant **jardin** (*huerta*) **de Calixto y Melibea**.

Longez la plaza Anaya et descendez la calle El Tostado pour rejoindre la plaza del Concilio de Trento.

Couvent de San Esteban★★ B2

Plaza del Concilio de Trento, s/n - ☏ 923 215 000 - tlj 9h-13h, 16h-18h (17h en hiver) - 1,50 €.

Les dominicains s'établissent à Salamanque au 13e s., où ils fondent ce monastère qui deviendra un haut lieu de la théologie scolastique et le centre salamantin de la Contre-Réforme. Des personnages célèbres ont marqué l'histoire du couvent de Saint-Etienne : Christophe Colomb y est venu plaider sa cause, à la recherche d'un soutien financier à ses futures expéditions, Ignace de Loyola y a exposé sa nouvelle doctrine, et sainte Thérèse de Jésus s'y est confessée.

La première pierre est posée le 29 juin 1524. Quatre architectes de renom se succéderont à la construction de l'édifice. Tandis que les pinacles des contreforts latéraux relèvent du style gothique, l'imposante **façade** est un véritable manifeste du style plateresque. Sous ce que les historiens d'art considèrent comme un arc de triomphe, apparaît un programme décoratif de niches, de consoles, de dais, de frises, de médaillons et de grotesques. Des figures bibliques de l'Ancien Testament côtoient des héros mythologiques, dans l'esprit humaniste contemporain. Le bas-relief illustrant la lapidation de saint Étienne, plus tardif (1610), est l'œuvre du Milanais Juan Antonio Ceroni.

La visite commence par le **cloître des Rois** du 16e s. Le rez-de-chaussée offre une succession de voûtes ogivales animées de tiercerons, courant le long d'un portique Renaissance décoré de **médaillons** dans lesquels sont représentés les rois d'Israël. Dans les encoignures se distinguent de magnifiques groupes sculptés, dont la *Naissance de Jésus*, l'*Épiphanie* et la *Présentation au temple*.

Tout comme l'intérieur de la sacristie, celui de l'**église** frappe par son ampleur. Son plan respecte la typologie habituelle des lieux de culte des ordres prêcheurs : une nef unique bordée de chapelles, un vaste chœur (accessible ici par la tribune), une

C. Labonne/Michelin

Le couvent de San Esteban.

abside principale pourvue d'un autel surélevé et d'un retable précieux. Cette dernière en l'occurrence bénéficie d'une lumière zénithale provenant des larges fenêtres du tambour. Le grand retable, chef-d'œuvre de **José Churriguera**, réussit à traduire l'emphase baroque, sans pour autant masquer les lignes de composition, ni gêner les perspectives. Les colonnes torses semblent s'enrouler dans les pampres de vignes dans un mouvement ascendant. Le tabernacle s'inscrit au cœur de l'ensemble comme une architecture indépendante. Dans les niches latérales, saint François et saint Dominique annoncent la gloire des ordres mendiants. Au sommet, culmine le *Martyre de saint Étienne*, tableau de Claudio Coello.

Couvent de las Dueñas, étage des arcades.

Pour se rendre à l'étage, il faut emprunter l'**escalier de Soto**. Du nom du confesseur de Charles Quint, grand théologien présent au concile de Trente, l'ouvrage est construit entre 1553 et 1556 par Rodrigo Gil de Hontañón. Le bas-relief polychrome de **Madeleine** allongée, songeuse et lisant, épouse idéalement le cadre pourtant contraignant de l'espace situé sous la rampe. La galerie de l'étage fait l'objet d'une exposition critique sur la colonisation. En effet, de nombreux frères dominicains sont partis évangéliser les peuples du Nouveau Monde. Des vitrines contenant des pièces de vêtements et des bijoux indiens alternent avec des phrases philosophiques, comme *L'homme est un loup pour l'homme* ou *Un pays a le droit d'être gouverné par lui-même.* Enfin, l'étage du cloître conduit au chœur, réalisé en 1651, en noyer. La **voûte étoilée** de la tribune qui le supporte force l'admiration.

Couvent de las Dueñas★★ B2

Plaza del Concilio de Trento, s/n - ✆ 923 215 442 - tlj 11h30-12h45, 16h30-18h45 (17h30 en hiver) - 1,50 €.

Le couvent est fondé en 1419 pour y loger les sœurs de l'ordre dominicain. Le **cloître** est aménagé au 16ᵉ s. pour permettre l'agrandissement des lieux. De style Renaissance, il forme un pentagone organisé sur deux niveaux. Le premier dispose d'un portique ample aux colonnes espacées alors que le second double le rythme des colonnes, plus courtes. Les **chapiteaux**, en particulier au second niveau, livre des hauts-reliefs d'une force étonnante. Animaux fantastiques et diables effrayants exhibent des formes tantôt musculeuses, tantôt torturées. Un cheval-dragon voisine un homme-oiseau dans une étrangeté douloureuse.

Plus sages, des médaillons modelés de majestueuses têtes de vieillards et de gracieux visages féminins habillent les écoinçons du niveau inférieur.

Empruntez la calle Juan de la Fuente jusqu'à la plaza de Colón.

Tour del Clavero★ (Torre del Clavero) B2

Seul vestige d'un palais édifié vers 1480, survivance d'une architecture militaire adaptée à la vie urbaine, cette tour forme une sorte de donjon couronné d'échauguettes, décorées à leur base d'un treillis mudéjar.

Tour de los Anaya (Torre de los Anaya) B2

Calle de San Pablo, 26.

La torre de los Anaya abrite le **musée d'Art oriental★** de Salamanque. En attendant l'aménagement dans les étages supérieurs de collections permanentes consacrées principalement au Japon, le rez-de-chaussée accueille de très belles expositions temporaires, sur des thèmes aussi divers que la porcelaine, les estampes, les geishas, l'amour et la guerre, etc.

Palais de la Salina★ B1

Calle de San Pablo, 24.

La **cour intérieure** de ce palais Renaissance assemble : à l'ouest, une loggia composée de quatre arcs mixtilinéaires salamantins ; au nord, une galerie supérieure soutenue par des consoles à caissons, soulignés par des **atlantes** nus michel-angelesques dotés d'un souffle baroque (une légende prétend qu'ils sont les caricatures des nobles de l'époque) ; et le long du mur sud, un portique où des médaillons montrent les portraits des propriétaires du palais. Construit au 16e s., les historiens d'art y voient l'intervention de l'architecte des Écoles mineures en ce qui concerne le patio, et la main des sculpteurs des chapiteaux du couvent de las Dueñas à propos des atlantes. Érigé pour don Rodrigo de Messia, mari d'une parente de l'archevêque Fonseca, le palais est connu sous le nom de Salina, car on y entreposait jadis le sel de la ville.

Prenez à droite la calle Caldederos, puis la calle Marquesa de Almarza, et tournez à gauche dans la calle de los Mártires.

Couvent de Santa Clara★ C2

Vers 1238, les dames d'un béguinage installées à proximité de feu l'ermitage de Santa María se convertissent à la règle franciscaine des Clarisses. Doña Urraca est la première abbesse du nouveau couvent. Un incendie détruit le site au 15e s. Les travaux de reconstruction commencent fin 15e s., début 16e s. L'intérieur de l'église subira au 18e s. de profonds changements. Le portail en façade est surmonté d'une statue de sainte Claire. À l'extrémité de la nef se dresse le grand **retable**, dû à Joaquin de Chirruguera et Pedro de Gamboa. Les colonnes salomoniques animant le premier niveau, symbole du monde terrestre, encadrent la statue de la sainte, flanquée des statues de saint François et saint Antoine. Au niveau supérieur, symbole du monde divin, resplendit l'Immaculée Conception. Des fresques apparaissent sur les murs du chœur, analogues à celles découvertes récemment à l'église St-Marc.

Dirigez-vous vers la plaza T. Bretón, longez les calles San Justo et Sánchez Barbero pour retrouver la plaza del Corrillo.

Église de San Martín B1

La paroisse de St-Martin est fondée en 1103, dédiée à saint Martin de Tours. L'église romane a conservé au nord un portail à voussures dentelées, dans le style des églises de Zamora.

Après avoir traversé la Plaza Mayor, empruntez la calle Zamora jusqu'à la plaza de San Marcos.

Église de San Marcos★ B1

Édifice de la fin du 12e s., l'église St-Marc épouse un plan circulaire, sans doute pour se démarquer à l'origine de l'ancienne muraille. En dépit de constantes modifications apportées jusqu'en 1907, des restaurateurs ont retrouvé les fresques des autels primitifs. Une fois nettoyées, ces peintures murales du 14e s. ont révélé de superbes scènes, dont l'*Annonciation*, le *Couronnement de la Vierge* et *Saint Christophe*.

Visiter

Musée d'Art nouveau et Art déco★★ (Casa Lis) B2

Gibraltar, 14 - ✆ 923 121 425 - www.museocasalis.org - ♿ - tlj sf lun. 11h-14h, 17h-21h (19h en hiver), w.-end et j. fériés 11h-21h (20h en hiver) - 3 € (- 14 ans gratuit).

Logé dans la **maison Lis**★★, édifice Art nouveau de 1905, ce musée est entièrement consacré à l'Art nouveau et à l'Art déco. Sur fond de musique Belle Époque, la muséographie s'articule autour d'un patio abrité par une éclatante verrière néomoderniste, installée en 1995 par l'artiste Juan Villaplana. Auteur également des vitraux des *Quatre saisons*★★, allégories féminines inspirées du style Sécession, il crée un environnement coloré et subtil.

Parmi les œuvres exposées dans les vingt salles thématiques, citons les figurines de bronze, marbre et ivoire de Chiparius, dont l'exquise *Mujer a la playa* et la dynamique *Estrella Luminosa*★★★ ; les *Figuras de ninfas*★★ de Miklós Zsolnay en porcelaine émaillée d'une grande sensualité ; les bronzes de Vienne empreints d'érotisme et d'exotisme, dont la délicieuse *Femme à la tunique* de Karl Kauba★★ ; les flacons de parfum en cristal de Baccarat ou de Bohême ; l'incontournable lampe Berger ; des figurines en biscuit annonciatrices des pin-up américaines ; des pièces exceptionnelles de Hagenauer, dont la gracieuse *Bailarina* et la très originale *Carmen Miranda*★★★ ; *Salomé*★★★, superbe tableau orientaliste de F. Beltran Masses ; *Danza de las perlas*★★ de G. Gori, statuette en bronze, ivoire et onyx dansant avec un cerceau ; une galerie consacrée aux vases d'Émile Gallé et un très beau mobilier signé Majorelle. Lalique, Daum et Fabergé sont également bien représentés. Grâce à l'accrochage de cartels explicatifs très clairs quant au contexte historique et artistique, le novice aussi bien que l'amateur sauront trouver un niveau de lecture approprié, leur permettant d'apprécier pleinement une époque (1890-1930) et ses artistes.

La façade sud, illuminée chaque soir à partir de 20h, vaut le coup d'œil.

Musée des Beaux-Arts★ (Museo de Salamanca) B2

Patio de Escuelas, 2 - ✆ 923 212 235 - juin-sept. tlj sf lun. 10h-14h, 17h-20h ; oct.-mai 10h-14h, 16h-19h, dim. et j. fériés mat. 10h-14h - fermé 1er et 6 janv., 24, 25 et 31 déc. - 1,20 € (- 18 ans gratuit).

Aménagé autour du patio d'un **petit palais** ayant appartenu à la famille Alvarez Abarca (médecins des Rois Catholiques et professeurs de médecine à l'université), le musée des Beaux-Arts couvre vingt siècles, de la période romaine à la peinture moderne abstraite. Son fonds d'œuvres est constitué des trésors d'églises et de couvents récupérés après l'expropriation des différents ordres religieux, et des donations des musées du Prado et d'Art moderne de Madrid.

Parmi les collections du musée, on remarquera les fragments d'un **sarcophage en albâtre★★** du 14e s. exposé à la manière d'un quadriptyque, montrant au centre saint François intronisé au milieu des dignitaires de son ordre, au côté de sainte Isabelle de Hongrie, à droite la stigmatisation du saint par l'ange, à l'extrême droite saint Paul, et à gauche l'enterrement d'une noble dame par les pères franciscains. Des restes de polychromie bleue sont encore visibles. On peut apprécier, en plus d'une excellente facture, la richesse narrative et la composition vivante des scènes du sarcophage. Accroché dans la salle située sous l'escalier, le *llanto por Cristo muerto*★ (déploration du Christ) de Luis Morales adopte un dessin maniériste, accentué par une lumière nordique. À l'étage, des **sièges★** en bois du 18e s. provenant du collège majeur de St-Bartolomé offrent une intéressante ornementation à l'intérieur des dossiers. Un archevêque y est peint dans une auréole stylisée lui servant de pupitre, dominant une assemblée de religieux. Parmi une *Nature morte aux fruits*, une copie du portrait de *François 1er de Bourbon* par Hyacinthe Rigaud et un paysage courtois intitulé *Embarcadère du jardin du prince en Aranjuez*, se détache la toile monumentale de V. Gonzalez Arenal, *Entierro de Cristo*★★★, de la fin du 18e s. Réalisée à Rome, ville où le peintre fit ses études, cette œuvre articule deux scènes de part et d'autre de l'escalier, sublimées par une grande science de la lumière. Le portrait *Don Miguel de Unamuno*★, par J. de Echevarria y Zunicalday, nous plonge dans un univers fauviste, où la couleur l'emporte sur la profondeur de champ. Exposée en salle VIII, la *Corrida en azul*★★★ de Luis de Horna (1942) dénote une certaine virtuosité graphique. Ce peintre de paysages castillans converti aux vifs coloris andalous crée ici une œuvre néo-cubiste. La filiation de la représentation du taureau avec le *Guernica* de Picasso est évidente.

Des sculptures modernes originales et dynamiques accompagnent la promenade de la galerie supérieure.

Musée de la Tauromachie (Museo Taurino) B1

Dr. Piñuela, 5-7 - ✆ 923 219 425 - tlj mat. et apr.-midi, dim. et j. fériés mat. - fermé 1er janv., 25 déc. - 3 € (- 12 ans gratuit).

Le musée de la Tauromachie est l'œuvre privée d'un aficionado. Ce dernier vous accueille à l'entrée, vous oriente à travers son musée et vous présente à la fin du parcours son livre d'or. Une salle entière est consacrée au grand torero salamantin Julio Robles, mort tragiquement le 5 janvier 2001 d'une perforation de l'intestin. D'autres salles et couloirs présentent, entre autres, les héros de l'école de la Capea de Salamanca sous forme d'articles, de posters et de trophées. Les novices trouveront l'ensemble sans doute dense et confus, les amateurs sauront apprécier le sens du détail et la passion du collectionneur.

Aux alentours

Alba de Tormes

23 km au sud-est par la N 501 et la C 510.

Au bord du río Tormes, cette petite ville, qui n'a conservé du château des ducs d'Albe qu'un massif donjon, est fière de posséder les **reliques de sainte Thérèse d'Avila** dans l'église du couvent des Carmélites. Le tombeau se trouve au centre du retable de l'église du couvent. Le cœur est à droite, logé dans une niche de l'autel, un bras de la sainte est à gauche.

Dans l'abside de l'**église San Juan**, au chevet de style roman mudéjar, un curieux **groupe sculpté★** du 12e s. représente le Christ entouré des douze apôtres assis en demi-cercle. Les visages et les attitudes sont empreints d'une même noblesse.

Salamanque pratique

Informations utiles

Indicatif téléphonique – *923*

Code postal – *37000*

Commissariat de police – *✆ 923 265 311*

Objets trouvés – *✆ 923 279 195*

Offices de tourisme – *Plaza Mayor, 32 - ✆ 902 302 002 - tlj tte la journée.*

Transports

Gare ferroviaire – *Paseo de la Estación - ✆ 902 240 202 - www.renfe.es.* Bus en correspondance toutes les 30mn pour rejoindre le centre, arrêt Salamanca la Alamedilla.

Gare routière – *Avenida Filiberto Villalobos, 71 - ✆ 923 236 717.*

Autobus métropolitains – La **ST** (Salamanca de Transportes) possède 13 lignes de bus, ainsi qu'un service de bus, **N**, en nocturne. Demandez plan et horaires à l'office de tourisme.

Taxis - Centre d'appel au *✆ 923 250 000.*

Visites

Les visites de ville au départ de l'office de tourisme se font en général en langue espagnole. Pour obtenir et réserver une visite en français, contactez l'**Asociación de Guias Oficiales de Turismo de Salamanca** au *629 407 300* ou l'**Asociación de Guias informadores Titulados de Salamanca** au *639 284 426.*

Se loger

Hôtel Ibis – *Calle La Marina - ✆ 923 272 380 - www.accor-hotels.com - ♿ - P - 62 ch. 49/59 € - ☕ 6 €.* Situé au-delà du périphérique, à 15mn à pied du centre historique, ce standard de la chaîne Accor propose un confort à prix imbattable.

Hostal Concejo – *Plaza de la Libertad, 1 - ✆ 923 214 737 - www.hconsejo.com - 18 ch. 50/70 €.* Avec ses balcons donnant sur une jolie place, à deux pas de la Plaza Mayor, l'hostal Consejo propose des chambres claires et fonctionnelles. Possibilité de parking à 8 € par jour à proximité.

Hotel Rua – *Calle Sanchez Barbero, 11 - ✆ 923 272 272 - www.hotelrua.com - 19 ch. 82/115 € - ☕.* Dans un élégant bâtiment 1900, les suites bleu et jaune de l'hôtel Rua sont pourvues d'un petit salon et d'un coin-cuisine. Idéal dans le cadre d'un séjour prolongé ou d'un séjour en famille.

Hotel Catalonia Salamanca Plaza – *Espoz y Mina, 23-25 - ✆ 923 281 717 - www.hoteles-catalonia.es - 67 ch. 75/135 € - ☕ 10 €.* Ouvert en 2002, l'hôtel Catalonia dispose de chambres spacieuses, mélangeant classicisme moderne et éléments de décor traditionnel. Un accord commercial permet d'utiliser le parking Lemans (avec supplément).

Petit Palace Las Torres – *Plaza Mayor, 26 - ✆ 923 212 100 - www.hthoteles.com - ♿ - 55 ch. 65/195 € - ☕ 8 €.* Rénové en 2004, ce membre des High Tech hoteles ose un style design dans les murs d'un palais du 18e s. Lit *king size*, douche à hydrojets, écran TV plat, éclairage à fibre optique sur fond de couleurs crème, violet et chocolat, créent un confort optimum et original. Le restaurant donne sur la Plaza Mayor.

Hôtel Abba Fonseca – *Plaza San Blas, 2 - ✆ 923 011 010 - www.abbahoteles.com - P - 83 ch. 78/140 € - ☕ 12,50 €.* Face au Colegio Fonseca, ce bel établissement jouit d'un superbe panorama sur les coupoles des églises de Salamanque. L'espace spa (salle de fitness, hammam et bain à remous) est un atout supplémentaire. La réception propose de réserver des green fees pour jouer sur les terrains de golf alentour.

Hotel NH Puerta de la Catedral – *Plaza Juan XXIII, 5 - ✆ 923 280 829 - www.nh-hoteles.com - P - 37 ch. 96/170 € - ☕ 12,50 €.* Ce dernier-né des hôtels NH jouit d'une situation privilégiée, au pied de l'ancienne cathédrale. Le mariage entre la pierre de taille, le mobilier en cuir et velours et une statuaire primitive et contemporaine est particulièrement réussi. La plus belle adresse de Salamanque.

Se restaurer

Plus Ultra – *Calle Consejo, 4 - ✆ 923 217 211.* Ce bar-restaurant possède un immense comptoir où toutes sortes de tapas, d'une extrême fraîcheur, sont exposées comme les petits fours d'un grand buffet. On apprécie de pouvoir s'asseoir à table pour déguster.

El Reloj de la Plaza – *Plaza Mayor, 10 - ✆ 923 216 093.* Sur une terrasse fort sympathique de la plus belle place de la ville, des serveurs tout sourire vous soumettent une carte appétissante. Les croque-monsieur et les crêpes sont à tomber !

La Fonda del Arcediano de Medina – *Reja, 2 - ✆ 923 215 712.* Lumière tamisée, décoration originale et images collées au plafond caractérisent ce restaurant très apprécié des habitants de Salamanque. Bonne carte des vins en accompagnement des plats de viande.

El Patio Chico – *Meléndez, 13 - ✆ 923 268 616.* Murs en brique, poutres apparentes et sol en terre battue distinguent cette adresse traditionnelle. La spécialité est la *chanfaina* (ragoût de mouton).

Son de Mar – *Plaza del Mercado, esquina Ob. Jarrìn, 2 - ✆ 923 266 999.* Ce bar à tapas est spécialisé dans des recettes venues de Galice, à base de poissons et de fruits de mer. Le poulpe, à l'ail, à la vinaigrette ou accompagné de poivrons confits, y est une vedette.

San Pablo 21 – *San Pablo, 21 - 923 270 721.* Le San Pablo accueille ses clients dans un cadre raffiné rouge et noir, égayé par le jeu doré des miroirs. Des tapas aux desserts, la cuisine est soignée et inventive.

Momo – *San Pablo, 13-15 - 923 280 798.* Momo propose au choix des tapas au rez-de-chaussée et une restauration gourmet en sous-sol. On apprécie ce lieu pour son atmosphère cosy et bourgeoise et son exceptionnelle carte des vins. Un coup de cœur pour la glace à la violette !

La Bodeguita de Casa Paca – *Plaza del Corrillo, 18 - 923 210 940.* Ce restaurant très coloré propose une cuisine « fusion », sucrée salée qui réinvente les classiques castillans.

La Calma – *Plaza Santa Eulalia, 11 - 923 281 236.* Dans un environnement design, crème et vert anis, La Calma sert une cuisine gastronomique créative. Goûtez le foie gras à la mangue sauce au thé vert et le homard à la purée de pois chiche.

Chez Victor – *Espoz y Mina, 26 - 923 213 123.* Ce restaurant de tradition familiale prépare des mets raffinés et originaux. Nous recommandons, entre autres, l'étonnante côte d'agneau au genévrier et le divin fondant au chocolat.

Faire une pause

Café Novelty – *Plaza Mayor, 2 - 923 214 956.* Le café Novelty est une véritable institution et le philosophe Miguel de Unamuno faisait partie des habitués. Vous y dégusterez assurément les meilleures glaces de la Plaza Mayor.

Café Tío Vivo – *Clavel, 5 - dès 8h.* Le nom vient du manège qui flotte étrangement au-dessus du comptoir. Pour les nostalgiques de l'enfance, ce café est à lui seul un monde enchanteur.

C. Arzobispo Fonseca – *Plaza Fonseca, 4 - 923 260 270.* Profitez d'une pause historique au sein du Colegio Fonseca, lové dans un fauteuil-club à l'anglaise devant une cheminée d'époque, sous une jolie voûte gothique. Possibilité de tapas.

La Regenta – *Espoz y Mina, 19 - 923 123 230 - 10h-12h, 14h-20h.* La Regenta est une adresse classique, bercée par une atmosphère typiquement 19e s.

Sports et loisirs

Golf – Salmanque compte 3 parcours de golf dans un rayon de 5 km, dont **El Campo de Golf de Salamanca** *(Monte de Zarapicos, Zarapicos - 923 329 100)*, 18 trous, par 72, de 6 308 m, sur un terrain de 64 ha, et le **Golf Villamayor** *(Urbanizacion Vega de Salamanca, Carretera de Villamayor, km 3 - 923 160 068)*, 18 trous, par 72, dessiné par Juan Catarineu.

Piscine – Dans le cadre d'un séjour estival, les piscines publiques de Salamanque sont les bienvenues. Nous vous recommandons les piscines municipales de **Garrido** - *923 248 856* et de **la Alamedilla** - *923 267 726.*

Achats

Salmanque possède de nombreuses boutiques de souvenirs, en particulier rúa Mayor. Les deux artères commerciales où se concentrent les boutiques de marques internationales sont parallèles : la calle Toro et la calle Zamora.

Chordi – *Plaza de Monterrey, 6 - 923 261 423.* Rare boutique artisanale authentique du centre-ville. Belle offre de céramiques contemporaines. Pièces uniques. Bonnes idées de cadeaux.

Enjabonarte – *Calle Consejo, 17 - 923 216 992.* Jolie boutique colorée proposant des produits artisanaux de bain et de soins à base d'huile d'olive.

Las Torres – *Plaza Mayor, 26 - 923 214 470.* Une adresse plébiscitée par les Salamantins depuis 1955, où s'achètent les meilleurs produits du terroir. A goûter, le *hornazo*, leur spécialité. Ce pain feuilleté à la farine de blé est fourré au jambon et au chorizo.

Événements

Fête de la Vierge de la Vega – Organisée la semaine du 8 au 14 septembre, elle célèbre la sainte patronne de la ville depuis 1618. Cette fête religieuse, dorénavant culturelle et commerciale, est annoncée le 15 août par la *Mariseca* (sorte de drapeau-girouette arborant une silhouette de taureau), flottant au-dessus de l'hôtel de ville. Pendant la semaine, musique et pièces de théâtre animent rues et places de Salamanque. Le long du pont romain, rive gauche, se regroupent des artisans, des petits producteurs organisant des dégustations, des magiciens et des jongleurs. Le soir, des feux d'artifice embrasent le ciel de la cité.

Festival international des arts de Castille et León – Du 1er au 15 juin.

B. Brillion/Michelin

Jour de fête en costume traditionnel.

Ciudad Rodrigo★★

14 129 HABITANTS
CARTE GÉNÉRALE A2 – CARTE MICHELIN N° 575 K 10
PROVINCE DE SALAMANQUE

Pour qui vient du Portugal, la ville apparaît perchée sur une colline, ceinte de remparts, au-delà du pont romain qui franchit l'Águeda. Derrière ses portes fortifiées se cache un enchevêtrement de palais, églises et monuments composant un magnifique ensemble architectural. La ville reste curieusement à l'écart des grandes routes touristiques malgré son ambiance séduisante, où la quiétude des rues alterne avec l'activité des places couvertes de terrasses de cafés et de restaurants.

- **Se repérer** – Ville frontière, Ciudad Rodrigo n'est qu'à 27 km du Portugal et à 88 km au sud-ouest de Salamanque par l'A 62.
- **Se garer** – Laissez votre voiture à l'extérieur des remparts, sur l'un des parkings aménagés devant les principales portes d'accès.
- **À ne pas manquer** – La promenade sur les remparts à la tombée du jour.
- **Organiser son temps** – Si 5 ou 6 h suffisent à voir la ville, vous n'en profiterez vraiment qu'en y séjournant au moins une nuit.
- **Pour poursuivre le voyage** – Salamanque et La Alberca (50 km au sud-est).

M. Angel/Michelin

Les statues des 12 apôtres sur la façade de la cathédrale.

Comprendre

Les premières traces de peuplement remontent au paléolithique, et un sanglier de granite installé devant le château témoigne d'une présence celtibère. Mais les Romains et les Arabes ne s'intéressent guère au site et il faut attendre le début du 12e s. pour que le comte Rodrigo González, dont la ville garde le nom, impulse véritablement son développement, avec la construction de la cathédrale et d'une première enceinte fortifiée. La ville acquiert un rôle stratégique aux 14e et 15e s. du fait des multiples conflits opposant la Castille au Portugal, avant de connaître une éclatante phase de prospérité au 16e s. Elle retrouve son importance militaire lors des 17e et 18e s., marqués par de nouvelles guerres (Portugal, guerre d'Indépendance) entraînant la multiplication des places fortifiées le long de la frontière.

Se promener

LA VIEILLE VILLE

Vous pouvez commencer votre visite par la cathédrale, près de laquelle se trouve l'un des deux offices du tourisme (plaza de Amayuelas, entre la cathédrale et le rempart).

Cathédrale de Santa María★★

℘ 923 481 424 - tlj mat. et apr.-midi - 2,50 €.

Elle fut construite pour l'essentiel entre 1170 et 1230, sous la direction de l'architecte Benito Sánchez, dans un style de transition entre le gothique et le roman. Au 16e s., Rodrigo Gil de Ontañón ajouta l'abside centrale.

Extérieur – On remarque sur l'altière façade sud-ouest (côté plaza San Salvador), au-dessus du **porche de las Cadenas**, une **galerie de sculptures**★ représentant les douze apôtres, dont la raideur toute romane contraste avec le fin décor des arcades gothiques qui les encadrent.

À gauche du porche, la chapelle du Pilar fut érigée pour remplacer des éléments détruits lors du tremblement de terre de Lisbonne, en 1755. Dominant la façade nord-ouest, la **tour de las Campanas**, de style néoclassique (18e s.), est criblée d'impacts d'obus français, hérités de la guerre d'Indépendance. Au nord-est enfin, le **porche de Amayuelas** révèle un mélange de styles roman et gothique.

Intérieur – De base romane, les trois nefs deviennent gothiques dans leur partie haute. Le chœur a été reconstruit par Rodrigo Gil de Ontañón au 16e s. : son dépouillement est dû à la vente du maître-autel et du retable à des collectionneurs anglais, au 19e s. – l'ensemble réside désormais dans un musée de Tucson, aux États-Unis.

En descendant la nef latérale droite, peu après l'entrée du cloître, vous remarquerez un fort bel **autel**★ Renaissance orné d'une remarquable *Descente de Croix* d'albâtre ; la savante composition de ce bas-relief et la douceur du modelé en font un chef-d'œuvre de Lucas Mitata (16e s.).

À l'intérieur du **coro**, restauré en 2006, les 72 **stalles**★ plateresques en bois (1498-1504) sont l'œuvre du sculpteur Rodrigo Alemán, qui logea toute sa fantaisie dans les grotesques ornant les accoudoirs et la face inférieure des sièges (monstres, animaux imaginaires, scènes scatologiques...). Les deux orgues sont du 18e s.

Dans le narthex, situé sous la tour de las Campanas, on admirera le **porche du Pardon**★★ (Pórtico del Perdón), un ensemble gothique du 13e s au remarquable état de conservation, où le foisonnement des statues ornant les colonnes et les voussures met en valeur la figure centrale de la Vierge.

Cloître★ – Il rassemble des styles très divers : dans l'aile ouest, la plus ancienne, des chapiteaux romans racontent le péché originel, tandis qu'à la base des colonnes des grotesques symbolisent la Gourmandise et la Vanité ; dans l'aile est s'ouvre une porte (16e s.) d'un pur style plateresque salmantin décorée de médaillons ; celui de droite représente l'architecte Pedro Güemes.

Rejoignez la plaza de San Salvador, face à la cathédrale.

Plaza de San Salvador

Cette agréable place est dominée au nord par la **Casa de los Miranda** (seconde moitié du 16e s.), dont l'élégante sobriété contraste avec le foisonnant style néogothique du **Palacio de la Marquesa de Cartago** (fin 19e s.), à l'ouest.

Retournez à la cathédrale et tournez à droite.

Chapelle de Cerralbo

Construite de 1588 à 1685 sur l'ordre du cardinal Francisco Pacheco de Tolède pour servir de sépulture à sa famille, cette chapelle a les lignes sévères et pures, mais parfaitement harmonieuses, du style herrérien. En marbre de Carrare, les blasons aux armes de la famille ornent la façade.

Sur le côté droit de l'église, la tranquille plaza del Buen Alcalde s'entoure d'arcades. Prenez la rue P. Jazmin sous les arcades à l'angle jusqu'à la plaza del Conde.

Palais de los Ávila y Tiedra★

Bâtie à la fin du 15e s., sa longue façade gothico-plateresque aux délicates fenêtres présente une belle porte décentrée encadrée d'un *alfiz* et flanquée de deux colonnes torses de style portugais. Au sommet de celles-ci : deux lions qui gardent l'entrée. Les irrégularités de la façade témoignent de la présence des deux tours qui l'encadraient autrefois. Son patio sobre et verdoyant abrite un puits.

De là, direction la Plaza Mayor en laissant sur la droite la maison de la Culture, également connue sous le nom de palais de Moctezuma (17e s.).

Plaza Mayor★

Cette belle place rectangulaire aux terrasses animées, épicentre de la ville, se transforme en arène de taureaux pendant les fêtes traditionnelles du carnaval. Elle est bordée au sud-est par l'actuel hôtel de ville, ou **Casa Consistorial**, un palais Renaissance du 16e s. où deux étages d'arcades en anse de panier forment galerie et loggia.

La Plaza Mayor de Ciudad Rodrigo.

La cloche située au sommet de l'édifice sert à prévenir la population de l'entrée du taureau dans la place pendant le carnaval.

Au centre de la place, la **Casa del primer marqués de Cerralbo** date du milieu du 16e s. Entre les deux étages court une élégante frise plateresque, ornée de grotesques et de blasons.

Traversez la place et empruntez la calle Sanchez Arjona située juste en face de la casa de Cerralbo, puis entrez à droite sur la plaza Cervantès.

Cuartel de Artillera (caserne d'artillerie)

Son fastueux portail baroque du 18e s. cache deux patios austères, qui servirent de base aux troupes espagnoles pendant la guerre d'Indépendance. Celles-ci ont depuis laissé place à des écoliers.

Poursuivez dans la calle Juan Arias.

Palais des Aigles★ (Palacio de los Águilas)

Également connu comme palais du Prince (Palacio del Principe), il s'agit du plus grand palais de la ville. En se plaçant devant l'entrée, on distingue clairement les deux parties de l'édifice : la gauche date du 16e s., la droite, chapelle incluse, du 17e. L'intérieur découvre un ravissant **patio★** plateresque du 17e s. à deux étages, aux fines colonnes blasonnées, orné de grotesques et de figures mythologiques. La chapelle latérale abrite des expositions temporaires.

Poursuivez la rue Juan Arias jusqu'au château.

Château d'Enrique II de Trastámara (Castillo de Enrique II de Trastámara)

Il surplombe la rivière, juché sur la partie la plus haute de la ville, et contrôle les voies d'accès depuis l'ouest et l'ennemi portugais. Édifié à partir de 1372, aujourd'hui converti en parador, il est dominé par un double donjon carré de style gothique, aux fines fenêtres en ogive.

Montez sur les remparts par la gauche du château.

Les remparts★

L'enceinte fortifiée se fait ici plus large qu'ailleurs : c'est dans cette zone, appelée la Batería, qu'étaient installés les canons. Le **panorama★** est superbe, notamment à la tombée du jour : en contrebas, la rivière Águeda et le **pont Mayor** (Puente Mayor) en pierre, d'origine romaine ; sur la gauche, on distingue les sierras de La Canchera, de Gata et de Francia ; en face, le Portugal. Une première enceinte fortifiée fut élevée au 12e s. sur quelques restes romains. En 1710, elle fut renforcée sur les flancs nord et ouest par un système défensif à la Vauban. Plusieurs escaliers donnent accès au chemin de ronde, long de 2 km.

Empruntez le chemin de ronde jusqu'à la calle Sinagoga et descendez l'escalier.

Hôpital de la Passion (Hospital de la Pasión)

Il fut construit au 16e s. à l'emplacement de l'ancienne synagogue, dont subsiste le superbe **sol pavé**, visible sur le côté de la chapelle. Dans le chœur de cette dernière, aux murs couverts de blasons, trône un beau Christ réalisé par Lucas Mitata.

Prenez à droite en sortant.

Plaza del Poeta Cristóbal de Castillejo

La calle Colegios longe l'arrière blasonné de l'**église San Agustín** (16e s.), d'un gothique tardif agrémenté de fenêtres Renaissance, dépasse l'étonnant portail gothique de la **Casa de los Vázquez** (15e s.), et s'ouvre sur la plaza del Poeta Cristóbal de Castillejo, qui porte le nom d'un moine-poète cistercien. Sur la droite, on prêtera attention au riche portail du **couvent de las Franciscanas Descalzas**, attribué à l'architecte Manuel de Larra Churriguera, et sur la gauche, à la jolie **église romane de San Pedro**, du 12e s.

Circuit de découverte

LES PLACES FORTIFIÉES DE LA FRONTIÈRE★

50 km vers le nord-ouest – Une demi-journée.

Ville fortifiée, Ciudad Rodrigo appartient à un vaste ensemble de places fortifiées édifiées de part et d'autre de la frontière : à Ciudad Rodrigo, Aldea del Obispo et San Felices de los Gallegos en Espagne, font respectivement face au Portugal Castelo Bom et Castelo Mendo, Almeida et Castelo Rodrigo. Ce circuit vous fera découvrir ces lieux en passant d'un côté à l'autre de la frontière.

Quittez Ciudad Rodrigo par la SA 324, direction Lumbrales, et roulez 40 km vers le nord.

San Felices de los Gallegos★

Visite château : 11h-14h/17h-20h - 2,50 €. Excentré, ce beau village fortifié est largement ignoré des touristes, ce qui renforce encore son charme. L'histoire de l'Espagne se lit dans les diverses strates de ses fortifications : les fragments les plus anciens, d'origine arabe, datent du 7e s. ; la deuxième strate, œuvre des catholiques, appartient aux 12e-13e s.; le château, lui, fut bâti au 15e s. pour surveiller l'ennemi Portugais, avant que de nouveaux ajouts viennent renforcer l'ensemble au 17e s. En 1920, le château fut racheté par des entrepreneurs qui installèrent des charges de dynamite pour le faire exploser et revendre les pierres à des entreprises de construction, mais un paysan illettré s'opposa au projet en rachetant l'édifice grâce à l'argent d'un parent ayant fait fortune au Costa Rica. Le premier étage contient une exposition didactique pour les enfants, tandis que la plate-forme supérieure offre une vue imprenable sur le village et le Portugal.

Repartez vers Ciudad Rodrigo. À Castillejo de Martín Viejo, tournez à droite en direction de Villar de Ciervo et continuez jusqu'au pont, 2 km plus loin.

Siega Verde★

Nov.-mars : 11h-17h, mars-juin/sept.-oct. : 11h-14h/16h-19h, juil.-août : 11h-14h/17h-20h - ✆ 923 163 446 - - www.adecocir.es - 4 €. Visites guidées uniquement (1h).

Découvert en 1988 et ouvert au public depuis 2001, le site de Siega Verde est le plus important site d'art rupestre à l'air libre de la péninsule Ibérique. Il date de la fin du paléolithique supérieur (environ 18 000 ans), ce qui en fait un contemporain d'Altamira, et se compose de 92 panneaux rocheux – de gros blocs de schiste plat disséminés sur le bord de la rivière – sur lesquels sont gravés environ 500 animaux. Seule la dizaine de panneaux les plus représentatifs est accessible au public. On y voit quantité de chevaux et de bovins gravés selon les techniques du piqueté (points) et de l'incise (traits). La visite commence par un film et une exposition didactiques.

Poursuivez la route après le pont ; à la sortie du village d'Aldea del Obispo, prenez le chemin à droite indiqué « Fuerte de la Concepcíon ».

Aldea del Obispo

Le premier fort fut construit en 1663 en deux mois seulement, pour préparer la guerre avec le Portugal qui éclatera l'année suivante : il fut détruit cette même

M. Angel/Michelin

Le fort d'Aldea del Obispo.

année, après une humiliante défaite. La construction du second fort fut entreprise sous Philippe V, en 1736, avec le même ennemi en ligne de mire. Mais ce n'est qu'au 19e s., lors de la guerre d'Indépendance, qu'il connut l'odeur de la poudre : au gré des batailles, il fut alors occupé par les Espagnols, les Français, les Portugais et les Anglais, qui le firent exploser en 1810. Il n'en reste aujourd'hui que des ruines éparpillées dans la verdure, pleines de poésie mélancolique.

Poursuivez votre route en direction d'Almeida, situé 10 km à l'ouest, au Portugal. Le passage de la frontière n'entraîne aucun contrôle.

Almeida (Portugal) ★★

Cette ravissante petite ville fortifiée portugaise défie Aldea del Obispo. Ses remparts en forme d'étoile ont été construits en 1641 selon les préceptes du Français Antoine de Ville, inspiré par Vauban. Restée place militaire jusqu'en 1927, elle semble bien pacifique désormais, avec ses calmes ruelles bordées de maisons au blanc immaculé.

Empruntez la N 332 vers le sud, puis prenez à droite après 7 km en direction de Castelo Bom, situé 7 km plus loin.

Castelo Bom (Portugal)

Ce charmant petit village fortifié accroché sur une éminence rocheuse a conservé nombre de ses vieilles maisons de pierres et une partie de ses remparts, d'où l'on a vue sur les terres de l'ancien ennemi espagnol.

Si vous avez le temps, poursuivez jusqu'à Castelo Mendo, jumeau de Castelo Bom situé 5 km plus au sud, puis retournez à Ciudad Rodrigo par l'autoroute E 80 en suivant la direction « Espanha ».

Ciudad Rodrigo pratique

Offices de tourisme

Plaza de Amayuelas, 6 - ✆ 923 460 561 - tlj mat. et apr.-midi - www.ciudadrodrigo.net. On trouve un autre office du tourisme sur la Plaza Mayor, au rez-de-chaussée de l'hôtel de ville.

Transports

De nombreux bus relient chaque jour Ciudad Rodrigo à sa voisine Salamanque.

Se loger et se restaurer

⊖ **Hotel Conde Rodrigo I** – *Plaza de San Salvador, 9 - ✆ 923 461 404 - 34 ch. 44/50 € - ☕ 4 € - restaurant 12 €.* Installé dans un bel édifice en pierre, à deux pas de la cathédrale, sur une belle place arborée. Les chambres sont simples, la décoration de style castillan. Le restaurant bénéficie d'un très bon rapport qualité-prix.

⊖ **Hostal Puerta del Sol** – *Rúa del Sol, 33 - ✆ 923 460 671 - 14 ch. 45/60 €* - Un des meilleurs rapports qualité/prix de la catégorie. Les chambres parquetées, aux murs jaunes, sont agréables. Dans la rue qui prolonge la Plaza Mayor.

⊖/⊖⊖/⊖⊖⊖ **Palacio Maldonado de Chaves** – *Dominguez Bordona, 6-12 - ✆ 923 498 413 - www.maldonadodechaves.com - 31 ch. 40/140 € selon catégorie et saison - rest. menu 22 €.* Ce magnifique palais du 16e s. adossé à la muraille accueillit des moniales avant d'être converti en hôtel en 2006. On y trouve 4 catégories de chambres, de l'économique à la suite luxueuse, ainsi qu'un restaurant de très bonne qualité.

Parador Enrique II – *Plaza del Castillo, 1 - ✆ 923 461 150 - www.parador.es - 35 ch. - 11/120 € - ☕ 12 € - rest. menu 40 €.* Un des plus anciens paradors du pays. Il dispose de très belles chambres et d'un restaurant réputé bénéficiant d'un cadre superbe.

Faire une pause

⊖ **La Artesa** – *Plaza Mayor. ✆ 923 481 128 - menu 12 €.* Un endroit convivial et sans prétention proposant des tapas et des *raciónes*, mais aussi des menus du jour.

Fêtes

Le **carnaval** de Ciudad Rodrigo, en février, donne lieu à une fête de 4 jours particulièrement animée, avec masques, déguisements, courses et lâchés de taureaux sur la Plaza Mayor.

La Alberca★

1 118 HABITANTS
CARTE GÉNÉRALE A2 – CARTE MICHELIN N° 575 K 11
PROVINCE DE SALAMANQUE

La Alberca est un charmant village situé au cœur de la sierra de la Peña de Francia. Parcourue de routes peu nombreuses, la région offre de magnifiques paysages et ses villages ont conservé presque intactes leur architecture traditionnelle ainsi que leurs coutumes bien enracinées. Toute la contrée est connue pour ses viandes succulentes, sa charcuterie, ses sucreries, son miel et, durant l'automne, ses noix et châtaignes.

- **Se repérer** – La sierra de la Peña de Francia est située à la frontière des provinces de Salamanque et de Cáceres. Elle fait partie de la cordillère Centrale.
- **À ne pas manquer** – La montée à la Peña de Francia. Les charcuteries très réputées de la région.
- **Organiser son temps** – Une journée.
- **Pour poursuivre le voyage** – Ciudad Rodrigo (50 km au nord-ouest), Salamanque (76 km au nord-est) et Plasencia (104 km au sud).

M. Angel/Michelin

La Plaza Mayor de La Alberca.

Se promener

La Alberca est un gros village de basse montagne ayant conservé sa belle architecture traditionnelle, caractéristique de la région. Ses maisons typiques, à colombage en encorbellement sur un rez-de-chaussée de pierre, arborent de jolis balcons qui se couvrent de fleurs à la belle saison. Étroites et pavées, ses ruelles aux tracés capricieux serpentent entre ses maisons, ses placettes et sa rivière, avant de converger vers la Plaza Mayor.

Plaza Mayor

Au centre de cette grand-place irrégulière, bordée en partie de portiques, s'élèvent un joli porte-croix et une fontaine. Les nombreux bars et restaurants qui l'entourent en font le centre de la vie locale.

Aux alentours

Peña de Francia★★

15 km à l'ouest. Piton schisteux visible de fort loin et point culminant du massif de la Peña de Francia (1 732 m). La route d'accès est très spectaculaire en fin de parcours lorsque, taillée dans les dalles de schistes verts, elle contourne le rocher, offrant successivement de vastes **panoramas**★★ sur les monts des Hurdes au sud, les hauteurs du Portugal à l'ouest, le plateau castillan jusqu'à Salamanque au nord, la sierra de Gredos à l'est. Au sommet, un monastère est occupé l'été par des dominicains qui y tiennent une hôtellerie. Plusieurs sentiers permettent de randonner sur la crête des montagnes en profitant de paysages à couper le souffle : citons notamment le sentier de **Los Lobos**, qui part de la route d'accès à la Peña de Francia à hauteur de la ligne de partage des eaux entre le Duero et le Tage (**Tajo**), à 1 499 m d'altitude.

Carretera de Las Batuecas★

Au sud. Cette **route** atteint insensiblement le col del Portillo (1 240 m) avant de plonger par 12 km de lacets dans une vallée profonde et étonnamment verdoyante, où se tapit le monastère de Las Batuecas. Après Las Mestas, elle se dirige vers **Las Hurdes**, région d'Estrémadure restée longtemps dans le plus grand isolement, où Buñuel choisit de tourner son film *Terre sans pain* en 1932. Une grande partie de la région reste aujourd'hui à l'écart du développement économique, nombre de ses vieux villages en pierre se vidant lentement de leurs habitants.

Circuit de découverte

LES SIERRAS DE BÉJAR ET CANDELARIO

76 km vers le sud-est – Une journée.

Le parcours emprunte de petites routes qui traversent les gorges des fleuves Alagón et Cuerpo de Hombre ainsi que des forêts de chênes, de noyers et de châtaigniers.

Quittez La Alberca vers l'est. À environ 2 km, prenez la déviation en direction de Cepeda, puis de Sotoserrano. Une fois à Sotoserrano, poursuivez vers Valdelageve et Lagunilla jusqu'au croisement de la N 630 au niveau de Puerto de Béjar.

À partir de là et en allant vers le sud, vous trouverez les villages de **Baños de Montemayor**, une petite station thermale aux eaux souffrées à 43 °C exploitées depuis l'époque romaine, et **Hervás** qui conserve son quartier juif ou **judería**, un pittoresque quartier centré sur les calles del Valdo, la Amistad, Judeo-Cristiana et la callega de los Cofrades, dans la partie la plus pentue du village.

Retournez à Puerto de Béjar. De là, prenez une route en direction de la Garganta puis une autre en direction de Candelario.

La route traverse de beaux paysages de châtaigniers, de chênes et des prairies où paissent les bovins. Des hauteurs, vous pourrez admirer la sierra de Candelario.

Candelario★

Ce village très pittoresque construit sur le flanc de la sierra est un des plus jolis de la province. Il se compose d'un dédale de ruelles inégalement pavées et en forte pente, bordées de maisons blanchies à la chaux laissant apparaître encadrements et chaînages de pierre grise. Au dernier étage, les galeries de bois abritées par les avant-toits sont abondamment fleuries. Quelques pans de murs sont curieusement recouverts de tuiles retournées assurant l'étanchéité. Au moment de la fonte des neiges, les rues deviennent de véritables torrents et des portillons protègent l'entrée des maisons.

En sortant de Candelario, prenez la direction de Béjar, 4 km au nord-ouest.

Odeurs de jambon

Ne vous étonnez pas si, en vous promenant dans les villages de la Peña de Francia, il vous semble qu'une odeur de jambon cru flotte dans les rues... La région est en effet particulièrement réputée pour la qualité de sa charcuterie : *chorizo*, *lomo* (filet mignon mariné et fumé), *salchichon* (saucisson) et *jamón* (jambon). Ces produits sont issus des porcs noirs élevés en compagnie de taureaux de combat dans les grandes propriétés couvertes de chênes verts. On distingue trois grands niveaux de qualité (ordre croissant) : le *serrano* (« de montagne »), le *patta negra* (« patte noire »), et le *bellota* (« gland »), le plus réputé (et le plus cher) de tous, affiné en cave pendant près de trois ans.

Béjar

On peut apprécier le site de cette petite ville, autrefois connue pour ses fabriques de draps et de lainages, qui s'étire sur une étroite bande rocheuse au pied de la sierra de Béjar.

Quittez Béjar par la SA 515 et poursuivez pendant 34 km vers l'ouest.

Miranda del Castañar

Après la plaza de toros et l'imposant **château** du 15e s., on entre dans la Vieille Ville par la porte de San Ginés. Ce charmant village fortifié conserve d'étroites venelles bordées de maisons à toits débordants, arborant parfois le blason familial.

Avant de retourner à La Alberca, faire une halte dans les pittoresques villages de **Villa de Mogarraz** *(10 km à l'ouest)*, qui offre un dédale de ruelles accrochées à flanc de montagne, et de **San Martín del Castañar** *(10 km au nord)*, aux belles maisons à encorbellement.

Continuez jusqu'à la Peña de Francia pour rentrer à La Alberca par la SA 202.

La Alberca pratique

Informations utiles

Office de tourisme – *La Puente, 9- ✆ 923 415 291 - tlj sf lun. mat. et apr.-midi, dim. mat.*

Se loger

LA ALBERCA

⊖ Hostal La Alberca – *Plaza Padre Arsenio, s/n – ✆ 923 415 116/659 390 098 - www.hostallaalberca.com - 15 ch. 35 €.* Une pension simple et accueillante, à l'entrée du village, sur la placette au calvaire. Préférez les chambres à l'étage, plus lumineuses.

⊖⊖⊖ Hotel Doña Teresa – *Carretera Mogarráz, s/n - ✆ 923 415 308 - www.hoteldetereza.com - 41 ch. 100/120 € - ☕ - restaurant menu 20 €.* L'hôtel le plus charmant de La Alberca occupe une belle bâtisse au bord de la rivière, à deux pas de la Plaza Mayor. Les chambres sont spacieuses et joliment décorées, plusieurs bénéficiant d'un agréable balcon. Le restaurant, aménagé dans une grande salle à la décoration traditionnelle, est un des meilleurs du village.

CANDELARIO

⊖ Hotel Artesa – *Mayor, 57 - Candelario – ✆ 923 413 111 - 9 ch. 55 € - ☕ 4,30 € - restaurant 11,20 €.* Ce petit hôtel, aménagé dans une vieille maison, est situé au centre du village. Les chambres sont simples, propres et décorées avec goût ; certaines sont mansardées. L'hôtel possède une agréable terrasse dans une arrière-cour, un restaurant, une boutique de produits typiques ainsi que plusieurs ateliers d'artisanat.

PEÑA DE FRANCIA

⊖ Hospederia del Santuario – *Nuestra Señora de la Peña de Francia, 37620 El Cabaco – ✆ 923 164 000 - pdefrancia@verial.es - Ch. 50-60 € - ouverture fév.-nov.* Dans un bâtiment austère, juché au sommet de la Peña de Francia, à côté du monastère. Les chambres sont rustiques mais confortables, la moitié étant dotées d'une superbe vue.

Se restaurer

LA ALBERCA

Voir aussi l'Hotel Doña Teresa.

⊖⊖ El Mesón de Mari Luz – *Tablao, 45 – ✆ 923 415 307 - elmesongr@msn.com - carte 20-40 €.* Un cadre traditionnel et plein de charme, dans une rue pavée partant du bas de la Plaza Mayor.

CANDELARIO

⊖ Mesón La Romana – *Núñez Losada, 4 - Candelario ✆ 923 413 272 - w.-end, ponts et août - réservation conseillée - 15/21 €.* Situé dans la partie haute du village, à côté de l'église et derrière la mairie, ce charmant restaurant, aménagé dans une maison ancienne, est l'endroit idéal pour déguster les savoureuses viandes braisées de la région. Ne manquez pas de goûter leur délicieux fromage de chèvre frais à la braise.

Achats

La Alberca regorge de fabricants et de magasins de charcuterie d'excellente qualité, tels **Jomones JSB Julián Becerro** – *Calle Luciano Barcala, 1 - ✆ 923 415 198.*

Fête

Pays de tradition religieuse, La Alberca célèbre avec une grande ferveur les fêtes du 15 août : la représentation d'un très ancien mystère (la *Loa*) consacre le triomphe de la Vierge face au démon du Mal. On pourra voir à cette occasion les costumes traditionnels remarquablement ouvragés et brodés.

PROVINCES DE SÉGOVIE ET VALLADOLID

Ségovie★★★

Segovia

55 942 HABITANTS
CARTE GÉNÉRALE B2 – CARTE MICHELIN N° 575 J 17
VOIR CARTE SIERRA DE GUADARRAMA P. 195 – PROVINCE DE SÉGOVIE

Perchée à 1 000 m d'altitude, Ségovie accroche ses murailles à un éperon rocheux dominant l'aride plaine castillane. Son très spectaculaire aqueduc romain enjambe dix-huit siècles d'histoire en reliant la ville basse, commerçante, à la ville haute, historique. Cette dernière tisse un labyrinthe de rues étroites, qui partent de la vivante Plaza Mayor et sinuent entre les églises romanes et les demeures nobles ou royales. Des promenades bucoliques attendent les romantiques au pied de l'Alcázar, au bord du monastère del Parral et le long de la rivière Eresma.

Se repérer – Ségovie se trouve à 149 km au sud de Valladolid, à 106 km au nord-ouest de Madrid et à 60 km au nord-est d'Avila.

Se garer – La ville haute étant difficilement accessible en voiture, préférez les aires de stationnement de la plaza del Azoguejo, de la plaza de la Artilleria et de l'avenida del Padre Claret.

À ne pas manquer – La route de la Cuesta de los Hoyos et du Paseo de Santo Domingo de Guzmán.

Organiser son temps – Une journée.

Avec les enfants – Musée de la Chasse, à Riofrío.

Pour poursuivre le voyage – Avila, Madrid, Pedraza, sierra de Guadarrama et Valladolid.

Comprendre

Cette noble cité, résidence des rois Alphonse X le Sage et Henri IV, est au Moyen Âge un important centre économique et politique qui joue un rôle décisif dans l'histoire de la Castille. Le 15e s. marque l'âge d'or de Ségovie, qui compte alors une population de 60 000 habitants.

Isabelle la Catholique, reine de Castille – À la mort d'Henri IV, en 1474, la majorité des grands de Castille ne reconnaissent pas la légitimité de sa fille Jeanne, surnommée **« la Beltraneja »** en allusion au favori Beltrán de la Cueva que l'on dit être son père. À Ségovie, ils proclament reine la demi-sœur du roi défunt, Isabelle, femme

S. Sergent/Michelin

L'aqueduc romain.

de l'héritier d'Aragon. « La Beltraneja », aidée de son mari Alphonse V du Portugal, essaie de faire valoir ses droits, mais doit y renoncer en 1479 après les défaites de Toro et d'Albuera.

« Los comuneros » – En 1520, trois ans à peine après son arrivée dans le village asturien de Tazones pour prendre possession des couronnes de la Castille et de l'Aragon, Charles de Gand doit abandonner son nouveau royaume pour être proclamé empereur du Saint Empire romain. Cette même année a lieu un soulèvement des villes castillanes connu sous le nom de « révolte des Communautés ». L'abandon du royaume, l'entourage flamand du souverain, sa volonté d'absolutisme et la levée de nouveaux impôts lui attirent l'hostilité des Espagnols et sont les causes invoquées de la rébellion. Cependant, la raison principale de ce soulèvement reste l'opposition des villes bourgeoises et commerçantes à l'alliance établie entre Charles Quint et l'aristocratie terrienne. De nombreuses communes, sous l'impulsion du Tolédan Juan de Padilla, de Francisco Maldonado de Salamanque et de Juan Bravo de Ségovie, se révoltent contre l'autorité royale, mais les troupes de *comuneros* sont écrasées à Villalar en 1521 et leurs chefs sont décapités à Ségovie.

Se promener

LA VIEILLE VILLE★★ (CIUDAD VIEJA)

Partez de la plaza Azoguejo.

Aqueduc romain★★★ (Acueducto Romano) B2

Par la simplicité et l'élégance de son architecture, l'aqueduc de Ségovie témoigne du génie des ingénieurs romains. Long de 728 m, haut de 28 m au point où le niveau du sol est le plus bas, il est composé de 158 arches aménagées sur deux étages et construites en pierres de granit à joints vifs. Il fut érigé au 1er s., probablement au temps de l'empereur Domitien, pour acheminer l'eau du río Acebeda depuis la sierra de Fuenfría jusqu'à la partie haute de la ville. L'aqueduc doit son surnom de « Pont du Diable » à une jolie légende. Le Diable, amoureux d'une jeune fille se rendant chaque jour puiser l'eau laborieusement à la fontaine de la cité, lui proposa d'échanger son âme contre la construction d'un aqueduc pour soulager sa peine. Le jour de la fin de l'ouvrage – avancé grâce à l'intercession de la Vierge – prit au dépourvu le Malin, qui n'avait pas encore posé la dernière pierre. La jeune fille fut ainsi sauvée et par la même occasion dispensée de sa corvée d'eau. On prétend que les petits trous, bien visibles sur les pierres, sont des empreintes de doigts du Diable faites en les soulevant.

Montez la calle de Cervantès.

Maison de los Picos (Casa de los Picos) B2

À l'angle de la calle de Cervantès et de la calle Obispo Gandasegui.

La maison des pics est la plus originale des demeures ségoviennes du 15e s. avec sa façade à bossages en « pointes de diamant » : soit 365 pointes correspondant aux 365 jours de l'année. Connue aussi sous le nom de « maison du Maure », cette résidence nobiliaire possède également sa légende. Un de ses propriétaires, Iñigo de la Hoz, combattant les armées musulmanes, fait un prisonnier important et le torture. De retour à Ségovie, il s'occupe de l'éducation de sa fille unique, Guiomar. Quand un jeune homme affirme l'avoir mise enceinte après avoir escaladé la façade de la maison, le père fait poser un revêtement de pierres taillées en pointe pour empêcher de nouveau l'impertinent de la rejoindre. Avant de prendre la poudre d'escampette, le jeune homme fait savoir au seigneur de la Hoz qu'il n'est autre que le fils du dignitaire arabe venu pour venger son père.

La Casa de los Picos accueille actuellement l'École des arts et mMétiers.

Au pied de l'aqueduc se dresse la réplique du groupe statuaire de la *Louve du Capitole* allaitant Remus et Romulus, offerte par la ville de Rome en échange d'une pierre du prestigieux ouvrage.

Le sgraffite

Le sgraffite est l'une des caractéristiques principales de l'architecture de Ségovie. Le mot dérive de l'italien *graffiare*, qui signifie « égratigner ». La technique consiste à gratter, suivant un dessin initial, une couche de badigeon, en laissant apparaître la couche inférieure d'une autre couleur. Le répertoire des motifs s'étend de simples formes géométriques à de véritables scènes historiées. À Ségovie, on utilise également une autre technique décorative qui consiste à intégrer au revêtement des façades des scories de fer, donnant ainsi un effet de taches noires à intervalle régulier.

SE LOGER		SE RESTAURER	
Hotel Alcazar	1	Divino Restaurante	1
Hotel Don Jaime	4	Duque	4
Hotel Infanta Isabel	7	El Hidalgo	7
Hotel Las Sirenas	10	La Catedral	10
Hotel Plaza Acueducto	13	La Fontana	13
La Casa Mudéjar	16	Mesón de Cándido	16
Natura La Hostería	19	Momo	19
Parador de Segovia	22	Narizotas	22
		Villena	25

Poursuivez en direction de la calle Juan Bravo et bifurquez vers la petite place du Platero Oquendo.

Maison du Comte de Alpuente (Casa del Conde de Alpuente ou Palacio de Cascales) B2

Cette belle maison gothique du 15e s., d'inspiration italienne, montre une façade décorée d'élégants sgraffites déclinant le motif de la roue solaire wisigothique et orientale. L'accent décoratif est mis sur les fenêtres, soulignées par trois cercles quadrilobes et agrémentés d'un arc flamboyant à baies géminées reposant sur de fines colonnettes à chapiteaux végétaux.

Alhóndiga B2

Calle Alhóndiga.

Ancien entrepôt à grains du 15e s. de style gothique, converti en salle d'expositions et abritant les archives municipales.

Revenez sur la calle Juan Bravo.

Place Medina del Campo★ (Plaza Medina del Campo) B2

Cette place est la plus évocatrice du passé de Ségovie. Située au cœur de l'ancien quartier aristocratique, elle est prolongée par la plaza San Martín par l'intermédiaire de quelques marches. Au centre se dresse la statue de Juan Bravo. On peut y voir la **Maison du 15e s.** (Casa del siglo XV), du gothique tardif, connue aussi sous le nom de « maison de Juan Bravo », dotée d'une galerie sous le toit ; la **tour des Loyola** (torreón de los Loyola), du 14e s., édifice défensif symbole de la toute puissante famille du marquis de Loyola ; la façade plateresque de la **Maison Solier** (Casa Solier), ou casa de Correos, et de riches portails. Enfin, l'**église San Martín★**, du 12e s., est entourée sur trois côtés d'une galerie-porche aux chapiteaux ciselés de lacis végétaux et sculptés d'animaux. Ces galeries avaient pour fonction de réunir les corporations marchandes de la cité. Sur le portail occidental, quatre prophètes à la silhouette longiligne, tenant respectivement une bible, une épée, un parchemin et un codex, habillent les piédroits. Le style de la tour-clocher témoigne de la présence d'artistes mudéjars.

Musée d'Art contemporain Esteban Vicente (Museo Esteban Vicente) B2

Plazuela de las Bellas Artes, s/n - ✆ 921 462 010 - www.museoestebanvicente.es - ♿ - tlj mat. et apr.-midi, sam. tte la journée, dim. et j. fériés mat. - fermé lun., 1er janv., 1er Mai, 25 déc. - 2,40 € (-12 ans gratuit).

Le musée d'Art contemporain de Ségovie est installé dans le palais d'Henri IV, bâti en 1455 et plus connu sous le nom d'Hospice. Il ne reste de l'édifice original que la belle chapelle Renaissance, avec son plafond à caissons mudéjar, dorénavant aménagée en auditorium. Le musée a été fondé grâce à une donation du peintre Esteban Vicente, seul représentant espagnol du mouvement expressionniste abstrait de l'école de New York. Il couvre sa production de 1925 à 1997 et organise des expositions temporaires.

Poursuivez sur la calle Juan Bravo.

Prison royale (Antigua Cárcel) B2

L'ancienne prison royale médiévale remaniée au 17e s. est décorée d'un beau fronton baroque. Elle héberge aujourd'hui une bibliothèque publique.

Couvent du Corpus Christi (Convento del Corpus Christi) B2

Une jolie façade couverte de sgraffites dissimule l'ancienne synagogue, transformée en église en 1410. Elle compte une seule fenêtre, ornée d'un tympan

Empruntez la calle Isabel la Católica.

Plaza Mayor★ B2

Dominée par le chevet de la cathédrale, la Plaza Mayor est le lieu de rencontre des Ségovians, assis à la terrasse des cafés, discutant à l'ombre des arcades ou encore flânant autour du kiosque à musique. Parmi les bâtiments officiels qui l'entourent se trouvent l'hôtel de ville et le théâtre Juan Bravo. La Plaza Mayor est l'aboutissement de l'ancienne **calle Real**, qui comprenait les rues actuelles de Cervantès, Juan Bravo et Isabel la Católica et qui partait déjà à l'époque de la plaza Azoguejo (signifiant « petit souk »). Le Moyen Âge baptisait familièrement cette longue artère calle de la Cintería *(rue des rubans)*, parce que regroupant autrefois les maisons et échoppes des marchands de rubans, pelotes de laine et de fils de la cité.

Cathédrale★★ A2

✆ 921 462 205 - tlj tte la journée - fermé 1er et 6 janv., 24-25 et 31 déc. - gratuit.

Sa pierre dorée, son chevet, étagé hérissé de pinacles et de balustrades, et sa tour haute de 88 m confèrent une certaine légèreté au bâtiment malgré ses dimensions imposantes. L'édifice est construit sous le règne de Charles Quint après la destruction de la cathédrale précédente lors du soulèvement des *comuneros* en 1521. Son chantier entraîne la destruction de nombreuses maisons du quartier juif. Les architectes Juan et Rodrigo Gil de Hontañón sont chargés des travaux. Le nouveau monument est consacré en 1618.

Par l'ampleur et l'élévation du vaisseau et le travail des nervures des voûtes, il constitue un exemple de la survivance du gothique au 16e s., en pleine période Renaissance. La porte principale est précédée d'une façade baroque caractéristique traitée sur deux niveaux, pourvue de niches, de statues et de boules faîtières coiffant des pyramides. Les chapelles latérales, en particulier les nos 3, 4 et 27, et l'arrière du *trascoro* multiplient matériaux, dorures, colonnes torses, caryatides, angelots, coquilles, corniches saillantes et frontons triangulaires ou semi-circulaires. Dans la chapelle de la Pitié se trouve le retable de la Mise au tombeau de **Juan de Juni**. Les stalles du *coro*, de style gothique flamboyant (fin du 15e s.), ainsi que le **cloître**, construit au 15e s. par Juan Blas, proviennent de l'ancienne cathédrale, jadis située près de l'alcázar. Il fut transporté pierre par pierre jusqu'à son nouvel emplacement. La salle capitulaire expose de splendides **tapisseries** de Bruxelles du 17e s. représentant les campagnes de la reine Zénobie. Le **Musée liturgique** présente des pièces très intéressantes. Une première vitrine montre une collection d'**amphores** en cuivre de grande taille et de style arabisant, que les prêtres emportaient en tournée dans les villages pour les baptêmes et les communions. Dans la vitrine suivante est exposé un somptueux **retable**

d'orfèvrerie appelé *Sacra de la consecración*. Daté de 1575, attribué à Benvenuto Cellini, il révèle une extrême maîtrise de la technique au repoussé et un grand sens de la narration. Un curieux **cierge pascal** en bois polychrome enroulé d'un serpent à tête d'homme figure à la fois le bâton du prophète et la symbolique de l'arbre de vie. Une magnifique **Vierge à l'Enfant** du 17e s. unit l'héritage hiératique du gothique à l'expression charnelle d'une Madone Renaissance. Le traitement du regard de la Vierge et l'application du rendu des matières (velours) et des couleurs pourraient être ceux du portrait d'apparat d'une noble dame. Un **Christ pantocrator** sculpté en bois peint (rouge, bleu et or gothiques) trahit une certaine maladresse dans les proportions, et un traitement naïf mais délicieux de la barbe et des coussins du trône. Une admirable Vierge à l'Enfant de **Morales** (16e s.) atteste d'un souffle flamand ; ses carnations quasi phosphorescentes créent l'effet d'un camée antique. Enfin, une **horloge** en pied du 16e s. rappelle l'esthétique des horloges de Franche-Comté... province à deux reprises sous domination espagnole.
La cathédrale possède enfin des archives parmi les plus importantes du pays avec, entre autres, 350 codex, 529 incunables, dont le synodal d'Aguilafente, et un portrait d'Isabelle la Catholique.
Prenez la calle del Arco et suivez la calle de Daoiz jusqu'à la plaza de la Reina Victoria Eugenia.

C. Labonne/Michelin

La Vieille Ville de Ségovie dominée par la cathédrale.

Alcázar★★ A1

☎ 921 460 759 - www.alcazardesegovia.com - avr.-sept. 10h-19h ; oct.-mars 10h-18h, vend., sam., dim. 10h-19h - 4 € (-16 ans 2,50 €).

L'Alcázar est construit au début du 13e s. sur une ancienne forteresse. Entre 1258 et 1278, le roi Alphonse X le Sage y tient ses états généraux. Le château subit des transformations aux 15e et 16e s. ordonnées par Henri IV puis Philippe II, à qui l'on doit les toits en ardoise. En 1764, Charles III y établit le siège de la première académie militaire d'Espagne. En 1775, il sert de prison d'État pour enfermer les nombreux pirates capturés le long des côtes de Tunis. En 1862, un incendie détruit en partie la décoration intérieure, mais la bibliothèque et quelques objets sont épargnés. Sa reconstruction est achevée à la fin du 19e s., d'où le style néogothique employé. Le **donjon** est flanqué de tourelles en encorbellement. Au terme de ses 152 marches, on découvre toute la ville et la sierra de Guadarrama. Les magnifiques plafonds *artesonados* mudéjars et le mobilier sont d'origine, datant pour la plupart du 15e s. et provenant de différentes localités de Castille. On observera la frise gotico-mudéjar (1452) de la **Sala de las Piñas**, le lit gothique à baldaquin brodé d'or de la **Cámara Regia** (chambre royale), les portraits des rois de Castille, León et des Asturies de la **Sala de Reyes** et le décor en nid-d'abeilles agrémenté de mosaïques de la **Sala del Cordón**. Depuis cette dernière, **panorama** imprenable sur la verte vallée de l'Eresma. Le **Collège royal d'artillerie** accueille un musée rappelant l'importance du laboratoire de chimie installé ici au 18e s. et la présence du chimiste angevin **Louis Proust**, qui énonça à Ségovie, en 1808, sa loi sur les proportions définies.

L'Alcázar fut témoin de plusieurs événements majeurs. L'infant Don Pedro, fils d'Henri II, fit en 1366 une chute mortelle du haut de la Sala de Reyes. Une croix gravée dans la pierre commémore le lieu exact du drame. Le château célébra en 1570 le mariage de Philippe II en quatrième noce avec Anne d'Autriche. En 1808, il subit le siège des troupes de Napoléon.

Dirigez-vous vers la plaza San Esteban par la calle de Velarde. Vous passerez sous l'arc de la **porte de la Claustra**, *seul vestige des quatre accès du quartier canonique autrefois fortifié.*

Église de San Esteban★ A1

San Esteban est une des plus tardives (13e s.) et des plus belles églises romanes de Ségovie. Sur deux côtés, les portiques sont ornés de chapiteaux finement sculptés. Son **clocher**, considéré comme l'un des plus beaux d'Europe, comprend cinq étages. Ses angles sont soulignés par de fines colonnettes. L'intérieur est de style Renaissance. Sur l'autel du bras droit du transept se trouve un Christ gothique du 13e s. en bois polychrome.

Empruntez la calle de Valdeláguila jusqu'à la plaza de La Trinidad.

Église de la Santisima Trinidad B2

L'intérieur de cette église romane aux volumes sobres abrite une abside décorée d'arcatures aveugles et de chapiteaux sculptés d'animaux fantastiques ou végétaux.

Poursuivez calle Trinidad, plaza de Cirilo Rodriguez, calle San Agustin et tournez à gauche calle de los Zuloagas jusqu'à la plaza de Colmenares.

Église de San Juan de los Caballeros★ B2

☎ 921 463 348 -tlj sf lun. et j. fériés 10h-14h, 17h-19h, dim. 10h-14h - 1,20 €, gratuit w.-end et j. fériés..

La plus ancienne église romane de Ségovie (11e s.). Son portique, provenant de l'église de San Nicolás, arbore des modillons où, à intervalles réguliers, sont sculptés des têtes, des animaux et des feuillages. L'église, à demi ruinée au début du 20e s., est achetée par Daniel Zuloaga qui y installe son atelier et sa demeure. Elle abrite aujourd'hui le **musée Zuloaga**, qui expose les dessins, peintures et céramiques dudit artiste, ainsi que les tableaux de son neveu, le peintre Ignacio Zuloaga.

À proximité immédiate.

Plaza del Conde de Cheste B2

Cette place aristocratique est entourée par les **palais des marquis de Moya** (appelée aussi **Casa de las Cadenas** ou Maison des chaînes), **de Lozoya** (avec son portail roman), **des comtes de Cheste** et **du marquis de Quintanar**. Ce dernier palais, daté du 15e s., se singularise par son entrée originale dotée d'un arc décoratif en plein cintre surmonté du blason familial flanqué de barbares.

Prenez la calle San Sebastián.

Église de San Sebastián B2

Cette petite église romane dissimule un intérieur baroque.

Visiter

Musée de Ségovie★ (Museo de Segovia) A2

Casa del Sol - Calle Ocorro, 11 - ☎ 921 460 613 - juil.-sept. : mar.-sam. 10h-14h, 17h-20h, dim. 10h-14h ; oct.-juin : mar.-sam. 10h-14h, 16h-19h, dim. 10h-14h, fermé lun. - 1,20 € - gratuit les sam. et dim.

Musée d'archéologie, d'ethnologie et des beaux-arts de Ségovie, il présente une intéressante collection d'œuvres et objets, animée par différents supports vidéos. Organisée autour d'un patio, la visite débute par une projection audiovisuelle sur la géologie de la province. La section romaine tire bien entendu profit de la présence de l'aqueduc dans la cité. La **période wisigothique** est particulièrement riche en pièces d'orfèvrerie d'or et d'argent. Les 15e et 16e s. possèdent deux sculptures majeures : une superbe **Pietà** en albâtre provenant du monastère de El Parral et un maître-autel ayant appartenu à l'église de Santa Columba aujourd'hui disparu. La **gravure** et l'art du dessin sont illustrés par les œuvres de Rembrandt et Dürer. Le département des **arts décoratifs** offre un bel ensemble de cristallerie issu de la Manufacture royale de La Granja. Des maquettes mettent en exergue l'utilisation de l'énergie hydraulique pour actionner moulins et machineries, entre autres pour la production de farine et la frappe de la monnaie. La transhumance est évoquée au cœur d'une problématique textile agrémentée par l'exposition de métiers à tisser et de vêtements de laine réalisés par la Manufacture royale de Ortiz de Paz.

HORS LES MURS

Église de San Millán★ B2

☎ 921 463 801 - tlj sf lun., dim. et j. fériés 10h-14h, 16h30-19h30.

Isolée au milieu d'une vaste place, elle arbore des formes romanes primitives (début 12e s.) et deux portiques aux chapiteaux et modillons sculptés. Construite par Alphonse 1er le Batailleur, roi d'Aragon, son plan reproduit à échelle réduite celui de la cathédrale de Jaca.

À l'intérieur des trois vaisseaux alternent piliers et colonnes, comme dans la cathédrale aragonaise. L'abside est soulignée d'arcades aveugles. Au-dessus court une élégante frise. Une voûte en brique à croisée arabique couvre le transept.

Église de San Justo★ B2

Plaza San Justo - ☎ 921 422 413 - tlj sf le dim. - 10h45-13h45 ; 16h30-19h.

L'église de San Justo, érigée au 12e s., a conservé un tympan sculpté. Elle renferme un bel ensemble de **fresques** de style roman tardif. Dans une palette d'ocres, de bruns et de bleus, les nombreuses scènes peintes montrent, en dépit d'un hiératisme encore présent, une amorce de dynamisme dans la composition et les mouvements des personnages, qui apparaissent très vivants. Au centre de l'abside trône un Christ en majesté dans une mandorle, entouré des symboles tétramorphes. On identifiera aisément la *Cène*, l'*Arrestation du Christ*, la *Crucifixion*, la *Descente de croix* et la *Résurrection*. Ces différents épisodes sont traités en majorité sous forme de tableaux ou bandeaux superposés, séparés par des frises décoratives végétales.

L'église détient également un singulier gisant du 11e s. aux bras articulés, nommé « Christ des Gascons ». Cette sculpture, conservée et allongée dans une sorte de reliquaire vitré, sort depuis 1628 en procession le jour du Vendredi saint.

La Vierge de la Fuencisla

Fuencisla, qui signifie « source jaillissante », évoque le lieu où fut découverte l'icône de la sainte patronne de Ségovie. D'après la tradition, une jeune juive nommée Esther s'est convertie au christianisme contre la volonté des siens. Ces derniers décident de se venger en l'accusant d'adultère. Condamnée à être jetée du haut de la falaise de Peñas Grajeras, elle prie la Vierge de la Fuencisla de la garder en vie. Malgré sa chute, Esther est saine et sauve et prend un nouveau nom de baptême : Maria del Salto (Marie du saut). En souvenir du miracle, un ermitage est construit pour vénérer l'icône. Cette dernière ne quitte l'actuel sanctuaire du 16e s. qu'à l'occasion d'une procession annuelle, à l'issue de laquelle elle demeure dix jours dans la cathédrale. Le splendide **arc de Fuencisla** marque l'entrée ouest de la ville.

Monastère de El Parral★ A1

☎ 921 431 298 - www3.planalfa.es/msmparral/parral - juin-mi-sept. : tlj sf lun. mat. et apr.-midi - fermé reste de l'année - donation.

Établi au bord de la rivière Eresma, le monastère de El Parral inaugure la promenade de la Alameda, grand parc de Ségovie créé au 16e s. Ce monastère est fondé en 1445 par Henri IV puis remis à l'ordre de saint Jérôme. Des moines hiéronymites y vivent encore aujourd'hui. L'**église** conserve, derrière une façade inachevée, une nef gothique décorée de splendides portes sculptées, un retable du 16e s., œuvre de Juan Rodríguez, et de chaque côté du chœur les tombeaux plateresques en albâtre du marquis de Villena et de son épouse.

Chapelle de la Vraie-Croix★ (capilla de la Vera-Cruz) A1

☎ 921 431 475 - Printemps-été : tlj sf lun. 10h30-13h30, 15h30-19h ; automne-hiver : tlj sf lun. 10h30-13h30, 15h30-18h. Fermé nov. - 1,50 €, gratuit mar. pour les ressortissants des pays de l'U. E.

L'église est érigée par les chevaliers de l'ordre du St-Sépulcre pour y loger un morceau de la croix du Christ. Une inscription dédicatoire révèle la date de consécration de l'édifice : le 13 avril 1208. Au moment de la dissolution de l'ordre, le lieu devient propriété des chevaliers de Malte. Ces derniers, toujours en charge du sanctuaire, y célèbrent leurs messes selon le rite orthodoxe. La nuit du Vendredi saint, ils partent en procession à la lueur des bougies, vêtus de noir. L'église épouse un plan circulaire hérité des baptistères paléochrétiens. L'abside, utilisée d'abord comme sacristie, ainsi que la tour, sur le modèle des campaniles italiens, sont postérieures. Le style architectural et décoratif correspond à la période transitoire entre le roman et le gothique. Sur la porte d'entrée figure un relief représentant la scène des *Saintes femmes au tombeau*. En pénétrant dans l'église, à main droite, se trouve un fragment de fresque laissant apparaître une croix de Malte. La chapelle du *Lignum Crucis*, où l'on a vénéré la sainte Croix pendant des siècles, conserve un autel de style gothique fleuri. L'abside latérale droite du chœur expose la statuette romane de la Vierge de la paix. Un couloir annulaire, où l'on peut admirer le retable de la Résurrection (16e s.), entoure un édicule composé de deux salles superposées où se déroulaient les cérémonies secrètes de l'ordre. À l'étage trône un autel en pierre à décoration mudéjare. Des banquettes circulaires permettaient sans doute aux chevaliers de veiller aux armes et de prier ensemble avant l'adoubement des novices. Au rez-de-chaussée, la fonction de cette pièce, ouverte aux quatre points cardinaux, demeure mystérieuse. Le site offre une belle vue sur la silhouette de l'Alcázar.

Couvent de Santa Cruz B1

De la route on aperçoit les pinacles et le beau portail isabélin de l'église, décoré d'un calvaire, d'une Pietà et des emblèmes des Rois Catholiques.

Église de San Lorenzo hors plan

Cette église romane au clocher de brique mudéjar est entourée d'une place pittoresque, aux maisons à colombages et à encorbellement.

Aux alentours

Riofrío★

11 km au sud par la N 603. ✆ 921 470 019 - avr.-oct. : tlj sf lun. 10h-18h ; le reste de l'année : tlj sf lun. 10h-13h30, 15h-17h, dim. et j. fériés 10h-14h - fermé 1er, 6 et 23 janv., 25 et 31 déc. - 5 €.

Au pied de la montagne connue sous le nom de la « Mujer muerta » (la femme morte), qui marque les derniers contreforts de la sierra de Guadarrama, le palais de Riofrío émerge d'un bois de chênes verts où les daims paissent en liberté.

Palais – Conçu par Élisabeth Farnèse pour rivaliser avec le palais de la Granja qu'elle quitte à la mort de son mari Philippe V, Riofrío est commencé en 1752. Malgré ses grandes dimensions (84 m de côté), le palais n'était qu'un pavillon de chasse et la reine n'y vécut jamais véritablement. L'ensemble reste d'ailleurs inachevé. Le mobilier exposé appartient à l'époque de l'infant François, époux d'Isabelle II, et à celle d'Alphonse XII, qui y passèrent quelque temps. Le palais est bâti autour d'une grande cour centrale, de style néoclassique. Le choix des vert et rose italianisants de la façade est en relation directe avec le pays d'origine de l'épouse de Philippe V. Un escalier monumental monte aux salons. Après la visite de quelques salles d'apparat s'ouvre le **musée de la Chasse (Museo de la Casa)**. La chasse était en effet un loisir très prisé du couple Bourbon. On y trouve des reproductions d'œuvres d'art liées à la chasse, depuis les gravures rupestres aux natures mortes à la Jean-Baptiste Oudry. Puis vient une succession de vitrines mettant en scène les principaux animaux de la péninsule ibérique dans leur habitat quotidien.

Ségovie pratique

Adresses utiles

Code postal – 41001.

Offices de tourisme – *Plaza del Azoguejo, 1 - ✆ 921 466 720 - tlj tte la journée.*

Transports

Gare ferroviare RENFE – *Avenida del Obispo Quesada - ✆ 921 420 774.*

Gare routière – *Plaza de la Estación de Autobuses, 1 - ✆ 921 427 725.*

Visites

Des visites guidées de la ville (minimum 6 personnes) sont organisées par le Patronato de Turismo - *✆ 921 466 070 - www.infosegovia.com/visitasguiadas.asp.*

Se loger

⊖ Hotel Don Jaime – *Ochoa Ondátegui, 8 - ✆ 921 444 790 - 16 ch. 25/35 € - ☕ 3 €.* Située près de l'aqueduc, cette petite maison castillane au charme suranné propose un confort simple à un prix défiant toute concurrence.

⊖⊖ Hotel Las Sirenas – *Juan Bravo, 30 - ✆ 921 462 663 - 39 ch. 60/70 € ☕.* Situé face à l'église de San Martin, cet hôtel de cachet a accueilli en son temps Sophia Loren, dont la chambre a été religieusement conservée en l'état. Lustres clinquants, bronzes dorés et horloges anciennes génèrent une atmosphère 19e s. pleine de nostalgie.

⊖⊖ Natura La Hostería – *Calle Colón 5 y 7 - ✆ 921 466 710 - www.naturadesegovia.com - P - 9 ch. 60/80 €.* Située dans le quartier historique, cette entité rustique et intimiste prend le parti de la couleur ! Le papier peint « flashy » façon sgraffites et l'accrochage de reproductions de tableaux surréalistes créent un environnement gai et insolite.

⊜⊜ **La Casa Mudéjar** – *Calle Isabel la Católica* - ✆ *921 466 250* - *www.lacasamudejar.com* - *40 ch. 60/80 €* - ☕ *8€*. Avec son patio, ses plafonds à caissons polychromes du 15ᵉ s., ses frises mudéjares et ses mosaïques murales, la Casa Mudéjar offre un cadre historique et artistique unique à Ségovie.

⊜⊜ **Hotel Infanta Isabel** – *Plaza Mayor, 12* - ✆ *921 46 13 00* - *www.hotelinfantaisabel.com*- *39 ch. 80/115 €* - ☕ *9 €*. L'atmosphère « Grand Siècle » est immédiatement perceptible en entrant dans ce prestigieux édifice du 19ᵉ s. Le patron aime chiner les antiquités. Certaines chambres ont la chance de bénéficier d'un balcon sur la splendide Plaza Mayor.

⊜⊜⊜ **Hotel Plaza Acueducto** – *Avenida Padre Claret, 2 et 4* - *www.eurostarshotels.com* - P - ♿ - *72 ch. 100/160 €* - ☕ *15 €*. Situé au pied de l'aqueduc, cet établissement élégant et design nous entraîne dans un univers contrasté. Les couloirs orangés à fibre optique desservent des chambres contemporaines. Les parties communes, plus neutres, jouent sur quelques touches décoratives. Le bar, chic, est particulièrement agréable en soirée.

⊜⊜⊜ **Hotel Alcazar** – *Calle San Marcos, 5* - ✆ *921 43 85 58* - *www.alcazar-hotel.com* - P - *16 ch. 125/170 €* - ☕ *10 €*. Ce sublime établissement est l'occasion unique de vivre une expérience palatiale, version 17ᵉ s., au cœur d'un jardin de 3 000 m².

⊜⊜⊜ **Parador de Segovia** – *Carret CL 60* - ✆ *921 44 37 27* - *segovia@parador.es* - P - ♿ - *113 ch. 135/150 €* - ☕ *14 €*. Cet hôtel de construction récente, parfaitement intégré à son environnement, propose pléthore d'activités. Mais il jouit surtout, depuis la piscine, d'un panorama fantastique sur la ville.

Se restaurer

⊜ **La Fontana** – *Avenida Fernandez Ladreda, 20* - ✆ *921 461 809*. Situé dans la ville basse, ce bar à tapas, avec son comptoir en zinc doré, ses boiseries et ses lustres en porcelaine, est empreint d'une atmosphère « Belle Époque ».

⊜ **Momo** – *Calle San Agustín, 24* - ✆ *921 463 242*. L'entrée se fait par le bar, où les couleurs anisées et la bonne humeur du barman laissent deviner un lieu original. Fréquenté par une clientèle d'habitués, il propose un menu du jour international et économique.

⊜⊜ **Duque** – *Calle Cervantès, 12* - ✆ *921 462 487*. L'ancienne devanture de cet établissement unanimement plébiscité par la critique culinaire est la marque d'une tradition perpétuée avec succès. Le cochon de lait est la spécialité du Duque.

⊜⊜ **El Hidalgo** – *Calle José Canalejas, 5 (derrière l'église de San Martín)* - ✆ *921 463 529*. El Hidalgo offre à ses convives le charme d'un joli patio du 16ᵉ s. Découvrez, entre autres, la soupe castillane, les viandes rôties et les *judiones* (gros haricots) de la Granja.

⊜⊜ **Narizotas** – *Plaza de Medina del Campo, 1* - ✆ *921 462 679*. Dans ce restaurant traditionnel, cochon de lait rôti au feu de bois, ragoût d'agneau et charcuteries ravissent le palais. En haute saison, l'afflux touristique, en particulier celui des groupes, a tendance à saturer les lieux.

⊜⊜ **Mesón de Cándido** – *Plaza Azoguejo, 5* - ✆ *921 425 911*. Ce restaurant est un des plus célèbres de toute la province. Il est installé dans un décor médiéval authentique. Le cochon de lait est la fierté de la maison.

⊜⊜ **La Catedral** – *Marqués de Arco* - ✆ *921 460 551*. Situé de plain-pied sur l'esplanade de la cathédrale, ce lieu fort plaisant à la tonalité violine propose un menu du jour équilibré et de savoureux desserts maison.

⊜⊜⊜ **Villena** – *Plaza Mayor, 10* - ✆ *921 461 742*. Le Chef du Villena n'est autre que l'heureux propriétaire d'un restaurant étoilé Michelin à Madrid. Il travaille dorénavant à la notoriété de ce nouvel établissement, avec une carte soignée et créative.

⊜⊜⊜ **Divino Restaurante** – *Calle Valdeláguila, 7* - ✆ *921 461 650* - *www.restaurantedivino.com*. Avec sa charpente en bois, ses murs de briques et une touche contemporaine, ce restaurant plein de charme est bien nommé ! Sa cuisine fusion hispano-japonaise engendre des saveurs surprenantes et délicates.

Faire une pause

Casares – *Isabel la Católica, 1* - ✆ *921 461 751*. Situé à l'angle de la Plaza Mayor, ce bar-restaurant spacieux et coquet voit les Ségovians défiler à toute heure du jour. L'ambiance y est animée.

Sports et loisirs

Quad - **Aldeaventura** – *Travesía Isabel la Católica* - *Aldea Real* - ✆ *921 570 537* - *www.aldeaventura.com*. Situé à environ 25 km de Ségovie, ce centre de quad est ouvert seulement aux plus de 18 ans.

Achats

SpiaLibros – *Plaza San Martín, 4* - ✆ *921 463 421*. Cette superbe boutique de cadeaux propose livres d'art et d'histoire, objets de décoration originaux et bijoux modernes artisanaux.

Événements

Les cérémonies de la Semana Santa sont des plus fastueuses. À l'occasion de la fête annuelle de **San Pedro**, du 23 au 29 juin, défilent les plus anciens « géants » et « cabezudos » (grosses têtes) d'Espagne. La fête de **San Frutos**, patron de la ville, a lieu le 25 octobre.

Palais de La Granja de San Ildefonso★★

Palacio de La Granja de San Ildefonso

CARTE GÉNÉRALE B2 – CARTE MICHELIN N° 575 J17
PROVINCE DE SÉGOVIE

Situé dans la commune de La Granja de San Ildefonso, le palais de Philippe V, petit-fils de Louis XIV, se dresse au bout d'une vaste allée, complétant une majestueuse perspective de cèdres, de pins et de séquoias plantés le long des dépendances. La façade occidentale s'enfle des volumes baroques de la collégiale, où reposent le souverain et son épouse. Née de la nostalgie pour le palais de son enfance, La Granja est un « petit Versailles », où jardins, bosquets et fontaines ravissent pareillement. Aux 18e et 19e s., le palais demeure la résidence d'été des Bourbons.

Se repérer – La Granja de San Ildefonso se trouve à 1 192 m d'altitude, dans la sierra de Guadarrama, à 10 km à l'est de Ségovie et à 38 km au sud-ouest de Pedraza.

Comprendre

Philippe V est né en 1683 à Versailles. Deuxième fils du Grand Dauphin, il n'est pas destiné à régner. Contre toute attente, il hérite en 1700 de l'Empire espagnol en vertu du testament de son grand-oncle Charles II. Cet adolescent timide et maniaco-dépressif – état qui l'amènera à abdiquer ponctuellement en 1724 – doit défendre son trône face aux prétentions de l'archiduc Charles d'Autriche durant la guerre de Succession et mener à contrecœur la guerre contre la France en 1719. Il souhaite rapidement se retirer de la politique « pour prier Dieu... » dans un lieu qui lui rappellerait les châteaux de Versailles et Marly. Il fait venir à cet effet une équipe d'architectes, de décorateurs et de paysagistes français. Le palais, commencé en 1731, fait l'objet de remaniements au goût du jour, tantôt madrilène, tantôt italien. La Granja voit en ses murs proclamer la Constitution en 1812 et la naissance des enfants d'Alphonse XIII, dont le père de Juan Carlos Ier. Le régime franquiste y organisera des fêtes officielles.

Visiter

Le palais – *✆ 921 470 019 - www.patrimonionacional.es/granja/granja.htm - avr.-sept. : tlj sf lun. tte la journée ; reste de l'année : tlj sf lun. mat. et apr.-midi, dim. et j. fériés mat. - fermé 1er, 6 et 23 janv., 1er Mai, 25 août, 24-25 et 31 déc. - 4,50 € (- 16 ans 2,50 €).*

L'admirable **façade orientale**, dessinée en 1735 par Juvarra, est dominée par un avant-corps central rythmé par quatre colonnes cannelées aux chapiteaux composites. Prolongé par un atique orné de caryatides en marbre de Carrare, allégories des saisons, il porte un blason monumental comportant les armoiries du royaume d'Espagne et de la maison Farnèse, flanqué de chaque côté par un médaillon figurant Philippe V

C. Labonne/Michelin

Le palais de La Granja de San Ildefonso.

en Mars et Isabelle Farnèse en Minerve. Une balustrade coiffée de trophées orne le sommet. L'harmonie esthétique est parfaite grâce à l'association chromatique de la pierre rose de Sepúlveda, du granit gris et du marbre blanc.

Les salles ouvertes à la visite correspondent aux **appartements privés** de Philippe V et son épouse. Elles sont réparties sur deux étages reliés par un splendide escalier en noyer. La majorité des **fresques** des plafonds, empanachées de reliefs en **stuc** doré, a dû être restaurée suite à l'incendie de 1918. Les scènes mythologiques et allégoriques insérées dans des architectures en **trompe l'œil** sont caractérisées par l'emphase théâtrale propre au peintre italien Giacomo Bonavia. Les **lustres** ouvragés proviennent de la Manufacture royale de La Granja. Les murs sont tendus de velours cramoisi ou décorés de tableaux de maîtres. Le portrait en pied d'*Isabelle Farnèse*, peint en 1737 par Louis-Michel Van Loo, procède des portraits officiels à la française. On remarquera les vases Qing du 18e s. ayant appartenu à la collection orientale de la reine, l'oratoire portable de Fernand VI, le lit à baldaquin génois tendu d'un tissu damassé brodé d'argent de la chambre royale, les paysages du védutiste Juan Ruiz, les vases en **porcelaine** de la Manufacture royale du Buen Retiro et la table de salle à manger en acajou du Brésil. La pièce la plus prestigieuse est la **Salle des laques** (Sala de Lacas), dont le décor de laque de chine conçu par Juvarra intègre des tableaux de Giovanni Paolo Pannini illustrant des épisodes de la vie de Jésus. Une frise de marbres de différentes couleurs forme un élégant soubassement. Un **musée des Tapisseries**, également situé au 1er étage, expose principalement des tentures flamandes du 16e s. Les pièces les plus intéressantes sont accrochées dans la 3e salle : neuf tapisseries de la collection Honneurs et Vertus, et une tapisserie gothique du 15e s. représentant saint Jérôme, exécutée d'après un carton de Raphaël. Le rez-de-chaussée abrite les copies des statues antiques réunies par la reine Christine de Suède pendant son séjour à Rome entre 1653 et 1689. Les originaux se trouvent actuellement au musée du Prado. La **Salle des marbres** (Sala de Mármoles) est décorée de miroirs fabriqués par la Cristallerie royale de La Granja alternant avec des marbres jaune et violet d'Espejón, rouge de Cabra, blanc de Carrare et vert de Gênes.

Les jardins – ✆ *921 470 019 - tlj tte la journée - gratuit.*

Pour aménager les 145 ha du domaine, il fallut faire sauter les rochers à la poudre. Le paysagiste Carlier, le jardinier Boutelou, l'ingénieur Marchand, les sculpteurs Frémin, Thierry, Bousseau, Dumandré et Pitué, tous français, se sont inspirés de Versailles. L'ensemble est organisé autour de trois allées principales. La première, perpendiculaire au palais, part du parterre central pour rejoindre la **fontaine d'Amphitrite**. La perspective haute se termine par la **fontaine des Trois Grâces**. L'axe latéral gauche, parallèle cette fois, multiplie les fontaines jusqu'à celle de Persée et Andromède. L'axe droit opposé est plus modeste. Afin d'alimenter tous ces bassins monumentaux, il fallut creuser un immense réservoir dans la partie supérieure de la propriété appelé El Mar (la mer), qui offrait de surcroît la possibilité aux souverains de s'y promener en gondole. Les **jeux d'eau** animent les jardins et en particulier la **fontaine de la Renommée** *(Fama)* côté sud, où un jet fuse à 40 m. Par mesure d'économie, les statues des fontaines ont été coulées en plomb. Enfin, les marronniers ont été à l'époque transportés de France à grands frais.

Manufacture royale★ (Real Fábrica de Cristales de La Granja) – ✆ *921 010 707 - www.fcnv.es - ♿ - tlj sf lun. tte la journée, dim. et j. fériés mat. - 3,50 € (- 10 ans gratuit).*

Si sa fondation remonte à Philippe V, l'édifice visible aujourd'hui, construit sous Charles III, date de 1770. Rare exemple d'architecture industrielle en Espagne, la Manufacture royale accueille aujourd'hui le Centre national du verre et un musée du Verre, exposant des pièces fabriquées in situ et des machines originales. La section de création contemporaine est tout simplement magnifique. À noter, une transposition originale des *Ménines* de Vélasquez dans le verre peint.

La Granja pratique

Se loger et se restaurer

Parador La Granja – *Calle de los Infantes, 3 - ✆ 921 010 750 - lagranja@parador.es - P - 127 ch. - 145/155 € - ☕ 12 €.* Ouvert en juin 2007, ce parador est installé dans l'ancien palais des Infants, construit au 18e s. par le roi Charles III pour ses enfants. Il occupe aussi l'ancienne caserne de la garde transformée en un centre de congrès. Son restaurant propose des spécialités de la région : *cochinillo* (cochon de lait), *cordero asado* (agneau roti). Il possède une belle piscine paysagée.

Sierra de Guadarrama★

CARTE GÉNÉRALE B2 – CARTES MICHELIN N^{OS} 575 ET 576 J 17-18
PROVINCE DE MADRID

La sierra de Guadarrama est une oasis de fraîcheur perdue dans le désert castillan, toute proche d'Avila, de Ségovie et de Madrid. Ses versants accidentés sont couverts à mi-pente de forêts de chênes ou de pins qui donnent à ses abords une physionomie verdoyante. Sur les points les plus élevés sont enregistrées des précipitations abondantes qui donnent naissance à de nombreux cours d'eau, approvisionnant des retenues (Pinilla, Navacerrada, Santillana et El Atazar). De nombreuses stations de villégiature s'y sont développées, où les Castillans viennent fuir la chaleur torride de la Meseta : Navacerrada, Cercedilla, Guadarrama et El Escorial. Au col de Navacerrada se trouvent les deux stations de ski de Madrid.

Se repérer – La sierra de Guadarrama s'étend sur près de 100 km.

Pour poursuivre le voyage – Madrid, Ségovie, le monastère de l'Escurial.

Circuit de découverte

DE MANZANARES EL REAL À SÉGOVIE

106 km – Comptez une demi-journée sans les visites de Ségovie et Riofrío.

Manzanares el Real

Au pied de la sierra de la Pedriza s'élève un joyau de l'architecture civile, le **château★** construit au 15ᵉ s. par le duc de l'Infantado, érigé sur une ancienne forteresse romane mudéjare. La sévérité de ses murailles est adoucie par un semis de perles posées sur les tourelles et la décoration de sa façade sud, dans le plus pur style isabelin. Cette façade pourrait être l'œuvre de Juan Guas. Au premier étage, la galerie gothique est considérée comme la plus belle partie du château. Un petit **musée des citadelles espagnoles** ainsi qu'une exposition de tapisseries y ont été installés. *918 530 008 - tlj sf lun. tte la journée - 1,80 € (- 14 ans 0,90 €).*

Sierra de la Pedriza★

Contrefort de la sierra de Guadarrama, ce massif granitique aux curieux chaos roses et aux éboulis ruiniformes agrémentés de frais ruisseaux est très apprécié des amateurs d'escalade, qui s'entraînent autour de la Peña del Diezmo (1 714 m).

Continuez par la M 608, qui longe la retenue de Santillana, jusqu'à Soto del Real ; de là, prenez la M 611.

Miraflores de la Sierra

Station estivale. On découvre un beau panorama depuis le belvédère, à la sortie du village.

Continuez par la M 611 en direction de la Morcuera jusqu'à Rascafría.

Col de la Morcuera (Puerto de la Morcuera)

En arrivant au col (1 796 m), vue étendue vers le sud. On aperçoit le lac d'El Vellón, l'une de ces retenues qui parsèment le nord-ouest de la province.

C'est ensuite la descente parmi les landes désolées, sur la dépression boisée de Lozoya. On distingue près de Lozoya le barrage de La Pinilla, formé par l'Angostura, rivière très appréciée des pêcheurs de truites.

El Paular★

À 2 km après la sortie de Rascafría. Dans la vallée du Lozoya, remarquable pour sa fraîcheur, se dresse cette ancienne **chartreuse**, la première fondée en Castille en 1390. Elle fut enrichie par les rois aux 15e et 16e s. En 1954, les bénédictins entreprirent la reconstruction de l'ensemble qui compte le monastère, l'église et un hôtel situé à l'emplacement de l'ancien palais. Le portail de l'**église**, de style flamboyant, est l'œuvre de Juan Guas. À l'intérieur sont conservés une grille gothique finement ouvragée et un magnifique **retable**★★ en albâtre (15e s.) retraçant la vie de la Vierge et du Christ jusqu'à la Résurrection. Le souci du détail, les costumes et les intérieurs bourgeois minutieusement reproduits dénotent une facture flamande. Le baroque le plus exubérant triomphe dans le *sagrario*, chapelle située derrière le maître-autel.

918 691 425 - visite guidée (3/4h) - tlj sf jeu. ap.-midi à 12h, 13h, 17h, dim. et j. fériés à 13h, 16h, 17h et 18h - gratuit.

La route monte ensuite au milieu de denses forêts de pins.

Col de los Cotos (Puerto de los Cotos)

1 830 m. Station de ski. Du sommet du télésiège de la Zabala, plusieurs excursions sont possibles l'été vers le lac de Peñalara *(1/4h)*, le pic de Dos Hermanas *(1/2h)* et le point culminant du massif, le pic de Peñalara *(3/4h)*.

Col de Navacerrada★ (Puerto de Navacerrada)

1 860 m. Aux confins des deux Castilles, ce col offre une belle **vue**★ sur le plateau ségovian et sur la vallée couverte de belles pinèdes, dans laquelle s'enfonce la route de Madrid. C'est une station de sports d'hiver très fréquentée. Elle est reliée à Cercedilla par le train.

Prenez la CL 601 en direction de Valsaín et La Granja.

Domaine de Riofrío★ *(voir p. 191)*, **La Granja de San Ildefonso**★★ *(voir p. 193)*, **Ségovie**★★★ *(voir p. 184)*.

Sierra de G. pratique

Informations utiles

Office de tourisme – *Caseta Punto de Información - 28180 - Puerto de Navacerrada - 918 523 302.*

Se loger

Hotel La Posada de Alameda – *Grande, 34 – Alameda del Valle – 6 km au nord-est de El Paular par la M 604 - 918 691 337 - P - 22 ch. 55/70 € - 5 €.* Installé dans une ancienne étable, cet hôtel a été joliment réaménagé dans un style moderne, avec des meubles design dans les parties communes. Les chambres sont accueillantes. Restaurant.

Casa rural La Pedriza – *28410 Manzanares El Real - 918 529 000 - www.ruralpedriza.com - P - 8 ch. 75/100 € - 8€.* L'architecture de pierre et de bois de cet hôtel rural en fait une maison plus canadienne qu'espagnole. La décoration arbore un style campagnard.

Hotel El Corzo – *Puerto de Navacerrada - 918 521 100 - www.hotelelcorzo.com - P - 14 ch. 80/100 € - 12 € - demi-pension.* Ce chalet de charme tout confort est perché à 1 800 m d'altitude. Restaurant et spa.

Hôtel Miraflores – *Calle del Río - 918 449 090 - www.mirafloreshotel.com - P - 45 ch. 99/150 € - 9 €.* Ses chambres d'esthétique moderne, prolongées par de grandes terrasses, ont des perspectives imprenables. Restaurant.

Se restaurer

Asador Felipe – *Plaza Mayor, 3 - Navacerrada - 918 531 041.* Situé à côté du restaurant Felipe, cet établissement est un rendez-vous incontournable de la sierra madrilène. Excellentes viandes grillées.

Rincón del Alba – *Calle Paloma, 2- Manzanares El Real - 918 539 111.* Quoi de plus original que de se régaler en pleine montagne d'une cuisine de poissons et de fruits de mer ?

Sports et loisirs

Manzanares El Real fait partie du Parc régional de la Cueva Alta del río Manzanres. Son plus haut sommet, la **Cabeza de Hierro**, culmine à 2 383 m. Du village, on peut profiter des multiples activités dans la montagne.

La Pedriza, association de guides « sports et loisirs », est à votre disposition pour organiser des sorties : **randonnée**, **VTT**, **équitation**, **parapente**, **rafting**, **pêche**, **ski** et **escalade**. Contact au 918 *527 233* ou *info@lapedriza.info.*

Pedraza★★

472 HABITANTS
CARTE GÉNÉRALE B2 – CARTE MICHELIN N° 575 I 18
PROVINCE DE SÉGOVIE

Perché sur une éminence calcaire et encore ceint de ses remparts, Pedraza a conservé intact son caractère de vieille cité seigneuriale. À seulement une heure de la capitale espagnole, ce paisible village médiéval voit sa population décupler durant les week-ends. Les Madrilènes viennent s'y ressourcer, profiter d'une étape gastronomique réputée et faire quelques emplettes au hasard des jolies boutiques artisanales.

- **Se repérer** – Le village se trouve au cœur du versant nord de la sierra de Guadarrama.
- **Se garer** – Suivez rigoureusement les flèches indiquant le parking touristique situé à côté du château. Attention, les rues sont à sens unique.
- **À ne pas manquer** – Le panorama depuis le Mirador.
- **Organiser son temps** – Une demi-journée.
- **Avec les enfants** – Collección Fijas à Sepúlveda.
- **Pour poursuivre le voyage** – Ségovie et la sierra de Guadarrama.

Comprendre

Au 15e s., don Bernardino Fernandez de Velasco, connétable de Castille et premier duc de Frías, hérite via la dot de son épouse du domaine de Pedraza. Sa présence incite d'autres grands seigneurs à venir s'installer dans la cité fortifiée. Le paysage architectural s'en trouve modifié dans un court laps de temps, raison pour laquelle Pedraza possède une telle homogénéité. Aux 16e et 17e s., l'économie de la ville connaît son apogée grâce au commerce de la laine : renommée pour son excellente qualité, issue de l'exploitation des innombrables cheptels de brebis, celle-ci est acheminée jusqu'aux marchés de Bruxelles et Florence pour l'approvisionnement des meilleurs fabricants de textile contemporains.

Se promener

Passée la **Puerta de la Villa**, arc fortifié et unique moyen d'accès au village, s'ouvre un dédale de rues étroites et déclives bordées de demeures rustiques souvent blasonnées. On découvre à proximité immédiate de cette entrée monumentale l'intéressant édifice médiéval de la **prison de la Villa** (cárcel). (*921 508 666 - w.-end et j. fériés mat. et apr.-midi - 2,50 €)*. La calle Real conduit ensuite jusqu'à la **Plaza Mayor**, entourée de bâtiments aux portiques vétustes soutenant de profondes loggias, et sur laquelle se dresse le clocher roman de l'église de San Juan. De là, la promenade continue jusqu'au **château**. Restauré, du 16e s., il abrite une petite collection des œuvres d'un de ses plus illustres habitants : le peintre **Ignacio Zuloaga** (1870-1945). *921 508 666 - visite guidée seulement merc.-dim. - 5 €.*

Aux alentours

Requijada

6 km au sud-ouest de Pedraza. Directement au bord de la SGP 2322.

L'ermitage de **Nuestra Señora de las Vegas**★★ est une église romane du 12e s. située à l'entrée du village de Requijada. Sa galerie-porche, caractéristique des églises du roman castillan, arbore un portique à doubles colonnes coiffées d'un chapiteau végétal et de quatre **chapiteaux** figuratifs. Ces derniers révèlent un bestiaire fantastique où apparaissent oiseaux androcéphales, centaures bandant leur arc, cavaliers et sirènes. La corniche est soulignée par vingt-huit corbeaux alternant hommes barbus et animaux. Le **portail sud** déploie une magnifique **archivolte** ayant conservé intégralement sa polychromie originale. Motifs de pampres enroulés, de palmettes et de damiers animent les voussures. À gauche, le haut-relief d'un ange fait pendant à celui de la Vierge, évocation singulière de l'*Annonciation*.

Sepúlveda

25 km au nord. En arrivant de Pedraza, un belvédère permet d'apprécier le **site**★ en terrasses sur le versant d'une gorge profonde du Duratón. Laissez votre voiture sur la place de l'Hôtel-de-Ville dominée par les ruines de l'ancien château, et montez jusqu'à l'église.

Église del Salvador

Son architecture est propre aux églises romanes de la province de Ségovie : un clocher à plusieurs étages de baies géminées, un chevet décoré d'une corniche sculptée et un portique latéral, l'un des plus anciens d'Espagne (1093).

Musée Fijas (Colleccíón Fijas)

Calle Sancho Garcia, 24 - ✆ 921 540 417 - www.toyfiguresspain.com - les deux premiers sam. et dim. de chaque mois - 11h-14h et 17h-19h - fermé en fév. - entrée 2,50 €.

Il met en scène 14 000 figurines du monde entier fabriquées entre 1765 et 1965. Les thèmes de la vie quotidienne, des rites de passage (enfance, mariage, funérailles), des loisirs (chasse et pêche, cirque, corrida, danse) et des métiers côtoient des ensembles de soldats de plomb et des reproductions de personnages célèbres, historiques et légendaires en miniature. Des expositions temporaires sont organisées autour de grands événements (centenaire de la mort de Christophe Colomb, 250e anniversaire de la naissance de Mozart).

Centre d'information du Parc naturel de las Hoces del Duratón (Centro de Recepción y Interpretación del Parque Natural de las Hoces del Duratón)

✆ 921 540 586 - juil.-sept. : 10h-14h, 16h-19h, sam. et j. fériés 10h-14h, 16h-19h ; oct.-juin : 10h-17h, sam. et j. fériés 10h-14h, 16h-19h.

Le centre d'accueil du parc est installé dans l'ancienne église Santiago. Il donne toutes les informations nécessaires sur les sentiers pédestres et les sorties en canoë.

Le **parc** protège les rives et les eaux du río Duratón, qui coule entre de spectaculaires parois atteignant les 70 m de hauteur et formant dans sa dernière section des méandres étroits. La **chapelle** romane toute simple de **San Frutos** domine le paysage.

Pedraza pratique

Informations utiles

Office du tourisme – *Real, 3 - ✆ 921 508 666 - tlj sf lun. mat. et apr.-midi, mar. apr.-midi.*

Se loger

Hôtel La Posada de Don Mariano – *Calle Mayor, 14 - ✆ 921 509 886 - www.hoteldonmariano.com - 18 ch. 80/100 € - 7,50 €.* Cet établissement charmant possède des chambres coquettes et confortables. Possibilité de déjeuner ou de dîner au restaurant en salle ou en terrasse sur la Plaza Mayor.

Hotel de La Villa – *Calle Calzada, 5 - ✆ 921 508 651 - www.elhoteldelavilla.com - 38 ch. 90/110 € - 7 €.* Ambiance joliment feutrée pour cet hôtel aux chambres cosy. Poutres apparentes, baldaquins, couleurs ocre, anis et mauve.

Hospederia de Santo Domingo – *Matadero, 3 - ✆ 921 509 991 - www.hospederiadesantodomingo.com - 17 ch. 95/180 € - 12 €.* Avec son jardin accolé à la muraille, ses balcons panoramiques et ses chambres discrètement contemporaines, cette maison du 17e s. a tous les atouts pour passer un séjour d'exception.

Se restaurer

El Soportal – *Plaza Mayor - ✆ 921 509 826.* Bar-restaurant où il fait bon picorer quelques tapas charcutiers en terrasse. À l'intérieur, les incontournables cochon et agneau de lait rôtis.

El Corral de Joaquina – *Íscar, 3 - Pedraza - ✆ 921 509 819.* Installé dans une ancienne maison au cœur du village, ce restaurant traditionnel est tenu de main de maître par deux frères. Cadre rustique et agréable terrasse.

La Olma – *Plaza del Alamo, 1 - ✆ 921 509 981 - www.laolma.com.* Carte sélective pour une cuisine de gourmet, à la fois traditionnelle et créative.

Achats

Depuis 1965, Pedraza compte une association d'artisans travaillant principalement le bois, le fer, l'étain et la céramique. Leurs boutiques se trouvent calle Real, calle Calzada et Plaza Mayor. Vous y trouverez des meubles, de la vaisselle, des jouets, des objets de décoration et des bijoux. D'autres artisans réalisent des reproductions d'œuvres d'art et des travaux de restauration.

Événements

La grande fête annuelle de Pedraza se déroule du 7 au 12 septembre en l'honneur de la **Vierge de Carrascal**, sainte patronne de la cité. Le 8 a lieu la procession solennelle précédée de danses traditionnelles. Le 9, des taureaux sont promenés à travers les rues, encadrés par des cavaliers munis de piques. Le 10, se tiennent les courses de jeunes taureaux.

Les **Conciertos de velas** (nuits des lumières) sont organisés les deux premiers samedis de juillet. Pedraza est pour l'occasion éclairée à la lueur de milliers de bougies. Des concerts de musique classique se jouent Plaza Mayor et sur la place d'armes du château.

Valladolid★

321 001 HABITANTS
CARTE GÉNÉRALE B1 – CARTE MICHELIN N° 575 H 15
PROVINCE DE VALLADOLID

Passé la déconvenue d'une périphérie peu engageante propre à toute grande agglomération, Valladolid se dévoile enfin, sur la rive droite du fleuve Pisuerga. Le puente Mayor, la plaza Zorrilla et la plaza del Pablo forment un triangle d'or, où les souvenirs de l'ancienne cour de Castille et capitale d'Empire, ainsi qu'une élégante architecture 1900, surprennent et séduisent à chaque coin de rue.

- **Se repérer** – Au cœur de la Meseta septentrionale, au confluent du Pisuerga et de l'Esgueva, Valladolid est à 47 km au sud-ouest de Palencia et à 98 km à l'est de Zamora.
- **Se garer** – On trouve un parking souterrain Plaza Mayor.
- **À ne pas manquer** – La façade du collège de San Gregorio et, dans un autre style, le Pasaje Gutiérrez.
- **Organiser son temps** – Environ 2 jours.
- **Avec les enfants** – Parc d'attractions « El Valle de los 6 sentidos ».
- **Pour poursuivre le voyage** – Palencia, Ségovie et Zamora.

Valladolidturismo.com

La Plaza Zorrilla et la façade de l'Académie de cavalerie

Comprendre

Les grands événements – À partir du 12e s., la cour itinérante des rois de Castille réside fréquemment à Valladolid et les **Cortes** y sont convoqués à diverses occasions. Pierre le Cruel s'y marie au 14e s. et les Rois Catholiques, à leur tour, en 1469. Sous Charles Quint, la ville joue un rôle important dans la révolte des *comuneros* *(voir p. 185)*. Anne d'Autriche, future reine de France, y vit le jour, ainsi que son frère qui règna sou le nom de Philippe IV.

Dans le **château de Simancas** *(11 km au sud-ouest)*, choisi par Charles Quint pour abriter les archives générales du royaume, sont conservés tous les documents liés à la politique et à l'administration de l'Espagne du 15e au 19e s.

Le style isabelin à Valladolid – Mélange de gothique flamboyant et de traditions mudéjares, il apparaît à la fin du 15e s. et préfigure le style plateresque. Le foisonnant décor des portails s'ordonne en une grande plage rectangulaire composée de panneaux, à l'image d'un retable. Les exemples les plus caractéristiques à Valladolid sont le **collège de San Gregorio** et la façade de l'**église de San Pablo**. Les visiteurs qui se rendent à Salamanque pourront les mettre en parallèle avec la façade de l'Université, dont l'ornementation plateresque, abondante et délicate, montre déjà l'esprit de la Renaissance.

SE LOGER

Hostal Paris 1

Hotel El Nogal 4

Hotel Imperial 7

?otel Mozart	10	El Figón de Recoletos	4
?ôtel Olid Melia	13	Handy Bar	7
E RESTAURER		La Abadia	10
?ovadonga	1	Restaurante Asturiano	13

Se promener

DANS LE CŒUR HISTORIQUE

Plaza Zorrilla★ B2

Perspective septentrionale du Campo Grande, poumon de la ville, la place Zorrilla, baptisée du nom du poète et dramaturge José Zorrilla dont la statue s'élève au centre, s'est embellie récemment d'une **fontaine** monumentale dans laquelle se reflète la majestueuse façade de l'**Académie de cavalerie**. La première pierre de ce bel édifice néo-Renaissance fut posée par Alphonse XIII, le 4 mai 1921.

Calle Santiago★ B2

Avant de vous engager dans une des rues les plus élégantes de Valladolid, regardez, à l'angle de l'Acera de Recoletos et de la calle Miguel Iscar, les immeubles des n°s 1 et 2, inspirés du style hausmannien. La **Casa Mantilla**, au n° 7 de l'Acera de Recoletos, est une splendide construction bourgeoise de 1891.

La calle Santiago présente une enfilade éclectique de façades d'allure fort distinguée, allant du **néo-baroque** à l'architecture contemporaine. Aux n°s 27 et 19, observez deux bâtiments **Art nouveau**. Aux n°s 5, 3 et 1, des immeubles de brique présentent un joli décor de chaînage. L'esthétique générale est harmonisée par l'omniprésence des bow-windows, qui protège les intérieurs des hivers rigoureux.

L'**église de Santiago**, située au milieu de la rue, date en 1490 et renferme un remarquable **retable** d'Alonso Berruguete, dédié à l'Épiphanie.

Plaza Mayor★ B2

La place est le centre névralgique de Valladolid. Ses portiques du 16e s. encadrent un vaste espace particulièrement plaisant. Au centre trône la statue du comte Ansúrez, seigneur de la cité sous le règne d'Alphonse VI. Sur le côté nord s'élève l'hôtel de ville, édifice éclectique de 1908.

Empruntez la calle Ferrari jusqu'à la plaza Colegio Santa Cruz, en passant par la Fontaine dorée (Fuente Dorada) – érigée en mémoire des artisans-orfèvres de cet ancien quartier médiéval – et la calle Nuñez de Arce.

Passage Gutiérrez (Pasaje Gutiérrez) C2

Construit en 1885 par l'architecte Jerónimo Ortiz de Urbina, cet élégant passage, dédié au commerce, est un exemple intéressant de l'architecture Beaux-Arts qui associait style néoclassique et techniques nouvelles comme l'éclairage au gaz ou la verrière. Belle statue en bronze de Mercure, le dieu du commerce.

Collège de Santa Cruz (Colegio de Santa Cruz) C2

Ce bel édifice de la fin du 15e s. est une des premières œuvres espagnoles Renaissance. Si le fin décor du portail est encore plateresque, le bossage des pierres et le dessin des fenêtres sont de pure inspiration classique. Les balcons et fenêtres ont fait l'objet de transformations au 18e s.

Prenez la calle Libreria jusqu'à la statue de Cervantès. Vous êtes plaza Portugalete.

Cathédrale★ C2

Entrée par la Puerta de Santa María, plaza de la Universidad - ☏ 983 304 362 - Tlj sf lun. 10h-13h30, 16h30-19h ; w.-end et j. fériés 10h-13h30.

Le projet de la cathédrale, commandé vers 1580 par Philippe II à **Herrera**, ne fut réalisé qu'avec lenteur, et en partie dénaturé par ses continuateurs du 17e au 19e s. (partie octogonale de la tour et décoration baroque du corps supérieur de la façade, œuvre d'Alberto Churriguera).

L'**intérieur**, bien qu'inachevé, est composé d'une nef centrale, séparée de ses bas-côtés par des piliers massifs flanqués de pilastres à chapiteaux composites. L'étage des grandes arcades est souligné par une corniche saillante, scandée de consoles. L'esthétique générale trahit avant tout une quête de monumentalité. Dans l'abside centrale, le retable de Juan de Juni (1551) joue de la perspective et des degrés de relief : remarquez les statues qui paraissent converser.

Musée Diocédain (Museo Diocesano y Catedralicio) – *Mêmes horaires que la cathédrale- 2,10 €.* Installé dans l'une des chapelles funéraires de l'ancienne église gothique de Ste-Marie-Majeure, ce musée présente une intéressante **collection** de sculptures, gisants, peintures, pièces d'orfèvrerie et ornements. Outre les coupoles de style mudéjar de la chapelle San Llorente, on remarque deux bustes signés Pedro de Mena (*Ecce Homo* et *Dolorosa*), deux tombeaux du 13e s. (splendides scènes de pleureuses), deux Christs de la même époque, ainsi qu'une custode en argent de Juan de Arfe (16e s.).

En sortant de la cathédrale, jetez un coup d'œil à la façade baroque de l'**Université**, œuvre de Narciso et Antonio Tomé.

Église de Santa Maria la Antigua C2

Une tour de style roman lombard et un portique à colonnes triples le long du côté nord sont les seuls vestiges de l'église romane, reconstruite dans le style gothique.

Église de las Angustias C2

En face du théâtre Calderón de la Barca.

Édifiée par un disciple de Juan de Herrera, elle conserve dans le bras droit du transept la **Vierge aux sept couteaux★** (de los Siete Cuchillos), chef-d'œuvre de **Juan de Juni**.

Après la calle Magaña, longez la calle Angustias jusqu'à la plaza San Pablo.

Palais Pimentel★ C1

Résidence à plusieurs reprises de Charles Quint, l'actuel siège de la Diputacìon de Valladolid vit naître le 21 mai 1527 le roi Philippe II. Une belle fenêtre plateresque orne l'un des angles. Le hall d'entrée est bordé d'une frise de **mosaïque** contemporaine (céramique de Talavera), illustrant des moments-clés de l'histoire espagnole. Le *Salón de Plenos* et la Salle des Commissions sont dotés d'un magnifique **plafond** mudéjar.

Collège de San Gregorio★★★ (Colegio de San Gregorio) C1

Monument isabélin le plus important de la ville, le collège Saint-Grégoire fut fondé à la fin du 15e s. par Alonso de Burgos, confesseur d'Isabelle la Catholique. Le **portail**, attribué à **Gil de Siloé** et **Simon de Cologne**, est l'un des chefs-d'œuvre de l'art espagnol. La décoration exubérante montre une grande fantaisie dans les ornements végétaux (sauvages, branches d'épines tressées). La composition, parfaitement hiérarchisée, met l'accent sur le porche, avant de culminer vers un splendide relief héraldique.

La **chapelle**, précédée d'une antichambre où reposent des gisants, est de style gothique hispano-flamand. Dessinée par Juan Guas et achevée en 1490, elle possède une voûte en croisée d'ogives étoilées sophistiquée, ainsi qu'une belle abside polygonale. Des consoles figurent des anges soutenant le blason du commanditaire, Fray Alonso de Burgos. La chapelle accueille un retable signé Alonso Berruguete, les statues **orantes** des ducs de Lerma, ainsi que le tombeau du frère dominicain, réalisé par Felipe Vigarny.

B. Brillion/Michelin

Détail du portail de San Gregorio.

Le collège abrite le **Musée national de la Sculpture★★★** *(voir description dans « Visiter »).*

Église de San Pablo★★★ C1

La **façade** est due, quant à sa moitié inférieure, à **Simon de Cologne**. Cette partie basse, fermée par un arc bombé, enserre un portail en accolade. Au-dessus se trouvent une grande rosace et deux blasons soutenus par des anges.

Le corps supérieur, plus tardif, arbore un style plateresque plus serein. La composition, divisée en cinq panneaux verticaux et trois horizontaux, s'habille de statues et de blasons.

Poursuivez au bout de la calle Cadenas de San Gregorio.

Église de San Benito B2

Entrée par la calle San Benito.

Cette église du 15e s. de l'ancien monastère San Benito possède un porche monumental et massif qui lui confère un air de forteresse. L'intérieur se compose de trois belles nefs de style gothique, ainsi que d'une grande grille ouvragée.

Visiter

Musée national de la sculpture★★★ (Museo Nacional de Escultura) C1

Cadenas de San Gregorio, 1 - ☎ 983 250 375 - http://museoescultura.mcu.es - ♿ - 21 sept. au 20 mars : tlj sf lun. 10h-14h, 16h-18h, dim. et j. fériés 10h-14h ; 21 mars au 20 sept. : tlj sf lun. 10h-14h, 16h-21h, dim. et j. fériés 10h-14h - fermé 1er et 6 janv., 1er Mai, 8 sept., 24-25 et 31 déc. - 2,40 € (- 18 ans gratuit).

Aux 15e et 17e s., Valladolid fut un centre important de sculpture. Le musée national de la Sculpture compte non seulement un large inventaire de la statuaire espagnole, mais également de nombreuses œuvres picturales des époques successives.

Rez-de-chaussée – Aadmirez la *Pietà* de **Pedro Berruguete**, tableau daté de 1480 où la transition du gothique à la Renaissance est perceptible à travers le réalisme des visages et des attitudes, en dépit d'un fond d'or primitif. Des deux maîtres maniéristes du 16e s. **Alonso Berruguete** et **Juan de Juni**, remarquez, du premier, le retable réalisé pour l'église de San Benito, présenté en parties séparées, et du second le *Christ en croix* et la magnifique *Mise au tombeau*. **Gregorio Fernández**, important représentant du baroque castillan du 17e s., offre un remarquable **Christ gisant**. Son portrait, fait en 1630 par Diego Valentin Diaz, sous-titré *Sculpteur du roi de Galice et becino de Valladolid*, témoigne d'une nette influence flamande dans l'ascétisme général et le noir du vêtement. La *Santa Faz* de **Zurbarán**, de 1658, surprend par sa modernité ; et le recul permet, volontairement, d'identifier le visage du Christ. Des œuvres de l'école andalouse sont également exposées (Martínez Montañés, Pedro de Mena, Alonso Cano, etc.).

S. Sergent/Michelin/Museo Nacional de Escultura. Valladolid

Santa Ana, par le sculpteur J.A Villabrille y Ron, Musée national de la Sculpture.

Premier étage – Y sont exposées les œuvres de deux grands artistes de la Renaissance : **Diego de Siloé** (belle *Sagrada Familia* d'influence raphaélique) et **Felipe Vigarny** (*Vierge à l'Enfant*, modèle de grâce et d'élégance). La salle IV introduit la notion de maniérisme « romaniste », courant issu de la Contre-Réforme conférant aux saints une morphologie et des pouvoirs héroïques. Le *Démocrite et Héraclite de* **Rubens** décline ce courant à travers un thème païen. Le portrait d'apparat en pied est représenté par la *Doña Isabel de Bourbon*, de Bartolomeo Gonzalez. Le travail des étoffes est particulièrement soigné. Le chien, allégorie gothique de la fidélité, sculpté jadis aux pieds des gisants, réapparaît ici.

Deuxième étage – Il est consacré au baroque tardif (18e s.). Caractérisé par le développement d'un art courtisan, favorisé par le rayonnement des cours italienne et française, il mélange le dynamisme majestueux du Bernin et la légèreté du rococo. Il exalte les couleurs et l'or comme dans la *Santa Ana* de J.A. Villabrille y Ron, en réaction à l'austérité de la Contre-Réforme. Le *Christ et la Samaritaine* de **Vélasquez** (1723) fait preuve d'une humanité sensuelle, loin de l'iconographie de propagande. À noter, enfin, le *Saint François d'Assise* par Salzillo. Dans un tout autre genre, contemplez la *Bodegón* (1760) de **Luis Meléndez** : dans cette superbe nature morte, l'artiste sublime son camaïeu d'ocres en sculptant délicatement les matières (dessin de sgraffites pour le rendu du fruit) avec une grande science de la lumière.

En redescendant salle XVIII, on découvre une impressionnante **Crèche napolitaine** associant plus de 180 figurines.

Patio Herreriano - Musée d'Artcontemporain espagnol★ (Museo de Arte Contemporáneo Español) B2

Jorge Guillén, 6 - ☎ 983 362 771 - www.museopatioherreriano.org - ♿ - tlj sf lun.tte la journée, dim. matin - fermé lun. (sf j. fériés), 1er janv., 6 et 25 déc. - 3 € (- 14 ans gratuit).

Le musée d'Art contemporain s'organise autour du grand patio de l'ancien monastère de San Benito, agrémenté d'un bâtiment de construction récente. il présente des collections permanentes d'art moderne et contemporain, depuis 1918. Une muséographie thématique traite, entre autres, du dessin dans l'espace, du rôle de l'objet dans la représentation, de l'image en tant que message et du monde de l'apparence. Notez en particulier le mobile insolite et gracieux d'**Angel Ferrant**, *Mujer alegre y coqueta* (1948) ; la statuette en bois de noyer, d'un très beau poli, *Desnudo femenino*, de Honorio G. Condoy ; le superbe tableau cubiste intitulé *Dos niños*, de Francisco Bores (1936) ; *Arquitectura y personaje* de L. Gonzales Bernal (1932), dans la veine de Magritte ; *Composicìon surealista* de Angel Planelles (1929), où Miró et Dalí se rejoignent ; et la sculpture humoristique *Camarero egipciano a Marbella*, en polyester, fibre de verre, toile et bois, de Andrès Nagel (1982).

D'importantes expositions temporaires sont également organisées.

Musée oriental (Museo Oriental) B3

✆ 983 306 800 - 16h-19h, dim. et j. fériés 10h-14h - 3€.

Installé dans un collège néoclassique dessiné par Ventura Rodríguez (18e s.), il abrite une collection d'**Art chinois**★ (bronzes, porcelaines, laques, monnaies, broderies en soie) et une section dédiée aux Philippines (riches **pièces en ivoire**★ et nombreux souvenirs de la présence espagnole dans ces îles).

Maison de Cervantès (Casa de Cervantès) B2

✆ 983 308 810 - http://museocasacervantes.mcu.es - ♿ - tlj mat. - fermé lun., 1er et 6 janv., 1er Mai, 8 Sept., 24-25 et 31 déc. - 2,40 € (-18 ans et dim. gratuit).

L'auteur de *Don Quichotte* vécut ici entre 1603 et 1606. La maison est restée telle qu'au 17e s. Les pièces, aux murs blanchis à la chaux, ont conservé la majeure partie des meubles de Cervantès.

EN DEHORS DU CENTRE

Musée de la Fondation Cristóbal Gabarrón (Museo Fundación Cristóbal Gabarrón) A2

Rastrojo, s/n - ✆ 983 362 490 - www.fc-gabarron.es - ♿ - lun.-vend. 11h-14h, 19h-20h - fermé w.-end et août - 6 € (-12 ans 5 €).

Ce musée, créé par l'artiste Cristóbal Gabarrón, réunit diverses collections ayant trait à différents thèmes : les cultures préhispaniques et d'Afrique noire, l'art religieux, les peintures des 16e au 19e s., Picasso le céramiste ainsi que les propres œuvres de Gabarrón.

Musée des Sciences (Museo de la Ciencia) A3

Av. de Salamanca, s/n - ✆ 983 144 300 - www.museocienciavalladolid.es - ♿ - tlj sf lun. 10h-19h - fermé 1er et 6 janv., 24-25 et 31 déc. - 9 € (-18 ans 6 €).

Conçu par des architectes de renommée internationale, entre autres Rafael Moneo et Enrique de Teresa, le musée des sciences dispose du **Planétarium** le plus avancé au monde (système entièrement digital), propose de réaliser un voyage à travers le monde de la cartographie ainsi que des **vols virtuels**, amuse les plus jeunes dans la Salle des enfants, fait découvrir la faune et la flore régionales dans la **Maison du fleuve** (Casa del Río) et offre une approche empirique du vin (expérimentation des arômes et saveurs) dans son Centre national d'**œnologie**. Interactif, ce musée aborde ces différents domaines de manière ludique et didactique.

Aux alentours

Simancas

Empruntez la N 620 pendant 13 km vers le sud-ouest.

En arrivant par la *N 620*, la silhouette du **château**★ de Simancas s'impose, à la fois médiévale, par son enceinte crénelée, et Renaissance, par l'élégance de sa tour et de son couvrement qui rappelle les châteaux de la Loire. Construit au 15e s. sur un ancien alcázar pour l'amiral Alonso Enríquez, le château fut récupéré par les Rois Catholiques pour la création d'une prison d'État. Philippe II commanda à Juan de Herrera des transformations pour adapter l'édifice à sa fonction finale : un lieu pour rassembler les archives du royaume. Il conserve aujourd'hui 35 millions de documents.

Circuit de découverte

DE VALLADOLID À VILLALÓN DE CAMPOS

75 km – comptez une demi-journée.

Empruntez la VA 900 pendant 8,5 km vers le nord.

Château de Fuensaldaña★ (Castillo de Fuensaldaña)

Ce château fortifié fut construit au 15e s. pour Alonso Perez de Vivero, intendant des finances du roi Jean II. Sa structure et son architecture servit de modèle aux châteaux-forteresses appartenant à la dite *Escuela de Valladolid*. On accédait jadis au **donjon** par le pont-levis. De plan rectangulaire, ce dernier est flanqué par quatre tours circulaires. Un escalier en colimaçon reliait les différents étages. En 1469, le château accueillit pendant quelques jours les Rois Catholiques après leurs noces. Il est actuellement le siège des Cortes de Castille et León.

Poursuivez par la VA 912 pendant 26 km vers le nord-ouest, jusqu'à Montrealegre.

Château de Montrealegre★ (Castillo de Montrealegre)

Situé sur les hauteurs du village, le château domine la plaine de la Tierra de Campos jusqu'aux contreforts des monts Torozos. Érigé par Alonso Telles de Meneses au 13e s., il devint ensuite propriété des Alburquerque, noble famille qui convertit la forteresse en résidence palatiale. Il fut assiégé à deux reprises, par les troupes de Pierre Ier le Cruel ainsi que par celles de Charles Quint, en 1521. Son appareillage de gros blocs de pierre, ses murs de 24 m de haut et de 4 m d'épaisseur classe cet ouvrage dans la typologie des forteresses arabo-méditerranéennes médiévales. De plan trapézoïdal, avec quatre grosses tours carrées aux angles, il enserre un **donjon** polygonal. Autrefois précédée d'un fossé, l'entrée est surmontée d'une saillie de mâchicoulis crénelée et ornée du blason de la famille Guzmán y Rojas. Converti dans la seconde moitié du 20e s. en silo à grain, il vient d'être restauré.

Prenez vers l'ouest par la CL 612, pendant 11 km.

Medina de Rioseco

Medina de Rioseco est la capitale de la Tierra de Campos et le grenier à céréales de la Castille. Sa grand-rue ou calle de la Rúa, étroite et pittoresque, est bordée de portiques sur colonnes de bois. La ville a profité du grand rayonnement de la sculpture castillane au 16e s. Des maîtres de l'école de Valladolid (Juni, del Corral, Jordán) ont travaillé dans ses églises.

Église de Santa María – 15e-16e s. Outre le retable central sculpté par Esteban Jordán, voir, à gauche du maître-autel, la **chapelle des Benavente★** (16e s.), dans laquelle se trouve un retable de **Juan de Juni** (16e s.). Sur les murs et la coupole de Jerónimo del Corral, thèmes du Jugement dernier et du Paradis terrestre. Le trésor possède ivoires et orfèvrerie dont un ostensoir de Antonio de Arfe (16e s.).

Église de Santiago – 16e-17e s. Les retables de ses trois absides forment un spectaculaire ensemble churrigueresque.

Église de Santa Cruz – Bâtie au 16e s. par Felipe de Cajiga, disciple de Herrera, l'église arbore une façade de type jésuite, sur le plan du Gésù, avec deux niveaux d'élévation. Temple de l'école classiciste régionale, elle comprend une nef unique, bordée de chapelles logées entre ses contreforts. Les reliefs et sculptures, réalisés au 18e s., sont l'œuvre de Pedro de Sierra. L'église accueille également le **musée de la Semana Santa** de Medina de Rioseco.

Continuez 15 km vers le nord de Medina de Rioseco, par la N 601 et la VA 905.

Moral de la Reina

L'église de Santa María a conservé un splendide portail gothique.

Continuez sur la VA 905 pendant 8 km vers le nord.

Cuenca de Campos

En plus d'une physionomie caractéristique des villages de la Tierra de Campos, Cuenca possède une magnifique église, l'**église de San Justo et San Pastor**, dans laquelle un *artesonado* **mudéjar** du 16e s. couvrant la nef principale et l'abside du chœur foisonne d'étoiles, de fleurs et de stalactites, enrichies de nuances polychromes et de dorures. Un petit musée d'art sacré expose les œuvres médiévales d'Alejo de Vahía.

Poursuivez 5 km vers le nord de Cuenca de Campos par la VA 905.

Villalón de Campos★

Villalón est un charmant village, traditionnellement traversé par la calle de la Rùa, animée de **portiques** et de balcons en fer forgé. Celle-ci conduit à la place principale ou Plaza Mayor, dominée par l'église de San Miguel. Au pied d'un petit amphithéâtre octogonal, s'élève la **Colonne de justice**. Les comtes de Benavente, seigneurs de la cité, vivant dans l'édifice aujourd'hui habité par la mairie, jugeaient les affaires courantes devant l'assemblée populaire. Sculptée au 15e s., de style gothique flamboyant, la colonne mesure 8 m de hauteur. Sur son fût grouille une riche ornementation de niches, dais, gargouilles, médaillons et motifs végétaux.

Valladolid pratique

Informations utiles

Offices de tourisme :

Santiago, 19 bis, 47001 Valladolid - ☎ 983 344 013.

Calle del Agua, Fuensaldaña - ☎ 983 583 000.

Plaza Mayor, 1, Medina de Rioseco - ☎ 983 700 824.

Transports

Aéroport de Villanuba – *☎ 983 415 400*

Gare ferroviaire RENFE – *Au sud du parc Campo Grande - ☎ 983 366 868 ou 902 240 202.*

Gare routière – *Calle Puente Colgante, 2 - ☎ 983 236 308.*

Visites

Bus touristique – Asomate de Valladolid - Renseignements auprès de l'office du tourisme ou de la Diputacìon. Huit arrêts pour découvrir la ville. Tarif adulte 5 €, tarif enfant 3 €.

Bateau touristique – *www. leyendadelpisuerga.com* - S'adresser à l'office du tourisme ou directement à la station d'embarquement (à côté de la plage des Moreras).

Croisière sur le canal de Castille – *www. diputaciondevalladolid.es - S'adresser à la Diputacìon - Calle de las Angustias.* Itinéraire allant de Medina de Rioseco à Tamariz de Campos, sur le bateau « *Antonio de Ulloa* ».

Se loger

⊖ **Hotel El Nogal** – *Conde Ansúrez, 10 - ☎ 983 340 233 - www.hotelelnogal.com - 26 ch. 45/72 € - ☕ 3 €.* Idéalement situé à deux pas de la Plaza Mayor, ce petit hôtel offre un très bon rapport qualité/prix. Cafétéria et restaurant animés.

⊖⊖ **Hotel Mozart** – *Menedez Pelayo, 7 - ☎ 983 297 777 - www.hotelmozart.net - P - 38 ch. 55/90 € - ☕ 7 €.* Logé dans une belle maison bourgeoise du centre-ville, cet hôtel dispose de chambres classiques et spacieuses, mansardées au dernier étage.

⊖⊖ **Hostal Paris** – *Especeria, 2 - ☎ 983 358 301 - 37 ch. 60/66 €.* Situé en plein cœur de Valladolid, cet hôtel chaleureux et parfaitement tenu a le gros avantage d'avoir plusieurs parkings à proximité.

⊖⊖ **Hotel Imperial** – *Peso, 4 - ☎ 983 330 300 - 79 ch. 60/175 € - ☕ 7 €.* Aménagé dans un bel édifice du 16e s., cet hôtel est une véritable institution locale. Ses chambres, modernes, sont disposées autour d'un agréable salon-patio. Le salon de thé occupe un vestibule en marbre vert. Restaurant.

⊖⊖⊖ **Hôtel Olid Melia** – *Plaza San Miguel, 10 - ☎ 983 357 200 - www.solmelia. com - P - 211 ch. 56/291 € - ☕ 13 €.* Ce nouveau standard de la chaîne Melia s'adresse aussi bien à une clientèle de tourisme qu'à une clientèle d'affaires. Il jouit d'espaces modernes et lumineux.

Se restaurer

⊖ **Handy Bar** – *Calle Manzana, 4 - ☎ 983 331 706.* Ce bar à tapas authentique est doté d'un immense comptoir décoré d'azulejos. Des artichauds marinés aux pommes de terre piquantes, un délice !

⊖ **Covadonga –** *Zapico, 1 - ☎ 983 330 798.* Le service y est excellent, l'ambiance, familiale et la cuisine, fameuse. La spécialité de la maison est l'agneau de lait.

⊖⊖ **El Figón de Recoletos** – *Acera de Recoletos, 3 - ☎ 983 396 043.* Dans un cadre typique castillan, ce restaurant rôtit ses viandes au feu de bois, sur la braise.

⊖⊖ **Restaurante Asturiano** – *Plaza Los Arces, 5 - ☎ 983 377 652.* Ce restaurant présente une belle carte inspirée du nord de l'Espagne. Poissons (truite à la façon de Navarre) et volailles (poulet rôti au cidre) y sont cuisinés avec brio.

⊖⊖⊖ **La Abadia** – *Calle Guadamacileros, 5 - ☎ 983 330 299.* Les spécialités de viandes (agneau de lait, queue de bœuf au vin rouge, joues et tripes de porc) et de ragoûts ont fait la réputation de ce charmant établissement.

Faire une pause

El Sueño del Nebli – *Platerias, 6 - ☎ 983 379 931.* Pour prendre un petit-déjeuner ou le thé, sucré ou salé.

Sports et loisirs

Golf Entrepinos – *Avenida del golf, 2 - 47130 Simancas - ☎ 983 590 511/561 - www.golfentrepinos.com.* Parcours 18 trous, Par 69, dessiné par Manuel Piñero.

Parc d'attractions - El Valle de los 6 Sentidos – *47179 Renedo de Esgueva - ☎ 983 508 491.* À 10 km à l'est de Valladolid, une aire de jeux de 18 000 m^2 destinés aux enfants de tous âges.

Achats

Confiterías Cubero – *Pasión, 7 - ☎ 983 356 077.* Cette pâtisserie a recréé les monuments de la ville en sucre. Les spécialités traditionnelles y sont les amandes pralinées, les *amarguillos* (gâteaux à base d'amandes) et les *empiñonadas* (nougats aux pignons).

Manuel Iborra – *Lencería, 2 - ☎ 983 351 121.* Il s'agit de la boutique de tourons et de glaces la plus célèbre de Valladolid. On apprécie aussi les *tortas imperiales* et la soupe d'amandes.

Événements

Les cérémonies de la Semaine sainte sont particulièrement fastueuses. Fin octobre (dernière semaine), se déroule la **Seminci** (Semaine internationale du cinéma).

Château de Coca★★

CARTE GÉNÉRALE B2 – CARTE MICHELIN N° 575 I15
PROVINCE DE VALLADOLID

À la lisière d'un paysage de landes, le château de Coca est le plus imposant témoignage d'architecture militaire mudéjare en Espagne. Construit par des artisans maures à la fin du 15e s., il comprend deux enceintes flanquées de tours d'angle polygonales, de tourelles circulaires latérales et d'un puissant donjon. L'ensemble est protégé par une ceinture de douves profondes, longue de 560 m. Au lever du soleil, le rose soutenu de la brique joue avec les cannelures des échauguettes et des créneaux.

- **Se repérer** – À 30 km au S-E de Valladolid et 51 km au N-O de Ségovie.
- **À ne pas manquer** – Le chemin de ronde.
- **Organiser son temps** – Une journée avec les alentours.
- **Avec les enfants** – Museo de las Villas Romanas d'Amenara-Puras.
- **Pour poursuivre le voyage** – Cuéllar, Ségovie, Valladolid.

C. Labonne/Michelin

Le château de Coca.

Comprendre

Dirigés par l'architecte arabe Ali Caro, les travaux sont commandés en 1453 par l'archevêque **Alonso de Fonseca**, avec la permission du roi Jean II de Castille. Fait exceptionnel, la monnaie est frappée sur place pour pouvoir payer la main-d'œuvre. La forteresse échappe de peu à la démolition par les Communeros, décidés à se venger de l'incendie de la ville de Medina del Campo ordonné par Fonseca.

Découvrir

Château de Coca★★ (Castillo de Coca)

617 573 554 - avr.-sept. tlj 10h30-13h30, 16h30-19h ; nov.-mars 10h30-13h30, 16h30-18h - fermé 1er mar. du mois, 15 j. en janv., 1er et 6 janv., 25 déc. - 2,50 € (-14 ans 1,80 €).

Une porte massive surmontée d'une herse s'ouvre sur l'intérieur du donjon. L'intérêt de la visite est double : la découverte des lieux et une exposition permanente de mobilier et objets médiévaux et Renaissance. Dans l'entresol, sous un plafond de poutres apparentes en diagonale donnant l'illusion de profondeur, la **chapelle**, exiguë, conserve les statuettes romanes en bois polychrome d'une Vierge et d'un évêque, au côté d'un tableau primitif et de coffres volumineux. Au premier étage, une superbe **voûte** offre des nervures à décor de chevrons rouge et gris. Les murs conservent encore quelques-uns des **azulejos** à motifs végétaux et figuratifs qui tapissaient jadis certaines pièces. Le deuxième niveau possède une collection d'autels et de stèles funéraires antiques. L'étage suivant conduit au **toit-terrasse** via un étroit passage voûté en plein cintre orné de dessins d'écailles. La vue plongeante sur le complexe fortifié et le panorama sur le village et les étendues de pins constituent le moment fort de la visite. Le parcours s'achève avec la découverte d'une très belle salle circulaire coiffée d'une **coupole** en briques concentrique. Les **fresques** y sont remarquables. Un décor d'arcs sophistiqués prenant appui sur une frise d'entrelacs intègre des arbres stylisés prolongés d'une fleur en corolle.

Aux alentours

Villa de Almenara-Puras

Musée des Villas romaines (Museo de las Villas Romanas) – *À 51 km au sud par la N 601. ✆ 983 626 036 - www.museodelasvillasromanas.com - tlj mat. et apr.-midi - fermé lun. (sf j. fériés), janv., 24, 25 et 31 déc. - 3 € (-12 ans gratuit).* Le monde romain, et plus spécialement la vie dans les campagnes, est présenté de manière didactique avec force visuels, maquettes et dioramas. Après une initiation à l'économie, aux rites, aux métiers et aux loisirs contemporains, le visiteur est invité à découvrir les vestiges de la villa antique de Almenara, à l'origine de la création du musée. Avec une surface de 2 740 m², une trentaine de pièces et des thermes particuliers, cette villa à péristyle était la propriété d'un riche propriétaire terrien. Elle conserve in situ de vastes mosaïques de parements.

Arévalo★

60 km au nord-ouest par la C 605.

Arévalo conserve de belles églises romano-mudéjares en brique et d'élégantes demeures anciennes. On pénètre la ville intra-muros par l'**arc de l'Alcocer** (12e s.), seule porte d'accès encore debout de la muraille devant laquelle se tient la statue monumentale d'Isabelle la Catholique, pour déboucher sur la Place Royale (Plaza Real), où se tenait la résidence d'Alphonse XII, frère de la future reine. En empruntant la calle Alhóndiga, la haute tour à décor d'échiquier de l'**église de San Martín** (12e s.) apparaît comme le pendant vertical à la longue galerie-porche. À quelques pas, **plaza de la Villa**, ancienne Plaza Mayor, des maisons en brique et à colombages en équilibre précaire sur un portique en bois servent d'écrin à l'**église de Santa María la Mayor**. Son splendide chevet mudéjar superpose trois rangées d'arcatures aveugles, à l'instar du style roman lombard. La calle Santa María al Picote mène au château du 14e s., où vécut enfant Isabelle. Son fastueux **donjon** crénelé surplombe le méandre de la rivière Arevalillo. En suivant enfin l'avenida del Castillo et la calle Ramón y Cajal, on découvre le pont de la Medina (14e s.) et l'**arc de la Medina**, bel ouvrage baroque du 18e s.

En direction du village de Noharre, à environ 2 km d'Arévalo, se trouve l'**Ermita de La Lugareja** (12e s.). Érigée à l'emplacement du chœur de l'église d'un ancien monastère cistercien, cette chapelle réalisée dans un style romano-mudéjar particulièrement abouti possède à la croisée du transept une **tour-lanterne** imposante, scandée d'arcatures aveugles.

Coca pratique

Informations utiles

Office de tourisme *:*

Ayuntamiento, Plaza Mayor 1 - 40480 Coca - ✆ 921 586 011 ;

Calle Arco de Alcocer - 05200 Arévalo - ✆ 920 301 380.

Visites

Des visites guidées d'**Arévalo** sont organisées par l'office de tourisme.

Se loger

COCA

Casa Rural Las Barricas – *✆ 921 586 681 - www.casarurallasbarricas.es - P - ♿ - Maison de 3 ch. 220/260 € le forfait week-end.* Cette maison offre un cadre rustique et confortable avec tout l'équipement nécessaire. Grand jardin.

ARÉVALO

Hotel Fray Juan Gil - *Avenida Deportes, 2 - ✆ 920 300 800 - hotelfrayjuangil@latinmail.com - P - 30 ch. 45/50 €.* Cet hôtel bien situé, deux étoiles, sans charme particulier, convient pour un court séjour.

Se restaurer

COCA

⊖⊖ **La Muralla** – *Avenida Icona, 9 - ✆ 921 586 403.* Ce bar-restaurant propose une grande variété de viandes sur le grill et de copieux plateaux de fruits de mer.

ARÉVALO

⊖⊖ **La Pinilla** – *Figones, 1 - ✆ 920 300 063.* Maison familiale fondée en 1878, La Pinilla élève ses propres cochons et sert une cuisine traditionnelle de qualité.

Tordesillas

CARTE GÉNÉRALE B2 – CARTE MICHELIN N° 575 H 14
PROVINCE DE VALLADOLID

C'est ici que, le 7 juin 1494, fut signé le Traité de Tordesillas, par lequel les rois d'Espagne et du Portugal se partageaient toutes les terres découvertes ou à découvrir : celles situées à l'ouest d'une ligne joignant les pôles et passant à 370 lieues du Cap Vert revenaient à l'Espagne ; celles situées à l'est, au Portugal, à qui échut ainsi le Brésil. Après la mort de son mari Philippe le Beau en 1506, Jeanne la Folle s'installa à Tordesillas et y vécut quarante-six ans dans le désespoir. Elle fut enterrée dans le couvent de Santa Clara, avant que son corps ne soit transporté à Grenade.

- **Se repérer** – Tordesillas se trouve à 30 km au sud-ouest de Valladolid et à 39 km à l'est de Toro.
- **Se garer** – Parking situé en contrebas de la Vieille Ville, face au pont qui traverse le Douro.
- **À ne pas manquer** – La fête nocturne du Día de la Reina, début mars.
- **Organiser son temps** – Une demi-journée.
- **Pour poursuivre le voyage** – Arévalo, Toro, Valladolid.

Visiter

Couvent de Santa Clara★

983 770 071 - www.patrimonionacional.es/tordes/tordes.htm - tlj sf lun. et dim. mat. et apr.-midi - 3,60 € (- 5 ans gratuit).

Cet ancien palais construit par Alphonse XI en 1350, en commémoration de la bataille de Salado, fut transformé en couvent par son fils Pierre le Cruel pour y installer María de Padilla qu'il avait épousée secrètement, dit-on, bien que déjà marié à Blanche de Bourbon. Pour María qui gardait la nostalgie des beautés de Séville, il fit fleurir l'art mudéjar au cœur de la Castille. Le **patio★**, avec ses arcs polylobés et en fer à cheval, a reçu une décoration d'entrelacs et de céramiques multicolores. La **chapelle dorée** possède une belle coupole mudéjare. On y voit divers objets anciens : orgue de Jeanne la Folle, virginal de Charles Quint et clavicorde de Philippe II, et un devant d'autel du 13e s. L'**église** occupe l'emplacement de l'ancienne salle du trône. L'**artesonado★★** du chœur est remarquablement ouvragé. Dans la **chapelle des Saldaña**, de style gothique fleuri, gisent les tombeaux des fondateurs sous un retable du 15e s., ancien autel portatif.

Tordesillas pratique

Se loger et se restaurer

Parador – *Ctra. de Salamanca, 5 - 47100 Tordesillas - 983 770 051 - tordesillas@parador.es - P - 71 ch. 110/145 € - 12 €.* Très joli manoir implanté dans une pinède étendue le long du fleuve Douro. Restauration gastronomique avec spécialités locales : le coq, la morue aux écrevisses et le « manjar de la Vega » (douceur régionale).

Aux alentours

Medina del Campo

54 km au sud-est par la A 62 et la A 6 ; 24 km au départ de Tordesillas.

Au Moyen Âge, Medina del Campo est un grand centre de commerce, réputé pour ses foires. Aujourd'hui, il accueille un important marché dominical (les commerces ferment le jeudi et ouvrent le dimanche). Isabelle la Catholique mourut ici en 1504.

Château de la Mota★ (Castillo de la Mota) – Perché sur une éminence au sud de la ville, le château de la Mota occupe le site de la cité primitive de Medina del Campo. Construit en 1440 sur une ancienne forteresse arabe, il compte une première enceinte extérieure formée de barbacanes, couronnant une seconde enceinte encadrant la **place d'armes**. Avec ses 40 m, son **donjon** est le plus haut de Castille. Un temps résidence de Jeanne la Folle, le château devint une prison d'État incarcérant entre autres César Borgia durant deux ans, avant qu'il ne s'enfuie grâce au comte de Benavente.

Château de Peñafiel★

CARTE GÉNÉRALE B2 – CARTE MICHELIN N° 575 H 17
PROVINCE DE VALLADOLID

Visible à des kilomètres à la ronde, le château de Peñafiel domine les vallées du Douro, du Duratón et du Botijas. Cette immense forteresse bâtie sur une crête longue et étroite est le deuxième plus grand château d'Europe, après l'Alcazaba de Gormaz. Parfaitement conservé, il faut l'imaginer intégré à un complexe défensif encore plus étendu, dont il était le point culminant : une muraille longue de 2 200 m courait en effet du flanc de la colline jusqu'au village, en créant une boucle protectrice qui intégrait l'ancien palais royal d'Alphonse X le Sage, devenu aujourd'hui l'église de San Pablo.

- **Se repérer** – Peñafiel est à 29 km au nord-ouest de Cuéllar et à 55 km à l'est de Valladolid.
- **Se garer** – Une route en lacet mène directement au parking du château.
- **À ne pas manquer** – Le panorama depuis le sommet du donjon.
- **Organiser son temps** – Une demi-journée.
- **Pour poursuivre le voyage** – Château de Coca, Palencia et Valladolid.

Comprendre

Le château de Peñafiel faisait partie du système défensif du Douro établi sur la frontière christiano-arabe par les Castillans pendant la Reconquête. La mention d'un premier château, appartenant à un sujet de roi Ramiro II, le comte de Monzón, apparaît dans les chroniques en 943. Quarante ans plus tard, la forteresse est prise par le redoutable Al Manzour. En 1008, Sancho Garcia s'en empare en s'exclamant : « Desde hoy en adelante esta sera la peña mas fiel de Castilla » *(à partir de maintenant, ce sera le rocher le plus fidèle de Castille)*. C'est ainsi que le nom original de Peña Falcón devint Peñafiel. Détruit partiellement en 1341 par ordre du roi Jean II pour endiguer la rébellion fomentée par son résident l'infant Don Juan d'Aragon, le château est reconstruit au siècle suivant par Don Pedro Girón, maître de l'ordre cistercien de Calatrava, dont les armoiries figurent au-dessus du donjon.

Visiter

Château

Le château de Peñafiel mesure 210 m de long sur 35 m de large. Bâti en pierre de Campaspero, il relève du type architectonique des forteresses gothico-germaniques. L'enceinte extérieure, probablement du 11e s., ne possède qu'une seule porte d'accès défendue par deux tours circulaires. L'enceinte intérieure, érigée du 13e au 15e s., est formée de courtines prenant appui sur une trentaine de tours plantées tous les 15 m environ. Le donjon, haut de 34 m, épouse un plan rectangulaire de 15 sur 20 m. Il est flanqué par 8 tourelles cylindriques. L'intérieur est organisé sur deux niveaux. Le premier faisait office de prison. Le second, élégamment voûté et pourvu de grandes fenêtres et cheminées, correspondait aux appartements. Il accueille dorénavant une exposition de costumes médiévaux, homme, femme et enfant. Un escalier à colimaçon conduit au **toit-terrasse** d'où la vue, imprenable, révèle les nombreuses installations viticoles de la région.

S. Sergent/Michelin

Le château de Peñafiel.

L'aile sud du château abrite le **musée régional du Vin** (Museo Provincial del Vino de Valladolid) – *. ✆ 983 881 199 - www.museodelvinodevalladolid.es - tlj mat. et apr.-midi - fermé lun. (sf j. fériés), 1er et 6 janv., 24, 25 et 31 déc. - 6 € (musée) (-12 ans gratuit).*

Grâce à une muséographie dynamique, le monde de l'œnologie gagne en clarté et devient ludique. À travers les terroirs et les cépages, les vendanges et les différentes techniques de vinification, il est surtout ici question des procédés de fabrication des vins d'appellation vallisoletanne : Ribera del Duero, Cigales et Rueda. Ils sont, avec ceux de la Rioja, les meilleurs vins d'Espagne. À l'étage, les amateurs profiteront de dégustations.

Église de San Pablo

Commandée par l'infant Don Juan Manuel, neveu du roi Alphonse X le Sage, pour y reposer après sa mort, la construction de l'église de San Pablo commence en 1324. Le style **gothico-mudéjar** de l'édifice est aujourd'hui visible dans le traitement extérieur du chevet en brique, adossé de tours saillantes superposant des arcs outrepassés. En 1536, l'arrière-petit-fils de l'infant fait aménager dans la nef de l'Évangile une nouvelle chapelle funéraire. La voûte Renaissance et le **décor plateresque** sont remarquables.

S. Sergent/Michelin

La plaza de Coso ou place des Arènes.

Plaza del Coso★★

Accessible par un passage voûté du côté de la calle Juan Manuel à l'ouest et de la calle Derecha al Coso au nord-est, la place des **Arènes** de Peñafiel fait partie des places taurines les plus anciennes d'Espagne. D'origine médiévale, cette place rectangulaire appelée aussi Corro de los Toros (ronde des taureaux) est bordée par 48 maisonnettes de 2 à 3 étages, agrémentées de loggias à pans et volets de bois. Les balcons ont parfois conservé leur décor supérieur d'**arabesques** à effet de dentelle. Le sol est en terre battue. Depuis 1433, s'y déroule la fête de Nuestra Señora y San Roque du 14 au 18 août.

Château de Peñafiel pratique

Informations utiles

Office de tourisme – *Plaza del Coso, 2 - ✆ 983 881 526 - tlj mat. et apr.-midi.*

Se loger et se restaurer

⊖⊖ **Hôtel Ribera del Duero** – *Avenida Escalona, 17 - ✆ 983 87 31 11 - www.hotelriberadelduero.com - P - 30 ch. 80/110 € - ☕ 10 €.* Installé dans une ancienne minoterie du 19e s., ce bel hôtel et son restaurant haut de gamme La Harinera proposent des prestations de charme et de qualité.

PROVINCES DE ZAMORA, PALENCIA ET LEÓN

Zamora★

66 123 HABITANTS
CARTE GÉNÉRALE B1 – CARTE MICHELIN N° 575 H 12
PROVINCE DE ZAMORA

Zamora la romaine épouse les contours d'une imposante muraille. Zamora la romane dote son ciel de clochers soutenus par de puissants contreforts. Zamora la romanesque raconte les amours du Cid et de Doña Urraca. Enfin, Zamora la contemporaine adopte les douces rondeurs des œuvres de son illustre sculpteur Baltasar Lobo. De la rue Santa Clara à la place de la cathédrale, la promenade, toujours animée, offre autant de visages différents que de trésors... la rue Balborraz, hautement colorée, le pont de pierre et les Aceñas de Olivares postées sur le Douro sont emblématiques du charme unique de la cité.

- **Se repérer** – Zamora se trouve à 60 km au sud de Benavente, à 62 km au nord de Salamanque et à 100 km à l'ouest de Valladolid.
- **Se garer** – Rendez-vous au parking souterrain de la plaza de la Marina, au parking de la plaza Puebla ou au parking de la calle San Martín.
- **À ne pas manquer** – Le musée Baltasar-Lobo.
- **Organiser son temps** – Comptez 2 jours avec les alentours.
- **Avec les enfants** – Le Musée ethnographique de Castille et León.
- **Pour poursuivre le voyage** – Salamanque et Valladolid.

Comprendre

Acropole stratégique sur la ligne de défense occidentale du Douro, Zamora joua également un rôle économique important du fait de son implantation au croisement de la **Ruta de la Plata** (route de l'Argent), route qui partait de Merida pour rejoindre Astorga au nord et Zaragoza à l'est. L'invasion germanique fit naître dans la province une culture wisigothique particulièrement florissante. En 569, le nom de « Semure » apparaît au concile de Lugo. La dénomination arabe ne sera guère différente : « Azemur » ou encore « Medina Zamorati ». La cité fut ravie aux musulmans par Fernand 1er à l'issue de la bataille de Calatanazor. Elle subit longtemps les luttes qui opposèrent les prétendants au trône de Castille : du 11e s., avec les fils de Sanche III qui se disputaient l'héritage paternel, au 15e s., avec la Beltraneja *(voir p. 184)* qui refusait de se voir évincée par Isabelle. Celle qu'on appelle aujourd'hui la « Cuidad del Romanico » (la cité de l'art roman) connut une période de prospérité au 12e s.

Visiter

Cathédrale★★

980 530 644 - tlj sf lun. mat. et apr.-midi - 3 €.

Construit entre 1151 et 1174, l'édifice subit de nombreux ajouts et transformations au cours des siècles suivants. La façade nord néoclassique jouxte la **tour-clocher** romane (37 m de hauteur) et précède le dôme à écailles de style romano-byzantin rappelant la tour du Coq à Salamanque, la collégiale de Toro et la salle capitulaire de Plasencia. La façade sud, la seule qui soit d'origine, est rythmée d'arcatures aveugles. Son portail roman, appelé « Portada del Obispo » (porte de l'évêque), révèle une influence orientale dans le traitement décoratif de ses voussures à festons perforés.

Les nefs sont de transition romano-gothique. Les voûtes passent en effet du berceau brisé à la croisée d'ogives. De fines nervures peintes cloisonnent la lumineuse **coupole sur pendentifs** de la croisée du transept. À la fin de l'époque gothique, des artisans ferronniers et sculpteurs sur bois ont travaillé dans l'église. On verra les **grilles** fermant le *coro*, les deux chaires mudéjares (15e s.) et les **stalles** ornées de personnages bibliques sur les dossiers, de scènes allégoriques ou burlesques sur les accoudoirs et les **miséricordes**.

Musée – Donnant sur le cloître de la cathédrale de style herrérien, il expose une magnifique collection de **tapisseries** flamandes du 15e s. sur la vie de Tarquin et la guerre de Troie, plus d'autres sujets du 17e s. illustrant les campagnes d'Hannibal.

La coupole de la cathédrale.

Églises romanes★ (Iglesias románicas)

Le 12e s. voit fleurir dans la région de nombreuses **églises romanes**. Parmi les plus originales et les plus intéressantes figurent **San Claudio, San Cipriano**, **Santa María la Nueva**, **San Juan Bautista**, **Santa María de la Orta**, **Santo Tomé**, **Santiago del Burgo, Santiago de los Caballeros** et **La Magdalena.**

Église de la Magdalena – Bâtie par les chevaliers de Saint-Jean de Jérusalem au milieu du 12e s., elle présente au sud un superbe **portail** sculpté. L'archivolte, à dominante végétale, arbore dans le même axe frontal une tête de félin et le portrait d'une homme souriant. Légèrement décalé, le buste d'un évêque suit en revanche le mouvement radial de l'arc. La voussure externe aligne une cinquantaine de petites têtes discrètement enroulées de pampres. Les **chapiteaux** affichent un répertoire iconographique végétal et animalier d'oiseaux, de dragons et de salamandres.

À l'intérieur, adossé au mur nord de la nef, se trouve un exceptionnel **tombeau** réalisé vers 1200. Surmonté d'un baldaquin à deux coupoles, il repose sur cinq colonnes à chapiteaux fantastiques. La partie supérieure simule un ensemble architectural stylisé, interrompue par des trilobes figuratifs. Le gisant est traditionnellement attribué à Doña Urraca de Portugal, femme du roi Fernand II. Le haut-relief taillé au-dessus de la défunte représente l'enlèvement de son âme par les anges du paradis.

Palais de los Momos★ (Palacio de los Momos)

Aujourd'hui siège du palais de justice, la façade de cette ancienne demeure seigneuriale possède d'élégantes fenêtres isabélines.

Musée de Zamora★ (Museo Provincial de Zamora)

Palacio del Cordon - Plaza de Santa Lucia, 2 - ☎ 980 516 150 - tlj sf lun. et dim. après-midi - oct.-juin : 10h-14h, 16h-19h ; juil.-sept. : 10h-14h et 17h-20h - entrée 1,20 €.

Le musée des Beaux-arts de Zamora présente, à travers un parcours agréablement aménagé, des pièces d'un grand intérêt historique, artistique et documentaire. Sa **Vénus★★**, déesse callipyge du paléolithique, résonne de manière étonnante, tant au niveau de la forme et du modelé que du graphisme décoratif, avec la célèbre Vénus de Willendorf. L'art celtibérique est brillamment illustré par le mobilier des **trésors de Arrabalde★**. Torques, armillaires, fibules, bagues, boucles de ceinture et fragments d'ombons attestent d'une virtuosité de la technique ornementale du fer, du bronze, de l'argent et de l'or. Une très belle **coupe romaine★** en céramique sigillée offre une large frise décorative sous forme de tableaux successifs à la manière des vases grecs, séparés par une bande verticale de chevrons. Une scène dynamique montre un lion attaquant un cabri. Une autre scène, probablement rituelle, oppose deux hommes de chaque côté d'un autel mi-arbre, mi-candélabre. Une admirable huile sur toile de Matías de Torres met en scène le **Massacre des Innocents★★** (1656). Composition magistrale, paysage à la romaine, peinture sculpturale, lumière vénitienne et bleus profonds forment une œuvre poignante. **Escena en el parque★**, aimable scène de genre peinte en 1866 par M. Escosura, est un charmant exercice d'instantané et d'atmosphère. **Mariposas nocturnas★★★** (1920), de C. V. Sioretti, pénètre le monde des cabarets. Une technique d'empâtements ajoute en densité. La table au centre du tableau est à elle seule une superbe nature morte. La Veleta de **El Peromato**, girouette en fer forgé du 16e s., couronnait autrefois la tour de l'église San Juan de Puerta Nueva et dominait la Plaza Mayor.

Musée Baltasar Lobo★★ (Museo de Baltasar Lobo)

Église de San Esteban - Plaza de San Esteban - ✆ 616 929 577 - tlj sf lun. 12h-14h, 19h-21h ; dim. : 12h-14h - gratuit.

Né en 1920 à Cerecinos de Campos (province de Zamora) et mort à Paris en 1993, ce grand maître de la **sculpture moderne** a consacré toute sa vie d'artiste à la figure féminine. Son œuvre évoluera jusqu'à l'abstraction, privilégiant la forme et la matière aux dépens du genre. Ami d'Henri Laurens, il s'inscrit dans la veine de ces sculpteurs d'avant-garde que sont Jean Arp, Henry Moore et Barbara Hepworth. Il travaillait essentiellement le bronze et le marbre, avec une science de l'espace et un art du poli remarquables. Ses **maternités** exaltent la rondeur et la joie. Ses **penseuses** sont un éloge à la grâce. Une attention toute particulière est portée à la coiffure. La **Ciclista** explore le registre cubiste de Picasso, qu'il a d'ailleurs rencontré. L'**Idolo** revisite le hiératisme des sculptures cycladiques. La **Maternité** (gouache, 1958) évoque la poésie de Cocteau. La dernière pièce de l'exposition, **Impulse** (1973), stylise le corps à la virgule près... la suggestion d'un mouvement, pur et sensuel.

Musée ethnographique régional★ (Museo Ethnográfico de Castilla y León)

Calle del Sacramento - Plaza Viriato - ✆ 980 531 708 - tlj sf dim. apr.-midi et lun. : 10h-14h, 17h-20h - fermé lun., 1er et 6 janv., 25 déc. - 3 €.

Ce musée didactique est un conservatoire des arts et traditions populaires castillanes. Il fonctionne par thèmes, alternant cartels explicatifs, objets et vidéos.

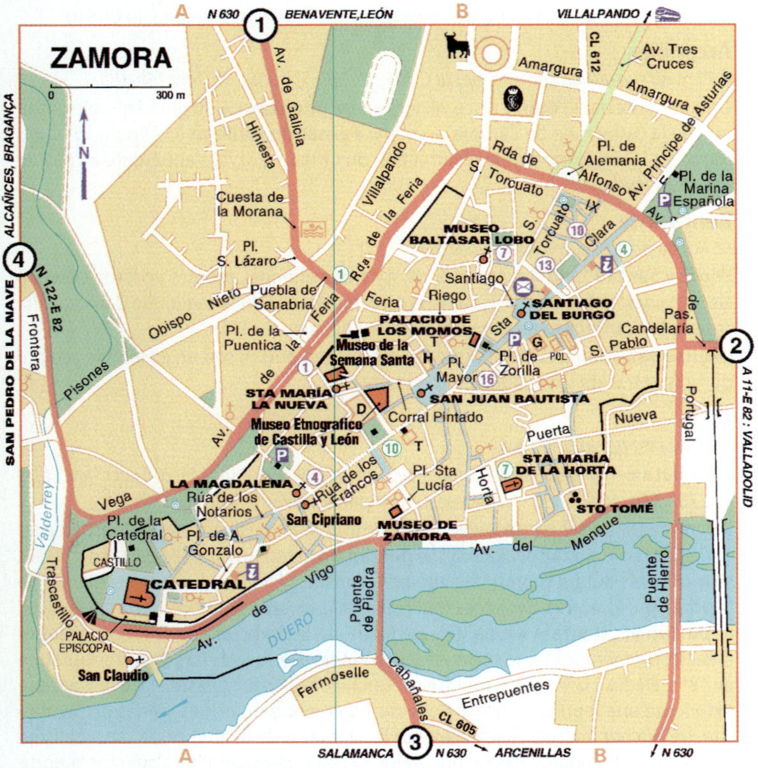

SE LOGER	Parador Condes de Alba de Aliste 10	El Rincón de Antonio 4
Hôtel Doña Urraca 1		La Baraka 7
Hôtel Dos Infantas 4	SE RESTAURER	Parrilla de Vinos 10
		Restaurant La Posada 13
Hôtel NH Palacio del Duero ... 7	El Motín de la Trucha 1	Serafín 16

Musée de la Semaine sainte
(Museo de la Semana Santa)

Plaza de Santa María la Nueva, s/n - ✆ 980 532 295 - 10h-14h, 17h-20h, dim. et j. fériés 10h-14h. Fermé lun, 1er janv. et 25 déc. 3 €. Il expose les *pasos* des différentes confréries participant au défilé de la Semaine sainte.

Semaine sainte

La Semaine sainte de Zamora est réputée pour la ferveur de ses fidèles et la valeur artistique de ses *pasos* (chars processionnels). Le dimanche des Rameaux, un cortège d'enfants escorte un *paso* représentant l'entrée du Christ à Jérusalem. Au soir du Jeudi saint, à la lueur des torches et dans un silence rigoureux, le *Christ mort*, poignante sculpture de Gregorio Fernández, porté par des pénitents vêtus de blanc, gravit un sentier simulant le Golgotha.

Aux alentours

San Pedro de la Nave★★

Parcourez 19 km vers le nord-ouest par la N 122, puis prenez à droite, direction El Campillo. ✆ 980 555 709 - tlj sf w.-end 16h30-18h30.

L'**église wisigothique** de San Pedro de la Nave (7e s.), menacée sur son site original par la mise en eau d'un barrage sur l'Esla, fut remontée pierre par pierre à El Campillo en 1930. Une **frise** de symboles solaires (roues, rosettes), de croix stylisées et de grappes de raisin court à mi-hauteur. Des **chapiteaux historiés** à vocation clairement didactique constituent le trésor artistique de l'édifice. Les scènes de *Daniel dans la fosse aux lions* et du *Sacrifice d'Isaac* sont facilement identifiables. Saint Thomas tient un livre sur lequel est inscrit « Enmavel » ; saint Philippe supporte à bras levés une couronne ornée d'une croix et de deux fleurs de lys ; saint Paul se présente dans l'attitude du prêcheur et saint Pierre, en plus d'un livre, appuie une croix processionnelle sur son épaule. Deux styles d'exécution se détachent : l'un, archaïque, l'autre, plus dynamique. À noter que, de chaque côté de l'arc outrepassé précédant l'abside, les deux chapiteaux se contentent de motifs allégoriques : l'oiseau symbolise l'âme humaine, et le raisin, le sang du Christ.

Arcenillas

À 7 km au sud-est de Zamora, par la C 605. ✆ 980 534 005 - 9h-14h, 16h-18h.

On a remonté dans l'**église** de ce village quinze **panneaux★** du grand retable gothique de la cathédrale de Zamora peint par **Fernando Gallego** à la fin du 15e s. : ils retracent la vie, la mort et la résurrection du Christ. Le style s'apparente à celui de Van der Weyden.

Benavente

66 km au nord de Zamora par la N 630.

L'**église Santa María del Azogue**, de style transitionnel, montre un large chevet à cinq absides et deux portails romans caractéristiques de la région de Zamora. À la croisée du transept se trouve une jolie Annonciation du 13e s.

L'**église San Juan del Mercado** présente sur son portail sud un ensemble sculpté du 12e s. retraçant le voyage des Rois mages.

Toro

33 km à l'est par la N 122-E 82.

Colegiata★ – *✆ 980 108 107 - mars-sept. : tlj sf lun. 10h-13h, 17h-20h ; oct.-fév. : tlj sf lun. 10h-14h, 16h-18h30 - fermé ven. (sf le matin en hiver) et janv. 0,60 €.*

Les travaux, amorcés en 1160 avec l'élégante tour-lanterne du transept, furent achevés en 1240 avec le portail occidental. Le **portail nord** roman rappelle certains portails saintongeais dont il reprend les thèmes familiers. Ainsi, en haut, les vieillards de l'Apocalypse et, en bas, des anges sont reliés par une corde symbolisant l'unité de la foi. Le **portail occidental★★★**, de style gothique, est le chef-d'œuvre de la collégiale. Il a miraculeusement conservé sa polychromie médiévale, ravivée lors d'une restauration au 18e s. Dédié à la Vierge, il montre sur l'archivolte la cour céleste et sur la voussure extérieure une représentation lyrique du Jugement dernier. Les scènes de pendaison, de bûcher (monstres soufflant sur les flammes de l'enfer) et de cannibalisme s'opposent à la sérénité des bienheureux accueillis par saint Pierre ouvrant la porte du Paradis. La **coupole**, élevée sur un tambour à deux étages de fenêtres, est l'une des premières réalisées en Espagne. La base des pendentifs s'orne du symbole des évangélistes. En bas de la nef, des statues de bois polychrome, adossées aux piliers, reposent sur des consoles dont l'une est sculptée d'une savoureuse *Naissance d'Ève* (sous l'ange). Dans la sacristie, la **Vierge à la mouche★**, magnifique tableau flamand, est probablement de la main de Hans Memling.

Église de San Lorenzo – *Fermée pour restauration - ✆ 980 108 107.* San Lorenzo est une des églises romanes en brique les mieux conservées de Toro. Avec sa base en pierre, ses arcatures aveugles, sa corniche supérieure en dents de scie, le chevet se rattache au style mudéjar de Castille et León. Encadré de tombeaux plateresques, le **retable** gothique est l'œuvre de Fernando Gallego.

San Cebrián de Mazote

57 km au nord-est par la N 122-E 82 et au départ de Toro par la C 519 - visite guidée 11 h-19h sur demande préalable - ✆ 983 780 077. Rare exemple d'architecture mozarabe, l'**église** (10e s.), de plan cruciforme, comprend trois vaisseaux séparés par des arcs en fer à cheval. Si les modillons sont typiquement mozarabes, certains chapiteaux et bas-reliefs témoignent de la survivance du style wisigothique.

Zamora pratique

Informations utiles

Office de tourisme – *Plaza de Arias Gonzalo - ✆ 980 533 694 - tlj mat. et apr.-midi.*

Transports

Gare ferroviaire – *Ctra de la Estación - ✆ 980 521 110.*

Gare routière – *Alfonso Pena - ✆ 980 521 281.*

Se loger

ZAMORA

⊖ **Hôtel Doña Urraca** – *Plaza La Puebla, 8 - ✆ 980 168 800 - www.hoteldonaurraca.com - P - 18 ch. 50/60 €.* Bien situé, en contrebas de la Plaza Mayor, ce tout nouvel hôtel allie fonctionnalité et confort. Cafétéria au rez-de-chaussée.

⊖⊖ **Hôtel NH Palacio del Duero** – *Plaza de la Horta, 1 - ✆ 980 508 262 - www.nh-hotels.com - P - 49 ch. 67/100 € - ☕ 12 €.* Occupant une partie d'un ancien couvent et les locaux d'une distillerie du 19e s., ce fleuron de la collection d'hôtels NH ne déroge pas à la règle de l'élégance et du design. Demandez une chambre avec balcon sur l'église de Santa María.

⊖⊖/⊖⊖⊖ **Hôtel Dos Infantas** – *Cortinas de San Miguel, 3 - ✆ 980 509 889 - www.hoteldosinfantas.com - 68 ch. 50/150 € - ☕ 7 €.* Sa façade moderne donne sur une rue piétonne, à l'angle de la commerçante calle Santa Clara. Les chambres, classiques, possèdent de superbes salles de bain en marbre clair. Le bar, design, est l'un des rendez-vous nocturnes prisés des citadins.

⊖⊖⊖ **Parador Condes de Alba de Aliste** – *Plaza Viriato, 5 - ✆ 980 514 497 - zamora@parador.es - P - 52 ch. 120/150 € - ☕ 12 €.* Installé dans un palais Renaissance du 15e s., ce parador possède également une annexe récente avec piscine de l'autre côté du cloître.

BENAVENTE

⊖⊖⊖ **Parador de Benavente** – *Paseos de la Mota - 49600 Benavente - ✆ 980 630 300 - benavente@parador.es - P - 30 ch. 115/145 € - ☕ 13 €.* Visitez le palais des comtes de Pimentel en y séjournant ! Son décor médiéval et son magnifique jardin en font une halte dépaysante.

Se restaurer

ZAMORA

⊖ **Serafin** – *Plaza Maestro Haedo, 10 - ✆ 980 531 422.* Goûtez dans ce bar à tapas l'excellent riz à la zamorane (riz sauté au porc et aux oignons), les croustillants beignets de morue et les mœlleuses *croquetas caseras.*

⊖ **El Motin de la Trucha** – *Calle Carniceros, 2 - ✆ 980 534 168.* Ce bar à tapas se cache dans une très belle cave voûtée. On y mange une charcuterie de qualité.

⊖ **Restaurant La Posada** – *Calle Benavente, 2 - ✆ 980 516 474.* Avec ses murs de pierres apparentes, sa cuisine de type brasserie classique, ce restaurant propose un menu du jour économique.

⊖ **La Baraka** – *Calle de Sotelo, 1 - ✆ 980 530 997.* Ce bar-restaurant rustique est réputé pour son *bacalao* (morue).

⊖⊖ **Parrilla de Vinos** – *Calle Pelayo, 4 - ✆ 980 537 124.* Ce restaurant-loft, agencé sur deux niveaux, joue la touche décoration contemporaine. Le poisson ou la viande sont saisis « *a la plancha* » devant vous. Belle carte des vins.

⊖⊖⊖ **El Rincón de Antonio** – *Rúa de los Francos, 6 - ✆ 980 535 370 - www.elrincondeantonio.com.* Un lieu 19e s., un grand Chef et une cuisine gastronomique. À ne manquer sous aucun prétexte !

Faire une pause

Aureto – *Plaza Viriato, 3 - Zamora - ✆ 980 534 579.* Bar coloré et chaleureux tenu par un cinéphile et artiste. Les photos noir et blanc des stars d'Hollywood des années 1950-1960 accompagnent une musique jazz.

Achats

Fromages de lait de vache, de chèvre et de brebis sont les **produits du terroir** incontournables. Le **Rebojo** est un délicieux gâteau, *blando* (mou) ou *duro* (sec), à base d'œufs, de farine et de sucre, que l'on mange en particulier à Pâques.

Puebla de Sanabria★

1 593 HABITANTS
CARTE GÉNÉRALE A1 – CARTE MICHELIN N° 575 F 10
PROVINCE DE ZAMORA

Dominé par le château du comte de Benavente, Puebla de Sanabria est un splendide village de montagne où le temps semble s'être arrêté. Ses maisons de granite doré agrémentées de balcons et de toits de lauzes s'accrochent au relief pour atteindre la Plaza Mayor, où culmine l'église paroissiale de Nuestra Señora del Azogue. L'esthétique générale, mi-leonaise, mi-galicienne, confère au lieu un air atypique et enchanteur.

- **Se repérer** – Puebla de Sanabria se trouve dans la vallée de Sanabria, à 80 km à l'ouest de Benavente.
- **Se garer** – Calle Peña el Letrero, calle Arrabal et Avenida de Braganza.
- **Organiser son temps** – Une journée avec les alentours.
- **À ne pas manquer** – Le panorama côté rio Tera.
- **Avec les enfants** – Lago de Sanabria.
- **Pour poursuivre le voyage** – Benavente et Zamora.

Visiter

Site stratégique de la frontière avec le Portugal, Puebla de Sanabria est une des plus anciennes localités zamoranes. Le village est mentionné pour la première fois dans les annales en 509. Sa muraille des 12 et 13e s. court sur 600 m du nord au sud, avec une épaisseur d'1,50 m. Son **château** est l'œuvre du troisième **comte de Benavente**. Aux alentours de 1450, il décide de l'ériger à l'emplacement d'une tour ayant appartenu jadis à l'une des grandes familles de Puebla de Sanabria, les Losadas. Les travaux sont poursuivis par Rodrigo Alfonso de Pimentel – 4e comte de Benavente – et son épouse Doña Maria Macheco, entre 1477 et 1482. En 1506, le château accueille Philippe 1er et Jeanne la Folle. Perchée sur un promontoire, la forteresse de granite domine la rivière Tera de son puissant **donjon** surnommé « El Macho ». Elle abrite dorénavant un centre culturel.

L'église principale de la fin du 12e s., dédiée à **Nuestra Señora del Azogue★**, sainte patronne du village, emprunte son nom à la dénomination arabe « azogue » signifiant « marché ». La Plaza Mayor était en effet l'ancienne place marchande de Puebla de Sanabria. Sa façade occidentale possède un **portail** étonnant. Au-dessus de la voussure extérieure ponctuée de boules décoratives apparaît une tête en saillie. Sur les **piédroits** droits se tiennent les statues d'un couple de nobles (le couvre-chef semble serti d'un joyau) en attitude de dévotion. En dépit de l'érosion de la pierre, le traitement gaufré des vêtements, les détails du fourreau et de la ceinture avec galon et frange, ainsi que le voile de la coiffe féminine traduisent la volonté naturaliste de l'auteur. Parmi les **chapiteaux** à décor géométrique ou floral se trouve une représentation naïve et exquise du *Pêché originel*.

Un lac de légende...

Il était une fois un village du nom de Villaverde de Lucerno. Un jour, un mendiant arpente les rues en frappant aux portes des maisons pour demander l'aumône. En vain. Il s'apprête à quitter le bourg lorsqu'il croise deux femmes sur le chemin du four communal. Prises de compassion, elles prélèvent un morceau de leur pâte à pain et le mettent à cuire pour sustenter le pauvre homme. Au moment de le sortir du feu, la miche était devenue si grosse qu'il était impossible de l'en extirper. L'homme se révèle alors sous les traits de Jésus. Il somme ses bienfaitrices de monter jusqu'en haut des montagnes pour échapper à la montée des eaux, qu'il allait déclencher en tapant le sol de son bâton pour immerger à jamais le village. Celui-ci disparaît entièrement à l'exception du four, qui survit sous la forme de l'île que l'on peut voir aujourd'hui au centre du lac.

Aux alentours

Valle de Sanabria

19 km au nord-ouest. Prenez la route du lac, parcourez 14 km et tournez à droite; parcourez 6 km puis tournez à gauche.
Devenue Parc naturel, cette vallée creusée par l'érosion glaciaire au pied des sierras de Cabrera Baja et Segundera au nord-ouest de Puebla doit son charme aux multiples cours d'eau qui la traversent, bordés d'une végétation d'arbustes et de buissons.

Le château de Puebla de Sanabria.

Lac de Sanabria (Lago de Sanabria) – Situé à 1 028 m d'altitude, c'est **le plus grand lac** d'Espagne d'origine glaciaire. On y pêche la truite saumonée.

San Martín de Castañeda – *17 km au nord par la ZA 104.* Le long de la route, les **vues★** se succèdent sur le río Tera aux eaux torrentueuses et sur le lac auréolé de montagnes. En approchant de ce village très « galicien » se détache le chevet de l'**église** romane (12e s.) de l'ancien monastère cistercien de San Martín de Castañeda. On sait que les moines obtinrent en 916 le droit de pêche dans le lac. Avant de descendre vers le parvis de l'église, remarquez sur le côté de la rue principale un **ex-voto** en granit, constitué de niches géminées renfermant les statues de saint Antoine et de la « Pélerine », traditionnellement fleuri.

Puebla de Sanabria pratique

Informations utiles

Office de tourisme – *Muralla del Mariquillo, s/n - ✆ 980 620 734 - tlj tte la journée.*

Se loger

⊖ **Hostal Carlos V** – *Avenida Portugal, 6 - ✆ 980 620 012 - ch. - 45/50 €.* Cet hôtel au charme désuet possède des chambres spacieuses très bien tenues. Armoires sombres, têtes de lit en fer forgé et rideaux à fleurs contrastent avec la sobriété moderne des salles de bains. Cafétéria au rdc pour manger sur le pouce.

⊖⊖ **La Hoja de Roble** – *Calle Costanilla, 15-17 - ✆ 980 620 190 - www.lahojaderoble.com - 7 ch. 70/100 €* ☕. Cette maison du 17e s. remise au goût du jour avec de jolies touches de couleurs offre un cadre plaisant.

⊖⊖ **Posada de las Misas** – *Plaza Mayor, 13 - ✆ 980 620 358 - www.posadadelasmisas.com - 14 ch. 70/110 €* ☕. Sur fond de pierres apparentes, mobilier design et couleurs policées, cette posada est la plus belle adresse hôtelière du village. Sa terrasse côté Rio Tera et son pas-de-porte sur la place principale sont des atouts très appréciables.

⊖⊖ **Posada Real la Cartería** – *Calle Rúa 16 - ✆ 980 620 312 - www.lacarteria.com - 8 ch. - 70/110 €* ☕. Installé dans une demeure du 18e s., cet hôtel authentique recèle en ses murs une décoration contemporaine harmonieuse. L'accueil y est chaleureux.

Se restaurer

⊖ **La Posada de la Puebla de Sanabra** – *Playa Mayor, 3 - ✆ 980 620 347.* Ambiance rustique et conviviale autour du comptoir de ce bar à tapas, où poivrons confits, beignets de poulpe et *croquetas caseras* sont irrésistibles.

Les établissements cités dans la rubrique *Se loger* possèdent tous d'excellents restaurants et, pour certains, une riche vinothèque.

Sports et loisirs

Parc naturel du Lac de Sanabria – *✆ 686 725 264/609 712 379/678 420 815 - www.sanabriacaballo.com.* Pour faire de la randonnée, du canoë-kayak, du VTT ou de l'équitation.

Palencia

81 439 HABITANTS
CARTE GÉNÉRALE B1 – CARTE MICHELIN N° 575 F 16
PROVINCE DE PALENCIA

Palencia s'étire du nord au sud, contrainte dans les limites étroites que lui imposent la rivière Carrión à l'ouest et la voie ferrée à l'est. À la différence de ses consœurs, cette capitale de province castillane possède un patrimoine assez modeste, exception faite de son admirable cathédrale. Il est toutefois agréable de s'y promener entre la Calle Mayor et le Puente Mayor, pour découvrir au détour d'une rue un portail baroque, une façade Art nouveau ou une place pittoresque. Autour de la ville, les terres irriguées par le canal de Castille et les canaux afférents alimentent une industrie horticole.

- **Se repérer** – Palencia se trouve à 70 km à l'ouest de Burgos, à 50 km au nord-est de Valladolid et à 125 km au sud-est de León.
- **Se garer** – Parking souterrain de la calle Felipe Prieto, facilement accessible par l'avenida Casado del Alisal qui traverse la ville du nord au sud, aux portes du centre historique.
- **À ne pas manquer** – Le musée de la cathédrale.
- **Organiser son temps** – 2 jours avec les alentours.
- **Pour poursuivre le voyage** – Burgos, le Chemin de St-Jacques, Valladolid.

Visiter

Cathédrale★★ A1

979 701 347 - mi-mai-sept. : tlj mat. et apr.-midi ; reste de l'année : tlj mat. et apr.-midi, dim. et j. fériés mat. - 3 € (- 12 ans gratuit).

La « belle méconnue » – les habitants de Palencia considèrent en effet qu'il n'est pas rendu justice à la beauté de leur cathédrale – est un édifice gothique édifié entre les 14e et 16e s.

Au 7e s., le site possède une chapelle, élevée pour abriter les reliques du saint wisigoth Antolín. Tombée dans l'oubli après le sac de la ville par les Maures, elle est d'après la tradition miraculeusement redécouverte par le roi de Navarre, Sanche le Grand, alors qu'il chasse le sanglier. Aussitôt, le souverain bâtit en 1034 une nouvelle chapelle, qui sert de crypte à la cathédrale actuelle.

Intérieur★★ – La cathédrale est caractérisée par une multiplicité de courants stylistiques architecturaux et sculpturaux du 16e s. : du gothique flamboyant, en passant par les styles isabélin et plateresque, à la typologie Renaissance. Elle concentre également de très belles œuvres d'art. Cette richesse est due à l'évêque Fonseca qui sut s'entourer d'artistes de renommée.

Le monumental **retable** du maître-autel, daté du début du 16e s., est composé d'une multitude de niches alternant les sculptures de **Felipe Bigarny** et les tableaux de **Jean de Flandre**. Il est surmonté d'un calvaire de Juan de Valmaseda. Sur les côtés se trouvent des tapisseries du 16e s., commandées par l'évêque Fonseca. La grille du *coro*, au couronnement délicatement ouvragé, est l'œuvre de Gaspar Rodríguez (1563). Au-dessus des stalles gothiques s'élève la **tribune d'orgues** (1716) en bois polychrome. Derrière le maître-autel, fermée par une jolie grille romane, la **chapelle del Sagrario**, d'un gothique exubérant, conserve un riche retable de Valmaseda (1529) et, à gauche en hauteur, le sarcophage de doña Urraca de Navarre, morte en 1189. Les sculptures du *trascoro* sont signées Gil de Siloé et de Simon de Cologne. Le **triptyque★** central est un chef-d'œuvre de l'art flamand, peint par **Jan Joest de Calcar** en 1505. L'évêque de Fonseca y apparaît au centre, en donateur.

À côté du *trascoro*, un escalier plateresque mène à la **crypte**, construction romane conservant quelques vestiges (arcs, chapiteaux) de la première chapelle wisigothique.

Musée – *Installé dans la salle capitulaire. Mayor Antigua, 34 - 979 701 347 - www.mundofree.com/museodpalencia/index2.htm - tlj mat. et apr.-midi - 1,50 € (1er et 3e lun. du mois gratuit).* Cet extraordinaire petit musée d'art sacré conserve, entre autres, un *Saint Sébastien* du **Greco**, un étonnant portrait anamorphique de *Charles Quint* peint par **Lucas Cranach**, un diptyque (*Crucifixion et Pietà*) de **Pedro Berruguete**, une *Vierge à l'Enfant* de **Paul Coeck** (16e s.) fortement inspirée du style de Jan Gossaert, une *Sainte Catherine* de **Zurbarán**, deux statuettes romanes polychromes de saint Pierre et saint Paul, un pixide-ostensoir en cuivre argenté du 12e s. incrusté d'émaux

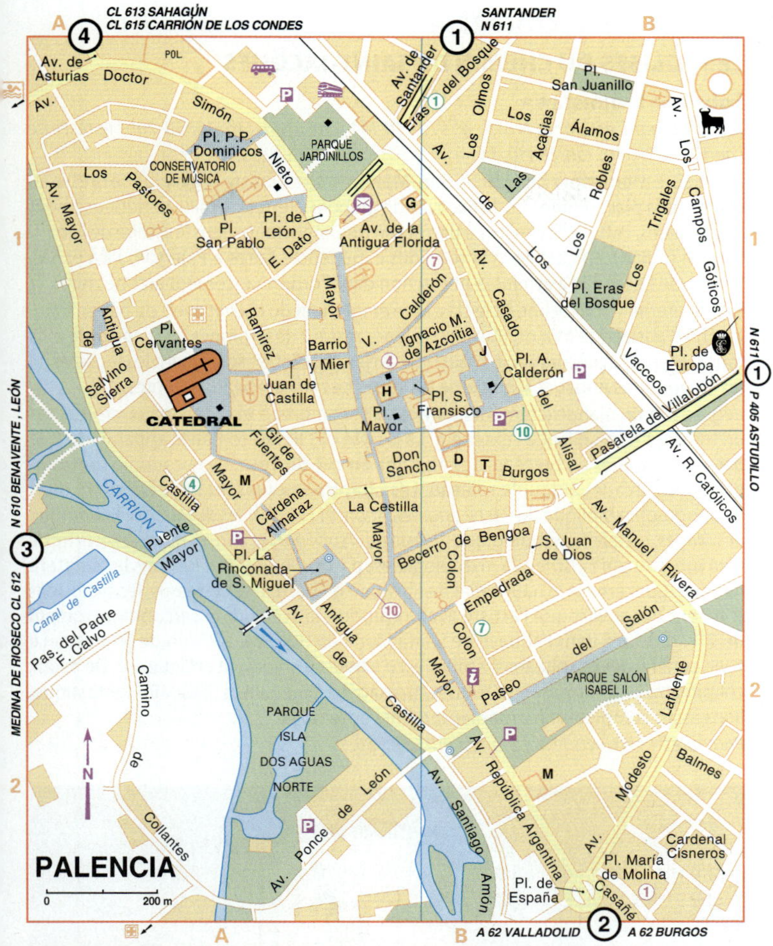

SE LOGER		SE RESTAURER	
Diana Palace	1	Asador La Encina	1
Don Rodrigo	4	Casa Damian	4
Hotel Colón	7	Casa Matias-Bar Ecuador	7
Hotel SUCO Castilla Vieja	10	La Fragata	10

figurant des dragons et des fleurs de lys, et quatre **tapisseries** flamandes du 15e s., représentant l'*Adoration*, l'*Ascension*, le *Péché originel* et la *Résurrection de Lazare*. Après les avoir achetées, l'évêque de Fonseca fit tisser son blason dans les coins.

Aux alentours

Baños de Cerrato

14 km au sud-est. À Venta de Baños, traversez la voie ferrée et tournez à droite vers Cevico de la Torre, puis tournez à gauche au premier croisement.

Basilique de San Juan Bautista★ – *Visite guidée (20mn) - été : tlj sf lun. 10h30-13h30, 17h-20h30 ; le reste de l'année : tlj sf lun. 10h30-13h30, 16h-19h - ☏ 988 770 812 (mairie).* La plus ancienne église d'Espagne qui soit parvenue en bon état de conservation est un exemple d'architecture wisigothique. Elle fut édifiée par le roi Receswinthe en 661 (date gravée sous l'arc de l'abside). Elle comprend une nef et deux bas-côtés couverts d'une charpente de bois, un transept et trois absides. Les arcs en fer à cheval séparant les vaisseaux reposent sur des colonnes antiques au fût de marbre et des chapiteaux sculptés de motifs floraux stylisés, où apparaît déjà la longue feuille à nervures, très répandue dans l'art asturien. Une élégante frise court le long de l'abside centrale. À l'extérieur, belles petites fenêtres en pierre ouvragées sculptées d'entrelacs.

Circuit de découverte

LES ÉGLISES DU CHEMIN DE SAINT-JACQUES

Église de Frómista★★

29 km au nord-est par la N 611. ✆ 979 810 144 - été : 10h-14h, 16h30-20h ; le reste de l'année : 10h-14h, 15h-18h30, 1 €.

Du célèbre **monastère** bénédictin **San-Martín**, seule subsiste l'église qui se dresse au centre de la place. Édifiée en **1066**, avec de grandes pierres de taille minutieusement appareillées, cette église marque une étape très importante dans l'histoire de l'architecture romane en Castille. À la suite des expériences faites à Palencia, Jaca et San Isidoro de León, elle a atteint la perfection dans l'ordonnancement architectural.

Extérieurement, on reconnaît le classique étagement du chevet avec, de bas en haut, la série d'absides, le mur du transept, le léger ressaut des trompes de la **coupole** et la tour-lanterne. La décoration n'omet ni les frises de billettes soulignant les fenêtres, ni les colonnettes engagées, ni même les corniches aux corbeaux sculptés.

L'église suit un plan strictement **basilical**. Elle comprend trois vaisseaux, croisés par un transept non saillant à l'extérieur. La pureté des lignes romanes apparaît dans le dessin des voûtes en berceau, des **absides en cul-de-four**, de la coupole sur trompes et des arcades à double rouleau. Les **chapiteaux** puisent leur répertoire dans l'iconographie biblique (le *Pêché originel*, *Adam et Ève chassés du Paradis*, l'*Adoration des Mages*, etc...) et mythologique (*Oreste poursuivi par les Érinyes après le meurtre de Clytemnestre et d'Egisthe*). La mythologie est particulièrement rare dans la sculpture romane. Concernant le haut-relief de l'histoire d'Oreste cité ci-dessus, les historiens d'art ont découvert que l'artiste avait reproduit la scène d'un sarcophage romain du 2e s. retrouvé dans l'abbaye de Santa Maria de Husillos, à 25 km de Frómista. Le style général des chapiteaux historiés est d'ailleurs résolument antiquisant. De beaux chapiteaux végétaux, géométriques (tressage) et animaliers (bestiaire fantastique, lions assis) complètent harmonieusement l'ensemble.

Parcourez 13 km vers le nord-ouest par la P 980.

Office Espagnol du tourisme/Paris

L'église de San Martín de Fromista.

Villalcázar de Sirga★

L'**église** gothique **Santa María la Blanca** possède un beau **portail** méridional sculpté, protégé par un porche. Dans le croisillon sud se trouvent les **tombeaux** gothiques d'un frère d'Alphonse X, exécuté par ce dernier en 1271, et de sa femme Léonore. Sur le tombeau du prince, le sculpteur a détaillé les funérailles avec un grand sens de la narration. *✆ 979 888 076 - mai à oct. : 10h-14h, 17h-20h, dim. et j. fériés 18h-20h ; nov.-avr. w.-end et j. fériés 12h-14h, 17h-19h - visite possible les autres jours sur demande.*

Poursuivez sur 7 km.

Carrión de los Condes

Les comtes de Carrión, attirés par la belle dot promise aux filles du Cid, les épousèrent, les maltraitèrent et eurent à s'en repentir, car leur beau-père les fit condamner à mort par le roi. Le **monastère San Zoilo**, reconstruit à la Renaissance, renferme un **cloître★**, édifié d'après les plans de Juan de Badajoz, qui présente des voûtes remarquables, ornées sur les clés et les culs-de-lampe de médaillons et de bustes.

L'**église de Santiago** possède de belles sculptures du 12e s. Sur la voussure centrale du portail, on reconnaît l'architecte avec son compas, le coiffeur avec ses ciseaux, le potier et son tour, le savetier... Les hauts-reliefs ont déjà une allure gothique.

Palencia pratique

Informations utiles

Office de tourisme – *Mayor, 105 - ✆ 979 740 068 - tlj tte la journée.*

Transports

Gare ferroviaire RENFE – *Plaza de los Jardinillos - ✆ 902 240 202.*

Gare routière – *✆ 979 723 399.*

Se loger

PALENCIA

Hotel Colón – *Calle Colón, 27 - ✆ 979 740 737 - www.hotelcolon27.com - 22 ch. 40/50 €.* Un premier prix très correct pour cet hôtel sans prétention esthétique au cœur de la ville historique. Accueil chaleureux.

Don Rodrigo – *Los Gatos, 1 - ✆ 979 706 280 - donrogrigo@mundivia.es - 20 ch. 40/50 €.* Récemment rénové, cet hôtel possède des chambres simples et bien tenues. Cafétéria.

Hotel SUCO Castilla Vieja – *Avenida Casado del Alisal, 26 - ✆ 979 749 044 - h_castillavieja@mundivia.es - P - 69 ch. 50/90 € - 5 €.* Établissement moderne proposant des chambres tout confort à 5 mn à pied de la cathédrale. Évitez celles donnant sur le boulevard. Cafétéria.

Diana Palace – *Avenida de Santander, 12 - ✆ 979 018 050 - info@eurostardianapalace.com - 65 ch. 60/120 € - 10 €.* Ligne urbaine, mobilier design, ambiance glamour pour ce digne représentant de la chaîne Eurostars. Situation centrale et restaurant gourmet.

FRÓMISTA

Hotel San Martín – *Plaza San Martín, 7 - Frómista - ✆ 979 810 000 - P - 12 ch. 35/45 € - 4 €.* Situé près de l'église romane San Martín. Chambres toutes équipées. Restaurant avec un four à bois.

CARRIÓN DE LOS CONDES

Hotel Real Monasterio San Zoilo – *Obispo Souto - Carrión de los Condes - ✆ 979 880 050 - P - 35 ch. 50/70 € - 5,50 €.* Cet ancien monastère bénédictin a perdu son austérité d'antan pour se transformer en un hôtel de charme. La brique, le bois et la pierre se combinent avec élégance. Excellent rapport qualité/prix.

VILLLALCÁZAR DE SIRGA

Hostal Infanta Doña Leonor – *Condes de Toreno, 1 - Villalcázar de Sirga - ✆ 979 888 015 - P - 9 ch. 35/45 € - 3,50 €.* Dans un bâtiment moderne, cet hôtel calme propose des chambres accueillantes. Trois sont mansardées. Parquet et meubles en bois.

Se restaurer

PALENCIA

Casa Matias-Bar Ecuador – *Los Soldados, 19 - ✆ 979 744 118.* Bar à tapas historique et populaire.

La Fragata – *Calle Pedro Fdez. de Pulgar, 6 - ✆ 979 749 591.* Cadre contemporain, nappes blanches et jolis verres. Menu touristique. Service souriant.

Asador La Encina – *Casañe, 2 - ✆ 979 710 936.* Ce restaurant est spécialiste de la cuisine au feu de bois. Viandes et poissons de qualité.

Casa Damian – *Calle Ignacio Martinez de Azcoitia, 9 - ✆ 979 744 628.* Véritable institution culinaire de la ville, un rendez-vous traditionnel incontournable.

Faire une pause

Debla Cafe – *Plaza Mayor, 16 - ✆ 979 742 927.* Un agréable café branché au cadre clair et contemporain.

Sports et loisirs

Le **Canal de Castille**, ouvrage d'ingénierie hydraulique du 18e s., mesure 207 km de long et se divise en trois tronçons : nord (d'Alar del Rey à Ribas de Campos, 24 écluses), sud (de El Serron à Valladolid, 18 écluses) et l'embranchement de Campos (de Ribas de Campos à Medina de Rioseco, 7 écluses). En barque, en péniche, en vélo ou à cheval, ses rives sont l'occasion de belles promenades à la découverte des villages, de la flore et de la faune locale. Renseignez-vous auprès du **Patronato de Turismo** – *Plaza Abilio Calderon - Palencia - ✆ 979 71 51 30 - www.dip-palencia.es.*

León★★

136 414 HABITANTS
CARTE GÉNÉRALE B1 – CARTE MICHELIN N° 575 E 13
PROVINCE DE LEÓN

Située sur le versant sud de la cordillère Cantabrique, l'ancienne capitale du royaume de León se dresse au cœur de la Meseta, sur la rive droite du Bernesga. Depuis l'imposante plaza de Toros et l'esplanade de San Marcos partent les élégantes avenues d'Ordono II et de San Marcos, qui convergent vers le centre historique, où les tours de la cathédrale et de l'église San Isidoro semblent saluer les pèlerins. Dédale homogène et animé, León séduit non seulement par la beauté de son patrimoine, mais également par l'authenticité de ses quartiers, en particulier le Barrio Húmedo.

- **Se repérer** – León se trouve à 121 km au sud d'Oviedo, à 128 km au nord-ouest de Palencia et à 139 km au nord de Valladolid.
- **Se garer** – Parking souterrain de la Plaza Santo Domingo.
- **À ne pas manquer** – Musée de León.
- **Organiser son temps** – 2 jours.
- **Avec les enfants** – Musée de León et grotte de Valporquero.
- **Pour poursuivre le voyage** – Astorga, Palencia, le chemin de Compostelle.

Comprendre

Une ville capitale – Fondée en 68 apr. J.-C., León alias **Legio Septima**, du nom de la 7e légion romaine, installée sur le site pour assurer la sécurité du transport de l'or extrait de la province et en particulier à Las Medulas, est une cité de 20 ha, ceinte de fortifications. Conquise en 712 par les Arabes, elle est délivrée en 856 par le roi Ordoño Ier puis faite **capitale du royaume asturléonien** par son successeur en **914**. Mais les armées d'al-Mansour envahissent le nord de l'Espagne en 987.

León connaît un nouvel essor sous le règne d'Alphonse V, qui la dote en 1017 du *Fuero de León*, un ensemble de lois lui permettant d'établir son administration et de développer son économie. Le royaume, puissant et prospère, est bientôt élevé au rang d'Empire de León, par le pape Grégoire VII. En 1188, le roi **Alphonse IX** crée la première assemblée médiévale européenne réunissant tous les représentants des États du royaume : les **Cortes de León**.

Le chemin de St-Jacques de Compostelle joue un rôle important dans le rayonnement de la cité. Les pèlerins qui affluent dans la région stimulent le commerce et l'échange des idées. De nouveaux quartiers d'artisans apparaissent et la ville s'étend au-delà des murs. Foyer culturel reconnu, on y publie les premiers ouvrages en langue romane. L'année **1230** consacre définitivement l'**union des royaumes de León et de Castille**.

Au Moyen Âge, León tire ses richesses de l'élevage. Mais le déclin s'amorce au 16e s. alors que d'autres villes accueillent le trône royal. León se contente du titre de **capitale** de la province éponyme, statut confirmé lors de la division territoriale de 1833.

À la fin du 19e s., l'exploitation des mines de **charbon** donne un nouvel élan à l'économie locale. Devenue au 20e s. un carrefour routier et commercial essentiel du nord-est de l'Espagne, León multiplie les infrastructures. Son réseau ferroviaire est particulièrement dense et performant.

Se promener

Porte du château★ (Puerta del castillo)

La découverte de León commence par l'unique porte de la cité conservée de la muraille antique et médiévale. Construite au 1er s. puis au 3e s., et remaniée du 12e s. au 15e s., celle-ci formait à l'origine un quadrilatère, scandé par 72 tours semi-circulaires en plus des 8 tours qui flanquaient les portes d'accès. Il en reste aujourd'hui 36, allant de la tour de los Ponces située derrière la Plaza Mayor jusqu'à la tour de San Isidoro. L'appareillage romain, dit « en bandelette », fait de petits moellons rectangulaires en pierre disposés en assises régulières, a été consolidé par une structure de blocs de pierre plus importants joints au mortier.

Dirigez-vous plaza Santo Martino, puis plaza San Isidoro via la calle Sacramento.

SE LOGER		SE RESTAURER	
El Rincón del Conde	1	Casa Pozo	1
Hostal Albany	4	La Posada	4
Hostal Boccalino	7	Palacio Jabalquinto	7
Hotel Paris	10	Rancho Chico	10
La Posada Regia	13	Vivaldi	13
NH Plaza Mayor	16		
Parador H. San Marcos	19		

Église collégiale de San Isidoro★

La basilique, dédiée en 1063 à Isidore, archevêque de Séville, accueille les cendres du saint rapatriées avec l'accord du prince musulman de Séville, afin que le plus illustre docteur de l'Église wisigothique repose en terre chrétienne. De l'église de cette époque ne subsiste que le panthéon royal. La construction de la basilique commence à la fin du 11e s. L'abside et le transept sont transformés à l'époque gothique. À la Renaissance, sont ajoutés la balustrade et le fronton de la façade sud. Les portails romans montrent des sculptures contemporaines à celles de Frómista et de la première époque de Compostelle, représentant le sacrifice d'Abraham et la Descente de Croix. Sur le parvis, sont incrustées des coquilles en métal doré pour guider les pèlerins.

Panthéon royal★★★ (Panteón Real) – *Plaza de San Isidoro, 4- ✆ 987 876 161 - www.sanisidorodeleon.com - juil.-août : 9h-20h, dim. et j. fériés 9h-14h ; reste de l'année : 10h-13h30, 16h-18h30, dim. et j. fériés mat. 10h-13h30 - fermé 1er janv., 25 déc. - 4 € (-12 ans gratuit).*

Connu aussi sous le nom de chapelle de Santa Catalina, le panthéon royal est l'une des premières manifestations de l'art roman en Castille. Il s'ouvre sur un espace de 64 m² divisé en 3 travées par des colonnes massives. Vingt et un **chapiteaux** témoignent à la fois de réminiscences wisigothiques et d'innovations en matière iconographique. Les uns s'inspirent du style « asturien » privilégiant le décor végétal, les autres supportent de véritables scènes historiées. Deux d'entre eux, de chaque côté de la porte d'entrée murée de la première église fernandine, retiennent particulièrement l'attention. À droite, la résurrection de Lazare met en scène un groupe d'hommes, dont le Christ auréolé, devant la représentation du tombeau d'où sort le miraculé. À gauche, la guérison du lépreux, agenouillé, recevant l'imposition d'une main de Jésus. Ce sont les premiers chapiteaux romans de la péninsule ibérique à illustrer des passages des Évangiles. En plus des reliefs floraux et des épisodes de la vie du Christ, sont représentées des scènes mythologiques montrant des animaux fantastiques affrontés autour d'un arbre ou d'un vase (thème oriental) et des scènes de chasse. En dépit d'une expression sculpturale hiératique, contraintes par le cadre du chapiteau, toutes ces images n'en sont pas moins vivantes et remplissent avec succès leur objectif didactique auprès des catéchumènes et d'un petit peuple illettré.

Les **peintures murales**, antérieures à 1150, magnifiquement conservées, composent un ensemble exceptionnel appelé communément la *Chapelle Sixtine de l'art roman*. Elles abordent les thèmes de prédilection de la messe mozarabe, c'est-à-dire : l'Annonciation, la Nativité, l'Annonce aux bergers, la Circoncision, l'Épiphanie, le Massacre des Innocents, la Cène, l'Arrestation au jardin des oliviers, la Crucifixion, la Glorification et le Christ en Majesté. Ces fresques à dominante rouge et bleu accaparent le ciel des voûtes. Les arcs en plein cintre se contentent de frises végétales (entrelacs et pampres de vignes). Les écoinçons reçoivent des personnages ou des architectures, comme les églises de l'Apocalypse de saint Jean. Des scènes païennes, liées au quotidien, accompagnent les tableaux religieux : le Christ pantocrator jouxte un calendrier agricole. Le style, proche de l'art byzantin, s'essaie timidement à la troisième dimension, harmonise les perspectives et tente un dessin réaliste de la figure humaine. En l'occurrence, le regard est signifié par des yeux ronds, le corps est souligné par des cercles au niveau des articulations et le mouvement est suggéré par les stries des drapés.

Sous cette tenture picturale eschatologique reposent 11 rois et 14 reines du León, ainsi que de nombreux infants.

Trésor★★★ – *À l'étage*. Ce musée ecclésiastique réunit des œuvres d'une grande valeur historique et artistique. Pour n'en citer que quelques-unes : la **châsse de St-Isidore** (11e s.) est un coffre en bois plaqué d'or et d'argent travaillé au repoussé. La scène figurant Adam et Ève au paradis est des plus savoureuses. Les deux protagonistes, aux corps graciles, campent de part et d'autre d'un arbre stylisé à l'image d'un candélabre, laissant découvrir la tête du serpent. La côte d'Adam est vigoureusement marquée. L'effort de représentation anatomique, bien que maladroit (mains et pieds disproportionnés), confère à l'ouvrage fraîcheur et authenticité. Le couvercle est tapissé d'une superbe broderie cordouane aux couleurs vives, étageant des registres d'animaux fantastiques. Le **calice de Doña Urraca** est fait de deux coupes romano-orientales en onyx, réunies au 11e s. dans une monture en or, sertie de pierres précieuses et dotée d'un camée. Un **livre de chant** *(cantoral)* du 15e s. révèle une magnifique *Nativité*, enluminure du peintre Nicolas Francès. Logée dans une architecture médiévale, une Vierge d'une grâce éblouissante est saluée par un berger. La **bibliothèque** du trésor compte 800 documents sur parchemin (le plus ancien datant de 1043), 400 incunables dont une bible mozarabe de 960 et certains exemplaires uniques, et 1055 volumes de livres anciens et rares du 16e s. au 18e s. La **châsse des ivoires** (Arqueta de los Marfiles - 11e s.) contenait les reliques de saint Jean-Baptiste et saint Pelayo. Sa structure en bois, recouverte autrefois d'or (les clous sont encore visibles), intègre 25 plaques d'ivoire finement sculptées, dont 12 représentant les apôtres sur les parois verticales, et 12 autres placées sur les chanfreins du couvercle troncopyramidal, alliant anges, archanges, séraphins et symboles des quatre fleuves du paradis. Une

Office Espagnol du tourisme/Paris

Les voûtes du Panthéon royal de San Isidro.

plaque décorée de l'Agneau mystique entouré des symboles des quatre évangélistes trône au sommet. Le **coffret aux émaux** (12e s.) épouse la forme d'une église. Son armature en bois de chêne est plaquée de 17 panneaux de cuivre, habillés d'émaux de Limoges. On peut y voir un Christ en Majesté, Marie et Jean, le Tétramorphe, des anges et des apôtres.

Longez le jardin du Cid, côté Ruiz de Salazar pour rejoindre la calle Ancha.

Palais des Guzman★ (Palacio de los Guzmanes)

Construit au 16e s. pour la famille Guzman, ce palais Renaissance est l'œuvre des deux grands architectes travaillant dans toute la Castille : Rodrigo Gil de Hontañon et Juan del Ribero. Flanqué par deux tours, élevé sur trois niveaux, le palais supporte un décor héraldique et oppose deux guerriers en façade, de chaque côté du balcon situé au-dessus du portail principal. Le **patio**, de style plateresque, comprend deux étages de galerie – arcs en plein cintre au rez-de-chaussée et arcs en anse de panier au premier – ornée de blasons et d'éléments végétaux. Sous un magnifique **escalier**, est exposé un **bouclier** d'apparat, travaillé au repoussé. Une frise d'anges et de fruits entoure une scène de bataille, où, à la Paolo Uccello, les lances se croisent pour dynamiser la composition. Traitée comme un tableau, la représentation d'un village fortifié autour d'un château et d'un paysage de roches rappelle les « lointains » de la peinture italienne et flamande contemporaine.

Maison Botinàs★ (Casa Botinàs)

Actuellement siège d'une banque espagnole, cette maison aux allures de palais fut commandée à l'artiste moderniste **Gaudí** par la société Fernandez y Andres, successeur de l'entreprise textile fondée par **Joan Homs i Botinàs**. Commencé en 1891 et terminé à la fin de l'année suivante, l'édifice, de plan rectangulaire, affiche un style néogothique. Les structures métalliques allégeant la construction permirent de réaliser des espaces amples et lumineux, adaptés aux besoins des bureaux et ateliers qui allaient l'intégrer. Le toit en ardoise grise s'harmonise avec la couleur de la pierre du bâtiment. Au-dessus de l'entrée, la statue de **saint Georges terrassant le dragon** est signée Antoni Cantó et Vicenç Matamala.

Traversez et prenez la rùa jusqu'à la plaza de las Concepciones.

Couvent de las Concepciónistas★

Avec sa galerie en bois, son portail gothique et son décor de blasons et de médaillons agrémenté de motifs picturaux mudéjars, ce lieu ne manque pas de charme. Dans le jardin du couvent, on faisait pousser l'herbe de « rompepiedra », remède contre les maladies du rein. Les pèlerins avaient l'habitude de venir prier devant la Vierge, en façade, et les moines sortaient ensuite pour demander l'aumône.

Dirigez-vous vers la plaza Santa María del Camino.

Église de Santa María del Camino★

Ouvrant sur la très jolie place du marché, vestige médiéval de León avec ses portiques en bois caractéristiques, l'église des pèlerins du 12e s. a subi quelques remaniements. Des trois absides primitives demeurent deux absides latérales ayant conservé leurs voûtes en cul-de-four et leurs chapiteaux romans. L'abside centrale fut démolie et reconstruite au 18e s. par Manuel de Lastra, l'architecte de la cathédrale d'Astorga, pour aménager une niche destinée à recevoir la très vénérée Vierge du Chemin, œuvre du 15e s.

Rendez-vous plaza San Martín

Plaza San Martin★

Cette place est le cœur du Barrio Húmedo ou quartier humide, baptisé ainsi du fait de la grande concentration de bars y servant généreusement la bière et le vin local ! Ce quartier populaire, partiellement cerné par les fortifications de l'ancienne muraille, date du Moyen Âge. En témoignent encore les noms de ses rues, chacune correspondant à une ancienne corporation artisanale. Vous pourrez en effet arpenter la rue des forgerons *(herreros)*, la rue des cordonniers *(zapaterías)*, la rue des boucheries *(carnicerias)* ou encore la rue des orfèvres *(platerías)*. On y vient aujourd'hui pour ses bars à tapas, goûter ses spécialités culinaires, comme la soupe à l'ail, le chorizo et le boudin leonais, accompagnées de bière et de vin, et apprécier son ambiance nocturne.

Empruntez la Plegaria pour gagner la Plaza Mayor.

Plaza Mayor★★

Construite en 1665, la Plaza Mayor est un manifeste d'élégance architecturale. Ses arcades et ses balcons s'ouvrent sur de gracieuses perspectives et de beaux édifices, comme celui qu'occupe la police municipale, de style baroque, surligné d'une balustrade. Cette place fut témoin de la bataille opposant les habitants de León aux Français durant la guerre d'Indépendance. Aujourd'hui, la Plaza Mayor est le théâtre des célébrations de la Semaine sainte.

Après la Plaza Mayor et la calle de Serradores se dresse, plaza Regla, la cathédrale.

Cathédrale★★★

℘ 987 875 770 - www.catedraldeleon.org - tlj mat. et apr.-midi - gratuit.

Érigé pour le gros œuvre entre le milieu du 13e s. et la fin du 14e s., cet édifice est la seule cathédrale d'Espagne à avoir adopté le gothique français, aussi bien dans son plan (proche de celui de la cathédrale de Reims), son élévation (équivalente à celle des cathédrales de Chartres et d'Amiens) et sa lumière que dans la conception de ses vitraux.

Façade principale – Entre trois portails d'une grande profondeur et d'une grande richesse statuaire s'intercalent deux arcades aiguës. Au portail central trône sainte Marie la Blanche au doux sourire (c'est une copie : l'original se trouve dans la chapelle absidiale) ; le linteau, sur le thème du Jugement dernier, oppose de façon expressive le sort des bienheureux et celui des damnés. Le tympan du portail gauche retrace divers épisodes de la vie du Christ. À droite, le portail de San Francisco présente la Dormition et le Couronnement de la Vierge.

Façade sud – La porte centrale figure saint Froilán, patron de León, deux images de la Vierge, Samuel et les Rois mages sur les piédroits, ainsi qu'un Christ en Majesté accompagné des quatre évangélistes sur le tympan. Sur les archivoltes, des vieillards jouent de la musique et des anges portent des cierges. Le style général est vivement marqué par l'esthétique créée par le maître du Sarmental de Burgos.

Intérieur – L'exceptionnel ensemble de **vitraux** qui éclaire le vaisseau – 1 700 m², en 125 panneaux et 57 médaillons – est unique en Espagne et a fortement compromis la solidité de l'ensemble (la dernière restauration date de la fin du 19e s.). Les plus anciens vitraux (du 13e au 15e s.) habillent la rosace de la façade principale et les trois chapelles centrales de l'abside ; ceux de la chapelle St-Jacques ont déjà une allure Renaissance ; ceux de la nef, plus tardive, voire contemporains, illustrent trois grands thèmes : en bas, le règne végétal et minéral ; derrière le triforium, des personnages civils et des blasons ; sur les fenêtres hautes, la théorie des bienheureux. Le **trascoro** Renaissance a été réalisé d'après les plans de Juan de Badajoz. L'arc triomphal, encadré de magnifiques bas-reliefs en albâtre, œuvre d'Esteban Jordán, libère la perspective sur la nef. Le **retable** du maître-autel, par Nicolás Francés, est un bel exemple du style international du 15e s. À sa gauche, une remarquable **Mise au tombeau** d'influence flamande est attribuée au maître de Palanquinos. Au pied de l'autel, une châsse en argent abrite les reliques de saint Froilán. Dans le déambulatoire et le transept se trouvent de nombreux tombeaux gothiques. À noter, celui de l'évêque don Rodrigo, surmonté d'un arc polylobé, dans la chapelle de la Vierge del Carmen *(à droite du maître-autel)*.

Cloître – Avant d'y pénétrer, observez le portail nord du transept, abrité des intempéries, qui a conservé sa polychromie. Il est dédié à la Vierge de l'Offrande.

Les arcades datent de la construction de la nef, mais les voûtes avec leurs clés ouvragées ont été ajoutées au début du 16e s. Les murs des galeries s'ornent des fresques murales de Nicolás Francés et de tombeaux romans et gothiques.

Musée de la cathédrale (Museo de la catedral) – *℘ 987 875 770 - www.catedraldeleon.org - de mi-juin à sept : tlj sf dim. mat. et apr.-midi ; reste de l'année : tlj sf dim. mat. et apr.-midi, sam. mat. - fermé 1er et 6 janv., 24 juin, 5 oct., 8 et 25 déc. - 4 € (- 12 ans gratuit).* La zone 1 dévoile une splendide **Déploration** de Nicolas Francès (15e s.) Au rez-de-chaussée, la statuaire médiévale révèle de belles pièces, telles que la **santa Catalina** (15e s.) en bois polychrome et l'**archange Gabriel** de l'École de Reims, dans lequel on retrouve les traits de l'*Ange au sourire* de la cathédrale française. Un superbe **escalier** plateresque dû à Juan de Badajoz le Jeune donne accès à la salle capitulaire, consacrée au gothique international et à la peinture flamande. Le chef d'œuvre de la collection est l'ensemble des 18 panneaux en bois provenant de l'ancien retable gothique, peints par Nicolàs Francès, et qui formaient le trône de l'évêque jusqu'à la fin du 20e s. La préciosité des fonds d'or, la pureté des lignes et le sentiment d'intériorité qui s'en dégage rivalisent avec l'art des icônes. Le **triptyque de l'Adoration des Mages** (16e s.) figure le donateur, commanditaire du tableau, au centre, remettant un cadeau à l'Enfant. Enfin, le **coffret d'Enrique d'Arfe**, en argent, du 16e s., offre en partie supérieure des motifs plateresques.

La zone 2 montre, entre autres, un Christ en Croix de **Juan de Juni** (1576), jadis accroché en hauteur, expliquant ainsi l'impression première de disproportion ; une bible mozarabe enluminée (920), un **antiphonaire** de la même époque, ainsi que le *Livre des estampes* du 13ᵉ s.

Visiter

Musée de León★★ (Museo provincial de León)

Plaza de Santo Domingo, 8 - ☎ 987 236 405 - ♿ - tlj sf lun. mat. et apr.-midi, dim. et j. fériés mat. - 1,20 € (- 18 ans et w.-end gratuit).

Organisé sur trois niveaux, le musée de León articule ainsi différentes époques : l'Antiquité, le Moyen Âge et les Temps modernes. Grâce à une toute nouvelle muséographie, soignée, attractive et interactive, les événements, les courants historiques et artistiques trouvent des supports clairs et forment un parcours passionnant. Parmi les œuvres majeures du musée, citons la **croix votive de Santiago de Peñalba** (10ᵉ s.), réalisée en remerciement de la protection accordée par saint Jacques au roi Ramiro II pendant la bataille de SImancas contre l'armée arabe d'Abd al-Rahman III ; le **Christ de Carrizo** (11ᵉ s.), statuette en ivoire dont le regard pénétrant, les cheveux finement nattés et le drapé de la tunique trahissent l'influence byzantine ; le portrait idéalisé de **Santa Barbara**, délicate peinture sur cuivre ; le **triptyque de la Crucifixion** (1535), attribué à Jan et Cornelis Metsys, ascétique et mystique, où l'influence de Patinir est sensible dans le paysage ; un curieux **autel portatif** monumental datant de 1671, en bois polychrome et doré, surmonté de la statue de Fernand II ; des **costumes traditionnels** des Magaratos.

S. Sergent/Michelin/Museo de León

Le « Cristo de Carrizo » (11ᵉ s.). Musée de León.

Profitez de la vue splendide sur le jardin du Cid.

Musée d'Art contemporain de Castille et de León (MUSAC)

Avenida de los Reyes Leoneses, 24 - ☎ 987 090 000 - tlj sf lun. 10h-15h, 16h-21h - Fermé lun., 1ᵉʳ janv., 25 déc. - gratuit.

Érigé par les architectes Mansilla et Muñon, l'édifice présente une façade vitrée multicolore. Ce musée a pour vocation de soutenir l'avant-garde contemporaine en organisant des expositions temporaires.

Ancien couvent de San Marcos★★

Le parador en occupe une partie. Au 12ᵉ s. s'élevait ici la maison mère des chevaliers de l'ordre de St-Jacques, moines-soldats protecteurs des pèlerins sur la route de Compostelle. Trois siècles plus tard, quand les Rois Catholiques suppriment les prérogatives des ordres militaires et en deviennent les grands maîtres, Ferdinand ordonne de réédifier un monastère digne de la puissance et de la richesse acquises par les chevaliers lors de la Reconquête. Le somptueux monument fut construit en pleine Renaissance. L'église fut terminée en 1541, mais les travaux continuèrent jusqu'au 18ᵉ s.

La **façade** déploie sur une centaine de mètres, avec une remarquable unité de style malgré l'ajout d'un fronton baroque au 18ᵉ s., deux étages de niches et de fenêtres, disposées dans un quadrillage de frises et de corniches, de colonnes engagées et de pilastres. Les médaillons en haut relief reproduisent les traits de quelques grands personnages de la Bible, de Rome ou d'Espagne : Lucrèce et Judith encadrent Isabelle la Catholique, Trajan et Auguste tiennent compagnie à Charles Quint. Au-dessus du portail central, saint Jacques terrasse les Maures et, juchée au sommet du fronton, se trouve la Renommée.

À l'extrémité droite, la façade de l'**église** parsemée de coquilles, symboles du pèlerinage, reste inachevée. On retrouve les mêmes coquilles à l'intérieur, sur le mur derrière le maître-autel.

B. Brillion/Michelin

La façade de l'ancien couvent de San Marcos.

Aux alentours

San Miguel de Escalada★

28 km à l'est par la N 601 puis la N 625.

Au 11e s., Alphonse III fit don d'un monastère détruit à une communauté de moines expulsés de Cordoue avec mission de le reconstruire. De leur œuvre subsiste l'église isolée sur la terrasse, un des rares monuments mozarabes et le mieux conservé. La **galerie extérieure**, datée de 1050, dessine des arcs outrepassés, soutenus par des colonnes polies coiffées de chapiteaux sculptés. L'**église**, plus ancienne (913), comprend trois nefs couvertes d'une charpente de bois séparées des absides voûtées par un portique de trois arcades et une balustrade faite de plaques sculptées en méplat, illustrant des motifs wisigothiques (oiseau picorant et grappes de raisin) et mauresques (feuillages stylisés). *✆ 987 237 082 - mai-sept. : tlj sf lun. 10h-14h, 17h-20h, dim. et j. fériés 10h-14h ; oct.-avr. : tlj sf lun. 10h-14h, 16h-18h, dim. et j. fériés 10h-14h - gratuit.*

Grottes de Valporquero★★ (Cuevas de Valporquero)

47 km au nord par la route LE 311. ✆ 987 576 408 - visite guidée (1h15) - de mi-mars à sept. : tlj 10h-14h, 15h30-19h ; oct.-mars : vend.-dim. et j. fériés seult 10h-17h - fermé janv.-fév. - 6,10 €.

Ce qui n'est en réalité qu'une seule et même grotte, pourvue de trois entrées différentes, s'étend sous le village de Valporquero de Torío. Elle s'est formée à l'époque du miocène, soit entre 23 et 5 millions d'années. Les eaux souterraines continuent de forer la cavité. La température y est constante, de l'ordre de 7 °C. Un éclairage neutre met en valeur la variété des concrétions (un bouquet de stalactites excentriques forme une vaste étoile au plafond de la grande galerie) et de leurs couleurs : on a compté 35 nuances de rouge, de gris et de noir dues aux oxydes de fer et de soufre. La hauteur du plafond sous roche atteint jusqu'à 20 m. La visite s'achève par un étroit couloir, long de 1 500 m, taillé en oblique sur une hauteur de 40 m et correspondant à une couche de roche tendre déblayée par un fort courant d'eau.

Prévoir des vêtements chauds et des chaussures adaptées au sol glissant.

León pratique

Informations utiles

Office de tourisme – *Plaza de Regla, 3 - ✆ 987 237 082 - tlj tte la journée.*

Transports

Aéroport régional de León – *Virgen del Camino* (à 5 km à l'ouest de la ville) - *✆ 987 877 700.*

Gare ferroviaire RENFE – *Avenida de Astorga, 11 - ✆ 902 240 202.*

Gare ferroviaire de Vía Estrecha (FEVE) – *Avenida Padre Isla, 48 - ✆ 987 271 210.*

Gare routière – *Paseo Sáenz de Miera - ✆ 987 211 000.*

Taxis – *✆ 987 261 415.*

Visites

Un petit **train touristique** est mis en service de juin à septembre.

Se loger

⊖ **Hostal Albany** – *Calle La Paloma, 13 - ✆ 987 264 600 - www.albanyleon.com - 19 ch. 50/60 € - ☕ 3,20 €.* Un très bon rapport qualité/prix pour cet hôtel situé face à la cathédrale. Selon l'humeur et... selon l'étage, choisissez une chambre de couleur bleu, jaune ou vert. Design et fonctionnel.

⊖⊖ **El Rincón del Conde** – *Conde Rebodello, 11 - ✆ 987 849 021 - www.hotelrincondelconde.es - 16 ch. 50/80 € - ☕ à la carte.* Aménagé dans un édifice historique, à côté du futur musée du Palais des comtes de Luna, ce bel établissement possède de jolies chambres contemporaines.

⊖⊖ **Hostal Boccalino** – *Plaza de San Isidoro 1 et 9 - ✆ 987 223 060 et ✆ 987 220 017 - 45 ch. 63/75 € - ☕ 3,50 €.* Cet hôtel non fumeur, réparti sur deux bâtiments de chaque côté de la place, dispose de chambres confortables avec vue sur San Isidoro. Bar et coin Internet.

⊖⊖ **Hotel Paris** – *Calle Ancha, 8 - ✆ 987 238 600 - www.hotelparisleon.com - 55 ch. 73/80 € - ☕ 3 €.* Cet hôtel au charme désuet est idéalement établi sur l'artère commerçante du centre historique.

⊖⊖ **La Posada Regia** – *Regidores, 11 - ✆ 987 213 173 - www.regialeon.com - 20 ch. 70/120 € ☕.* À deux pas de la cathédrale, cet hôtel de caractère, à dominante de boiseries, propose des chambres spacieuses. Certaines sont mansardées.

⊖⊖⊖ **NH Plaza Mayor** – *Plaza Mayor, 15 - ✆ 987 344 357 - www.nh-hotels.com - P -51 ch. 75/140 € - ☕ 12 €.* Coup de cœur pour cet hôtel de plain-pied sur la splendide Plaza Mayor, au design chaleureux. Le bar, *El Nhube*, avec son salon de détente chocolat-orangé, est plein d'élégance.

⊖⊖⊖ **Parador H. San Marcos** – *Plaza San Marcos, 7 - ✆ 987 237 300 - P - 185 ch. 135/185 € - ☕ 17 €.* Installé dans un ancien couvent et hospice de pèlerins, ce parador est un des plus luxueux d'Espagne. À l'intérieur, on découvre une église majestueuse et un cloître Renaissance.

Se restaurer

⊖ **Rancho Chico** – *Plaza San Martín, 7 - ✆ 987 260 483.* Situé sur une place animée, ce restaurant bénéficie d'une excellente réputation. La cuisine simple et traditionnelle est aussi servie en terrasse.

⊖ **La Posada** – *Rua, 33 - ✆ 987 258 266.* Face au casino, ce bar-restaurant au cadre rustique, voire vieillot, propose un grand choix de tapas. Service souriant.

⊖⊖ **Casa Pozo** – *Plaza San Marcelo, 15 - ✆ 987 223 039.* Considéré comme le plus ancien établissement de la ville, il n'a cessé de fonctionner depuis son ouverture en 1936. C'est l'endroit idéal pour goûter aux plats régionaux.

⊖⊖ **Palacio Jabalquinto** – *Juan de Arfe, 2 - ✆ 987 215 322 - www.palaciojabalquinto.com.* Situé à l'étage d'un charmant patio, ce restaurant prépare une cuisine de gourmet dans un cadre lumineux, bleu et blanc. Délicieux carpaccio de gambas et cochon de lait au miel.

⊖⊖⊖ **Vivaldi** – *Platerias, 4 - ✆ 987 260 760 - www.restaurantevivaldi.com.* Laissez-vous tenter par le menu dégustation de cette adresse gastronomique. Un grand moment ! Une tenue vestimentaire adéquate est recommandée.

Faire une pause

El Valenciano – *Plaza Santo Domingo - ✆ 987 237 139* - Ce salon de thé et glacier est une halte gourmande recommandée après la visite du musée de León.

Café Europa – *Plaza de la catedral - ✆ 987 256 117.* Pour ne rien manquer du spectacle de la cathédrale de León, en prenant un verre ou une savoureuse pâtisserie.

En soirée

El Gran Cafe – *Cervantès, 9 - ✆ 987 272 301.* Ce café musical produit des groupes en *live*. Ambiance garantie !

Achats

Galatea – *Sierra Pambley, 1 - ✆ 987 272 652.* Une librairie agréable, beaux livres d'enfant.

Événements

Les **Cabezadas** se déroulent le dernier dimanche d'avril dans le cloître de San Isidoro.

Les fêtes de saint Jean et saint Pierre (21 et 30 juin) donnent lieu à des réjouissances dans toute la ville.

La **semaine internationale de la truite** en mai et le **concours international de gastronomie** en juin sont très populaires.

Astorga

12 275 HABITANTS
CARTE GÉNÉRALE B1 – CARTE MICHELIN N° 575 E 11
PROVINCE DE LEÓN

L'ancienne voie romaine qui reliait Astorga à Bordeaux n'est autre que celle empruntée ultérieurement par les pèlerins de St-Jacques et connue sous le nom de « chemin de Compostelle ». Astorga accueille les fervents dans sa cathédrale et leur consacre un musée historique, logé dans le palais néogothique fantasmagorique de Gaudí.

- **Se repérer** – Astorga se trouve à 50 km à l'ouest de León et à 66 km à l'est de Ponferrada.
- **Se garer** – Parking de la Plaza Marqueses.
- **Organiser son temps** – Une demi-journée.
- **Pour poursuivre le voyage** – León et Villafranca del Bierzo.

S. Sergent / Michelin

Le Palais épiscopal sorti de l'imagination d'Antonio Gaudi.

Visiter

Cathédrale★

987 615 820 - été : 9h-12h, 16h30-18h30 ; le reste de l'année : 9h30-12h, 16h30-18h.
Commencée en 1471 par le chevet, dans le style gothique flamboyant, la cathédrale n'est achevée qu'au 18e s. La façade des Évêques date de la Renaissance et la façade principale déploie un style baroque. Cette dernière présente un **porche** dont les bas-reliefs illustrent certaines actions marquantes de la Vie du Christ (*Marchands chassés du Temple, La femme adultère*). Au-dessus de la porte se trouve une belle Descente de Croix.

Intérieur – Les multiples colonnettes des piliers jaillissant vers la voûte amplifient l'élévation de la nef. Derrière le maître-autel, le **retable** est l'œuvre conjointe de Gaspar de Hoyos et Gaspar de Palencia pour le décor peint et sculpté, et de **Gaspar Becerra**

Le pays des Maragatos

Dans la région fit souche, il y a bien longtemps, un groupe ethnique d'origine méconnue dans lequel on a cru voir un croisement de Maures et de Goths. Les Maragatos vivaient isolés au cœur d'une contrée montagneuse inhospitalière et exerçaient traditionnellement le métier de muletier. On peut voir parfois, à l'occasion d'une fête, un Maragato vêtu de la culotte bouffante, du plastron et de la large ceinture brodée. Sur la **Plaza Mayor** d'Astorga, remarquez en haut de l'**hôtel de ville** le célèbre jacquemart, où deux Maragatos en costume frappent les heures.

(1520-1570) pour les bas-reliefs. Le style de cet Andalou, formé à l'école italienne de la Renaissance, élève de Vasari et admirateur de Michel-Ange, introduit l'esthétique romaniste dans l'art espagnol, caractérisée par des dimensions monumentales, des lignes de composition architecturales et un grand sens de l'anatomie.

Le **Musée de la Cathédrale** possède une riche collection d'orfèvrerie, dont le reliquaire de la Vraie Croix (13e s.) en filigrane d'or et l'**Arqueta de San Genadio**, châsse d'Alphonse III le Grand (10e s.). Le magnifique **Arcón de Carrizo**, reliquaire en bois polychrome du 13e s. est de style gothique linéaire. Une tête romane du 12e s. montre une filiation certaine avec les portraits romano-byzantins. Un **calvaire** miniature du 16e s. atteste de la virtuosité des émailleurs de Limoges. *✆ 987 615 429 - tlj mat. et apr.-midi - 2,50 €, 4 € (visite combinée avec le Palais épiscopal).*

Palais épiscopal★ (Palacio Episcopal)

✆ 987 616 882 - tlj sf lun. mat. et apr.-midi, dim. et j. fériés mat. - 2,50 €, 4 € (visite combinée avec la cathédrale et son musée).

Cette version moderniste du palais médiéval est née en 1889 de l'imagination d'Antonio **Gaudí**. Il est bâti à l'aide de matériaux régionaux : le **granit** du Monte Arenas, la brique de Jimenez de Jamuz et l'**ardoise** de Galice. L'architecte Ricardo Garciá termine la construction en 1913. La plus belle pièce de l'édifice est la **chapelle** (*capilla*). Enrique Marín y a réalisé les statues en marbre ; Juan Moya, l'autel et le retable ; Fernando de Villodas, les fresques des parois latérales ; Maumejean, les verrières de l'abside ; Zuloaga, les azulejos. Le palais abrite le **musée des Chemins** (museo de los Caminos), qui propose une exposition permanente sur le thème du pèlerinage de Saint-Jacques de Compostelle. À l'entrée, un intéressant document intitulé « **Le Chemin de Monsieur** », imprimé à Paris en 1621, mentionne toutes les villes-étapes du pèlerinage en faisant le total des 359 lieues à parcourir. Parmi la collection des Vierges à l'Enfant, on notera celle, assise et de petite taille, baptisée **La Santina** (13e s.). La simulation d'une broderie incrustée de pierres précieuses rehausse son vêtement bleu nuit. Les **statues de pèlerins** offrent des contrastes d'exécution selon les périodes. Les 13 et 14e s., hiératiques, se contentent d'une expression identitaire à l'aide des attributs suivants : le bâton, la Bible, la cape et la coquille. Le 16e s. s'autorise un traitement expressif et artistique. Enfin, l'étonnant **buste-reliquaire** des *Una de las once mil virgenes* montre une grâce gothique sophistiquée.

Astorga pratique

Informations utiles

Office de tourisme – *Plaza Eduardo de Castro, 5 - ✆ 987 618 222 - tlj mat. et apr.-midi.*

Transports

RENFE – *Plaza de la Estacion - ✆ 987 615 163.*

Gare routière – *Avenida de las Murallas - ✆ 987 615 955.*

Se loger

⊖⊖ **Hotel Gaudi** – *Eduardo de Castro, 6 - ✆ 987 615 654 - www.hotelgaudiastorga.com - P - 35 ch. 60/70 € - ☕ 7 €.* Face au palais épiscopal de Gaudí, à deux pas de la cathédrale, cet établissement offre au voyageur un cadre rustique et sombre mais confortable.

⊖⊖ **Astur Plaza** – *Plaza de España, 2 - ✆ 987 618 900 - www.asturplaza.com - P - 32 ch. 62/90 € - ☕ 6 €.* Situé sur la jolie place de l'hôtel de ville (Ayuntamiento), cet hôtel propose des chambres spacieuses et élégantes avec salles de bain en marbre, ainsi qu'un agréable patio vitré.

Se restaurer

La spécialité locale est le **Cocido Maragato**. Ce plat, composé de 7 viandes différentes, de chou et de pois chiches, est accompagné d'une soupe. Les restaurants servent aussi de la viande cuite sur la braise. Les bars-cafétérias proposent des tapas typiques au poulpe et aux gésiers.

⊖⊖ **La Peseta** – *plaza San Bartolomé, 3 - ✆ 987 617 275.* Restaurant familial réputé. Décoration classique, un peu vieillotte. Plats traditionnels et prix modérés.

⊖⊖ **Las Termas** – *Santiago, 1 - ✆ 987 602 212.* Une adresse prisée des pèlerins pour sa cuisine familiale, ainsi qu'un bon rapport qualité/prix.

⊖⊖ **Ruta Romana** – *Plaza Santocildes, 9 - ✆ 987 603 020 - www.complejosantocildes.es.* Bonne cuisine des produits du terroir et menu touristique très correct.

Achats

Dans les épiceries fines sont vendus les **mantecadas**, biscuits au beurre traditionnels.

Aux 18 et 19e s., la fabrication du **chocolat** était une des principales industries de la région. Un **musée** relate l'histoire de cette production autour de machines et de lithographies publicitaires.

Villafranca del Bierzo★

3 710HABITANTS
CARTE GÉNÉRALE A1 – CARTE MICHELIN N° 575 E 9
PROVINCE DE LEÓN

El Bierzo est le nom d'une région qui s'étend au nord-ouest de la province de León dans le lit d'un ancien lac glaciaire. Les deux villes principales, Ponferrada et Villafranca, évoluent dans un paysage façonné par le relief, coloré par une terre riche en minerais, hérissé d'épineux. Vignobles et vergers témoignent d'une économie agricole dominante. Le chemin de Compostelle y circule à travers de superbes villages médiévaux. Villafranca, surnommée « la petite Compostelle », accueille en leur dernière étape officielle les pèlerins trop faibles pour achever leur voyage. Longeant les rives du río Burbia, elle offre un beau cadre naturel.

- **Se repérer** – Villafranca del Bierzo se trouve à 26 km de la frontière portugaise, à 21 km à l'ouest de Ponferrada.
- **Se garer** – Parking du jardin de la Alameda.
- **Organiser son temps** – Comptez 3 jours pour visiter la région.
- **Pour poursuivre le voyage** – Astorga, León et Puebla de Sanabria.

Visiter

Bordée de façades nobiliaires allant du Moyen Âge au 18e s., la **calle Agua** est un véritable musée d'architecture à ciel ouvert. Le **palais de Torquemada**, de style baroque, jouxte une belle maison mauresque de trois étages. En face se trouve l'ancienne demeure de la famille Alvarez de Toledo, ornée d'un immense blason aux armes des marquis de Villafranca. Plus loin, le **couvent de San José** arbore un portail à fronton du 17e s. Située en contrebas de la **cuesta Zamora**, calle Sucubo, se dresse la maison du sculpteur contemporain Arturo **Nogueira**. L'intégralité du mur latéral est prétexte à l'expression de l'artiste, alternant citations poétiques (« Que mes rêves, mes racines et ma liberté soient un mur de lumière et d'air pur, tel est mon souhait ») et bas-reliefs (une superbe *Léda et le cygne* et un portrait d'homme à la manière de Cocteau). Au bout de cette rue s'écoule la rivière, enjambée par le **pont médiéval**. Les édifices religieux sont particulièrement nombreux à Villafranca. Le plus emblématique d'entre eux est l'église romane des pèlerins, l'**église de Santiago**. Construite en 1186 par l'évêque d'Astorga Don Fernando, en schiste gris-vert, elle se compose d'une nef unique couverte d'un toit en bois et terminée par une abside semi-circulaire percée de trois fenêtres. Le **portail** nord, coiffé d'une belle archivolte historiée, est appelé **Porte du Pardon** (Puerta del Perdón). Sur son seuil se présentaient les pèlerins fatigués et malades venus demander une dispense des 150 km qui les séparaient de Saint-Jacques de Compostelle et implorer à ce titre le pardon de Dieu. Absous, ils pouvaient ensuite se reposer à l'**auberge** voisine, dont les fenêtres ont conservé leur bel ouvrage en fer forgé dessinant les symboles du calice et de la coquille.
À proximité, le **château** du 16e s. arbore quatre tours d'angle crénelées.

Aux alentours

Ponferrada

22 km au sud-est.

Centre d'une région minière importante et capitale du Bierzo, bassin d'effondrement très fertile, Ponferrada doit son nom à un pont de fer lancé à la fin du 11e s. sur le Sil pour faciliter le passage des pèlerins vers Saint-Jacques. Elle est dominée par les ruines d'un **château** des Templiers.

Peñalba de Santiago★

43 km au sud-est.

Isolée au cœur de la vallée du Silence, Peñalba a conservé intacte sa singulière architecture. Les maisons, aux murs de schiste et balcons de bois, sont couvertes de lauzes d'ardoise.

Las Médulas★

44 km au sud.

Sur le versant nord-ouest des monts Aquilianos, sur la rive gauche du Sil, apparaît un paysage insolite de pitons et de collines ocre et rose aux formes capricieuses. Ces reliefs sont en réalité le fait d'accumulation de déblais des mines d'or exploitées par les Romains. Avec le temps, ils se sont laissés recouvrir par une végétation de vieux

Office Espagnol du tourisme/Paris

Las Médulas.

châtaigniers aux silhouettes torturées. Le site est inscrit depuis 1997 sur la liste du patrimoine mondial de l'Unesco.

O Cebreiro★

26 km au nord-ouest par la N VI.

Non loin du col de Piedrafita, O Cebreiro culmine à 1 300 m d'altitude. Ses **Pallozas**, curieuses maisons elliptiques en pierres sèches couvertes d'un toit de chaume, sont une survivance des huttes celtiques. Encore habitées il y a peu, elles constituent dorénavant un **musée ethnographique**. Dans la petite **église** préromane de **Santa Maria** (9e s.), les jacquets venaient vénérer les reliques du miracle des saintes espèces... Au 14e s., un habitant d'un village de la vallée vint assister à la messe de O Cebreiro en dépit du mauvais temps. L'officiant, de peu de foi, se moqua du zèle du fidèle et, alors qu'il donnait la communion, le pain se changea en chair et le vin en sang. L'épisode aurait inspiré Richard Wagner pour son opéra « Perceval ». Les reliques sont conservées dans des ampoules d'argent offertes par Isabelle la Catholique, exposées avec le calice et la patène du miracle.

El Bierzo pratique

Informations utiles

Office de tourisme – *Avenida B. Diez Ovelar, 10 - Villafranca - 987 540 047.*

Se loger

VILLAFRANCA DEL BIERZO

Casa Mendez – *Plaza de la Concepcion, 5 - 987 542 408 - 12 ch. 40/50 € - 4 €.* Petite structure familiale au confort simple et mobilier traditionnel. Cafétéria.

Parador – *Avenida Calvo Sotel - - villafranca@parador.es - - 39 ch. 90/170 € - 10 €.* Préférez les chambres avec terrasses. Architecture galicienne et intérieur castillan. Lounge avec cheminée pour l'hiver et jardin enchanteur pour l'été.

PONFERRADA

Hotel Madrid – *Avenida de La Puebla, 44 - 987 411 550 - 45 ch. 45/50 € - 5 €.* Situation centrale. Chambres propres et confortables au décor des années 1970.

AC Ponferrada – *Avenida Astorga, 2 - 987 409 973 - acponferrada@ac-hotels.com - - - 60 ch. 60/105 € - 7 €.* Établissement moderne, chambres contemporaines, ambiance cosy.

Se restaurer

Villafranca concentre ses bars-restaurants autour de la Plaza Mayor. Ils proposent une cuisine simple et familiale. Goûtez la **truite aux poivrons**, le **botillo** (charcuterie typique), le pâté en croûte et le veau à l'étouffée à la mode du Bierzo.

Achats

Les cerises à l'eau-de-vie sont la spécialité du Bierzo.

Événements

Villafranca del Bierzo organise chaque année au début du printemps la **Fiesta de la Poesía**, qui donne rendez-vous à tous les écrivains et intellectuels d'Espagne.

Les 8 et 9 septembre a lieu le pèlerinage de la Vierge de **Cebreiro**.

PROVINCES DE BURGOS ET SORIA

Burgos★★

172 421 HABITANTS
CARTE GÉNÉRALE B1 – CARTE MICHELIN N° 575 E 18-19
PROVINCE DE BURGOS

Si la cathédrale est le joyau incontestable de Burgos, la rivière Arlanzón parvient à séduire de nombreux visiteurs : du pont de Santa María à la passerelle de l'Institut, ses rives aménagées en promenades offrent de beaux accès au centre historique, à ses monuments et à ses places colorées couvertes de terrasses de cafés.

- **Se repérer** – La ville se trouve à 88 km à l'est de Palencia, à 120 km au nord-est de Valladolid et à 117 km au sud-ouest de Vitoria-Gasteiz.
- **Se garer** – Parking souterrain de la Plaza de la Vega, rive gauche. Parking souterrain de la Plaza de Santo Domingo de Guzmán, rive droite.
- **À ne pas manquer** – Chartreuse de Miraflores.
- **Organiser son temps** – 2 jours.
- **Avec les enfants** – Le train touristique.
- **Pour poursuivre le voyage** – Aguilar de Campóo, Covarrubias, La Rioja (Santo Domingo de la Calzada) et Palencia.

Comprendre

Un peu d'histoire – Fondée en 884 par le comte de Castille Diego Rodríguez, Burgos est choisie comme capitale du royaume unifié de Castille et León en 1037, titre qu'elle

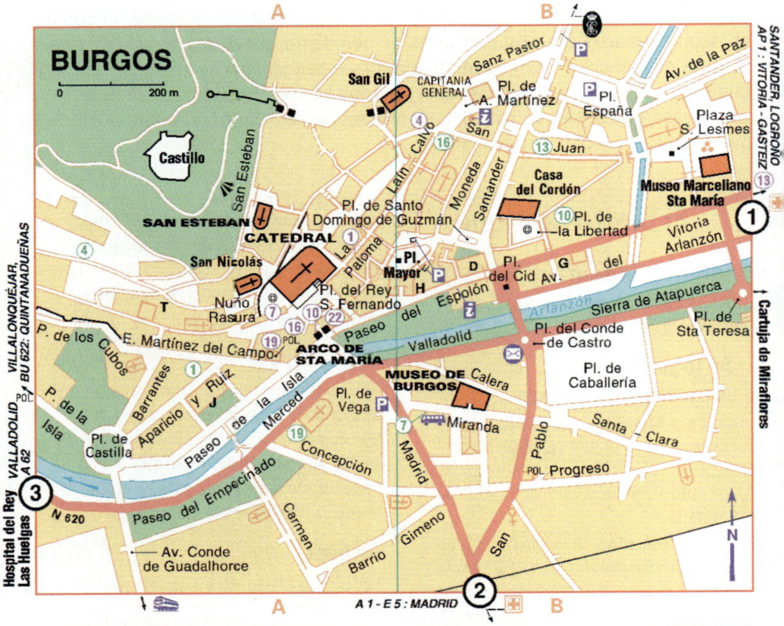

SE LOGER
AC Hotel Burgos ... 1
Hotel Abba Burgos ... 4
Hotel Conde de Miranda ... 7
Hotel Cordón ... 10
Hotel Jacobeo ... 13
Hotel Norte y Londres ... 16
NH Palacio de la Merced ... 19

SE RESTAURER
El Angel ... 1
La Favorita ... 4
Mesón del Cid ... 7
Meson de los Infantes ... 10
Ponte Vecchio ... 13
Puerta Real ... 16
Rincón de España ... 19
Tapelia ... 22

cède à Valladolid en 1492 au moment de la chute de Grenade. À l'oubli politique répond un dynamisme économique et artistique. La ville centralise la laine des grands éleveurs de la Mesta *(voir p. 250)*. Des architectes et des sculpteurs, venus en majorité du nord, modifient la physionomie de la cité. Burgos devient alors la capitale gothique de l'Espagne, avec des réalisations remarquables comme la cathédrale, le monastère royal de las Huelgas et la chartreuse de Miraflores. À la fin du 16e s., le déclin de la Mesta *(voir p. 250)* met un terme à la prospérité burgalaise.

De 1936 à 1939, **Franco** établit à Burgos son gouvernement.

Terre du Cid (1043-1099) – Les exploits de Rodrigo Díaz, natif de Vivar *(9 km de Burgos)*, ont marqué l'histoire de la Castille à la fin du 11e s. Ce brillant capitaine sert, tout d'abord, les ambitieux desseins du roi de Castille, Sanche II, puis ceux d'Alphonse VI qui succède à son frère dans des circonstances suspectes. Mécontent des soupçons que le Cid a émis à son égard, Alphonse VI le bannit de Castille en 1081, après lui avoir donné toutefois sa cousine Chimène en mariage. Rodrigue entre alors au service du souverain maure de Saragosse et livre de prestigieux combats contre les armées chrétiennes. Puis réconcilié avec son ancien suzerain, il s'empare de Valence en 1094. Riche et craint de ses ennemis, il meurt en 1099. La courageuse Chimène résiste encore trois ans dans Valence assiégée par les Maures, mais doit s'enfuir en Castille après l'incendie de la ville. Les deux époux sont inhumés au monastère **San Pedro de Cardeña** *(10 km à l'est de Burgos)*. En 1921, leurs cendres sont transportées dans la cathédrale de Burgos.

La légende n'a pas retenu le caractère obscur du *condottiere* ou de l'opportuniste. Au contraire, l'épopée a exalté la bravoure du héros, son rôle de « champion » *(campeador)* de l'hégémonie castillane. Un premier poème, **El Cantár del Mío Cid**, est écrit dès 1180 ; d'autres poèmes reprennent le thème. En 1618, **Guillén de Castro** donne une version romancée de l'histoire dans **Las Mocedades del Cid** *(Les Enfances du Cid)* dont **Corneille** s'est inspiré pour sa tragédie du *Cid* (1637).

Découvrir

Burgos compte trois ensembles religieux exceptionnels. Nous vous proposons de les découvrir et de les visiter avant de parcourir la cité.

CATHÉDRALE★★★

✆ 947 204 712 - www.catedraldeburgos.es - ♿ - juil.-sept. : tlj tte la journée ; reste de l'année : tlj mat. et apr.-midi - fermé 1er janv., Vend. saint, 25 déc. - 4 € (-14 ans 1 €).

Troisième d'Espagne par ses dimensions, après Séville et Tolède, la cathédrale de Burgos a su adapter le style flamboyant venu de France et d'Allemagne à l'exubérance du style décoratif espagnol. Les nombreuses œuvres d'art qui se trouvent à l'intérieur en font un musée inestimable de la sculpture gothique européenne.

Après la pose de la première pierre par Ferdinand III en 1221, la construction de la cathédrale s'effectue en deux grandes étapes correspondant à deux styles de gothique : au 13e s., les vaisseaux et les portails sont édifiés par des architectes locaux d'après les plans rapportés par l'évêque don Mauricio d'un voyage en France alors en pleine « fièvre » gothique ; au 15e s., une nouvelle tranche de travaux élève les flèches de la façade, la chapelle du Connétable et la décoration des chapelles des bas-côtés. C'est alors le style nordique qui s'implante car Alonso de Carthagène, un autre grand prélat de Burgos, a ramené avec lui à son retour du concile de Bâle plusieurs architectes et sculpteurs venus des Flandres, de Rhénanie et de Bourgogne. Ces artistes trouvent dans l'art local, imprégné d'arabesques mudéjares, une source de renouvellement du gothique flamboyant qui décline alors dans le reste de l'Europe. Le Bourguignon **Felipe Bigarny**, le Flamand **Gil de Siloé** et le Rhénan **Jean de Cologne** se distinguent tout particulièrement. S'intégrant rapidement, ils créeront de véritables

Patronato de Turismo de Burgos

La cathédrale de Burgos.

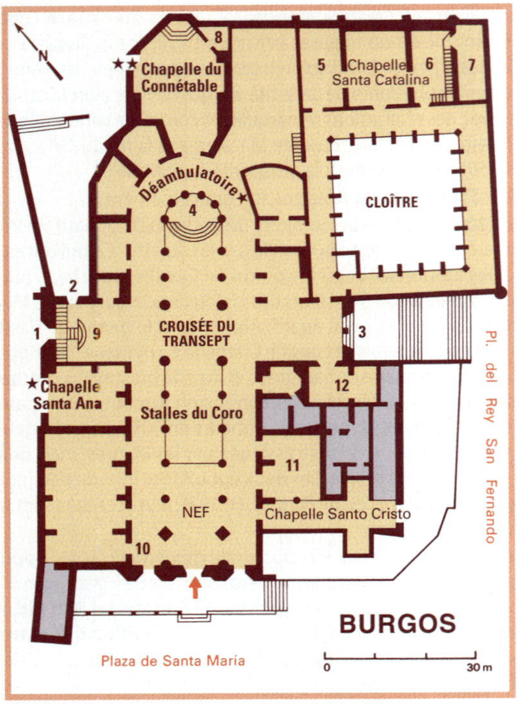

lignées de sculpteurs burgalais : Gil avec son fils Diego ; Jean avec son fils Simon et son petit-fils François. La construction du **cloître** a lieu entre-temps au 14e s. Quant à la magnifique tour-lanterne de la croisée du transept, effondrée après les travaux audacieux de Simon de Cologne, elle est réédifiée par Juan de Vallejo au milieu du 16e s.

Extérieur

En faisant le tour de la cathédrale, apparaît clairement la manière dont les architectes ont su utiliser l'irrégularité du terrain (le 1er étage du cloître est de plain-pied avec l'église) en formant de charmantes places coupées d'escaliers.

Façade principale – On admirera le décor fleuri de la partie haute avec la frise des Rois et ses deux flèches ajourées, chef-d'œuvre de Jean de Cologne.

Portail de la Coronería (1) – Les statues des piédroits ont la grâce de leurs modèles d'Île-de-France, mais les plis de leurs vêtements sont plus mouvementés. Sur l'autre face du transept nord, le **portail de la Pellejería** (peausserie – **2**) a été conçu par François de Cologne au début du 16e s. dans le style plateresque.

En longeant le chevet, on s'aperçoit que la chapelle du Connétable avec son décor isabélin et sa lanterne à pinacles est un ajout au plan initial.

Porte du Sarmental (3) – Les voussures illustrent la Cour céleste et le tympan est de fort belle venue. On notera la variété des attitudes des quatre évangélistes écrivant sur leurs tréteaux.

Intérieur

Croisée du transept, stalles du coro et chœur – La splendide lanterne étoilée de la croisée du transept s'élève à 54 m au-dessus du sol. Au-dessous se trouvent les dalles funéraires du Cid et de Chimène.

L'imposant ensemble des 103 stalles en noyer a été sculpté de 1507 à 1512 par Felipe **Bigarny**. Les scènes de l'Ancien et du Nouveau Testament occupent les dossiers hauts, les sujets mythologiques ou burlesques dominent dans la partie inférieure des stalles. Au centre se trouve le beau gisant de l'évêque fondateur Mauricio. Sculpté dans le bois, il est recouvert d'une plaque de cuivre émaillée (13e s.).

Le retable du maître-autel **(4)** est une œuvre Renaissance du 16e s. traitée en haut relief sur fond de niches et de frontons classiques.

Cloître – Ses galeries gothiques du 14e s. exposent de nombreuses sculptures de l'école de Burgos, en bois polychrome, en pierre et en terre cuite. La **chapelle de Santiago (5)** renferme le trésor, riche de pièces d'orfèvrerie et d'ornements liturgiques.

La **chapelle de Santa Catalina** abrite des manuscrits anciens (acte de mariage du Cid). On remarquera les consoles sculptées et peintes (15e s.) où sont représentés les rois maures venus rendre hommage au roi de Castille.

Dans la **sacristie (6)**, *Le Christ à la colonne* de Diego de Siloé est un parfait exemple de l'expressionnisme de la statuaire espagnole à partir du 16e s.

La **salle capitulaire (7)** est recouverte d'un plafond à caissons mudéjar en bois peint (16e s.). Elle réunit des tapisseries de Bruxelles des 15e et 16e s. représentant les vertus théologales et cardinales, ainsi qu'un diptyque hispano-flamand.

Déambulatoire – À l'exception des deux scènes latérales, l'arrière du maître-autel est de Felipe Bigarny. En arrière-plan du chemin de Croix, étonnant d'expressivité, l'artiste a introduit un fond architectural Renaissance.

Chapelle du Connétable – La porte d'accès, flanquée par les groupes de la *Naissance du Christ* et de la *Purification de la Vierge*, est fermée par une magnifique grille réalisée en 1523 par Cristóbal de Andino. Somptueuse fondation du connétable de Castille Hernández de Velasco, cette chapelle isabéline, élevée par **Simon de Cologne**, est éclairée par une lanterne coiffée d'une élégante coupole étoilée. Tous les grands sculpteurs burgalais du début de la Renaissance ont collaboré à l'exubérante décoration des murs et des retables. Le **retable principal** est exécuté en 1523 par Felipe Bigarny et le jeune Diego de Siloé. Il s'éloigne de l'ordonnance stricte traditionnelle pour privilégier la mise en scène générale. La marque des deux maîtres est facilement identifiable : le thème de la *Purification de la Vierge* trahit la minutie du premier et le groupe de la *Vierge à l'Enfant* accompagné de Saint Joseph découvre la beauté classique du second. Le connétable et son épouse gisent dans leur mausolée en marbre de Carrare, à côté d'une immense dalle de jaspe grenat qu'ils destinaient à leurs enfants. Sur le côté droit de la chapelle s'ouvre la porte plateresque de la sacristie (1512 – **8**), où l'on admire une *Marie-Madeleine* de l'école de Léonard de Vinci. Sur le côté gauche est exposée une *Vierge à l'Enfant* attribuée à Memling.

Escalier de la Coronería (9) – Du plus pur style Renaissance, ce majestueux escalier à double volée a été conçu par **Diego de Siloé** au début du 16e s. il est fort probable que Siloé se soit inspiré du projet de Bramante pour le Belvédère, alors qu'il fréquentait son atelier à Rome. Cet escalier servit à son tour de modèle à Michel-Ange pour l'aménagement de la Bibliothèque laurentine à Florence. Le maître ferronnier français Hilaire participa à l'exécution de l'élégante rampe dorée. Les motifs ornant les arcs en pierre et la précieuse balustrade imitent les grotesques italiennes et montrent l'influence des gravures de Nicoletto Rosex de Modène, Agostini de Musi, Antonio de Monza, Giovanni de Brescia et Agostino Veneziano.

Chapelles latérales – Chacune de ces chapelles est un véritable musée d'art gothique et plateresque. Gil de Siloé et le peintre Diego de la Cruz ont travaillé ensemble, de 1486 à 1492, au grand retable gothique de la **chapelle de Santa Ana★** qui retrace la vie de la mère de la Vierge. Organisé à la manière d'un triptyque dont la verticalité est accentuée par la superposition de dais et pinacles, il donne l'impression d'une tenture monumentale. En son centre s'épanouit l'Arbre de Jessé au sommet duquel trônent la Vierge et l'Enfant. De chaque côté figurent l'allégorie de l'*Ancien Testament* et de la Synagogue (femme aux yeux bandés tenant les tables de la Loi) et l'allégorie du *Nouveau Testament* et de l'Église (femme tenant le calice). Au cœur de l'Arbre figure la rencontre d'Anne et de son futur époux Joachim. La chapelle abrite le sépulcre de l'évêque Don Luis de Acuña, œuvre Renaissance en marbre blanc de Diego de Siloé. Le prélat repose sur un lit, dont les flancs sont investis par des reliefs des Vertus.

Au bout de la nef, tout près des voûtes, **Papamoscas** (Gobemouches) **(10)** est un automate qui rythme les heures en ouvrant la bouche.

Au centre du retable de la **chapelle du Santo Cristo** figure un Christ fait de peau de buffle, de cheveux et de sourcils humains. Dans la **chapelle de la Présentation (11)** se trouve le tombeau de l'évêque de Lerma, par Felipe Bigarny, et dans la **chapelle de la Visitation (12)**, celui du chanoine Alonso de Cartagena par Gil de Siloé.

MONASTÈRE ROYAL DE LAS HUELGAS★★ (REAL MONASTERIO DE LAS HUELGAS)

1,5 km à l'ouest de la ville, par la avenida del Monasterio de las Huelgas. Los Compases, s/n - ✆ 947 201 630 - www.patrimonionacional.es/huelgas/huelgas.htm - tlj sf lun. 10h-13h, 15h45-17h30, dim. et j. fériés 10h30-14h - fermé lun., 1er et 6 janv., Vend. saint, 1er Mai, 15 et 29 juin, 25 déc. - 5 € (- 16 ans 2,50 €).

Fondé en 1180 par Alphonse VIII et sa femme Éléonore d'Angleterre, ce couvent « doré », construit à l'emplacement d'une demeure destinée aux loisirs *(las huelgas)*

S. Sergent/Michelin

Le cloître du monastère de las Huelgas.

du roi, était réservé à des religieuses cisterciennes de haute lignée. Au 13e s., son pouvoir spirituel et temporel s'étend sur plus de cinquante localités. La famille royale de Castille en fait un lieu de retraite pour ses membres ainsi que son panthéon. Divers travaux d'aménagement en ont fait un ensemble hétérogène et cloisonné. Si l'architecture cistercienne domine (12e et 13e s.), il s'y mêle des éléments romans et mudéjars (13e-15e s.), ainsi que du mobilier plateresque.

Église

L'extérieur revêt les lignes pures de l'art cistercien. L'intérieur est séparé en deux parties par la clôture, afin de respecter l'isolement des moniales. Dans le transept, ouvert aux fidèles, on remarquera la chaire tournante (1560), en fer repoussé et doré, qui permettait au prédicateur de dire la messe des deux côtés. De nombreuses sépultures royales et nobles, ornées de motifs héraldiques ou de sujets historiés, originellement polychromes, occupent la nef, dont celle du couple royal fondateur située dans le *coro* des religieuses au milieu du vaisseau central. Le retable du chœur est de style baroque, exécuté en 1655. Il épouse d'un seul tenant tout le volume de l'abside. Le **retable** qui ferme la clôture, orné de délicates ciselures Renaissance et entièrement peint, est surmonté d'une belle *Descente de Croix* du 13e s. De part et d'autre de l'autel se trouvent deux beaux tombeaux des 13e et 14e s.

Cloître gothique (Claustro gótico)

13e-15e s. Il subsiste des fragments des stucs mudéjars des voûtes, dont les entrelacs et motifs sont inspirés de tissus et d'ivoires persans.

Salle capitulaire (Sala capitular)

Elle abrite le « **pendón** », un trophée conquis sur le calife Miramamolín à la bataille de Las Navas de Tolosa et réalisé avec des petits bouts de soie.

Cloître roman (Claustro románico)

De fines colonnes géminées aux chapiteaux stylisés scandent le cloître datant de la fin du 12e s. On traverse ensuite plusieurs salles de l'ancien palais d'Alphonse VIII, de décoration mauresque. La **chapelle de l'Assomption** arbore une belle architecture almohade rythmée par des arcs polylobés. Édifiée dans le jardin, la **chapelle Santiago** a conservé un plafond à caissons avec sa polychromie d'origine et une belle frise de stucs. D'après la tradition, la statue de saint Jacques, aux bras articulés, armait chevalier les princes de sang royal.

Musée des Tissus médiévaux (Museo de Telas medievales)

L'ensemble d'étoffes et de parures exposé dans l'ancien grenier à grain est un témoignage exceptionnel sur l'habit royal castillan du 13e s. Ces vêtements (tunique, pelisse, cape) ont été retrouvés dans les tombeaux. Les plus précieux proviennent de la tombe de l'infant Ferdinand de la Cerda (mort en 1275), fils d'Alphonse X le Sage, qui, par chance, n'avait pas été profanée par les soldats de Napoléon en 1809. Ils comprennent une longue tunique, le *pellote* (pantalon très large à bretelles) et une immense cape à porter par-dessus, tous réalisés dans une même étoffe brodée de soie et de fils d'argent. Sur la tête se portait le *birrete*, sorte de couronne en soie ornée de perles et de pierres précieuses.

CHARTREUSE DE MIRAFLORES★★ (CARTUJA DE MIRAFLORES)

4 km à l'est. ✆ 947 288 874 - Carretera de la Cartuja, km 3,5 - tlj 10h15-15h, 16h-18h, dim. et j. fériés 11h-15h, 16h-18h - gratuit.

La **chartreuse de Miraflores** occupe l'emplacement de l'ancien palais d'Henri III, détruit par un incendie. En 1454, Jean II et son épouse, Isabelle de Portugal, ordonnent la construction de l'église, destinée à recevoir leurs dépouilles. Les travaux, dirigés par Jean puis **Simon de Cologne**, ne s'achèvent qu'en 1498, à l'apogée du style isabélin.

Église

La sobriété de la façade, modestement animée par les pinacles des contreforts, ne laisse aucunement présager de la richesse intérieure de l'édifice. L'accès se fait par le **portail ogival** nord de la Pietà, orné à gauche du blason royal de Castille et León et à droite, des armes personnelles de Jean II. L'atrium, voûté en étoiles, précède une nouvelle entrée surmontée d'une Pietà, allusion à la Vierge de Miraflores. L'église est constituée d'une seule nef. Les chapelles latérales adossées au mur nord sont des adjonctions des 16e et 17e s. Dans l'antichambre des fidèles (la Estancia de los Fieles) se trouve un magnifique tableau du gothique tardif : l'*Annonciation* de Pedro **Berruguete**. L'esprit de la Renaissance y est déjà présent avec une nouvelle conception de l'espace. Au Coro de los Hermanos, succède le **Coro de los Padres**. Les 40 stalles gothiques en noyer ont été sculptées par Martín Sanchez en 1486.

Ensemble sculpté du chœur – Exécuté à la fin du 15e s. par **Gil de Siloé**, il comprend le retable, le mausolée royal et un enfeu.

Le **retable**, en bois polychrome, sculpté par **Gil de Siloé** et peint par Diego de la Cruz, est formé par deux registres. Des cercles, dans lesquels s'inscrivent les scènes, ont remplacé les habituels compartiments rectangulaires. L'espace principal est occupé par le Christ en Croix, entouré d'une **couronne d'anges**. Les bras de la croix sont soutenus par le père à droite et le St-Esprit à gauche (incarné ici exceptionnellement dans une figure humaine). Au pied de la croix se dressent les statues de la Vierge Marie et de saint Jean. L'ensemble est flanqué aux quatre angles des reliefs des quatre évangélistes, des quatre pères de l'église, de saint Pierre et de saint Paul. Dans le registre inférieur s'élèvent quatre effigies de saints pour lesquels les rois avaient une dévotion particulière : saint Jean-Baptiste (saint patron de Jean II et saint préféré d'Isabelle), sainte Madeleine (sainte vénérée par les Chartreux), sainte Catherine (nom de la mère de Jean II) et saint Jacques (saint tutélaire des Rois Catholiques). Aux extrémités, les hauts-reliefs de Jean II en orant guidé par saint Jacques et d'Isabelle du Portugal en orante accompagnée par sainte Isabelle sont surmontés d'un dais.

Patronato de Turismo de Burgos

Chartreuse de Miraflores : retable montrant la reine Isabelle du Portugal priant.

Le **mausolée royal** (1489), en albâtre, adopte la forme inédite d'une étoile à huit branches. Il supporte les gisants des rois fondateurs, Jean II et son épouse, parents d'Isabelle la Catholique. Le traitement de ces gisants est moins figé qu'à l'habitude : la reine tourne la tête, tenant un livre ouvert et le roi rabat son manteau d'apparat, tenant son sceptre de l'autre main. La précision et la finesse avec lesquels est abordé le rendu des vêtements ajoutent au réalisme de l'ouvrage. Les quatre évangélistes dominent ce mausolée à l'exubérante décoration flamboyante de rinceaux, de dais, de pinacles, d'amours et de blasons. Sur les côtés du lit mortuaire figurent des prophètes et des scènes de l'Ancien Testament (*Sacrifice d'Abraham*), des vertus théologales et cardinales, des chartreux ainsi que les armoiries royales tenues par des lions.

Dans le mur nord, un **enfeu** abrite le tombeau de l'infant Alphonse, dont la mort prématurée fit d'Isabelle la Catholique, sa sœur, l'héritière du trône de Castille. Le jeune prince, sculpté par **Gil de Siloé**, est représenté en orant devant un prie-Dieu. À droite de l'autel se trouve un triptyque hispano-flamand du 15e s.

Visiter

Musée de Burgos★ (Museo de Burgos)

Miranda, 13 - ✆ 947 265 875 - tlj sf lun. mat. et apr.-midi, dim. et j. fériés mat. - fermé 1er et 6 janv., 25 déc. - 1,20 € (- 18 ans gratuit).

Il comprend deux sections, installées chacune dans une demeure différente.

Section de préhistoire et d'archéologie – Aménagée dans la **Casa de Miranda**, belle demeure Renaissance du chanoine Miranda à l'agréable patio, elle réunit le produit des fouilles effectuées dans la province de Burgos, couvrant la période préhistorique à l'époque wisigothique. L'âge du fer compte de beaux bijoux en or, dont le **torque de Castroieriz** et une paire de boucles d'oreille en forme de bovidé. La civilisation romaine est abordée sous l'angle du site de **Clunia**. La statuette en marbre de Espejuelo de la déesse **Isis★** (2e s.) montre un beau drapé plissé. Les **sarcophages★** paléochrétiens de la Bureba sont ornés de bas-reliefs d'influence gréco-syrienne. Astres, végétation (arbres stylisés et ceps de vignes), dieux et animaux persistent dans un décor païen. Un **autel★** wisigothique porte une gravure anthropomorphe profonde et contrainte par le cadre de la stèle, imposant ainsi le placement des bras disproportionnés autour de la tête.

Section des beaux-arts – La production artistique de la région de Burgos du 9e au 20e s. est présentée dans la **Casa de Angulo**. Deux pièces exceptionnelles proviennent du monastère de Santo Domingo de Silos : un **coffret hispano-arabe★★** en ivoire taillé à Cuenca au 11e s. et orné de plaques émaillées ; et un parement d'autel, dit **Urne de saint Dominique★★**, en cuivre repoussé et émaillé du 12e s. Un **diptyque et une châsse en ivoire** du 11e s. ont été exécutés par des artisans arabes. La sculpture funéraire des 14e et 15e s. est notamment représentée par le **tombeau de Juan de Padilla★★**. La similarité avec celui de l'Infante Alphonse de la Charteuse de Miraflores est frappante. Le type du gisant est également présent avec un ensemble de quatre gisants en bois polychrome du 14e s. et le **gisant en marbre de Doña Maria Manuel★★** réalisé au 15e s. par **Simon de Cologne**. Le hieratisme ascétique des premiers s'oppose au naturalisme précieux du second.

Dans la collection de peinture, le **Christ aux larmes★**, du 15e s., est attribué à Jan Mostaert, peintre flamand. La **Déploration★** de 1515, signée Adrian Isenbrandt, suit une composition Renaissance pyramidale. Le Christ témoigne d'une certaine maîtrise du « raccourci ». À ses pieds figurent la couronne d'épines et le calice destiné à récolter son sang. La **Vierge à l'Enfant★★** du maître de las Medias Figuras est une splendide madonne à l'italienne, où la tendresse du Christ est accentuée par l'emploi de couleurs chaudes. L'art moderne nous gratifie de deux superbes pièces : **El Molino★★** (1902) de Manero Miguel Luis, tableau impressionniste où apparaît une très belle technique d'empâtements, et la **Dama con abanico★★** (1929) de Muñoz Melgoza où le portrait semble être surpris par le diaphragme d'un photographe. Les rouges confèrent à la jeune femme une sensualité particulière.

Arc de Santa María★ (Arco de Santa María)

Paseo del Espolón, s/n - ✆ 947 288 874 - tlj sf lun. et j. fériés mat. et apr.-midi, dim. matin - gratuit.

Parure très populaire de la cité, cette porte crénelée du 14e s. a été modifiée au 16e s. à l'occasion d'une visite de Charles Quint. Elle montre en façade les grands personnages de Burgos : en bas, Diego Porcelos Rodríguez est encadré par les deux juges mi-légendaires qui auraient dirigé les affaires de Castille au 10e s. ; en haut, le comte Fernán González et le Cid *(à droite)* tiennent compagnie à Charles Quint.

Église de San Nicolás★

Son **retable**, de taille imposante, est exécuté en 1505 par **Simon de Cologne**. Sa décoration extrêmement abondante ne compte pas moins de 465 figures. Dans la partie haute, la Vierge couronnée apparaît encerclée d'une légion d'anges. Autour de la statue centrale de saint Nicolas, le sculpteur a retracé la vie du saint – son voyage en caravelle à Alexandrie – et, en bas, la Cène, avec les apôtres de dos.

Église de San Esteban★

Fermée pour travaux.

Cette ravissante **église** construite au 14e s. dans le style gothique burgalais sert aujourd'hui d'écrin au **musée du Retable** (Museo del Retablo). L'intérieur constitue un cadre magnifique pour les 18 retables répartis en fonction de leur signification religieuse dans les trois vaisseaux de l'église. Dans la partie supérieure du *coro* est présentée une petite exposition d'orfèvrerie.

Église de San Gil★

L'église de San Gil est une des plus belles églises de Burgos. Sa façade sobre cache un temple de la fin du gothique, où la chapelle de la Nativité et celle du Bon-Matin, avec un retable de Gil de Siloé, rivalisent de beauté.

Plaza Mayor

Cette charmante grand-place circulaire, typiquement ourlée d'une galerie couverte, sert de cadre aux réjouissances populaires.

Maison del Cordón (Casa del Cordón)

Récemment restaurée, elle est occupée par la Caisse d'épargne (Caja de Ahorros). Édifiée au 15e s. pour les connétables de Castille, cette demeure arbore toujours, sur sa façade, le grand cordon franciscain qui lui a donné son nom. Les Rois Catholiques y reçurent Christophe Colomb au retour de son second voyage ; Philippe le Beau y mourut subitement d'un refroidissement pris après une partie de pelote, ce qui plongea définitivement son épouse Jeanne dans la folie ; François Ier, libéré de la captivité que lui valut sa défaite de Pavie en 1525, y logea avant de retourner en France.

Musée Marceliano Santa María (Museo Marceliano Santa María)

✆ 947 205 687 - tlj sf lun. et j. fériés 11h-14h, 17h-21h, dim. 11h-14h - gratuit.
Installé dans l'ancien monastère bénédictin de San Juan, ce musée expose les œuvres d'un enfant de Burgos (1866-1952) dont la peinture impressionniste est proche de Zuloaga et de Sorolla.

Hôpital du Roi (Hospital del Rey)

Cette fondation d'Alphonse VIII était à l'origine destinée aux pèlerins. Il en subsiste l'entrée, le Patio de Romeros (patio des Pèlerins), avec une belle façade plateresque du 16e s. Il est désormais le siège de l'université de Burgos.

Aux alentours

Gisements archéologiques de la sierra de Atapuerca

13 km à l'est. Prenez la N 120 vers Logroño jusqu'à Ibeas de Juarros. Là, rendez-vous à la salle Emiliano Aguirre (au bord de la route). Visite guidée (2h) des grottes : ✆ 947 421 462 - 9h-14h, 16h-19h - fermé lun. (sf en juin et sept.) et de mi-déc. à fév. - 3 € - visite du musée Emiliano Aguirre sur rendez-vous.
La construction d'une tranchée pour le chemin de fer, à la fin du 19e s., a révélé la présence de l'un des gisements archéologiques les plus importants au monde, déclaré récemment Patrimoine de l'humanité. Les fouilles de **La Dolina** ont mis au jour des restes d'hominidés présents sur les lieux il y a 800 000 ans environ. De son côté, le relevé de fossiles de la **Sima de los Huesos** est le plus riche d'Europe pour le pléistocène moyen (entre 400 000 et 200 000 ans avant notre ère). On peut parcourir la tranchée et visiter un petit musée.

Burgos pratique

Informations utiles

Office de tourisme – *Paseo del Espolón, s/n - ✆ 947 288 874 - tlj mat. et apr.-midi, dim. matin.*

Transports

Gare ferroviaire – *Avenida Conde de Guadalorce - ✆ 947 203 560.* Agence RENFE - *Calle Moneda, 19-21.* On trouve 5 trains/j pour Avila (durée 2h30), 5/j pour León (1h30), 5/j pour Madrid (3h), 5/j pour Palencia (1h), 1/j pour Salamanque (2h30) et 8/j pour Valladolid (1h-1h30).

Gare routière – *Miranda, 4 - ✆ 947 288 855.* Nombreuses liaisons pour Madrid, 5 bus/j pour León et Valladolid, et 2/j pour Salamanque.

Visites

Tren turistico – Départ quotidien du train touristique à 12h pour 40mn depuis l'office de tourisme. Découverte aussi bien des hauteurs que de l'est de la cité. Commentaires en espagnol.

Se loger

⊖ **Hotel Jacobeo** – *San Juan, 24 - ✆ 947 260 102 - 13 ch. 40/60 € - ☕ 5 €.* La situation en plein cœur de la Vieille Ville est l'atout principal de ce petit hôtel. Les chambres sont petites, bien aménagées.

⊖⊖ **Hotel Conde de Miranda** – *Calle Miranda, 4 - ✆ 947 265 267 - www.abc-*

hoteles.com - 14 ch. 55/80 €. Situé à quelques pas du parking de la Plaza de la Vega, cet hôtel est moderne, fonctionnel et lumineux. Service de restauration.

Hotel Norte y Londres – *Plaza Alonso Martinez, 10 - 947 264 125 - www.hotelnorteylondres.com - 50 ch. 55/100 € - 7 €.* À 100 m de la cathédrale, l'hôtel propose des chambres classiques et spacieuses. La touche british est sensible dans les tissus fleuris et les cuirs vieillis.

AC Hotel Burgos – *Avenida de la Isla, 7 - 902 292 293 - www.ac-hotels.com - P - 70 ch. 70/110 € - 7 €.* L'hôtel jouit d'une Jolie vue sur la promenade au bord de l'Arlanzón. L'Intérieur est design, noir et argent. Excellent restaurant.

Hotel Cordón – *La puebla, 6 - 947 265 000 - www.hotelcordon.com - 35 ch. 90/120 € - 9 €.* Cet hôtel coquet et stylé est doté de parties communes originales : rampes d'escalier au design végétal, carrelage noir et blanc en contraste les murs bleus et colonnes campaniformes.

Hotel Abba Burgos – *Fernán Gonzalez, 72 - 947 001 101 - abbaburgos@abbahotels.com - P - 99 ch. 60/160 € - 12 €.* Installé sur les hauteurs de la ville, cet hôtel moderne possède des chambres particulièrement vastes et équipées high-tech.

NH Palacio de la Merced – *La Merced, 13 - 947 479 900 - www.nh-hotels.com - P - 107 ch. 80/180 € - 13 €.* Cet hôtel contemporain, aménagé autour du magnifique patio de l'ancien palais de la Merced, avance des prestations haut de gamme. Salon de lecture avec bar design.

Landa Palace – *3,5 km au sud de Burgos par la A 1 - 947 257 777 - P - 39 ch. à partir de 160 € - 16 €.* Abrité dans un ancien château médiéval, ses pièces sont de grandes dimensions. Chambres toutes différentes. Très belle piscine couverte.

Se restaurer

La Favorita – *Avelanos, 8 - 947 205 949.* Bar à tapas néo-rustique aux murs de pierres apparentes. Produits fins.

Rincón de España – *Nuño Rasura, 11 - 947 205 955.* En contrebas de la cathédrale, cet établissement offre deux belles terrasses en été. Plats typiques castillans et spécialités cuites au four à bois.

Ponte Vecchio – *Vitoria, 111 (Passage) - 947 225 650.* Ce restaurant italien, avec ses fresques murales sur la Rome antique, est situé dans un superbe cadre. Idéal pour un dîner romantique.

Mesón de los Infantes – *Avenida Generalisimo, 2 - 947 205 982.* Restaurant touristique qui propose toutefois une bonne cuisine traditionnelle, en particulier le cochon rôti et les lentilles médiévales.

Tapelia – *Plaza Rey San Fernando - 947 278 000.* Cadre blanc et olive très agréable. Crêpes salées fourrées, spaghettis aux fruits de mer, brochettes de viande et morue gratinée à la mousseline d'ail. Un délice !

Mesón del Cid – *Plaza de Santa María, 8 - 947 208 715 - www.mesondelcid.es.* Environnement rustique et traditionnel du 15e s. (brique, bois et azulejos) pour une excellente cuisine régionale et internationale.

El Ángel – *La Paloma, 24 - 947 208 608.* Un des meilleurs restaurants de Burgos, où se mélangent subtilement les traditions culinaires et la patte innovante du chef. Bar à tapas au rez-de-chaussée.

Puerta Real – *Plaza Rey San Fernando, 9 - 947 265 200 - www.puertareal.com.* Derrière la cafétéria en devanture, belle salle de restaurant au fond. Nappes blanches, beau service et menu gourmet.

Faire une pause

Café de Las Artes – *Calle Lain Calvo, 31.* En journée ou en soirée, ce café atypique est le lieu idéal pour marquer une jolie pause au milieu de livres, de magazines et de jeux de sociétés.

Achats

Pastelería Alonso de Linaje – *Plaza Mayor, 34 et Paseo del Espolon, 20 - 947 201 065.* Salon de thé un tantinet démodé où l'on trouve les meilleurs « *yemas de Burgos* » et « *camelitos del Cid* ».

Événements

La **Fiesta de Curpillo** a lieu début juin (le vend. après la Fête-Dieu). Processions et défilés jusqu'au Parque de Parral. La **Fiesta de San Pedro y San pablo** se tient à la fin du mois, avec des corridas, un festival folklorique de danse, de musique.

Aguilar de Campóo

7 308 HABITANTS
CARTE GÉNÉRALE B1 – CARTE MICHELIN N° 575 D 17
PROVINCE DE PALENCIA

Sur l'une des buttes désertiques qui caractérisent le paysage de cette zone de la Meseta, le château d'Aguilar résiste au temps. À ses pieds, le village conserve sa muraille du 12e s., ses demeures nobiliaires aux murs blasonnées et ses églises. Aguilar de Campóo est une étape plaisante sur l'itinéraire touristique baptisé « Route de l'art roman ».

- **Se repérer** – Le village se trouve à 97 km au nord de Palencia, à 104 km au sud-ouest de Santander et à 79 km au nord-ouest de Burgos.
- **Se garer** – Plaza de España.
- **Organiser son temps** – Une demi-journée.
- **Pour poursuivre le voyage** – Burgos et Palencia.

Visiter

Collégiale San Miguel (Colegiata de San Miguel)

979 123 641 - 6h-19h, w.-end et j. fériés 10h30-14h, 16h30-19h30 (été : 10h30-14h, 16h-20h) - musée : 1,80 €.

L'église de San Miguel se dresse à l'extrémité nord de la longue plaza de España. Élevée au rang de collégiale en 1541 à la demande du 3e marquis de Aguilar, elle porte sur sa tour le blason de ce dernier. Construite au 11e s. à l'emplacement d'un temple wisigothique, elle conserve de cette époque son portail principal, de style roman tardif. Le reste de l'édifice reste majoritairement gothique, excepté la tour de style herrerien, et le retable baroque. À l'intérieur, ses vastes vaisseaux gothiques abritent de beaux **mausolées** : celui des marquis d'Aguilar (statues orantes du 16e s.) et celui de l'archiprêtre García González, situé dans l'absidiole gauche, sculpté avec un réalisme surprenant.

Monastère de Santa Maria la Real

À la sortie du village vers Cervera de Pisuerga. 979 123 053 - www.santamarialareal.org - juil.-août : tlj mat. et apr.-midi ; reste de l'année : tlj sf lun. apr.-midi, w.-end et j. fériés mat. et apr.-midi - gratuit.

En 1169, le roi Alphonse VIII remet le monastère à l'ordre des Prémontrés. En 1222, l'église est consacrée par Mauricio, évêque de Burgos. En 1871, dans le cadre d'une restauration, sont découverts 23 chapiteaux romans historiés, provenant de l'église, du cloître et d'autres complexes monastiques environnants. L'un deux partira en 1932 rejoindre les collections du Fogg Art Museum de l'université de Harvard. Le monastère abrite dorénavant un petit musée d'Art roman, où sont exposés maquettes et chapiteaux.

Se promener

La **plaza de España★** montre du côté ouest un portique de tradition castillane, et du côté est une architecture proche de celle des villages de pêcheurs de Cantabrie. Derrière la collégiale San Miguel se trouve la **Puerta de la Torrejona**, fastueuse entrée Renaissance d'un palais du 16e s. aujourd'hui disparu. En vous dirigeant à l'est, la Puerta del Portazgo s'ouvre sur le **pont médiéval**, où s'effectuaient les échanges commerciaux à l'époque où le quartier appartenait aux Juifs.

Aguilar pratique

Informations utiles

Office de tourisme – *Plaza de España, 30 - 979 123 641 - tlj sf lun. mat. et apr.-midi, dim. matin.*

Se loger et se restaurer

⊖⊖ Posada Santa Maria la Real – *Avenida Cervera - 979 122 000 - www.posadasantamarialareal.com - P - 22 ch. 60/80 € - 7 €.* Logé dans les anciennes dépendances du monastère, cet hôtel de charme dépayse assurément. 18 chambres en duplex, dont 4 de plain-pied, donnent sur un magnifique jardin. Restaurant.

⊖⊖⊖ Cortés – *Puente, 39 - 979 125 080.* Ce restaurant familial propose une cuisine castillanne traditionnelle.

Événements

Le **Carnaval de la Galleta** a lieu la deuxième quinzaine de février.

Covarrubias★

632 HABITANTS
CARTE GÉNÉRALE B1 – CARTE MICHELIN N° 575 F 19
PROVINCE DE BURGOS

Les remparts de Covarrubias sont défendus par la tour Doña Urraca et le fleuve Arlanza. Un palais Renaissance faisant arche sur la rue donne accès au quartier historique, caractérisé par ses maisons à colombages. La cité abrite la tombe d'un des grands personnages de l'histoire castillane, Ferdinand González, artisan de l'autonomie castillane au 10e s.

- **Se repérer** – Covarrubias est située à 40 km au sud-est de Burgos.
- **Se garer** – Devant l'arche monumental de la ville, au commencement de la rue Monseñor Vargas.
- **Organiser son temps** – Une demi-journée.
- **Pour poursuivre le voyage** – Burgos, Palencia et Soria.

Visiter

Collégiale★ (Colegiata)

947 406 311 - visite guidée (1/2h) tlj sf mar. 10h30-14h, 16h-19h, dim. et j. fériés 10h30-12h, 16h-19h - 2 €.

L'église, construite au 15e s., possède trois nefs et quatre chapelles latérales. Le cloître attenant est du 16e s. Le tout forme un bel ensemble gothique. Son orgue du 17e s. est le plus vieux des orgues de Castille à fonctionner encore actuellement.

Véritable panthéon, la **collégiale** abrite une trentaine de tombeaux médiévaux, dont ceux de Ferdinand González et de son épouse Doña Sancha (inhumés dans des sarcophages de réemploi, d'époque romaine) et celui de la princesse norvégienne Christine qui épousa en 1258 l'infant Philippe de Castille, frère d'Alphonse X.

Musée-Trésor★ – Parmi une riche collection de sculptures, d'orfèvrerie, de vêtements ecclésiastiques et de peintures primitives, on distinguera un **triptyque** du 15e s. dont les hauts-reliefs du panneau central représentant l'*Adoration des Mages* sont attribués à Gil de Siloé ; une scène de genre de **Pedro Berruguete**, montrant des médecins affairés autour d'un malade ; et une *Vierge* de **Van Eyck**. Une splendide croix processionnelle ouvragée témoigne de la virtuosité des orfèvres de Calahorra au 16e s.

Aux alentours

Quintanilla de las Viñas★

Oct.-mars 10h-17h, reste de l'année 10h-14h, 16h-19h.

À la sortie de Covarrubias, la route suit la vallée de l'Arlanza qui s'encaisse dans de belles gorges boisées. Sur la droite apparaissent en contrebas les vestiges de l'**ancien monastère San Pedro de Arlanza** (noter les belles absides romanes).

G. Alameda/Ecovarrubias.com

Frise de l'église de Quintanilla de las Viñas.

Église de Quintanilla de las Viñas★ – *Oct.-mars 10h-17h, reste de l'année 9h30-14h, 16h-19h - fermé lun. et dernier w.-end du mois.* Le grand âge de cet ermitage – dans lequel qui la plupart des archéologues reconnaissent un édifice wisigothique du 7e s. – lui confère une valeur archéologique considérable. Il ne reste que l'abside et le transept, édifiés avec de grandes pierres régulièrement appareillées. Les murs extérieurs sont décorés d'une frise de rinceaux (grappes de raisin, feuilles, oiseaux) et de médaillons et motifs stylisés. Ces mêmes motifs se retrouvent à l'intérieur sur les claveaux de l'arc triomphal. De chaque côté, les deux impostes sont ornées de figures symboliques représentant le soleil et la lune.

Lerma

47 km à l'ouest par la BU 905.

Lerma doit sa splendeur à Francisco de Sandoval, duc de Lerma (1553-1625) et ambitieux favori de Philippe III, qui dirigea les destinées du pays de 1598 à 1618, date à laquelle il fut évincé par son propre fils, le duc de Uceda. Confortablement enrichi, celui-ci s'attacha à embellir sa ville de Lerma, qui devint un des rares exemples d'urbanisme classique en Espagne.

Dans la partie haute de la ville se trouve le quartier historique aménagé par le duc au 17e s. Il conserve ses rues étroites, en forte montée, tapissées de pavés pointus et bordées de maisons anciennes sur portiques de bois ou de pierre. Sur la **Plaza Mayor★** s'élève l'élégante façade du palais ducal. La **collégiale** conserve la statue agenouillée en bronze doré de l'archevêque Cristóbal de Rojas, neveu du duc, œuvre de Juan de Arfe (17e s.). *✆ 947 177 002 - Uniquement visite guidée avec office de tourisme - 3€.*

Covarrubias pratique

Informations utiles

OFFICES DE TOURISME

Covarrubias – *Calle Monseñor Vargas - 09346 Covarrubias - ✆ 947 403 032.*

Lerma – *Audiencia, 6 - 09340 Lerma - ✆ 947 177 002.*

Visites

COVARRUBIAS

Visites guidées du village organisées chaque jour à 11h au départ de l'office de tourisme. Plus d'informations au *✆ 947 406 461.*

LERMA

Visites guidées de la ville organisées par l'office de tourisme. Durée 1h15. 3 € en groupe et 5 € en individuel. Plus de renseignements au *✆ 947 177 002.*

Se loger

COVARRUBIAS

⊖ **Pensión Casa Galín** – *Plaza Doña Urraca, 4 - ✆ 947 406 552 - www.casagalin.com - 8 ch. 40/50 €.* Dans une ancienne maison à colombages, petites chambres avec poutres apparentes, parquet et boiseries. Bar-restaurant économique.

⊖ **Hotel Doña Sancha** – *Avenida Victor Barbadillo, 31 - ✆ 947 406 400 - www.hoteldonasancha.com - P - 14 ch. 45/55 € - ☕ 5 €.* Situé à 300 m du cœur historique, le Doña Sancha est un hôtel confortable entouré d'un joli verger de cerisiers et bordé de vignes.

⊖ **Hotel del Rey Chindasvinto** – *Plaza del Rey Chindasvinto, 5 - ✆ 947 406 550 - hotelchindas@wanadoo.es - 14 ch. 50/60 € ☕.* Cet établissement de charme, admirablement situé à côté de la Colegiata, arbore un décor soigné de pierre, de brique et de stuc, ainsi qu'un mobilier castillan. Agréable terrasse.

LERMA

⊖ **Hotel Villa de Lerma** – *Calle Mayor, 52 - ✆ 947 177 070 - www.villadelerma.com - P - 18 ch. 50/60 €.* Un 2 étoiles sans charme mais confortable, à 50 m de la Plaza Mayor. Cafétéria.

⊖⊖⊖ **Parador de Lerma** – *Plaza Mayor, 1 - ✆ 947 177 110 - lerma@parador.es - P - 70 ch. 145/160 € - ☕ 14 €.* L'hôtel palatial s'articule autour d'un magnifique patio. Les chambres sont hautes et spacieuses, ornées de boiseries, avec des salles de bains parées d'azulejos. Excellent restaurant gastronomique : réservation conseillée.

Se restaurer

COVARRUBIAS

⊖⊖ **De Galo** – *Monseñor Vargas, 10 - ✆ 947 406 393.* Dans un cadre rustique et intimiste, on sert des plats régionaux.

LERMA

⊖⊖ **Mesón del Duque** – *Calle Audiencia, 2- ✆ 947 172 122.* Spécialités de viandes cuites au four à bois.

⊖⊖ **Bodega San Blas** – *Plaza San Blas - ✆ 947 171 181.* Restaurant sous la cafétéria. Menu copieux. Viandes et poissons (Vieille de mer, turbot, bar, lotte et saint-pierre).

⊖⊖ **Casa Brigante** – *Plaza Mayor, 5 - ✆ 947 170 594.* Pour les amateurs de bonne viande, une adresse plébiscitée des habitants.

Santo Domingo de Silos★★

CARTE GÉNÉRALE B1 – CARTE MICHELIN N° 575 F 19
PROVINCE DE BURGOS

Au 11e s., le moine Dominique, devenu évêque de Silos, fait reconstruire les bâtiments d'une ancienne abbaye wisigothique et donne son nom au nouveau monastère. En 1512, la communauté adhère à la congrégation bénédictine de Valladolid. Les lieux sont abandonnés en 1835, suite au décret gouvernemental sur la sécularisation. Mais Santo Domingo est choisi comme refuge par des bénédictins français, conduits par un moine de l'abbaye de Solesmes, en 1880. À leur arrivée, ils plantent un cyprès au centre du cloître, aujourd'hui emblème du monastère. Situé à l'entrée d'un village de trois cents âmes, Santo Domingo accueille d'innombrables visiteurs, attirés par sa beauté et ses chants grégoriens.

- **Se repérer** – Santo Domingo de Silos se trouve à 18 km au sud de Covarrubias et à 69 km au sud-est de Burgos.
- **Organiser son temps** – Une demi-journée.
- **Pour poursuivre le voyage** – Burgos, Covarrubias et Lerma.

Découvrir

Monastère de Santo Domingo de Silos★★

947 390 049 - www.abadiadesilos.es - tlj sf lun. 10h-13h, 16h30-18h, j. fériés 16h30-18h - fermé 1er et 6 janv., Jeu. et Vend. saints, 12 Oct., 1er nov., 20 et 25 déc. - 3 €.

Cloître (Claustro) – C'est l'un des plus beaux cloîtres d'Espagne. Particulièrement vaste pour un édifice roman, il comprend deux étages d'une parfaite homogénéité. Les galeries du rez-de-chaussée se composent d'une soixantaine d'arcs en plein cintre soutenus par des colonnes géminées, et au centre de chaque galerie par un ensemble de cinq colonnes. Les huit bas-reliefs qui se trouvent aux angles comptent parmi les chefs-d'œuvre de la sculpture romane. Plusieurs artistes se sont succédé. Le premier maître (2e moitié du 11e s.), le plus original, utilise le dessin linéaire, les attitudes hiératiques, et donne la prépondérance au symbole sur le réalisme. On lui doit les galeries est, nord et en partie ouest, ainsi que les bas-reliefs des piliers sud-est, nord-est et nord-ouest. Le second artiste (début du 12e s.) joue du volume et individualise ses personnages. Les bas-reliefs du pilier sud-ouest (12e s.) sont d'une troisième main, et d'une facture très différente.

Les **chapiteaux**, dans leur ensemble, constituent un bestiaire fantastique à partir de thèmes animaliers et végétaux d'influence mudéjare. *Les plus intéressants sont cités dans la description des galeries ci-dessous.*

Pilier sud-est : on identifie à gauche l'*Ascension* et à droite la *Pentecôte*. Leur composition s'apparente à celle d'un diptyque d'ivoire.

Galerie est : vannerie **(1)**, entrelacs végétaux **(2)**, harpies défendues par des chiens **(3)**.

Pilier nord-est : il évoque la Descente de Croix avec, au registre supérieur, la terre et la lune dont les faces vont se couvrir d'un voile ; de l'autre côté sont synthétisées

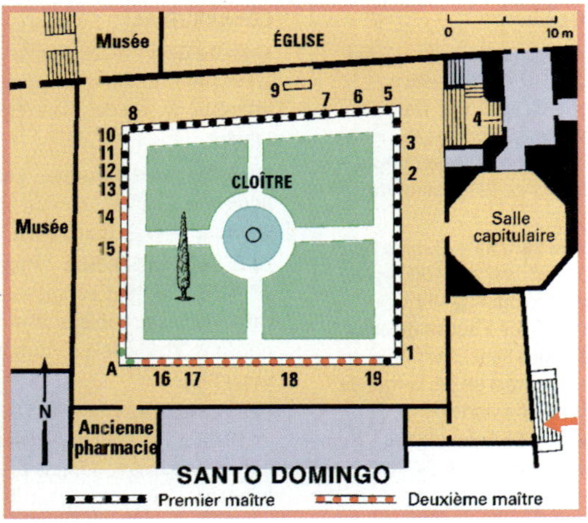

en une seule scène, très originale, la *Mise au tombeau* et la *Résurrection*.

En face de ce pilier se trouve la porte de l'ancienne abbatiale romane, ou **porte des Vierges (4)**, dont l'arc outrepassé est encadré de colonnes supportant d'intéressants chapiteaux.

Galerie nord : entrelacs végétaux **(5)**, les vieillards de l'Apocalypse **(6)**, harpies attaquées par des aigles **(7)**, couples d'oiseaux **(8)**. Dans cette galerie se trouve le tombeau de saint Dominique de Silos (13e s.) : trois lions romans portant le gisant du saint **(9)**.

Pilier nord-ouest : il se rapporte aux doutes que sema la *Résurrection* de Jésus dans l'esprit de certains disciples : l'*Apparition aux disciples d'Emmaüs*, l'*Incrédulité de saint Thomas*.

S. Sergent/Michelin

Saint Thomas touchant les plaies du Christ.

Galerie ouest : vannerie de pierre **(10)**, oiseaux affrontés avec les cous entrecroisés **(11)**, flamants au galbe parfait **(12)**, entrelacs végétaux emprisonnant des oiseaux et des lions **(13)**. Les chapiteaux suivants sont du deuxième artiste : *Naissance de Jésus* **(14)**, scènes de la *Passion* **(15)**. Remarquer le plafond *artesonado* du 14e s., bien conservé dans cette galerie.

Pilier sud-ouest (A) : œuvre du troisième maître, il est consacré à la Vierge, avec, à gauche, une admirable *Annonciation*, où la Vierge est couronnée par deux anges, et, à droite, un *Arbre de Jessé*.

Galerie sud : entrelacs emprisonnant des oiseaux dans l'un et des cerfs dans l'autre **(16** et **17)**, aigles enserrant des lièvres **(18)**, têtes de monstres grimaçants **(19)**.

Musée – Il présente quelques pièces fort anciennes : le Calice de saint Dominique décoré de filigranes (11e s.), un reliquaire plaqué d'émaux, un manuscrit de rite mozarabe (10e-11e s.) et le tympan du portail de l'église primitive.

Ancienne pharmacie – L'Antigua farmacia conserve une belle collection de pots de Talavera aux armoiries du monastère.

Église – Le bâtiment actuel (1756-1816), de proportions harmonieuses, allie la science baroque des lignes courbes à la simple grandeur herrérienne.

Aux alentours

Gorge de la Yecla (Garganta de la Yecla)

21 km au sud-est et 3 km au sud-ouest de Santo Domingo de Silos – 20mn. Une passerelle permet de suivre le parcours d'un profond et étroit canyon taillé dans une épaisse couche de calcaire gris.

Santo Domingo de Silos pratique

Informations utiles

Office de tourisme – *Cuatro Cantones, 10 - ✆ 947 390 119 - avr.-sept. : tlj sf lun. mat. et apr.-midi, dim. matin ; reste de l'année : sam. mat. et apr.-midi, dim. matin.*

Se loger et se restaurer

⊖ **Posada Villa de Silos** – *Calle Plaza Mayor, 10 - ✆ 947 390 017 - www.posadadesilos.com - 7 ch. 40/50 € - ☕ 3,50 €.* Maison coquette en pierre du début du 20e s., joliment restaurée et ouverte en 2002. Bon rapport qualité/prix.

⊖ **Hotel Santo Domingo de Silos** – *Calle Santo Domingo de Silos, 14-20 - ✆ 947 390 053 - www.hotelsantodomingodesilos.com - 40 ch. 50/60 € - ☕ 7 €.* Situé face au monastère, cet hôtel au charme rustique dispose de chambres sobres, avec parquet et tête de lit en fer forgé.

⊖⊖ **Hotel Tres Coronas de Silos** – *Plaza Mayor, 6 - Monasterio de Santo Domingo de Silos - ✆ 947 390 047 - 16 ch. 75/80 € - ☕ 7€.* Une bâtisse seigneuriale du 17e s., sur la Plaza Mayor, héberge cet agréable hôtel. Décoration de style castillan, pierre murale apparente. Excellent restaurant.

Événements

La **fête de la sainte Croix** a lieu le 2 mai, la **fête de Santa Isabel** le 2 juillet.

Soria★

37 200 HABITANTS
CARTE GÉNÉRALE C1 – CARTE MICHELIN N° 575 G 22
PROVINCE DE SORIA

Traversée par le Douro, dominé par la colline du château et l'ermitage de San Saturio, Soria a inspiré de nombreux poètes. Promeneurs et joggeurs arpentent la rive droite du fleuve, tandis que voyageurs et peintres du dimanche s'attardent de l'autre côté du pont médiéval, à San Juan de Duero, où la cité témoigne encore d'un riche passé pluriculturel. Capitale de province – et quelle province ! pas moins de huit routes thématiques pour découvrir une région captivante –, la Soria contemporaine s'active autour de la rue El Collado.

- **Se repérer** – Soria se trouve à 64 km au nord-est de El Burgo de Osma et à 104 km au sud de Logroño.
- **Se garer** – Parking souterrain de la Plaza del Olivo.
- **À ne pas manquer** – San Juan de Duero.
- **Organiser son temps** – Comptez environ 1 jour, 2 avec les alentours.
- **Pour poursuivre le voyage** – El Burgo de Osma, le monastère de Santa María de Huerta, la Rioja.

Comprendre

« **Soria pura, cabeza de Extremadura** » – Cette devise, inscrite sur le blason de la ville, rappelle qu'au 10e s. la région de Soria était l'extrême avancée du royaume de Castille face au Sud islamisé. Une véritable **ligne fortifiée du Douro** s'était constituée pour résister à l'invasion, avec des forteresses comme celles de **Soria**, **Berlanga**, **Gormaz**, **Peñaranda** et **Peñafiel**.

Au Moyen Âge, la ville connut une grande prospérité, due en partie à son rôle dans la « **Mesta** », puissante organisation d'éleveurs qui s'occupait de la transhumance des troupeaux de moutons entre l'Estrémadure, la Castille et les pâturages du Nord.

Visiter

Église de Santo Domingo★

La **façade**, plus large que haute, s'impose par la disposition de son double registre d'arcatures aveugles, sa rosace et son portail ouvragé. Son caractère saintongeais

SE LOGER		SE RESTAURER	
Hostal Alvi	1	Casa Augusto	1
Hostal Arevacos	4	Casa Garrido	4
Hostería Solar de Tejada	7	El Venlorro	7
Hotel Alfonso VIII	10	Fogón del Salvador	10
Mesón Leonor	13	Iruña	13
Parador de Soria	16	Mesón Castellano	16
Soria Plaza Mayor	19	Rincón de San Juan	19

– relations stylistiques en particulier avec Notre-Dame de Poitiers – s'explique par le fait que le roi fondateur, Alphonse VIII, avait épousé Éléonore d'Angleterre, l'héritière du royaume de Gascogne. Tous deux, bienfaiteurs de l'église, figurent de part et d'autre du portail. Le tympan très aéré contraste avec l'**archivolte**, fourmillante de personnages sculptés de façon radiale. En regardant l'ensemble de l'intérieur vers l'extérieur, la première voussure aligne les 24 Vieillards de l'Apocalypse jouant d'instruments à cordes ; la deuxième relate le massacre des Innocents ; la troisième raconte la jeunesse du Christ en commençant par l'Annonciation ; la quatrième traite la Passion de Jésus ; et la cinquième embrasse une ornementation végétale. La richesse narrative et le sens du détail caractérisent ces hauts-reliefs en parfait état de conservation. Le tympan offre une Sainte-Trinité cernée d'une mandorle et flanquée par quatre anges portant les symboles des évangélistes. Aux extrémités apparaissent saint Joseph et la Vierge.

Sur les piédroits, les **chapiteaux** évoquent la Genèse, depuis la création du monde aux enfants d'Adam et Ève. Les chapiteaux des arcatures sont également intéressants, notamment ceux du niveau inférieur, qui font preuve d'une grande richesse iconographique. On reconnaîtra les principaux événements liturgiques tels que l'Épiphanie.

Palais de los Condes de Gómara

Construit en 1592 pour Francisco Lopez del Rio y Salcedo, ce palais est le plus important bâtiment civil Renaissance de Soria. Le titre de « comte de Gomara » est donné par Charles II à un membre de la famille en 1692. La façade, de 100 m de long, s'achève par une tour altière. Celle-ci s'articule sur 3 niveaux. Le dernier est pourvu de fenêtres géminées et souligné par une belle corniche à l'italienne ornée de pinacles. La façade distingue deux parties. À gauche, l'entrée décentrée rompt, grâce à l'élégance de ses colonnes toscanes et de son blason gardé par des géants, avec l'allure médiévale des palais-forteresses. Ce maniérisme architectural se retrouve dans les balcons couronnés de frontons triangulaires, ornés de pinacles sophistiqués. À droite, tout en maintenant la même hauteur et distribution, la façade s'ouvre au premier niveau par une galerie d'arcs en plein cintre. Au deuxième étage, le schéma se répète sur une hauteur réduite de moitié et redoublant le nombre des arcs soutenus par des colonnes ioniques. Un patio d'ordonnance classique habille l'intérieur. L'édifice abrite aujourd'hui le palais de justice de la ville.

Église de San Juan de Rabanera

Le portail roman provient d'une église tombée en ruines, dédiée à saint Nicolas. La vie du saint est traitée sur les chapiteaux des colonnettes de droite et sur le tympan. Le chevet présente une étrange décoration où se mêlent les styles byzantin et gothique. À l'intérieur, deux crucifix : roman, au-dessus de l'autel, et baroque, dans le bras nord du transept.

Musée Numantino (Museo Numantino)

☏ 975 221 397 - tlj sf lun. mat. et apr.-midi, dim. et j. fériés mat. - fermé 1er janv., 26 et 29 Juin, 24-25 et 31 déc. - 1,20 € (- 18 ans et w.-end gratuit).

Les collections de ce musée, récemment réaménagé, montrent l'évolution historique de Soria, du paléolithique à l'époque moderne, à travers les fouilles effectuées dans la région. Notez le mobilier des nécropoles celtibériques, ainsi que les céramiques polychromes découvertes sur le site de Numance.

Cathédrale de San Pedro

Cette ancienne collégiale d'origine romane, remaniée dans sa quasi-totalité aux siècles suivants, frappe par sa singularité. Ses bas-côtés, de même hauteur que la nef centrale, correspondent en effet à la typologie des **églises halles**, très répandue en Castille dans la première moitié du 16e s. À l'intérieur, le grand retable de 1578 illustrant la vie de saint Pierre trahit l'influence maniériste de Juan de Juni et de Gaspar Becerra, même si le goût de l'époque pour l'art romain grandiloquent y est aussi très sensible. Le retable de la **chapelle Santa Clara**, dédié à saint Nicolas, est une œuvre sculpturale majeure. La structure de colonnes entrecoupées de balustrades est richement ornée. Un beau triptyque flamand de 1559 présente au centre une Crucifixion. Le **cloître** est l'un des plus vastes d'Espagne. Il a conservé trois de ses portiques romans. Les chapiteaux montrent une grande variété décorative. L'ornementation végétale côtoie des scènes figuratives, comme l'Annonciation et l'Épiphanie. Le style rappelle celui de Santo Domingo de Silos. L'**art mudéjar** est aussi à l'honneur avec les arcs polylobés du mur oriental, marqués par l'utilisation de l'arabesque comme élément décoratif. Dans les murs se trouvent des enfeus, où sont enterrés les moines. Au nord, l'un deux présente des motifs de demi-lunes et d'étoiles.

San Juan de Duero★★

✆ 975 230 218 - juil.-sept. : tlj sf lun. 10h-14h, 17h-20h, dim. et j. fériés 10h-14h ; oct.-juin : tlj sf lun. 10h-14h, 16h-19h, dim. et j. fériés 10h-14h - fFermé 1er janv., 22 juin, 2 oct., 24-25 et 31 déc. - 0,60 €, gratuit w.-end.

Sur la rive gauche du Douro, dans un cadre champêtre, les chevaliers Hospitaliers de l'ordre de St-Jean-de-Jérusalem fondent un monastère au 12e s. Ils s'approprient une église existante qu'ils aménagent pour les besoins du rite orthodoxe. C'est la raison pour laquelle se trouvent, de chaque côté de la nef, deux édicules coiffés d'une coupole et abritant un autel. Les **chapiteaux** de ces baldaquins possèdent des bas-reliefs d'une grande virtuosité. Ils figurent des dragons ailés, des hommes à corps d'oiseau, des scènes de guerre (soldats armés en cote de maille, prisonniers décapités) et des scènes bibliques (la Visitation, la Naissance du Christ et la Fuite en Égypte). La facture de ces sculptures laisse à penser que les mêmes artistes ont travaillé à San Juan et à Santo Domingo. L'église accueille un petit musée lapidaire, exposant les vestiges des cultures chrétienne, juive et arabe. Le **cloître** du 13e s. est unique en Espagne. S'il a perdu son toit en bois et ses murs extérieurs, son portique est quant à lui intact. De plan irrégulier, celui-ci surprend en particulier par la variété de ses arcs. En observant bien chaque côté, deux séries d'arcades différentes s'enchaînent, séparées par un pilier massif. Une partie du tronçon nord se rapporte au style roman traditionnel (arcs en plein cintre, chapiteaux à décor végétal). Une moitié du tronçon déploie des arcs en forme de fer à cheval. Jusqu'au tronçon sud, les arcs s'entrecroisent jusqu'à se passer de pilastre de support. Aux angles nord-est, sud-est et nord-ouest président des accès sous des arcs outrepassés. L'influence de l'**art islamique** est ici considérable. Les chapiteaux sont également très divers. Certains arborent des motifs végétaux (palmes, fleurs), décoratifs (entrelacs, coquilles enserrées dans un treillage, effets géométriques), animaliers (bestiaire fantastique) et historiés (scènes bibliques). Côté est, vous remarquerez enfin de curieuses **consoles** ornées de têtes (bovidé, homme). L'ensemble a été construit en pierre de grès, provenant des carrières voisines de Valonsadero.

S. Sergent / Michelin

Le cloître de San Juan de Duero.

Parc du castillo (Parque del castillo)

De ces jardins dominant la ville, on découvre les « sierras chauves et peupleraies du ruisseau » qui inspirèrent à Antonio Machado ses plus beaux vers.

Ermitage de San Saturio (Ermita de San Saturio)

Accès rive gauche, 1 300 m. Accès rive droite recommandé, parking.

Un chemin ombragé longeant le Douro mène à la grotte où méditait le saint ermite. On y a élevé au 18e s., accrochée au rocher, une chapelle octogonale couverte de fresques. Le lieu vaut davantage par la beauté du site que par l'intérêt artistique du lieu.

Aux alentours

Site de Numancia (Ruinas de Numancia)

7 km au nord-est. ✆ 975 180 712 - tlj sf lun. mat. et apr.-midi, dim. et j. fériés mat. - fermé 1er janv., 24-25 et 31 déc. - 0,60 € (-18 ans et w.-end gratuit).

En 133 av. J.-C., Scipion Émilien, destructeur de Carthage, dirige le siège de Numance. Au bout de huit mois, les habitants choisissent de périr après avoir incendié leur ville. Observez le tracé de l'ancien bourg romain depuis le belvédère.

Sierra de Urbión★★

De novembre à mai, les routes peuvent être coupées par la neige.

Cette partie de la cordillère Ibérique qui culmine à 2 228 m surprend, si près des plateaux de Soria et de la vallée de l'Èbre, par ses paysages accidentés et verdoyants où de nombreux ruisseaux arrosent les forêts de résineux et les prairies. Une partie de ces eaux formera l'un des plus grands fleuves d'Espagne, le Douro (Duero – 910 km).

Laguna Negra de Urbión★★ – *53 km au nord-ouest et la N 234 – environ 1h. À Cidones, prenez à droite vers Vinuesa ; 18 km plus loin continuez sur Montenegro de Cameros pendant 8 km, puis prenez à gauche vers la Laguna (9 km).* La **route★★** longe la retenue de la Cuerda del Pozo, bordée de pans rocheux, de rocailles et de chênes verts, puis s'enfonce sous la pinède. La **Laguna Negra** (alt. 1 700 m) est un petit lac glaciaire niché au pied d'une haute falaise en demi-cercle d'où jaillissent deux cascades.

Laguna Negra de Neila★★ – *Environ 86 km au nord-ouest par la N 234. À Abejar, prenez à droite vers Molinos de Duero. Continuez jusqu'à Quintanar de la Sierra, là prenez à droite vers Neila pendant 12 km, puis à gauche vers Huerta de Arriba ; 2 km plus loin, on trouve à gauche le chemin de la Laguna Negra.* La **route★** réserve de multiples perspectives sur la vallée et sur la sierra de la Demanda. Le paysage, pittoresque et verdoyant, offre des formes douces et sans cesse renouvelées. Le lac s'étale à 2 000 m d'altitude.

Soria pratique

Informations utiles

Office de tourisme – *Medinaceli, 2 - ☎ 975 212 052 - juil.-mi-sept., Semaine sainte et longs w-ends : tlj tte la journée ; reste de l'année : tlj mat. et apr.-midi.*

Se loger

⊖ **Hostal Alvi** – *Calle de Alberca, 2 - ☎ 975 228 112 - 24 ch. 30/50 €.* Un premier prix pour un établissement propre et fonctionnel.

⊖ **Hostal Arevacos** – *Calle Clemente Saenz, 8 bis - ☎ 975 212 832 - www.hostalarevacos.com - 24 ch. 50/60 €.* Situé près de l'église Santo Domingo, cet hostal simple mais agréable est une bonne surprise.

⊖ **Hostería Solar de Tejada** – *Claustrilla, 1 - ☎ 975 230 054 - 18 ch. 50/60 €.* Situé au seuil du quartier piéton, ce petit hôtel de charme possède un décor qui allie matériaux divers, éléments de design, couleurs vives et mobilier artisanal. Excellent rapport qualité/prix.

⊖⊖ **Mesón Leonor** – *Paseo del Mirón - ☎ 975 220 250 - 30 ch. 80/100 € - ☕ 6 €.* Rénové récemment, cet hôtel simple mais accueillant domine le quartier historique.

⊖⊖ **Soria Plaza Mayor** – *Plaza Mayor, 10 - ☎ 975 240 864 - www.hotelsoriaplazamayor.com - P - 10 ch. 75/100 €.* Cet hôtel glamour propose des chambres au décor inspiré des poèmes de Machado. Certaines ont un plafond mansardé, d'autres un balcon. Le soin des matières et des objets donne un effet mat et brillant.

⊖⊖⊖ **Hotel Alfonso VIII** – *Alfonso VIII, 10 - ☎ 975 226 211 - www.hotelalfonsoviiisoria.com - 81 ch. 95/120 € - ☕ 10 €.* Proche de la zone piétonne et commerciale, ce grand classique de l'hôtellerie sorianne (chambres spacieuses et salles de bains en marbre) bénéficie également d'un bon restaurant.

⊖⊖⊖ **Parador de Soria** – *Parque de Castillo - ☎ 975 240 800 - soria@parador.es - P - 34 ch. 135/150 € - ☕ 14 €.* L'architecture audacieuse joue la transparence pour profiter au maximum du panorama sur le Douro. Vastes chambres et salles de bains modernes. Excellent accueil.

Se restaurer

⊖ **Casa Augusto** – *Plaza Mayor, 5 - ☎ 975 213 041.* Dans son accueillante salle à manger en pierre, cuisine régionale élaborée avec des produits de qualité et menu du jour.

⊖⊖ **Casa Garrido** – *Calle Vincente Tuto, 8 - ☎ 975 222 068.* Restaurant tenu de longue date par les frères Arranz, référencé comme une adresse de choix.

⊖⊖ **Mesón Castellano** – *Plaza Mayor, 2 - ☎ 975 213 045.* Cuisine typique castillanne, que l'on savoure sous un étonnant plafond de jambons suspendus !

⊖⊖ **Rincón de San Juan** – *Diputación, 1 - ☎ 975 215 036.* Excellente cuisine traditionnelle, servie l'été dans un joli patio.

⊖⊖⊖ **Iruña** – *Plaza de San Clemente, 2 - ☎ 975 226 831.* Bar à tapas au rez-de-chaussée et restaurant de poissons et fruits de mer à l'étage. Très fréquenté.

⊖⊖⊖ **Fogón del Salvador** – *Plaza del Salvador, 1 - ☎ 975 230 194.* Spécialités de viandes au feu de bois.

⊖⊖⊖ **El Ventorro** – *Avenida Mariano Vicen, 33 - ☎ 975 223 754 - www.elventorro.es.* Situé en dehors du centre-ville, ce bar-restaurant propose une cuisine traditionnelle et raffinée dans un cadre moderno-rustique.

Faire une pause

Nueva York – *El Collado, 18 - ☎ 975 212 784.* Boulangerie-pâtisserie où l'on peut prendre son petit-déjeuner ou manger une part de gâteau. La spécialité locale : la **mantequilla** (beurre, sucre et parfum).

Événements

La **Fiesta de San Juan**, ou « Taurosoria », a lieu à partir du mercredi avant le dernier dimanche de juin. Pendant 5 jours : danses défilés, corridas.

Monastère de
Santa María de Huerta★★
Monasterio de Santa María de Huerta

CARTE GÉNÉRALE C2 – CARTE MICHELIN N° 575 I 23
PROVINCE DE SORIA

En 1144, une communauté cistercienne gasconne vient s'établir dans la région, à la demande de l'empereur Alphonse VII, à la limite de la Castille et de l'Aragon. En 1162, les moines s'installent à Huerta et entreprennent peu après l'édification du monastère gothique, qui dure jusqu'à la fin du 13e s. Les innovations ultérieures, Renaissance et baroques, apportent quelques modifications aux bâtiments originaux. Le monastère subit des dégradations après l'abandon des lieux en 1835. Mais depuis 1930, année du retour des cistersiens dans leurs murs, il bénéficie de campagnes de restauration qui lui rendent progressivement son âme d'antan.

- **Se repérer** – Santa María de Huerta se trouve à 24 km au nord-est de Medinaceli et à 100 km au sud-est de Soria.
- **Organiser son temps** – Environ 2 h.
- **Avec les enfants** – Goûtez le miel et les confitures faits par les moines !
- **Pour poursuivre le voyage** – Sigüenza, Soria.

Visiter

Environ 1h. ✆ 975 327 002 - www.monasteriohuerta.org - tlj mat. et apr.-midi - 2 € (-10 ans gratuit).

Une enceinte ponctuée de petites tours crénelées protège le complexe monastique. On y pénètre par un **arc triomphal** du 16e s., en arrivant sur la **plaza** (esplanade) que se partagent les façades de l'église et de l'ancienne auberge de pèlerins du 17e s., aujourd'hui résidence des moines.

Cloîtres et dépendances monastiques (Claustros y dependencias monásticas)

Cloître herrerien – Construit entre 1582 et 1630, le cloître herrerien, long de sept travées, expose au centre de son jardin les statues de l'abbé Martín de Finojosa et de l'archevêque de Tolède, Ximénez de Rada.

B. Brillion/Michelin

Le cloître des Caballeros.

Cloître des Caballeros – 13e-16e s. Appelé ainsi parce que de nombreux seigneurs y sont enterrés. Il se compose de deux étages très différents. La partie inférieure présente d'élégantes voûtes sur croisées d'ogives purement gothiques, alors que le premier étage, ajouté au 16e s., arbore toute l'exubérance et la fantaisie d'un décor plateresque (copie de l'étage du palais des ducs de Avellaneda à Peñaranda de Duero). Les médaillons qui le décorent représentent des apôtres, des prophètes, des rois d'Espagne.

À partir de là, il est possible d'accéder à la salle capitulaire du 16e s.

Salle des Conversos (Sala de los Conversos) – 12e s. Les deux longs vaisseaux sont séparés par de robustes colonnes aux chapiteaux stylisés.

Cuisine (Cocina) – Elle est remarquable par sa monumentale cheminée centrale.

Réfectoire (Refectorio) – Chef-d'œuvre de l'architecture gothique du 13e s., cette salle, longue de 34 m et large de 10 m, frappe par sa clarté. Cette abondance de lumière vient non seulement des deux niveaux de fenêtres mais surtout de l'admirable rosace du mur méridional. Ses voûtes sexpartites s'élèvent à 15 m. La **chaire du lecteur** est accessible par un très bel escalier creusé dans le mur formé de petits arcs supportés par neuf colonnettes octogonales.

Église

Une restauration lui a redonné son allure primitive. Cependant, la chapelle royale a conservé sa luxuriante décoration churrigueresque. L'église fut bâtie d'après les modèles conventuels bourguignons : trois nefs, cinq travées, un transept et un chœur semi-circulaire flanqué de chapelles. Entre les vaisseaux et le narthex s'élève une grille baroque de 1776. Si beaucoup d'œuvres d'art ont disparu, l'abside principale a conservé son retable du 18e s. avec, au centre, l'image tutélaire de l'Assomption de la Vierge. Une série de fresques du 16e s. représentent la bataille navale de Tolosa, que remporta Alphonse VIII, généreux donateur du monastère.

De fines stalles en noyer, Renaissance, décorent le *coro alto*. Les trois sièges les plus importants possèdent des bas-reliefs figurant une Vierge à l'Enfant, saint Bernard et saint Benoît. Le sol est recouvert de très anciens azulejos de Talavera.

Parmi les tombeaux recencés dans l'église se trouvent deux sépultures baroques appartenant aux ducs de Medinaceli.

Aux alentours

Medinaceli★

24 km au sud-ouest par l'A 2.

Medinaceli est un charmant village perché à 1 200 m d'altitude qui domine la vallée de Jalón. Au sud de l'ex cardo romain se dresse encore l'**arc triomphal**, datant probablement du 2e s. À l'ouest se tient l'entrée médiévale du bourg : la **puerta de la Muralla**, non loin du **château**. La **Plaza Mayor** campe sur l'ancien forum antique, où les fouilles ont révélé une grande mosaïque de pavement. Un fragment est exposé à l'intérieur du **Palais ducal**. Le **couvent** des clarisses **de Santa Isabel** est sans doute le plus bel édifice religieux. Sa longue façade du 16e s. est percée de multiples fenêtres couronnées pour certaines d'un arc en accolade. Le cordon franciscain trône au-dessus de la porte d'entrée.

Monasterio de Santa María de Huerta pratique

Informations utiles

Office de tourisme – *Situé à l'entrée du village- 42240* Medinaceli - *✆ 989 734 176.*

Se loger et se restaurer

SANTA MARÍA DE HUERTA

⊖ **Pensión Santa** – *Calle Marques de Cerralbo - ✆ 975 327 395 - P - 8 ch. 30/40 €.* Petite pension toute simple mais bien tenue, proche du monastère.

MEDINACELI

⊖⊖ **Hostal Bavieca** – *Calle Campo de San Nicolas, 6 - ✆ 975 326 106 - www.hostalruralbabieca.com - P - 7 ch. 50/60 €.* À quelques mètres de la Plaza Mayor, ce petit hôtel a tout pour séduire : décor de pierres apparentes rehaussées de couleurs vives et atmosphère intimiste. Restaurant gourmet à ne pas manquer !

SOMAÉN

⊖⊖⊖ **Posada de Santa Quiteria** – *Barrio Alto, 8 - ✆ 975 320 393 - www.posadasantaquiteria.com - P - 10 ch. 150/230 € - ☕ 15 €.* Situé dans un petit village médiéval au sud-ouest du monastère, à 15mn en voiture, cet établissement de caractère est un grand coup de cœur. « Conjuguez le charme médiéval et l'exigence d'un service d'exception. Piscine extérieure. Excellent restaurant.

ALMAZÁN

44 km au nord-ouest de Santa María de Huerta

⊖⊖ **Villa de Almazán** – *Avenida de Soria, 29 - ✆ 975 300 611 - www.hotelvilladealmazan.com - P - 39 ch. 70/90 € - ☕ 9 €.* Une étape sympathique entre Santa María de Huerta et Soria. Hôtel moderne tout confort. Service agréable.

El Burgo de Osma★

5 068 HABITANTS
CARTE GÉNÉRALE C2 – CARTE MICHELIN N° 575 H 20
PROVINCE DE SORIA

El Burgo de Osma doit sa physionomie actuelle aux architectes du 18e s. qui l'ont doté de rues et de places bordées d'arcades et de bâtiments civils d'un baroque élégant. La promenade des murailles est tout simplement délicieuse. Les ruines imposantes du château se dressent sur une colline toute proche.

- **Se repérer** – EL Burgo de Osma se trouve à 56 km au sud-ouest de Soria et à 139 km au sud-est de Burgos.
- **À ne pas manquer** – La cathédrale.
- **Organiser son temps** – Prévoyez 2 jours avec les alentours.
- **Pour poursuivre le voyage** – Burgos, Covarrubias, Pedraza et Soria.

S. Sergent/Michelin

Hôtel de ville de El Burgo de Osma.

Découvrir

Plaza Mayor★

Jusqu'au 18e s., la place principale de El Burgo de Osma était la plaza San Pedro, face à la cathédrale. La Plaza Mayor actuelle se trouvait alors extra-muros. La première construction d'importance sur ce qui allait devenir le cœur administratif et festif de la cité fut l'**hôpital de San Agustín**, érigé à la fin du 15e s., puis réédifié vers 1700. Sa belle façade en pierre de taille est flanquée de deux tours couvertes d'un toit-lanternon en ardoise. Une niche sommitale ornée de colonnes torses abrite la statuette de San Agustín, dominant les effigies de San Sebastián et de San Francisco de chaque côté du balcon central. Le blason de l'évêque Sebastián de Arévalo est le seul élément décoratif de l'édifice. À l'opposé de la place se trouve l'**hôtel de ville** (ayuntamiento), bâti en 1768. Son architecte, A. Vicente Ubón, s'efforça de créer un pendant esthétique à l'hôpital. De la Plaza Mayor part la **calle Mayor**, aux maisons en briques à colombage alignées sur de frêles portiques de bois. Au n° 52, on découvre le portail du **Palais épiscopal**, pourvu d'une belle porte géminée surmontée d'un arc en accolade dentelé d'influence mudéjare, à demi encadré par une corniche ornementale et coiffé par les armoiries de l'évêque Alonso Enríquez (16e s.), commanditaire du bâtiment.

Visiter

Cathédrale★

✆ 975 340 962 - visite guidée (1h) juil.-sept. : tlj sf lun. 10h-13h30, 16h30-19h30 ; oct. tlj sf lun. 11h-14h, 16h-18h, nov.-juin : tlj sf lun. 10h30-13h, 16h-17h30. Musée : 3 €.

À l'emplacement d'une cathédrale romane, Pedro de Osma, moine de Cluny, entreprend d'édifier en 1232 un sanctuaire gothique : le chevet, le transept et la salle capitulaire sont achevés dans le courant du 13e s. Le 16e s. voit s'élever un cloître de style gothique tardif tandis que le chœur se pare d'un décor Renaissance. Au 18e s., on construit la grande sacristie et le clocher, haut de 72 m.

Le **portail sud** (fin 13e s.), gothique, porte sur les ébrasements, de gauche à droite, Moïse, Gabriel, la Vierge, Judith, Salomon et Esther, sur le linteau la Dormition de la Vierge, et sur le trumeau un Christ montrant ses plaies (fin 15e s.).

À l'intérieur on admire, outre la belle élévation du vaisseau central, la finesse des **grilles** exécutées au 16e s. par Juan Francés. **Juan de Juni** a sculpté le **retable du maître-autel** consacré à la Vie de la Vierge. La **chaire** de marbre blanc et le **retable du trascoro** sont également de belles œuvres du 16e s.

Dans le bras droit du transept s'élève, au-dessus de l'ancienne salle capitulaire, la **chapelle de San pedro de Osma**. Pour y accéder, il a fallu construire un **escalier** qui, dans des dimensions plus réduites, rappelle sans équivoque la Escalera Dorada de la cathédrale de Burgos. Le répertoire décoratif, comme la fonction, est similaire, avec l'emploi d'éléments végétaux, de grotesques et d'une balustrade à colonnes.

Dans le bras gauche du transept se trouve non seulement la pièce la plus précieuse de la cathédrale mais aussi la plus représentative de l'art funéraire de toute la province : le **tombeau de saint Pierre de Osma★**. Réalisé en 1258, en calcaire polychrome, il abonde en scènes sculptées. Le sarcophage est séparé du sol par quatre lions dévorant des têtes humaines. Ses côtés sont historiés de hauts-reliefs, racontant de manière quasi ininterrompue et dans un style naturaliste différents épisodes de la vie du saint : la guérison miraculeuse d'un malade à Langa, la libération d'un prélat injustement incarcéré dans la forteresse de San Esteban de Gormaz, la délivrance d'un curé possédé par le démon, et la mort de San Pedro de Osma, suivie du transfert du corps depuis Palencia à la cathédrale. Au pied du gisant, des anges entonnent ses louanges. Sa tête repose sur un coussin soutenu également par des anges, sous lequel trois personnages encapuchonnés boivent du vin.

Au **musée**, parmi la collection d'**archives anciennes** et de **manuscrits enluminés★**, se trouvent : un **Beatus** *(voir p. 58)* exécuté en 1086, richement illustré ; une colombe du 13e s. en bronze doré, incrustée d'émaux de Limoges ; une châsse mozarabe du 11e s. ; et un manuscrit du 12e s. où figurent les signes du zodiaque.

Aux alentours

San Esteban de Gormaz

18 km à l'ouest par la N 110.

San Miguel et **Nuestra Señora del Rivero** sont deux jolies églises romanes du 11e s. Elles se distinguent par leur galerie-porche adossée au mur sud, où des colonnes trapues supportent d'intéressants chapiteaux historiés qui trahissent une inspiration orientale. Par exemple : un homme enturbanné dont les jambes se transforment en queue de poisson ; une forteresse figurant des arcs en fer à cheval ; et des personnages en tunique. Il est vraisemblable que le même artiste, dénommé « Petrus » d'après une inscription gravée sur une imposte de Nuestra Señora del Rivero, ait travaillé à la sculpture des deux chantiers. Le chœur de San Miguel a conservé des fresques romano-gothiques, dont un beau Christ pantocrator.

Canyon du Río Lobos

15 km au nord par la SO 920.

L'action érosive du Lobos a formé ce canyon de 25 km (de Ucero jusqu'à Hontoria del Pinar) et sculpté un paysage calcaire riche en grottes, gouffres, dépressions et dolines où abondent sabines, pins et chênes rouvres. *Renseignements au Centro de Interpretación del Parque Natural, ✆ 975 363 564.* L'**ermitage de San Bartolomé**, construit là où le défilé s'élargit, est en réalité l'ancienne église d'un monastère du 13e s. ayant appartenu à l'ordre des Templiers. Délicate rosace gothique sur le transept.

Calatañazor★

25 km au nord-est par la N 122.

Calatañazor est l'un de ces villages sur lesquels le temps n'a aucune prise. Flâner dans ses ruelles pavées et escarpées est une expérience à part entière. Du château médiéval, on peut contempler la plaine où la tradition veut qu'al-Mansour ait été vaincu.

Château de Gormaz (Castillo de Gormaz)

14 km au sud.

Sur une colline qui domine le Douro se dressent les ruines du château. Il est construit en 956 sous le califat d'al-Hakam II de Cordoue, pour assurer un avant-poste aux ambitions territoriales des musulmans au nord de la péninsule. En 1059, Ferdinand Ier conquiert la forteresse. Parmi les grands seigneurs qui ont investi les lieux, le Cid est le plus célèbre. Il y reçut d'ailleurs un hôte de marque : le roi Alphonse VI, en 1087. Ses 380 m de long, ses 24 tours et ses murs de 4 m de large font de cette forteresse omeyyade la plus importante du Moyen Âge européen.

Berlanga de Duero

28 km au sud-est par la CL 116.

Sous la silhouette massive de son château fort du 15e s., l'un des jalons de la ligne de défense du Douro, Berlanga a conservé de solides remparts.

Collégiale (Colegiata) – Dans cette monumentale église-halle gothique du 16e s., on verra dans les chapelles latérales deux retables flamboyants peints et sculptés, ainsi que deux gisants en albâtre du 16e s.

Casillas de Berlanga

À 8 km au sud-est de Berlanga de Duero par la SO 152.

Ermitage San Baudelio de Berlanga – *✆ 975 221 397 Juin-août : tlj sf lun. et mar. 10h-14h, 17h-21h, dim. et j. fériés 10h-14h ; avr.-mai et sept.-oct. : tlj sf lun. et mar. 10h-14h, 16h-19h, dim. et j. fériés 10h-14h ; nov.-mars. : tlj sf lun. et mar. 10h-14h, 15h30-18h, dim. et j. fériés 10h-14h - fermé 1er janv., 24, 25 et 31 déc. - 0,60 €.*

Cette chapelle mozarabe isolée (11e s.) présente une disposition très originale : au centre de la nef carrée, un pilier massif reçoit les huit nervures qui supportent la voûte en formant une sorte de palmier. La tribune, soutenue par une double rangée d'arcs outrepassés, fut entièrement couverte de fresques au 12e s., tout comme l'ensemble de l'édifice. On distingue sur les murs de la nef trois registres de fresques, séparés par une frise d'entrelacs. Si la partie supérieure est bien endommagée, la frange médiane montre des scènes de la vie et de la Passion de Jésus (la Guérison de l'aveugle, la Résurrection de Lazare, les Noces de Cana, l'Entrée à Jérusalem, la Cène et la Résurrection). La partie inférieure se contente de thèmes profanes : la représentation d'animaux et des scènes de chasse. L'étude de ces fresques a permis d'identifier deux artistes différents. Le premier, appelé maître de San Baudelio, qui a œuvré au 11e s., est fortement influencé par l'art islamique. Le second a travaillé au 12e s. dans les parties hautes, dans un style purement roman. Les fragments des fresques que nous ne voyons plus aujourd'hui in situ sont exposés aux musées du Prado et de Boston, ainsi qu'au Cloisters de New-York.

El Burgo de Osma pratique

Informations utiles

Office de tourisme – *Plaza Mayor, 9, 42300* Burgo de Osma, *✆ 36 01 16 - www.burgosma.es.*

Se loger

EL BURGO DE OSMA

⊖ **Hostal Residencia Mayor 71** – *Calle Pedro Soto, 4 - ✆ 975 368 024 - www.mayor71.es - 15 ch. 36/45 €.* Cette petite structure fonctionnelle est installée dans un bâtiment du 17e s. du centre historique. Bon rapport qualité/prix.

⊖⊖ **Posada del Canónigo** – *Calle San Pedro de Osma, 19 - ✆ 975 360 362 - www.posadadelcanonigo.es - 11 ch. 70/80 € - ☕ 7€.* Idéalement situé entre la muraille et la cathédrale, cet établissement de charme loge dans un édifice du 16e s.

⊖⊖ **Hotel Il Virrey** – *Calle Mayor, 2 - ✆ 975 341 311 - www.virreypalafox.com - P - 52 ch. 80/95 € - ☕ 10 €.* Cet hôtel de style castillan et rococo dispose de chambres rustiques avec balcon sur la Plaza Mayor.

SAN ESTEBAN DE GORMAZ

⊖⊖ **Hotel Rivera del Duero** – *Avenida de Valladolid, 131 - ✆ 975 350 059 - www.hotelrivera.es - ♿ - 18 ch. 55/70 € - ☕ inclus.* Situé au cœur du village, cet hôtel associe modernité et décor castillan.

Se restaurer

⊖⊖ **Mesón Marcelino** – *Calle Mayor, 77 - ✆ 975 341 249.* Au 1er étage, dans un cadre rustique, le restaurant propose une carte traditionnelle.

⊖⊖⊖ **Restaurante Puente Real** – *Ctra. de Valladolid - ✆ 975 341 250.* Dans un cadre intimiste, spécialités sorianes et mets raffinés. Vins de la Ribera del Duero.

⊖⊖⊖ **Virrey Palafox** – *Calle Universidad, 7 - ✆ 975 340 222.* Ce restaurant gastronomique a remporté en 2005 le prix du meilleur établissement situé en zone rurale.

Achats

La spécialité locale est la « **Torta de Beato** » : une plaque de chocolat noir aux amandes de 800 g ! On trouve aussi dans les épiceries fines la truffe noire de la province de Soria et les « paciensias » (petits gâteaux secs au beurre).

Peñaranda de Duero

568 HABITANTS
CARTE GÉNÉRALE B1 – CARTE MICHELIN N° 575 G 19
PROVINCE DE SORIA

Mot d'origine celte, « Peñaranda » est la contraction de « peña », signifiant « rocher », et de « Aranda », du nom de la rivière « Arandilla » qui l'arrose. Dès le 10e s. fut construit sur ce rocher protecteur un château-forteresse, entièrement remanié au 15e s. dont le donjon et une partie de l'enceinte sont toujours debout. Au pied du château, un dédale de ruelles pittoresques convergent vers l'exquise Plaza Mayor. La muraille médiévale de la ville basse a conservé de puissantes portes d'accès flanquées de tours.

- **Se repérer** – Peñaranda de Duero se trouve à 50 km au nord-ouest de EL Burgo de Osma et à 19,5 km à l'est de Aranda de Duero.
- **Se garer** – Parking le long de la muraille.
- **Organiser son temps** – Comptez environ 2 heures.
- **Pour poursuivre le voyage** – El Burgo de Osma, Peñafiel et Soria.

Visiter

Plaza Mayor★

Elle forme un harmonieux ensemble de façades à colombages reposant sur des piles en pierre, autour d'un très beau pilori du 15e s.

Palais de Avellaneda★ – *Côté sud de la Plaza Mayor - 947 552 013 - visite guidée (1/2h) avr.-sept. : tlj sf lun. 10h-14h, 16h-19h30 ; oct.-mars : tlj sf lun. 10h-14h, 15h-18h. Dernière visite 1h avant la fermeture - fermé 1er janv., 24, 25 et 31 déc - gratuit.*

Construit au 16e s. pour Francisco de Zuñiga y Avellana, ce palais déploie sa superbe façade **Renaissance**. Le portail porte le blason du commanditaire. L'intérieur dévoile un patio à double galerie, autour duquel sont distribuées, à l'étage, les pièces nobles. Les salons possèdent de magnifiques **plafonds artesonados★**. Le salon des Ambassadeurs recèle une très belle cheminée ornée d'écussons. Notez également la galerie de musique. Grâce au talent de l'architecte François de Cologne, cette demeure seigneuriale Renaissance est l'une des plus belles d'Espagne.

Église – *Au centre de la place.* Bâtie en 1540 et fondée par Dona María Enriquez de Cárdenas, épouse du même Zuñiga, elle suit d'abord un plan de style gothique tardif, puis adopte finalement les caractéristiques du baroque. Elle comprend une nef unique et un transept de grandes dimensions. Le balcon en fer forgé servait de loge d'apparat. Les retables des chapelles renferment de précieux reliquaires napolitains du 17e s. Le retable de l'abside principale est une œuvre néoclassique de Vendura Rodriguez.

Botica de Ximeno

Calle La Botica, 19 - visites organisées par l'office de tourisme.

Le village recèle une des plus anciennes pharmacies de la péninsule qui accueille sa clientèle depuis le 18e s. Huit générations de pharmaciens de la même famille y ont travaillé. On y découvre une intéressante collection de récipients divers et alambics, ainsi que des livres médicinaux.

Peñaranda pratique

Informations utiles

Office de tourisme – *Trinquete, 7 - 947 552 063 - Semaine sainte-nov. : tlj sf lun. mat. et apr.-midi, dim. mat. ; reste de l'année : w.-end et j. fériés mat. et apr.-midi.*

Se loger

PEÑARANDA DE DUERO

Mesón Señorio de Vélez – *Plaza de los Duques de Alba, 1 - 947 552 201 - www.hotelvelez.com - 8 ch. 55/60 €.* Petit hôtel de charme logé dans une ancienne maison à colombage réhabilitée. Jolie vue depuis la terrasse. Cafétéria.

La Posada Ducal – *Plaza Mayor, 1 - 947 552 347 - www.la posadaducal.com - 16 ch. 75/120 €.* Rustique et chic, cet hôtel donne avantageusement sur la place principale (piétonne). Excellent restaurant, terrasse en été.

HONTORIA DE VALDEARADOS

La Posada de Salaverri – *Ctra. Peñaranda - Caleruega, km 10. - 947 561 031 - www.laposadadesalaverri.com - P - 7 ch. 65/120 €.* À seulement 15 km au nord-ouest de Peñaranda, une très jolie propriété avec jardin et piscine. Restauration de qualité.

Don Quichotte et Sancho Pança.

C. Barrely/MICHELIN

CASTILLE - LA MANCHE

Tolède★★★

Toledo

75 533 HABITANTS
CARTE GÉNÉRALE B2 – CARTE MICHELIN N° 576 M 17
PROVINCE DE TOLÈDE

Juché au sommet d'une éminence granitique cernée par les eaux vertes du Tage qui roulent au fond d'un profond ravin, Tolède se détache sur le ciel castillan à la manière d'un décor de théâtre. À l'intérieur de ses remparts, la ville recèle une étonnante concentration de monuments à découvrir au fil de ses ruelles tortueuses, dans lesquelles on a vite fait de se perdre. Tout ici renvoie aux splendeurs du passé : l'histoire longue et brillante de la ville a patiné chaque pierre, tandis que l'enchevêtrement des églises, mosquées et synagogues nous dévoile le mélange qui s'y est opéré au Moyen Âge entre les cultures chrétienne, juive et arabe.

- **Se repérer** – À 70 km au sud de Madrid par l'A 42
- **Se garer** – Les parkings les plus centraux sont au pied de l'Alcázar et sur le Paseo de Recaredo, au débouché de l'autoroute de Madrid.
- **À ne pas manquer** – Le tour des *cigarrales*, qui permet de découvrir la ville depuis la rive opposée du Tage.
- **Organiser son temps** – Comptez deux journées bien remplies.
- **Pour poursuivre le voyage** – Aranjuez (47 km au nord-est), Madrid (71 km au nord-est) et Talavera de la Reina (80 km au nord-ouest).

M. Angel/Michelin

La vue de Tolède depuis les cigarrales (carretera de circunvalación) au sud du Tage.

Comprendre

La ville impériale – Appréciant la valeur stratégique du site et sa position avantageuse au centre du pays, les Romains avaient fait de *Toletum* une cité fortifiée. Elle passa ensuite aux mains des Barbares et devint, à la fin du 6e s., le siège de la monarchie wisigothique. Défaits à Guadalete en 711, les Wisigoths abandonnent leur ville qui dépendra de Cordoue, jusqu'à ce qu'en 1012 elle prenne la tête d'un royaume indépendant. En 1085, Tolède est reconquise par Alphonse VI qui, deux ans plus tard, la choisit pour capitale, au détriment de León. À Alphonse VII, qui se fait couronner empereur, Tolède doit son titre de ville impériale. Sa population mêlée (Arabes, Juifs, Chrétiens) fait bientôt sa prospérité. Les Rois Catholiques entreprennent l'édification du monastère de San Juan, et il faudra Grenade, reconquise en 1492, pour leur faire oublier Tolède. Charles Quint fait réédifier l'Alcázar. La ville est pourtant l'une des premières à prendre part à la révolte des *comuneros* *(voir p. 185)*, dont le chef, **Juan de Padilla**, est justement un Tolédan. Après la mort de Padilla, sa veuve le remplace dans la lutte.

L'essor de Tolède s'interrompt en 1561 lorsque Philippe II fait de Madrid sa capitale. Tolède ne sera plus qu'une capitale religieuse, siège du primat des Espagnes.

Le Greco

Domenikos Theotokópoulos, dit le Greco, est un des grands maîtres de la peinture espagnole. Mais c'est en Crète qu'il naît, en 1541, dans une île alors réputée pour son art byzantin. Il s'y forme aux techniques de la fresque et de l'icône, et rejoint l'Italie à 27 ans.

Il séjourne à Venise puis à Rome, s'ouvre à l'art de la Renaissance et travaille deux ans dans l'atelier de Titien. Une anecdote en dit long sur sa confiance : comme Pie V se plaint des nudités qui émaillent *Le Jugement dernier* de la Chapelle Sixtine, il se propose pour repeindre entièrement le chef-d'œuvre de Michel-Ange !

Déçu de n'obtenir aucune commande importante, il quitte l'Italie et arrive à Tolède en 1577, où il reste jusqu'à sa mort en 1614. S'il n'a pas l'heur de plaire à Philippe II, la ville qui l'adopte lui assure sa fortune. C'est là qu'il développe son style si particulier, synthèse des arts byzantin et renaissant, caractérisé par un allongement des silhouettes qui ira en s'accentuant avec l'âge.

On est étonné par l'éminente personnalité de son art visionnaire : les déformations, la crudité et la froideur des teintes, la violence des touches contribuent à créer, particulièrement dans les œuvres de l'âge mûr, une impression d'hallucination. L'obsession du surnaturel est présente dans toute son œuvre. Généralement, la composition de ses toiles est dominée par deux plans, ciel et terre, car le Greco ne veut considérer la vie terrestre que comme une étape vers l'éternité.

Où voir les œuvres du Greco : les principaux monuments de Tolède abritant des œuvres du peintre sont la cathédrale, l'église de Santo Tomé, la maison-musée du Greco, le musée de Santa Cruz, le monastère de Santo Domingo El Antiguo et l'hôpital de Tavera.

Avec l'épisode de l'Alcázar pendant la guerre civile, elle retrouve une place dans les pages de l'Histoire.

Tolède et les Wisigoths – Le nom de Tolède est inséparable de l'histoire des Wisigoths puisque ceux-ci, arrivés dans la Péninsule au 6e s., la choisissent comme capitale dès 554. Les conciles siégeaient déjà à Tolède depuis l'an 400. Celui de 589, grâce à la conversion du roi Recarède, consacre l'hégémonie des Wisigoths et l'unification religieuse de l'Espagne. Mais déchirés par les luttes seigneuriales, les Wisigoths n'auront pas assez de puissance à opposer aux musulmans et abandonneront Tolède en 711. Il faudra Pélage et un petit groupe de chrétiens réfugiés dans les monts Cantabriques pour redonner vigueur à une monarchie en voie d'extinction.

Tolède et les Juifs – Tolède a été, pense-t-on, la ville la plus importante de toute l'Espagne hébraïque. Au 12e s., elle comptait plus de 12 000 Juifs. Leurs synagogues n'ont pas de style propre, mais s'inspirent de l'art musulman. Les légendaires amours de Rachel avec le roi Alphonse VIII au 12e s. inspireront **Lope de Vega** dans *La Juive de Tolède*.

L'importance culturelle de la ville s'affirme au temps de **Ferdinand III** (1217-1252), monarque tolérant qui permet l'éclosion, favorisée par la fusion des races, d'un grand foyer intellectuel. Celui-ci connaîtra son apogée sous **Alphonse X le Sage** (1252-1284) qui aime à s'entourer de savants juifs et crée une école de traducteurs. Cependant, l'immunité dont jouissent les Juifs a bientôt un terme. À Tolède a lieu en 1355 un véritable pogrom fomenté par les partisans d'Henri de Trastamare ; à la même époque, le dominicain **saint Vincent Ferrier**, remarquable prédicateur, convertit de nombreux Séfarades *(voir p. 271)*. En 1492, le décret d'expulsion des Juifs d'Espagne, promulgué par les Rois Catholiques, porte un coup rude à Tolède.

L'art mudéjar à Tolède – Après la Reconquête, la plus grande partie des monuments qui ont été construits l'ont été dans le style mudéjar qui se retrouve aussi bien dans la décoration des palais (Taller del Moro), des synagogues (Tránsito et Santa María la Blanca) que dans l'architecture des églises. Ainsi, aux 13e et 14e s., la plupart des églises tolédanes conservent de l'art roman le **chevet** semi-circulaire, mais les arcatures aveugles y prennent les formes les plus variées, la pierre est remplacée par la brique et les **clochers**, carrés et décorés, évoquent des minarets. On y trouve souvent trois vaisseaux séparés par des arcs en fer à cheval – vestige wisigothique –, une abside tripartite – réminiscence romane –, tandis que les voûtes laissent place à des charpentes de bois, travaillées à la manière musulmane.

SE LOGER

Hostal Casa de Cisneros 1
Hostal del Cardenal 4
Hostal Santo Tomé 7

Posada de Manolo 10

SE RESTAURER

Casón de los López de Toledo 1

El Ludeña 4

Hierbabuena 7

La Abadía 10

Se promener

CATHÉDRALE★★★ B2

☏ 925 222 241 - lun.-sam. 10h30-18h30, dim. et j. fériés 14h-18h - 6 €.

Comme celle de Burgos, la construction de la cathédrale fut entreprise sous le règne de saint Ferdinand III en 1227, sous l'impulsion de l'archevêque Rodrigo Jiménez de Rada. Contrairement aux autres églises locales, elle adopte le style gothique français. Sa construction, qui se prolonge jusqu'à la fin du 15e s., laisse ainsi apparaître tous les stades du gothique espagnol. De nombreuses adjonctions postérieures masquent actuellement les lignes originelles. La richesse de la décoration sculptée et l'accumulation des œuvres d'art en font un excellent musée d'art religieux.

Extérieur

La **porte de l'Horloge** (Puerta del Reloj), au flanc gauche, est la plus ancienne (13e s.), mais elle a été modifiée au 19e s.

La façade principale se compose de trois portails très élevés, du 15e s., dont la partie supérieure a été terminée aux 16e et 17e s. ; au centre, la **porte du Pardon** (Puerta del Perdón) montre une profusion de statues et un tympan où est illustrée la légende selon laquelle la Vierge, pour remercier saint Ildefonse, évêque de Tolède au 7e s., de la dévotion qu'il lui témoignait, vint s'asseoir sur le siège épiscopal le jour de l'Assomption et lui remit une magnifique chasuble brodée.

La tour, harmonieuse, date du 15e s. Le dôme qui remplace la seconde tour a été créé au 17e s. par le fils du Greco. Sur la façade sud, le **portail des Lions** (Puerta de los Leones – 15e s.), exécuté par Hennequin de Bruxelles et Juan Alemán, a été flanqué en 1800 d'un portail néoclassique.

Entrez par la porte del Mollete qui, située à gauche de la façade principale, donne accès au cloître.

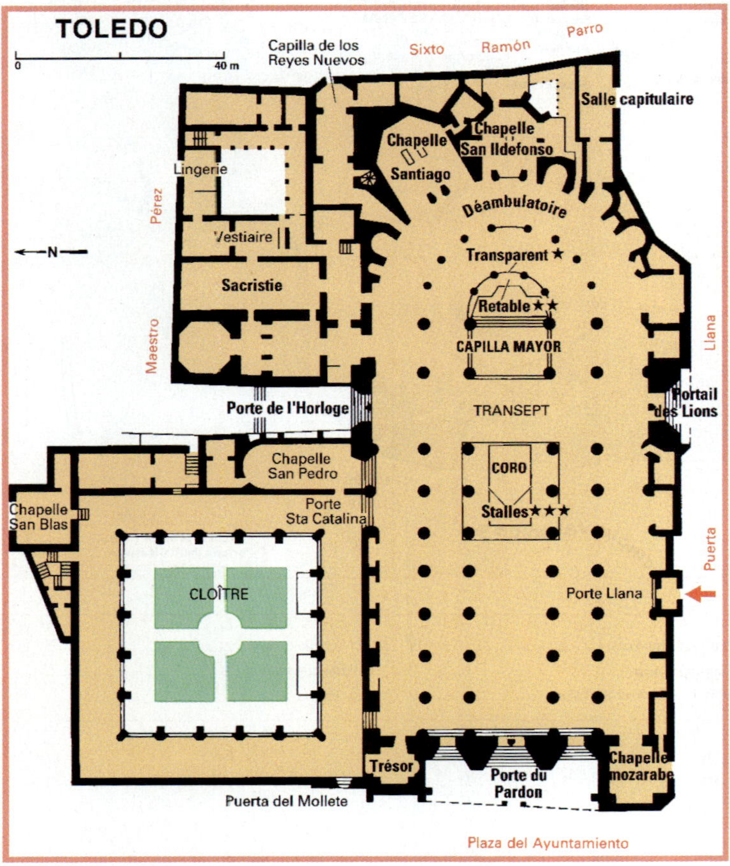

Intérieur

Ce n'est pas l'élévation qui frappe ici, mais plutôt la largeur et la robustesse de l'ensemble, impression accrue par la hauteur fort inégale des cinq vaisseaux et les épais piliers qui la soutiennent. Une remarquable parure de vitraux (1418-1561) garnit les baies nombreuses. De magnifiques grilles ferment le chœur (*capilla mayor*), le *coro*, et la plupart des chapelles latérales. On ne manquera pas de remarquer les chapeaux de cardinaux pendus au-dessus des tombeaux des primats des Espagnes.

Chœur (capilla mayor) – C'est la plus somptueuse partie de l'édifice : elle a été agrandie au 16e s. par le cardinal Cisneros. L'immense **retable★★** sculpté, polychrome, de style flamboyant, est une œuvre admirable, de dimensions imposantes. *La Vie du Christ* s'y répartit sur cinq rangées de sculptures. À la prédelle, statue de la Vierge en argent (1418). À gauche, le beau tombeau de marbre du cardinal Mendoza, plateresque, est de **Alonso de Covarrubias**. Le gisant est dû à un artiste italien.

Coro – Une série de hauts-reliefs du 14e s. et de chapelles grillagées composent l'enclos du *coro* fermé par une grille élégante (1547). Il renferme de magnifiques **stalles★★★** des 15e et 16e s. dont la partie inférieure en bois, due à **Rodrigo Alemán**, retrace en 54 scènes les épisodes de la conquête de la province de Grenade, avec un souci du détail et du pittoresque extraordinaire, tandis que la partie supérieure en albâtre (16e s.), représentant des personnages de l'Ancien Testament, a été exécutée à gauche par **Berruguete**, à droite par **Felipe Bigarny** (Philippe de Bourgogne). Le bas-relief central illustrant la Transfiguration est également dû à Berruguete. Le style de Berruguete frappe par l'impression de mouvement, tandis que celui de Bigarny est plus figé.

De belles orgues à la sonorité remarquable surplombent le *coro*, qu'occupent au centre deux lutrins en bronze et un lutrin gothique en forme d'aigle. La Vierge blanche (14e s.), en marbre, est un chef-d'œuvre de l'art français.

Deambulatorio – Il est double, surmonté d'un élégant triforium à arcs polylobés et bordé de sept absidioles entre lesquelles s'intercalent de petites chapelles carrées. La voûte est remarquable. On a peu de recul pour contempler derrière le sanctuaire le **Transparente★**, la discutable mais célèbre œuvre de **Narciso Tomé**. Il compose une étrange tache baroque dans ce temple gothique : par l'ouverture, percée dans le *deambulatorio* et destinée à éclairer le tabernacle, les rayons du soleil mettent en valeur l'exubérant ensemble d'anges, de nuages et de rayons entourant la Vierge, et au-dessus la Cène. La **chapelle de San Ildefonso** abrite de beaux tombeaux, en particulier, au centre, celui du cardinal Gil de Albornoz (14e s.). La **chapelle de Santiago** sert de mausolée à la famille du connétable don Álvaro de Luna.

Salle capitulaire – Un beau plafond mudéjar, deux armoires de noyer décorées dans le style plateresque ornent l'antichambre. Remarquables sont les encadrements des portes d'accès en stucs mudéjars ainsi que les moulures de leurs vantaux de style plateresque. Dans la salle capitulaire même, beau **plafond mudéjar★** polychrome. Les peintures sont de **Jean de Bourgogne**. Au-dessous, parmi les portraits de prélats, on distingue deux toiles de **Goya** (1804 et 1823).

Sacristie – Dans la première salle, surmontée d'une voûte peinte par Lucas Jordán, est exposée une importante collection de **toiles du Greco★**. Toute l'attention se concentre sur **El Expolio**, toile où la personnalité de l'artiste, pourtant à peine arrivé en Espagne, est perceptible. Tout s'efface autour de la personne du Christ à qui les soldats arrachent sa tunique rouge. On voit aussi, du peintre, un Apostolat complet. De grands maîtres sont représentés ici, avec un portrait du pape *Paul III*, dont l'air accablé est remarquablement souligné par **Titien**, une *Sainte Famille* de Van Dyck, une *Dolorosa* de **Morales** et *L'Arrestation du Christ*, où **Goya** se montre habile à dépeindre la canaille et joue de la lumière avec une grande virtuosité. Une vitrine contient un *Saint François d'Assise* sculpté, l'une des œuvres les plus fameuses et les plus caractéristiques de **Pedro de Mena** (17e s.). Dans la garde-robe, citons les portraits du cardinal Borgia par Vélasquez et d'Innocent XI par Van Dyck, ainsi qu'un **Ribera** et un **Caravage**.

Dans l'ancienne lingerie : ornements liturgiques utilisés par les prélats depuis le 15e s.

Trésor – Un joli portail plateresque dû à **Alonso de Covarrubias** donne accès à la chapelle située sous le clocher. Admirer le plafond mudéjar de style grenadin et le splendide **ostensoir★★** (16e s.) d'argent doré, réalisé par **Enrique de Arfe**, que l'on transporte dans les rues le jour de la Fête-Dieu (Corpus Christi). Il pèse 180 kg et mesure 3 m de haut. La custode au centre a été ciselée dans l'or ramené d'Amérique par Colomb. On conserve aussi une Bible du 13e s. offerte par Saint Louis à saint Ferdinand.

Chapelle mozarabe – Située sous le dôme, elle fut édifiée pour la célébration du rite mozarabe par le cardinal Cisneros, restaurateur au 16e s. de ce culte qui, aboli au 11e s., remontait à l'époque wisigothique.

Cloître – La sobriété de l'architecture de la galerie inférieure (14e s.) contraste avec la décoration des murs, en partie couverts de fresques de Bayeu représentant la vie des saints tolédans (saint Eugène, saint Ildefonse).

Chapelle de San Blas – Les murs de cette petite chapelle, qui s'ouvre à l'angle nord du cloître, étaient entièrement recouverts de fresques Renaissance de la fin du 14e s., attribuées au peintre florentin Gherardo Starnina. Elles étaient très détériorées par l'humidité et seule leur partie haute a pu être restaurée entre 2000 et 2004. Au centre, tombeau de l'archevêque Tenorio, qui fit bâtir la chapelle pour lui servir de sépulture.

LE CENTRE DU VIEUX TOLÈDE★★★

Une journée – voir l'itinéraire sur le plan. Partez de la plaza del Ayuntamiento, devant la cathédrale.

Dans le labyrinthe de rues étroites, sinueuses, parfois en escalier, dallées ou pavées de galets, on rencontre à chaque pas une église ou un palais ancien.

Sur la Plaza del Ayuntamiento se dressent l'**archevêché** du 18e s., l'**hôtel de ville** (ayuntamiento) du 17e s., à la façade classique, et le **tribunal** (audiencia), du 14e s.

Quittez la place par le pasadizo del Ayuntamiento, prenez les calles Salvador et Santo Tomé, et descendez à gauche dans la travesía Santo Tomé.

Info pratique

Malgré la forte déclivité de ses rues, le centre du vieux Tolède se visite exclusivement à pied.

Un escalator permet d'accéder au sommet de la cité depuis la Puerta de Alfonso VI, au nord. Le parking du Recadero est à deux pas.

Église de Santo Tomé A2

Pl. de Conde, s/n - ✆ 925 256 098 - de mars à mi-oct. : 10h-18h45 ; de mi-oct. à fin fév. : 10h-17h45 (dernière entrée 1/2h avant la fermeture) Fermé 1er janv. et 25 déc - 1,90 €.

On remarque d'abord sa belle tour mudéjare (14e s.) semblable à celle de San Román. L'intérieur abrite le célèbre tableau du **Greco**, *Les Funérailles du comte d'Orgaz*★★★, qui fut exécuté vers 1586 pour cette église. Il relate une vieille légende tolédane, le miracle de l'apparition de saint Augustin et de saint Étienne venus enterrer eux-mêmes le comte d'Orgaz. Tout le talent de l'artiste s'exprime dans les contrastes de couleur et de lumière faisant ressortir les visages et les mains, d'une expressivité remarquable, et dans l'impression de recueillement donnée aux personnages. Le tableau, de près de 5 m de haut, se compose de trois niveaux : en bas, la mise au tombeau du comte, dont la position évoque une Descente de Croix ; en haut, son âme, symbolisée par son corps nu, qui se prosterne devant la Vierge pour demander son salut ; au centre, les amis du défunt auxquels le Greco a prêté les traits de ses proches. Le peintre apparaît parmi eux (au-dessus de la main gauche du diacre vêtu de blanc), tandis que son fils prête ses traits au personnage du page.

Poursuivez la descente par la calle San Juan de Dios.

Maison-musée du Greco★ (Casa-Museo de El Greco) A2

Samuel Leví, s/n - ✆ 925 224 046 - fermé pour travaux jusqu'en 2009.

Le Greco s'installa en 1585 dans un groupe de maisons appartenant au marquis de Villena. L'idée vint au marquis de Vega Inclán, au début du 20e s., d'entreprendre la restauration de l'une d'entre elles et de faire édifier, à côté, un petit musée consacré à l'artiste.

La **maison** est un charmant exemple de résidence tolédane du 16e s. On a reconstitué au premier étage l'atelier du peintre où l'on peut voir un *Saint Pierre pénitent* (Lágrimas de San Pedro), réplique de celui de la cathédrale, et son cabinet de travail avec une de ses toiles, *Saint François et le frère Léon*.

Musée – Plusieurs œuvres du maître sont rassemblées au premier étage : *Vue et plan de Tolède*, version différente de celle du Prado (il y a représenté son fils), portraits, et surtout les Apôtres au complet, entourant le Christ bénissant. La série, postérieure à celle de la cathédrale, montre une facture déjà plus excessive. La **chapelle**, au rez-de-chaussée, possède un retable dont le *Saint Bernardin de Sienne* est dû au Greco. Intéressant *Couronnement d'épines*, de l'école hispano-flamande. Remarquer le plafond mudéjar polychrome.

Descendez la calle San Juan de Dios et remontez de quelques mètres dans le paseo del Transito, sur la gauche.

Synagogue del Tránsito★★ (Sinanoga del Tránsito) A2

Samuel Leví, s/n - ✆ 925 223 665 - www.museosefardi.net - Tlj sf lun. et dim. apr.-midi : 10h-14h, 16h-19h - 2,40 € (- 18 ans, sam. apr.-midi et dim. gratuit).

Des dix synagogues que comptait le quartier juif de Tolède (Judería), c'est la seule qui subsiste avec Santa María la Blanca. Sa construction fut financée au 14e s. par Samuel Ha-Levi, trésorier du roi Pierre le Cruel. En 1492, elle fut transformée en église et bientôt dédiée à la Dormition *(tránsito)* de la Vierge, d'où son nom actuel.

C'est un petit édifice d'apparence banale dont l'intérieur surprend par la merveilleuse **décoration mudéjare★★** couvrant la partie supérieure des murs et le chevet. Un beau plafond *artesonado* en bois de cèdre coiffe cette salle rectangulaire. Toute la partie haute des murs est garnie de 54 arcatures polylobées, certaines aveugles, d'autres percées de délicates dentelles de pierre. Au-dessous, au chevet, court une frise de *mocárabes* tandis que les murs latéraux portent les armes de Castille encadrées d'inscriptions en caractères hébraïques à la gloire de Pierre le Cruel, de Samuel Ha-Levi et du dieu d'Israël. Les trois arcs au centre du mur oriental sont surmontés d'un magnifique panneau d'entrelacs où font saillie des rosettes ; dans les panneaux latéraux, deux inscriptions relatent la fondation de la synagogue. Sur le mur sud s'ouvre la galerie qui était réservée aux femmes.

Les salles annexes, de l'ancien couvent de Calatrava, converties en **Musée séfarade** (Museo Sefardí), contiennent de belles pièces d'origine judaïque : tombes, costumes et

Office du Tourisme de la Mairie de Toledo.

« Les Funérailles du comte d'Orgaz », par Le Greco.

livres. Certaines sont des présents de **sefardim** (nom que l'on donne aux descendants de juifs expulsés d'Espagne en 1492).

Remontez la calle de los Reyes Católicos, à droite en sortant.

Maison-musée Victorio Macho★ (Casa Museo Victorio Macho) A2

Plaza de Victorio Macho, 2 - ✆ 925 284 225 - www.realfundaciontoledo.es - ♿ - tlj tte la journée, dim. mat. - fermé 1er janv., 25 déc. - 3 € (- 18 ans gratuit).

Né en 1887, considéré comme une figure majeure de l'avant-garde espagnole, Victorio Macho s'exila au Pérou quand éclata la Guerre civile. De retour en 1952, il fit construire cette maison atelier par son ami architecte Secundido Zuazo au lieu-dit de la Roca Tarpeya, d'où l'on découvre un superbe **point de vue★** sur la gorge du Tage et le Puente de San Martín. Restaurée par la Real Fundacíon de Toledo, la maison héberge aujourd'hui un espace d'expositions temporaires, ainsi que de nombreuses œuvres de Macho, dont un impressionnant gisant représentant son frère.

Poursuivre dans la calle de los Reyes Católicos.

Synagogue de Santa María la Blanca★ (Sinagoga Santa María la Blanca)

Reyes Católicos, 4 - ✆ 925 227 257 - mars-sept. : 10h-18h45 ; oct.-fév. : 10h-17h45. Fermé 1er janv., 24 (apr.-midi) - 25 et 31 déc. 1,90 €, gratuit mer. à partir de 15h30.

C'était, à la fin du 12e s., le principal temple juif de Tolède. En 1405, elle fut offerte aux chevaliers de Calatrava, transformée en église et reçut son nom actuel. Le chevet a été modifié au 16e s., mais l'intérieur a gardé l'aspect d'une mosquée de style almohade. Cinq vaisseaux de niveau étagé se succèdent, séparés par des arcs en fer à cheval que soutiennent 24 piliers octogonaux. L'enduit blanc met en valeur les **chapiteaux★**, combinant entrelacs et pommes de pin, et la remarquable décoration de la partie supérieure. Retable du 16e s. en bois sculpté polychrome.

Poursuivez dans la calle de los Reyes Católicos.

C. Barrely/Michelin

Santa Maria la Blanca.

Monastère de San Juan de los Reyes★★ A2

Reyes Católicos, 17 - ✆ 925 223 802 - ♿ - 10h-18h - fermé 1er janv., 25 et 31 déc. - 1,90 € (-10 ans gratuit).

Érigé par les Rois Catholiques reconnaissants à Dieu d'avoir remporté sur les Portugais la victoire de Toro, le monastère fut confié à l'ordre franciscain. L'ensemble est très représentatif du style isabélin, qui mêle au gothique flamboyant quelques touches du style mudéjar, et même Renaissance, car la construction se prolongea jusqu'au début du 17e s. L'extérieur garde un aspect assez sobre malgré la multitude de pinacles et la balustrade de pierre qui couronnent l'édifice et la lanterne octogonale très ornée. Le portail nord, réalisé par Covarrubias, représente saint Jean entouré de saints franciscains. Les chaînes suspendues aux murs de la façade sont celles de prisonniers libérés des Maures en Andalousie.

Cloître – Très restauré, le cloître n'en garde pas moins grande allure avec ses arcades flamboyantes et son original étage plateresque (1504) couronné d'une balustrade et de pinacles. À l'étage, on admire un plafond *artesonado* mudéjar.

Église – Incendiée en 1808, elle a été restaurée. L'ample nef unique, caractéristique des églises isabélines, est surmontée à la croisée du transept d'une coupole avec lanterne. La riche **décoration sculptée★** exécutée par **Juan Guas** pare l'édifice d'une dentelle de pierre. Une crénelure ajourée sépare le corps supérieur de la nef du corps inférieur et forme au transept deux tribunes, destinées à l'origine aux Rois Catholiques. Les murs du transept sont couverts d'une magnifique frise d'écussons royaux, soutenus par l'aigle de saint Jean. On remarque, aux culs-de-lampe des transepts, la présence de *mocárabes* mudéjars, et aux arcs triomphaux une pittoresque série de têtes en haut relief. Un beau retable plateresque du 16ᵉ s. remplace le retable original.

Descendez la cuesta San Martín, à gauche.

La **porte de Cambrón** tient son nom des espèces de buissons *(cambroneras)* qui l'entouraient jadis. Elle appartenait à la muraille wisigothique et fut reconstruite au 16ᵉ s.

Revenez au monastère de San Juan de los Reyes et remontez la calle Ángel jusqu'à l'église de Santo Tomé, puis tournez à gauche dans la pittoresque travesía de Campana jusqu'à la petite plaza del Padre Juan de Mariana.

Église de San Ildefonso (ou de San Juan Bautista) B2

Plaza del Padre Juan de Marina, 1 - ✆ 925 251 507 - tlj. printemps-été : 10h-18h45 ; automne-hiver : 10h-17h45 - 1,90 €

La façade baroque de l'église est dominée par deux tours jumelles, où il est possible de grimper pour découvrir un superbe **panorama★** sur les toits de la vieille ville.

Remontez la calle San Román, sur la gauche.

Musée des Conciles de Tolède et de la Culture wisigothique - Église de San Román (Museo de los Concilios y la Cultura Visigoda) B2

San Román, s/n - ✆ 925 227 872 - tlj sf lun. 10h-14h, 16h-18h30, dim. et j. fériés 10h-14h - fermé 1ᵉʳ janv. et 25 déc. - 0,60 €, gratuit sam. apr.-midi et dim.

Au point culminant de la ville, cette église mudéjare du 13ᵉ s. arbore une belle tour presque identique à celle de Santo Tomé. À l'intérieur, les trois vaisseaux séparés par des arcades en fer à cheval font penser à Santa María la Blanca. Les murs sont recouverts de fresques du 13ᵉ s. représentant la Résurrection des morts, les évangélistes et, sur le mur du fond, un des conciles de Tolède. L'abside a été modifiée au 16ᵉ s. : une coupole a été construite par Covarrubias ; le retable du 18ᵉ s. est intéressant.

Elle présente les collections du **musée des Conciles de Tolède et de la Culture wisigothique★**. Les vitrines contiennent de beaux bijoux de bronze et des copies des couronnes votives décorées de cabochons de Guarrazar (originaux au Musée archéologique de Madrid). De nombreuses stèles sont disposées sur les murs : fragments de chapiteaux, de balustrades de chœur, de pilastres, revêtus de frises géométriques ou de rinceaux.

En face de l'église, **portail** plateresque du couvent San Clemente.

Quittez la place par le callejon San Román et tournez à droite dans Esteban Illán.

Les Juifs séfarades

Il est difficile d'évoquer l'histoire et la culture de l'Espagne sans mentionner la présence juive dont témoignent encore les *juderías* (anciens quartiers juifs) et quelques synagogues à Tolède, Cordoue, Séville, Palma et Gérone.

Les séfarades ou sefardim (*Sefarad* est le mot hébreu désignant l'Espagne) arrivèrent dans la péninsule Ibérique dès l'Antiquité en même temps que les Phéniciens et les Grecs. Au 8ᵉ s., ils accueillirent avec sympathie les musulmans qui leur confièrent les charges de négociateurs auprès des chrétiens. Commerçants, banquiers, artisans, médecins, savants, ils jouèrent un rôle important dans les domaines économique, culturel et scientifique ; certains devinrent célèbres comme Maimonide de Cordoue. Les Juifs furent prospères sous le califat de Cordoue (10ᵉ-11ᵉ s.), mais à la fin du 11ᵉ s. l'intolérance des Almohades les fit quitter l'Andalousie pour Tolède, et la Catalogne, plus particulièrement Gérone. Ils furent ensuite persécutés par les chrétiens (un décret royal les obligeait à porter un morceau d'étoffe jaune ou rouge) et finalement expulsés par les Rois Catholiques en 1492. Certains choisirent la conversion au catholicisme, d'autres bien que convertis continuèrent à pratiquer le judaïsme dans la clandestinité (les marranes), la plupart émigrèrent vers les pays méditerranéens, la Hollande et les pays anglo-saxons. Les séfarades représentent aujourd'hui 60 % de la diaspora juive. Quelques-uns ont conservé leur langue, le **ladino**, pur castillan du 15ᵉ s.

Plaza de San Vicente, remarquez le chevet mudéjar de l'**église San Vicente** et remontez la calle de la Plata que bordent des demeures ornées de portails sculptés.

Plaza de Zocodover C2

Centre de Tolède, cette place triangulaire animée a été reconstruite après la guerre civile, de même que l'arc de la Sangre qui ouvre sur la calle de Cervantès.

Passez sous l'arche et descendez les marches menant à la calle Cervantès.

Musée de Santa Cruz★★ (Museo Santa Cruz)

Miguel de Cervantès, 3 - ✆ 925 221 402 - tlj 10h-18h30, dim. et j. fériés 10h-14h - fermé 1er janv., 1er Mai, 25 déc. - gratuit.

Bâtiment – Le cardinal Pedro González de Mendoza, archevêque de Tolède, mourut sans voir son projet réalisé : construire un hôpital pour malades et enfants trouvés. La reine Isabelle se chargea de mener à bien l'entreprise. C'est un bel ensemble plateresque commencé en 1504 par les frères **Anton et Enrique Egas**, et terminé dix ans plus tard par **Covarrubias** à qui l'on doit la **façade★**. Au tympan du portail, on reconnaît le cardinal Mendoza agenouillé devant la Croix entre sainte Hélène, saint Pierre, saint Paul et deux pages. Sur les arcs figurent les vertus cardinales. Au-dessus, deux jolies fenêtres encadrent un haut-relief représentant saint Joachim et sainte Anne. À l'intérieur, l'église est remarquable par le volume de sa nef et de son transept, qui dessinent une croix grecque sur deux niveaux, ainsi que par la beauté des plafonds à caissons ; elle accueille des expositions temporaires. Le **patio plateresque★** attenant frappe par l'élégance de ses arcades que complètent les ajours de sa balustrade, par la beauté de ses plafonds mudéjars et, surtout, par son magnifique **escalier★** créé par Covarrubias.

Musée – On accède au musée par le patio. Un petit escalier à vis conduit aux salles du sous-sol, qui accueillent des vestiges préhistoriques.

Au **rez-de-chaussée**, une première salle contient des objets cultuels et des œuvres religieuses du 13e au 16e s, peintures et sculptures en bois polychrome. Dans la salle suivante sont regroupées une quinzaine de **toiles du Greco★★**, pour une part issues de l'église de Talavera la Vieja, aujourd'hui noyée sous les eaux d'un lac de retenue. On appréciera l'évolution stylistique du peintre en comparant le lyrisme baroque et les figures allongées de l'*Assomption de la Vierge*, achevée en 1613, au traitement plus sage de l'*Immaculée Conception* qui lui fait face, réalisée de 1595. On admirera par ailleurs la douceur d'expression de sa *Véronique montrant la Sainte Face* et la réplique de *l'Expolio*, postérieur à celui de la cathédrale. Dans la troisième salle, on remarquera une belle Pietà de Jean de Bourgogne et des œuvres de José de Ribera, telles *La Sainte Famille à Nazareth* qui révèle un maître du ténébrisme lumineux et délicat. La quatrième et dernière salle expose des tapisseries flamandes, notamment la *Tapisserie des Astrolabes ou des signes du zodiaque*, réalisée en Flandre au milieu du 15e s. pour la cathédrale de Tolède et qui séduit par l'originalité de sa composition et le modernisme de ses tons.

Au **premier étage**, la collection Carranza, inaugurée en 2001 et léguée pour 20 ans au musée, présente des azulejos et des céramiques du 13e au 19e s., essentiellement originaires d'Espagne et de Hollande.

AUTRES SITES INTRA-MUROS

Alcázar C2

✆ 925 221 673 - fermé pour travaux. Le musée des Armées (Museo del Ejército) doit y ouvrir en 2008.

Maintes fois détruit, l'Alcázar dresse sa masse énorme et orgueilleuse sur l'un des sommets de la cité. De l'ancienne forteresse du 13e s., dont le Cid avait été le premier gouverneur, Charles Quint décida de faire sa résidence et confia les travaux à **Covarrubias** de 1538 à 1551. Son continuateur fut **Herrera**, à qui l'on doit la sévère façade sud, aux lignes verticales.

Le siège de 1936 n'en laissa que des ruines. Du 21 juillet au 28 septembre, les cadets d'infanterie, sous le commandement du colonel Moscardó, résistèrent aux assauts incessants des républicains, maîtres de la ville. Leurs familles, environ 600 femmes et enfants, étaient réfugiées au sous-sol.

Aujourd'hui, devant la façade de l'Alcázar reconstruit tel qu'il se présentait du temps de Charles Quint, se dresse le monument de la Victoire, œuvre d'Avalós. À l'intérieur de l'Alcázar, on visite le sous-sol où vécurent les familles des cadets et à l'étage le bureau du colonel Moscardó qui, sommé par téléphone de rendre l'Alcázar sous peine de voir son fils fusillé, refusa héroïquement : l'exécution eut lieu un mois plus tard, le 23 août.

Après d'importants travaux, le **Musée des Armées** (Museo del Ejército), autrefois à Madrid, devrait investir les salles de l'Alcázar en 2008. Les souvenirs de la guerre civile et du franquisme restent vivace en Espagne et l'ouverture de ce nouveau musée, par la présentation qui en sera faite, revêt une importance politique considérable.

Couvent de Santo Domingo El Antiguo A2

Plaza Santo Domingo el Antiguo, s/n - ✆ 925 222 930 - tlj 11h-13h30, 16h-19h, dim. 16h-19h - 1,80 €.

Ce couvent cistercien de style classique a été bâti au 11e s., avant d'être remodelé au 16e s. Il est étroitement lié au Greco puisqu'il recèle la première œuvre que l'artiste réalisa en arrivant à Tolède en 1577, une *Résurrection du Christ* encore empreinte de l'influence de Michel-Ange et de Titien, ainsi que son tombeau, visible dans la crypte.

Centre d'interprétation de Tolède (Centro de Interpretación de Toledo) B2

Trinidad, 7 - ✆ 925 221 616 - www.clavesdetoledo.com - tlj sf lun. mat. et apr.-midi, dim. mat. - 4 € (- 10 ans gratuit).

Inauguré en 2002, ce centre culturel de 800 m² aménagé dans l'ancienne église de San Marcos propose des expositions temporaires à base de photos, vidéos, maquettes et animations multimédia, consacrées à l'histoire et à la culture de Tolède (commentaires et audioguides en anglais et en espagnol).

Mosquée du Christ de la lumière (Mezquita del Cristo de la Luz) B1

Cuesta de Carmelitas Descalzos, 10 - ✆ 925 254 191 - tlj. 10h-18h (19h en été) - 1,90 €.

Sur les restes d'un temple wisigothique, les Arabes édifièrent en l'an 1000 une mosquée, qui fut transformée au 12e s. en église mudéjare. On raconte que, lors de l'entrée d'Alphonse VI dans Tolède, le cheval du Cid, qui l'accompagnait, s'agenouilla soudain devant le mur de l'édifice, refusant d'aller plus avant. On découvrit, à l'intérieur du mur, un Christ qu'illuminait une lampe wisigothique. Ce « Christ de la lumière » donna son nom à l'église.

Trois arcs de facture différente, des arcatures aveugles entrecroisées, une rangée de croisillons surmontés de caractères coufiques composent la façade.

À l'intérieur, les piliers, pour la plupart d'origine wisigothique, soutiennent des arcatures superposées comme le sont celles de la mosquée de Cordoue. Les neuf coupoles, inscrites dans les carrés, sont étonnantes par leurs compositions, toutes différentes. Très détériorée, la mosquée a fait l'objet d'une importante restauration en 2007 qui a permis de mettre en évidence les restes d'une voie romaine.

Du jardin attenant, on accède au sommet de la Puerta del Sol : vue sur la ville.

Atelier du Maure (Taller del Moro) B2

Calle Taller del Moro, s/n - fermé pour travaux. ✆ 925 224 500.

Cet « atelier » utilisé pour y entreposer les matériaux destinés à la construction de la cathédrale est un ancien palais qui a conservé sa décoration mudéjare. Les salles illuminées par de petites fenêtres ajourées communiquent par des ouvertures en fer à cheval décorées d'*atauriques*, décor en stuc de style almohade.

Église de Santiago del Arrabal B1

Restaurée, cette belle église mudéjare renferme la chaire gothico-mudéjare très travaillée, où aurait prêché saint Vincent Ferrier. Elle recèle un intéressant retable du 16e s.

Porte du soleil (Puerta del Sol) B1

Cette porte de la seconde enceinte de la ville fut reconstruite au 14e s. C'est une belle réalisation mudéjare. Elle s'ouvre sur deux arcs en fer à cheval circonscrits.

Au centre, un bas-relief, plus tardif, représente la remise de la chasuble par la Vierge à saint Ildefonse. Au sommet, dans la décoration en brique d'arcatures aveugles, a été encastrée une curieuse sculpture : deux jeunes filles soutenant un plateau portent une tête coupée qui, selon une légende, serait celle de l'*alguazil* principal de la ville, coupable d'avoir violé les jeunes filles.

Nouvelle porte de Bisagra (Puerta nueva de Bisagra) B1

Cette porte a été construite par Covarrubias en 1550 et agrandie à l'époque de Philippe II. Les tours rondes qui font face à la route de Madrid encadrent un gigantesque écusson impérial.

Ancienne porte de Bisagra (Puerta antigua de Bisagra) B1

C'est par cette porte percée dans l'ancienne muraille arabe qu'Alphonse VI pénétra dans la ville en 1085.

HORS LES MURS

Hôpital de Tavera★★ (Hospital de Tavera) B1

Duque de Lerma, 2 - ✆ 925 220 451 - tlj 10h30-13h30, 15h-17h30 - fermé 1er janv., 25 déc. - 2,50 €.

Fondé au 16e s. par le cardinal Tavera, l'hôpital fut commencé par Bustamante en 1541, terminé par González de Lara et les Vergara, puis modifié au 17e s. Après la guerre civile, sa propriétaire, la duchesse de Lerma, fit restaurer l'aile gauche et y aménagea de **somptueux appartements★** dans le style du 17e s. Plusieurs tableaux de valeur ornent les différentes pièces.

Au **rez-de-chaussée**, la vaste bibliothèque regroupe les archives de l'hôpital sous forme de dossiers reliés en cuir par des artisans arabes. Parmi les tableaux exposés, *La Sainte Famille* du Greco retient l'attention : la Vierge possède un des plus beaux visages jamais peints par l'artiste. Remarquer aussi *La Naissance du Messie* par **le Tintoret**, *Le Philosophe* de **Ribera** et, dans une salle annexe, le très étrange portrait de *La Femme à barbe* du même peintre.

Au **premier étage**, dans les salles de réception, une autre œuvre du Greco, le *Portrait du cardinal Tavera*, peint d'après un masque mortuaire, voisine avec *Samson et Dalila* du Caravage et des portraits des marquis de las Navas par Antonio Moro.

Au centre de l'élégant double patio, une galerie mène à l'**église**. On y entre par un portail en marbre de Carrare, œuvre d'**Alonso Berruguete**, artisan également du tombeau du cardinal Tavera. Le **retable** du maître-autel a été dessiné par le **Greco**. La dernière œuvre du peintre, le remarquable **Baptême du Christ★★**, où allongement des silhouettes et éclatement des couleurs atteignent leur paroxysme, est exposé à droite du retable.

La crypte est le siège d'un étonnant phénomène acoustique, que l'on découvrira en s'approchant lentement du rond central.

Donnant sur le patio, l'ancienne **pharmacie** de l'hôpital a été reconstituée.

Le reste du bâtiment accueille les locaux d'une école religieuse, qui devrait déménager en 2008 et laisser place à un hôtel de luxe.

Office Espagnol du tourisme/Paris

Le pont de San Martín.

Pont de San Martín (Puente de San Martín) A2

Le pont a été construit au début du 13e s., après qu'une crue eut emporté en 1203 le pont antérieur, situé un peu plus bas sur la rivière et dont il reste quelques vestiges appelés Baño de la Cava. La légende raconte qu'en ce lieu avait l'habitude de se baigner la belle Florinda, fille du comte Don Julián, dont le roi wisigoth Don Rodrigo s'éprit avant de la violer, incident qui aurait provoqué en réaction une cascade d'événements ayant conduit à l'invasion de la péninsule Ibérique par les Arabes ! Haut de 95 m, le pont actuel, très remanié au 18e s., porte au sud une belle tour crénelée octogonale. Depuis le pied de la tour, on découvre l'une des plus belles vues sur la ville.

Pont de Alcántara (Puente de Alcántara) C1

À proximité, une plaque, apposée à la muraille, rappelle l'endroit où saint Jean de la Croix, emprisonné dans un couvent, s'enfuit par une fenêtre pour échapper à ses persécuteurs. Le pont date du 13e s. Il est précédé à l'ouest par une tour mudéjare et à l'est par un arc baroque. On aperçoit les murailles crénelées du **château de San Servando**, du 14e s., restauré. Face à l'Alcázar, il protégeait la vallée.

Église du Cristo de la Vega A1

L'église du Christ de la Vega, ou de Santa Léocadia, se dresse à l'emplacement d'une basilique wisigothique du 7e s., siège de plusieurs conciles de l'Église catholique. Elle aurait été le théâtre de l'apparition de sainte Léocadie à saint Ildefonse et au roi. Très modifié au 18e s., l'édifice a gardé une haute et belle abside mudéjare. À l'intérieur, un Christ moderne remplace l'ancien Christ auquel s'attachent plusieurs légendes, en particulier celle de la jeune fille qui, abandonnée par son fiancé, était venue l'implorer : le Christ, en signe d'approbation, lui aurait tendu le bras.

Le tour des cigarrales★★★ (Carretera de Circunvalación)

Traversez le Tage au Puente de Alcántara et suivez la Carretera de Circunvalación sur 3,5 km jusqu'au Puente de San Martín. Le site de la ville est incomparable : on l'appréciera au mieux depuis les *cigarrales*, vastes oliveraies s'étalant sur la rive sud du Tage. Plusieurs **belvédères**, dont la terrasse du **parador**, y ménagent des visions inoubliables de la cité, appesantie entre l'Alcázar et le monastère de San Juan de los Reyes. À la tombée du jour, ou la nuit, le spectacle est tout aussi saisissant.

Aux alentours

Guadamur

15 km au sud-est. Sortez de Tolède par le Puente de Azarquiel, puis prenez à gauche la CM 401. Le **château** *(fermé pour restauration)*, qui domine le village, a été édifié au 15e s. et restauré à la fin du 19e s. Jeanne la Folle et son fils Charles Quint y séjournèrent. Les appartements, aménagés à l'espagnole, renferment de beaux meubles d'époque.

Tembleque

60 km au sud-est. Sortez de Tolède par le Puente de Azarquiel et prenez à droite la CM 42, puis la CM 410. Ce village de la Manche possède une pittoresque **Plaza Mayor★** (17e s.), vaste quadrilatère bordé de trois étages de fins portiques, le premier en pierre, les deux autres en bois. Une curieuse toiture arachnéenne couronne un des accès à cette place qui a dû servir d'arènes.

Talavera de la Reina

74 km à l'ouest, par la N 403 et la A5-E90. Le nom de Talavera, comme celui de Manises ou de Paterna, est associé depuis le 15e s. aux **carreaux de céramique** qui décoraient le bas des murs dans les salles d'habitations nobles et les chapelles des églises. Aujourd'hui, la fabrication s'oriente aussi vers les ustensiles domestiques à usage décoratif : assiettes, pichets. On reconnaît les azulejos de Talavera à leurs dessins bleus et jaunes. Les tonalités vertes qui apparaissent sont originaires de **El Puente del Arzobispo**, petit village *(34 km au sud-ouest)* où l'on fabrique maintenant en série toutes sortes de pots *(cacharros)*.

Talavera occupe la rive droite du Tage, que traverse un pont du 15e s. Bien qu'elle ait perdu l'essentiel de son patrimoine architectural et que son trafic intense n'invite guère à la promenade, la ville conserve une partie de ses murailles médiévales (actuellement en cours de restauration) et plusieurs églises dignes d'intérêt, comme la collégiale Santa María la Mayor et l'église Santiago el Nuevo, toutes deux de style mudéjar.

M. Angel/MICHELIN

Céramique de Talavera de la Reina.

La **basilique de la Virgen del Prado** *(dans un parc à l'entrée de la ville quand on vient de Tolède)*, véritable petit musée des azulejos, montre l'évolution du style local. La sacristie *(accès par le flanc gauche)* réunit les carreaux les plus anciens à tons jaunes et motifs géométriques (14e au 16e s.). Sur les murs intérieurs et sous le portique d'entrée, des productions plus récentes adoptent le dessin bleu et le style narratif (16e au 18e s.). De nombreux fidèles s'arrêtent pour prier silencieusement devant les deux grandes fenêtres situées sous le porche.

Vous pourrez finir votre visite par l'agréable **musée Ruiz de Luna** *(✆ 925 800 149 - tlj sf lun. 10h-14h, 16h-18h30, dim. 10h-14h30 - fermé 1er janv., 1er Mai, 25 déc. 0,60 €.)*, qui présente une collection de céramiques du 15e s. à nos jours dans un bâtiment ancien situé dans la partie la plus agréable de la ville.

Oropesa

32 km à l'ouest de Talavera.

Deux églises et un château dominent le village.

Château★ – Datant de 1366, il garde fière allure. Les bâtiments ajoutés en 1402 ont été aménagés en parador. Dans l'escalier, une plaque rappelle que l'un des comtes d'Oropesa, **Francisco de Toledo**, fut vice-roi du Pérou de 1569 à 1581.

À 2 km à l'ouest, le village de **Lagartera**, est célèbre pour ses broderies exécutées depuis plusieurs siècles : broderies paysannes des longues jupes et des bonnets aux teintes vives, broderies des nappes et des tentures de soie aux nuances douces, aux fins semis de fleurs. Chaque maison propose un échantillon de ses travaux. Les brodeuses travaillent en été sur le pas de leur porte.

Tolède pratique

Informations utiles

Office de tourisme – Il y en a deux : l'un au débouché de la route de Madrid, à l'entrée nord de la vieille ville, *Puerta Bisagra, 45003 Tolède ✆ 925 220 843*; l'autre face à la cathédrale, *Plaza del Consistorio, 1 - ✆ 925 254 030 - tlj mat. et apr.-midi, lun. mat.*

t-descubre – Cette revue trimestrielle richement illustrée, en anglais et espagnol, est distribuée gratuitement dans les offices de tourisme. Elle recense les musées et événements de la ville.

Transports

Gare ferroviaire – *Paseo de la Rosa - ✆ 902 240 202 - www.renfe.es*. Liaisons avec le centre de Tolède par le bus n°6. Une douzaine de trains par jour pour Madrid (30 mn de trajet), de 7h à 21h30 environ.

Gare routière – *Av. Castilla-La Mancha ✆ 925 215 850*. Liaisons avec le centre de Tolède par le bus n°5. Bus pour Madrid (1 h de trajet) ttes les 30 mn, entre 6h et 22h environ (8h30-minuit le w.-end).

Visites

Paseos Guiados propose des visites guidées thématiques (Les trois cultures, Tolède monumental, Légendes et anecdotes…). En espagnol et anglais uniquement. Informations et réservation : ✆606 826 631 - www.toledopaisajes.com

Se loger

⊖ Hostal Santo Tomé – *Calle Santo Tomé, 13 - ✆925 221 712 - www.hostalsantotome.com -10 ch. - 52 € - P 10 €/jour*. L'hôtel bénéficie d'un emplacement idéal, au cœur du Tolède monumental. Il propose une dizaine de chambres sans fioritures, mais spacieuses et bien tenues. Les plus agréables, à l'étage, ont vue sur les toits.

⊖⊖ Posada de Manolo – *Calle Sixto Ramòn Parro, 8 - ✆925 282 250 - laposadademanolo@wanadoo.es - 14 ch. 72 €*. L'hôtel rend hommage aux trois grandes cultures de la ville : le style des chambres du premier étage est d'inspiration musulmane, celui du deuxième est d'inspiration chrétienne, tandis que celui du troisième emprunte au monde juif. Mieux, chaque chambre est décorée en fonction d'un des métiers emblématiques de chaque communauté : serrurier juif, forgeron chrétien, cordonnier arabe, etc. L'agréable salle à manger et sa terrasse s'ouvrent sur la cathédrale et les collines environnantes. Accueil familial et chaleureux.

⊖⊖ Hostal Casa de Cisneros – *Calle Cardenal Cisneros, 12 - ✆ 925 228 828/925 223 173 - www.hostal-casa-cisneros.com - réservation conseillée -10 ch. : 60/90 € - ☕ buffet ou service 5/6 €*. Ce petit hôtel de charme situé dans une rue longeant la cathédrale occupe une belle maison du 16e s. Celle-ci fut érigée par-dessus un petit palais arabe du 11e s., dont les fondation apparaissent encore dans l'entrée, à travers le sol de verre. Toutes différentes, les chambres coquettes aux murs en pierre et brique sont distribuées autour d'un patio fleuri à deux étages. Certaines ont vue sur la cathédrale. Excellent petit-déjeuner.

⊖⊖ Hostal del Cardenal – *Paseo Recaredo, 24 - ✆ 925 224 900 - 27 ch. - 60/97 € - ☕ 6,90 € - restaurant 23,24/36,25 €*. On entre dans cette ancienne demeure que le cardinal Lorenzana se fit bâtir au 18e s. par un grand jardin fleuri, à deux pas de la porte de Bisagra. De larges couloirs parsemés d'antiquités y conduisent à des chambres confortables et soignées, de style castillan classique. Les soirées dans le jardin sont un délice. Bon restaurant. Parking du Recadero tout proche.

⊖⊖⊖ Parador de Toledo – **Hors plan** *-Cerra del Emperador, au sud, on y parvient par la Carretera de Circunvalación - ✆ 925 225 166 - www.parador.es - 74 ch.- 150/180 € - ☕ 13 € - P*. Le bâtiment moderne, en bordure des *cigarrales*, mériterait sans doute un petit rafraîchissement, mais les chambres, dotées d'une terrasse privative, et la salle à manger demeurent superbes grâce à la vue éblouissante qu'ils délivrent sur Tolède.

Se restaurer

⊖ **El Ludeña** – *Plaza de Magdalena - ✆ 925 223 384 - Ouvert tlj, petit-déj. à partir de 8h - menu 8 €.* Un restaurant de quartier pour déjeuner sans se ruiner. Vous pourrez vous installer dans le petit comedor lambrissé ou dans la cour extérieure si le temps s'y prête. Goûtez aux *cancamusas*, la spécialité maison, un savoureux ragoût de viande à la tomate.

⊖⊖ **La Abadía** – *Plaza de San Nicolás, 3 - ✆ 925 251 140 - www.abadiatoledo.com - ouvert tlj, petit-déj. à partir de 8h -plats 10,70/26 €.* Les propriétaires ont su tirer profit des caves d'un ancien palais du 16ᵉ s. Les voûtes en brique, les roches affleurant à la surface des murs, l'éclairage tamisé, le mobilier et la musique jazzy créent une atmosphère festive et feutrée. Vous aurez le choix entre le bar à tapas situé à l'entrée et les multiples salles de restaurant fumeur et non-fumeur réparties au rez-de-chaussée et au sous-sol. La cuisine mêle agréablement tradition et modernité.

⊖⊖ **Hierbabuena** – *Callejón de San José, 17 - ✆ 925 223 924 - cigarralhierbabuena@terra.es – tlj sauf dim. soir - 33/45 €.* Les tables de ce restaurant réputé sont élégamment dressées autour d'un petit patio intérieur. L'équipe, jeune et dynamique, propose une cuisine traditionnelle raffinée n'excluant pas certaines innovations.

⊖⊖⊖ **Casón de los López de Toledo** – *Sillería, 3 - ✆ 925 254 774 - casontoledo@casontoledo.com - fermé dim. soir - 40/50 €.* Installé dans une grande demeure du 16ᵉ s., ce superbe restaurant propose le meilleur de la cuisine manchega et quelques plats plus internationaux. Remarquez, outre les plafonds à caissons mudéjars, un patio simple et élégant. Bar à tapas au rez-de-chaussée.

Voir aussi l'Hostal del Cardenal, dans *Se loger*.

Faire une pause

La **plaza Zocodover** et ses terrasses de café constituent le centre névralgique de la vie tolédanne.

El Trebol et **La Tabernita**, tous deux situés dans la petite calle Santa Fe, entre la place Zocodover et le Museo de Santa Cruz, sont deux bars agréables où l'on peut boire une bière ou un cidre en grignotant un sandwich. Quand il fait beau, le premier installe quelques tables dans la rue.

Cafe de las Monjas (*Calle Santo Tomé, 2 - ✆ 925 213 422*). Idéal pour une pause café ou thé, avec une belle collection de pâtisserie.

Voir aussi le **Circulo de Arte**, ci-dessous.

En soirée

Circulo de Arte – *Plaza de San Vicente, 2 - ✆ 925 212 981 - www.circuloartetoledo.org - dim.-jeu., 10h-2h30, ven.-sam. 10h-7h.* Cette belle église du 13ᵉ-16ᵉ s., aux élégants arcs outrepassés, accueillit jadis le tribunal de l'Inquisition. Elle fait désormais office de salon de thé, de salle d'exposition, de bar à cocktail, de salle de concert (programmation à dominante jazz et musique du monde) et même de discothèque, selon l'heure du jour et de la semaine. Un bel exemple de reconversion.

Achats

Tolède est renommée pour ses nombreux **objets damasquinés** (acier bruni incrusté de fils d'or, d'argent et de cuivre) et pour ses excellentes spécialités culinaires : perdrix en daube et **massepain** (*mazapan*), une sorte de pâte d'amande que l'on trouve dans de nombreuses t pâtisseries de la Vieille Ville.

Événements

Les ruelles tortueuses de la ville, qui ne sont pas sans évoquer celles de Jérusalem, composent un cadre magnifique aux festivités de la **Semaine sainte**.

Toutefois, la manifestation religieuse la plus remarquable de Tolède est la **procession du Corpus Christi** (ou Fête-Dieu), qui a lieu le dimanche de la 9ᵉ semaine après Pâques. Elle obéit au même rituel depuis 1264, année où le pape Urbain IV et Juliana de Mont-Cornillón, aujourd'hui béatifiée, organisèrent la première édition. La semaine précédant la procession, l'intérieur de la cathédrale est décoré de tapisseries anciennes et de divers ornements traditionnels, tandis que les balcons, fenêtres et murs du parcours se couvrent de draperies, de tapis et de guirlandes. Le samedi, le parvis de la cathédrale est couvert de fleurs et d'herbes aromatiques exhalant de puissants parfums. Le dimanche enfin, l'ostensoir sort de la salle du trésor et circule dans la ville, suivi par une longue procession, tandis que les odeurs, les chants et les couleurs créent une atmosphère mystique et festive.

Office de Tourisme de la Mairie de Toledo.

Les « étoiles des séfarades » (estrellas de Sefarad) en massepain.

La route de Don Quichotte

La ruta de Don Quijote

CARTE GÉNÉRALE B3 – CARTE MICHELIN N° 576 O-P 18-19-20
PROVINCE DE TOLÈDE

La route de Don Quichotte est le premier « Itinéraire culturel » basé sur un personnage de fiction reconnue par le Conseil de l'Europe. Elle nous emporte au cœur d'un territoire chargé d'imaginaire, la vaste plaine manchega, semée d'obscurs cachots, de moulins à vent et de tavernes enchantées. Une belle occasion de voyager hors des sentiers battus tout en suivant les traces de l'immortel chevalier errant, né il y a tout juste 400 ans.

- **Se repérer** – La route de Don Quichotte sillonne un vaste territoire compris entre Tolède au nord-ouest, Belmonte au nord-est et Almagro au sud-est.
- **À ne pas manquer** – Campo de Criptana, El Toboso.
- **Organiser son temps** – Une première journée de Consuegra à Belmonte (130 km environ), une seconde jusqu'à Villanueva de Los Infantes (200 km environ).
- **Avec les enfants** – Moulins, grottes et châteaux devraient leur plaire.
- **Pour poursuivre le voyage** – Tolède (65 km de Consuegra), Belmonte (45 km du Toboso), Almagro (60 km d'Argamasilla de Alba).

C. Barrely/Michelin

Les moulins de Consuegra.

Circuit de découverte

LA ROUTE DE DON QUICHOTTE★

240 km – Ce circuit peut s'effectuer dans la journée, mais on peut aussi faire étape à Belmonte. Partez de Consuegra, à 60 km au sud-est de Tolède.

Consuegra

Surplombant le village, dix pittoresques **moulins à vent** se succèdent sur une crête dominée par un château en ruines. À l'époque où le Chevalier à la Triste Figure hantait la région en quête d'aventures, les moulins n'étaient pas situés sur la crête, mais dans la plaine, autour des remparts qui ceinturaient le village. On peut visiter le premier moulin, qui abrite l'office du tourisme et possède un mécanisme datant du 18e s. La relation du bourg à l'écrivain reste largement méconnue, bien que la maison du 11, Plaza San Juan possède un écusson du 16e s. aux armes d'une certaine famille Cervantès.

Château – *Lun.-vend. 9h-14h/15h30-18h, sam.-dim. 10h30-14h/15h30-18h, 2 €.* Datant du califat de Cordoue, il fut détruit en 1813 par les troupes napoléoniennes ; sa visite vaut surtout pour la vue.

Sortez par la CM 400, puis prenez la CM 42, direction Alcázar de San Juan, et empruntez l'A 4 en direction de Córdoba.

Puerto Lapice

C'est à Puerto Lapice que Don Quichotte, lors de sa première sortie, entra dans une auberge qu'il prit pour un château et fut sacré chevalier par un seigneur qui n'était autre que… l'aubergiste. Bâtie au 17e s., l'auberge actuelle est tout entière dédiée au chevalier errant : sculpture en métal à son effigie, abreuvoir en pierre pour Rossinante, mais aussi quelques tables autour du patio pour déjeuner en évoquant sa mémoire. Au centre du village, la petite Plaza Mayor entourée de galeries en bois est d'une conception typique de la Manche.

Prenez la N 420 en direction de Cuenca pendant 32 km.

Campo de Criptana

Comme à Consuegra, dix **moulins★** campent fièrement au sommet d'une colline, entourés par le village tout blanc et la vaste plaine manchega. Mais la beauté du panorama leur confère ici une véritable allure de géant. Trois d'entre eux existaient déjà à l'époque de Cervantès ; l'un abrite l'office du tourisme, tandis que son voisin possède encore son mécanisme d'époque.

100 m plus bas, au pied du moulin entouré par les maisons, **Las Cuevas de la Paz** est une maison de meunier du 16e s. aménagée dans une succession de petites grottes. *✆ 926 562 231 - tlj mat. et apr.-midi, dim. matin - 0,60 €*

Musée du fil de fer (Museo del Alambre) – *Face au moulin le plus haut - ✆ 926 562 231 - se renseigner.* Ce curieux musée regroupe les centaines de maquettes en fil de fer qu'un paysan du village réalisa pendant 30 ans : vélos, moulins, cathédrales, arènes de taureaux, tracteurs et autres crucifixions composent un univers étrange et poétique.

Empruntez la N 420 en direction de Cuenca pendant 2 km environ, puis prenez à gauche la CM 3162 en direction de Quintanar de la Orden pendant 18 km.

El Toboso

Bienvenue au village natal de Dulcinée du Toboso, l'unique amour de l'imaginatif chevalier errant qui avoue ne l'avoir vue que trois ou quatre fois dans sa vie… sans que leurs yeux ne se croisent.

Maison-Musée de Dulcinée (Museo Casa de Dulcinea) – *✆ 925 197 288 - tlj sf lun. 10h-14h, 16h30-19h30, dim. 10h-14h - 0,60 € (- 18 ans gratuit).* Il s'agit de l'ancienne maison (16e s.) d'un riche famille d'hidalgos de la Manche, où vécut une certaine doña Morales dont Cervantès a pu s'inspirer pour son personnage. Le premier étage accueille les appartements, décorés de mobilier d'époque, tandis que le rez-de-chaussée regroupe les pièces utilitaires et agricoles, dont un vaste *palomar* (pigeonnier).

Centro cervantino – *✆ 925 568 226 - tlj sf lun. 10h-14h, 16h-19h, dim. 10h-14h - 2 €.* À gauche de l'église Parroquial, au style gothique tardif mâtiné d'éléments plateresques et Renaissance, un bâtiment abrite l'office du tourisme et ce petit musée dédié à Cervantès, qui propose une riche collection d'exemplaires de *Don Quichotte* dédicacés par divers chefs d'État : Thatcher, Mitterrand, Mandela, Reagan… mais aussi Mussolini et Hitler.

Poursuivez par la CM 3162, puis prenez la N 301 en direction de Cuenca.

Mota del Cuervo

Les beaux **moulins** blancs qui dominent le village plairont surtout à ceux qui ont manqué ceux de Consuegra et de Campo de Criptana, plus spectaculaires.

Allez passer la nuit à Belmonte (voir p. 281), situé 16 km plus à l'est (N 420, direction Cuenca), ou dirigez-vous vers Argamasilla de Alba (à 60 km au sud par la N 420, direction Alcázar de San Juan, puis la CM 3103, direction Tomelloso).

Argamasilla de Alba

Grotte de Medrano (Cueva de Medrano) – *Au sous-sol de l'office de tourisme - ✆ 926 523 234 - tlj sf lun. 10h-13h30, 16h-19h, dim. 10h-13h30 - gratuit.* C'est dans cet obscur cachot que Cervantès aurait inventé son Don Quichotte, tandis qu'il purgeait une peine de prison pour fraude fiscale à l'époque où il travaillait en tant que collecteur d'impôts. Dans ce même village aurait vécu un certain don Rodrigo de Pacheco, un hidalgo fantaisiste dont la folie aurait inspiré l'écrivain. Son portrait est visible sur le tableau qui orne la capilla de la Virgen de la Caridad de l'**église de San Juan Bautista** : il s'agit de l'homme barbu à collerette en prière au pied de la Vierge. Le tableau date de l'année 1601, quatre ans avant la parution de la première partie du Quichotte. L'église elle-même, commencée en 1542, est restée inachevée pour des raisons inconnues.

Prenez la CM 3109 en direction de La Solana, puis la CM 3127 en direction de Villanueva.

Don Quichotte, l'ambigu

Né dans l'imaginaire fertile de Cervantès, ce gentilhomme modeste à l'esprit farci de romans de chevalerie décide un beau jour de revêtir une armure de carton, de monter sur Rossinante, son étique cheval, et de quitter son paisible village de la Manche en compagnie de Sancho Pança, son fidèle écuyer, le cœur rempli de Dulcinée, son amour imaginaire, à la recherche des aventures qui lui apporteront gloire et renommée... Ce héros comique et tragique du livre le plus vendu au monde après la Bible amuse et interroge à la fois : faut-il voir en lui un fou ridicule ou un rêveur admirable ? La réponse diverge d'un lecteur à l'autre et d'une époque à l'autre, les uns voyant en lui le sommet de la noblesse, les autres le comble du ridicule. La « route de Don Quichotte », qui visite les lieux où il attaqua les moulins à vent en croyant combattre des géants, entendit le grondement d'une armée dans les bêlements des chèvres, et vit des châteaux dans de modestes auberges, vous inspirera peut-être votre propre réponse.

Villanueva de Los Infantes

Classée Patrimoine historique et artistique, cette jolie petite ville revendique l'honneur d'être le fameux « village de la Manche, du nom duquel je ne me veux souvenir », évoqué par Cervantès dans la première phrase de son roman : c'est là que don Quichotte aurait vécu avant de partir sur les routes, là qu'il reviendra mourir à la fin de ses aventures. Hasard de l'histoire, c'est aussi là que vint mourir le poète espagnol **Francisco de Quevedo** (1580-1645), figure majeure du Siècle d'or espagnol. La cellule où il passa ses derniers jours peut être visitée au **couvent de Santo Domingo**, vaste couvent fondé en 1526 et converti en hôtel-musée.

L'élégante **Plaza Mayor** est entourée de maisons à arcades et du Templo Parroquial de San Andrés, de styles Renaissant tardif et néoclassique. Face au parvis de l'église, l'**Alóndiga**, aujourd'hui centre culturel, s'organise autour d'un beau patio du 16e s. Les maisons des rues du centre, telle la calle Cervantès, dévoilent plus de 200 blasons.

La route de Don Quichotte pratique

Offices de tourisme

Consuegra – *Dans le premier moulin, "Bolero" - Cerro Calderico, s/n - ✆ 925 475 731 - tlj mat. et apr.-midi - www.consuegra.es.*

Campo de Criptana – *Dans l'un des moulins, Barbero, 1 - ✆ 926 562 231 - tlj mat. et apr.-midi, dim.-lun. matin.*

El Toboso – *Calle Doña Tolosa, 2 - ✆ 925 568 226 - www.eltoboso.org - Tlj. sauf lun., mar.-sam. 10h-14h/16h-19h, dim. 10h-14h.*

Argamasilla de Alba – *Cervantes, 7 - ✆ 926 523 234 - été : tlj sf lun. mat. et apr.-midi, dim. et j. fériés matin ; hiver : tlj mat. et apr.-midi, dim.-lun. et j. fériés matin - www.argamasilladealba.es*

Transports

En voiture uniquement : aucun bus touristique ne relie les sites.

Se loger

Outre Villanueva de los Infantes, on pourra séjourner à Belmonte, au nord-est, ou à Almagro, au sud-est *(voir p. 281 et 285)*.

VILLANUEVA DE LOS INFANTES

⊖⊖ **La Morada de Juan de Vargas** - *Cervantes 3 - ✆ 926 361 769 – lamorada@lamoradadevargas.com - réservation conseillée - 6 ch. 66/85 €* ☕. Une adresse de charme, dans une maison du 16e s. soigneusement restaurée à deux pas de la Plaza Mayor. Espaces communs conviviaux ; chambres spacieuses et soignées, meublées d'antiquités.

Se restaurer

CAMPO DE CRIPTANA

⊖⊖ **Cueva de Martina** – *Rosinante 13 - ✆ 926 561 476 - cueva_martina@eresmas.com - fermé lun. et 30 sept.-20 oct. - 25 à 34 €.* Stratégiquement située devant les moulins, sa terrasse domine tout le village et la plaine. On y sert une cuisine régionale goûteuse et raffinée.

Belmonte★

2 278 HABITANTS
CARTE GÉNÉRALE C3 – CARTE MICHELIN N° 576 N 21
PROVINCE DE CUENCA

Belmonte est un gros village typique de la Manche, qui séduit par ses maisons blanchies à la chaux, ses restes de fortification et ses places harmonieuses et paisibles. Il est dominé par les silhouettes de la collégiale et de l'imposant château médiéval, qui se dresse au sommet de la butte de San Cristóbal comme un décor de cinéma.

Se repérer – Cuenca est à 1h via la N 420, Madrid à 2h via l'AP 36.

Organiser son temps – Prévoir 3 h.

Pour poursuivre le voyage – La route de Don Quichotte et Mota del Cuervo (16 km), Cuenca (101 km au nord-est) et Albacete (107 km au sud).

Visiter

Le village conserve une partie de l'ancienne muraille qui le reliait au château ainsi que trois des cinq portes d'accès. La porte la mieux conservée est celle de Chinchilla.

Ancienne collégiale★ (Antigua Colegiata)

Cette collégiale du 15e s. renferme une collection de retables intéressants réalisés par des artistes locaux aux 15e, 16e et 17e s. Les **stalles★** du *coro* (15e s.), provenant de la cathédrale de Cuenca, dépeignent dans un style réaliste des scènes de la Genèse et de la Passion. L'église conserve les fonts baptismaux où fut baptisé le moine poète fray Luis de León.

Château★ (Castillo)

℘ 967 170 471 - oct.-mars : 10h-13h30, 15h30-17h30 ; avr.-sept. : 10h-13h30, 16h30-19h30 - fermé 1er janv., 25 déc. -1,50 €.

Cette **forteresse** hexagonale flanquée de tours rondes fut élevée au 15e s. par Juan Pacheco, marquis de Villena, pour défendre ses domaines. Laissé à l'abandon jusqu'au 19e s., le château a perdu tout aménagement intérieur. En 1870, le patio triangulaire fut défiguré par sa nouvelle propriétaire, Eugénie de Montijo, qui fit installer un placage de brique.

Les immenses salles vides conservent de beaux **plafonds artesonados★** mudéjars, spécialement le salon de réception et les fines dentelures de pierre qui encadrent les fenêtres. Depuis le chemin de ronde, aux merlons en gradins, on domine le village et l'âpre paysage de la Manche.

Un château de cinéma

Son aspect médiéval et la magnifique silhouette de son château ont transformé Belmonte à diverses reprises en un lieu de tournage. *Le Cid* (1961), avec Charlton Heston et Sophia Loren, est le film le plus connu.

Aux alentours

Villaescusa de Haro

6 km au nord-est par la N 420.

Dans l'église paroissiale, on ira voir la **chapelle de l'Assomption★**. Édifiée en 1507, elle constitue un ensemble magnifique de gothique tardif avec ses créneaux et sa grille en fer forgé dessinant trois arcs de style gothique fleuri et un retable gothique-Renaissance.

Belmonte pratique

Informations utiles

Office de tourisme – *Lucas Parra, 20 - ℘ 967 170 741 - tlj sf lun. mat. et apr.-midi.*

Se loger et se restaurer

⊖⊖ Palacio Buenavista Hospedería – *Calle la Iglesia, 2 - ℘ 967 187 580 - www.palaciobuenavista.es - P - 18 ch. 63/70 € ☕ - restaurant : menu 20 €.* Dans une ancienne demeure seigneuriale du 16e s. Simples et agréables, les grandes chambres sont disposées autour d'un grand patio central à deux étages aménagé en salon. Les plus belles ont vue sur le château. Le restaurant sert des plats traditionnels, dans un cadre rustique.

Almagro★★

8 502 HABITANTS
CARTE GÉNÉRALE B3 – CARTE MICHELIN N° 576 P 18
PROVINCE DE CIUDAD REAL

Les ruelles pavées de la belle Almagro, ponctuées de façades blasonnées et de foisonnants portails baroques, convergent vers sa remarquable Plaza Mayor, dotée du plus ancien théâtre d'Espagne. Au 13e s., cette paisible petite ville servit de base aux rudes moines-soldats de l'ordre de Calatrava, avant de connaître la prospérité du 16e au 18e s. grâce aux mines de mercure environnantes. Elle accueille chaque année en juillet le festival du Théâtre classique, qui draine de nombreux visiteurs.

- **Se repérer** – Au cœur de l'immense plaine de Campo de Calatrava, à 28 km au sud-est de Ciudad Real, 34 km au nord-ouest de Valdepeñas.
- **À ne pas manquer** – Les ruelles autour de la plaza de Santo Domingo.
- **Organiser son temps** – Compter une journée pour Almagro et ses environs.
- **Pour poursuivre le voyage** – Aranjuez (115 km au nord) et Tolède (145 km au nord).

Dowland/Sunset

La vaste Plaza Mayor de Almagro.

Comprendre

L'histoire explique la richesse architecturale de cette ville qui vit naître l'explorateur **Diego de Almagro** (1475-1538). Du 13e s. à la fin du 15e s., Almagro fut le siège des maîtres de l'ordre militaire de Calatrava *(voir encadré p. 284)* et, au 18e s., le chef-lieu de la province avant que les services ne fussent transférés à Ciudad Real. Une université y eut son siège de 1574 à 1828 et de nombreux ordres religieux y établirent des couvents.

Se promener

En suivant l'itinéraire proposé, vous parcourrez les rues pavées, bordées de façades blanchies à la chaux, où plusieurs couvents et demeures arborent de beaux portails sculptés en pierre et des blasons rappelant la puissance de ses anciens habitants.

Plaza Mayor★★

Cette longue place, l'une des plus étonnantes de Castille, est le centre névralgique de la ville et a servi, pendant des siècles, de cadre à des corridas et à des joutes. Sur deux côtés, une colonnade en pierre supporte deux étages de fenêtres aux boiseries peintes en vert. À leurs extrémités, se trouvent les pittoresques venelles de Toril et de Villar.

Corral de Comedias★– *Plaza Mayor, 18 - ✆ 926 861 539 - tlj mat. et apr.-midi, dim. matin - fermé lun., 1er janv., 24-25 et 31 déc. - 2,50 €.* Ce petit théâtre fut construit au

17e s. Ses portiques en bois, ses lampes à huile, son vieux puits et son mur de scène composent une symphonie blanc et grenat d'une émouvante simplicité. Chaque été s'y déroulent des représentations du **Festival international de théâtre classique**.

À l'extrémité de la Plaza Mayor, traversez le square où se trouve la statue de Diego de Almagro, et prenez à gauche la calle de Nuestra Señora de las Nieves (belles portes) qui aboutit plaza de Santo Domingo appelé aussi « Barrio Noble ». Tournez à gauche.

Plaza de Santo Domingo

Cette place triangulaire est entourée de palais et se poursuit par la calle de Bernardas, dans laquelle se trouve le spectaculaire portail baroque du **palais des comtes de Valparaíso** (Palacio de los Condes de Valparaíso).

Continuez sur la calle de Bernardas qui se prolonge par la calle de Don Federico Relimpio et aboutit à la calle de Don Diego de Almagro.

Couvent de la Incarnacíon (Convento de la Incarnacíon),

La calle de San Diego de Almagro est dominée par l'importante façade de ce couvent décorée d'un magnifique blason.

Prenez ensuite à droite la calle Madre de Dios, puis traversez le rond-point et le square et continuez dans la calle Bolanos.

Couvent de la Asuncíon de Calatrava

☏ 926 860 717 - juil.-août : 12h-14h, 18h-20h, dim. et j. fériés 12h-14h ; avr.-juin et sept. : 12h-14h, 17h-19h, dim. et j. fériés 12h-14h ; oct.-mai : 12h-14h, 16h-18h, dim. et j. fériés 12h-14h - 1,50 €.

Cet austère couvent dont une partie a été transformée en hôtel, recèle un élégant cloître du 16e s. à deux étages, flanqué de portes et fenêtres à motifs plateresques et d'un bel escalier Renaissance.

Retournez sur la Plaza Mayor et tourner à droite dans la calle Gran Maestre.

Musée national du Théâtre (Museo Nacional del Teatro)

☏ 926 261 014 - http://museoteatro.mcu.es - tlj mat. et apr.-midi, dim. et j. fériés matin - fermé lun., 1er janv., 24-25 et 31 déc. - 2,40 € (-18 ans, sam. apr.-midi et dim. gratuit).

Installé dans un palais du 18e s., cet intéressant musée expose sur trois étages des costumes de théâtre (de la fin du 18e au début du 20e s.), des ébauches de mises en scène, des documents anciens, des photos, des programmes, etc.

Aux alentours

Parc National des Tablas de Daimiel (Parque Nacional de las Tablas de Daimiel)

31 km au nord par la CM 4107 et la N 420. Une fois à Daimiel, prenez à droite une route asphaltée (7 km). De 9h au coucher du soleil. ☏ 926 693 118.

Cette zone marécageuse de 1 928 ha est remarquable pour ses *tablas*, fruits des débordements des rivières Guadiana, aux eaux douces, et Gigüela, aux eaux salées et stagnantes, qui attirent traditionnellement une grande variété d'oiseaux. Elles faillirent disparaître dans les années 1960 à cause des ponctions excessives des agriculteurs sur les nappes phréatiques. Depuis quelques années, les *tablas* souffrent à nouveau d'une inquiétante sécheresse qui menace de les faire disparaître à nouveau, mais l'on peut encore y faire d'agréables promenades grâce aux passerelles aménagées le long des lagunes. Le **centre d'accueil**, en lisière du parking, vous fournira des plans indiquant les itinéraires les plus intéressants.

Circuit de découverte

270 km - Une journée.

Château-couvent de Calatrava la Nueva★ (Castillo-Convento de Calatrava la Nueva)

32 km au sud-ouest d'Almagro. À 7 km au sud-ouest de Calzada de Calatrava, tournez à droite par une route pavée (2,5 km).

Haute colline hérissée de murs croulants, citadelle déchue, la forteresse de Calatrava inspire encore le respect. Aucun site n'est plus évocateur de ces terribles solitudes où se retiraient les chevaliers de la Reconquête. Au milieu du 12e s. la plaine de Calatrava était le théâtre de luttes incessantes entre chrétiens et musulmans. La forteresse de Calatrava, d'origine arabe, bâtie au bord du Guadiana, devint le siège de l'ordre de Calatrava *(voir encadré page suivante)*. Mais après la bataille d'Alarcós (1195) et la prise du château par Al-Mansour, les chevaliers durent abandonner la place pour un lieu plus sûr.

L'ordre de Calatrava

Fondé en 1158 par l'abbé du monastère cistercien de Fitero, l'ordre de Calatrava est le plus ancien des ordres ibériques de moines-soldats dont la vocation était de défendre la frontière de la Castille contre les musulmans pendant la Reconquista. D'autres ordres se créèrent dans les années qui suivirent : Alcántara *(voir p. 319)*, Montesa et Santiago. Chaque ordre était une unité militaire sous le commandement d'un maître tout en étant assujeti à la règle cistercienne.

Trois solides enceintes se développent. La première conserve son entrée d'origine, qui nous introduit dans une grande salle voûtée qui servait d'écurie. La seconde, prenant directement assise sur le rocher, accueille les constructions religieuses (le cloître, le réfectoire, la salle capitulaire et les chambres des moines). On y trouve aussi l'**église** restaurée, éclairée par une immense rosace, qui a conservé des voûtes en brique en forme de « nids d'hirondelles » reposant sur de puissants piliers en roche volcanique rouge, probablement l'œuvre de prisonniers maures. La troisième enceinte, dans la zone la plus haute, accueille le château qui possède de grandes salles voûtées où se trouvaient jadis les archives de l'ordre. Du haut des tours se découvrent les ruines du **château de Salvatierra** et les terres rougeâtres de la plaine.

Empruntez la CM 411 pendant 37 km vers le sud-est.

Viso del Marqués★★

Ce bourg discret sert d'écrin à un fastueux palais.

Palais de El Viso del Marqués (Palacio de El Viso del Marqués) – *✆ 926 336 008 - tlj sf lun. mat. et apr.-midi, dim. matin - fermé 25 août, 30 nov. - gratuit.*

Álvaro de Bazán, marquis de Santa Cruz et amiral de Philippe II, fit bâtir ce palais Renaissance en 1564 pour se reposer entre deux expéditions. De style génois, il fut conçu par l'Italien Battista Castelló, dit « el Bergamasco ». Son austère façade extérieure cache plus de 8000 m^2 de **fresques**.

Au **rez-de-chaussée**, les quatre coins du **patio** sont décorés par des allégories de l'Espagne et du Vatican, pays alliés, mais aussi de la Turquie et de la France, deux pays ennemis contre lesquels Álvaro de Bazán guerroya. Sur les murs latéraux, des fresques illustrent les grandes victoires de l'amiral – qui mourut invaincu –, telle la bataille de Lépante (1571) remportée contre les Turcs. Les fresques de la **Salle du Portugal**★ racontent l'annexion du Portugal par Philippe II, en 1581. Les peintures des autres salles du rez-de-chaussée ont été détruites quand le palais, converti en hôpital, fut badigeonné à la chaux suite à une épidémie de choléra.

Les fresques du **double escalier**★ monumental ont été restaurées en 2007. Dominant les marches à gauche, on reconnaît Álvaro de Bazán, le pied posé sur une tête de Turc décapité. Le dieu Neptune lui fait face, en haut des marches à droite, à la manière d'un alter ego.

À l'étage, les **appartements**★★, entièrement couverts de fresques, occupent une grande partie du premier étage. L'amiral y mourut de fièvre typhoïde, en 1588, alors qu'il devait prendre le commandement de l'Invincible Armada, mise en déroute quelques semaines plus tard... En 1755, le tremblement de terre de Lisbonne endommagea le bâtiment, qui perdit ses quatre tours d'angle (seuls les escaliers d'accès subsistent) et le plafond du **Salon d'honneur**★ (collection de maquettes de bateaux), doté de remarquables cheminées maniéristes. Le corps d'Álvaro de Bazán repose dans la petite **chapelle** (*✆ 926 337 518 - visites guidées uniquement, ttes les 30 mn tlj. sauf lun., 9h-13h/16h-18h ; août : 9h-14h. Entrée gratuite.*

Musée d'Histoire naturelle (Museo de Ciencias naturales) – *✆ 926 336 815 - tlj sf lun. mat. et apr.-midi - gratuit.*

Logé dans le même bâtiment que l'office du tourisme, il est doté d'une remarquable collection de papillons.

Poursuivez la CM 4111 puis prenez l'A 4-E 5 en direction de Valdepeñas et sortez par la CR 6102 :

Las Virtudes

Ce village se vante de posséder les plus anciennes **arènes** d'Espagne (1641). De forme carrée, elles sont bordées par le **sanctuaire de Nuestra Señora de las Virtudes**, du 14e s., dont la nef est ornée d'un plafond mudéjar et le chœur d'un retable churrigueresque.

Reprenez l'A 4-E 5 pendant 20 km.

Valdepeñas

À la limite sud de la vaste zone viticole de la Manche, Valdepeñas est un grand centre de production de vin d'appellation contrôlée. L'animation du bourg se concentre autour de la **Plaza de España** où les maisons peintes en bleu et blanc reposent sur des portiques. Sur un des côtés, l'**église de la Asunción**, d'un gothique tardif, présente une tour harmonieuse et une galerie supérieure plateresque. Elle fut reconstruite après avoir été partiellement détruite lors de la guerre civile.

La place est entourée de petits restaurants, où l'on pourra goûter aux vins de la région, accompagnés de jambon et de fromage *manchego*.

Pour en savoir plus sur la production viticole locale, rendez-vous au petit **Musée du vin** (Museo del Vino, *✆ 926 321 111 - tlj sf lun. mat. et apr.-midi, dim. et j. fériés matin - gratuit*), aménagé dans une ancienne cave.

Poursuivez pendant 20 km vers le nord-est.

San Carlos del Valle

Ce village possède une ravissante **Plaza Mayor★** du 18e s. mise en valeur par la chaude couleur de la brique. L'ancien hospice conserve un portail en pierre et un patio typique. L'église baroque, couronnée d'un dôme et de quatre lanternons, domine la place.

Poursuivez jusqu'à La Solana et prenez la N 430, direction Albacete, pendant 43 km.

Parc naturel des lagunes de Ruidera (Parque Natural Lagunas de Ruidera)

Situé à la limite des provinces de Ciudad Real et d'Albacete, cet ensemble de quinze lagunes reliées entre elles par des ruisseaux, des torrents et des cascades, occupe une superficie de 3 772 ha. Le site est un lieu de pique-nique très prisé, et l'on en profitera mieux en dehors des week-ends.

Almagro pratique

Offices de tourisme

Almagro – *Plaza Mayor, 1 - ✆ 926 860 717 - tlj sf lun. mat. et apr.-midi, dim. matin.*

Valdepeñas – *Plaza de España, s/n - ✆ 926 312 552 - tlj mat. et apr.-midi, w.-end matin.*

Viso del Marqués– *Real, 39 - ✆ 926 312 552 - tlj sf lun. mat. et apr.-midi.*

Transports

Gare ferroviaire – *À l'extrémité du Paseo de la Estación - ✆926 860 276.*

Se loger

⊖ **Hospedería Almagro** – *Ejido de Calatrava - ✆ 926 882 087 - P - 42 ch. 36/42 € - ☕ 13 € - restaurant 8/14 €.* Un ancien couvent du 16e s. où l'on ressent encore une austérité toute monacale. Les chambres sont assez sommaires. Agréable patio boisé.

⊖⊖ **Posada Almagro** – *Gran Maestre 5 - ✆ 926 261 201, info@laposadadealmagro.com - tlj. sauf mar. - 11 ch. 58 € (85 € pendant le festival).* Face au musée du théâtre. Les onze chambres sont meublées très sobrement, mais elles sont hautes de plafond et dotées de grandes salles de bain. Attention, le restaurant dans la cour peut être bruyant.

⊖⊖⊖ **Parador** – *Ronda de San Francisco, 31 - ✆ 926 860 100, almagro@parador.es - P - 52 ch. 130/140 € - ☕ 13 €.* Les interminables couloirs de l'ancien couvent Santa Catalina mènent à des chambres pas très grandes, mais confortables. L'ensemble du bâtiment marie avec bonheur l'austérité architecturale au confort. Le petit-déjeuner, plantureux, est servi dans une vaste salle aux murs couverts de tableaux du Siècle d'or. Agréable patio.

Se restaurer

⊖ **Posada Almagro** – *Gran Maestre 5 - ✆ 926 261 201 - info@laposadadealmagro.com - tlj. sauf mar. - menu : 23 €.* Dans la cour d'une jolie auberge du 16e s., des tables conviviales où déguster tapas et vins de la région.

⊖⊖ **El Corregidor** – *Plaza Fray Fernando Fernández de Córdoba, 2 - ✆ 926 860 648 - fermé lun. (sf juil.) et du 1er au 7 août - 29/41 €.* À deux pas de la Plaza Mayor, dans une ancienne auberge castillane au joli patio, ce restaurant propose une cuisine savoureuse traditionnelle ou innovatrice. Salle à manger avec un toit vitré au 1er étage et bar dans l'ancien vestibule.

Achats

Almagro est renommée pour ses dentelles et broderies, ainsi que pour ses délicieuses aubergines au vinaigre.

Événements

En juillet a lieu le **Festival international de théâtre classique**, qui transforme le Corral de Comedias, les patios et les cloîtres de la ville en des théâtres en plein air fort fréquentés. Pour toute information : www.festivaldealmagro.com.

Albacete

159 518 HABITANTS
CARTE GÉNÉRALE C3 – CARTE MICHELIN N° 576 O-P 24
PROVINCE DE ALBACETE

Capitale du Sud de la Manche, Albacete (Al-basite signifiait pour les Arabes « la plaine ») apparaît sur un plateau formant une avancée du monde castillan aride vers la fraîcheur des huertas, entre les chaînes Bétique et Ibérique. Bien que dominée par un urbanisme moderne, Albacete est une ville agréable, réputée pour son dynamisme commercial et son art de la coutellerie (poignards, couteaux à cran d'arrêt et navajas). Pendant la guerre civile, Albacete abritait l'état-major des brigades internationales.

- **Se repérer** – Elle se situe au carrefour de la A 35 et de la A 30, qui mènent respectivement au Levant et à Murcie, et de la A 32, qui relie le Levant à l'Andalousie.
- **Se garer** – Vous trouverez un parking au pied de la cathédrale.
- **Organiser son temps** – Comptez 3 heures environ.
- **Pour poursuivre le voyage** – Cuenca (144 km au nord), Murcie (147 km au sud-est) et Alicante (168 km au sud-est).

Visiter

Musée d'Albacete (Museo d'Albacete)

967 228 307 - tlj sauf lun. 9h-14h, 16h30-19h, dim. et j. fériés 9h-14h - fermé lun., 1er janv., Jeu. et Vend. saints, 25 déc. 1,20 €.

Situé dans la partie haute du parc Abelardo Sánchez, le bâtiment moderne héberge deux musées différents. À droite en entrant : le musée d'archéologie Joaquín Sánchez Jiménez conçu pour mettre en valeur les produits des fouilles effectuées dans la province. Celui-ci est riche en vestiges de la sculpture ibérique, comme le sphinx de Haches, la **cierva de Caudete** ou le lion de Bienservida et, surtout, possède un important **groupe de poupées articulées★** de l'époque romaine, dont quatre sont de marbre et une d'ambre. Jadis, elles faisaient partie du trousseau funéraire d'une sépulture du 4e s., découverte à Ontur en 1946.

À gauche en entrant se trouve **le musée des Beaux-Arts**, qui fait la part belle au peintre local **Benjamín Palencia** (1894-1980), réputé pour ses paysages et ses portraits.

Cathédrale de San Juan Bautista

Sa construction a commencé à la fin du 16e s. et ne s'est achevée qu'au 20e s., ce qui explique la disproportion entre la hauteur et la longueur de sa nef, ainsi que l'hétérogénéité de son style : de conception gothique, elle arbore de nombreux éléments baroques et plusieurs éléments modernes, comme la tour, la façade et la porte latérale.

Les trois nefs, entièrement couvertes de fresques, séparées par de grandes colonnes ioniques de fût cannelé, abritent une belle sacristie, décorée de peintures maniéristes du 16e s. La chapelle de la Vierge de los Llanos, patronne de la ville, enferme un grand retable fait par un artiste de la Renaissance, dit Maestro de Albacete. On remarquera également l'encensoir maniériste de 1581.

Passage de Lodares (Pasaje de Lodares)

Bâtie en 1925, cette **galerie** qui relie la calle Mayor et la calle Tinte est l'un des lieux les plus emblématiques de la ville. Magasins et habitations se partagent ce long et étroit passage en fer et en verre, dans lequel abondent les éléments décoratifs (colonnes et figures allégoriques).

Musée du Couteau (Museo del Cuchillo)

Plaza de la Catedral, s/n - 967 616 600 - www.museo-mca.com - tlj sf lun. mat. et apr.-midi, dim. et j. fériés matin - 3 € (-18 ans gratuit).

Logé dans une belle maison jaune de style éclectique, à l'arrière de la cathédrale, le Museo del Cuchillo rend hommage aux grands noms de la coutellerie qui firent la réputation d'Albacete : Vizén Pérez, Torrez Ximénez, Castllanos, Mañas, Arcos. On y trouve quelques pièces datant du 16e s., mais surtout de nombreux couteaux illustrant la production contemporaine.

Aux alentours

Alcalá del Júcar★

60 km au nord-est par la CM 3218.

À partir de Puente Torres, le parcours suit le tracé sinueux du Júcar, entre les hauts murs des **gorges**. Entre la tour du château et l'église, le village est venu s'accrocher à la falaise que contourne le Júcar. Le **site★**, au sommet d'une vallée fertile qui contraste avec le paysage aride de la Manche, est magnifique tant le jour que la nuit. Une promenade dans les abruptes ruelles ne manque pas d'attrait. La plupart des maisons creusées dans la roche possèdent de longs couloirs qui traversent la falaise et communiquent avec l'autre côté du méandre du fleuve. On peut en visiter certaines.

Almansa

70 km à l'est par l'A 31.

La ville de l'ancienne *Al Manxa* (l'« observatoire ») des Maures, dominée par les constructions modernes, s'étend à travers les rues étroites qui entourent un abrupt piton calcaire au sommet duquel est juché un château.

Église de la Asunción – *Au pied du château.* Construite aux 15ᵉ et 16ᵉ s., cette église a été transformée par la suite, ce qui explique son côté éclectique ; elle présente un intéressant portail Renaissance monumental qui serait dû à **Vandelvira**.

Palais de los Condes de Cirat – *À côté de l'église.* Appelée la **Casa Grande**, cette demeure seigneuriale montre un beau portail (16ᵉ s.), de style maniériste, dont l'écusson est encadré de deux géants grossièrement sculptés. Admirer à l'intérieur le joli patio.

SE LOGER
- Gran Hotel ...... ①
- Hotel Albacete ...... ④
- Hotel San Antonio ...... ⑦

SE RESTAURER
- Nuestro Bar ...... ①
- Rubia y Tinto ...... ④

Château – Ses murailles du 15e s., en équilibre sur l'arête rocheuse, dominent la plaine. On appréciera l'art des bâtisseurs almohades, qui exploitèrent au mieux la forme de la falaise pour obtenir une construction monumentale avec un minimum de bâti. Agrandie aux 14e et 15e s., après la Reconquête, elle a été très restaurée dans les années 1960-1970 et sa forme actuelle s'éloigne passablement de l'originale. C'est un agréable lieu de promenade. Des voûtes sur croisée d'ogives, dont les clés arborent le blason du marquis de Villena, recouvrent le donjon.

Alcaraz

72 km au sud-ouest par la N 322.

Isolée au sein de la sierra du même nom, dans un beau site naturel où les ruisseaux traversent de petits bois obscurs, Alcaraz est construite sur une butte argileuse ayant cette couleur lie-de-vin qui imprègne tout le paysage. La cité, qui s'était enrichie grâce à la fabrication des tapis, a gardé son cachet Renaissance où il faut voir la marque de **Vandelvira**, né ici en 1509.

Plaza Mayor★ – Elle réunit les principaux édifices à portiques de la ville : **la Lonja** (18e s.), adossée à la **Tour du Lambin** (Torre del Tardón), dite aussi de l'Horloge, **le Pósito**, ancien grenier municipal (16e s.), la **mairie** du 16e s., ornée d'un écusson, et l'**église de la Trinidad** du 15e s., qui s'ouvre sur un portail gothique flamboyant. Sur la calle Mayor, bordée de façades anciennes, on remarquera une façade avec deux guerriers et la **Casa Consistorial** avec sa porte plateresque (Puerta de la Aduana). Sur la droite de la rue partent d'étroites venelles en escalier.

En sortant du village, le chemin qui mène aux ruines du château et au cimetière dévoile une charmante **vue** sur les toitures brunes du bourg et des alentours.

Excursion à la source du Mundo (Nacimiento del río Mundo)

62 km au sud d'Alcaraz par la CM 412. La route, belle et sinueuse, s'enfonce à travers une vallée boisée dans la sierra de Alcaraz. Compter 1h de trajet.

À environ 6 km après Ríopar, prenez sur la gauche le chemin qui mène à la grotte de los Chorros. Là, une résurgence au pied de l'abrupte sierra del Calar donne naissance au río Mundo, affluent du Segura, qui franchit en cascades un mur de roche. C'est au printemps que l'eau est la plus abondante. Du parking, plusieurs sentiers de promenade balisés permettent de profiter du site.

Albacete pratique

Offices de tourisme

Albacete – *Tinte, 2 (Posada del Rosario) - ☎ 967 580 522 - tlj mat. et apr.-midi, w.-end matin - fermé 1er janv., 25 déc.*

Alcaraz – *Mayor, 1 - ☎ 967 380 827 - tlj sf lun. mat. et apr.-midi, dim. matin.*

Se loger

⊖ **Hotel Albacete** – *Carcelén, 8 - 02001 Albacete - ☎ 967 218 725, hotelalbacete@tpi.infomail.es - 36 ch. 46/58 €.* Sa façade néoclassique du 19e s. s'ouvre sur un bel escalier et une hauteur de plafond impressionnante. Les chambres sont sommaires, mais bien entrenues. Tout près de la cathédrale. Wifi gratuit.

⊖⊖ **Hotel San Antonio** – *San Antonio, 8 - 02001 Albacete - ☎ 967 523 130, europaab@hoteleuropaalbacete.com - 31 ch. 90 € - ☕.* Moderne, confortable et bien équipé (baignoires à remous, insonorisation parfaite), cet hôtel bénéficie d'un bon rapport qualité-prix et d'un emplacement très central, à deux pas de la cathédrale.

⊖⊖⊖ **Gran Hotel** – *Marqués de Molins, 1 - 02001 Albacete - ☎ 967 193 333, reservas@abgranhotel.com - P - 49 ch. 125 € - ☕ 6,50 €.* La flamboyance de sa façade éclectique contraste avec le minimalisme élégant de ses grandes chambres design, luxueusement équipées.

Se restaurer

⊖ **Rubia y Tinto** – *Muelle 22 - 02001, Albacete - ☎ 967 521 149, josemiguelcds@hotmail.com - tapas 3 €, ración 9 €.* Un des bars à tapas les plus appréciés d'Albacete, tant pour la qualité de ses tapas et raciónes à petits prix que pour son accueil décontracté et chaleureux.

⊖⊖ **Nuestro Bar** – *Alcalde Conangla 102 - 02002 Albacete - ☎ 967 243 373 - menus à 14 et 22 €.* Sa cuisine régionale savoureuse et sa décoration rustique lui valent une réputation enviée. On s'y régale de petits plats *a la barra*, ou l'on s'installe à table pour un repas plus élaboré. Belle carte des vins.

Achats

Albacete est connue pour sa coutellerie, héritée des Arabes et qui jouit encore de nos jours d'un grand prestige. Ne manquez pas d'acheter un couteau ou une lame ; il en existe de toutes les formes, les tailles et les ornementations.

Alarcón★

176 HABITANTS
CARTE GÉNÉRALE C3 – CARTE MICHELIN N° 576 O 23
PROVINCE DE CUENCA

Presque ceinturé par un méandre du Júcar, Alarcón, dont le nom signifierait « ville d'Alaric » en l'honneur de son fondateur wisigoth, coiffe une étroite butte de terre brune qu'entoure le Júcar en un méandre clos et profond. Son spectaculaire château (13e-14e s.), aujourd'hui transformé en parador, est l'un des meilleurs exemples de l'architecture militaire du Moyen Âge.

- **Se repérer** – À mi-chemin de Albacete et de Cuenca, entre la A 3 et la N 320.
- **À ne pas manquer** – Déjeuner ou prendre un verre au parador.
- **Organiser son temps** – Comptez 1 heure.
- **Pour poursuivre le voyage** – Cuenca (à 86 km au nord), Albacete (à 86 km au sud), Belmonte (70 km à l'ouest).

Visiter

Le château

Gardée par deux lignes de fortifications, cette forteresse de plan carré fondée par les musulmans au 8e s. fut longtemps réputée imprenable avant d'être conquise par Alfonse VIII au 12e s. Elle appartint un temps à l'infant **don Juan Manuel** (1284-1348), qui y écrivit une partie de son œuvre littéraire. Largement remodelée au 15e s., construite en pierre dorée, elle accueille aujourd'hui un confortable parador et contribue à magnifier, par sa belle élévation, la beauté mélancolique du **site★★★**.

Tips/Photononstop

Château d'Alarcón.

Le village

Soigneusement restaurées, les ruelles du village dévoilent quelques magnifiques façades à découvrir au fil de votre promenade.

L'**église Santa María,** édifice de la Renaissance, possède une élégante porte plateresque (16e s.), de vastes voûtes gothiques et un admirable retable sculpté de la même période. Si l'édifice est fermé, adressez-vous à l'office du tourisme, situé dans la rue montant à la plaza Don Juan Manuel : ils vous mettront en contact avec le prêtre, qui organise de petites visites guidées.

Sur la **plaza Don Juan Manuel**, au centre du village, s'élèvent l'élégant portique de la mairie, l'église paroissiale San Juan Bautista et la Casa-Palacio, décorées par de belles grilles.Le barrage d'Alarcón, à 3 km, régule le régime capricieux du Júcar.

Alarcón pratique

Informations utiles

Office de tourisme – *Posadas, 6 - ✆ 969 330 301 - tlj sf lun. tte la journée, mar. et dim. matin*

Se loger et se restaurer

€€€ **Parador** – *Av. Amigos de los Castillos, 3 - ✆ 969 330 315, alarcon@parador.es - P - 14 ch. 200 € - menus 22 et 31 €.* Dans le château. Les chambres combinent pierres apparentes et détails minimalistes ; les plus belles bénéficient d'une vue plongeante sur le Júcar.

Le bar et le restaurant méritent vraiment le détour : difficile, en effet, de trouver cadre plus majestueux ! D'une hauteur de plafond impressionnante et de proportions parfaites, percé de fenêtres ouvrant sur de vastes perspectives, le *comedor* sert de cadre à une cuisine manchega typique et soignée.

Cuenca★★

49 912 HABITANTS
CARTE GÉNÉRALE C2 – CARTE MICHELIN N° 576 L 23
PROVINCE DE CUENCA

Cuenca occupe un site★★ grandiose. Accrochée sur une plate-forme rocheuse découpée par les défilés du Júcar et du Huécar, la ville semble défier les lois de la pesanteur et du temps. Son pittoresque centre historique, déclaré Patrimoine de l'humanité, est remarquablement bien conservé.

- **Se repérer** – À 164 km à l'est de Madrid, et à 145 km au nord de Albacete.
- **Se garer** – Suivez les indications « casco antiguo », traversez la Plaza Mayor et laissez la voiture au parking gratuit dans la partie haute.
- **À ne pas manquer** – Flâner dans la ronda Julián Romero et emprunter la passerelle de San Pablo pour profiter de la vue.
- **Organiser son temps** – Un jour suffit pour voir l'essentiel, mais Cuenca est un lieu où l'on se sent bien et vous aurez sans doute envie de rester plus longtemps.
- **Avec les enfants** – Le musée des Sciences et la Cité enchantée.
- **Pour poursuivre le voyage** – Teruel (151 km au nord-est), Uclès (80 km à l'ouest), Alarcón (86 km au sud).

L. Cavallier/Sunset

Les maisons suspendues (Casas Colgadas) qui abritent le musée d'Art abstrait espagnol.

Comprendre

Modeste cité au temps des Romains, Cuenca prend de l'importance avec l'occupation arabe : fortifiée par Ismael bin Dilnun au début du 11e s., « Al Kunka » devient un important centre textile jusqu'à sa reconquête en 1177, sous le règne d'Alfonse VIII, après un siège long de neuf mois. La ville connaît une phase de prospérité aux 15e et 16e s. grâce à l'élevage de moutons et à la production lainière, avant de traverser une grave crise au 17e s., qui voit sa population s'effondrer de 12 000 habitants, en 1591, à moins de 3 000, en 1640. L'exploitation forestière et la production de papier lui permettent de retrouver une certaine vitalité au 19e s., époque où la ville haute, trop étroite, est désertée au profit de la ville basse.

Découvrir

L'ART CONTEMPORAIN

Musée d'Art abstrait espagnol★★ (Museo de Arte Abstracto Español)

Casas Colgadas - ✆ 969 212 983 - www.march.es/arte/cuenca - tlj 11h-14h, 16h-18h (20h sam.), dim. 11h-14h30 - fermé lun., 1er janv., Jeu. saint (apr.-midi), Vend. saint, 18-21 sept., 24-25 et 31 déc. - 3 € (-10 ans gratuit).

Aménagé dans les fameuses *Casas Colgadas*. Son cadre et les vues qui s'offrent sont tellement spectaculaires que certaines fenêtres apparaissent comme d'authentiques

SE LOGER		SE RESTAURER	
Leonor de Aquitania	1	Figon del Huécar	1
Parador	4	Mesón Casas Colgadas	4
Posada de San José	7	Mesón Mangana	7
Posada Huécar	10		

tableaux. La collection réunie par Fernando Zóbel, enrichie depuis la fondation, montre un échantillonnage très varié de l'art abstrait espagnol avec des œuvres de Chillida, **Tàpies**, **Saura**, Zóbel, Cuixart, Sempere, Rivera, **Millares**, etc.

Espace Torner★★ (Espacio Torner)

Hoz del Huécar, s/n - ✆ 969 238 373 - tlj sf lun. mat. et apr.-midi, dim. matin - 5 € (-16 ans 3 €).

L'aménagement de ce superbe musée, ouvert en décembre 2006 dans l'ancienne église San Pablo, a été entièrement conçu par l'artiste Gustavo Torner, l'un des membres fondateurs du « Groupe de Cuenca ». L'abstraction géométrique de ses œuvres s'y marie avec un rare bonheur à l'élégance gothique de l'église, créant un espace d'une grande cohérence esthétique. Les influences de Torner se révèlent à travers ses hommages à Cranach, Quevedo, Duchamp, Brancusi et Bergman.

Fondation Antonio Pérez★ (Fundación Antonio Pérez)

✆ 969 230 619 - juin-sept. 10h-21h, w.-end et j. fériés 11h-21h ; oct.-mai 10h-20h, w. end et j. fériés 11h-20h ; juil.-août 10h-24h, w.-end et j. fériés 11h-24h - fermé 18 et 21 sept - gratuit.

Installée depuis 1998 dans l'ancien couvent des carmélites (17e s.), cette fondation expose une partie des dons d'Antonio Pérez. Outre les œuvres d'artistes espagnols comme **Millares** ou **Saura**, il faut voir ce qu'on appelle les *objets trouvés (objetos encontrados)*, objets et rebuts de la vie quotidienne qui, mis dans un nouveau contexte, deviennent des œuvres d'art. Le lieu, superbe, mérite à lui seul la visite.

Le « Groupe de Cuenca »

L'histoire d'amour entre Cuenca et l'art contemporain vient de l'amitié qui lia Fernando Zóbel (1924-1984), Gustavo Torner (né en 1925 à Cuenca) et Gerardo Rueda (1926-1996), trois figures majeures de l'art espagnol du 20e s. Dans les années 1960, ils s'associèrent pour défendre l'art moderne en Espagne, leur action la plus spectaculaire étant la création du musée d'Art abstrait de Cuenca, inauguré en 1966.

Maison-musée Zavala (Casa Museo Zavala)

Plaza de San Nicolás, 4 - ✆ 969 236 054 - expositions temporelles uniquement, se renseigner.

Aménagé dans un palais du 17e s. bénéficiant d'une des plus belles vues sur la gorge du Júcar, ce bel espace propose des expositions temporaires gratuites, ainsi qu'une petite bibliothèque publique consacrée à l'art contemporain.

Se promener

LA VIEILLE VILLE★★

Environ 2h30. Au départ du parking du quartier du château. Passez sous l'arc du Bezudo (Renaissance, 16e s.), descendez par la calle San Pedro jusqu'à l'église du même nom et prenez à gauche la ronda Julián Romero.

Info pratique

Des petits bus font le trajet, éprouvant à pied, entre la ville basse et la ville haute. Passages fréquents dans la rue principale de la vieille ville.

Ronda Julián Romero

Cette charmante ruelle, longeant la gorge du Huécar et ramenant à la cathédrale, est coupée d'escaliers et de placettes.

Couvent des carmélites – Il héberge la Fondation Antonio Pérez *(voir description dans « Découvrir »).*

Cathédrale de Nuestra Señora de Gracia★

✆ 969 224 626 - mai-sept. : 10h-14h, 16h-19h, dim. et j. fériés 10h-18h30 ; oct.-avr. : 10h30-13h, 16h-18h - 2,90 €.

Sa pesante façade, reconstruite au début du 20e s. après l'effondrement de la tour en 1902, cache l'édifice gothique le plus ancien d'Espagne. Initiée par la reine Leonor Plantagenêt, sa construction débuta en 1183 sur le site d'une ancienne mosquée. Les trois nefs et la tour de l'Ange (torre del Ángel) furent achevées dans la première moitié du 13e s. L'architecte, inconnu, s'est inspiré du style franco-normand, ultérieurement enrichi d'éléments décoratifs Renaissance. Le chœur, du 15e s., est fermé par une **grille** remarquable, de style intermédiaire entre le gothique et la Renaissance, réalisée par Fernando de Arenas à la fin du 16e s. On admirera également les **grilles** des différentes chapelles du déambulatoire. Le **triforium**, une élégante galerie courant à mi-hauteur des nefs latérales, date de la première phase de construction, au 12e s. L'élégante **porte**★ plateresque de la salle capitulaire, aux vantaux de noyer richement sculptés, est l'œuvre d'**Alonso Berruguete**.

Suivez le côté droit de la cathédrale et prenez la calle Canónigos.

Dans cette rue : installé dans le palais épiscopal, le **Museo Diocesano**★ *(voir description dans « Visiter »)* et le **Museo de Cuenca** *(voir description dans « Visiter »).*

Maisons suspendues (Casas Colgadas) ★

Bâties au 14e s. pour gagner de l'espace sur le vide, les célèbres **maisons suspendues** étaient beaucoup plus nombreuses autrefois puisqu'elles formaient un cordon complet au-dessus des gorges du Huécar. Laissées à l'abandon, seules trois ont survécu ; rénovées dans les années 1930, elles abritent aujourd'hui le musée d'Art abstrait *(voir « Découvrir »)* et un restaurant *(voir « carnet pratique »)*. Il faut gagner la **passerelle de San Pablo**, impressionnante construction en fer, pour avoir la meilleure **vue**★ sur ces maisons suspendues au-dessus du défilé de Huécar, vision qui devient féerique avec les illuminations de nuit.

De l'autre côté du pont se trouve l'Espace Toner *(voir « Découvrir »)* et le **couvent de San Pablo**, converti en parador.

Retournez à la cathédrale et prenez la calle José T. Mena.

Église de San Miguel

Cette église gothique, fermée au culte, est l'un des cadres de la Semaine de la musique sacrée.

Retournez sur la Plaza Mayor et prenez les calles Severo Catalina et Pilares.

Plaza de las Angustias★

Au-dessus du ravin du Júcar, entre l'eau et la ville, un couvent de franciscains (18e s.) et un ermitage baroque placé sous le vocable de la Vierge des Angoisses se dissimulent sous les arbres de cette place.

Revenez à la calle San Pedro, poursuivez jusqu'à l'église de ce nom et tournez à gauche dans une ruelle qui débouche sur le ravin du Júcar pour apprécier la vue.

Visiter

Musée diocésain★ (Museo Diocesano)

Av. Obispo Valero, 1 - ✆ 969 224 210 - tlj sf lun. 11h-14h, 16h-19h, dim. 11h-14h - 1,80 € (-10 ans gratuit).

Ce petit musée d'une grande beauté occupe une partie du palais épiscopal, à droite de la cathédrale. Il abrite de nombreuses œuvres du 15e au 18e s., notamment huit panneaux d'un remarquable retable de **Jean de Bourgogne★** (vers 1510), présentés de manière sérielle, deux **Greco** (*La Prière au Jardin des Oliviers* et un *Christ en Croix*), une *Crucifixion* de Gérard David et une exceptionnelle collection d'orfèvrerie et de pièces liturgiques, au sein de laquelle se remarquent un **diptyque byzantin★** (13e s.), peint dans un monastère du mont Athos, recouvert d'argent, de perles et de pierres précieuses, ainsi que la **crosse de saint Julien**, en bronze doré décorée d'émaux, réalisée par un atelier de Limoges vers 1200. Au rez-de-chaussée sont exposés des tapisseries et des tapis.

Musée de Cuenca

Av. Obispo Valero, 6 - ✆ 969 213 069 - tlj sf lun. 10h-14h, 16h-19h, dim. et j. fériés 11h-14h - 1,20 €.

Ce musée inauguré en 1974 occupe la Casa del Curato, un édifice du 14e s. Le 1er étage expose des objets préhistoriques. Le second, de grand intérêt, abrite des collections de sculptures, de numismatique et de céramiques trouvées dans les fouilles romaines de Segóbriga, Valeria et Ercávica ; remarquer un couronnement d'autel romain, trouvé à Ercávica, qui reproduit les objets utilisés dans les rites sacrés.

Musée des Sciences (Museo de las Ciencias de Castilla-La Mancha)

Plaza de la Merced, 1 - ✆ 969 240 320 - www.jccm.es/museociencias - ♿ - tlj sf lun. mat. et apr.-midi, dim. matin - fermé 1er janv., Vend. saint, 25 déc. - 1,20 € (-18 ans et w.-end gratuit).

Ce **musée des Sciences** est situé sur la plaza de la Merced, un de ces endroits pleins de charme de Cuenca. On y entre par l'église de la Merced en passant sur les impressionnantes ruines d'*aljibes* (citernes) du Moyen Âge, visibles en transparence à travers le sol de verre. Prioritairement destiné à un public d'enfants, il est divisé en trois parties (le passé, le présent et le futur) et propose films, maquettes, animations, etc. Quand le temps s'y prête, une lunette astronomique permet d'observer le ciel nocturne *(renseignements à l'accueil)*.

Aux alentours

Cuenca est située dans l'ouest des Montes Universales qui forment le bord oriental de la Meseta. Dans ce massif calcaire, l'érosion a façonné un relief très accidenté aux formes parfois fantastiques.

Les défilés

De chaque côté de l'éperon rocheux, une route longe la rivière : vues surprenantes sur les maisons suspendues.

Hoz del Júcar – C'est le défilé le plus court et le plus encaissé. Les peupliers se mirent dans les eaux vertes du fleuve au pied des falaises aux teintes ocre.

Hoz del Huécar – *Circuit de 15 km.* Tracé en dents de scie, il a des versants plus évasés. Le Huécar draine une petite vallée occupée par des cultures maraîchères. De la route, les maisons suspendues semblent un véritable défi à la loi de la pesanteur. Peu après, dans un virage à droite, se dégage une **perspective★** remarquable sur les hautes colonnes de roche grise de la vallée et, à l'horizon, sur Cuenca. On entre dans la ville par la porte des Remparts du quartier ancien.

Les « torcas » ★

Prenez la N 420 et après 11 km tournez à gauche. La route traverse une belle forêt de conifères où se trouvent les *torcas*, curieuses dépressions de terrain qui atteignent parfois des dimensions spectaculaires, comme la Torca del Lobo.

Circuit de découverte

LA SERRANÍA DE CUENCA

270 km – Une journée.

Les paysages surprenants de cette terre calcaire ont été formés au cours des siècles par l'eau des rivières et l'érosion du vent. Les formes curieuses des roches, les nombreuses forêts de pins et la multitude de ruisseaux composent cette sierra d'une grande beauté.

Prenez la CM 2105 vers le nord pendant 25,5 km.

Ventano del Diablo

La « fenêtre du Diable », ouverture percée dans la roche, surplombe de façon impressionnante les **gorges du Júcar★**.

Empruntez une route signalisée à droite de la CM 2105.

Ciudad Encantada★

Tlj de 10h jusqu'à 1 h avant le coucher du soleil - 3 €.

La « cité enchantée » est un ensemble chaotique résultant de l'érosion dans une épaisse couche de roches calcaires. De grands blocs ont été isolés et curieusement sculptés. Un circuit fléché permet de se promener *(1h)* dans ce dédale rocheux avec comme attraction majeure la découverte des « bateaux » *(los barcos)*, qui évoquent un énorme paquebot, la traversée du « toboggan » et de la « mer de pierres » *(Mar de piedras)*, ou encore l'étonnante « lutte de l'éléphant et du crocodile » *(Lucha del elefante con el cocodrilo)*.

M. Angel/Michelin

La « Ciudad Encantada ».

En sortant, on peut se rendre *(2 km)* au **mirador de Uña** en suivant le chemin de terre qui démarre devant le restaurant (la piste est praticable en voiture, mais elle est très bosselée). **Vue** très dégagée sur la vallée du Júcar dominée par de hautes falaises. Au fond Uña et son petit lac vert.

Retournez sur la CM 2105, puis prenez la route pour Uña sur la droite, 3 km après Las Majadas. Laissez la voiture sur l'esplanade.

Callejones

Bien moins spectaculaire que la Ciudad Encantada, ce chaos rocheux isolé présente un labyrinthe d'arcs et de passages étroits qui lui ont valu son appellation de « **ruelles** ».

De Las Majadas, continuez 30 km au nord vers l'Alto de la Vega.

Source du Cuervo★ (Nacimiento del río Cuervo)

Après un pont, laissez la voiture et continuez à pied (500 m). Un sentier monte jusqu'aux **cascades★** formées par les eaux du Cuervo dévalant des rochers envahis par la végétation et creusés de grottes moussues.

Un agréable sentier, long d'un kilomètre environ, permet de contourner les cascades par le haut pour rejoindre la source, puis de redescendre vers le parking par la rive opposée de la rivière.

Parcourez 30 km vers le nord-ouest par la CM 2106 et la CM 2201 jusqu'à Beteta, puis prenez à gauche à la sortie du village.

Gorge de Beteta★ (Hoz de Beteta)
C'est une gorge aux hautes parois verticales, au fond de laquelle coule le río Guadiela, parmi une végétation exubérante. Après Cañamares, la route CM 210 continue par le **défilé de l'Escabas**. Avant d'arriver à Priego, une route à droite *(3 km)* mène au couvent **San Miguel de las Victorias**, qui occupe un **site★** superbe.

Cuenca pratique

Informations utiles

Office de tourisme – *Plaza Mayor, 1 - ✆ 969 241 051 - tlj tte la journée.*

Transports

Gare routière – *Calle Fermín Caballero, 20 - ✆ 969 227 087.* Cuenca est relié à Madrid par une dizaine de bus par jour (*2 h de trajet, compagnie Auto-Res, ✆ 969 227 087*).

Gare ferroviaire – *Calle Mariano Catalina - ✆ 969 220 720 - www.renfe.es.* On trouve 4 à 5 trains par jour pour Madrid (2h40 de trajet), et 3 à 4 trains par jour pour Valence (3 h).

Se loger

⊜ **Posada Huécar** – *Paseo del Huécar, 3 - ✆ 969 214 201 - www.posadahuecar.com - 22 ch. 25/45 €* ☕. Située dans le bas de la Vieille Ville, sur la rive du Huécar, cet hôtel à la sobre façade couleur saumon occupe une ancienne maison de cocher du 18e s., à laquelle a été ajoutée un extension récente. Les chambres sont décorées à l'ancienne, dans des tons chaleureux. Salon commun, avec accès Internet. Charmant jardin. Location de vélo.

⊜/⊜⊜ **Posada de San José** – *Julián Romero, 4 - ✆ 969 211 300 - 29 ch. - 35/144 € selon la chambre-* ☕ *8 €.* Un hôtel avec beaucoup de charme, installé dans un ancien séminaire du 17e s. Les chambres, toutes différentes, ont en commun une atmosphère de simplicité et de tranquillité absolue. Les plus luxueuses disposent d'un balcon, plusieurs bénéficient d'une vue époustouflante, alors que les plus économiques n'ont pas de salle de bain.

⊜⊜⊜ **Leonor de Aquitania** – *San Pedro, 60 - ✆ 969 231 000 - 49 ch. 95/110 €* ☕. Cet hôtel est installé dans un palais du 18e s. entièrement rénové pour offrir des prestations soignées. Un peu moins de la moitié des chambres disposent d'une très belle vue sur le parador et la gorge du Huécar. Une impressionnante collection de trophées de chasse orne le *comedor*, à l'étage inférieur.

⊜⊜⊜ **Parador –** *Paseo del Huécar (subida a San Pablo) - ✆969 232 320 - cuenca@parador.es - 61 ch. 135/145 € -* ☕ *12 €.* On le voit de loin : situé sur l'autre rive de la rivière Huécar, il offre une vue imprenable sur la Vieille Ville et les maisons suspendues. Aménagé dans un couvent du 16e s., l'hôtel propose des chambres cossues distribuées autour d'un agréable patio. La salle à manger arbore un mur couvert de superbes azulejos anciens.

Se restaurer

⊜ **La Posada de San José** *(voir « se loger ») - plats 5-15 €.* Des plats simples et savoureux à petits prix dans un cadre très chaleureux, doté d'une vue superbe.

⊜ **Mesón Mangana** – *Plaza Mayor, 3 - ✆ 969 229 451 - fermé de mi-oct. à mi-nov. - menu 14 €.* Endroit parfait pour faire une pause pendant la visite de la vieille ville. Au rez-de-chaussée, tapas et *raciónes* ; au premier étage, salle à manger confortable en bois sombre. Cuisine familiale et spécialités locales, bonne charcuterie et le traditionnel *manchego curado* (fromage sec de la Manche).

⊜⊜ **Mesón Casas Colgadas** – *Canónigos, 3 - ✆ 969 22 35 09 - fermé lun. soir - 27/33 €.* Un classique de la ville. Particulièrement bien situé dans une des célèbres maisons suspendues, ce restaurant lumineux offre un superbe point de vue sur la Hoz del Huécar. Cuisine traditionnelle très soignée.

⊜⊜ **Figon del Huécar** – *Julián Romero, 6 - ✆ 969 240 062 - menus 27/33 €.* Dans une belle maison ancienne accrochée à la falaise, offrant de beaux panoramas. Tenu par la même équipe que le Mesón Casas Colgadas, qui propose ici une cuisine d'inspiration plus internationale.

Sports et loisirs

La région est propice à la marche et au VTT pendant le printemps et l'automne, l'été s'avérant trop chaud. Renseignez-vous à l'office du tourisme pour connaître les principaux sentiers.

Événements

Les processions de la **Semaine sainte** sont particulièrement spectaculaires dans ce cadre de ruelles abruptes où, à l'aube du Vendredi saint, se perpétue la lente montée vers le calvaire au milieu du roulement des tambours. Un concours de musique sacrée s'y déroule en même temps.

Uclés★

266 HABITANTS
CARTE GÉNÉRALE C2 – CARTE MICHELIN N° 576 M 21
PROVINCE DE CUENCA

Le monastère fortifié dresse sa masse imposante sur la colline qui domine le petit village d'Uclés. Du fait de sa situation stratégique, il fut le théâtre de nombreuses batailles, comme celle où les Almoravides écrasèrent l'armée du roi Alphonse VI de Castille (1108). Après la Reconquête par Alfonse VIII, le monastère servit de siège aux redoutables moines soldats de l'ordre de Santiago, entre 1174 et 1499. Puis des travaux d'agrandissement se succédèrent pour lui donner sa forme définitive, en 1735.

- **Se repérer** – Uclés est bien situé près de la A 3 qui relie Madrid à Valence, à 70 km à l'ouest de Cuenca.
- **Organiser son temps** – Une petite heure de visite.
- **Pour poursuivre le voyage** – Cuenca (70 km à l'est), Aranjuez (77 km à l'ouest).

Visiter

Château-monastère★ (castillo-monasterio)

969 135 058 - tlj tte la journée - fermé 1er janv., 25 déc. - 3 €.

L'édifice actuel fut commencé en 1529 dans le style plateresque, mais la plus grande partie des travaux furent menés par **Francisco de Mora** (1560-1610), disciple de Herrera, qui voulut construire son propre Escurial, d'où le surnom de « petit Escurial ».

L'accès au monastère se fait par un splendide **portail★** baroque (1735), dominé par la figure de Santiago Caballero (saint Jacques Cavalier), également appelé Santiago Matamoros (le « tueur de Maures »). Il s'ouvre sur le **patio** baroque, entouré de 36 piliers (correspondant aux 36 membres fondateurs de l'ordre de Santiago) et doté d'un puits à la margelle très ouvragée. Dans le **réfectoire** (1548), le magnifique **plafond à caissons★** est bordé par les 36 bustes des chevaliers fondateurs. Parmi eux, on remarque une tête de mort. L'**église** (1598) est baroque ; la **sacristie★**, aux piliers et fenêtres très décorés, plateresque. L'**escalier principal** est dominé par un tableau montrant l'apparition miraculeuse de Santiago Caballero à la bataille, probablement légendaire, de Clavijo, au 9e s.

En sortant, tournez à gauche pour admirer les façades : surplombant le village, la superbe **façade est**, de style plateresque, arbore de nombreuses coquilles St-Jacques (symbole de l'apôtre) ; la façade nord, qui la suit, contraste par son austérité.

Tips/Photononstop

Détail du portail baroque.

Aux alentours

Cité romaine de Segóbriga (Ciudad romana de Segóbriga)

Dans Saelices, 14 km au sud d'Uclés. Sortez de la A 3 par la sortie Saelices, puis prenez la direction Villamayor de Santiago (CM 310).

La visite commence par un petit musée consacré à Segóbriga. Cet ancien camp fortifié ibéroceltique, dont l'histoire remonte au 5e s. av. J.-C., devint durant la période romaine une ville stratégique située à la croisée de chemins importants. Elle connut un rayonnement sans précédent au 1er s., période où fut construit son imposant **amphithéâtre**, qui pouvait accueillir 5 000 spectateurs et qui reste, encore aujourd'hui, bien conservé. Il subsiste quelques vestiges de la muraille qui entourait la ville et des thermes.

Guadalajara

73 719 HABITANTS
CARTE GÉNÉRALE B2 – CARTE MICHELIN N° 576 K 20
PROVINCE DE GUADALAJARA

Guadalajara, dont le nom arabe signifie « rivière de pierres », est devenue du fait de sa proximité avec Madrid une ville satellite. Aux 14 et 15e s., elle fut le fief des Mendoza, une puissante famille qui donna de nombreux hommes illustres : Íñigo López de Mendoza, premier marquis de Santillana (1398-1458), auteur des « Serranillas », sortes de poèmes ou de chansons populaires ; son fils, le cardinal Pedro González de Mendoza (1428-1495), conseiller des Rois Catholiques ; et le deuxième duc de l'Infantado, qui fit construire le palais situé au nord de la ville.

C. Labonne/Michelin

La façade du palais de l'Infantado et la statue du sculpteur Oscar Alvarino.

- **Se repérer** – Guadalajara se trouve à 24 km au nord-ouest de Alcalá de Henares et à 30 km à l'ouest du centre de Madrid.
- **Se garer** – Le long de la calle de Madrid.
- **Organiser son temps** – Une demi-journée.
- **Pour poursuivre le voyage** – Alcalá de Henares, Madrid et Sigüenza.

Visiter

Palais de l'Infantado★ (Palacio del Infantado)

Plaza de los Caídos, s/n - ✆ - 949 212 773 - oct.-avr. : tlj mat. et apr.-midi, dim. et j. fériés mat. ; reste de l'année : tlj mat. - fermé lun., 1er et 6 janv., Vend. saint, 1er Mai, 24-25 et 31 déc. - gratuit.

Ce chef-d'œuvre de l'architecture civile de style isabélin mélange les styles gothique et mudéjar. Il fut construit en 1483 par **Juan Guas**, auteur du château royal de Manzanares et du monastère de San Juan de los Reyes à Tolède. Les éléments décoratifs du palais – *artesonados*, frises, azulejos, ouvrages en fer forgé... – relèvent du travail d'artistes mudéjars.

La splendide **façade** à bossages en pointe de diamant est parée d'un blason monumental aux armes des Mendoza, qui surmonte la porte. Au-dessus de la corniche court une galerie, où s'intercalent fenêtres géminées en accolade et loggias en encorbellement. L'ouverture de baies supérieures au 16e s. correspond à la volonté des Mendoza de faire ressembler leur palais à celui qu'était en train d'élever Philippe II à Madrid. Des artistes italiens réalisèrent les fresques des plafonds des salons du rez-de-chaussée.

Le **patio**, appelé « patio des Lions », compte deux étages de galeries aux arcs polylobés reposant sur des colonnes doriques au premier niveau et des colonnes torses au second. L'ornementation mudéjare est d'une extrême finesse. Un répertoire animalier de lions, mascarons et griffons côtoie des symboles héraldiques. L'intérieur était aussi magnifiquement décoré, mais fut détruit pendant la guerre civile. On peut encore y voir le petit **salon de Chronos**, décoré des signes du zodiaque, la grande **salle des Batailles**, où se multiplient les scènes de la vie militaire des Mendoza, et la **salle de Atalanta**, dont les peintures du plafond illustrent le récit d'Ovide et qui possède une belle cheminée en marbre de Carrare du 16e s.

François Ier y fut reçu avec les honneurs dus à son rang quand, fait prisonnier à Pavie, il fut conduit à Madrid.

Le palais abrite dorénavant le **musée des Beaux-Arts** de la province.

Aux alentours

Pastrana

44 km au sud par la CM 2006.

Ancienne ville ducale, cette charmante cité conserve le souvenir de la **princesse d'Eboli**, favorite de Philippe II. Sur la plaza de la Hora s'élève la sobre façade en pierre de taille du **palais ducal**, dans lequel la princesse fut emprisonnée par son mari les cinq dernières années de sa vie. Ce dernier lui avait accordé le droit de se montrer à la fenêtre une heure par jour, d'où le nom donné à la place.

Collégiale – *✆ 949 370 027 - 11h30-14h, 16h30-18h30, dim. et j. fériés 13h-14h30, 16h30-18h30. 2,50 €.* Construite par les ducs au 16e s., elle abrite dans sa sacristie quatre **tapisseries★** gothiques réalisées à Tournai d'après les cartons de Nuno Gonçalves, qui représentent la prise d'Azilah et de Tanger par Alphonse V du Portugal en 1471. On y reconnaît le style de cet artiste portugais, caractérisé par son sens de la composition, son souci du détail (armures et habits), ainsi que par son talent de portraitiste.

Valverde los Arroyos★

68 km au nord par les CM 1003 et 1006.

Valverde los Arroyos fait partie de ces villages authentiques de haute montagne situés autour du pic Ocejón (2 048 m), dont l'esthétique insolite est caractérisée par l'utilisation de l'**ardoise**. Ses maisons, pourvues de longs balcons en bois, s'étagent au-dessus de la grand-place où se dressent une petite église traditionnelle et la fontaine commune. Un sentier conduit à la **cascade de Despeñalagua**, d'une centaine de mètres de hauteur.

Guadalajara pratique

Informations utiles

Office de tourisme – *Plaza de los Caídos, 6 - ✆ 949 211 626 - tlj mat. et apr.-midi, dim. et j. fériés mat.*

Transports

Gare ferroviaire – *✆ 949 212 850.*

Gare routière – *Calle Dos de Mayo - ✆ 949 247 277.*

Se loger

⊖ **Hotel España** – *Calle Teniente Figueroa, 3 - ✆ 949 211 303 - 45 ch. 50/60 € - ☕ 3,50 €.* Situé idéalement près de la Plaza Mayor, cet hôtel deux étoiles possède des chambres fonctionnelles au décor sobre (bois clair et rideau blanc) avec douche. Cafétéria.

⊖⊖ **AC Guadalajara** – *Avenida del Ejército, 6 - ✆ 949 248 370 - acguadalajara@ac-hotels.com - P - 101 ch. 60/109 € - ☕ 10 €.* Cet hôtel moderne aux beaux volumes jouit d'une splendide décoration contemporaine, ocre, vert, bleu et chocolat. La lumière sculpte avantageusement les espaces, habillés d'un mobilier cuir.

⊖⊖⊖ **Hotel Tryp** – *Carretera. Nacional II - km. 55 - ✆ 949 209 300 - www.hotelgadalajara.com - P - 159 ch. 60/130 € - ☕ buffet.* Situé à la lisière de la ville, l'hôtel Tryp est un grand immeuble moderne avec vue dégagée. Les chambres bleu et chocolat sont bien agencées. Cafétéria et restaurant raffiné.

Se restaurer

GUADALAJARA

⊖⊖ **Los Faroles** – *km. 51, à 2 km au sud-ouest de la ville par l'A 2 - ✆ 949 202 332.* Bien qu'excentré, ce restaurant à la cuisine traditionnelle est très prisé des habitants de la ville.

⊖⊖⊖ **Miguel Ángel** – *Calle Alfonso Lopez de Haro, 4 - ✆ 949 212 251.* Un cadre typiquement castillan (cheminée, four à bois et artesonado) agrémente cet excellent restaurant-rôtisserie.

⊖⊖⊖ **Amparito Roca** – *Calle Toledo, 19 - ✆ 949 214 639.* Installé dans un chalet à l'esthétique contemporaine, ce restaurant propose une carte traditionnelle et quelques créations audacieuses.

MARCHAMALO

⊖⊖⊖ **Las Llaves** – *Playa Mayor, 16 - ✆ 949 250 485.* Ce restaurant est logé dans un superbe palais du 16e s., au joli patio intérieur. Cuisine raffinée.

Sigüenza★

4 817 HABITANTS
CARTE GÉNÉRALE C2 – CARTE MICHELIN N° 576 I 22
PROVINCE DE GUADALAJARA

Rose et ocre, Sigüenza s'étage sur le flanc d'une colline dominée par les silhouettes imposantes de la cathédrale-forteresse et du château. La ville haute, romaine et médiévale, rejoint la ville basse, baroque, par un labyrinthe de ruelles étroites bordées de maisons anciennes typiquement castillanes.

- **Se repérer** – Sigüenza se trouve à 39 km au sud-ouest de Medinaceli et à 69 km au nord-est de Guadalajara.
- **Se garer** – Calle Mayor, devant la cathédrale ou sur le parking du château.
- **À ne pas manquer** – La ville haute.
- **Organiser son temps** – Une journée.
- **Pour poursuivre le voyage** – Guadalajara, le monastère de Santa María de Huerta et Soria.

Sime/Photononstop

La Plaza Mayor de Sigüenza.

Visiter

Au centre, la **Plaza Mayor** *(sur le flanc droit de la cathédrale)* charme avec sa galerie à arcades du 16e s. et son hôtel de ville Renaissance.

Cathédrale★★

☎ 619 362 715 - tlj 9h30-13h30, 16h30-19h30 - gratuit.

La nef, commencée au 12e s. sur un plan cistercien, fut achevée à la fin du gothique, en 1495. Le déambulatoire et le cloître sont légèrement postérieurs. La toiture et le dôme de la croisée du transept furent reconstruits après les bombardements de 1936.

La façade prend l'allure d'une forteresse avec ses tours crénelées et ses contreforts massifs. La belle rosace et les fenêtres romanes aux vitraux anciens atténuent sa sévérité.

Intérieur – De lignes sobres, le vaisseau laisse une forte impression de puissance grâce à l'élévation des voûtes et à l'épaisseur des piliers allégés par un faisceau de colonnettes.

Dans le **collatéral gauche**, à la **porte** de la chapelle de l'Annonciation sont superposés des pilastres Renaissance, des arabesques mudéjares et des arcs polylobés gothiques ; à côté, un triptyque du 15e s. de l'école castillane est dédié à saint Marc et à sainte Catherine. Le **bras gauche du transept** réunit un bel **ensemble sculpté** : la **porte de porphyre** (16e s.) donne accès au cloître (marbres multicolores). L'**autel de Santa Librada** (16e s.) a été conçu par Covarrubias comme un retable, avec dans la niche centrale un autel surmonté de panneaux peints relatant la vie de la sainte et de ses huit sœurs, toutes nées le même jour selon la légende. Le **sépulcre de don Fadrique du Portugal** (16e s.), de style plateresque, est un peu plus chargé.

La **sacristie**, œuvre de **Covarrubias**, surprend par la profusion de têtes et de roses entre lesquelles s'intercalent des milliers de têtes d'angelots qui tapissent son **plafond**. Les boiseries des portes et du mobilier sont finement travaillées, dans le style plateresque. La **chapelle des Reliques**, du 16e s., est surmontée d'une belle **coupole**.

Dans une chapelle donnant sur le **déambulatoire** se trouve un **Christ en bois** du 16e s.

Le presbytère est fermé par une belle grille du 17e s., qu'encadrent deux chaires en albâtre, l'une gothique *(à droite)*, l'autre Renaissance *(à gauche)*. À noter, le retable du 17e s.

La chapelle du Damoiseau *(Doncel)*, dans le bras droit du transept, a été conçue pour accueillir le **tombeau du Damoiseau**, commandé par Isabelle la Catholique pour son jeune page tué lors d'un siège en 1486. Le gisant accoudé, lisant avec sérénité, est frappant de réalisme. Au centre de la salle réside le mausolée des parents du *doncel*.

Cloître – Édifié au 16e s. dans le style gothique, il est entouré de chapelles aux portes plateresques, comme celle de Jaspe (16e-17e s.) qui communique avec le bras du transept. Dans la **salle capitulaire** sont exposés des livres, des manuscrits et une collection de tapisseries flamandes du 17e s.

Musée d'Art ancien (Museo de Arte Antiguo)

☏ 949 391 023 - http://obsigus.e.telefonica.net - ♿ - tlj sf lun. mat. et apr.-midi, dim. matin - fermé 10 janv.-10 mars, 8 déc. - 3 €.

Le musée conserve un grand nombre d'œuvres d'art religieux, parmi lesquelles se distinguent une Vierge en albâtre du 14e s., un groupe sculpté de Pompeo Leoni, une *Pietà* attribuée à Morales, L'*Immaculée Conception* de **Zurbarán** et une fougueuse statue du prophète Élie, attribuée à Salzillo.

Circuit de découverte

DE SIGÜENZA À VILLACADIMA

110 km – une demi-journée. De Sigüenza, prenez la CM 110 sur 6 km et bifurquez à gauche.

Palazuelos

Le village de Palazuelos, surnommé « la Ávila alcarreña » du fait de la **muraille** qui l'encercle totalement, fut l'un des fiefs des Mendoza. Adossé au nord de celle-ci, le **château**, de petites dimensions, a conservé ses deux enceintes et son donjon. Trois portes fortifiées soulignées d'un arc ogival permettent d'accéder au bourg intra-muros. L'**église San Juan** possède un joli portail roman.

Rendez-vous à 2,5 km à l'ouest.

Carabias

Situé au cœur d'un paysage de terres rouges, Carabias est un village de 8 habitants ! **San Salvador**, son église du 13e s., comptent deux **galeries-porches** sur les côtés sud et ouest. Les arcs s'appuient sur des doubles colonnes à chapiteaux campaniformes à décor végétal. Ces derniers témoignent d'une filiation stylistique avec ceux de la cathédrale de Sigüenza.

Allez à 6 km à l'est.

Pozancos

Logé dans une étroite et verte vallée, Pozancos possède une belle **église** paroissiale du 13e s. Après avoir passé le portail en plein cintre roman qui rappelle ceux de la province de Ségovie, on découvre une nef unique et une vasque baptismale romane. Au sud, une chapelle gothique renferme le gisant du chanoine C. M. Fernandez du 15e s.

Empruntez la CM 110 puis la GU 170 vers le nord sur 24 km.

Rienda

La route qui conduit à Rienda longe une éminence au niveau de **Riba de Santiuste**, sur laquelle est juché un **château** en forme de bateau. Les habitants de Rienda travaillaient autrefois à l'extraction du sel dans des **salines** exploitées depuis l'Antiquité romaine. Certains vestiges perdurent, en particulier quelques norias. Le hameau est doté d'un **ermitage** roman où les modillons montrent des musiciens et des contorsionnistes.

À 24 km au sud-ouest, continuez sur la GU 170 puis tournez à gauche sur la CM 101.

Atienza

Atienza est un joli village castillan construit au pied d'un château dont il ne reste que le donjon. La **plaza del Trigo**, entourée de portiques, séduit par son cachet médiéval. Atienza fut une enclave commerciale importante au Moyen Âge. Elle était protégée par Alphonse VIII, reconnaissant aux habitants de l'avoir aidé, en 1162, à échapper à son oncle Ferdinand II de León, qui voulait s'emparer du trône. Le dimanche de Pentecôte, la fête de **la Caballada** commémore cet événement. La guerre civile a laissé peu de vestiges des 14 églises que comptait Atienza. Mais cinq d'entre elles ravissent encore les visiteurs. **Santa María del Rey** possède un *Jugement dernier* foisonnant sur le tympan de son portail (une centaine de figures répertoriées sur les 7 voussures) ainsi qu'une double inscription latine et arabe sur l'entrée nord. **Santa María del Val** comprend une riche ornementation à l'entrée. **San Bartolomé** est parée de motifs en forme de huit caractéristiques de l'Alcarria. La **Trinidad** arbore une belle abside romane. **San Juan** conserve un retable churrigueresque.

Roulez sur la CM 110 sur 12 km à l'ouest et tournez à droite en direction du nord.

Hijes

Après des étendues de terres cultivées apparaît le petit village de Hijes. Son église offre des **chapiteaux** historiés de scènes guerrières.

Revenez sur la CM 110 et poursuivez à l'ouest sur 6 km environ.

Albendiego

Site autrefois investi par les chevaliers du Temple, Albendiego recèle un autre trésor : l'**église de San Coloma**. Ses absides et absidioles dévoilent d'admirables **fenêtres** ouvragées de style **mudéjar**, où parmi un savant kaléidoscope de motifs géométriques se devine la croix à huit branches de l'ordre militaire de St-Jean.

Reprenez la CM 110 et conduisez sur 12 km au nord-ouest.

Campisábalos

L'**église de San Bartolomé** de Campisábalos constitue un important jalon de l'art roman rural. Sa façade présente une superbe **frise** linéaire animée par la représentation des travaux agricoles. À l'intérieur, la facture des **chapiteaux** ornés de centaures est magnifique.

Enfin, la CM 110 vous amène après 7 km au pied de la sierra de Pela.

Villacadima

Au beau milieu d'un tableau désertique s'élève l'église de Villacadima. Elle possède un beau **portail mudéjar**.

Sigüenza pratique

Informations utiles

Office de tourisme – *Ermita del Humilladero - ✆ 949 347 007 - tlj mat. et apr.-midi, dim matin.*

Se loger

⊖ **Hotel El Laberinto** – *Calle Alameda, 1 - ✆ 949 391 165 - www.hotellaberinto.com* - P - ♿ - *14 ch. 40/66 €.* Cet hôtel de construction récente est particulièrement fonctionnel. Sympathique jardin-terrasse.

⊖ **Hostal El Doncel** – *Paseo de la Alameda, 3 - ✆ 949 390 001 - hostaldoncel@futurnet.es - 18 ch. 55/65 € - ☕ 6 €.* Chambres simples et confortables pourvues d'un mobilier castillan relativement austère. Restaurant à la fois traditionnel et novateur.

⊖⊖ **Hostal El Mesón** – *Calla Seminario, 14 - ✆ 949 390 649 - www.hostalelmeson.com - 8 ch. 60/70 €.* À quelques pas de la cathédrale, ses chambres pleines de cachet (tomettes, poutres et couleurs) occupent le premier étage d'un bar à tapas et restaurant.

⊖⊖ **Hostal Posta Real** – *Calle San Vicente, 1 - ✆ 949 390 490 - www.postareal.com - 23 ch. 80/90 €.* Ouvert en 2007, cet établissement marie joliment la pierre apparente, le parquet et les couleurs vives. Cafétéria. Très bon accueil.

⊖⊖ **Parador de Sigüenza** – *El Castillo - ✆ 949 390 100 - siguenza@parador.es* - P - ♿ - *79 ch. 130/150 € - ☕ 13 €.* Ce parador est un bel exemple de réhabilitation du patrimoine médiéval. Le patio intérieur aménagé en jardin est superbe.

Se restaurer

⊖⊖ **El Mesón** – *Calle Seminario, 14 - ✆ 949 390 649.* Restaurant-asador de spécialités régionales fréquenté par une clientèle familiale d'habitués. Délicieux desserts faits maison.

⊖⊖⊖ **Calle Mayor** – *Calle Mayor, 21 - ✆ 949 391 748.* Dans un cadre néo-rustique, goûtez une cuisine traditionnelle et créative.

Le couvent de San Benito à Alcántara.

M. Angel / MICHELIN

Plasencia★

39 596 HABITANTS
CARTE GÉNÉRALE A2 – CARTE MICHELIN N° 576 L 11
PROVINCE DE CÁCERES

Située à la jonction des sierras centrales calcaires et du plateau ancien d'Estrémadure, cette paisible petite ville fait figure de métropole régionale. Son centre historique fortifié occupe une éminence que contourne la Jerte, au pied de montagnes hérissées de blocs de granit. Il a conservé de nombreux édifices Renaissance et une remarquable cathédrale. Les cigognes s'y installent en nombre de février à juillet, ajoutant une touche pittoresque aux toitures, tours et clochers de la ville.

- **Se repérer** – La ville est située sur l'axe routier N 110/A 66 reliant Cáceres, 85 km au sud-ouest, à Ávila, 160 km au nord-est.
- **Se garer** – Les ruelles de la Vieille Ville se transforment vite en piège : préférez les rues et parking situés à l'extérieur des remparts.
- **À ne pas manquer** – La cathédrale.
- **Organiser son temps** – 3 heures permettent de voir l'essentiel.
- **Pour poursuivre le voyage** – Le parc naturel de Monfragüe (15 km au sud), Cáceres, Trujillo (83 km au sud-est) et La Alberca (117 km au nord).

Se promener

LE CENTRE HISTORIQUE

Commencez votre visite par l'office du tourisme, situé à deux pas de la cathédrale, qui délivre gratuitement de bons plans de la Vieille Ville.

Cathédrale★

927 414 852 - 9h-13h/16h-18h (17h-19h en été) - Entrée musée : 4 €.

Elle se compose de deux bâtiments d'époques différentes. La cathédrale ancienne (ou église de Santa Maria), romano-gothique, fut édifiée aux 13e et 14e s par Juan Francés. À la fin du 15e s., son chevet fut démoli pour construire la cathédrale nouvelle, plus audacieuse, dont seuls le chœur et le transept furent réalisés.

On pénètre à l'intérieur par le portail nord de la cathédrale nouvelle, à la riche décoration plateresque. Les piliers élancés de la nef, dont les fines nervures s'épanouissent en réseaux sur les voûtes, témoignent de la maîtrise d'architectes aux noms célèbres : **Juan de Álava**, **Diego de Siloé**, **Alonso de Covarrubias**.

Il faut remarquer le **retable★** baroque du 17e s., décoré de statues de Gregorio Fernández, et les **stalles★** sculptées par Rodrigo Alemán en 1520. Sur les dossiers et les miséricordes de la rangée inférieure ont été représentées, à droite, des scènes de l'Ancien Testament, à gauche, des scènes de genre.

Une porte à gauche du *coro* donne accès à l'**ancienne cathédrale**, où se visitent le cloître avec ses ogives gothiques et ses chapiteaux romans, la salle capitulaire couverte d'une

La cathédrale depuis le bord de la rivière.

belle coupole sur trompes, dissimulée à l'extérieur par un clocher pyramidal à écailles et les quelques travées subsistant de la nef qui abritent un musée d'art sacré.

Descendez par la calle Blanca, face à la cathédrale.

Plaza de San Nicolás

La place est bordée à l'est par la **Casa de las Dos Torres**, constitué par la réunion de deux palais des 13e et 14e s. Au centre, l'**église de San Nicolás** (13e s.), romano-gothique, abrite deux beaux retables flamands aux cadres plateresques. Au nord-ouest, le **palais del Marqués del Mirabel** est doté d'une tour massive et d'un beau patio Renaissance à deux étages. Il héberge le musée de la Chasse. À l'angle nord-ouest, l'ancien **couvent de San Vicente Ferrer**, fondé au 15e s. sur les ruines de l'ancienne synagogue, accueille désormais le parador, un des plus beaux d'Estrémadure.

Le passage aménagé sous le palais del Marqués del Mirabel *(porte de droite)* conduit à la **Juderia**, l'ancien quartier juif niché contre les remparts : ruelles en escalier, maisons blanches, linge séchant aux fenêtres annoncent déjà tout le pittoresque des villes du Sud. La rue **Sancho Polo** est à cet égard caractéristique.

Tournez à droite pour rejoindre la **Plaza Mayor**, irrégulière et bordée de portiques, centre animé de la ville.

Circuit de découverte

LA VERA

De Plasencia à Valverde de la Vera, 69 km à l'est - Une demi-journée.

La région de la Vera s'étend à l'est de Plasencia, entre le río Tiétar et la sierra de Gredos. Son climat doux et humide a donné naissance à un écosystème méditerranéen, où dominent citronniers, orangers, figuiers et palmiers. La région produit du paprika (*pimentón*), des asperges et 80 % du tabac espagnol. Cette fertilité et cette douceur ont attiré Charles Quint, qui s'y retira à la fin de sa vie.

Quittez Plasencia par l'EX 203 en direction de Jaraiz. Tournez à gauche à Cuascos de Yuste pour rejoindre le monastère, situé à 1,8 km.

Monastère de Yuste★

✆ 927 172 197 - www.patrimonionacional.es/yuste/yuste.htm - visite guidée tlj sf merc. 9h30-12h30, 15h-18h - 2,50 € (merc. gratuit).

L'empereur **Charles Quint**, fatigué du pouvoir, se retira après son abdication en 1556 dans ce modeste **monastère** de hiéronymites qui séduit par l'atmosphère de beauté et de sérénité de la campagne environnante. Il y mourut le 21 septembre 1558, à 58 ans, d'une crise de malaria.

Dévasté pendant la guerre d'Indépendance, le monastère a été en partie restauré. On visite le petit palais où demeurait Charles Quint : salle à manger, bureau équipé d'une chaise de lecture conçue pour soulager sa goutte, chambre accolée à l'église de telle sorte que l'empereur pouvait assister aux offices sans sortir de son lit, l'église gothique (début 16e s.), et enfin les deux cloîtres, l'un gothique, l'autre plateresque. Dans la crypte, on peut voir le premier tombeau de Charles Quint (ses restes sont aujourd'hui à l'Escurial), placé à la verticale de l'autel, conformément aux dernières volontés de l'empereur, afin que le prêtre piétine symboliquement son visage pendant l'office.

Depuis le monastère, une jolie route sinue entre chênes et genêts, offrant de beaux panoramas jusqu'au village de Garganta de la Olla, 3 km à l'ouest du monastère de Yuste.

Garganta de la Olla

Village à l'architecture traditionnelle bien préservée et aux nombreux restaurants. La **Maison des poupées** (Casa de las Muñecas), au n° 3 de la rue principale, est une ancienne maison close, dont l'activité était signalée par les figurines ornant son porche. Du village, une route spectaculaire conduit au col du Puerto del Piornal (1 269 m), qui s'ouvre sur la vallée du Jerte, au nord.

Retournez à Cuasco de Yuste par la CC 17 (direction Jaraiz) et la EX 203.

Cuacos de Yuste

Le village où grandit don Juan d'Autriche, fils illégitime de Charles Quint, a conservé tout son pittoresque.

Poursuivez 5 km vers l'est.

Jarandilla de la Vera

Cette petite ville industrieuse abrite un beau château du 15e s., aujourd'hui transformé en parador; Charles Quint y séjourna un an, le temps que le monastère de Yuste soit aménagé pour sa venue.

Continuez 18 km vers l'est.

Valverde de la Vera

Ce joli village est dominé par un château en ruine. Ses calmes ruelles bordées de maisons blanches à encorbellement convergent vers sa pittoresque plaza de España, entourée de frêles colonnades en bois.

Poursuivez 2 km vers l'est.

Villanueva de la Vera

Autre village traditionnel, à l'architecture similaire à celle de Valverde.

Vous pouvez rejoindre la sierra de Gredos en poursuivant la route vers l'est jusqu'à Candeleda *(voir p 157).*

Aux alentours

Coria★

42 km à l'ouest. Prenez la N 630 vers le sud et tournez à droite après 7 km dans la EX 108.

La charmante petite ville de Coria domine la vallée de l'Alagón et montre encore par endroits le bel appareil de ses murailles et de ses portes reconstruites au Moyen Âge. C'est le siège d'un évêché depuis la Reconquête. Les ruelles de son centre historique donnent l'occasion d'une agréable promenade jusqu'à la cathédrale.

Cathédrale★ – *✆ 927 503 960 - Musée : tlj, sf lun., 10h30-14h/16h30-20h* – Une première version de la cathédrale fut bâtie du 13e au 15e s. sur les restes d'une première église wisigothique transformée en mosquée. Elle laissa place au 16e s. à l'église actuelle, plus ambitieuse, dotée d'une élégante décoration plateresque. Au 18e s. lui furent adjoints un clocher baroque et une belle frise sculptée soulignant le haut des murs.

À l'intérieur, la nef unique, très haute, possède une voûte ornée d'un réseau de liernes et de tiercerons d'un type courant dans la région. Remarquer le retable du 18e s. et, dans le *coro*, les grilles en fer forgé et les stalles gothiques.

Le cloître, du 15e s., est l'unique vestige de l'église antérieure. Les salles qui l'entourent accueillent un **musée** d'art religieux, qui abrite notamment un beau triptyque (1530) de Alonso Cañete et une grande sculpture en bois polychrome, *La Virgen de los Ángeles* (1595), de Lucas Mitata.

En sortant, contournez la cathédrale pour admirer la Puerta del Pardón, Renaissance, œuvre de Juan de Alava. De l'esplanade, jolie vue sur le pont médiéval en contrebas.

Plasencia pratique

Informations utiles

Office de tourisme – *Santa Clara, 2 - ✆ 927 423 843 - tlj mat. et apr.-midi.*

Transport

Gare ferroviaire – *Avenida Ambroz - ✆ 927 410 049.* Nombreux trains pour Madrid et Cáceres.

Gare routière – *Calle Tornavacas - ✆ 927 414 550.* 5 bus/j pour Madrid (4h de trajet), 5/j pour Cáceres (1h15), 2/j pour Badajoz (2h30) et 5/j pour Salamanque (2h15).

Se loger

⊖ **Hotel Rincón Extremeño** – *Calle Vidrieras 6 - ✆ 927 411 150 - www.hotelrincon.com - ch. 41 € - menus 9/15 €.* Une adresse sans prétention, mais bien tenue, dans une ruelle animée donnant sur la Plaza Mayor. Le restaurant est très populaire, à juste titre.

⊖⊖⊖ **Parador** – *Plaza San Vicente Ferrer, s/n - ✆ 927 425 870 - www.parador.es - 64 ch. 145-155 € - ☕ 13 € - menus 23/31 €.* Ce magnifique parador, aménagé dans un ancien couvent, parvient à être monumental et chaleureux à la fois. Les chambres sont particulièrement spacieuses, avec petit salon et sol de terre cuite, le bar superbe et le restaurant, décoré d'anciens azulejos. Sauna finlandais, bain vapeur et gymnase.

Se restaurer

Voir aussi le parador et l'Hotel Rincón Extremeño.

⊖⊖ **Casa Juan** – *Calle Arenillas, 5 - ✆ 927 424 042 - www.restaurantecasajuan.com - menus 20/25 €.* Dans une ruelle en lisière de la Judería, non loin du parador, cet élégant établissement est tenu par un Franco-Espagnol proposant des plats traditionnels, et d'autres plus créatifs.

Faire une pause

⊖ **La Pitarra del Gordo** – *Plaza Mayor, 8 - ✆ 927 414 505.* Sans doute le meilleur bar de la Plaza Mayor. Les habitués s'y pressent pour les tapas et les *raciónes*, mais aussi pour le vin *de pitarra*, un vin jeune à boire frais.

Parc naturel de Monfragüe★★

Parque Natural de Monfragüe

CARTE GÉNÉRALE A2 – CARTE MICHELIN N° 576 L 11
PROVINCE DE CÁCERES

Ce magnifique parc naturel de 17 842 ha comprend plusieurs montagnes couvertes de forêts, bordant le Tage (río Tajo) à son point de confluence avec la rivière Tiétar. Son importance écologique provient de sa flore de type méditerranéen et, surtout, de sa faune exceptionnelle comptant un grand nombre d'espèces rares et protégées, telles que les vautours moines, les cigognes noires et les aigles impériaux. Des oiseaux composant un spectacle d'autant plus fascinant qu'ils sont faciles à observer.

- **Se repérer** – Le parc s'étend sur 30 km de long et 5 à 6 km de large à l'intérieur d'un triangle Plasencia-Trujillo-Navalmoral. Villarreal de San Carlos, son principal point d'entrée, est accessible par l'EX 208 depuis Plasencia (25 km) et Trujillo (60 km).
- **À ne pas manquer** – Le panorama depuis le château et le Salto del Gitano.
- **Avec les enfants** – Nul doute que le spectacle des grands vautours planant en nombre dans le ciel les impressionnera.
- **Organiser son temps** – 3 heures permettent de voir les principaux sites, mais une nuit sur place permet de mieux voir la nature et d'en profiter pleinement.
- **Pour poursuivre le voyage** – Plasencia au nord, Trujillo au sud.

M. Angel / Michelin

Paysage du parc naturel de Monfragüe.

Comprendre

La zone a été déclarée Parc naturel en 1979, quelques années après la construction des barrages de Torrejón et d'Alcántara qui retiennent les eaux du Tage et du Tiétar.

La **flore** du parc se distingue par de larges taches de bois méditerranéen, riches en chênes-lièges, rouvres et érables de Montpellier, alors que dans les ubacs de montagne, plus humides et moins lumineux, prospèrent des arbousiers, des lauriers-tins et des alaternes. Dans les plaines et les zones les plus ensoleillées, très altérées par l'homme, prédomine une garrigue composée de cistes, d'ajoncs, de genêts à balais, de lavandes, etc.

Mais c'est surtout la **faune** qui donne sa valeur au parc. On y trouve en effet les plus grandes colonies au monde de **vautours moines** (environ 250 couples) et d'**aigles impériaux** (une dizaine de couples), ainsi qu'une des plus importantes colonies connues de **cigognes noires** (30 couples), une variété nettement plus rare et discrète que leurs cousines blanches qui envahissent les toits d'Estrémadure. Parmi les autres espèces remarquables, citons les vautours fauves, les aigles royaux, les faucons pèlerins et les hiboux grands duc. Parmis les mammifères, citons les rarissimes **lynx ibériques**, une espèce endémique au bord de l'extinction, les mangoustes, les fouines, les genettes et les chats sauvages.

Visiter

Villarreal de San Carlos

Point d'entrée dans le parc, situé sur l'EX 208 reliant Plasencia à Trujillo. Vous y trouverez un office du tourisme distribuant des plans du parc avec les diverses randonnées possibles, ainsi que deux **centres d'information** : l'un consacré au milieu naturel de Monfragüe et au problème de l'eau, l'autre à sa faune.

Itinéraires de promenade

Le parc compte de nombreux sentiers de randonnées (plans et renseignements à Villarreal de San Carlos), ainsi que deux routes accessibles aux voitures, à explorer depuis Villarreal de San Carlos :

La route du château

8 km. Au départ de Villarreal de San Carlos, empruntez l'EX 208 en direction de Trujillo.

Sur la droite de la route, après quelques virages au milieu des forêts de chêne, apparaît bientôt le **Salto del Gitano★★** (le « saut du gitan »), un spectaculaire piton rocheux dominant le Tage et servant de nichoir à une nuée de vautours moines et fauves, ainsi qu'à quelques cigognes noires. Les oiseaux, très nombreux et visibles, composent un spectacle fascinant, notamment lorsqu'ils rejoignent tous leurs nids à la tombée du jour.

Après une poignée de kilomètres, la route conduit au pied du **château de Monfragüe** (castillo de Monfragüe), une petite forteresse arabe bâtie en 811 au sommet d'un pic rocheux (la fin de l'ascension se fait à pied). Si vous grimpez au sommet de la tour, vous serez récompensés par un extraordinaire **panaroma★★** à 360° sur l'ensemble du parc et ses collines, entre lesquelles coulent le Tiétar et le Tage, tandis que d'imposants vautours planent alentour.

La route du lac

12 km. À Villarreal de San Carlos, prenez l'EX 208 vers Plasencia et tournez à droite en direction des Saltos de Torrejón.

Au bord de la route est aménagée une succession d'élargissements permettant de se garer pour admirer des **paysages★** d'une grande beauté, où la garrigue, qui alterne avec les forêts de chênes et les bois méditerranéens, se couvre au printemps d'un tapis de fleurs multicolores et odorantes.

Le paysage s'épanouit en arrivant au **lac de retenue Torrejón-Tiétar★**, avant de se refermer et de se muer lentement en paysages agricoles à la sortie du parc : molles collines couvertes de chênes-lièges sous lesquels paissent des taureaux de combat en compagnie de cochons noirs.

Parc naturel de Monfragüe pratique

Informations utiles

Centre d'information : *Villareal de San Carlos - ✆ 927 199 134 - été : 9h-14h30, 16h30-19h30 ; le reste de l'année : 9h-14h30, 15h30-18h30 - fermé 1er janv. et 25 déc.*

Se loger et se restaurer

Le parc propose quelques hébergements rustiques. Une autre possibilité consiste à séjourner quelques kilomètres plus au sud, au village de Torrejón el Rubio, sur l'EX 208, qui compte de nombreux hôtels.

VILLARREAL DE SAN CARLOS

⊖ **Casa rural Al-Mofrag** – *Cañada Real, 19 - ✆ 927 199 086 - www.casaruralalmofrag.com - 6 ch. 45 €.* Une adresse rustique, avec cuisine à disposition.

⊖ **Casa rural El Cabrerín** – *Calle Villarreal, 3 - ✆ 927 199 002 - www.elcabrerin.com - 4 ch. 50 €.* Des chambres simples, confortables et accueillantes.

TORREJÓN EL RUBIO

⊖⊖ **Hospedería Parque de Monfragüe** – *Route EX 208, km 39 - ✆ 927 455 279 - www.hospederiasdeextremadura.es - 60 ch. 75-90 € ☕ - Restaurant 20/30 €.* D'allure austère, ce magnifique hôtel bâti en 1999 au milieu de la nature, quelques kilomètres avant Torrejón, fait preuve à l'intérieur d'un grand raffinement. L'influence de Frank Lloyd Wright et du Corbusier se révèle au détour des couloirs, qui desservent de belles chambres où l'ardoise et le bois se mêlent avec bonheur. Le restaurant est remarquable.

Guadalupe★★

2 227 HABITANTS
CARTE GÉNÉRALE B3 – CARTE MICHELIN N° 576 N 14
PROVINCE DE CÁCERES

Guadalupe se dévoile brusquement au cours de la montée en un tableau inattendu : perché à 650 m d'altitude, hérissé de créneaux et de clochetons, le monastère détache sa masse imposante sur les montagnes environnantes. Une vue saisissante s'offre également depuis la route qui descend vers le village, dont les maisons aux tuiles brunes, aux toits plongeants et aux balcons verdoyants se pressent le long de ruelles étroites convergeant toutes vers le monastère.

- **Se repérer** – Guadalupe se situe sur le versant septentrional de la sierra du même nom.
- **À ne pas manquer** – La sacristie et le musée des broderies.
- **Organiser son temps** – Une demi-journée.
- **Pour poursuivre le voyage** – Trujillo (82 km à l'ouest) et Mérida (127 km au sud-ouest).

B. Brillion / Michelin

Le monastère de Guadalupe.

Découvrir

Monastère★★ (Monasterio)

Comptez 1h15 de visite - ✆ 927 367 000 - www.monasterioguadalupe.com - tlj 9h30-13h, 15h30-18h30 - 4 € (-14 ans 1,50 €).

Abandonné en 1835, le couvent a été réoccupé par les Franciscains en 1908 et restauré. Le noyau de la construction date de l'époque gothique (fin 14e s.-déb. 15e s.), mais les adjonctions, faites aux 16e, 17e et 18e s. à la suite de donations successives, sont fort nombreuses. Le plan d'ensemble semble confus. En fait, les moines ont dû entasser habitations et dépendances sur un espace très réduit à l'intérieur de l'enceinte fortifiée. Le monastère conserve des trésors artistiques de grande valeur.

Façade – 15e s. Donnant sur une place très pittoresque, la **façade** gothique du monastère apparaît coincée entre deux hautes tours crénelées. Sa couleur dorée et l'exubérance de sa décoration flamboyante tranchent sur l'appareil rugueux et sombre du mur d'enceinte. L'influence mauresque caractéristique du gothique mudéjar apparaît ici dans l'exagération des formes sinueuses, à l'imitation des stucs. Les vantaux des deux portes en bronze, du 15e s., retracent des scènes de la Vie de la Vierge et du Christ.

Église – Elle date des débuts de la construction du monastère (14e s.), mais on y fit au 18e s. des modifications comme les dorures baroques des voûtes et cette balustrade haute ajourée autour de la nef pour servir d'appui aux lampes votives allumées en l'honneur de la Vierge. Une grille Renaissance très ouvragée, réalisée au début du 16e s. par deux célèbres ferronniers de Valladolid, Francisco de Salamanca et Juan de Ávila, ferme le sanctuaire que décore un grand retable d'ordonnance classique sculpté par Giraldo de Merlo et Jorge Manuel Theotocopuli, fils du Greco (17e s.). Au centre de ce retable se trouve la Vierge de Guadalupe **(1)**, que l'on verra de plus près dans le *camarín*.

Salle capitulaire (Sala Capitular) – De style gothique, au plafond orné d'arabesques, elle sert de point de départ aux visites guidées.

Cloître mudéjar (Claustro Mudéjar) – 14e-15e s. Considéré comme un des plus beaux exemples de cloître mudéjar, il est remarquable par ses vastes dimensions et ses deux étages d'arcs outrepassés. Au centre s'élève un petit temple gothique mudéjar et dans un angle un lavabo en céramique polychrome.

Musée des Broderies (Museo de Bordados) – Installé dans l'ancien réfectoire, le musée abrite une remarquable collection de **chapes et de parements d'autel★★**, dont la richesse de décoration témoigne de l'habileté et de la patience de ces moines qui les brodèrent du 15e au 19e s.

Musée des Aantiphonaires – Il présente un remarquable ensemble de 87 **antiphonaires★**, de grands livres de chant grégorien aux riches enluminures, tous réalisés par les moines de Guadalupe entre le 14e et le 18e s. La plupart datent du 16e s. Les petites roulettes permettaient de les déplacer malgré leur poids.

Musée de Peintures et Sculptures★ (Museo de Pinturas y Esculturas) – Parmi les œuvres exposées, citons le *Triptyque de l'Adoration des Mages* d'Isembrandt (16e s.), le *Christ* en ivoire attribué à Michel-Ange, un *Ecce Homo* de Pedro de Mena, le *Baptème de Jésus* de Jean de Flandre, huit petites toiles de Zurbarán représentant des moines, trois tableaux du Greco et un tableau de Goya aux dimensions modestes, *Confession en prison*.

Sacristie★★ (Sacristía) – 17e s. L'antichambre est ornée de toiles de Carreño de Miranda. La sacristie occupe une magnifique salle d'architecture classique, à la décoration baroque extrêmement fouillée. Ce cadre harmonieux et coloré met parfaitement bien en valeur les célèbres **tableaux de Zurbarán★★** : dans un style à la fois puissant et serein, ces onze toiles, exécutées en 1638 et 1647, représentent des moines hiéronymites et retracent des scènes de la Vie de saint Jérôme. On remarquera particulièrement *L'Apothéose de saint Jérôme* et *La Tentation*, où l'on voit le saint homme repoussant de ravissantes musiciennes.

Reliquaire (Relicario) – Les différents manteaux de la Vierge de Guadalupe et la couronne, réservée aux processions solennelles, y sont conservés.

Camarín★ – 18e s. Ce nom désigne l'antichambre du trône de la Vierge. C'est par là que pénètrent les pèlerins venus saluer l'image de la Patronne. Le luxe est répandu ici à profusion : jaspe, stucs dorés, marqueterie de marbres et de bois précieux enserrent

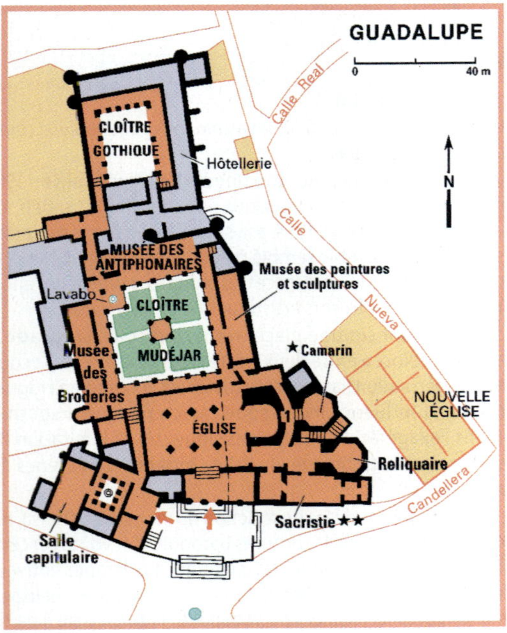

Patronne de « toutes les Espagnes »

La découverte d'une Vierge miraculeuse à cet endroit par un vacher, vers 1300, serait à l'origine du premier sanctuaire. Alphonse XI, ayant invoqué la **Vierge de Guadalupe** peu avant sa victoire du **Salado** sur les Maures (24 oct. 1340), fait élever en remerciement un nouveau et grandiose monastère qu'il confie aux hiéronymites. Très vite, le monastère, richement doté par les rois, devient un centre de pèlerinage exerçant la plus vive attraction auprès du peuple. La découverte de l'Amérique en fait tout naturellement le symbole de l'« **Hispanidad** », cette communauté de langue et de civilisation qui unit les hispanisants des deux Mondes : Colomb donnera le nom de Guadalupe à l'une des îles des Antilles (c'est l'actuelle Guadeloupe française), et c'est là que les premiers Indiens convertis recevront le baptême et que les chrétiens récemment libérés de la domination musulmane viendront déposer leurs chaînes.
Chaque année, le 12 octobre, jour de l'« Hispanité », se déroulent de solennelles processions.

neuf toiles de **Luca Giordano**. Sur son trône pivotant décoré d'émaux (1953), la Vierge de Guadalupe, petite statue en bois de chêne sombre, sculptée au 12e s., disparaît presque sous son voile et son manteau richement brodés.
Cloître gothique (Claustro Gótico) – *Dans l'hôtellerie : vous y accéderez par l'extérieur en contournant le monastère par la gauche.* Ce cloître a été construit au 16e s. dans un gothique flamboyant assez élégant. Ici fonctionnait autrefois la grande pharmacie qui alimentait les quatre hôpitaux dépendant du monastère.

Aux alentours

Puerto de San Vicente

40 km à l'est par la C 401.
La **route★** jusqu'au col de San Vicente traverse les massifs montagneux de la région de Las Villuercas. Après la vallée du Guadarranque, c'est la montée *(8 km)* offrant de magnifiques **vues★** sur des chaînes verdoyantes, dont les crêtes dentelées s'alignent dans un paysage de landes sauvages.

Guadalupe pratique

Informations utiles

Office de tourisme – *Plaza Santa María de Guadalupe, 1 - ✆ 927 154 128 - tlj mat. et apr.-midi.*

Transport

Il n'y a pas de gare, mais on compte 4 bus/j pour Trujillo (1h30 de trajet), comme pour Cáceres (2h30) et Madrid (4h).

Se loger et se restaurer

⊖ Hospedería del Real Monasterio – *Plaza Juan Carlos I - ✆ 927 367 000 - fermé de mi-janv. à mi-fév. - P - 46 ch. 45/65 € - ☕ 5,30 € - restaurant 17 €.* Situé dans un endroit magnifique, à côté du cloître du monastère, cet hôtel tranquille vous propose des chambres soignées. Excellent rapport qualité/prix. Bon restaurant, proposant des plats roboratifs dans un vaste *comedor.*

⊖⊖ Posada del Rincón – *Plaza Mayor, 11 - ✆ 927 367 114 - www.posadadelrincon.com - 20 ch. 65/72 € - ☕ 7,50 €.* Dans une antique demeure du 15e s. à l'agréable patio, des chambres soignées où dominent le bois, la pierre et la brique.

⊖⊖⊖ Parador de Guadalupe – *Marqués de la Romana, 10 - ✆ 927 367 075 - www.parador.es - 41 ch. 120/130 € -* Restaurant 20/25 €. Il occupe les bâtiments des anciens hôpital de San Juan Bautista et collège de los Infantes, où les bonnes familles envoyaient leurs enfants apprendre les humanités. Son cloître planté de citronniers et son jardin agrémenté d'une piscine sont délicieux. Les chambres sont décorées avec goût ; plusieurs disposent de fort jolies vues. Bon restaurant à la cuisine traditionnelle.

Artisanat

Le travail du cuivre encore très pratiqué (cruches, chaudrons) perpétue la tradition artisanale de Guadalupe.

Événements

La fête de la Vierge de Guadalupe, le 8 septembre, et le Día de la Hispanidad, le 12 octobre, donnent lieu à d'importantes processions.

Trujillo★★

9 672 HABITANTS
CARTE GÉNÉRALE A3 – CARTE MICHELIN N° 576 N 12
PROVINCE DE CÁCERES

Le bourg moderne ne laisse pas pressentir l'originalité et le charme de la ville ancienne, établie un peu plus haut sur une plate-forme granitique. Hâtivement fortifiée par les Maures au 13e s., cette vieille cité d'aspect arabe s'est peu à peu « ennoblie » grâce aux demeures élevées aux 16e et 17e s. par les « Indianos » qui avaient fait fortune en Amérique.

- **Se repérer** – Trujillo se trouve à côté de la A 5, qui relie Madrid à Badajoz.
- **À ne pas manquer** – La Plaza Mayor, les ruelles de la ville fortifiée.
- **Organiser son temps** – Comptez une demi-journée.
- **Pour poursuivre le voyage** – Cáceres (47 km à l'ouest), le Parc naturel de Monfragüe (60 km au nord), Plasencia (80 km au nord), le monastère de Guadalupe (82 km à l'est) et Mérida (89 km au sud-ouest).

C. Labonne/Michelin

La statue de Pizarro (bronze de C. Rumsey et M. Harriman) sur la Plaza Mayor.

Comprendre

Une pépinière de conquistadors – « Vingt nations d'Amérique ont été conçues dans le sein de Trujillo », dit-on ; tout au moins faut-il reconnaître à cette cité la glorieuse paternité d'un nombre exceptionnel d'aventuriers et de pionniers du Nouveau Monde comme **Francisco de Orellana**, parti explorer en 1542 le légendaire « pays des Amazones », ou **Diego García de Paredes**, surnommé pour sa force herculéenne « le Samson de l'Estrémadure ». Mais le plus célèbre de tous est **Francisco Pizarro** (1475-1541), le conquérant du Pérou. Figure étonnante que ce porcher qui mourut fabuleusement riche et marié à une princesse inca. Renouvelant la tactique de Hernán Cortés au Mexique, Pizarro se saisit par ruse de l'empereur Atahualpa, le fit exécuter, s'empara de ses richesses et de sa capitale Cuzco en 1533. Bientôt la découverte des mines d'argent de Potosí plaça le Pérou au centre d'un Empire espagnol. Mais la rivalité de Pizarro et de son compagnon Almagro se fit implacable. Les clans opposés multiplièrent les complots et les assassinats. Almagro disparut le premier en 1538, bientôt suivi par Pizarro, tué dans sa propre maison.

Se promener

La **Plaza Mayor**, comme tout le quartier ancien de Trujillo, a un aspect moins austère qu'à Cáceres. Les maisons nobles, en général plus tardives (16e et 17e s.), sont ici allégées d'arcades, de loggias ou de fenêtres d'angle. L'emploi très répandu de la chaux et les ruelles plus escarpées ajoutent de la fantaisie à ce quartier. À ceux qui visitent Trujillo au printemps et en été, la tribu des cigognes fait une aimable compagnie.

Plaza Mayor★★

Originale par sa disposition irrégulière, ses plans successifs reliés par de larges escaliers et la grande variété de style des maisons nobles qui la bordent, la Plaza Mayor, une des plus belles d'Espagne, est évocatrice d'un art de vivre ancien. La nuit, elle produit l'impression d'un décor de théâtre. Elle mérite d'être examinée en détail :

Statue équestre de Pizarro – Elle fut réalisée par les sculpteurs américains C. Rumsey et Mary Harriman (1927).

Église de San Martín – Initiée au 14e, elle ne fut achevée qu'au 16e s. Les murs massifs en pierre de taille et moellons enserrent une grande nef où s'éparpillent de nombreuses dalles funéraires. Le parvis sud, face au palais de los Duques de San Carlos, servait aux réunions publiques.

Palais de los Duques de San Carlos★ – 17e s. Aujourd'hui couvent de religieuses cloîtrées. Haute façade granitique décorée dans un style de transition classique-baroque avec une fenêtre d'angle surmontée de l'aigle à deux têtes, blason des Vargas. On peut visiter le **patio** à deux étages d'arcades en plein cintre et le très bel escalier à quatre volées au toit décoré d'un immense blason aux armes de Charles Quint. Le bâtiment est surmonté de sept cheminées différentes, autrefois polychromes, chacune inspirée par l'architecture d'un peuple du Nouveau Monde : Mayas, Aztèques, Incas, etc.

Palais del Marqués de Piedras Albas – Dans ce palais, la loggia Renaissance a été aménagée dans le mur gothique d'origine.

Palais del Marqués de la Conquista – Élevé par **Hernando Pizarro**, le frère du conquistador, et percé d'un grand nombre de fenêtres toutes grillagées. Au 17e s., on égaya l'ensemble par une **fenêtre d'angle★** de style plateresque ; à sa gauche, bustes de Francisco Pizarro et de sa femme ; à sa droite, ceux de Hernando et de sa nièce qu'il avait prise pour femme ; au-dessus, blason de la famille. Au couronnement de la façade, de petites statues figurent les mois.

Ancien hôtel de ville (Ayuntamiento Viejo) – Sur cet ancien hôtel de ville, un bâtiment du 16e s. aujourd'hui occupé par le palais de justice, on a replacé en guise de façade les trois étages d'arcades Renaissance d'un patio qui tombait en ruine.

Maison des chaînes (Casa de las Cadenas) – Les chaînes suspendues sur la façade auraient été déposées par des chrétiens libérés des Maures.

Tour del Alfiler (Torre del Alfiler) – Surmontant la Maison des chaînes, ce clocher gothique du 14e s., orné d'un écusson en azulejos de Talavera de la Reina, est affublé d'une pointe qui semble être le lieu de prédilection des cigognes.

Entrez dans la ville fortifiée par l'arc de Santiago, au-dessus de l'église de San Martín.

Église de Santiago

Son clocher roman du 13e s. et la haute tour seigneuriale qui lui fait face encadrent l'arc de Santiago, l'une des sept portes d'accès à la ville fortifiée. La nef a été remaniée au 17e s. On découvre une jolie vue depuis le sommet de la tour.

Empruntez la calle Convento de las Jerónimas jusqu'au château.

Château

Bien dégagé au sommet de la plate-forme qui lui a fourni son bel appareil de granit, le château se présente comme une enceinte crénelée renforcée de nombreuses grosses tours carrées. L'intérieur est vide. La patronne de Trujillo, Nuestra Señora de la Victoria, trône en haut du donjon. Des courtines, on domine la ville et sa Plaza Mayor.

Maison-musée de Pizarro (Casa-Museo de Pizarro)

Calle Convento de las Jerónimas, 12 - ✆ 927 322 677 - tlj. 10h-14h/17h-20h30 (16h-19h en hiver).

Aménagé dans la maison familiale du célèbre conquistador – qui lui-même, pense-t-on, n'y a jamais vécu parce qu'il était un enfant illégitime –, ce petit musée propose une exposition sur Pizarro, les Incas et le Pérou.

Musée de la Coria (Museo de la Coria)

✆ 927 321 898 - ouvert sam.-dim. 11h30-14h.

Consacré aux relations de l'Espagne et de l'Amérique latine, ce musée géré par une fondation culturelle occupe l'ancien couvent de la Coria, du 15e s., au beau patio.

Église de Santa María★

Cet édifice gothique (13e s.) dont les voûtes en réseau furent réédifiées au 15e s. sert de panthéon aux célébrités de Trujillo. On verra dans le *coro alto*, éclairé par une grande rosace, les deux chaires en pierre d'où les Rois Catholiques assistaient aux offices quand ils séjournaient dans la cité. Les 24 panneaux du **retable★** gothique décorant le maître-autel, consacrés à la Vie de la Vierge, sont attribués à Fernando

Gallego. Du haut du clocher, **vue** agréable sur les toits bruns, les arcades de la Plaza Mayor et le château.

Casa de Francisco de Orellana

Ce palais du 15e s., dont l'austère façade se dresse face à l'église de Santa María, est la maison natale de Francisco de Orellana, découvreur de l'Amazonie.

Piscine et citerne arabe (La Alberca et El Aljibe Árabe)

Située sous la place de Altamirano, cette citerne arabe date du 10e s. ; d'une profondeur de 10 m, elle se compose de trois nefs soutenues par six colonnes. Quelques mètres plus bas, la « piscine » est probablement un ancien bain public d'origine romaine.
Franchissez la Puerta de San Andrés et empruntez la Ronda de las Almenas.

Palais de Orellana-Pizarro

Ce palais du 16e s. à la belle galerie d'étage plateresque faisait office de « Maison de l'engagement » (Casa de Contratación), où les volontaires s'engageaient pour partir vers le Nouveau Monde. En 1582, la famille Pizarro y accueillit Cervantès, qui y écrivit en partie sa dernière œuvre, *Les Travaux de Persilès et Sigismonde*, parue après sa mort.
Poursuivez la rue, traversez la Plaza Mayor, puis descendez la calle Sillerias, à gauche du palais de Piedras Albas.

Palais del Marqué de Sofraga

Dominant la plaza de San Miguel, ce palais du 16e s. dispose d'un des plus beaux balcons blasonnés de la ville. Il abrite un espace d'exposition d'art contemporain.

Trujillo pratique

Informations utiles

Office de tourisme – *Plaza Mayor, s/n - ✆ 927 322 677 - tlj mat. et apr.-midi - fermé 1er et 6 janv., 25 déc.*

Visites

Ticket combiné – Disponible à l'office du tourisme, il donne accès à l'église de Santiago, à la Maison-Musée de Pizarro et au Château pour 4,70 €. On peut y adjoindre l'église de San Martín pour un total de 5,30 €.

Visites guidées – En espagnol uniquement, billet et départ à l'office du tourisme (6,75 €).

Se loger

Attention : sous la rubrique «Se restaurer», vous verrez que le restaurant Mesón La Cadena et la Posada Restaurante Dos Orillas proposent aussi des chambres.

⊖ **Hostal Orellana** – *Calle Ruiz de Mendoza, 2 € - ✆ 927 320 753 - ♿ - 20 ch. 36/42 € - supplément de 17,85 € pour la pension complète.* Sur une placette dominée par l'antique Teatro Gabriel y Galan, à 200 m sous la Plaza Mayor. L'hôtel occupe un petit immeuble du 16e s. récemment restauré.

⊖⊖ **Hotel Victoria** – *Plaza del Campillo, 22 - ✆ 927 321 819 - ♿ P - 27 ch. 48/72 € - ☕ 4,50 € - restaurant 10 €.* Hôtel installé dans un bâtiment rénové. Les dépendances et les chambres, confortables, sont réparties autour du patio. Agréable petit jardin.

⊖⊖⊖ **Parador de Trujillo** – *Calle Santa Beatriz de Silva, 1 - ✆ 927 321 350 - www.parador.es - 48 ch. 130/140 €. ☕ 12 € - Menus restaurant 22 et 28 €.* Ce beau parador occupe un ancien couvent dans la partie basse de la belle ville. Son cloître Renaissance lui confère une atmosphère très paisible. Le restaurant dispose d'une salle à manger exceptionnelle : l'ancienne église gothique, dont les petites chapelles latérales servent à la desserte des plats.

Se restaurer

⊖ **La Troya** – *Plaza Mayor, 10 - ✆ 927 321 364 - menu.* Cette institution locale occupe une vieille maison toute en longueur. Le service est réputé pour sa rapidité, les menus pour leur petit prix.

⊖⊖ **Mesón La Cadena** – *Plaza Mayor, 8 - ✆ 927 321 463 - 25/30 €.* La salle à manger de ce restaurant familial très fréquenté se trouve au premier étage (vue sur la Plaza Mayor). Cuisine traditionnelle de l'Estrémadure. Bar au rez-de-chaussée. 8 chambres à des prix corrects.

⊖⊖ **Posada Restaurante Dos Orillas** – *Calle de Cambrones, 6 - ✆ 927 659 079 - Menu 20 € - 8 ch. 70-100 €.* Une adresse romantique à souhait, dans la ville fortifiée. Quand le temps est favorable, on mange dans le patio surplombé par le clocher de l'église de Santa Maria. Loue également quelques chambres, toutes différentes et fort joliment décorées.

Événements

Le dernier week-end du mois de mai, la ville se transforme en capitale du fromage à l'occasion de la **Feria del Queso**, qui envahit la Plaza Mayor.

Début septembre, les **Fiestas de Trujillo** (fêtes de la ville) donnent lieu à des concerts et à des pièces de théâtre s'étalant sur plusieurs jours.

Cáceres★★★

89 029 HABITANTS
CARTE GÉNÉRALE A2 – CARTE MICHELIN N° 576 N 10
PROVINCE DE CÁCERES

Cette paisible capitale de province possède un remarquable centre historique, déclaré Patrimoine de l'humanité en 1986, dont la visite ramène quelques siècles en arrière. Ses murailles arabes défendues par des tours protègent un ensemble de maisons seigneuriales gothiques et Renaissance, unique en Espagne par son homogénéité.

Se repérer – Cáceres est à 50 km à l'ouest de Trujillo, à 84 km au sud-ouest de Plasencia, 70 km au nord de Mérida et 95 km au nord-est de Badajoz.

Organiser son temps – Comptez 1h30 pour visiter le vieux Cáceres.

Pour poursuivre le voyage – Trujillo, Mérida et Plasencia.

Se promener

LE VIEUX CÁCERES★★★

Ses murailles arabes protègent un ensemble de nobles maisons élevées aux 15e et 16e s. présentant des façades sans décoration exubérante, à l'image de leurs propriétaires, ces chevaliers rudes et fiers, les Ulloa, Ovando ou Saavedra, qui gagnaient à lutter contre l'Infidèle – Maure ou Indien d'Amérique – plus de prestige que de richesse. Seuls un orgueilleux blason, une fine nervure encadrant une fenêtre, une corniche sculptée, viennent égayer ces demeures dont les tours fortifiées, qui affirmaient la puissance de leurs habitants, ont été tronquées en 1477 sur l'ordre d'Isabelle la Catholique.

Suivez l'itinéraire indiqué sur le plan du centre.

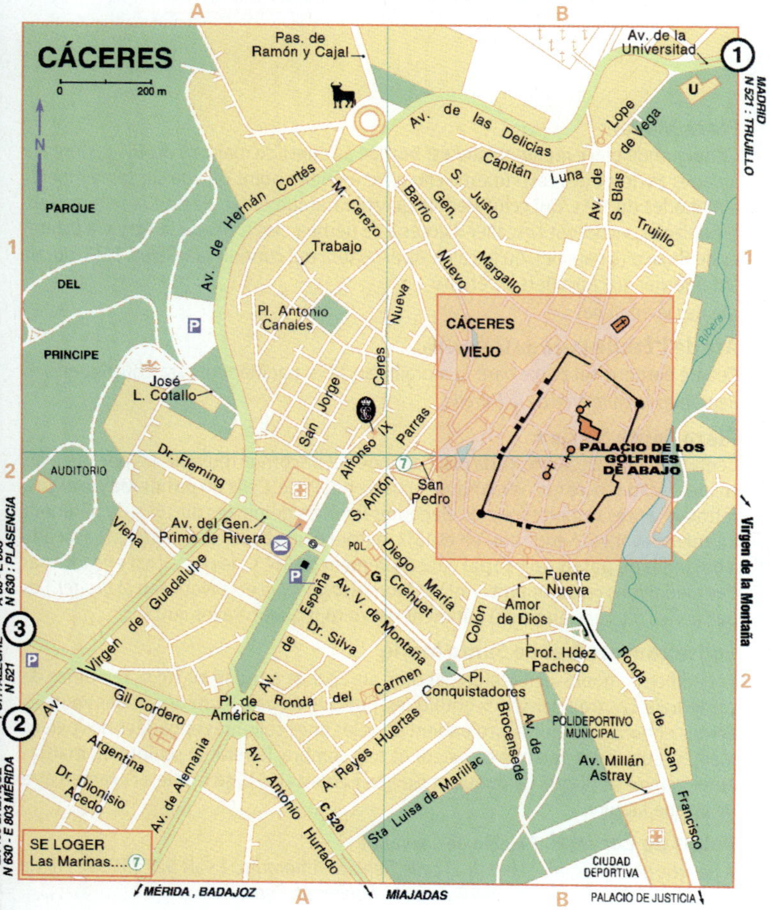

C

C

SE LOGER		SE RESTAURER	
Hotel Goya	1	El Asador	1
Hotel Iberia Plaza Mayor	4	El Figón de Eustaquio	4
Parador de Cáceres	10	El Meson San Juan	7
		El Puchero	10

Plaza Mayor

Cette grande place rectangulaire est bordée à l'ouest de maisons du 16ᵉ s., dont les arcades abritent des restaurants. Elle offre un beau point de vue sur les remparts almohades du 12ᵉ s. qui ceinturent le quartier monumental, à l'est. Deux tours rectangulaires encadrent l'escalier d'accès à ce dernier : les tours de la Yerva (à droite) et de Bujaco (à gauche), où le calife Abé-Ya'qub, qui conquit la ville en 1173, aurait fait égorger 40 chevaliers chrétiens.

Montez les marches.

Arc de l'Étoile (Arco de la Estrella)

Cet arc baroque fut percé dans la muraille au 18ᵉ s. par Manuel Lara Churriguera.

Remontez la calle Arco de la Estrella.

Plaza Santa María★

Centre de la cité ancienne, cette place allongée et biscornue multiplie les perspectives sur des façades ocre qui ne manquent pas de noblesse. Celle du **palais Mayoralgo** a retrouvé, après restauration, ses élégantes fenêtres géminées du 16ᵉ s., le bâtiment lui-même ayant été érigé aux 14ᵉ et 15ᵉ s. autour d'une belle cour mudéjar. La façade à bossages du **palais épiscopal** date également du 16ᵉ s. ; le portail est encadré par des médaillons représentant l'Ancien Monde *(à gauche)* et le Nouveau *(à droite)*. Les parties les plus anciennes du bâtiment remontent quant à elles au 13ᵉ s.

Église concatedral de Santa María

Cet édifice de noble architecture, débuté au 15ᵉ s. et terminé au 16ᵉ s., fait office de cathédrale. Les trois vaisseaux gothiques, presque d'égale hauteur, ont des voûtes à liernes et tiercerons qui se prolongent dans les fines colonnes engagées des piliers. Malheureusement peu mis en valeur et très sombre, le retable sculpté du maître-autel, œuvre de Roque Balduque et Guillén Ferrant (1551), se révèle à l'examen être de bonne facture.

Palais de Carvajal (Palacio de Carvajal)

À gauche de l'église, au début de la calle Tiendas. Amargura, 1 - ✆ 927 255 597 - tlj tte la journée, sam. mat. et apr.-midi, dim. et j. fériés mat. - gratuit.

Il fut bâti entre les 15e et 16e s., délais qui explique la coexistence des styles gothique et Renaissance, et est flanqué d'une tour ronde du 12e s. Il héberge un centre d'interprétation consacré à la province de Cáceres, où l'on verra notamment une belle maquette du quartier monumental. *Continuez dans la calle Tiendas et tournez à gauche après la tour de Espaderos (14e-15e s.).*

Palais des Toledo-Moctezuma

Ce palais Renaissance du 14e-16e s. abrite les archives historiques de la ville. Il doit son nom au mariage du conquistador Juan Cano de Saavedra avec la fille du roi aztèque Moctezuma II.

Retournez plaza de Santa María.

Palais de los Golfines de Abajo★

À droite de l'église de Santa María.

Cette riche résidence, qui eut par deux fois l'honneur d'accueillir les Rois Catholiques, possède une façade en pierre de taille d'un gothique teinté de plateresque, très caractéristique de l'architecture civile de la fin du 15e s. La fenêtre géminée dérive de l'*ajimez* musulman, tout comme la nervure qui encadre délicatement les deux fenêtres et la porte rappelle l'*alfiz*. Venue égayer la façade au 16e s., une frise plateresque sculptée de griffons ailés couronne une partie du mur central. Des médaillons et le blason des Golfines (fleur de lys et tour) complètent la décoration.

Plaza San Jorge

Elle est dominée par l'austère façade du 18e s. de l'**église San Francisco Javier** élevée par les Jésuites. San Jorge est le patron de Cáceres depuis 1229, année où la ville fut reconquise par l'armée d'Alfonse IX.

Maison de los Becerra – À droite de l'église, cette belle demeure gothique du 15e s. sert de cadre à des expositions d'art contemporain.

Montez l'escalier jusqu'à la plaza San Mateo.

Plaza San Mateo

Église de San Mateo – La haute nef gothique commencée au 14e s. s'est vu adjoindre au 16e s. un *coro alto* reposant sur une arcade en anse de panier. L'ensemble est très dépouillé. Hormis le retable baroque, l'unique ornement vient des chapelles latérales (tombeaux décorés de motifs héraldiques).

Contournez l'église par la gauche.

Deux tours du 15e s. ayant perdu leurs créneaux, mais encore pourvues de mâchicoulis, se dressent sur le côté de l'église ; ce sont la **tour de l'Argent** (Torre de la Plata) et la **maison au Soleil** (Casa del Sol), érigée en 1549, qui doit son nom à l'élégant blason de la famille des Solís sculpté au-dessus du portail. Entre les deux, la **maison de l'Aigle** (Casa del Águila) arbore un blason en marbre blanc orné d'un aigle, emblème de la famille Sande.

Contournez l'église par la droite.

C. Labonne/Michelin

Le palais de los Golfines de Abajo.

Maison des Cigognes – Actuellement occupée par l'armée, la **Casa de las Cigüeñas**, édifiée au 15e s. sur les ruines de l'ancien alcázar, tire fierté de sa tour crénelée, la seule qui, grâce à l'intervention de son propriétaire Diego de Cáceres Ovando, a échappé au démantèlement ordonné par Isabelle la Catholique en 1477.

Maison des Girouettes – musée de Cáceres (Casa de las Veletas – Museo de Cáceres)

Plaza de las Veletas, 1 - ✆ 927 010 877 - www.museosextremadura.com/caceres/index.htm - tlj sf lun. mat. et apr.-midi, dim. et j. fériés mat. - fermé 1er et 6 janv., 1er Mai, 1er nov. 24-25 et 31 déc. - gratuit (citoyens UE).

Face à la maison des Cigognes, la casa de las Veletas, à la belle façade 18e s. habillée de blasons baroques, occupe elle aussi l'emplacement de l'ancien alcázar arabe, dont elle a conservé la **citerne** *(aljibe)* du 11e s., toujours alimentée par l'eau ruisselant de la toiture et de la place déclive. Accessible depuis la cour, la citerne comprend cinq travées d'arcades outrepassées s'appuyant sur des colonnes de granit aux chapiteaux à peine esquissés issus d'édifices romains.

Le palais abrite aujourd'hui le **musée de Cáceres** : collections d'archéologie (stèles gravées de l'âge du bronze, sangliers de pierre, vestiges romains), salles d'ethnologie (costumes, artisanat), beaux-arts (tableaux de maîtres du 17e au 20e s., photos consacrées à l'architecture contemporaine).

Descendez la calle Ancha, face à l'église de San Mateo.

Palais du Commandeur de Alcuéscar (Casa del Comendador de Alcuéscar)

Ce palais à la belle tour gothique abrite aujourd'hui un parador. Remarquer le fin encadrement des fenêtres et le balcon d'angle.

Tournez à droite dans la calle Puerta de Mérida.

Adarve

En suivant l'Adarve, la ruelle qui longe les remparts, on parvient devant la noble et austère façade du **palais de los Golfines de Arriba**, édifié au 14e s. par une des familles les plus puissantes de Cáceres ; flanqué d'un donjon élevé en 1513, il abrite un beau patio.

Non loin se dresse l'unique **maison mudéjare** du quartier monumental, construction en brique des 14-15e s.

Un peu plus bas, dans l'Adarve de Santa Ana, le **palais de la Generala** (14e s) abrite la faculté de droit.

Franchissez les remparts par la porte qui se trouve en face.

De l'escalier qui descend vers la plaza del General Mola, une perspective intéressante s'offre sur les murailles, particulièrement hautes à cet endroit, et la tour del Horno.

HORS LES MURS

Église de Santiago

Elle est considérée comme le berceau de l'ordre militaire des Frères de Cáceres, lui-même à l'origine de l'ordre militaire de St-Jacques-de-Compostelle.

L'édifice d'origine romane a été très remanié au 16e s. Il abrite un retable d'**Alonso Berruguete** (1557) représentant plusieurs scènes de la Vie du Christ autour d'un saint Jacques matamore vigoureusement campé.

Palais de Godoy

Face à l'église de Santiago.

De style Renaissance, le palais du conquistador Francisco de Godoy, qui lutta aux côtés de Pizarro au Pérou et au Chili, frappe par son imposant blason en angle de style maniériste, œuvre de Pedro de Marquina. À l'intérieur, beau patio décoré d'azulejos.

Aux alentours

Virgen de la Montaña

3 km à l'est - ✆ 927 220 049 - été : 8h30-14h, 16h-22h ; hiver : 8h30-14h, 16h-20h - fermé de mi-avr. au 1er dim. de mai.

Ce sanctuaire baroque du 17e s. érigé sur une colline plantée d'oliviers abrite une statuette célèbre, vers laquelle se dirige le 1er dimanche de mai une pittoresque *romería*. De l'esplanade, **vue★** sur tout le plateau d'Estrémadure.

Circuit de découverte

DE CÁCERES À GARROVILLAS

90 km - Comptez une journée.

Sortez de Cáceres et empruntez la N 521 jusqu'à Malpartida, 10 km à l'ouest ; au village, suivez les indications (3 km jusqu'au musée).

Musée Vostell-Malpartida

✆ 927 010 812 - www.museovostell.org - tlj sf lun. et j. fériés mat. et apr.-midi, dim. matin - 2 € (-14 ans et merc. gratuit).

En 1976, l'artiste hispano-allemand Wolf Vostell (1932-1998), représentant du mouvement expérimental Fluxus qu'il fonda en 1962 avec George Maciunas, puis de l'art vidéo, constitua dans cet ancien lavoir à laine des 18e et 19e s. un singulier musée d'Art contemporain. Celui-ci compte sept installations créées par Vostell, une collection importante d'art conceptuel, avec des œuvres, entre autres, de Canogar, du groupe Equipo Crónica ou de Saura, ainsi que la collection d'œuvres Fluxus de Gino di Maggio, avec des réalisations de Maciunas, Brecht, Higgins et Vautier.

Poursuivez 6 km vers le nord-ouest de Malpartida par l'EX 207. Pour atteindre l'église de la Asunción, prenez le clocher comme repère et suivez la rue la plus large.

Arroyo de la Luz

La nef gothique de cette église fut construite aux 15e et 16e s. ; son retable est composé de seize **tableaux★** et quatre médaillons exécutés sur place de 1560 à 1563 par **Luis de Morales**. Ce peintre, dont on ne connaît habituellement que des œuvres éparses, nous livre ici un bon aperçu de son style, fait de douceur et de noblesse.

Poursuivez l'EX 207 vers le nord-ouest pendant 30 km.

Brozas

Le village connut une grande prospérité aux 15 et 16e s., quand il faisait office de centre agricole pour l'ordre d'Alcántara. Lui restent de cette époque de nombreuses maisons nobles aux façades blasonnées, un petit château et la belle église de Santa María la Mayor.

L'ordre d'Alcántara

Tel est le nom que prit l'ordre de St-Julien-du-Poirier lorsque lui fut confiée en 1218 la défense de la forteresse d'Alcántara. Les grands ordres espagnols de chevalerie – Calatrava, Alcántara, Santiago, Montesa – ont été créés à partir du 12e s. pour libérer le pays des envahisseurs musulmans. Chaque ordre était constitué à la fois en unité militaire sous le commandement d'un maître et en communauté monastique assujettie à la règle cistercienne. Ces « milices religieuses », toujours prêtes à se battre et capables de soutenir un long siège dans leurs forteresses, ont joué un rôle capital pour la Reconquête.

Poursuivez l'EX207 vers le nord-ouest pendant 15 km.

Alcántara★

Dans un paysage de roches délitées où s'encaisse le Tage, Alcántara s'enorgueillit d'un beau couvent et d'un pont vénérable, qui lui donna son nom (*Al Kantara* signifie «le pont» en arabe).

Pont Romain★ (Puente Romano) – *2 km au nord-ouest sur la route du Portugal.* Ce magnifique ouvrage d'art a été construit sous Trajan en 106 au moyen de gros blocs de granit que ne liait aucun ciment. Seule une des six arches a fait l'objet d'une reconstruction, après avoir été dynamitée par les troupes napoléoniennes. Le petit temple, édifié à l'une des extrémités, et l'arc de triomphe, au centre, datent également de l'époque romaine.

Couvent de San Benito★ – *✆ 927 390 080 - tlj 10h-14h, 17h-20h (16h-18h en hiver) - gratuit.* Dominant le Tage, ce couvent aux dimensions imposantes dont la construction débuta en 1505 est l'ancien siège de l'ordre militaire d'Alcántara. L'église devait être élevée au rang de cathédrale, mais elle est restée inachevée après que l'architecte a été appelé sur le chantier de l'Escurial. Ses trois nefs d'égale hauteur présentent une abondante décoration plateresque (voûtes en étoiles). La galerie du patio gothique accueille les tombeaux de nombreux maîtres de l'ordre. Le réfectoire a fait l'objet d'une rénovation très réussie. Sur la façade court une élégante galerie Renaissance à arcades, qui domine un amphithéâtre servant à des représentations théâtrales.

Le **village** lui-même mérite une promenade, notamment la plaza de España dominée par une église romane et le bas du village, où se dressent les restes d'une muraille arabe du 10e s. ainsi que les ruines d'un couvent du 16e s., jonché de nombreux nids de cigognes, en surplomb du pont romain.

Poursuivez 30 km à l'est d'Alcántara par la CC113.

Garrovillas

Typique bourg d'Estrémadure. Sa Plaza Mayor à arcades, de forme fantaisiste, surprend par sa charmante rusticité. Elle appuie ses arcades sur des piliers tout de guingois.

Cáceres pratique

Informations utiles

Office de tourisme – *Plaza Mayor, s/n - ✆ 927 010 834 - otcaceres@eco.juntaex.es- mi-juin à mi-sept. : tlj mat. ; reste de l'année : tlj mat. et apr.-midi, w.-end et j. fériés matin - fermé 1er et 6 janv., 23 Avr., 1er et 30 Mai, 8 sept., 25 déc.*

Transports

Gare ferroviaire – *Av. de Alemania - ✆ 927 235 061.* 3 à 5 trains par jour pour Plasencia (1h30 de trajet), Badajoz (2h), Mérida (1h) et Madrid (de 3h20 à 4h30).

Gare routière – *Carretera Gijón Sevilla - ✆ 927 232 250.* De 4 à 5 bus par jour pour Plasencia, une dizaine pour Badajoz et Mérida, une quinzaine pour Madrid.

Visites

L'office du tourisme organise des visites guidées en anglais, espagnol et français (sur commande, 10 personnes minimum).

Asociación de Guías Turísticas – *Plaza Mayor, 2.* Bureau à droite de l'office du tourisme. Propose des visites guidées en espagnol et anglais. Durée 1h30, 4,50 €.

Se loger

CÁCERES

⊖ Hotel Goya – *Plaza Mayor, 11 - ✆ 927 249 950 - reservas@hotelgoya.net - 30 ch. 45/54 €.* Les chambres sont modestes mais silencieuses, et l'hôtel est idéalement situé.

⊖⊖ Hotel Iberia Plaza Mayor – *Pintores, 2 - ✆ 927 247 634 - www.iberiahotel.com - 36 ch. 55/75 € - ☕ 3,50 €.* Situé à côté de la Plaza Mayor, cet hôtel agréable, aménagé dans un bâtiment du 17e s., propose des chambres accueillantes. Excellent emplacement.

⊖⊖ Las Marinas – *Plan p. 315 -San Pedro, 16 - ✆ 927 214 578 - riolasmarinas@gruporiodehoteles.com - 18 ch. 95 € - ☕ 3,50 €.* À quelques pas de la Plaza de San Juan, dans la zone piétonne. Le bel escalier conduit à d'agréables chambres, toutes différentes.

⊖⊖⊖ Parador de Cáceres – *Avenida Ancha, 6 - ✆ 927 211 759 - www.parador.es - ♿ - 30 ch. 110/135 € - ☕ 9,70 € - restaurant 25/30 €.* Dans le site magnifique de la Vieille Ville, le palais de Torreorgaz (16e s.) a été converti en un ravissant parador décoré avec goût. Confort assuré. Si vous pouvez vous le permettre, n'hésitez pas.

ALCÁNTARA

⊖⊖ Hospederia Conventual de Alcántara – *Carretera del Poblado de Iberdrola s/n, 10 980 Alcántara - ✆ 927 390 638 - www.hospederiasdeextremadura.es - 30 ch. 75/90 € - restaurant 20/30 €.* À mi-chemin du village et du pont romain. Après avoir fait office d'usine à farine, l'ancien couvent de San Bartolomé (15e s.) est devenu un magnifique hôtel, intelligemment restauré. Les chambres sont superbes et le restaurant, à la cuisine créative, est remarquable.

Se restaurer

⊖ El Puchero – *Plaza Mayor, 9 - ✆ 927 245 497 - 15/20 €.* Situé aux pieds des remparts, cet établissement constitue une halte sympathique. À table, on vous proposera de déguster quelques-uns des plats les plus typiques de la région. Bon rapport qualité/prix.

⊖ El Meson San Juan – *Plaza de San Juan, 3 - ✆ 927 626 648 - 10/25 €.* Le rez-de-chaussée est idéal pour grignoter des tapas, et l'étage propose diverses petites salles pour un repas plus structuré.

⊖⊖ El Figón de Eustaquio – *Plaza de San Juan, 12 - ✆ 927 248 194 - fermé de déb. juil. à mi-juil. - menus 15/19 €, carte 25/30 €.* Superbement situé à deux pas de la Plaza Mayor, ce restaurant traditionnel vous propose une cuisine régionale dans un cadre rustique.

Tapas

El Asador – *Moret, 34 - ✆ 927 22 38 37 - 6 €.* Situé dans une ruelle, ce bar-restaurant est très fréquenté. Les tapas et les raciónes servies au comptoir sont très appréciées. Petite salle à manger dans le fond.

Événements

Semaine de la cigogne – La première semaine de mai : colloques et promenades consacrés au gracieux volatile.

Womad – Également organisé en mai *(renseignements : www.granteatrocc.com)*, ce festival organise des concerts de « musique du monde » dans divers lieux de la ville.

Fiesta de San Jorge – Fête traditionnelle célébrant le saint patron de la ville, du 21 au 23 avril.

Badajoz

143 019 HABITANTS
CARTE GÉNÉRALE A3 – CARTE MICHELIN N° 576 P 9
PROVINCE DE BADAJOZ

L'alignement du pont de Palmas, ouvrage granitique de style herrérien, et de la porte crénelée du même nom (16e s.) fait une entrée majestueuse à cette ville frontalière et industrieuse, campée sur une colline dominée par les murailles de la forteresse arabe.

- **Se repérer** – Badajoz est à 17 km de la ville portugaise de Elvas. L'autoroute A 5 la relie à Mérida (62 km à l'est) et la EX 100 à Cáceres (91 km au nord-est).
- **Organiser son temps** – Comptez 2 h pour voir la ville et ses musées.
- **Pour poursuivre le voyage** – Olivenza (25 km au sud-ouest), Mérida, Cáceres.

Comprendre

Ville frontalière – Modeste cité romaine sous la dépendance de Mérida, elle devint au 11e s. la capitale d'un royaume musulman de Taifa. Au 16e s., elle fut prise dans l'engrenage des guerres de Succession entre l'Espagne et le Portugal, ce qui lui valut maints sièges et pillages. Son patrimoine historique s'est beaucoup dégradé et la ville semble plus concernée par son futur que par son passé, comme en témoignent le nouveau pont Royal et le **musée d'Art contemporain**. *Museo, s/n - ✆ 924 013 060 - www.meiac.org - ♿ - tlj sf. lun. et j. fériés mat. et apr.-midi - gratuit.*

Visiter

Cathédrale

Bien que construite (13e s.) dans le style gothique, elle a été fortement remaniée à la Renaissance. Sa haute tour fortifiée contraste avec la fine décoration plateresque des fenêtres et des frises. Au milieu de la nef centrale, masquant la perspective, s'élève un imposant *coro*, dont les stalles ont été sculptées en 1557. À droite du chœur, la sacristie abrite un groupe de six belles tapisseries flamandes du 17e s.

Musée archéologique (Museo Arqueológico)

Plaza José Álvarez y Sáenz de Buruaga, s/n - ✆ 924 001 909 - www.museosextremadura.com/arqueologico/index.htm - tlj matin - fermé lun., 1er janv., 25 déc et j. fériés locaux - gratuit (citoyens UE).

Le palais de la Roca (16e s.), à l'intérieur de l'*alcazaba*, a été réaménagé afin d'accueillir les riches collections archéologiques rassemblant les objets trouvés dans la région. Elles concernent la préhistoire et la protohistoire (stèles, petites idoles), l'époque romaine (mosaïques, outils de travail en bronze), la période wisigothique (très beaux **pilastres** sculptés de motifs géométriques ou végétaux) et, enfin, les civilisations islamique et médiévale.

Musée des Beaux-Arts (Museo de Bellas Artes)

Duque de San Germán, 3 - ✆ 924 212 469 - www.museosextremadura.com/bellasartes/index.htm - tlj sf lun. et j. fériés mat. et apr.-midi, w.-end matin - gratuit.

Le musée des Beaux-Arts est installé dans deux demeures seigneuriales du 19e s. à l'architecture élégante. Il propose des collections de peinture, sculpture et dessins où les 19e et 20e s. sont les mieux représentés.

Aux alentours

Alburquerque★

49 km au nord par l'EX 110.

La silhouette impressionnante du château juché sur son piton rocheux se découvre de loin, tandis que l'on s'approche à travers la plaine. Dessous, le bourg moderne enserre le village fortifié aux maisons dotées de petits portails gothiques.

Château – *Visites guidées uniquement (1h) : 11h, 12h, 13h, 16h, 17h, 18h - gratuit.* Il fut bâti au 13e s. par-dessus une forteresse arabe, puis régulièrement modifié. La visite commence par la place d'arme et la **terrasse**, dotée d'une citerne pour récupérer les eaux de pluies. Dominant le porche menant au **donjon**, on reconnaît la lune et l'épée du blason d'Alvaro de Luna, grand maître de l'ordre de Santiago. Face au donjon, la **tour de Cinco Picos** (Torre de Cinco Picos) abrite les appartements, où le guide vous montrera un phénomène acoustique amusant. Du sommet de la tour, la **vue★** porte jusqu'au Portugal.

Olivenza★★

11 389 HABITANTS
CARTE GÉNÉRALE A3 – CARTE MICHELIN N° 576 P 9
PROVINCE DE BADAJOZ

Cinq siècles d'histoire portugaise ont marqué cette ravissante ville blanche entourée d'oliveraies. C'est un des rares endroits en Espagne où l'on peut voir des exemples du style manuélin, un art spécifiquement portugais contemporain du roi Manuel (début 16e s.), qui introduit dans l'architecture du gothique finissant des éléments de décoration à la fois Renaissance, mauresque et d'inspiration maritime (nœuds, cordages, sphères). À l'écart des grands flux touristiques du fait de sa position géographique excentrée, la ville n'en a que plus de charme.

- **Se repérer** – Située à 25 km au sud-ouest de Badajoz, Olivenza n'est qu'à 10 km de la frontière portugaise.
- **À ne pas manquer** – Les rues de la Vieille Ville à la tombée du jour ; le Musée ethnographique.
- **Organiser son temps** – 4 h permettent de visiter l'essentiel, mais la ville invite à prendre son temps.
- **Pour poursuivre le voyage** – Badajoz, Zafra (75 km au sud-est), Mérida (87 km au nord-est).

M. Angel / Michelin

La plaza Santa María.

Se promener

Commencez la visite au pied du donjon, plaza Santa María.

Boulangerie du roi★ (Panadería del Rey)

924 490 222 - www.museosextremadura.com/Gonzalezsantana/index.htm - tlj mat. et apr.-midi, dim. et j. fériés matin - fermé lun., 1er et 6 janv., 1er et 15 Mai, 24-25 et 31 déc. - 1 € (-14 ans 0,50 €).

Accolé à la muraille médiévale, cet édifice du 18e s. est surmonté de quatre cheminées héritées des fours d'où sortaient chaque jour 1 500 pains destinés aux troupes.

Donjon (Torre del Homenaje) – Flanquant la Boulangerie, cette tour imposante, construite par Jean III de Portugal en 1488, est avec ses 37 m la plus haute de la frontière avec le Portugal. On accède au sommet (**vue★** sur les toits de la ville et la campagne alentour) par une succession de 17 rampes inclinées, qui permettaient le passage des canons.

Musée ethnographique González Santana★ (Museo etnográfico González Santana) – Il présente des reconstitutions de divers ateliers (échoppes de tailleur, de cordonnier, de forgeron, de coiffeur...), d'une salle de classe et de l'intérieur d'une demeure du 19e s., l'ensemble composant une visite à la fois instructive et pleine de poésie.

Église de Santa María del Castillo

Plaza Santa María.

Bâtie à la fin du 16e s., cette église au style Renaissance tardif possède trois nefs de hauteurs égales ; celle de gauche (ou nef de l'Évangéliste) est dotée d'un magnifique

retable★ orné d'un arbre de Jessé en bois polychrome, un motif rare dont on ne connaît que cinq exemplaires en Espagne et qui représente la généalogie de Jésus. *Contournez l'église.*

Porte de Alconchel

Elle s'ouvre dans la première enceinte fortifiée, érigée en 1306 par le roi portugais Don Dinis et aujourd'hui presque entièrement intégrée aux murs des maisons. Trois autres lignes de fortification lui seront adjointes, mais seule subsiste la dernière, bâtie au 17e s., visible en divers points de la ville.

Franchissez la porte et prenez à droite les calles Miguel Jimenez puis Caridad jusqu'à la porte de los Angeles.

Palais de la Miséricorde (Casa de la Misericordia)

Cet hôpital fondé en 1501, aujourd'hui maison de retraite, abrite la **chapelle del Espíritu Santo★**, aux murs couverts d'azulejos baroques du début du 18e s. illustrant des scènes de la Bible. De la même époque, le retable principal au style baroque portugais.

Suivre la rue Caridad jusqu'à la plaza de la Constitución.

La guerre des Oranges

À la fin du 13e s., Olivenza est remise en dot au roi Denis du Portugal. En 1801, elle est cédée à l'Espagne pour éviter que l'invasion de l'Alentejo, amorcée par les troupes de Godoy, ne dégénère en grave conflit entre les deux pays. Cette escarmouche n'aura laissé à l'époque comme autre souvenir que le geste futile de Godoy cueillant pour les adresser à la reine Marie-Louise quelques oranges au pied des remparts d'Elvas.

Hôtel de ville (Ayuntamiento)

La ravissante **porte★** d'entrée de cet hôtel de ville offre un gracieux témoignage du style manuélin, qui se concentre principalement dans l'ornementation des fenêtres et des portes. Celle-ci est surmontée de deux sphères armillaires, qui symbolisent les grandes découvertes maritimes portugaises.

Église de Santa María Magdalena★

Les frères Diego et Francisco de Arruda, architectes du monastère des hiéronymites et de la tour de Belém à Lisbonne, seraient les auteurs de cette magnifique nef manuéline. La voûte à liernes et tiercerons s'appuyant sur des colonnes torsadées tranche par son élégante sobriété avec le sanctuaire baroque décoré d'azulejos et de retables luxuriants.

Plaza de España

Cette grande et belle place, épicentre de la vie d'Olivenza, se remplit le soir d'une multitude d'enfants qui se retrouvent pour jouer.

Olivenza pratique

Informations utiles

Office de tourisme – *Plaza de España, 8, 06300 Badajoz,* ✆ *924 551 036.*

Se loger et se restaurer

⊖ **Hotel restaurant Dosca** – *Plaza de la Constitución, 15 -* ✆ *924 492 877 - 7 ch. 35/55 € - Menus 11 et 23 €.* Magnifiquement situé sur une placette semée d'orangers, face à la belle façade de l'église de la Magdalena. Les chambres,aux murs en pierre apparentes, sont coquettes. Restaurant réputé pour ses viandes.

⊖⊖ **Hotel Palacio Arteaga** – *Calle Moreno Nieto, 5 -* ✆ *924 491 129 - www.palacioarteaga.com - 19 ch. 55/95 € - restaurant menus 25/30 €.* Le plus bel hôtel d'Olivenza, aménagé dans un ravissant palais du 19e s. Le restaurant dispose d'une succession de petits salons où le design se mêle au romantisme.

Se restaurer

⊖ **Restaurant Casa Maila** – *Calle Colón, 3 -* ✆ *924 491 505. 10/15 €.* Sa belle salle couverte d'azuleros accueille une foule d'habitués venus se délecter de nombreuses tapas chaudes et froides à petit prix. Fait également office de restaurant dans la salle attenante.

Achats

Casa Fuentes – *Calle Moreno Nieto, 11.* Dans une rue piétonne entre la plaza de la Constitución et la plaza de España. Difficile de résister à l'attrait de cette pâtisserie, aux rayons débordant d'appétissantes douceurs...

Zafra

15 674 HABITANTS
CARTE GÉNÉRALE A3 – CARTE MICHELIN N° 576 Q 10
PROVINCE DE BADAJOZ

Cette petite ville est l'une des plus anciennes d'Estrémadure, mais ses jolies ruelles blanches évoquent déjà l'Andalousie. À l'entrée, le puissant Alcázar dresse ses neuf tours rondes coiffées de merlons pyramidaux.

- **Se repérer** – Zafra se trouve au sud, à côté de la N 630 qui suit le tracé de l'ancienne route de l'Argent (Ruta de la Plata).
- **À ne pas manquer** – Les places Chica et Grande ; Llerena (aux environs).
- **Organiser son temps** – 2 heures suffisent à faire le tour du centre-ville.
- **Pour poursuivre le voyage** – Olivenza (75 km au nord-ouest), Mérida (58 km au nord), Badajoz (76 km au nord-ouest).

Office Espagnol du tourisme/Paris

La Plaza Chica de Zafra.

Visiter

Alcázar de los Duques de Feria

Construit au 15e s. par le duc de Feria, aujourd'hui transformé en parador, il présente un donjon de 29 m de haut complété par huit petites tours, un patio Renaissance en marbre blanc et un ravissant salon doré à la décoration mudéjare.

Les places★

Entourées de belles maisons à arcades et communiquant entre elles, les **deux places**, la petite ou **plaza Chica** (16e s.) et la grande ou **plaza Grande** (18e s.), forment un ensemble original et harmonieux.

Église de la Candelaria

D'un style de transition gothico-Renaissance (16e s.), elle se signale par son lourd clocher de briques rouges. Dans le bras droit du transept, peu saillant, on découvre un **retable** peint par Zurbarán en 1644.

Musée-couvent de Santa Clara (Museo Convento Santa Clara)

Calle Sevilla, 30 - ✆ 924 551 487 - 10h30-13h/16h30-18h - gratuit.

Fondé en 1428 par le puissant duc de Feria, à qui l'on doit également l'Alcázar, ce couvent accueille un évocateur musée consacré à la vie monastique (reproduction de cellule, parloir...). La chapelle abrite un retable baroque du 15e s. et les gisants en marbre du duc et de sa femme.

Aux alentours

Llerena★

42 km au sud-est par la N 432.

La **Plaza Mayor★** de cette séduisante cité campagnarde est une des plus monumentales d'Estrémadure. Entourée d'arcades, elle se remplit d'une multitude d'enfants

en fin de journée, tandis que les mères s'installent sur les bancs pour les surveiller et que les pères se retrouvent aux terrasses de café pour boire et fumer.
Sur l'un des côtés de la place, l'**église Nuestra Señora de la Granada★** dresse une façade composite rendue très harmonieuse par le jeu des couleurs de la chaux et de la brique ; la légèreté de la double galerie à arcades contraste avec l'aspect massif du beau clocher baroque. L'écusson au tympan de la porte principale est décoré d'une grenade. L'intérieur recèle un Christ en Croix réalisé par Zurbarán, qui vécut longtemps dans la ville et auquel une statue rend hommage sur la place.
Les **rues de la Vieille Ville** donnent l'occasion d'une très agréable promenade. La petite plaza de Cervantès, plantée d'orangers, est dominée par l'église de Santiago (15ᵉ s.). Le **palacio de Luis Zapata** (aujourd'hui palais de justice) est un beau palais Renaissance dont le porche repose sur une double rangée de colonnes torses. Les **remparts** qui protégeaient Llerena sont visibles derrière le Palacio.

Jerez de los Caballeros

42 km au sud-ouest par la EX 101 et la EX 112.
Jerez est la patrie du conquistador **Vasco Núñez de Balboa** (1475-1517). Parti batailler dans l'isthme de Darien (aujourd'hui Panama), il découvre en 1513 la « mer du Sud » baptisée par la suite océan Pacifique. Dressée en position fortifiée sur une colline, Jerez garde le souvenir des Templiers à qui Alphonse IX de León en fit don après l'avoir reprise aux musulmans en 1230.
La ville présente un bel ensemble de **tours-clochers★** à la décoration baroque exubérante. Tout au sommet de la colline, l'**église de San Bartolomé** montre une façade et un clocher surchargés de stucs peints, de pâte de verre et d'azulejos.

Zafra pratique

Informations utiles

À ZAFRA

Office de tourisme – *Plaza de España, 8b - ☎ 924 551 036 - tlj mat. et apr.-midi - fermé 1er et 6 janv., 15 Mai, 25 déc..*

À LLERENA

Office de tourisme – *Calle Aurora, 2 - ☎ 924 870 551.*

Se loger

À ZAFRA

⊖⊖ **Plaza Grande** – *Pasteleros 2 - ☎ 924 563 185 - reservas@hotelplazagrande.com - 16 ch. 42/90 € - ☕ 3 €.* Des chambres coquettes au mobilier rustique en bois et fer forgé. Plusieurs disposent d'une vue sur la place. Le restaurant du rez-de-chaussée propose des *raciónes*.

⊖⊖⊖ **Parador Hernán Cortés** – *Plaza Corazón de María, 7 - ☎ 924 554 540 - zafra@parador.es - 51 ch. 100/120 €- ☕ 12 €.* De grandes chambres chaleureuses pour goûter à la vie de château. Le controversé Hernán Cortés y séjourna quelque temps, avant de partir conquérir le Mexique.

À LLERENA

⊖ **Hospedería Zurbarán** – *Plaza de España, 3 - ☎ 924 871 412 - 20 ch. 35 €.* Cette pension modeste occupe l'ancienne maison de Zurbarán, sur la place centrale. L'atelier du peintre était installé dans la salle du rez-de-chaussée, aujourd'hui convertie en restaurant.

⊖⊖ **Hospedería Mirador de Llerena** – *Calle Aurora 7 - ☎ 924 870 597 - www.hospederiasdeextremadura.es - ☕ - 25 ch. 75-90 €. - Restaurant 20/25 €.* La plus belle adresse de Llerena, aménagée dans un petit palais du 19ᵉ s. Les chambres sont distribuées autour d'un ravissant patio aux colonnettes en fer forgé. Le restaurant propose une cuisine moderne et créative.

Se restaurer

À ZAFRA

⊖⊖ **Josefina** – *Lopez Asme, 1 - ☎ 924 551 701. menu du jour : 15 €, carte : env. 30 €.* Ce petit établissement familial est une des meilleures tables de Zafra. Cuisine d'inspiration espagnole et internationale.

À LLERENA

Voir aussi l'Hospedería Mirador de Llerena.

⊖ **La Cuadra** – *Calle Pedro Paz, 6 - ☎ 924 870 499 - 15 €* - Dans une rue partant de la plaza de España, une des adresses favorites des habitants de Llerena. La carte propose de nombreux plats appétissants, à accompagner d'un excellent vin de *pitarra* (un vin jeune). Excellent rapport qualité-prix.

Faire une pause

À ZAFRA

Il serait dommage de quitter Zafra sans avoir pris un verre sur la plaza Grande ou la plaza Chica. Sur cette dernière, **La Tertulia** (*Plaza Chica 10 - ☎ 924 553 517*) est un café doté d'une agréable salle.

Événements

Les foires de Zafra, surtout celles de la St-Michel, la semaine du 5 octobre, sont réputées : elles donnent lieu à un grand rassemblement de bétail.

Mérida★★

53 089 HABITANTS
CARTE GÉNÉRALE A3 – CARTE MICHELIN N° 576 P 10
PROVINCE DE BADAJOZ

Bien qu'elle possède quelques recoins charmants, la ville contemporaine retiendra moins votre attention que son exceptionnel patrimoine romain, hérité de l'époque où elle était capitale de la Lusitanie et qui lui vaut aujourd'hui d'être classée au Patrimoine mondial de l'humanité.

- **Se repérer** – Mérida se trouve à côté de la A 5 qui relie Madrid au Portugal et qui passe par Trujillo et Badajoz.
- **À ne pas manquer** – Le remarquable musée d'Art romain, dessiné par Rafael Moneo.
- **Organiser son temps** – Comptez 3 heures pour la Mérida romaine ; une heure pour voir le reste.
- **Pour poursuivre le voyage** – Badajoz (62 km à l'ouest), Zafra (66 km au sud), Cáceres (71 km au nord) et Trujillo (88 km au nord-est).

J.-C. Hidalgo, Lopesino / Marco Polo

Le musée national d'Art romain conçu par l'architecte Rafael Moneo.

Découvrir

LA MÉRIDA ROMAINE★★

En 25 av. J.-C., le légat d'Auguste fonde dans cette région peu romanisée la colonie d'*Emerita Augusta*. Bien située le long du Guadiana et au carrefour de voies romaines importantes, la cité sera bientôt promue capitale de la Lusitanie. Les Romains dotent leur colonie de temples, d'un théâtre, d'un amphithéâtre et même d'un cirque long de 400 m, maintenant enfoui sous la verdure.

Musée national d'Art romain★★ (Museo Nacional de Arte Romano)

José Ramón Mélida, s/n - ✆ 924 311 912 - http://museoarteromano.mcu.es - ♿ - tlj sf lun. 10h-14h, 16h-18h, dim. et j. fériés 10h-14h - fermé 1er et 6 janv., 1er Mai, 25 déc - 2,40 €.

Il est situé dans un impressionnant **édifice**★ moderne spécialement conçu par l'architecte Rafael Moneo pour présenter les riches collections d'archéologie romaine de Mérida. Dès l'entrée, ce sont la sobriété et la majesté de ses lignes, évoquant l'architecture de l'Empire romain, qui s'imposent à nous. Ses murs, en brique apparente, mettent en valeur le marbre des statues.

Une rampe permet l'accès à la nef principale, dont les segments sont délimités par neuf arcs en plein cintre. Sur cette nef s'élève une mezzanine où s'entrecroisent salles et passages. L'organisation du musée, claire et pédagogique, s'ordonne thématiquement.

Parmi les sculptures présentées on remarquera, dans le hall, les statues qui ornaient le mur de scène du théâtre, la *Tête d'Auguste* aux traits fermes *(au fond de la 2e travée)* et dans la dernière travée, les éléments provenant du portique du forum de Mérida :

statues de personnages importants, cariatides et médaillons géants (Méduse, Jupiter...) qui composaient la frise. Depuis les passerelles, aux niveaux supérieurs, où sont exposés bijoux, pièces de monnaie, poteries, on peut admirer de près de superbes **mosaïques★**.

Au sous-sol se visite le champ de fouilles (vestiges de maisons romaines, de tombes), au-dessus duquel a été élevé le bâtiment.

Théâtre★★ (Teatro)

✆ 924 004 908 - www.consorciomerida.org - tlj mat. et apr.-midi - fermé 1er janv. 24-25 et 31 déc. - 7 €, 10 € (billet combiné pour tous les sites romains).

Édifié par Agrippa, gendre d'Auguste, en 24 av. J.-C., il présente l'ordonnance classique des grands théâtres impériaux : des gradins disposés en hémicycle et pouvant accueillir 6 000 personnes ; un orchestre où prenaient place les hauts dignitaires ; un très beau mur de scène décoré à l'époque d'Hadrien (2e s. ap. J.-C.) de colonnades et de statues ; enfin, donnant sur des jardins, un portique où se promenait la foule pendant les entractes. Les voûtes des couloirs d'accès aux gradins sont faites de grands blocs de granit ajustés sans mortier.

Amphithéâtre★ (Anfiteatro)

Ce cirque, qui date lui aussi du 1er s. avant notre ère, pouvait, estime-t-on, contenir 14 000 spectateurs. On y présentait surtout des courses de chars et, après avoir transformé la piste en bassin, des combats navals (naumachies). L'étagement des accès et les *vomitoria*, grands couloirs voûtés par où s'écoulait la foule, se distinguent nettement, mais les gradins ont été effacés. Certains d'entre eux sont reconstitués de part et d'autre du *vomitorium* est *(à droite en venant du théâtre)*. On verra là, en bordure de la piste, le mur surmonté d'une corniche qui protégeait le premier rang des spectateurs – en général des personnages de marque – lors des combats de fauves.

La fosse dégagée au centre abritait sans doute les mécanismes nécessaires à l'aménagement de la piste et les magasins d'accessoires.

Maison romaine de l'amphithéâtre (Casa romana del anfiteatro)

Près de l'amphithéâtre. ✆ 924 009 730 - tlj mat. et apr.-midi - 4 € (-8 ans gratuit).

Ensemble de vestiges de constructions diverses – conduites d'eau, pavements, restes de muraille – d'où se détache une maison noble, organisée autour d'un péristyle, et ses dépendances. Les mosaïques du sol ont été extraordinairement bien conservées. Les unes montrent une intéressante décoration géométrique, d'autres des scènes de la vie quotidienne, comme celle de l'Automne, symbolisé par le foulage des raisins.

Cirque romain (Circo romano)

Avenida de Extremadura, à une centaine de mètres au nord-est de la Maison de l'amphithéâtre.

Ce cirque construit au 1er s. apr. J.-C. frappe par ses dimensions : la piste longue de 417 m et large de 112 m est bordée de gradins en granite qui pouvaient contenir jusqu'à 30 000 personnes. Il accueillit des spectacles, généralement publics et gratuits, jusqu'au 6e s.

Maison du Mitreo (Casa del Mitreo)

Contournez l'amphithéâtre par l'avenida Antonio Montero et marchez 300 m en direction de la plaza de Toros.

Cette maison noble fut construite en dehors des murs de la cité à la fin du 1er s. Elle est organisée autour de trois atriums ouverts qui remplissaient la double fonction de distribuer la lumière aux pièces intérieures et de recueillir l'eau de pluie. Quelques-unes des pièces ont conservé des vestiges de peintures et des mosaïques, dont la plus importante est la **mosaïque cosmologique★**.

Temple de Diane (Templo de Diana)

Calle Romero Leal.

Restes d'un ancien temple consacré au culte impérial et construit à l'époque d'Auguste, qui conserve une grande partie de la colonnade à chapiteaux corinthiens et à fûts cannelés. Au 16e s., ses matériaux ont été réutilisés pour construire le palais du comte de Corbos.

Arc de Trajan (Arcode Trajano)

Calle San Juan de Dios, près de la plaza de la Constitucíon.

Cet arc de 15 m de haut en granite était recouvert de marbre. Il s'ouvrait sur le Cardo Maximus, voie principale de la cité romaine.

Le temple de Diane.

Centro de interpretacíon Las VII Sillas

Calle José Ramón Mélida, 20 (à 100 m du musée d'Art romain). ✆ 924 315 353 - gratuit.

Ce petit centre didactique a été aménagé sur les restes d'une maison seigneuriale romaine (1er s. apr. J.-C.), qui a conservé de belles mosaïques. La maison est bordée par les restes d'un puissant mur arabe du 8e s. Un petit film de 13 mn en espagnol retrace l'histoire de la ville.

Ponts romains

Deux ponts hérités des Romains franchissent encore l'un l'Albarregas, l'autre **pont★** le Guadiana, où un port était aménagé. L'approvisionnement en eau était assuré grâce à deux lacs artificiels (Cornalvo, Proserpina) établis au nord de la ville et desservis par deux aqueducs, San Lázaro et Los Milagros, dont subsistent plusieurs arcades à l'élégante polychromie de briques et de pierres.

Visiter

Alcazaba

✆ 924 317 309 - www.consorciomerida.org - tlj mat. et apr.-midi - fermé 1er janv. 24-25 et 31 déc. - 4 €, 10 € (billet combiné pour tous les sites romains).

Pour défendre le pont romain qui franchit de ses 792 m le lit du Guadiana encombré d'îlots, les Maures ont élevé cette forteresse dès le 9e s. À l'intérieur de l'enceinte, on verra une **citerne** creusée au niveau des eaux du fleuve. Pour sa décoration, les Maures ont réutilisé des chapiteaux corinthiens et des frises wisigothiques en marbre.

Zone archéologique de Morería

Paseo de Roma - ✆ 924 315 353- Juin-déc. : 9h30-14h, 17h-19h30 ; janv.-mai : 9h30-14h, 16h-18h30. Fermé 1er janv., 24-25 et 31 déc. 2,50 €.

Cette zone archéologique de 12 000 m², qui s'étend à proximité du pont romain, le long de la rivière Guadiana, concentre tous les âges de Mérida : époques romaine, wisigothique, musulmane, médiévale et moderne. De l'époque romaine subsistent 200 m de muraille (1er s. apr. J.-C.) percés par quatre portes, de larges voies pavées (les pierres posées au centre des carrefours servaient à limiter la vitesse des chars), des restes de maison – dont la **Maisons des marbres** (Casa de los Mármoles), au patio pavé de marbre –, et une nécropole. Avec le temps, cette dernière s'est enrichie de tombes wisigothes, puis arabes. Du 15e au 17e s., la zone devient un quartier d'artisans, avant d'être arasée pour faire place à des abattoirs. Elle est aujourd'hui recouverte par un bâtiment des années 1980 monté sur pilliers, qui lui sert de toit.

Plaza de España

Cette grande place plantée d'orangers est l'épicentre de la vie sociale de Mérida. Elle est bordée par le **palais de los Mendozas**, de styles mêlés baroque, Renaissance et gothique, et par l'**église concatedral de Santa María** (13e s.), bâtie sur l'ancienne cathédrale wisigothe.

Musée d'Art wisigoth (Museo de Arte Wisigotho)

Calle Santa Julia, à deux pas de la plaza de España. ✆ 924 300 106. Été : 10h-14h, 17h-19h ; hiver : 10h-14h, 16h-18h - gratuit.

Au 6e s., Mérida devint le berceau de l'art wisigoth de la péninsule Ibérique. Annexe du musée d'Art romain, ce musée aménagé dans l'ancienne église de Santa Clara expose des objets usuels (broches, ceintures, lampes...) et des pièces architecturales (frises, colonnes, pilastres...), où l'influence romaine se mêle à des motifs venus de Constantinople.

Église de Santa Eulalia★

✆ 924 312 024 - été : 10h-14h, 17h-19h30 ; le reste de l'année : 10h-14h, 16h-18h30. Fermé 1er janv., 24-25 et 31 déc. - 7,50 € billet combiné avec l'église Santa Eulalia et le théâtre..

Les fouilles effectuées dans le sous-sol de cette église dédiée à sainte Eulalie – une jeune Romaine convertie au christianisme, martyrisée à Mérida en 303-305 – ont révélé la riche histoire de ce lieu, occupé successivement par des maisons romaines, une nécropole paléochrétienne, une basilique du 5e s. et, à partir du 13e s., par l'actuelle église romane.

Devant l'église, côté rue, se dresse l'Hornito de Santa Eulalia, une chapelle du 17e s. édifiée avec des colonnes et des chapiteaux romains qui appartenaient au temple de Zeus.

Mérida pratique

Informations utiles

Office de tourisme – *Av. Saenz de Buroaga, s/n - ✆ 924 009 730 - tlj mat. et apr.-midi, w.-end et j. fériés matin.*

Visites

Un billet combiné, en vente dans le kiosque installé devant le musée d'Art romain, vous donne droit à la visite du théâtre, de l'amphithéâtre, des maisons romaines, de l'alcazaba et de l'église Santa Eulalia.

Transports

Gare ferroviaire – *Av. Estación ✆ 902 240 202.* 4 trains/j pour Madrid (de 5h à 7h30), 7/j pour Badajoz (1h), 4/j pour Cáceres (1h), 1/j pour Séville (4h30).

Gare routière – *Polígono Nueva Ciudad ✆ 924 371 404.* 8 bus/j pour Madrid (4h30), 9/j pour Badajoz, 3/j pour Cáceres (1h), 14/j pour Séville (3h), 5/j pour Trujillo (1h15).

Se loger

⊖ **Hostal El Alfarero** – *Calle Sagasta, 40 - ✆ 924 303 183 - www.hostalelalfarero.com - 30 ch. 45/50 €* ☕. Stratégiquement situé entre le musée d'Art romain et la plaza de España, dans une jolie maison jaune agrémentée d'une petite cour intérieure. Chambres simples et agréables.

⊖⊖ **Hotel Nova Roma** – *Calle Suárez Somonte, 42 - ✆ 924 311 261 - reservas@novaroma.com - 55 ch. 86 € - ☕ 6,50 € -* P. La décoration neo romaine justifie le nom. Mais rassurez-vous, les chambres moquettées sont nettement plus sobres que l'entrée du bâtiment. À mi-chemin de l'Acazaba et du théâtre romain.

⊖⊖⊖ **Parador Vía de la Plata** – *Plaza de la Constitucíon, 3 - ✆ 924 313 800 - merida@parador.es - 79 ch. 130/140 € - ☕ 12 € -* P *10 €.* Ce vaste parador occupe un ancien couvent, qui servit d'hôpital et de prison avant d'être converti en hôtel. Les couloirs interminables, le patio, les murs épais, la chapelle transformée en bar et les chambres spacieuses en font une belle adresse.

Se restaurer

Mesón El Alfarero – *Calle de Sagasta, 29 - ✆ 924 302 959. Plats à partir de 7,50 €.* Face à l'hôtel éponyme. On mange dans une jolie salle voûtée aux couleurs gaies. Spécialités de viandes braisées.

Restaurante Nicolás – *Calle Felix valverde Lillo, 15 - ✆ 924 319 610 -plats à partir de 8 €.* Ce classique de Mérida propose deux établissements en un : au rez-de-chaussée, un sympathique bar à tapas ; à l'étage, un restaurant à l'ambiance plus compassée.

Événements

Festival de théâtre classique – Durant les mois de juillet et d'août, le théâtre romain retrouve sa fonction d'origine et sert de cadre à ce prestigieux festival qui existe depuis cinquante ans déjà (*renseignements : www.festivaldemerida.com*).

La **féria** de la ville a lieu du 1 au 5 septembre, et la **fête des Gitans** (fiesta de los Gitanos) du 9 au 12 octobre (nombreux concerts, chants et danses).

NOTES

Nom ....

Adresse ....

Lieu .... ☎ ....

☺ ....

☹ ....

Nom ....

Adresse ....

Lieu .... ☎ ....

☺ ....

☹ ....

Nom ....

Adresse ....

Lieu .... ☎ ....

☺ ....

☹ ....

Nom ....

Adresse ....

Lieu .... ☎ ....

☺ ....

☹ ....

Nom ....

Adresse ....

Lieu .... ☎ ....

☺ ....
....
....
....

☹ ....
....
....
....

Nom ....

Adresse ....

Lieu .... ☎ ....

☺ ....
....
....
....

☹ ....
....
....
....

Nom ....

Adresse ....

Lieu .... ☎ ....

☺ ....
....
....
....

☹ ....
....
....
....

Nom ....

Adresse ....

Lieu .... ☎ ....

☺ ....
....
....
....

☹ ....
....
....
....

Nom ....

Adresse ....

Lieu .... ☎ ....

☺ ....

....

....

....

☹ ....

....

....

....

Nom ....

Adresse ....

Lieu .... ☎ ....

☺ ....

....

....

....

☹ ....

....

....

....

Nom ....

Adresse ....

Lieu .... ☎ ....

☺ ....

....

....

....

☹ ....

....

....

....

Nom ....

Adresse ....

Lieu .... ☎ ....

☺ ....

....

....

....

☹ ....

....

....

....

Nom ....

Adresse ....

Lieu .... ☏ ....

☺ ....

☹ ....

Nom ....

Adresse ....

Lieu .... ☏ ....

☺ ....

☹ ....

Nom ....

Adresse ....

Lieu .... ☏ ....

☺ ....

☹ ....

Nom ....

Adresse ....

Lieu .... ☏ ....

☺ ....

☹ ....

date	objet	montant

date	objet	montant

Madrid : villes, curiosités et régions touristiques.
Vélasquez, Diego : noms historiques et termes faisant l'objet d'une explication.
Les sites isolés (châteaux, monastères, grottes) sont répertoriés à leur propre nom. Quand ce nom commence par La, L', El, Las ou Los, l'ordre alphabétique du nom qui suit a été adopté. Ainsi par exemple La Alberca sera classé à Alberca.

A

B

C

D

E

F

G

H - I

J

L

M

Q

R

S

T

U

V

W - Y

Z

CARTES ET PLANS

CARTE GÉNÉRALE

CARTES THÉMATIQUES

PLANS DE VILLES ET DE QUARTIERS

PLANS DE MONUMENTS

CARTES DES CIRCUITS

Manufacture française des pneumatiques Michelin
Société en commandite par actions au capital de 304 000 000 EUR
Place des Carmes-Déchaux - 63000 Clermont-Ferrand (France)
R.C.S. Clermont-Fd B 855 200 507

Compogravure : Maury, Malesherbes
Impression et brochage : IME, Baume-les-Dames
Dépôt légal : 01-2008
Imprimé en France : 12-2007.

QUESTIONNAIRE
LE GUIDE VERT

VOTRE AVIS NOUS INTÉRESSE...
TOUTES VOS REMARQUES NOUS AIDERONT À ENRICHIR NOS GUIDES.

Merci de renvoyer ce questionnaire à l'adresse suivante :
MICHELIN
Questionnaire Le Guide Vert
46, avenue de Breteuil
75324 PARIS CEDEX 07

En remerciement,
les 100 premières réponses recevront en cadeau
la carte Michelin Départements de leur choix !

VOTRE GUIDE VERT

Titre acheté : ....

Date d'achat : ....

Lieu d'achat *(point de vente et ville)* : ....

VOS HABITUDES D'ACHAT DE GUIDES

1) Aviez-vous déjà acheté un Guide Vert Michelin ?

O oui O non

2) Achetez-vous régulièrement des Guides Verts Michelin ?

O tous les ans O tous les 2 ans

O tous les 3 ans O plus

3) Si oui, quel type de Guides Verts ?

– des Guides Verts sur les régions françaises : lesquelles ? ....

....

– des Guides Verts sur les pays étrangers : lesquels ? ....

....

– Guides Verts Thématiques : lesquels ? ....

....

4) Quelles autres collections de guides touristiques achetez-vous ?

....

5) Quelles autres sources d'information touristique utilisez-vous ?

O Internet : quels sites ? ....

....

O Presse : quels titres ? ....

....

O Brochures des offices de tourisme

Les informations recueillies font l'objet d'un traitement informatique destiné à actualiser notre base de données clients et permettre l'élaboration de statistiques.
Ces données personnelles sont réservées à un usage strictement interne au groupe Michelin et ne feront l'objet d'aucune exploitation commerciale ni de transmission ou cession à quiconque pour des fins commerciales ou de prospection. Elles ne seront pas conservées au-delà du temps nécessaire pour traiter ce questionnaire et au maximum 6 mois, mais seulement utilisées pour y répondre.
Conformément à la loi « Informatique et libertés » du 6 janvier 1978, applicable sur le territoire français, vous bénéficiez d'un droit d'accès, de modification, de rectification ou suppression des données vous concernant. Si vous souhaitez exercer ce droit, veuillez vous adresser à MICHELIN, Guide Vert, 46 avenue de Breteuil, 75324 Paris Cedex 07

VOTRE APPRÉCIATION DU GUIDE

1) Notez votre guide sur 20 : ....

2) Quelles parties avez-vous utilisées ?...

....

3) Qu'avez-vous aimé dans ce guide ? ....

....

4) Qu'est-ce que vous n'avez pas aimé ? ....

....

5) Avez-vous apprécié ?

	Pas du tout	Peu	Beaucoup	Énormément	Sans réponse
a. La présentation du guide (maquette intérieure, couleurs, photos...)	O	O	O	O	O
b. Les conseils du guide (sites et itinéraires)	O	O	O	O	O
c. L'intérêt des explications sur les sites	O	O	O	O	O
d. Les adresses d'hôtels, de restaurants	O	O	O	O	O
e. Les plans, les cartes	O	O	O	O	O
f. Le détail des informations pratiques (transport, horaires, prix…)	O	O	O	O	O
g. La couverture	O	O	O	O	O

Vos commentaires ....

....

6) Rachèterez-vous un Guide Vert lors de votre prochain voyage ?

O oui O non

VOUS ÊTES

O Homme O Femme Âge : ....

Profession :

O Agriculteur, Exploitant
O Artisan, commerçant, chef d'entreprise
O Cadre ou profession libérale
O Employé
O Enseignant
O Étudiant
O Ouvrier
O Retraité
O Sans activité professionnelle

Nom ....

Prénom ....

Adresse ....

....

....

....

Acceptez-vous d'être contacté dans le cadre d'études sur nos ouvrages ?

O oui O non

Quelle carte Michelin Départements souhaitez-vous recevoir ?
Indiquez le département : ....

Offre proposée aux 100 premières personnes ayant renvoyé un questionnaire complet.
Une seule carte offerte par foyer, dans la limite des stocks disponibles.